V&R

Novum Testamentum et Orbis Antiquus / Studien zur Umwelt des Neuen Testaments

Herausgegeben im Auftrag des Departments für Biblische Studien
der Universität Freiburg Schweiz von
Max Küchler, Peter Lampe und Gerd Theißen

Band 52

Vandenhoeck & Ruprecht Göttingen
Academic Press Fribourg

Annette Merz

Die fiktive Selbstauslegung des Paulus

Intertextuelle Studien zur Intention und Rezeption der Pastoralbriefe

Vandenhoeck & Ruprecht Göttingen
Academic Press Fribourg

Bibliografische Information Der Deutschen Bibliothek

Die Deutsche Bibliothek verzeichnet diese Publikation in der
Deutschen Nationalbibliografie; detaillierte bibliografische Daten sind
im Internet über <http://dnb.ddb.de> abrufbar.

ISBN 3-525-53953-3 (Vandenhoeck & Ruprecht Göttingen)
ISBN 3-7278-1448-9 (Academic Press Fribourg)

VORWORT

Die vorliegende Arbeit wurde im Wintersemester 2000/2001 von der Theologischen Fakultät der Universität Heidelberg als Dissertation angenommen. Für die Drucklegung wurde sie geringfügig überarbeitet; neu erschienene Literatur konnte nur noch punktuell berücksichtigt werden.

Am meisten zu danken habe ich meinem Doktorvater Gerd Theißen. An seinem Lehrstuhl durfte ich die vergangenen Jahre als wissenschaftliche Mitarbeiterin und Assistentin in einer von gegenseitigem Vertrauen getragenen und wissenschaftlich überaus inspirierenden Atmosphäre arbeiten. Manche der in dieser Arbeit vertretenen Thesen sind durch ihn angeregt, andere mussten angesichts seiner klugen Gegenargumente nicht etwa preisgegeben sondern konnten modifiziert oder besser begründet beibehalten werden. Der Abschluss dieses Manuskriptes fällt zeitlich zusammen mit meinem Weggang aus Heidelberg und der Aufnahme einer Dozententätigkeit an der Universität Utrecht. Meine Erinnerung an Heidelberg wird immer geprägt sein von Dankbarkeit für viele Jahre größtmöglicher Freiheit des Denkens und Arbeitens und dafür, einen wissenschaftlichen Mentor gehabt zu haben, der mir wann immer nötig mit Rat und Tat zur Seite stand und jederzeit ein Vorbild an wissenschaftlicher Kreativität und menschlicher Integrität war und sein wird.

Peter Lampe danke ich für ein ausführliches Korreferat mit wichtigen Anregungen; Christoph Burchard hat meine Arbeit über viele Jahre mit Gutachten und vor allem mit Sympathie und stimulierendem Interesse begleitet und gefördert.

In den verschiedenen Stadien der Entstehung der Arbeit habe ich Anregungen von vielen weiteren Personen bekommen und in verschiedensten Kontexten Teile der Arbeit vorgestellt und von den Diskussionen darüber profitiert. Nur wenigen kann ich an dieser Stelle danken. Neben der Heidelberger Neutestamentlichen Sozietät und dem Oberseminar war vor allem der Theißensche Montagskreis wichtig, wo dauerhafte Kontakte und Freundschaften entstanden. Viel verdanke ich den halbjährlichen Neutestamentlerinnen-Treffen der European Society of Women in Theological Research (ESWTR), wo ich in einzigartiger Weise fachliche, durchaus auch kritische Kompetenz verbunden mit persönlicher Wertschätzung und Unterstützung gefunden habe. Wichtige DiskussionspartnerInnen über einen größeren Teil der Entstehungszeit dieses Buches waren mir Petra von Gemünden, Judith Hartenstein, Christina Jeremias-Hofius, Brigitte Karl, Silke Petersen, Hanna Roose, Astrid Schlüter, Angela Standhartinger, Elke Tönges, David Trobisch, Annette Weißenrieder. Viele weitere Freundinnen und Freunde, die mit durch die Höhen und Tiefen der vergangenen Jahre gegangen sind, bleiben zwar namentlich ungenannt, aber ihr teilweise bedeutender Beitrag zum Gelingen in Zeiten sinkenden Mutes soll nicht verschwiegen werden.

Für Unterstützung bei der Literaturbeschaffung, beim Korrekturenlesen und nicht zuletzt der Umstellung auf die neue Rechtschreibung danke ich Silke Rittmann, Ariane Gutzeit, Sabine Bayreuther und Tobias Walkling. Angelika Berlejung und Volker Erbacher boten mir großzügig Kost und Logie mit Blick auf das Heidelberger Schloss in der Schlussphase der Drucklegung.

Das Land Baden-Württemberg förderte die Arbeit an der Dissertation durch ein einjähriges Promotionsstipendium und hat während der übrigen Zeit als Arbeitgeber meinen Lebensunterhalt finanziert. Druckkostenzuschüsse gewährten dankenswerter Weise die Evangelische Kirche von Westfalen und das Kirchenamt der VELKD. Der Stiftung der Universität Heidelberg, die mir für die Promotion den Ruprecht-Karls-Preis verliehen hat, habe ich für die erwiesene Auszeichnung und das damit verbundene Preisgeld zu danken, das ebenfalls zur Drucklegung beiträgt.

Max Küchler, Peter Lampe und Gerd Theißen danke ich für die Aufnahme in die Reihe NTOA/StUNT, Reinhilde Ruprecht und den Mitarbeiterinnen und Mitarbeitern des Verlages für die kompetente Betreuung.

Widmen möchte ich das Buch meiner Familie, die mir über all die Jahre beständig praktische Hilfe und emotionalen Rückhalt gegeben hat.

Utrecht im August 2003   Annette Merz

INHALT

III. DIE PASTORALBRIEFE UND IHRE PRÄTEXTE:
DIE FIKTIVE SELBSTAUSLEGUNG DES PAULUS

IV. ERGEBNISSE UND AUSBLICK

I. EINLEITUNG

1. Exegese als Intertextualitätsforschung: Ansatz und Zielsetzung dieser Untersuchung

„Exegese als Intertextualitätsforschung" – das umschreibt kein Programm, sondern eine zu wenig im Bewusstsein der Disziplin verankerte Tatsache. Die wissenschaftliche Erforschung des Alten und Neuen Testaments beschäftigt sich schon immer mit dem Phänomen der Intertextualität. Ob man die einem Text zugrundeliegenden schriftlichen Quellen und die aufgenommenen mündlichen Traditionen zu eruieren versucht, sich bemüht, durch Vergleiche mit antiker Literatur die Gattungen biblischer Texte zu bestimmen, ob man theologische oder ethische Grundüberzeugungen der Urchristenheit durch religionsgeschichtliche Vergleiche im Spektrum antiker Glaubens- und Wertvorstellungen verortet oder ob man die textgewordenen Niederschläge bestimmter geschichtlicher Ereignisse oder spezifischer Gemeindesituationen in einem Text feststellt und für die Interpretation fruchtbar macht, ob man textkritische Entscheidungen fällt oder die Theologie eines biblischen Verfassers oder Textes in Aufnahme und Weiterentwicklung vorausgehender theologischer Entwürfe beschreibt, immer ist die Bezogenheit des auszulegenden Textes auf andere Texte ein zentraler Aspekt der exegetischen Arbeit. Selten jedoch wurde und wird diese Gemeinsamkeit zum Gegenstand methodischer Reflexion gemacht – m.E. zum Schaden der Exegese. Die in den Literatur- und Kulturwissenschaften seit Ende der 60er Jahre intensiv diskutierten Konzepte von Intertextualität bieten nämlich ein großes heuristisches und methodisches Potenzial zur Weiterentwicklung exegetischer Fragestellungen und exegetischer Methodik. Denn der 1966/67 von Julia Kristeva in Weiterentwicklung und Zuspitzung von Michail Bachtins Theorie der Dialogizität geprägte Begriff Intertextualität[1] stellt eine in ihrer Globalität bis dahin unerkannte texttheoretische Kategorie zur Verfügung, die es ermöglicht, unterschiedlichste Textphänomene und Rezeptionsmechanismen als einer gemeinsamen Dimension der Sprache, nämlich der

---

[1] Vgl. die immer wieder zitierte erste Verwendung des Begriffs: „...tout texte se construit comme mosaïque de citation, tout texte est absorption et transformation d'un autre texte. A la place de la notion d'intersubjectivité s'installe celle d'*intertextualité*, et le langage poétique se lit, au moin, comme *double*." (J. Kristeva, Semeiotike, 146). Da sich die textanalytisch ausgerichtete Intertextualitätsforschung, der die vorliegende Arbeit verpflichtet ist, weit von Kristevas Gesamtansatz entfernt hat, werde ich ihn nicht ausführlich diskutieren, vgl. aber u. S. 14–17; 17–18 und die vorzügliche Darstellung durch M. Pfister, Konzepte, 5–11.

intertextuellen Dimension oder Sphäre, zugehörig zu erkennen. Obwohl die Ausprägungen und Funktionen von Intertextualität zeit- und kulturabhängig z.T. recht verschieden sind, wurden besonders in interpretationspragmatisch ausgerichteten literaturwissenschaftlichen Untersuchungen etliche abstrakt beschreibbare, allgemein gültige Gesetzmäßigkeiten erkannt, unter denen sich der Bezug von Texten auf Texte bei der Textproduktion und der Textrezeption vollzieht. Die Ergebnisse dieses ausgedehnten Forschungsfeldes könnten für alle Bereiche exegetischer Arbeit fruchtbar gemacht werden und sollten nicht, wie es bisher überwiegend der Fall gewesen ist, nur von TheoretikerInnen genutzt werden, die rezeptionsorientierten oder dezidiert poststrukturalistischen Ansätzen verpflichtet sind.[2] In den Kultur- und Literaturwissenschaften finden wir längst ein bei aller grundsätzlichen Konkurrenz sich gegenseitig befruchtendes Nebeneinander von poststrukturalistischen Intertextualitätstheorien, deren Zielrichtung eine den Text via Intertextualität dekonstruierende Lektüre ist, und strukturalistischen oder hermeneutischen Modellen und interpretationspragmatischen Ansätzen, deren Ziel es ist, die intertextuelle Dimension eines Textes in der vom Text selbst verlangten Weise zur Sinnkonstitution im Rezeptionsprozess heranzuziehen. Ein ähnliches Nebeneinander – zu dem es bereits Ansätze gibt[3] – wäre m.E. in der Exegese erstrebenswert. Es verlangt allerdings den Abbau von Berührungsängsten. ForscherInnen, die im Feld konventioneller exegetischer Methoden arbeiten, müssen ohne Scheu vor ungewohnter Terminologie und radikalen Texttheorien Methode und Ergebnisse intertextuell arbeitender LiteraturwissenschaftlerInnen daraufhin untersuchen, welches Potenzial zur Weiterentwicklung eingeführter exegetischer Fragestellungen sie enthalten. ExegetInnen, die die Intertextualitätsforschung primär zur Erschließung neuer (z.B. rezeptionsästhetisch inspirierter) Fragestellungen und Methoden innerhalb der Exegese nutzen, sollten ihr oft im Gewand einer Tatsachenbeschreibung einherkommendes Vorurteil überprüfen, die Integration intertextualitätstheoretischer Erkenntnisse in traditionelle Methoden könne nicht

---

[2] Vgl. z.B. die überwiegende Zahl der Beiträge in Semeia 69/70 (1995), Themenheft „Intertextuality and the Bible"; I. R. Kitzberger, Wasser; dies., Love; E. van Wolde, Trendy Intertextuality?; U. Bail, Schweigen u.v.m. Glücklicherweise sind nicht alle dieser Beiträge in ihrer theoretischen Basis so dogmatisch wie T. R. Hatina, Intertextuality, 28–43, der die im Titel gestellte Frage „Intertextuality and Historical Criticism in New Testament Studies: Is There a Relationship?" folgendermaßen beantwortet: „Both sides seem to be separated by an unbridgable chasm. And at the present time ‚intertextuality' clearly belongs to the poststructuralistic side." (42)

[3] So bestehen die Sammelbände S. Draisma (ed.), Intertextuality in Biblical Writings (1989); D. N. Fewell (ed.), Reading Between Texts. Intertextuality and the Hebrew Bible (1992); C. Evans / S. Talmon (eds.), The Quest for Context and Meaning. Studies in Biblical Intertextuality in Honor of J. A. Sanders (1997); J. C. de Moor (ed.), Intertextuality in Ugarit and Israel (1998) teilweise oder überwiegend aus Beiträgen, die sich um eine Verbindung traditioneller exegetischer Methodik mit der Intertextualitätsforschung bemühen.

mehr sein als ein Etikettenschwindel und ließe die Intertextualitätsforschung zur banalen Quellen- und Einflussforschung verkommen.[4]

Die vorliegende Arbeit möchte zeigen, wie intertextualitätstheoretische Erkenntnisse für verschiedene Aspekte der Pastoralbriefexegese (als einem Paradigma der Auslegung pseudopaulinischer Briefe überhaupt) fruchtbar gemacht werden können. Das übergreifende Ziel aller Untersuchungen ist eine Annäherung an den intertextuellen und historischen Ort[5] der Pastoralbriefe. Denn ihre (diachrone) „Eingliederung" in die literarischen wie historischen Entwicklungslinien und ihre (synchrone) „Verortung" in einem konkreten historischen Kontext und literarischen Bezugsfeld ist alles andere als geklärt. Im ersten Hauptteil (II) untersuche ich die früheste Rezeptionsgeschichte der Pastoralen, die, wie zu zeigen sein wird, bei Ignatius von Antiochien und Polykarp von Smyrna beginnt. Dabei überführe ich traditionelle exegetische Methoden zum Nachweis literarischer Abhängigkeit in ein intertextualitätstheoretisch reflektiertes Modell zum Nachweis unterschiedlicher Intensitäten von intertextuellen Bezugnahmen. Da die Pastoralbriefe, soweit sie überhaupt bekannt sind, den frühesten RezipientInnen als Paulusbriefe begegnen, muss die Pastoralbriefrezeption als Teilbereich der Paulusrezeption wahrgenommen werden. Für alle untersuchten Texte erweist sich die intertextuelle Sinnkonstitution durch Verweise auf das die Pastoralbriefe enthaltende Corpus Paulinum als wichtige auktoriale Strategie. Der erste Hauptteil versucht auf diesem Weg zu zeigen, dass die alte Frage nach literarischer Benutzung von Quellen (hier der Pastoralbriefe) überzeugender als bisher geklärt werden kann, wenn sie gestellt wird im Horizont einer umfassenden Theorie der Sinnkomplexion durch intertextuelle Bezugnahmen auf Vorgängertexte.

Im zweiten Hauptteil untersuche ich, an welchem Ort innerhalb der Paulustradition sich die Pastoralbriefe durch die in sie eingeschriebenen intertextuellen Bezüge auf frühere Paulusbriefe und die sonstige Paulustradition selbst situieren. Hier ist zunächst eine grundlegende Analyse der intertextuellen Dimension der paulinischen Pseudepigraphie zu leisten, aus der sich weitreichende hermeneutische Konsequenzen ableiten lassen. Der durch die sog. intertextuelle Präsuppositionsstruktur[6] durchgängig gegebene sinnkonstitutive Bezug auf die literarische und außerliterarische Paulustradition hat

---

[4] Zu diesem Vorwurf s.u. S. 17–18. M.E. müssten gerade InterpretInnen, die sich dem poststrukturalistischen Paradigma verpflichtet fühlen, von ihrem eigenen Theoriehintergrund, der die totale Bestimmtheit durch die Intertextualität behauptet, imstande sein zu sehen, dass einem so vielgesichtigen und vielschichtigen Phänomen nicht nur ein einziger Zugang angemessen sein kann.

[5] Zum „intertextuellen Ort" siehe ausführlicher u. S. 18ff.

[6] Zu diesem Begriff s.u. S. 60ff.

bisher unerkannte Folgen für die Textinterpretation und birgt Chancen für Rückschlüsse auf die konkrete Abfassungssituation. An ausgewählten Beispielen soll demonstriert werden, wie die fiktive Selbstauslegung des Paulus in den Pastoralbriefen, die auch das Verständnis der authentischen Paulinen verändern möchte, literarisch und historisch eingeordnet werden kann.

Vor der konkreten Zuspitzung und Anwendung auf bestimmte Teilbereiche der Pastoralbriefexegese gebe ich im Folgenden (I 2.1–7) einen orientierenden Überblick über das Phänomen der Intertextualität und fundamentale Analysekategorien, die sich in der literaturwissenschaftlichen Intertextualitätsforschung bewährt haben. Weder ist ein Forschungsbericht über die Entwicklung des Begriffs und der Konzepte von Intertextualität beabsichtigt,[7] noch ist Vollständigkeit bei der Berücksichtigung theoretischer und analysepraktischer Werke angestrebt.[8] Es geht mir vielmehr darum, einen Überblick über unterschiedliche Zugangsweisen zum Phänomen der Intertextualität zu geben, um meine in den beiden Hauptteilen folgenden eigenen Beiträge im Feld der Theorien zu lokalisieren, ferner darum, grundlegende Begriffe zu definieren. Ich werde allerdings auch schon in diesem Abschnitt immer wieder Beispiele aus dem Neuen Testament (und überwiegend aus den Pastoralbriefen) heranziehen, um die Relevanz der Theorien zu veranschaulichen, deren „Entstehungszusammenhang" ja in aller Regel die Interpretation (post)moderner europäischer und amerikanischer Literatur ist.

---

[7] Vgl. dazu O. Ette, Intertextualität. Ein Forschungsbericht mit literatursoziologischen Anmerkungen, 497–522; T. E. Morgan, Intertext, 1–40; sowie Themenhefte zur Intertextualität folgender Zeitschriften: New York Literary Forum 2 (1978); Poétique 27 (1976); texte (Revue de critique et de théorie littéraire) 2 (1983); American Journal of Semiotics 3/4 (1985).

[8] Vgl. dazu D. Bruce, Bibliographie annotée, 217–258; U. J. Hebel, Intertextuality, Allusion, and Quotation. An International Bibliography of Critical Studies; H.-P. Mai, Intertextual Theory – A Bibliography, 237–250.

2. Theoretische Grundlegung: das Phänomen der Intertextualität und seine Analyse

2.1 Ebenen des Intertextualitätsbegriffs

Die Polysemie des Begriffs Intertextualität und der sich in verschiedenen Ausprägungen von Intertextualitätstheorien anlagernder Unterbegriffe wird allerorten beklagt. „Zwischen ‚Subtext‘, ‚Hypotext‘, ‚Hypertext‘, ‚Anatext‘, ‚Paratext‘, ‚Intertext‘, ‚Transtext‘, ‚Text im Text‘ – im Verbund mit ‚Geno-‘, ‚Phänotext‘, ‚Metatext‘ und ‚Autotext‘ ... oszilliert die Terminologie, jeweils Nuancen des komplexen Phänomens des Text-Text-Kontaktes zu benennen.“[1] Dieser Befund zwingt alle, die einen Beitrag zur Erforschung von Intertextualität leisten wollen, zu klaren Definitionen und gelegentlich auch zum Verzicht auf besonders von Begriffsverwirrung betroffene Ausdrücke. Daher sollen zunächst einige der wichtigsten Begriffe, mit denen ich im Verlaufe dieser Arbeit die Komponenten im Text-Text-Kontakt benennen werde, erläutert werden.

Intertextualität verwende ich als Oberbegriff, der potenziell alle möglichen Beziehungen zwischen Texten umfasst.[2]

In der Intertextualitätsforschung werden verschiedene Begriffspaare verwendet, um die *beiden Texte* zu bezeichnen, die bei einer konkreten intertextuellen Bezugnahme interagieren, z.B.[3]

alludierender Text:	alludierter Text:
Haupttext	Prätext
hypertexte	hypotexte
target text	source text
quotation text	pre-text
primary text	referent text
adoptive text	adopted text
referierender Text	Bezugstext
Phänotext	Referenztext
surface context	infracontext

---

[1] R. Lachmann, Ebenen des Intertextualitätsbegriffs, 133.

[2] Vgl. ähnlich P. D. Miscall, Isaiah, 44: „‚Intertextuality‘ is a covering term for all the possible relations that can be established between texts.“

[3] Nach J. Helbig, Markierung, 76. Das letzte Paar stammt von C. Schaar, Vertical Context Systems.

Fast alle diese Termini führen Assoziationen mit sich, die irreführend sind oder nur einen Teilbereich der relevanten Aspekte abdecken, z.B. betonen „Prätext" und noch mehr „source text" die chronologische Zuordnung und Abhängigkeitsbeziehung, die bei der Aktualisierung einer intertextuellen Beziehung, die in einer *gleichzeitigen* Beteiligung zweier Texte an der Sinnstiftung besteht, meist nicht im Vordergrund der Wahrnehmung steht. Als Pendant zum Phänotext erwartet man den Genotext oder den Kryptotext, adoptive und adopted text rufen im Deutschen falsche Assoziationen hervor.[4] Da keines dieser Paare allgemein Verwendung findet und theoretisch voll überzeugt, werde ich den anspielenden Text in aller Regel einfach nur „Text" nennen, gegebenenfalls erweitert durch ein verdeutlichendes Adjektiv (anspielender / zitierender / alludierender Text). Den aufgenommenen Text nenne ich Prätext, Referenztext, Bezugstext.

Das Textsegment, das „als Schnittmenge von präsentem Text und Referenztext betrachtet werden kann" nenne ich meist „intertextuelle Referenz / Bezugnahme", „intertextuellen Verweis", „Anspielung", „Allusion", „Zitat", gelegentlich auch (mit J. Helbig) „intertextuelle Einschreibung oder Spur".[5]

„*Allusion*" ist dabei – neueren Tendenzen in der literaturwissenschaftlichen Diskussion entsprechend, als *Oberbegriff* für alle Formen der Verweisung unabhängig von ihrer Deutlichkeit und Wörtlichkeit zu verstehen, schließt also das „Zitat" als Spezialfall allenfalls geringfügig abweichender wörtlicher Reproduktion eines Prätextes ein.[6]

Den Begriff *„Intertext"* werde ich möglichst wenig verwenden, da ihm in verschiedenen Ansätzen inkompatible Bedeutungen zuerkannt werden und sich eine einheitliche Verwendung nicht abzeichnet. Nach einer ersten Gruppe von Autoren ist *jeder Text* als Intertext zu begreifen. „The text is not an autonomous or unified object, but a set of relations with other texts. ... Every text is intertext." (V. B. Leitch)[7] Daraus folgt konsequenterweise die Negierung der Existenz von Einzeltexten und der Gegenüberstellung von Prätext / Referenztext vs. Phänotext / (referierender) Text als eigenständiger Größen. H. Bloom formuliert pointiert: „there are *no* texts, but only rela-

---

[4] Weitere Probleme der Begriffspaare diskutiert J. Helbig, Markierung, 77.

[5] J. Helbig, Markierung, 80.

[6] Vgl. Z. Ben-Porat, The Poetics of Literary Allusion, 105–128; S. 107 wird die literary allusion definiert als „the simultaneous activation of two texts", vgl. auch H. Bloom, Map, 126 zum Wandel im Sprachgebrauch von „allusion"; U. J. Hebel, Poetics, 135–142 („Allusion as *Intertextual Device*"). Einen guten Überblick über die Forschung zu Zitat / Allusion gibt U. J. Hebel, Textarchäologie, 36–52.

[7] Deconstructive Criticism, 59. Vgl. ähnlich C. Grivel, Thèses, 240 (Il n'est de texte que d'intertexte); L. Jenny, La stratégie, 267 und R. Barthes, Texte, 1015: „tout texte est un *intertexte* ; d'autres textes sont présents en lui, à des niveaux variables, sous des formes plus ou moins reconnaissables : les textes de la culture antérieure et ceux de la culture environnante...".

tionships *between* texts".[8] Demgegenüber bezeichnet M. Riffaterre die Gesamtheit der Prätexte oder Referenztexte eines Textes im Moment der Rezeption als Intertext:[9] Auch ein einzelner Referenztext aus diesem „intertext proper" kann als Intertext bezeichnet werden; diese AutorInnen verwenden Intertext also synonym zu Prätext / Referenztext / hypotexte etc.[10] Schließlich ist der poststrukturalistische Sprachgebrauch zu nennen, nach dem der texte général als Intertext eines jeden Textes betrachtet werden muss, zugrunde liegt hier die von J. Derrida u.a. vertretene Vorstellung von der nur sprachlich vermittelt erfahrbaren Wirklichkeit („Il n'y a pas de hors-texte"[11]), so dass der universale Intertext omnipräsent ist. So formuliert R. Barthes: „Et c'est bien cela l'intertexte: l'impossibilité de vivre hors du texte infini."[12]

Nicht verwenden werde ich ferner die extensive und vom Normalgebrauch stark abweichende Nomenklatur von G. Genette. Wo ich mich auf „Palimpsestes" beziehe, seinen wichtigsten Beitrag zur Intertextualitätsforschung, die er nunmehr als Erforschung der „Transtextualität" (früher: „Paratextualität") versteht, werde ich seine Aussagen jeweils in die Terminologie übersetzen, die ich durchgängig verwende.

Weitere Definitionen werden in den folgenden Abschnitten sukzessive erarbeitet. Wie am Beispiel des Terminus „Intertext" schon ansatzweise deutlich wurde, ist über die gelegentlich ausufernde Subterminologie zur Intertextualität hinaus vor allem die Tatsache problematisch, dass verschiedene Ansätze bezüglich der Art der untersuchungsrelevanten intertextuellen Beziehungen und der grundsätzlichen Zielrichtung, mit der die Erforschung von Intertextualität betrieben wird, teilweise stark divergieren. Um nicht den Überblick zu verlieren und auch nicht vorschnellen Vereinfachungen zu erliegen, erscheint mir die von Renate Lachmann vorgeschlagene Unterscheidung von drei „Ebenen des Intertextualitätsbegriffs" hilfreich, d.h. einer texttheoretischen, einer textanalytischen und einer literatur- bzw. kulturkritischen Ebene. In *texttheoretischer Perspektive* ist zu fragen, wie sich Textualität und Intertextualität zueinander verhalten. Ist Intertextualität eine Bedingung für Textualität, so dass jeder Text eine intertextuelle Dimension hat, oder kann man intertextuell strukturierte von nicht-intertextuellen Texten unterscheiden? In *textanalytischer Perspektive* ist danach zu fragen, wie

---

[8] Map, 3.

[9] M. Riffaterre, Syllepsis, 626: „The intertext proper is the corpus of texts the reader may legitimately connect with the one before his eyes, that is, the texts brought to mind by what he is reading."

[10] „Intertext – one or more of the ‚texts' that make up the intertextual mosaic" (G. A. Aichele / G. A. Phillips, Glossary, Semeia 69/70 [1995] 300); ähnlich T. K. Beal, Glossary, 23; vgl. auch den Titel des Aufsatzes von T. E. Morgan: „Is There an Intertext in This Text?".

[11] Grammatologie, 227.

[12] Le plaisir du texte, 59 (dt.: 53f.).

man einen leistungsfähigen deskriptiven Apparat entwickeln kann, „um spezifische Strategien der Intertextualität und deren Funktion zu beschreiben."[13] Das *literatur- und kulturkritische Potenzial* des Intertextualitätsbegriffs, „bestehende Konzepte zur Literatur (Einmaligkeit, Abgeschlossenheit, strukturierende Totalität, Systemhaftigkeit) in Frage" zu stellen oder jedenfalls bis zu einem gewissen Grad zu relativieren, benennt eine dritte Ebene.[14] Natürlich sind diese drei Ebenen nicht voneinander *zu trennen*, jeder theoretische Ansatz setzt explizit oder implizit eine Stellungnahme zu jeder der drei Fragestellungen voraus, aber es liegt m.E. ein großes methodisches und heuristisches Potenzial darin, sie *zu unterscheiden*. Dies ermöglicht es nämlich, bestimmte in der vorfindlichen Forschungslandschaft dominante Verbindungen von Antworten auf die drei genannten Fragen zu entkoppeln. So ist von Julia Kristeva, die den Begriff intertextualité geprägt hat, eine Verbindung von einem (texttheoretisch) weiten Intertextualitätsverständnis mit poststrukturalistischer Literatur- und Kulturkritik vorgegeben und hat weite Verbreitung gefunden. Doch ist diese Verbindung keinesfalls notwendig. Andererseits legen LiteraturwissenschaftlerInnen, die an einer präzisen Beschreibung der literarischen Verfahren zum Bedeutungsaufbau durch Intertextualität interessiert sind, häufig einen eingeschränkten Begriff von Intertextualität zugrunde, wollen etwa nur deutlich markierte und identifizierbare Bezugnahmen auf literarische Werke als Intertextualität gelten lassen. Die Ergebnisse dieser textanalytisch arbeitenden AutorInnen werden jedoch nicht – jedenfalls nicht zwangsläufig – hinfällig, wenn man einen texttheoretisch weiter gefassten Intertextualitätsbegriff zugrundelegt.

2.1.1 Die texttheoretische Ebene: Textualität und Intertextualität

Die Diskussion über Textualität und Intertextualität kreist um die Frage, ob es sinnvoll ist, Intertextualität in einem weiten Sinne als Oberbegriff für die unentrinnbare Bezogenheit von Texten auf andere Texte zu bezeichnen oder ob nur ausgewählte Formen von Bezugssetzungen als Intertextualität bezeichnet werden sollen.[15] So wollen viele nur literarische oder poetische Texte als intertextuell konstituiert betrachten oder schränken sogar noch stärker ein und plädieren wie Wolfgang Preisendanz dafür, „dass Intertextualität nicht als universelles Prinzip ästhetischer Literatur bzw. Rezeption erscheint, sondern als eine Möglichkeit, eine Alternative, ein Verfahren des

---

[13] R. Lachmann, Ebenen des Intertextualitätsbegriffs, 134.
[14] R. Lachmann, Ebenen des Intertextualitätsbegriffs, 133.
[15] Vgl. M. Pfister, Konzepte, 11–20 unter der Überschrift: „Universaler Intertext vs. spezifische Intertextualität".

Bedeutungsaufbaus literarischer Werke".[16] Ein so eingeschränkter Intertextualitätsbegriff dient vor allem zwei legitimen Interessen: einerseits der analysepraktischen Operationalisierbarkeit, andererseits der Konzentration auf die erkennbar sinnvermehrenden Formen von Intertextualität. In texttheoretischer Perspektive jedoch scheinen solche Einschränkungen insuffizient. Weder ist es möglich, eine ontologische Differenz zwischen literarischen und nicht-literarischen Texten festzustellen. Noch lassen sich bestimmte intertextuelle Verfahren des Bedeutungsaufbaus etwa durch explizite Zitate, Parodie, Travestie, Imitation als *prinzipiell* unterschieden erweisen gegenüber der textuellen Sinnkonstitution ohne gezielte Bezugnahme auf Prätexte. Denn erstens entsteht auch ein nicht auf expliziten Prätextverweisen basierender Text durch Verwendung von Worten und sprachlichen Konventionen, die vielfach durch frühere Verwendung geprägt sind und einen Nachklang dieser früheren Verwendungen immer mit sich führen. Oder wie es Laurent Jenny – m.E. allerdings in unzulässiger Verengung auf literarische Werke – ausdrückt: ohne die intertextuelle Dimension bliebe ein Text unverständlich als wäre er in einer unbekannten Sprache geschrieben.[17] Hinzu kommt zweitens, dass bei der Rezeption jeder beliebige Textausschnitt mit jedem beliebigen anderen Text verknüpft und dadurch ein ganz spezifischer neuer Sinn erzeugt werden kann, wie subjektiv begrenzt dieser auch immer sein mag. Was zur sinnvermehrenden Anspielung wird, entscheidet letztlich immer der Rezipient / die Rezipientin. Aus diesen beiden Gründen ist es nicht möglich, texttheoretisch intertextuell strukturierte von nicht-intertextuell strukturierten Texten zu unterscheiden. Vielmehr erweist es sich als sinnvoll, den weitest möglichen Intertextualitätsbegriff zugrunde zu legen, nach dem Intertextualität die „Implikativität" von Texten bezeichnet.[18] Die *intertextuelle Dimension* eines Textes umfasst demnach die Summe aller seiner aktuellen und potenziellen Außenreferenzen im Unterschied zu den Binnenreferenzen (der *intratextuellen Dimension*).[19] In die-

---

[16] W. Preisendanz, Beitrag, 26f.

[17] „Hors de l'intertextualité, l'œuvre littéraire serait tout simplement imperceptible, au même titre que la parole d'une langue encore inconnue." La stratégie de la forme, 257.

[18] Vgl. R. Lachmann, Ebenen, 133.

[19] An der Betonung dieser grundlegenden Unterscheidung ist die Umbenennung von „Intertextualität" in „Transtextualität" durch G. Genette orientiert (Palimpseste, 9). Genette schließt allerdings außertextliche Realitäten aus (a.a.O., 13 Anm. 1). Wenn ich richtig sehe, entspricht die obige Grundunterscheidung in eine intra- und eine intertextuelle Dimension derjenigen in „inner texture" und „intertexture" durch V. K. Robbins, Exploring the Texture of Texts. Anders L. Dällenbach, Intertexte et autotexte, 282–296, der die intratextuellen Bezüge mit in die Intertextualität hineinnimmt und zu einer Unterscheidung von „intertextualité *interne* et intertextualité *externe*" (282) kommt. Doch sollte man den qualitativen Unterschied auch sprachlich stärker markieren: Die intratextuellen Verweise sind von den intertextuellen klar dadurch unterschieden, dass sie im Zeichensystem des Textes manifest und daher bei der Rezeption in dominanter Weise präsent sind. Für die

sem Sinne definierte Roland Barthes 1978 in der französischen Encyclo-
paedia Universalis im Artikel „Théorie du Texte":

> „Jeder Text ist ein neues Gewebe alter Zitate. Teile von Codes, Formeln, rhythmi-
> schen Mustern, Fragmenten sozialer Sprachen usw. gehen in den Text ein und
> werden darin neu verteilt, weil es vor dem Text und um den Text immer Sprache
> gab bzw. gibt. Die Intertextualität, die Bedingung jedes Textes, kann natürlich
> nicht auf die Frage nach Quellen oder Einflüssen reduziert werden; der Intertext
> ist ein allgemeines Feld anonymer Formeln, deren Ursprung kaum je lokalisierbar
> ist; unbewusster oder automatischer Zitate, die ohne Anführungszeichen angeführt
> werden."[20]

In texttheoretischer Perspektive verweist jeder Text tatsächlich in allen seinen Elementen und auf verschiedensten Abstraktionslevel (angefangen
vom einzelnen Zeichen bis hinauf zu komplexen Strukturen, z.B. der Gattung) auf andere Texte und kann nur vor diesem Horizont verstanden werden. Es erscheint auch sinnvoll, Verweise auf außertextliche Realitäten, sei-
en diese materiell oder immateriell, einzuschließen. Nicht zufällig sprechen
wir vom Kontext und geben damit eine vortheoretische intuitive Einsicht in
die Gesetzmäßigkeit zu erkennen, dass die ganze außerliterarische Realität
immer nur als be-sprochene, durch Sprache gedeutete zugänglich ist und im
Text auch nur als solche einen „vertexteten" Niederschlag findet. Die Erforschung der intertextuellen Dimension eines Textes umfasst so verstanden
auch Fragestellungen der Literatursoziologie.[21]

Da das Wort *Kontext* vorzüglich geeignet ist, die Bezogenheit auf außertextliche Gegebenheiten zu bezeichnen, spreche ich, um Missverständnissen
vorzubeugen, vom *Ko-Text*, wenn ich das textuelle Umfeld einer Textpassage untersuche. Die intertextuelle Dimension besteht somit aus aktuellen
und potenziellen Kontextbezügen und Prätextbezügen, sie verleiht dem vielfältig strukturierten Gewebe des Textes (der intra- oder kotextuellen Ebene)
gewissermaßen Tiefenschärfe.

Legt man einen solch weiten Text- und Intertextualitätsbegriff zugrunde,
dann entsteht, wählt man eine Raummetapher, das Bild von einem Universum der Texte, in dem sich jeder Text durch Nähe und Ferne zu anderen
Texten situiert. Dieses Universum ist ständig in Bewegung, die Konstellationen wandeln sich mit jedem neu hinzukommenden Text. Auch jeder Leser, jede Leserin wäre in diesem Bild ein weiterer Text, der sich zu Texten
in Beziehung setzt und je nach verfügbarem eigenem Texthorizont (der sich

---

RezipientInnen dürften sie in aller Regel auch eine privilegierte Bedeutung bei der Sinnstiftung
einnehmen. Zum Zusammenspiel der intra- und der intertextuellen Ebene vgl. u. S. 36–56.

[20] Im Original a.a.O., 1015; die Übersetzung nach W. Kolb aus J. Hawthorn, Grundbegriffe, 151.

[21] Vgl. dazu den „Forschungsbericht mit literatursoziologischen Anmerkungen" von O. Ette,
Intertextualität, 497–522, bes. 498–501.512–519.

u.a. aus der sozio-kulturellen Verortung [Bildung etc.] und dem historischen Abstand ergibt) eine ganz bestimmte Perspektivierung vornehmen wird. Wählt man Klangmetaphern, dann ergibt sich das Bild einer „Klangwolke", die jeden Text umgibt, vom „Rauschen der Intertextualität", das jede Textproduktion und Textrezeption begleitet, vom Text als „chambre d'echo"[22] und „l'espace stéréographique" (Roland Barthes).[23] Mit Michael Riffaterre ist jeder Text, abstrakt ausgedrückt, „un ensemble de présuppositions d'autre textes"[24] und die Erfassung der durch diese „intertextuelle Präsuppositionsstruktur"[25] gegebenen „vielfältige[n] Bestimmtheit und Bezogenheit" ist „eine unendliche Aufgabe, die zwar theoretisch postulierbar, faktisch aber nicht einlösbar ist."[26]

Das skizzierte Textmodell, nach dem Intertextualität die Bedingung für Textualität ist und das deutlich Impulse des Poststrukturalismus aufnimmt, ist anschlussfähig für verschiedene Konzeptionen von Intertextualität und verschiedene Zielrichtungen, auf die hin Intertextualität erforscht werden sollte. So leiten poststrukturalistische TheoretikerInnen die *Dezentrierung* der Texte von der globalen Intertextualität ab und betonen die explosive Vermehrung von Interpretationsmöglichkeiten ad infinitum durch die gänzlich ins Belieben der RezipientInnen gestellten Prätextbezüge. Demgegenüber heben interpretationsorientierte Ansätze hervor, dass die in jedem Text jeweils spezifische Ausprägung der intertextuellen Bezogenheit eine ganz individuelle die *Situierung* durch die Intertextualität gewährleistet, und bemühen sich um den Nachweis, dass die durch Intertextualität hervorgerufene Vervielfältigung von möglichen Deutungen durch Signale auf intratextueller Ebene kontrolliert wird.[27] Ein vermittelndes Modell, das insbesondere die Anglisten U. Broich und M. Pfister theoretisch begründet haben und dem auch diese Arbeit verpflichtet ist, betont, dass „die generelle Präsuppositions- und Implikationsstruktur von Texten ... jeden Text auf andere Texte hin" öffnet und damit die Bedingung der Möglichkeit für spezifische Formen von intertextueller Bezugnahme (z.B. durch Zitate, Parodien, Kommentare ...) ist, die die Individualität von Texten und ihre spezifische Situierung im universalen Intertext garantieren.[28] Doch wenden wir uns zunächst kurz den Herausforderungen zu, die das poststrukturalistische Modell für alle interpretationspragmatisch orientierten Herangehensweisen bedeutet.

---

[22] R. Barthes par Roland Barthes, Paris 1975, 78.
[23] R. Barthes, S/Z, 21 (dt. 19); vgl. auch 35–37 (dt. 33–35) über den Text als Partitur, wobei dieser Vergleich, gerade was die intertextuelle Dimension betrifft, m.E. nur bedingt tragfähig ist.
[24] La syllepse intertextuelle, 496.
[25] Vgl. dazu u. S. 60ff.
[26] K. Stierle, Werk, 139.
[27] Vgl. dazu etwa K. Stierle, Werk; R. Grübel, Geburt; W. Schmid, Sinnpotentiale.
[28] Vgl. vor allem M. Pfister, Konzepte, 25ff; Das Zitat: ders., Systemreferenz, 52.

2.1.2 Die literatur- und kulturkritische Ebene des Intertextualitätsbegriffs: Dezentrierung und Dekonstruktion als notwendige Folgen?

Die Kategorie der Intertextualität wird seit Julia Kristeva zur Untermauerung poststrukturalistischer Grundüberzeugungen wie der Dezentrierung des Textes, dem Tod des Autors etc. herangezogen und führt dann zu einer die Sinnvorgaben von Texten ignorierenden radikal dekonstruierenden intertextuellen Schreib- und Lektürepraxis.[29] Ein kurzer Abschnitt aus David Lodges „akademischem Schelmenroman" (U. Eco) „Nice Work" soll die Perspektive dekonstruktivistischer Ecri/Lek/türe de/konstruktiv demonstrieren. „Nice Work" ist ein moderner Industrieroman, eine Sozialsatire, die die Auswirkungen des Thatcherismus auf die Produktionsbedingungen von Universität und Wirtschaft beschreibt, wobei die Legitimität dieses Beginnens ständig in Person der zweiten Protagonistin in Frage gestellt wird, die eine Spezialistin für den Industrieroman des 19. Jh. mit poststrukturalistischem Grundansatz ist. Im ersten Kapitel dieses Romans wird der Protagonist Victor Wilcox (Top-Manager eines maroden Unternehmens) aus der Perspektive eines allwissenden, sich selbst aber völlig bedeckt haltenden Erzählers vorgeführt, indem minutiös Morgentoilette, Frühstücksritual, Selbstgespräche etc. protokolliert werden. Überraschend begrüßt mit dem Beginn des zweiten Kapitels der Erzähler die LeserInnen mit einem vertrauten „wir" und verwickelt sie in eine so spielerisch wie hintergründige Reflexion über die Erschaffung von Subjekten durch die intertextuell strukturierte Sprache:

„Und an dieser Stelle wollen wir uns zunächst von Vic Wilcox trennen ..., um eine charakterlich ganz anders beschaffene Figur kennenzulernen. Eine Figur, die mich dadurch etwas in Verlegenheit bringt, dass sie von Begriffen wie ‚Figur' und ‚Charakter' überhaupt nichts hält. Robyn Penrose, Dozentin für englische Literatur (mit befristetem Vertrag) an der Universität Rummidge, ist der Meinung, dass ‚Charakter' im Endeffekt (ein Lieblingsausdruck von ihr) ein bourgeoiser Mythos ist ... Warum der klassische Roman mit dem Geist des Kapitalismus kollaborierte, liegt für Robyn klar auf der Hand. Beide sind Ausdruck einer säkularisierten protestantischen Ethik, beide sind angewiesen auf die Idee eines autonomen individuellen Ichs, das für sein Schicksal verantwortlich ist ... Dies gilt für den Roman als Ware wie auch als Darstellungsform (so Robyns geläufige Auslassungen im Seminar). Im Endeffekt trifft das zu auf Romanschriftsteller selbst wie auch auf ihre Helden und Heldinnen. ... Laut Robyn (oder genauer gesagt, laut Aussage jener Autoren, die ihr Denken in dieser Hinsicht beeinflussen) gibt es ein solches ‚Ich', auf dem der Kapitalismus und der klassische Roman gründen, im Endeffekt eine finite, einzigartige Seele oder Substanz, welche die Identität eines Menschen ausmacht, gar nicht, sondern es gibt nur eine Subjekt-Position in einem unendlichen Gewebe von Diskursen – dem Diskurs von Macht, von Sex, von Familie, von

---

[29] Über die dekonstruktivistische Intertextualitätstheorie informiert V. B. Leitch, Deconstructive Criticism. An Advanced Introduction.

Naturwissenschaft, Religion, Dichtung usw. Ebensowenig gibt es einen Autor, mit anderen Worten, einen Schöpfer eines Prosawerks *ab nihilo*. Jeder Text ist vielmehr das Produkt einer Intertextualität, ein Gespinst aus Anspielungen auf andere Texte und Zitaten aus anderen Texten; also, mit den berühmten Worten von Jacques Derrida (berühmt jedenfalls für Leute wie Robyn): *il n'y a pas de hors-text*, es gibt nichts außerhalb des Textes. Es gibt keine Ursprünge, es gibt nur Produktion, und wir produzieren unser ‚Ich' in Form von Sprache. Nicht ‚du bist, was du ißt', sondern ‚du bist, was du sprichst' oder vielmehr ‚du bist, was dich spricht' – das ist die unerschütterliche Grundlage von Robyns Philosophie, die sie, müßte sie ihr einen Namen geben, ‚semiotischen Materialismus' nennen würde. Man könnte diese Sicht für etwas düster, eine Spur inhuman halten (‚antihumanistisch ja, inhuman nein', würde sie einwenden), ein wenig deterministisch (‚ganz und gar nicht; der wahrhaft determinierte Mensch ist derjenige, der sich über die ihn determinierenden diskursiven Einflüsse nicht im klaren ist. Oder diejenige', setzt sie gewissenhaft hinzu, da sie unter anderem auch Feministin ist), in der Praxis aber hat man nicht den Eindruck, dass ihre Haltung davon merklich beeinflußt wird – sie hat, so scheint es, ganz normale menschliche Gefühle, Ziele, Wünsche, Sorgen, Frustrationen und Ängste, wie jeder Mensch auf dieser unvollkommenen Welt, sowie eine natürliche Neigung, gegen diese Unvollkommenheit anzugehen. Ich werde mir deshalb erlauben, sie als einen Charakter zu behandeln ...‟[30]

Wenn die literarische Figur „ein ganz normaler Mensch" ist, ist dann der Autor, die Leserin nicht doch ein literarischer Charakter? Lodge (geb. 1935), der von 1960–1987 Professor für Moderne Englische Literatur an der Universität Birmingham war, führt überzeugend vor, wie auch ein Autor, der dem poststrukturalistischen Ansatz kritisch gegenübersteht, nicht unberührt von der Krise des Subjekts bleibt.

Was nun die Intertextualitätsdiskussion im engeren Sinne betrifft, so besteht die poststrukturalistische Herausforderung vor allem in der Frage, ob die durch die intertextuelle Struktur von Textualität faktisch unleugbar gegebene unendliche Korrelierbarkeit von Texten durch die RezipientInnen tatsächlich die Texte in dem Maße dezentriert, dass sie die Suche nach „Grenzen der Interpretation" desavouiert. Bejaht werden muss diese Frage auf jeden Fall für bestimmte Ausschnitte der Gegenwartsliteratur, nämlich für hoch intertextuelle modernistische Texte, die bereits die im Poststrukturalismus „postulierte Krise der Subjektivität reflektieren oder bereits im Horizont einer globalen Intertextualitätstheorie entstanden sind."[31] Denn solche Werke schreiben in der Struktur ihres impliziten Lesers eine Rezeptionshaltung vor, die am universalen Intertext und dem *regressus ad infinitum* orien-

---

[30] David Lodge, Saubere Arbeit (aus dem Englischen von Renate Orth-Guttmann), 39–41. Dass Lodge mit dem akademischen Schelmenroman eine neue Gattung kreiert habe, schrieb U. Eco im L'Espresso (Zitat aus dem Klappentext).
[31] M. Pflister, Konzepte, 10.

tiert ist.[32] Die „Dezentrierung" gehört hier zu den Vorgaben des Textes selbst und ist vom Autor intendiert.

Allerdings macht man es sich zu einfach, wenn man das mit der globalen intertextuellen Verweisstruktur von Texten gegebene Problem der möglichen Auflösung der Einheit eines Sprachkunstwerks allein als Folge eines historisch spezifischen Axioms der Poetik der Moderne und Postmoderne sieht.[33] Man muss sich nämlich fragen, ob das über alle Zeiten bestehende Phänomen der intertextuellen Rezeption von Texten, sofern diese einen völlig neuen Sinn hervorbringt, als Beweis für die Dezentrierung eines Werkes durch seine intertextuelle Struktur gelten kann,[34] die ja laut unserer Definition auch die potenzielle / zukünftige Anknüpfung umfasst. Ohne jeden Zweifel speisen sich viele, wenn nicht die Mehrzahl der wichtigsten Werke der Literatur- und Geistesgeschichte aus intertextuellen Bezugnahmen auf frühere Werke, welche die Sinnvorgaben der Referenztexte souverän ignorieren, sei es in einer programmatisch oder unreflektiert subjektiven Lektürepraxis oder unter Leitung von hermeneutischen Konzeptionen, die den Rezeptionsvorgaben der Texte zuwiderlaufen.

Man könnte die Homerrezeption im Altertum anführen und an deren exotischste Blüte in der zugleich textgetreuen und textignoranten Lektüre im Cento denken[35] oder ausgewählte Stationen der Rezeptionsgeschichte der Bibel zusammenstellen, wobei besonders allegorische Interpretationen nach heutigem Verständnis durchaus den Vorwurf rechtfertigen könnten, die Texte ihrer zentralen Inhalte beraubt, sie also de-zentriert zu haben. Im vorliegenden Zusammenhang ist vielleicht interessanter, auf einen unmittelbar mit dem Aufkommen der Intertextualitätstheorie verbundenen Fall von „misreading" hinzuweisen.

So beruht die erste Formulierung des Prinzips der Intertextualität durch Julia Kristeva[36] auf einer Bachtin-Lektüre, die dessen Intentionen in mehrfacher Hinsicht zuwiderläuft. Besonders zwei gravierende Verschiebungen der Bachtinschen Theorie der

---

[32] M. Pfister, Konzepte, 24. Vgl. die Analyse eines unter diesen Prämissen geschriebenen postmodernen Romans durch J. C. Schöpp, „Endmeshed in endlanglementes." Intertextualität in Donald Barthelmes *The Dead Father*, 332–348.

[33] Vgl. R. Warning, Imitatio, 300: „Wenn Derrida und Kristeva die[...] Dialektik von intertextueller *différance* und diskursiver Einheit der Rede (...) ignorieren, so können sie das nur unter der Voraussetzung von Fiktionen, die Metapher der semiotischen Differenz selbst sind. Diese Voraussetzung aber wird erst von der Moderne eingelöst, kann nicht normativ generalisiert werden. Vielmehr muß unter dem Aspekt dieser Dialektik das generelle Konzept poetischer Intertextualität historisch differenziert werden, soll es seinen operationalen Wert behalten."

[34] Zu displacement and decentering als Folgen intertextueller Rezeption von Texten, die deren authority and status in Frage stellen, aber nicht völlig negieren können, vgl. P. D. Miscall, Isaiah, 45.

[35] Vgl. T. Verweyen / G. Witting, The Cento. A Form of Intertextuality from Montage to Parody, 165–178.

[36] Zit. o. S. 1 Anm. 1.

Dialogizität[37] sind hier zu nennen: Bachtins Theorie des polyphonen Romans ist zunächst eine dominant intratextuelle, denn er zeigt, wie in der Vielfalt der Stimmen im Roman (Figurenreden, Erzählerrede und das „zweistimmige Wort", in dem sich beide überlagern) ein Dialog entsteht, der dazu führt, dass jede Aussage relativiert und perspektiviert wird, was jeden absoluten Wahrheitsanspruch desavouiert. Dieser innerliterarische Dialog bündelt nach Bachtin idealerweise alle sozio-ideologischen Stimmen einer Epoche (und ist insofern intertextuell konstituiert). Bachtins Literaturkritik ist historisch verortbar als ein Anschreiben „gegen die fortschreitende Erstarrung der nachrevolutionären Kulturpolitik und die Kanonisierung des sozialistischen Realismus".[38] Seine Entgegensetzung von dialogischer und monologischer Rede und Literatur geht jedoch in Kristevas texttheoretisch weitgefasster Definition, die nun jeden Text als „mosaïque de citation" wahrnimmt, verloren. Ein echter Fall von Eisegese ist die radikale Ausweitung des Textbegriffes auf alle kulturellen Systeme, die Kristeva vornimmt und bereits bei Bachtin vorzufinden meint. So schreibt sie, Bachtin stelle „den Text in die Geschichte und die Gesellschaft, welche wiederum als Texte angesehen werden, die der Schriftsteller liest, in die er sich einfügt, wenn er schreibt."[39]

Dass vielfach gerade bei der „Weiterverarbeitung" von Literatur in künstlerischen, philosophischen[40] und religiösen Zusammenhängen Formen der intertextuellen Bezugnahme begegnen, die den Theoretikern der Dekonstruktion Recht zu geben scheinen, ist m.E. kaum zu bestreiten. Hier steht unter Zuspitzung auf die besondere Rolle der intertextuellen Struktur von Texten die grundsätzliche rezeptionsästhetische Frage zur Debatte, ob es bei gutem Willen möglich ist, sich der opinio operis durch Interpretation anzunähern, oder ob unentrinnbar gilt: „every reading is a misreading".

Kann man in Anlehnung an U. Eco eine Unterscheidung zwischen „Benutzen" und „Interpretieren" etablieren, so dass jede vom Rezipienten aktualisierte intertextuelle Verknüpfung idealtypisch entweder als kreativer Akt der Benutzung eines Textes oder als durch das Werk selbst geforderter Interpretationsakt zu bezeichnen wäre? Eco stellt, wie er selbst sagt, „eine Art Poppersches Prinzip" der Interpretation auf, das einfach gefasst besagt, dass eine einzige anerkannte Fehlinterpretation als Falsifikationsbeweis ge-

---

[37] In deutscher Übersetzung waren mir von M. Bachtin zugänglich „Die Ästhetik des Wortes"; „Probleme der Poetik Dostojewskijs", sowie „Literatur und Karneval. Zur Romantheorie und Lachkultur".

[38] M. Pfister, Konzepte, 6.

[39] J. Kristeva, Semeiotike, 144; dt. in Bachtin, 346. Bachtin jedoch hat „sehr wohl zwischen der Wirklichkeit von Geschichte und Gesellschaft einerseits, und den Wörtern, der Rede und der Sprache andererseits" unterschieden (M. Pfister, Konzepte, 7).

[40] U. Eco diskutiert in Grenzen, 405–441, einen ebenfalls im weiten Sinne zur Intertextualitätsdiskussion gehörenden Fall: Jacques Derrida untermauert seine Theorie der unendlichen Interpretationsspirale unter Berufung auf Peirce' Theorie der unbegrenzten Semiose, die, darf man U. Eco glauben, keine Interpretation im Rahmen der von Peirce gesetzten Vorgaben darstellt, sondern eine – in Derridas Theorie natürlich legitime – Weiterschreibung, die Peirce kaum zufriedengestellt hätte.

nügt: „sofort stellt sich das Problem, aufgrund welchen Parameters wir zwischen verschiedenen Interpretationen unterscheiden können."[41] Dieser Parameter kann nach Eco nur der Text selbst sein: „Ein Text ist nichts anderes als die Strategie, die den Bereich seiner – wenn nicht ‚legitimen‘, so doch legitimierbaren – Interpretationen konstituiert."[42] Schließt man sich dieser These mit allen sofort zuzugebenden Einschränkungen an, etwa dass jeder Akt der Lektüre eine Mischung aus Benutzen und Interpretieren sein wird,[43] dass keine Lektüre unter Absehung von den vorangegangenen kanonischen (Fehl-)Interpretationen erfolgen kann[44] etc., dann ergibt sich daraus die Notwendigkeit, die intertextuelle Dimension von Texten differenziert zu analysieren. Denn jeder Text erfordert und privilegiert Inbezugsetzungen zu bestimmten Prätext(grupp)en vor anderen und gewinnt daraus zu einem ganz erheblichen Teil das Spektrum seiner potenzialadäquaten Deutungsmöglichkeiten.

Jeder Versuch, in diesem Sinne den radikalen Implikationen der poststrukturalistischen Hermeneutik zu entkommen, sieht sich von dieser Seite allerdings der Kritik ausgesetzt, er oder sie wolle die Intertextualitätsforschung zur banalen Quellen- und Einflussforschung verkommen lassen. Da dieser Vorwurf gerade auch von ExegetInnen erhoben wird, die als allein akzeptabel die poststrukturalistische Intertextualitätstheorie in der Auslegung biblischer Texte gelten lassen wollen, sind dazu einige Anmerkungen

---

[41] Grenzen, 78. Ebd., 52, findet sich eine logisch ausgefeiltere Variante dieser These: „Nehmen wir an, es gebe eine Theorie, die behauptet, dass jede Interpretation eines Textes eine Fehlinterpretation sei. Nehmen wir weiter an, es geben zwei Texte Alpha und Beta, und Alpha werde einem Leser vorgelegt, damit er ihn mißversteht und dieses Mißverstehen in einem Text Sigma ausdrückt. Legen wir nun Alpha, Beta und Sigma einem Menschen mit normalem Sprachverständnis vor. Instruieren wir X, dass jede Interpretation eine Fehlinterpretation sei. Fragen wir ihn nun, ob Sigma eine Fehlinterpretation von Alpha oder von Beta ist. Angenommen, X sagt, dass Sigma eine Fehlinterpretation von Beta sei. Sollen wir sagen, er habe recht? Angenommen, X sagt, dass Sigma eine Fehlinterpretation von Alpha sei. Sollen wir sagen, er habe unrecht? ... Wer ... diese Antworten billigt oder mißbilligt, verhält sich wie jemand, der nicht der Ansicht ist, jede Interpretation sei eine Fehlinterpretation, denn er benutzt den Text als Parameter zur Definition seiner guten und richtigen Fehlinterpretation. Jede Andeutung von Billigung oder Mißbilligung angesichts der Antwort von X setzt von unserer Seite entweder eine als allein richtig zu betrachtende vorhergehende Interpretation von Alpha voraus oder das Vertrauen in eine kritische Metasprache, die wir benutzen, um zu sagen, weshalb Sigma eine Fehlinterpretation von Alpha und nicht von Beta ist. Man fühlt sich vor den Kopf gestoßen, wenn behauptet wird, es gebe von einem Text nur Fehlinterpretationen, außer in dem Fall der einen (guten) Interpretation des Garanten der Fehlinterpretationen anderer. Doch läßt dieser Widerspruch sich nicht vermeiden: So läuft der Verfechter einer Theorie der Fehlinterpretation paradoxerweise Gefahr, als derjenige zu erscheinen, der mehr als jeder andere der Ansicht ist, ein Text privilegiere eine Interpretation, die besser ist als die anderen."

[42] U. Eco, Lector, 73.

[43] Vgl. U. Eco, Grenzen, 54.

[44] Vgl. H. G. Gadamer, Wahrheit und Methode, bes. 270–384; H. R. Jauß, Literaturgeschichte als Provokation, 168–206.

vonnöten. Explizit oder implizit steht dieser Vorwurf in der Nachfolge Julia Kristevas, die angesichts der Übernahme des Intertextualitätsbegriffs in verschiedensten Bereichen der literaturwissenschaftlichen Forschung, die häufig unter Absehung der damit verbundenen radikalen politischen und antihumanistisch-kulturkritischen Implikationen geschah, in „La révolution du langage poétique" erklärt hatte:

> „Le terme d'*inter-textualité* désigne cette transposition d'un (ou plusieurs) systeme(s) de signes en un autre; mais puisque ce terme a été souvent entendu dans le sens banal de ‚critique des sources' d'un texte, nous lui préférons celui de *transposition*" (59f).

Noch härter ziehen Kristeva-Interpreten gegen die „Trittbrettfahrer" zu Felde, man befinde sich „at war"[45], und der Kriegszug richtet sich gegen den Missbrauch („abuse") des Intertextualitätskonzepts.[46] Doch müssten sich diese Vorwürfe zu allererst gegen Kristeva selber wenden. Denn bereits 1976 hat J. Culler, der wahrlich unverdächtig ist, ein Freund banaler Einflussforschung zu sein,[47] darauf hingewiesen, dass Kristeva selber in den einzigen konkreten Textanalysen zur intertextuellen Verortung Lautréamonts, mit denen sie ihre Theorie bis dahin untermauert hatte,[48] sich auf das Intensivste mit den verarbeiteten literarischen Quellen beschäftigt.[49] Das geht so weit, dass sie die Frage, welche Ausgaben von Pascal, Vauvenargues und La Rochefacauld der Dichter benutzt hat, für entscheidend hält![50] Angesichts dieser Inkonsequenz ist die Deutung S. Stanford Friedmans m.E. berechtigt, dass Kristevas Unbehagen an der breiten Verwendung des poli-

---

[45] H.-P. Mai, Bypassing Intertextuality, 30–59; 52: „two contradictory definitions of intertextuality are prevalent and at war with each other. A poststructural approach uses the concept as a springboard for associative speculations about semiotic and cultural matters in general. On the other hand, traditional literary studies have seized upon the term to integrate their investigative interests in structures and interrelations of literary texts under a comprehensive, and fashionably sounding, catch-all term. These divergent interpretative interests cannot be reconciled theoretically."

[46] Zum literaturwissenschaftlichen Bereich vgl. die Nachweise bei S. Stanford Friedman, Weavings, 153f (den Vorwurf des „Missbrauchs" erhebt der englische Übersetzer der Werke Kristevas L. S. Roudiez). Aus dem exegetischen Lager machen sich diese Position zu eigen z.B. G. Snyman, Who is speaking?; T. R. Hatina, Intertextuality, 28–43 (s.o. S. 2 Anm. 2); E. van Wolde, Trendy Intertextuality?, 43.

[47] Zu Cullers Ansatz s.u. S. 61 Anm. 170.

[48] Révolution, 337–358.

[49] Presupposition, 105–107. Culler zieht daraus den Schluss „Kristeva's procedure is instructive because it illustrates the way in which the concept of intertextuality leads the critic who wishes to work with it to concentrate on cases that put in question the general theory."

[50] A.a.O., 343. Kristeva ist damit selbst ein Beispiel dafür, dass Studien zu literarischer Abhängigkeit und Einfluss nicht „banal" und einem simplen Kausalitätsschema verhaftet sein müssen, wie seitens der poststrukturalistischen LiteraturwissenschaftlerInnen und ExegetInnen immer wieder unterstellt wird.

tisch und hermeneutisch entschärften Intertextualitätskonzepts „may ... be read as a desire for orthodoxy, for the purity of an idea. ... [It] may in effect be a symptom of the desire to control the dissemination of intertextuality, to exert *influence* on the future of an idea she authored."[51] Die Ironie, die darin liegt, dass ausgerechnet die Verfechterin der subjektlosen, anonymen Intertextualität („A la place le la notion d'*intersubjectivité* s'installe celle d'*intertextualité*"[52]) sich darum bemüht, das von *ihr* intendierte Verständnis des von *ihr* geprägten Terminus zu sichern, müsste eigentlich allen puristischen Verfechtern der reinen poststrukturalistischen Intertextualitätslehre zu denken geben.

Wenden wir uns nun der Frage zu, welches Potenzial die Erforschung der intertextuellen Struktur eines Textes für die Erforschung seiner „legitimierbaren Interpretationen", seiner „potenzialadäquaten Deutungen" hat.

2.1.3 Die textanalytische Ebene: spezifische Ausprägungen von Intertextualität und der „intertextuelle Ort" eines Textes

Konzentriert man sich auf das *textanalytische Potenzial* des Intertextualitätskonzepts, kann man den texttheoretischen Befund der globalen Intertextualität – jeder Text verweist aktuell und potenziell in allen seinen Elementen auf das Universum der Texte – voraussetzen, muss ihn aber präzisieren durch ein Analyseinstrumentarium, das es erlaubt, in einem Text spezifische Formen von Intertextualität und deren Beitrag zur Sinnkonstitution zu erkennen und zu beschreiben. Das bedeutet allgemein gesprochen, bestimmte intertextuelle Beziehungen gegenüber anderen zu isolieren, aus dem nur scheinbar undifferenzierten Rauschen der Intertextualität gezielt einzelne Stimmen als privilegierte herauszufiltern. Dies können je nach Analysefokus und zu untersuchendem Text ganz verschiedene Stimmen oder Klangausschnitte sein.[53] Natürlich sind offensichtlich sinnvermehrende Formen von Intertextualität, wie explizite Zitate, die einen Dialog mit bestimmten Prätexten initiieren, im Allgemeinen von besonderem Interesse.[54] Aber es kann, besonders im Falle von zeitlich oder kulturell weit vom aktuellen Rezipienten entfernten Texten, auch sinnvoll sein, die „Begleitmusik", etwa den spezifischen ideologischen oder sozioökonomischen Kontext, zu ana-

---

[51] S. Stanford Friedman, Weavings: Intertextuality and the (Re)Birth of the Author, 153.

[52] S.o. S. 1 Anm. 1.

[53] Tatsächlich liegt dieses Verfahren jeder Interpretation notwendig zugrunde. Vgl. T. K. Beal, Surplus of Meaning, 30f („all interpretations must necessarily delimit a text's possible references in order to come up with a coherent meaning. Every reading must take a particular discursive position within the indeterminate dialogical space of the text in order to ,make sense'.")

[54] Vgl. K. Stierle, Werk, 143 von der Privilegierung *der* Intertextualität, die „selbst Stimme wird, vernehmbar herausgehoben aus dem Rauschen der unbestimmten Verweisungen".

lysieren, um einen Text überhaupt angemessen verstehen zu können. Die von manchen zur texttheoretischen Grundentscheidung erhobene Frage der Zugrundelegung eines „offenen" oder „geschlossenen" Textbegriffs und damit der Beschränkung der zur Analyse herangezogenen Prätexte auf nur literarische, unter denen gegebenenfalls nochmals unterschieden wird, oder der Einbeziehung auch außerliterarischer Texte und sonstiger „vertexteter" Wirklichkeitselemente stellt sich mir daher als eine analysepraktische Option dar, die stark vom untersuchten Text und dem Interesse der Auslegung abhängig ist. Auch die Grundentscheidung, ob man sich auf die intertextuellen Verweise und Verwobenheiten konzentriert, die das Bedeutungsspektrum eines Textes zur Zeit seiner Entstehung konstituierten, oder ob man in der Wirkungsgeschichte durch zugewachsene intertextuelle Verflechtung akkumuliertes Sinnpotenzial einbezieht, ist meiner Ansicht nach eine analysepraktische Frage, die natürlich nicht unabhängig von hermeneutischen Grundentscheidungen zu beantworten ist. So macht es einen erheblichen Unterschied, ob ich als intertextuellen Bezugsrahmen eines frühen Psalms nur vorangehende und etwa zeitgleiche altorientalische Literatur, das Psalmbuch in seiner kanonischen Gestalt,[55] das ganze Erste Testament[56] oder die christliche Bibel in der Übersetzungs- und Auslegungstradition Martin Luthers festlege.[57] Analysepragmatisch ist jede dieser Bezugssetzungen sinnvoll und möglich, der intertextuelle Ort des Psalms und die davon entscheidend abhängende Deutung werden allerdings recht verschieden rekonstruiert werden. Ich möchte an dieser Stelle keine abstrakte Diskussion über Recht oder Notwendigkeit bestimmter Setzungen von intertextuellen Horizonten führen, zumal ich der Meinung bin, dass diese je nach theologischem Anliegen variieren müssen, für eine Predigt etwa gelten andere Auswahlkriterien als für exegetische Fragestellungen, die ihrerseits wiederum recht verschiedene Auswahlen erfordern können. Unverzichtbar scheint mir aber das Bewusstsein beim Ausleger bzw. der Auslegerin dafür zu sein, *dass* intertextueller Bezugshorizont und Deutung voneinander abhängen. Daraus folgt die Notwendigkeit, die einer exegetischen Untersuchung zugrundegelegten Referenztexte zu thematisieren und die Auswahl zu rechtfertigen. Weiter bin ich der Meinung, dass *der* intertextuellen Konstellation, in der ein Text sich bei seiner Entstehung vorfindet, eine hervorgehobene Rolle zukommt. Nur sie kann als Kontrollinstanz fungieren, auf die sich jede an-

---

[55] Vgl. E. Zenger, Was wird anders bei kanonischer Psalmenauslegung?, 397–413.

[56] Vgl. U. Bail, Gegen das Schweigen klagen. Eine intertextuelle Studie zu den Klagepsalmen Ps 6 und Ps 55 und der Erzählung von der Vergewaltigung Tamars.

[57] Ein Beispiel für eine Psalmenlektüre, die die alttestamentlichen Gebete von der Glaubenserfahrung und Theologie Martin Luthers her erschließt, bietet G. Schneider-Flume, Glaubenserfahrung in den Psalmen.

dere Inbezugsetzung, sei es affirmativ, sei es kritisch, beziehen sollte. Denn die intertextuellen Relationen, in denen ein Text (gegebenenfalls auch jede Stufe der Textentstehung) im Entstehungszusammenhang steht, konstituieren zu einem entscheidenden Teil das Feld der *historisch möglichen Textbedeutungen*.[58] Die vorliegende Arbeit konzentriert sich, von gelegentlichen Ausflügen in die Wirkungsgeschichte abgesehen, auf die zum Entstehungszeitpunkt relevante intertextuelle Konstellation, allerdings nicht in ihrer undifferenzierten Globalität, sondern unter Konzentration auf die sinnkonstitutiven Beziehungen, die sich aus der werkspezifischen Intertextualität ergeben.

Die jeweils werkspezifische Ausprägung der intertextuellen Dimension eines Textes, also Art, Umfang und Funktionen intertextueller Verweise und Verwobenheiten, setzt ihn in eine ganz spezifische Position zu ausgewählten anderen Texten und Textgruppen und situiert ihn damit gewissermaßen.[59] Sie ist abhängig von einer Vielzahl von Faktoren. Um nur einige zu nennen ist sie sicher epochenspezifisch, gattungsspezifisch, milieuspezifisch, von kontextuellen Faktoren, von der Autorenkompetenz und -intention und der angenommenen Allusionskompetenz des Publikums abhängig. Einige Autoren nennen das Verfahren, die jeweilige werkspezifische Ausprägung der intertextuellen Bezogenheiten zum Entstehungszeitpunkt zu erheben, „Textarchäologie".[60] Das Ziel, mit dem diese textarchäologische Forschung betrieben wird, ist im Unterschied zur traditionellen werkgenetischen Quellen- und Einflussforschung die Konzentration auf den Beitrag der sozusagen wie in Schichten eingelagerten Prätexte zur Sinnkonstitution. Notwendig wird sie, weil mit der Zeit unvermeidliche „intertextuelle Erosionsprozesse"[61] zu einem Verlust an Referenztexten und Referenzkontexten bei den RezipientInnen geführt haben, der nur durch textarchäologische Rekonstruktionsarbeit ausgeglichen werden kann. Erst nach dieser Rekonstruktionsarbeit kann das Sinnpotenzial des Textes abgeschätzt werden, das durch das Zusammenspiel der Texte eröffnet wird. Je mehr verschiedene Texte qua

---

[58] Vgl. vor allem K. W. Hempfer, Gültigkeitskriterium, 1–31, sowie das am Beispiel von F. Scott Fitzgeralds This side of paradise durchgeführte umfassende Programm einer textarchäologischen Aufarbeitung aller Allusionslexien eines Textes von U. J. Hebel, das den RezipientInnen eine Annäherung an die Allusionskompetenz des impliziten Lesers ermöglichen soll, damit sie „zur assoziativen (Wieder)Erstellung der potentiell historisch und kulturell gebundenen intertextuellen Dimension" befähigt werden, vgl. Textarchäologie, 1–109 (Programm); 133–307 (Auswertung); 365–590 (Dokumentation der intertextuellen Allusionsparadigmen); das Zitat: 50.

[59] Vgl. K. Stierle, Werk, 146.

[60] Diese Terminologie verwenden z.B. W.-D. Stempel, Intertextualität, 87; C. Schaar, Vertical Context Systems, 382; U. J. Hebel, Textarchäologie, 63ff.

[61] Vgl. u. S. 61 Anm. 171.

intertextuellem Verweis gleichzeitig präsent sind, desto mehr erweitert sich das Spektrum möglicher Bedeutung.

Die Rede von der „Textarchäologie" zeigt deutlich die Anschlussfähigkeit so verstandener textanalytischer Intertextualitätsforschung für exegetische Methodik. Sie suggeriert aber eine gewisse Statik, die zentralen Erkenntnissen der Intertextualitätsforschung nicht voll gerecht wird. Die Metapher verhält sich vor allem sperrig gegenüber der Tatsache, dass es immer die RezipientInnen sind, die selektiv eine Aktualisierung im Text angelegter intertextueller Bezüge vornehmen und deren Beitrag zur Textbedeutung individuell gewichten. So unverzichtbar es ist, die textuellen Strategien des Prätextbezuges und -verweises deskriptiv zu erheben und dabei auch textinterne Hierarchien zu berücksichtigen, so muss man doch beachten, dass selbst ein Autor als Leser seines Werkes bei jeder Lektüre eine leicht abweichende Aktualisierung der Prätextbezüge vornehmen würde, was verschärft für LeserInnen mit unterschiedlicher Vorbildung und unterschiedlichen Interessen gilt. Deshalb möchte ich meine auf die im Entstehungskontext möglichen Textbedeutungen konzentrierte Intertextualitätsforschung, ohne die textarchäologische Metaphorik gänzlich abzulehnen, eher als Annäherung an den „intertextuellen Ort" von Texten verstehen. Der „intertextuelle Ort" ist einerseits räumlich vorzustellen als Schnittbereich von teils gedachten, teils vom Text real durch Referenzsignale gewissermaßen ins Universum der Texte hinausprojizierten Verbindungslinien zu Referenz(kon-)texten. Dabei ist zu beachten, dass dieser Ort nie, auch nicht zum Zeitpunkt der Textentstehung, ein fixer und perspektivlos zu fixierender Punkt ist oder gewesen ist, sondern immer ein oszillierendes Feld mit Abschnitten geringerer und höherer Dichte, d.h. geringerer und höherer Aktualisierungswahrscheinlichkeit. Die Rede vom „intertextuellen Ort" ermöglicht andererseits auch die Integration exegetisch traditionell wichtiger historischer Fragen nach der Reihenfolge der Entstehung von Texten. Jeder Text hat einen „intertextuellen Ort" im historischen Nacheinander, ist gewissermaßen Schnittpunkt vieler intertextueller Ketten, hat bestimmte Texte (und deren Prätexte, die wiederum Prätexte haben ad infinitum) zu Prätexten und wird seinerseits wieder zum Prätext von Texten in zahllosen weiteren intertextuellen Ketten.[62]

---

[62] Über „Textketten" in der Literaturgeschichte vgl. U. Broich, Einzeltextreferenz, 50f.; M. Lindner, Integrationsformen, 124f. Wichtig ist, dass man das Phänomen der Textketten nicht unter dem Gesichtspunkt der „Abhängigkeit" von Vorgängertexten betrachtet, sondern wahrnimmt, dass es häufig als auktoriale Strategie fungiert, was daran ersichtlich ist, dass häufig „ein Text nicht nur den Bezug auf den unmittelbar vorhergehenden Prätext, sondern auf alle einer solchen Textkette angehörenden Texte" *thematisiert* (U. Broich, a.a.O., 51).

In den folgenden Kapiteln sollen zentrale Grundunterscheidungen und Einsichten aus der textanalytisch orientierten Intertextualitätsforschung aufgegriffen werden, um daraus hilfreiche Kategorien für die Analyse des intertextuellen Ortes der Pastoralbriefe abzuleiten. Wir beginnen bei den Erscheinungsformen intertextueller Verweise.

2.2 Erscheinungsformen intertextueller Verweise: Einzeltextreferenz und Systemreferenz

Grundsätzlich kann sich Intertextualität in einem Text in zwei Formen manifestieren: in Einzeltextreferenzen und in Systemreferenzen, also durch Bezugnahme auf bestimmbare Prätexte oder auf bestimmte sprachliche Codes wie etwa Gattungsstrukturen. Die historisch gewachsenen Bezeichnungen der Literaturkritik beziehen sich überwiegend auf Einzeltextreferenzen (wie etwa Zitat, Motto, Cento), teilweise können sie Einzel- wie Systemreferenzen bezeichnen (etwa Parodie, Allusion, Pastiche, Travestie), ganz selten wurde die überwiegende Systemreferenz begrifflich erfasst.[63]

2.2.1 Einzeltextreferenz: onomastische, titulare und allusive Intertextualität sowie pseudointertextuelle Verweise

Eine *Einzeltextreferenz* ist eine Allusion unterschiedlicher Explizitheit (Zitat, Anspielung (i.e.S.), Echo) auf einen konkret identifizierbaren individuellen Text oder ein Textsegment (Prätext, Referenztext). Meist werden von der normalen allusiven Form der Einzeltextreferenz noch zwei Sonderformen unterschieden, so dass drei Formen der durch Einzeltextrefererenzen konstituierten Intertextualität zu unterscheiden sind: onomastische Intertextualität, titulare Intertextualität und allusive Intertextualität.[64]

Die Erforschung der *allusiven Intertextualität* kann in der Literaturwissenschaft wie auch in der Exegese zurückgreifen auf Studien zur Rolle von Zitaten und auf Studien der generellen Quellen- und Einflussforschung. Werden diese jedoch im Horizont einer umfassenden Theorie der Intertextualität neu wahrgenommen, so ergeben sich weiterführende Betrachtungsperspektiven und Schwerpunkte, die in den folgenden Kapiteln unter den Kategorien Produktions- vs. Rezeptionsintertextualität, intendierte vs. laten-

---

[63] U. Broich, Einzeltextreferenz, 49 nennt als einziges Beispiel die Gattungsimitation des mock-heroic.

[64] Vgl. die Unterscheidung in „quotational allusion", „titular allusion" und „onomastic allusion" bei U. J. Hebel, Poetics, 142.

te Intertextualität, Sinnkomplexion, intertextuelle Präsuppositionsstruktur und Formen der Markierung zusammengestellt werden sollen.

Onomastische Intertextualität wird manchmal noch untergliedert in die Bereiche toponymischer Intertextualität (Verweis auf Ortsnamen) und internymischer Intertextualität (Verweis auf Personen und / oder literarische Figuren).[65] Aufgrund des spezifisch referenziellen Charakters von Namen rufen diese ohne weitere Markierungen zuverlässig ganz bestimmte literarische Zusammenhänge auf und korrelieren Texte durch „Interfiguralität". Namen sind häufig von hoher intertextueller Verweiskraft, jedoch von geringerer Selektivität[66] als allusive Verweise, d.h. sie rufen eher größere Textzusammenhänge auf als spezifisch ausgewählte Textelemente. Die Spielarten onomastischer Intertextualität sind vielfältig und erst ansatzweise erforscht,[67] am besten noch der in der Literaturgeschichte dicht besetzte Bereich der „reused figures".[68] Auch in den Pastoralbriefen begegnen verschiedene Formen onomastischer Verweise. Es beginnt bei der Bezugnahme auf atl. Figuren (Adam, Eva, Mose etc.) im Zuge der Argumentation. Spezifischer und in der Funktion als literarisches Mittel bisher unzureichend untersucht ist die „Ausstattung" der fiktiven Welt der Briefe durch Bezugnahme auf Orte und Personen der Paulustradition, wobei der Autorfiktion („Paulus") und der Adressatenfiktion („Timotheus" bzw. „Titus") natürlich eine hervorgehobene Rolle zukommt, die im zweiten Hauptteil ausführlicher diskutiert werden muss. Hier genügt es, darauf hinzuweisen, dass die Zitation eines Autorennamens „is ... prone to evoke an *œuvre* or even a literary tradition",[69] und zu betonen, dass auch die verschleierte Zitation des Namens „Paulus" im Präskript eines pseudepigraphen Briefes eine solche evozierende Referenz ist.

Titulare Intertextualität, die oft in Verbindung mit onomastischer Intertextualität begegnet, kann hier kurz abgehandelt werden, da sie im Bereich der Exegese keine hervorgehobene Rolle zu spielen scheint.[70] In der sonsti-

---

[65] So z.B. W. G. Müller, Namen als intertextuelle Elemente, 139–165.

[66] S. dazu u. S. 108 und M. Pfister, Konzepte, 28f; U. J. Hebel, Textarchäologie, 68f.

[67] W. P. H. Nicolaisen, Names as Intertextual Devices, 58–66, vgl. S. 66: „Certainly the evocative power of names makes them ideal raw material for the mapping out of intertextual strategies. The conspicuous density of their semantic content and the intense single mindedness of their denotative function provide them with concretizing properties which far transcend mere verbal allusion, reference, quotation or incorporation."

[68] Vgl. W. G. Müller, Namen als intertextuelle Elemente, 146; man spricht auch von „Figuren auf Pump" oder „figures on loan".

[69] U. J. Hebel, Poetics, 145.

[70] Eine Ausnahme ist D. Trobisch, Endredaktion, der auf die eminente Bedeutung der Überschriften hingewiesen hat, mit deren Hilfe bei der Endredaktion des Neuen Testaments Schriftengruppen gebildet und damit Einheiten geschaffen und Lektürevorgaben etabliert wurden, die so vorher nicht bestanden haben.

gen Literaturgeschichte dagegen gehört sie – oft in Verbindung mit onomastischer Intertextualität – zu den bevorzugten Formen der Inbezugsetzung eines literarischen Werkes zu wichtigen Vorgängern,[71] ich nenne nur
stellvertretend für eine schier unübersehbare Zahl von Beispielen „Romeo
und Julia auf dem Dorfe" und „Die neuen Leiden des jungen W."[72] für die
Bezugnahme von Titeln auf Titel.

Neben dem u. S. 75–77 zu besprechenden möglichen Fall von titularer
Intertextualität in 1Tim 6,20 (Bezugnahme auf Markions Buch „Antithe-
seis"?) kann man als gewichtiges Beispiel für titulare Intertextualität im
Neuen Testament den Anfang des MtEvg anführen:[73] Βίβλος γενέσεως
Ἰησοῦ Χριστοῦ κτλ. Nach allgemeiner Überzeugung wird hier in wörtlicher Anlehnung an Gen 2,4; 5,1 formuliert, so dass zu übersetzen wäre
„‚Urkunde des Ursprungs' Jesu Christi" und man dem Evangelisten nur die
Absicht unterstellen müsste, „eine lockere Assoziation an das Alte Testament herstellen" zu wollen.[74] Aber darf man vernachlässigen, dass βίβλος
γενέσεως vermutlich schon in ntl. Zeit, sicher dann im 2. Jh., auch das biblische „Buch Genesis" bedeutet?[75] Im jetzigen kanonischen Zusammenhang wird man in Mt 1,1 ohne Zweifel einen intendierten Verweis auf den
Beginn des AT sehen dürfen, der die heilsgeschichtliche Periodisierung in
die Zeit der Schöpfung und der Neuschöpfung scharf markiert.

Eine Spielart der Einzeltextreferenz muss noch kurz erwähnt werden,
weil sie im Rahmen der speziellen Ausprägung von Intertextualität in der
urchristlichen Pseudepigraphie eine gewisse Rolle spielt, nämlich der *pseudointertextuelle Verweis*. Ein solcher liegt vor, wenn ein Prätext gar nicht
existiert, sondern eine Fiktion des Autors darstellt, der Text aber den Eindruck hervorruft, auf diesen Text zu verweisen. Solche „Pseudo-Intertextua-
lität" „erzeugt keinen echten Dialog zwischen Texten, sondern simuliert lediglich einen solchen".[76] Im Rahmen der Pseudepigraphie stellt sich häufig
die Frage, ob es sich bei Verweisen auf bestimmte Prätexte, aber auch auf

[71] Die ungeheure Bedeutung des Titels hat U. Eco als Haupthindernis dafür beschrieben, dass
ein Roman zu dem werden kann, was er seiner Meinung nach sein sollte „eine Maschine zur Er-
zeugung von Interpretationen" (Nachschrift, 9f). „Ein Titel ist leider bereits ein Schlüssel zu einem
Sinn. Niemand kann sich den Suggestionen entziehen, die von Titeln wie *Rot und Schwarz* oder
Krieg und Frieden ausgehen." (a.a.O., 10).
[72] Vgl. zu der bereits genannten Literatur über onomastische Intertextualität noch W. Karrer,
Titles and Mottoes as Intertextual Devices, 122–134; U. J. Hebel, Poetics, 144f; ders., Textarchäologie, 87f. Außerdem gibt es natürlich in der Literaturwissenschaft zahlreiche Studien zur Titeläs-
thetik, die genannten Beiträge verzeichnen.
[73] Dieses Beispiel verdanke ich D. Trobisch (mündlich).
[74] U. Luz, EKK I/1, 88.
[75] Vgl. im NT: βίβλος Μωϋσέως (Mk 12,26); βίβλος ψαλμῶν (Lk 20,42; Apg 1,20); zu
Genesis vgl. Mel. bei Eus, HistEccl IV,26,14.
[76] H. F. Plett, Sprachliche Konstituenten, 84.

extrafiktionale Personen, Orte und Realitäten, um pseudointertextuelle Referenzen handelt, denn die fiktive Abfassungssituation der Briefe ist ein komplexes Gemisch aus Anknüpfung an die faktische Geschichte des Paulus, seiner MitarbeiterInnen und seiner Gemeinden, und fiktiver Fortschreibung. Besonders verdächtig, mit dem Mittel pseudointertextueller Verweise zu arbeiten, ist 2Thess 2,3–12. Wenn dort gegen eine in der Gemeinde offenbar verbreitete präsentische Eschatologie (ὡς ὅτι ἐνέστηκεν ἡ ἡμέρα τοῦ κυρίου, 2Thess 2,2) die apokalyptische Tradition vom „Menschen der Bosheit" und vom κατέχων vorgetragen und als alte paulinische Lehre bezeichnet wird – man beachte vor allem die vorwurfsvolle Frage Οὐ μνημονεύετε ὅτι ἔτι ὢν πρὸς ὑμᾶς ταῦτα ἔλεγον ὑμῖν; – dann handelt es sich entweder um einen intertextuellen Verweis auf eine in den Gemeinden verbreitete, mündliche Paulustradition oder um einen pseudointertextuellen Verweis, der eine nicht-paulinische Tradition oder einen Text des Verfassers ins Universum der besonders wichtigen paulinischen Texte integrieren möchte.

2.2.2 Systemreferenz

Gegenüber den auf spezifische Prätexte ausgerichteten Formen der Einzeltextreferenz umfasst die Systemreferenz die (bewusste oder unbewusste) Bezugnahme auf textübergreifende Systeme, Muster und Codes.[77] Sie umfasst damit im allerweitesten Sinne „die sprachlichen Codes und das Normensystem der Textualität" überhaupt, prägnanter und darum für die Analyse des einzelnen Textes wichtiger sind Bezugnahmen auf bestimmte Subsysteme, etwa Diskurstypen, literarische Schreibweisen, Gattungen, Archetypen und Mythen.[78]

Die Subsumierung der Systemreferenz unter den Oberbegriff der Intertextualität ist nicht unumstritten, so bezieht etwa K. W. Hempfer „den Begriff Intertextualität nur auf Relationen zwischen einzelnen Texten, d.h. zwischen *parole*-Akten, die von denjenigen zwischen System und Aktualisierung zu unterscheiden sind."[79] Doch ist die Trennung von System und Systemaktualisierung eine künstliche, denn jedes System ist nur über die

---

[77] Vgl. M. Pfister, Konzepte, 17ff; ders., Systemreferenz, 52–58. G. Genette untersucht diesen Bereich der Intertextualität unter dem Oberbegriff der „Architextualität" (Palimpseste, 13f) und betont dabei wie Pfister, dass in aller Regel die Architextualität nicht isoliert von der Einzeltextreferenz begegnet: „Architextualität als Zugehörigkeit zu einer Gattung kommt historisch fast immer durch Nachahmung ... zustande."

[78] Archetypen und Mythen klammere ich aus meiner Untersuchung vollständig aus, zur Begründung der Subsumierung unter die Systemreferenz und zum Spezifikum einer intertextualistischen Mytheninterpretation vgl. M. Pfister, Systemreferenz, 56–58.

[79] Gültigkeitskriterium, 17.

Aktualisierungen greifbar, in denen es vorliegt.[80] Das äußert sich auch in dem bereits erwähnten Umstand, dass die „reine" Systemreferenz eine seltene Form der intendierten intertextuellen Verweisung zu sein scheint. In aller Regel baut sich der intertextuelle Bezug etwa bei der Parodie einer Gattung „aus einer großen Zahl von parodistischen Bezügen auf einzelne Realisierungen dieses Gattungsmusters" auf,[81] wie etwa B. Müller in ihrer Monographie zur literarischen Parodie und G. Genette in unzähligen Beispielen zeigen.[82] Im Bereich des Urchristentums kann man sich das Ineinander von Systemreferenzen und Einzeltextreferenzen gut an Wundergeschichten klarmachen, die einen relativ stabilen Erzählaufbau haben, ein umfangreiches Set von Motiven frei variieren und dabei untereinander eine hohe Übereinstimmung in Vokabular und stereotyper Phraseologie aufweisen.[83] Ein weiteres Beispiel wäre die durch Paulus kreierte Gattung des christlichen Apostelbriefes. F. Vouga hat einleuchtend gezeigt, dass die kanonische Briefliteratur (d.h. die dtpln und katholischen Briefe) sich als eine komplexe „Kette von Variationen" verstehen lässt, die dem Corpus Paulinum und seiner apostolischen Ethik der brieflichen Kommunikation verpflichtet bleiben.[84] Dabei geschieht die Anknüpfung an Paulus durch Systemreferenzen (fundamental in der Verwendung der Briefgattung und spezifisch in der Reproduktion zahlreicher Gattungselemente), teilweise aber auch in der Anlehnung an pln Formulierungen, wie leicht im Detail gezeigt werden könnte.

2.3 Die intertextuelle Dimension des Textes jenseits von Produktionsintertextualität und Rezeptionsintertextualität

Die Unterscheidung von Produktionsintertextualität und Rezeptionsintertextualität kann im Rahmen textanalytischer Untersuchungen nur eine vorläufige sein, denn rein produktionsästhetische und rein rezeptionsästhetische Fragestellungen bekommen nur einen Teil der interessanten Phänomene in den Blick, wie leicht zu zeigen ist. Eine Beschränkung etwa auf die bei der Textentstehung wirksamen intertextuellen Einflüsse, die Frage also, welche Texte einem Autor bekannt waren, woher ihm bewusst oder unbewusst bestimmte Formulierungen zuflossen, welche biographischen oder historischen Details sich vielleicht in einem Text widerspiegeln, ist möglicherwei-

---

[80] Vgl. M. Pfister, Konzepte, 18f.
[81] M. Pfister, Konzepte, 18.
[82] B. Müller, Komische Intertextualität; G. Genette, Palimpseste.
[83] Vgl. G. Theißen, Urchristliche Wundergeschichten, 53–125.
[84] Vgl. F. Vouga, Brief, bes. 46–58.

se historisch von Interesse. Interpretatorisch jedoch werden solche Fakten erst interessant, wenn man die Rezipientensteuerung durch den Autor bzw. den Text mit einbezieht, denn nur für die RezipientInnen erkennbare intertextuelle Beziehungen können die Deutung beeinflussen. Eine im Rezeptionsakt aktualisierte willkürlich erscheinende intertextuelle Verknüpfung kann man natürlich beispielsweise zum Gegenstand tiefenpsychologischer Untersuchungen oder zum Ausgangspunkt einer allgemeinen Theorie intellektueller Selbstbefriedigung am Intertext machen,[85] textinterpretatorisch relevant wird sie erst, wenn die Werkintention miteinbezogen und geklärt wird, ob die entsprechende Assoziation im Rahmen der textuellen Vorgaben sinnvoll ist, ob sie das Feld der möglichen Bedeutungen erweitert (was nur im Extremfall dekonstruktivistisch inspirierter Literatur, die zu ungehemmter Assoziation auffordert, für alle möglichen Assoziationen gelten wird). Gegen manche Definitionen, die Intertextualität „as a *purely* reader-oriented concept" beschreiben,[86] vertritt die vorliegende Arbeit also die Auffassung, dass die textinterpretatorisch interessanten Formen von Intertextualität zumeist – und ganz sicher im Falle der hier untersuchten Texte – die Berücksichtigung der gesamten kommunikativen Trias von AutorIn, Text und RezipientIn erfordern. Dabei muss, soweit nötig, ein noch weiter ausdifferenziertes Textmodell zugrundegelegt werden.

Im Falle der Ignatiusbriefe etwa erübrigt sich eine Differenzierung zwischen empirischem und implizitem Autor,[87] nicht aber bei den Pastoralbriefen, bei denen der empirische Autor nicht der implizite Verfasser, also nicht Paulus, ist und die darüber hinaus auch eine Differenzierung zwischen fiktiven Adressaten (Timotheus, Titus) und intendierten LeserInnen nötig machen. Im Unterschied zu vielen literaturwissenschaftlichen Untersuchungen fiktionaler Texte, die sich gänzlich auf die textinternen Instanzen von implizitem Verfasser, Erzähler, Erzählung, fiktivem Leser/Adressaten (narratee) und implizitem Leser beschränken, muss eine textanalytische Untersuchung der intertextuellen Dimension urchristlicher Briefliteratur – wie m.E.

---

[85] Vgl. R. Barthes, Die Lust am Text, insbesondere S. 53f. über Prousts Œuvre als Bezugswerk, das sich in jede Lektüre hineinspricht.

[86] So etwa O. Miller, Intertextual Identity, 19–40, Zitat dort S. 22 (Hervorhebung A.M.). Auch die hochinteressante Konzeption von S. Holthuis (Intertextualität. Aspekte einer rezeptionsorientierten Konzeption) ist hier zu nennen.

[87] Die Unterscheidung zwischen dem empirischen Verfasser der Ignatiusbriefe und ihrem impliziten Autor könnte man natürlich aus theoretischen Erwägungen heraus aufrechterhalten. Ignatius stilisiert sich, wie im ersten Hauptteil ausführlich gezeigt werden soll (s.u. S. 147–190), in seinen Briefen unter ganz bestimmten Gesichtspunkten. Da aber die wenigen vertrauenswürdigen Nachrichten über den Bischo von Antiochien außerhalb der Ignatiusbriefe viel zu spärlich sind, um einen unabhängigen Blick auf seine Person zu ermöglichen, bleibt der implizite Verfasser der Ignatiusbriefe die einzig aussagekräftige Quelle, um etwas über den empirischen Verfasser und seine Intentionen zu erfahren.

überhaupt jede (auch) historisch interessierte Analyse – die zeitgenössischen LeserInnen und den empirischen Verfasser sowie ihre jeweiligen Lebenskontexte miteinbeziehen. Das gilt um so mehr, wenn der untersuchte Text klare außerliterarische Ziele verfolgt, was bei den Pastoralbriefen unzweifelhaft der Fall ist, aber auch für alle anderen in dieser Arbeit untersuchten Texte. Natürlich sind der empirische Autor, die empirischen LeserInnen und die außerliterarischen Ziele des Textes nicht anders als durch den Text selbst (und gegebenenfalls weitere Texte) zugänglich. Das wirft eine Reihe von Problemen auf, die an anderer Stelle vertieft werden sollen, hier sollte nur vorläufig darauf hingewiesen werden, dass Fragen wie die nach der Autorenintention im Rahmen der hier untersuchten Texte weder an den impliziten Verfasser delegiert werden können (denn dieser ist im Falle pseudepigraphischer Literatur eine wichtige literarische Strategie zur Durchsetzung von Absichten des empirischen Autors) noch unter Hinweis auf die unvermeidliche Vieldeutigkeit von Texten erledigt werden können (da die hier untersuchten Texte in ihrem Entstehungskontext sich zu einem erheblichen Teil über ihre eindeutige Wirkabsicht definiert haben und weniger über ihre ästhetische Qualität).

In dem beschriebenen weitgespannten Rahmen von AutorIn, ausdifferenziertem Text und RezipientInnen gilt es immer wieder wechselnde Perspektiven einzunehmen, um bestimmte intertextuelle Phänomene möglichst genau in den Blick zu bekommen. Dabei hat jede produktionsästhetische Fragestellung notwendig eine rezeptionsästhetische Dimension und umgekehrt. So kann man etwa die literarische Tätigkeit eines pseudepigraphischen Verfassers als Textproduktion mit Blick auf eine bestimmte erwünschte Rezeption durch die Adressaten beschreiben oder primär als Akt der aneignenden Relecture der Texte des imitierten Verfassers wahrnehmen. Letztlich ist jeder Akt der Textrezeption die Produktion eines neuen Textes und jede Textproduktion ist ein Akt der Rezeption früherer Texte, die Unterscheidung in Produktionsintertextualität und Rezeptionsintertextualität wird durch das Phänomen der globalen Intertextualität selbst destruiert.[88]

Es ist daher m.E. völlig unangebracht, wenn gelegentlich im Rahmen exegetischer Beschäftigungen mit Intertextualitätstheorien behauptet wird, „Intertextualität ist streng Text- und Leser/in-orientiert und unterscheidet sich damit wesentlich von Literar- und Redaktionskritik, die ihre Aufmerksamkeit auf die Arbeit des Autors / der Autorin und ihrer Verarbeitung und Überarbeitung von Quellen lenken".[89] Man kann m.E. Literar- und Redaktionskritik sehr wohl von einem intertextualitätstheoretisch

---

[88] Vgl. D. Bruce, Bibliographie annotée, 218: „on peut voir dans l'intertextualité le moyen de réunir synthétiquement la production et la réception textuelles."
[89] I. R. Kitzberger, Wasser, 208 unter Berufung auf W. S. Vorster, Intertextuality and Redaktionsgeschichte, 15–26 (s.a. o. Anm. 86).

reflektierten Standpunkt aus betreiben. Denn selbstverständlich hat sich die Leseerfahrung des Autors / der Autorin im Text manifestiert, jeder Text ist Niederschlag intensiver intertextueller Rezeption und über die textgewordene intertextuelle Rezeptionstätigkeit des Autors / der Autorin können wir häufig sehr viel mehr sagen als über das intertextuelle Rezeptionsverhalten von hypothetisch rekonstruierten ersten LeserInnen.

2.4 Intendierte und latente Intertextualität

Intendierte, d.h. vom Autor bewusst als Mittel der Strukturierung und Sinnkonstitution seines Textes eingesetzte Intertextualität ist von latenter, dem Autor bzw. der Autorin nicht bewusster Intertextualität zu unterscheiden.

Zur nicht intendierten oder *latenten Intertextualität* zählen neben dem unvermeidlichen Rückgriff auf die von allen Sprachbenutzern geteilten Codes und semantischen Felder auch dem Autor nicht bewusste Einflüsse eines bestimmten Soziolektes oder Diskurstyps, die unbewusste Reproduktion von Gattungsstrukturen und das unbeabsichtigte Einfließenlassen von Ausdrücken, Phrasen oder Textsegmenten aus einem anderen literarischen Kontext. Charakteristisch für latente Intertextualität im strengen Sinne ist, dass sie zwar sinnkonstitutiv ist, aber keinen Verweisungscharakter hat und darum ihre Offenlegung keinen zusätzlichen Sinn erschließt.[90]

Diese Aussage gilt so allerdings nur in produktionsästhetischer Perspektive. Erweitert man den Begriff der latenten Intertextualität auf alle potenziellen Verknüpfungsmöglichkeiten eines Werkes mit Texten, die dem Verfasser unbekannt waren oder chronologisch erst späteren Datums sind, kann auch sie eminent zur Sinnbereicherung beitragen. Kreative Neuverknüpfung im Laufe der Rezeptionsgeschichte reichert einen Text mit neuen Deutungsmöglichkeiten an. Manche intertextuellen Verknüpfungen verschmelzen aufgrund ihrer Plausibilität und Wirkmacht in einer bestimmten historischen Konstellation so untrennbar mit dem Text selbst, dass eine Entkoppelung nur schwer, wenn überhaupt möglich erscheint. So ist es beispielsweise fraglich, ob je eine völlige Entkoppelung der paulinischen Rechtfertigungsaussagen von ihrer wirkungsgeschichtlich mächtigsten Interpretation im Zusammenhang der lutherischen Rechtfertigungslehre und der damit einhergehenden Koppelung an Konzepte lutherischer Theologie möglich sein wird. Genauso fraglich ist auch, um noch näher an das Thema der vorliegenden Untersuchung heranzugehen, ob wir Paulus je ganz unabhängig von seinen deutero- und tritopaulinischen Aktualisierungen werden lesen können.

---

[90] Zur Verweisfunktion als „Wesenskern der im engeren Sinne verstandenen Intertextualität" vgl. W. Füger, Intertextualia Orwelliania, 183. Schon H. Meyer, Zitat, 13f vermerkte zur *Entlehnung* im Unterschied zum Zitat: „sie intendiert nicht, zu ihrer Herkunft in Beziehung gesetzt zu werden", darum bewirkt der „Rückgriff auf ihre Herkunft zwar philologische Klärung, aber keine Bereicherung des Sinnes und keinen ästhetischen Mehrwert".

Intendierte Intertextualität im vollen Sinne liegt vor, wenn der Verfasser sich der Verwendung anderer Texte bewusst ist und auch von den RezipientInnen erwartet, dass sie die Fremdtextbezüge als beabsichtigt und für das volle Verständnis des Textes notwendig erkennen. Der intertextuelle Verweis muss in diesem Fall durchschaut werden, soll das Sinnpotenzial des Textes ausgeschöpft werden. Solche Intertextualität im engsten Sinne „setzt also das Gelingen eines ganz bestimmten Kommunikationsprozesses voraus, bei dem nicht nur Autor und Leser sich der Intertextualität eines Textes bewusst sind, sondern bei dem jeder der beiden Partner des Kommunikationsvorganges darüber hinaus auch das Intertextualitätsbewusstsein seines Partners einkalkuliert."[91] Die sich hier abzeichnenden Probleme der Erkennbarkeit von intendierten intertextuellen Verweisen, die Gesetzmäßigkeiten, die den Kommunikationsprozess zwischen Autor/Text und LeserIn steuern und die literarischen Mittel der Markierung, die AutorInnen einsetzen können, um sein Gelingen möglichst sicherzustellen, werden unten im Abschnitt 2.6 noch genauer untersucht werden. Hier muss zunächst die eingeführte Unterscheidung zwischen intendierter und latenter Intertextualität gleich wieder relativiert werden, denn natürlich handelt es sich um eine *idealtypische Differenzierung*. Es wird immer viele Fälle geben, an denen empirische LeserInnen rätseln, ob der Text bzw. der dahinter angenommene Autor in einem bestimmten Ausdruck einen subtilen Verweis intendiert oder nicht und welche Folgen die Antwort auf die Interpretation des Textes hat.[92] Umgekehrt können auch AutorInnen das Pech haben, dass ihre LeserInnen die intendierten Prätextverweise entweder ganz übersehen,[93] missverstehen oder intendierte Referenzen gar für schlecht kaschierte latente Intertextualität, etwa Klischeeverhaftetheit, halten.[94]

---

[91] U. Broich, Markierung, 31.

[92] Ein Beispiel aus den Pastoralbriefen, 2Tim 4,17, soll u. S. 46ff besprochen werden.

[93] C. Schaar, Vertical Context Systems, 382 verwendet für diesen Fall folgenden Vergleich: „If not recognized, the hidden infracontext resembles an inscription in some unknown language waiting for a discoverer to pick up its message."

[94] Ein amüsantes Beispiel dafür liefert David Lodge im Vorwort zur deutschen Übersetzung seines Romans „The British Museum is Falling Down". Seine subtilen Parodien moderner Romane, gedacht, um dem Erzählten zusätzliche Sinnaspekte hinzuzufügen und den Lesegenuss zu erhöhen, wurden von manchen Kritikern als Abhängigkeit von berühmten Vorbildern beanstandet (eine Unterstellung, die angesichts der Tatsache, dass Lodge Literaturwissenschaftler ist und der Protagonist sich mit einer Promotion über englische Romane herumquält, schon erstaunt). In einem Afterword von 1973 und in einem Beitrag zur deutschen Ausgabe von 1987 half Lodge dann den empirischen LeserInnen zu einem besseren Verständnis des impliziten Autors seines Romans auf die Sprünge (D. Lodge, Adamstag, 11–16); vgl. auch B. Schulte-Middelich, Funktionen, 230–232; J. Helbig, Markierung, 162–164. Den umgekehrten Fall, dass ausgeprägte latente Intertextualität ungewollt den Eindruck einer intendierten Parodie hervorruft, bespricht Schulte-Middelich, Funktionen, 208–210, am Beispiel der Texte von Friederike Kempner.

An der Unschärfe zwischen intendierter und latenter Intertextualität lässt sich gut das schon mehrfach angesprochene Problem der Wichtigkeit der *Autorenintention* für die Interpretation intertextueller Bezüge vertiefen. Der Stellenwert, den die Autorenintention bei der Interpretation von literarischen Werken einnimmt, ist im 20. Jh. dramatisch gesunken. Die sehr einflussreiche Strömung des New Criticism schöpfte ihre neues Interpretationskonzept zentral aus der Ablehnung der bis dahin die Interpretation stark bestimmenden Untersuchungen zur historischen Abfassungssituation eines Werkes und der daraus sowie aus dem Werk selbst erschlossenen Autorenintention.[95] Schon die klassische These K. M. Wimsatts und M. C. Beardsleys von der zu vermeidenden „intentional fallacy" bezog dabei die intertextuelle Dimension als möglicherweise wichtigsten Faktor ein und vertrat die Ansicht, im Falle einer unklaren Anspielung bedeute den Dichter selber zu befragen nicht mehr als ein Orakel zu konsultieren.[96] Strukturalismus und poststrukturalistische Ansätze haben gar den „Tod des Autors" zum unverrückbaren Dogma erhoben.[97] Bei Autoren wie Julia Kristeva und Roland Barthes wird dabei gerade die globale Intertextualität zum Kronzeugen gegen das individuelle Autorensubjekt und seine Intentionen aufgerufen, gerade sie mache die Frage „Qui parle?" überflüssig.[98] Bei aller Verschiedenheit konvergieren die skizzierten Ansätze in der heute fast allgemein akzep-

---

[95] Zum New Criticism vgl. T. Eagleton, Literaturtheorie, 59ff.

[96] K. M. Wimsatt und M. C. Beardsley, The Intentional Fallacy, 3–18, zur intertextuellen Dimension vgl. 14–18, bes. 17: „*Allusiveness* in poetry is one of several critical issues by which we have illustrated the more abstract issue of intentionalism, but *it may be for today the most important illustration.*" (Hervorhebung A.M.) Das letzte dort diskutierte Beispiel betrifft eine unsichere Anspielung T. S. Eliots auf John Donne im „Love Song of J. Alfred Prufrock". Das Ansinnen, Eliot selber zu befragen, sei wissenschaftlich ohne Relevanz: Jede mögliche Antwort „would have nothing to do with the poem ‚Prufrock'; it would not be a critical inquiry. ... Critical inquiries are not settled by consulting the oracle." (a.a.O., 18)

[97] Vgl. M. Foucault, Qu'est-ce qu'un auteur, 73–104 (dt. Was ist ein Autor, 7–31); R. Barthes, Le mort de l'auteur, ebd.: 13: „c'est le langage qui parle, c'est n'est pas l'auteur". Vgl. dazu S. Stanford Friedman, Weavings, 148ff.

[98] Vgl. R. Barthes, S/Z, 146.157 et passim. S. 178 zitiert Barthes Balzac „C'était la femme avec ses peurs soudaines, ses caprices sans raison, ses troubles instinctifs, ses audaces sans cause, ses bravades et sa délicieuse finesse de sentiment", und erläutert: „L'origine de la phrase est indiscernable. Qui parle? Est-ce Sarrasine? le narrateur? Balzac-auteur? Balzac-homme? le romantisme? la bourgeoisie? la sagesse universelle? Le croisement de toutes ces origines forme l'écriture." Das Beispiel zeigt paradigmatisch Berechtigung und Begrenztheit der Position Barthes. Natürlich kann man diesen Erguss über das „Instinktwesen Weib", zusammengesetzt aus uralten Stereotypen im neuen Gewand spezifisch romantischer Empfindsamkeitsschwärmerei für sich genommen nicht zum Ausdruck einer unverwechselbaren Autorenintention und -stimme erheben. Natürlich reproduziert Balzac hier zitierend-parodierend einen ganz bestimmten kulturellen Code (Barthes: „SEM. Féminité"). Doch im Gesamtzusammenhang der Novelle gewinnen die Passagen über die „Weiblichkeit" Zambinellas ein durchaus unverwechselbares Profil und sind sehr wohl auf ihre Wirkungsintention hin zu befragen.

tierten Einsicht, dass empirische AutorInnen keine Interpretationshoheit über die von ihnen verfassten Texte und damit auch über Vorliegen und Intention intertextueller Bezüge beanspruchen können. Der Text ist die einzige Kontrollinstanz für haltbare oder unhaltbare Interpretationen. Die Autorenintention wird also einerseits nur in soweit zur Geltung kommen, wie sie in eine eindeutige Textstrategie (genannt impliziter Autor, fonction auteur o.ä.) überführt wurde. Andererseits kann kein Autor Deutungen für illegitim erklären, die sich vom Text und den im Text auffindbaren Prätextspuren aufdrängen und einer Mehrzahl von kompetenten LeserInnen einleuchten. Die Textintention hat Vorrang vor der Autorenintention.

U. Eco hat aus der Perspektive eines die eigene Autorschaft kritisch betrachtenden Literaturwissenschaftlers etliche Fälle besprochen, die die unklaren Grenzen zwischen intendierter und latenter Intertextualität in aller Deutlichkeit belegen. So haben LeserInnen seiner durchgängig intertextuell strukturierten Romane aus der Kombination angenommener intertextueller Verweise, die Eco wegen Unkenntnis der betreffenden (angeblichen) Prätexte dezidiert verneint hat, Interpretationen abgeleitet, die er als exemplarischer Leser teils akzeptabel, teils inakzeptabel findet. Es gab auch Fälle, wo LeserInnen intendierte Prätextverweise sehen wollten, die Eco als intendierte bestritt, aber als latente akzeptierte, da er die betreffenden Texte vor langer Zeit gelesen hatte, sich ihrer aber nicht mehr bewusst war. Schließlich musste Eco sich auch damit abfinden, dass KritikerInnen nicht nur vereinzelt, sondern in großer Zahl Prätextbezüge zum Ausgangspunkt von Interpretationen erhoben, die Eco selbst für banal und unergiebig hält (z.B. die von vielen verfolgte Spur, im Foucaultschen Pendel eine Auseinandersetzung mit Michel Foucault zu finden).[99]

Trotz dieser Unschärfe, die zu einem erheblichen Teil für die unentrinnbare Vieldeutigkeit von Texten verantwortlich ist, bleibt andererseits festzuhalten, dass die intertextuelle Struktur eines Textes sehr häufig einen tiefen Einblick in die „Strategie eines intentional arbeitenden Autors"[100] gewährt und dass daher „die Frage, was Autoren mit den verschiedensten Rückgriffen auf vorangegangene Texte bezwecken wollen, zentral ist und bei der Analyse jedes intertextuell strukturierten Textes neu gestellt und beantwortet werden muß".[101] Dies gilt in zugespitzter Weise für Texte, deren Wirkungsintention weniger eine ästhetische als eine pragmatische ist, was für die in dieser Arbeit untersuchten zutrifft. U. Eco stellt angesichts einer textgestützten, ihm aber absurd erscheinenden intertextuellen Interpretation ironisch fest: „Um also kein Spielverderber zu sein, erkläre ich in aller Form, dass *mein Text* eine Verbeugung vor Emile Henriot *intendierte*."[102] Diese

---

[99] U. Eco, Zwischen Autor und Text, 75–98; ders., Nachschrift, 11ff.

[100] U. J. Hebel, Textarchäologie, 34.

[101] M. Lindner, Integrationsformen, 133. Vgl. auch B. Schulte-Middelich, Funktionen, bes. 205–213.

[102] Zwischen Autor und Text, 84 (Hervorhebung A.M.).

Nonchalance wäre jedoch vom Verfasser der Pastoralbriefe kaum zu erwarten, würde er mit einer der heute gar nicht so seltenen Interpretationen von 1 Tim 2,8–15 konfrontiert, die aufgrund intertextueller Kombinationen „schlüssig" beweisen, dass diese Passage kein generelles Lehrverbot für Frauen intendieren kann.[103]

Gerade bei Texten, die eine bestimmte Wirkung intendierten, sollte die Analyse allerdings nicht bei der Erhebung der Autorenintention stehen bleiben, sondern muss die Rezeptionsgeschichte der Texte unter dem Aspekt ihrer innerkirchlichen wie gesamtgesellschaftlichen Funktion und Funktionalisierung betrachten.[104] Hier stellen sich bei Texten mit einer repressiven Wirkungsgeschichte, wie es Pastoralbriefe über weite Strecken ohne Zweifel sind, zentrale hermeneutische Probleme, die im Rahmen einer Untersuchung zur Intertextualität zumal dann reflektiert werden müssen, wenn es die intertextuelle Struktur der Texte ist, die ihnen ihre Wirkung ermöglicht hat. Dies ist bei den pseudepigraphen Pastoralbriefen, die ihre Autorität durch fiktiven Bezug auf das Corpus Paulinum gewonnen haben, eindeutig der Fall.

Die Unterscheidung zwischen intendierter und latenter Intertextualität deckt sich teilweise mit der von Michael Riffaterre eingeführten Differenzierung zwischen „aleatorischer" und „obligatorischer" Intertextualität. Intertextualité obligatoire liegt dann vor, wenn der Text eine „Spur" (trace) enthält, die den LeserInnen die Existenz des Prätextes (bzw. Intertextes im Sinne Riffaterres) anzeigt, selbst wenn sie diesen nicht unmittelbar identifizieren können. Das Feld der aleatorischen Intertextualität konstituieren alle beliebigen vom Rezipienten an den Text herangetragenen Referenztexte.[105] Dies Konzept hat den Vorteil, ganz ohne die von vielen als problematisch empfundene Kategorie der Autorenintention auszukommen, die in der Bezeichnung „intendierte" Intertextualität auch dann noch mitschwingt, wenn man sie wie ausgeführt als „vom Text intendiert" versteht, da doch im eigentlichen Sinne nur ein Subjekt Intentionen hat.[106] Das genau aber macht

---

[103] Siehe dazu die ausführlichen Untersuchungen im zweiten Hauptteil der Arbeit (u. S. 268ff).

[104] Vgl. das allgemeine Plädoyer für eine Rezeptionsgeschichte, die sozialgeschichtlich fundiert und unter Einschluss ideologiekritischer Fragestellungen nicht länger die „Geschichte der unendlichen Verkennung von Texten" schreibt, sondern die „Geschichte einer zweckorientierten Verwendung von Literatur" bei G. Grimm, Der mißverstandene Autor, in: ders., Rezeptionsgeschichte, 239–255.348–351, das Zitat: 253.

[105] M. Riffaterre, La trace de l'intertexte, 4–18, aufgenommen von O. Miller, Intertextual Identity, 30.

[106] Vgl. die Formulierung von U. J. Hebel, Textarchäologie, 36, die ebenfalls versucht, auf dem schmalen Grad zwischen der „intentional fallacy" einerseits und der Verabschiedung klarer Wirkintentionen von Texten zu wandeln: „So können poststrukturalistische Vorstellungen von der Sinnpluralität des Textes und noch eher traditionelle Vorstellungen von der Kommunikation zwischen Text und Rezipient in einen Ansatz eingehen, der Intertextualität als sinnkonstitutive oder

auch die Unbrauchbarkeit dieser Konzeption für den Gegenstandsbereich unserer Untersuchung aus, da sie die im Folgenden zu besprechende, für die Exegese recht wichtige Sonderform intendierter Intertextualität nicht erfassen kann, die *kaschierte Intertextualität*. Es handelt sich hierbei um eine Zwischenform zwischen latenter und intendierter Intertextualität im vollen Sinne, nämlich die dem empirischen Autor bewusste (insofern intendierte) Intertextualität, die von den RezipientInnen nicht erkannt werden soll oder darf, die also, aus der Perspektive des impliziten Autors oder des Textes betrachtet, nicht intendiert ist.[107] Das Verarbeiten von nicht genannten Quellen (etwa von Mk und Q durch Mt oder von Kol durch Eph) gehört hierher.[108] Das Offenlegen der Prätexte und die Untersuchung des Dialogs zwischen aufnehmendem und aufgenommenem Text durch die Redaktionskritik gibt hier sehr häufig zusätzliche Anstöße zur Interpretation und hilft, die Autorenintention genauer zu erfassen. Ebenfalls in diese Kategorie gehören Plagiat und literarische Fälschung. In beiden Fällen liegt eine intensive, dem Autor bewusste und die Textoberfläche klar strukturierende intertextuelle Beziehung zwischen Text und Referenztext(en) vor, über deren Charakter die RezipientInnen aber im Unklaren gelassen werden. Eine Aufdeckung ist, anders als bei der in der Antike allgemein akzeptierten stillschweigenden Quellenverwendung, in diesen Fällen dezidiert nicht im Interesse des Autors. Im Falle des Plagiats wird die Intertextualität den LeserInnen bewusst verschleiert,[109] der Fremdtext wird als Eigentext ausgegeben, die Intertextualität nicht markiert. Bei der literarischen Fälschung ist es noch komplizierter: Die Nähe zu Texten des zu fälschenden Autors muss augen-

---

zumindest sinnbereichernde Komponente des Textes versteht. Interpretation heißt dann Anerkennung der infiniten Sinnpluralität bei gleichzeitiger Nutzung des Sinnpotentials wirkungsintendierter, aber nicht autorintentional zu deutender intertextueller Elemente zum umfassenderen Verständnis eines Textes."

[107] J. Helbig, Markierung, 63 spricht von „latent gemachter, kaschierter" Intertextualität, zu der das Plagiat einerseits, aber auch „das intellektuelle Spiel mit literarischen Vorlagen, das unmarkiert bleiben *kann*" gehört.

[108] Das gilt natürlich nur, wenn man jeweils die Common-Sense-Auffassungen zum literarischen Verhältnis teilt. Zu Kol / Eph vgl. abweichend K. Berger, Theologiegeschichte, 567ff. Zum Mt-Evangelium könnte die gegenwärtig wohl fast allgemein geteilte Ansicht, dass der Evangelist dies Evangelium schrieb, ohne bei seinen AdressatInnen Kenntnis seiner Quellen vorauszusetzen, vielleicht bald einer modifizierten Sichtweise weichen: U. Luz vertritt nämlich mit guten Gründen die faszinierende These, dass der Evangelist für eine Gemeinde schrieb, in der Mk und Q Gegenstand schriftgelehrter Debatten waren, so dass man bei den ersten LeserInnen Kenntnis der verarbeiteten Quellen vorauszusetzen hat (EKK I/1, 56–61). Sollte sich diese Ansicht durchsetzen, müsste die redaktionsgeschichtliche Methode intertextualitätstheoretisch modifiziert werden, indem bei der Deutung berücksichtigt wird, dass die intendierten LeserInnen den im Text zum Ausdruck kommenden Kommentar zu den Prätexten wahrnehmen sollten!

[109] Vgl. E.-M. Jakobs, „Das kommt mir so bekannt vor..." Plagiate als verdeckte Intertextualität, 377–390.

fällig sein, damit die Täuschung gelingt. Zugleich muss die deutlich erkennbare intertextuelle Verweisung auf die Referenztexte in der Form der „Eigentextreferenz" auftreten. Das Verfassen pseudepigraphischer Paulusbriefe gehört natürlich in diese Kategorie, daher wird der Untersuchung dieser besonderen Ausprägung von Intertextualität in pseudepigraphischen Schriften und der durch sie etablierten Rezeptionsmechanismen im zweiten Hauptteil der Arbeit ein eigener Theorieabschnitt gewidmet werden (s.u. S. 222–242).

Bevor aber solche komplizierten Sonderformen intertextueller Textkonstitution untersucht werden können, wollen die folgenden Abschnitte einfache Formen intertextueller Beziehungen in ihren Funktionen und Erscheinungsformen betrachten, sowie die Bedingungen abstecken, unter denen die Rezeption intendierter Intertextualität gelingen kann.

2.5 Sinnkonstitution und Sinnkomplexion durch Intertextualität

Dass die intertextuelle Dimension eines Textes zu seiner Pluri-Interpretabilität entscheidend beiträgt, ist in den vorangegangenen Abschnitten immer als Tatsache vorausgesetzt worden. In diesem Abschnitt soll untersucht werden, warum das so ist, wie die Sinnkomplexion durch intertextuelle Verweise zustande kommt, welchen Funktionen sie dient, welche Rolle den RezipientInnen zukommt und wie diese durch den Autor bzw. die Autorin gelenkt werden können.

2.5.1 Sinnkomplexion durch Überkodierung von Texten

Die durchgehend vorhandene intertextuelle Dimension eines Textes, die seine Verstehbarkeit garantiert, wird dann zu einem sinnvermehrenden Faktor, wenn Textteile entweder unmittelbar als fremde Texte im Text erkennbar sind oder als „überdeterminiert", als doppelt oder mehrfach „kodiert" wahrgenommen werden. In diesen Fällen werden ein oder mehrere Prätext(e) bei der Rezeption aufgerufen und als Element(e) der Deutung ins Spiel gebracht. So kommt es zu einem Dialog von zwei oder mehr Texten, die gegebenenfalls mit ihrem jeweiligen Kotext und auch Kontext bei der Sinnkonstitution mitwirken.[110] Dies führt zu einer mehr oder weniger kontrollierbaren Vervielfältigung von möglichem Sinn *aller* im Dialog beteiligten Texte, ein hochkomplexer Vorgang, der schwer in allgemein gültiger Weise zu beschreiben ist. Zwei Faktoren spielen aber immer eine Rolle und sollen daher etwas eingehender thematisiert werden. Erstens ist immer ein

---

[110] So oder ähnlich wird die Sinnkomplexion bei der intertextuellen Rezeption eines Textes häufig beschrieben, vgl. R. Lachmann, Ebenen, 134; C. Grivel, Serien, 56.

Zusammenspiel von intratextueller und intertextueller Ebene zu beobachten, jede Bezugnahme auf einen allenfalls fragmentarisch anwesenden Prätext geschieht durch Einbettung in einen vollständigen, strukturierten Textzusammenhang. Es ist also zunächst (in 2.5.2) nach der Rolle der *intratextuellen Vorgaben* für die Textkonstitution durch Prätextverweise zu fragen. In diesem Zusammenhang sollen auch die Faktoren benannt und an Beispielen aus den Pastoralbriefen demonstriert werden, die für die Vieldeutigkeit vieler Prätextverweise im Zusammenspiel von intra- und intertextueller Ebene verantwortlich sind (2.5.3). Zweitens haben sinnvermehrende intertextuelle Bezugnahmen immer irgendeine *Funktion*. Zwar sind die Funktionen von Intertextualität so vielfältig, dass eine abstrakte Kategorisierung weder sinnvoll noch möglich erscheint. Wohl aber lassen sich Funktionstypen erheben, je nach dem „Ort", an dem die Zusatzkodierung erfolgt. Die beiden wichtigsten in 2.5.4 zu untersuchenden Funktionen sind (1.) dem *anspielenden* Text einen zusätzlichen Sinn zu geben (textorientierte Funktion) oder (2.) dem Text zusätzliches Sinnpotenzial zu erschließen, auf den Bezug genommen wird (referenztextorientierte Funktion).

2.5.2 Die intratextuellen Rahmenvorgaben intertextuell strukturierter Textkonstitution

Der Dialog von Texten, der entsteht, wenn ein klar erkennbarer Text im Text vorliegt oder wenn eine Textpassage als zwei- oder mehrstimmig wahrgenommen wird und so fremde Texte in die Rezeption eingespeist werden, ist kein Dialog „gleichberechtigter" Texte. Vielmehr stehen dem aufnehmendem Text in seiner materialen Präsenz, die etwa ein Zurückblättern und Wiederlesen erlaubt, der Prätext bzw. die Prätexte gegenüber, von denen meist nur Teilabschnitte oder Fragmente im Zeichenvorrat des zitierenden Textes anwesend sind, wobei die sprachliche Gestalt gegenüber dem Originaltext oft auch noch verändert wurde. Ko-Text und Kontext des Prätextes bzw. der Prätexte sind nur insoweit präsent und für die Sinnstiftung heranziehbar, als sie dem Rezipienten oder der Rezipientin geläufig und im Gedächtnis greifbar sind. Deswegen haben die intratextuellen Sinnvorgaben sehr häufig ein erdrückendes Übergewicht gegenüber der Stimme der fremden Texte.

> „Die ‚intertextuelle' Relation ist Moment der Identität des Textes selbst und gewinnt nur im Hinblick auf diese ihre spezifische Bedeutung. Im Text, im Werk ereignet sich die neue Erfahrung als Reorganisation eines vorgängigen Wissens, das erst durch diese Gestalt seine Prägnanz und seine innere Kohärenz erhält."[111]

---

[111] K. Stierle, Werk, 146.

Dieser Aussage K. Stierles wird man zustimmen können, er geht allerdings so weit, aus diesem Grund die Möglichkeit dezentrierender Wirkung intertextueller Bezüge generell zu bestreiten und der intertextuellen Beziehung einen dialogischen Charakter im strengen Sinne abzusprechen:

> „Jeder Text macht den hereingeholten Text zum Moment seiner eigenen Bewegung. Dialog setzt die Autonomie der Aktanten des Dialogs voraus. Gerade diese aber erscheint in der intertextuellen Relation aufgehoben."[112]

Dies wird man weder als allgemein gültige Aussage über das Wesen von Dialogen gelten lassen, noch trifft es für alle denkbaren intertextuellen Beziehungen zu.[113] Doch ein Großteil der Zitate und Anspielungen in einem (nicht postmodernen) Text ist in seiner Fähigkeit, zur Sinnerweiterung beizutragen, tatsächlich durch die intratextuellen Interpretationsvorgaben stark festgelegt.

Ein einfaches Beispiel aus den Pastoralbriefen bietet 1Tim 5,19: „Gegen einen Presbyter nimm keine Klage an, es sei denn *auf die Aussage von zwei oder drei Zeugen hin.*" Hier wird eine das Leitungskollegium betreffende Disziplinarregel in das sprachliche Gewand der bekannten biblischen Rechtsregel von Dtn 19,15 gekleidet mit dem Ziel, sie als schriftkonform zu erweisen und damit ihre Dignität zu erhöhen. An der Intention dieses Prätextverweises kann aufgrund des eindeutigen Ko-Textes keinerlei Zweifel bestehen.

Die kotextuelle Determinierung kann soweit gehen, dass ein Text im Text nicht einmal das sagen darf, was seinem semantischen Potenzial offenkundig angemessen wäre, wenn der umgebende Text es nicht zulässt. Ein interessantes Beispiel dafür finden wir im sogenannten Lügnerparadox, das in Tit 1,12 zitiert wird, dort aber seines paradoxen Charakters durch den Ko-Text völlig entkleidet wird.[114] Unmittelbar voran steht in dem an Titus in Kreta gerichteten Brief (Tit 1,4–5) eine deftige Irrlehrerpolemik, die vor „Ungehorsamen, Schwätzern und Verführern, besonders aus der Beschneidung" warnt, die mit ihrer ungehörigen falschen Lehre ganze gläubige „Hausgemeinschaften zu Fall bringen", angeblich „aus schändlicher Gewinnsucht" (1,10–11). Diese sollen Titus und die von ihm einzusetzenden Pres-

---

[112] K. Stierle, Werk, 147.

[113] Stierle hat wohl ausschließlich Werke der Literaturgeschichte vor Augen. Bezieht man die Werke der Religionsgeschichte mit ein, zeigt sich schon im Prozess der handschriftlichen Überlieferung oft, dass sich die zitierten Texte, soweit es sich um normative, etwa kanonische Texte handelt, gegenüber einer zu freien Verwendung ihr „Recht auf den Originalwortlaut" zurückholen. Man denke nur an die vielen Angleichungen an den LXX-Wortlaut oder auch sachliche Korrekturen mit Blick auf das atl. Original in den Handschriften des Neuen Testaments.

[114] Vgl. zum semantischen Potenzial der Lügner-Antinomie und ihrer Rolle in der Geschichte der Logik C. Zimmer, Die Lügner-Antinomie in Titus 1,12, 77–99. Zimmer ist ausdrücklich nicht an der Bedeutung dieses Wortes im Titusbrief selbst interessiert, weil der Ko-Text für die philosophische Problematik nichts hergibt, vgl. S. 82.90.

byter-Episkopen (1,5–9) „widerlegen", ihnen „muss man das Maul stopfen"
(1,9.11). Schon bis zu diesem Punkt wirkt der Text durch das gewählte Vokabular sehr emotional, diffamiert die Gegner, ohne bis dahin irgendeinen
sachlichen Gegensatz zu benennen. In V. 12 folgt dann eine grobe Beleidi-
gung, deren Glaubwürdigkeit zweifach hervorgehoben wird, einmal durch
die Aussage, dass sie von einem der beleidigten Gruppe Angehörenden in
prophetischer Weise geäußert worden sei (gemeint ist wohl der kretische
Philosoph Epimenides), darüber hinaus versichert auch Paulus selbst als der
vorgebliche Autor des Titusbriefes die Wahrheit des Behaupteten. Das Zitat
samt Ein- und Ausleitung lautet: „Einer von ihnen hat als ihr eigener Pro-
phet gesagt: ‚Die Kreter sind immer Lügner, schlimme Bestien, faule Bäu-
che.' Dieses Zeugnis ist wahr." (Tit 1,12–13a) Danach folgen in 1,12–16
weitere, z.T. grob beleidigende Polemik und Anweisungen, wie Titus gegen
die Irrlehrer vorgehen soll, wobei nun auch die sachlich umstrittenen Themen zumindest ansatzweise in den Blick kommen. Es kann m.E. angesichts
des ungezügelten Rückgriffs auf das stereotype Arsenal antiker Polemik gegen falsche Propheten, Goeten und anderes Gesindel im engeren und auch
weiteren Ko-Text keinen Zweifel daran geben, dass das Epimenides-Zitat
nicht mehr und nicht weniger bezweckt, als einen besonders wirkungsvollen
Höhepunkt der Polemik zu setzen mit dem Ziel, bei den RezipientInnen Abscheu vor den nicht einmal mehr als Menschen wahrgenommenen GegnerInnen zu erwecken, indem auf ethnische Vorurteile gegenüber den Kretern
rekurriert wird. Das Paradox in der Aussage, dass ausgerechnet einer der
angeblich immer lügenden Kreter die angeblich wahre Feststellung über die
immer lügenden Kreter macht, wird offensichtlich vom Verfasser der Pastoralbriefe gar nicht wahrgenommen, und der in seiner affektiven Tendenz
ganz eindeutige Ko-Text schließt aus, dass es der Textintention entspräche,
diesen Aspekt des Zitats zu bedenken, um dem Text einen zusätzlichen, gar
gegenläufigen Sinn abzugewinnen.[115]

---

[115] Die einzig angemessene Art, diesen Text exegetisch zu betrachten, ist daher die soziologische und rhetorische Analyse der in ihm verwendeten negativen Labels, vgl. dazu W. Stegemann,
Antisemitische und rassistische Vorurteile in Titus 1,10–16, 46–61. Für völlig verfehlt halte ich
den Versuch von A. C. Thiselton, Logical Role, 207–223, nachzuweisen, der Verfasser wolle, dass
die LeserInnen eine extrem komplizierte Einsicht aus der angeblich unübersehbaren und unent-
rinnbaren Zirkularität des Lügner-Paradoxes ziehen sollten, dass nämlich diese Aussage gar nicht
die Kreter betreffe, „but the method of approach to be adopted by bishops and elders in the pastoral context which the letter as a whole addresses". „The paradox of Titus 1:12 brings into focus the
self-defeating and often fruitless escalation of claims in purely verbal exchanges which may be
transposed to a constructive level if truth-claims made by the elders or bishops can be perceived as
drawing currency from blameless conduct. They are not to be ‚empty talkers' who ‚profess to know
God but deny him by their deeds' (1:8,10,16)." Beide Zitate S. 223. Sehr zu Recht weist L. Oberlinner, XI 2/3, 40f demgegenüber auf den Ko-Text und den Kontext hin (die weite Verbreitung von
Vorurteilen über die Kreter in der damaligen Welt), die die polemische Deutung als gesichert er-

2.5.3 Sinnvermehrende Zusatzkodierungen im Zusammenspiel von intratextueller und intertextueller Ebene

Obwohl intertextuelle Verweise in ihrer Bedeutung durch die intratextuellen Vorgaben eingeschränkt werden, wie im letzten Abschnitt gezeigt wurde, erfordern sie oft eine intensive Mitarbeit der RezipientInnen und sind häufig in ihrer Bedeutung nicht eindeutig festzulegen. Dies hat in der Regel eine Vielzahl von Gründen, die alle zusammenwirken und nur idealtypisch isoliert werden können. Trotzdem ist es heuristisch fruchtbar, dies zu versuchen, deshalb möchte ich folgende 4 Gruppen von Faktoren isolieren, die zur Vieldeutigkeit eines intertextuell strukturierten Textes bzw. Textabschnitts beitragen können:

1   Die intratextuellen (ko-textuellen) Vorgaben können mehrdeutig sein.
2   Die Identität des anzitierten Prätextes bzw. der anzitierten Prätexte kann uneindeutig sein.
3   Der in seiner Identität unbestrittene Prätext kann in seiner Bedeutung umstritten sein, sei es
3 a aufgrund semantischer Offenheit und / oder
3 b aufgrund eines unklaren Kontextbezuges von Text und / oder Prätext.
4   Auch wenn der Prätext in seiner Identität und Bedeutung unumstritten ist, kann unklar sein, *welcher Aspekt*
4 a des Prätextes und / oder
4 b des prätextuellen Ko-Textes und / oder
4 c des prätextuellen Kontextes in Beziehung zu den intratextuellen Vorgaben gesetzt werden soll.

Wie ausgewählte Konstellationen aus diesem Set zur Pluri-Interpretabilität von Texten führen können, soll nun an kurzen Beispielen aus den Pastoralbriefen belegt werden.

2.5.3.1 Unklarer Prätext bei mehrdeutiger intratextueller Aussage: 1Tim 2,15

Ein Beispiel für komplett divergierende Deutungen eines Prätextverweises aufgrund mehrdeutiger intratextueller Signale und unklarem Prätextbezug

---

weisen. Sich der schmerzlichen Einsicht zu stellen, dass ein biblischer Verfasser sich auf so problematische Weise übler Vorurteile bedient, um seine Gegner zu schwächen, ist m.E. der einzig verantwortbare Weg. Die Gegnerbeschimpfungen des Verfassers weithin als objektive Wiedergabe von deren Verhalten zu akzeptieren und die gröbste Beschimpfung als logischen Coup eines genialen, auf Deeskalation bedachten friedfertigen Verfassers zu erklären, erscheint mir als ein Taschenspielertrick, der in seiner Durchführung nicht überzeugt und in seiner Motivation fragwürdig ist. Als individuellen Akt kreativer intertextueller Lektüre muss man Thiseltons Deutung natürlich akzeptieren, aber dass sie die dem Text gemäße Art der Aktualisierung des Prätextzitats ist, darf man bezweifeln.

bietet 1Tim 2,15a: σωθήσεται δὲ διὰ τῆς τεκνογονίας – „Sie (=jede Frau als Evastochter) wird aber gerettet werden durch Kindergebären". Dies wird auf dem Hintergrund des Ko-Textes, der ein Lehr- und Herrschverbot der Frau über den Mann enthält (2,12) und in 2,13f begründend auf die Ersterschaffung Adams und den Sündenfall Evas verweist, mehrheitlich als Bezugnahme auf den Fluch über die Frau in Gen 3,16 verstanden. Jedoch hat vor allem die theologische Anstößigkeit der Formulierung, die dem Kindergebären eine heilsrelevante Bedeutung zuerkennt, dazu geführt, dass etliche AuslegerInnen διὰ τῆς τεκνογονίας anders, nämlich als Verweis auf den *einen* wirklich heilsrelevanten Akt des Kindergebärens durch Maria verstehen wollen. Dann lässt sich der Vers unter Anknüpfung an altkirchliche Auslegungstraditionen der Eva-Maria-Typologie und der messianischen Deutung von Gen 3,15 als Bezugnahme auf den Fluch über die Schlange verstehen, in dem ein „Same" der Frau angekündigt wird, der der Schlange den Kopf zertreten wird.[116]

2.5.3.2 Der situative Kontext als umstrittener Faktor bei der Deutung von Prätextverweisen: 1Tim 4,3–5

Aus den verschiedenen Möglichkeiten, warum die Bedeutung eines in seiner Identität unbestrittenen Prätextes in seinem neuen Ko-Text mehrdeutig sein kann, möchte ich einen für die Pastoralbriefe generell sehr wichtigen Fall herausgreifen, der den Einfluss des angenommenen aktuellen Kontextes einer Aussage betrifft. Denn die (Re)Konstruktion der aktuellen polemischen Gesprächssituation präjudiziert oft die Deutung eines Prätextverweises in einem Maße, über das die meisten AuslegerInnen sich und ihren LeserInnen nicht ausreichend Rechenschaft ablegen. Als Beispiel wähle ich die argumentative Rolle der unstrittigen Bezugnahme auf die Schöpfung in 1Tim 4,3–5.

In 1Tim 4,4f begründet der Verfasser seine Polemik gegen „heuchlerische Lügner" (4,2), die „am Heiraten hindern (und gebieten), Speisen zu meiden, *die Gott geschaffen hat*, damit sie von den Gläubigen und zur Erkenntnis der Wahrheit Gekommenen mit Danksagung empfangen werden" (4,3), mit einem schöpfungstheologischen Argument: „*Denn jedes Geschöpf Gottes ist gut* und nichts ist verwerflich, was mit Danksagung empfangen wird, denn es wird geheiligt durch das Wort Gottes und Gebet." Dabei ist 1Tim 4,4a – ὅτι πᾶν κτίσμα θεοῦ καλόν – eine freie, aber aufgrund des in 4,3 vorangehenden expliziten Verweises auf die Schöpfung (ἃ ὁ θεὸς ἔκτισεν) für alle mit jüdischen Überzeugungen und Schriften auch nur basal vertrauten RezipientInnen erkennbare Bezugnahme auf den ersten

---

[116] Die Probleme der Auslegung von 1Tim 2,15 werden ausführlich diskutiert u.S. 297ff; 358ff.

Schöpfungsbericht.[117] J. Roloff formuliert, was für die überwältigende Mehrheit der Ausleger als logische Folgerung aus dieser Bezugnahme auf die Schöpfung gilt:

„Wenn die Gegner Nahrungsaskese fordern und sich damit von solchem dankbaren Empfangen der Gaben des Schöpfers im Glauben ausschließen, so bekunden sie damit, dass sie aus dem für die Christen fundamentalen Schöpfungsglauben herausgefallen sind, ihre Lehre erweist sich so als Irrlehre. Die Schärfe der Argumentation schließt die Möglichkeit aus, dass es sich bei den Gegnern lediglich um Befolger jüdischer Reinheitsgebote gehandelt hätte, zumal judenchristlichen Verteidigern dieser Gebote schwerlich eine schöpfungsfeindliche Haltung hätte vorgeworfen werden können. Die Askese der hier bekämpften Gegner erweist sich als durch grundsätzliche Schöpfungsfeindlichkeit motiviert. Sie trägt Züge des der Gnosis eigentümlichen dualistischen Denkens. ... Auf alle Fälle ... ist für den Verf. das Ja zur Schöpfung ein zentrales Unterscheidungsmerkmal zwischen richtiger und falscher ‚Erkenntnis'."[118]

Diese Argumentation ist m.E. alles andere als überzeugend. Sie könnte nur bestehen, wenn die gnostische, grundsätzlich schöpfungs- und schöpferfeindliche Grundhaltung der GegnerInnen aufgrund anderer Texte gesichert wäre. Tatsächlich ist aber 1Tim 4,3f die Hauptbelegstelle für diesen Aspekt der Gegnerbestimmung. Roloffs Argumentation ist deutlich zirkulär, wie sich vor allem an der Formulierung zeigt, judenchristliche Gegnerschaft sei auszuschließen, weil Juden(christen) „schwerlich eine schöpfungsfeindliche Haltung hätte vorgeworfen werden können". Das setzt voraus, was zu zeigen wäre, dass nämlich die Berufung auf den Schöpfer und die Güte der Schöpfung nur sinnvoll zu verstehen ist als Abwehr einer schöpfungsfeindlichen Gegnerfront.[119]

Eine erschöpfende Argumentation für die alternative Bestimmung der GegnerInnen als judenchristliche ChristInnen, die sich jüdischen Speise- und Reinheitsgeboten verpflichtet fühlten, kann hier aus Raumgründen nicht vorgelegt werden. Ich verweise dafür auf die Untersuchungen von U. B. Müller, K. Berger, W. Thießen und E. Schlarb, die – mit je eigenen Akzentsetzungen – überzeugend gezeigt haben, dass es möglich ist, den (oder einen) Hauptakzent der GegnerInnen in ihrer betont judenchristlichen Identität zu sehen, die sich in der Einhaltung und Auslegung der Thora äußer-

---

[117] Die einzelnen Schöpfungswerke werden in Gen 1,4.8.10.12.18.21.25 als καλόν bzw. καλά bezeichnet, 1,31 hält zusammenfassend fest: καὶ εἶδεν ὁ θεὸς τὰ πάντα, ὅσα ἐποίησεν, καὶ ἰδοὺ καλὰ λίαν. 1Tim 4,4 ist m.E. zu verstehen als Verweis auf Gen 1 generell, denn der Text bietet mit πᾶν κτίσμα θεοῦ eine zusammenfassende Formulierung, die τὰ πάντα, ὅσα ἐποίησεν aus Gen 1,31 entspricht, mit καλόν aber das Adjektiv in der Form, die in Gen 1 am häufigsten begegnet.

[118] J. Roloff, 224.

[119] Ähnlich lautet die Kritik an Roloff bei W. Thießen, Ephesus, 326 mit Anm. 381.

te.[120] Ich konzentriere mich hier auf die Frage, wie der Verweis auf die Schöpfung in 1Tim 4,3f unter der so veränderten Annahme der Gegnerfront zu verstehen sein könnte und zeige dies in drei Variationen, weil die Annahme einer judenchristlichen Gegnerfront in Bezug auf die 1Tim 4,3 zur Debatte stehende Speisefrage recht verschieden konkretisiert werden kann. Ziel dieser Überlegungen ist der Nachweis, wie stark die Bestimmung des aktuellen Kontextes die Bedeutung eines Prätextverweises verändern kann.

Nach E. Schlarb handelt es sich bei den GegnerInnen um in paulinischer Tradition stehende asketische Lehrer, die ein massiv präsentisches Heilsverständnis präsentisches hatten (2Tim 2,18), das sie aus der Schrift, besonders der Urgeschichte exegetisch zu begründen versuchten. Die neue Schöpfung in Christus wurde als Erneuerung des urgeschichtlichen Zustandes verstanden, die Enthaltung von bestimmten Speisen, nämlich Fleisch, wurde aus dem Gegeneinander von paradiesischem Vegetarismus (Gen 2,16; 3,2) und Fleischgenuss nach dem Sündenfall (Gen 9,1–7) begründet.[121] Legt man diese Rekonstruktion zugrunde, hätte der Verfasser der Pastoralbriefe einem aus der Urgeschichte stammenden Argument ein ebensolches entgegenhalten und zu zeigen versucht, dass die schon in Gen 1 betonte Güte der Schöpfung und aller Geschöpfe im Verein mit der die Speisen heiligenden Gebetspraxis die Folgerungen der Gegner widerlegt, Fleischgenuss sei mit dem Sündenfall zu assoziieren. Kritisch muss man allerdings Schlarb entgegenhalten, dass die Argumentation des Verfassers in 1Tim 4,3–5 auf ganz allgemeiner Basis die Güte der Schöpfungsgaben betont und die spezielle, von Schlarb postulierte Schriftgrundlage der gegnerischen Position im Text nicht zu erkennen ist.

Nach W. Thießen sind die Speisevorschriften der Gegner im Kontext strenger jüdischer, möglicherweise pharisäisch geprägter Reinheitsvorstellungen zu verstehen. Das Thema Schöpfung wird vom Verfasser der Past eingebracht, d.h. es gehört nicht zur These der Gegner.[122] Weitere Überlegungen zur Rolle des Schöpfungsargumentes stellt Thießen nicht an, aber man darf seine Darstellung wohl dahingehend weiterinterpretieren, dass der Verfasser der Past mit dem Schöpfungsargument auf eine mit den Gegnern prinzipiell geteilte Überzeugung zurückgreift, um dann seinen Schluss anzubringen: Das (nach gemeinsamer Auffassung) ursprünglich gut Geschaffene wird durch das Gebet geheiligt (Thießen weist mit Recht auf den kultischen Sprachgebrauch hin!) und ist daher nicht verworfen, d.h. nicht unrein. Auch nach U. B. Müller steht die Forderung nach Enthaltung von Speisen in der Tradition jüdischer Reinheitsgebote, aber er sieht in besonderer Weise

---

[120] Siehe die folgenden Ausführungen, sowie u.S. 217ff.
[121] E. Schlarb, Lehre, 89.91f.
[122] W. Thießen, Ephesus, 319f.326f.

die Enthaltung von Fleisch und Wein aufgrund der Gefahr einer Verunrei-
nigung mit Götzenopferfleisch bzw. Libationswein angesprochen.[123] Über
die Rolle des Schöpfungsargumentes reflektiert Müller nicht. Mir scheint,
man könnte die Rekonstruktionen der GegnerInnen durch Müller und auch
durch Thießen, die ja eine minimale bzw. maximale Verpflichtung auf der
Basis derselben jüdischen Grundauffassung voraussetzen,[124] noch erheblich
plausibler begründen, wenn man analog zu dem Versuch Schlarbs die Anspielung auf Gen 1 durch den Verfasser der Pastoralbriefe als Positionsbe-
stimmung in einer Diskussion über die richtige Auslegung der Schöpfungsgeschichte versteht, die zwischen den beiden Parteien umstritten war.

Einen Hinweis auf solch gegensätzliche Bezugnahmen auf die Güte der
Schöpfung im Zusammenhang mit der Befolgung von Speisegesetzen bietet
die Diskussion zwischen dem König Antiochus und dem Priester Eleazar in
4Makk 5. Während der Tyrann dem Gesetzesgelehrten (vgl. 5,4) zweimal
vorwirft, er missachte die Geschenke der Natur und tue damit Unrecht
(5,8f), beruft sich Eleazar auf die Identität des Schöpfers mit dem Gesetz-
geber und betont ausdrücklich, dass dieser (νομοθετῶν ὁ τοῦ κόσμου
κτίστης) die Speisegesetze κατὰ φύσιν erlassen habe (5,24f). Vor diesem
Hintergrund wirkt die Argumentation in 1Tim 4,3–5 wie eine christianisier-
te Variante dieser heidnischen Polemik gegen „unvernünftige" jüdische Speisegesetze,[125] die ganz in der Linie der Überzeugungen liegt, die Paulus und
die „Starken" in Antiochia, Korinth und Rom von jeher vertreten hatten und
die im Kontext der ab 66 ständig zunehmenden öffentlichen Mißstimmung
gegenüber den Juden politisch wohl opportun schien.[126]

---

[123] U. B. Müller, Theologiegeschichte, 60f.

[124] Das zeigt sich auch darin, dass die Formulierung ἀπέχεσθαι βρωμάτων aus 1Tim 4,2, die
nur als Hyperbel oder Zusammenfassung eines komplexeren Sachverhaltes verständlich ist,
sprachlich als Kurzfassung beider Positionen verständlich gemacht werden kann. Entweder ist sie
(mit K. Berger, Theologiegeschichte, 560) als Zusammenfassung des Aposteldekrets zu verstehen,
das bekanntlich unter Bezugnahme auf Gen 9,4; Ex 34,15f; Lev 17,10–14 forderte, ἀπέχεσθαι
εἰδωλοθύτων καὶ αἵματος καὶ πνικτῶν (Apg 15,29). Oder sie nimmt jüdische Formulierungen
der Verpflichtung auf die Speisegesetze überhaupt auf, vgl. 4Makk 1,34: τοιγαροῦν ἐνύδρων
ἐπιθυμοῦντες καὶ ὀρνέων καὶ τετραπόδων καὶ παντοίων βρωμάτων τῶν ἀπηγορευμένων
ἡμῖν κατὰ τὸν νόμον ἀπεχόμεθα.

[125] Es finden sich eine ganze Anzahl vergleichbarer Topoi in der Argumentation, die hier nicht
im Einzelnen ausgeführt werden können, u.a. konkurrieren in 4Makk 5 und 1Tim 4,2–10 beide
Seiten um den Anspruch, die Wahrheit erkannt zu haben, vernünftig zu handeln, εὐσέβεια zu
verwirklichen, das Nützliche im Auge zu haben, während die Gegenseite jeweils mit dem Vokabular antiker Philosophenpolemik bedacht wird.

[126] Gegen G. Häfner, Schrift, 30f, der als Argument gegen die Bezugnahme von 1Tim 4,3 auf
die Jakobusklauseln anführt, diese seien doch „im Urchristentum weiter verbreitet" gewesen, und
ohne eine gravierend veränderte Situation (die nicht zu erweisen sei) doch schwerlich als häretisch
zu verdächtigen gewesen, ist daran zu erinnern, dass jedenfalls Paulus Einschränkungen des Spei-
seplans nur aus Rücksicht auf und im Beisein von „Schwächeren" für angebracht hielt und einer

Ergebnis: Es ist mehr als eine Konstellation denkbar, in der die Bezugnahme auf Gen 1 als Prätext in 1Tim 4,3 nicht den status confessionis gegenüber einer schöpfungsfeindlichen gnostischen Gegnerfront markiert, sondern auf einen innerchristlichen Diskurs über die Auslegung des Schöpfungsglaubens im Rahmen der Diskussion über die Neuschöpfung (so Schlarb) oder über die Gültigkeit von bestimmten Thorageboten Bezug nimmt (so in Weiterführung der Ansätze Müllers und Thießens).[127] Der Prätextverweis enthüllt seinen Beitrag zur Sinnkonstitution in diesem Fall erst unter Einbeziehung kontextueller Faktoren. Die aktuelle Situation, hier die Identität der GegnerInnen und ihrer Grundüberzeugungen, ist jedoch weder aus dem Text noch aus dem Prätextverweis mit letzter Sicherheit zu erschließen.

2.5.3.3 Einbeziehung des prätextuellen Ko-Textes als umstrittener Faktor bei der Aktualisierung eines Prätextverweises: 2Tim 2,19

Als Beispiel für einen in seiner Identität unumstrittenen Prätext, dessen Bedeutung im Text jedoch abhängig von der inhaltlichen Akzentsetzung und der Einbeziehung oder Nichtberücksichtigung des prätextuellen Ko-Textes recht verschieden bestimmt werden kann, soll das Zitat von Num 16,5 in 2Tim 2,19 dienen.[128] Voran geht in 2Tim 2,14–18 eine Amtsträgerparänese, die vor der verbalen Auseinandersetzung mit konkurrierenden christlichen Lehren warnt und in einer Identifizierung zweier Irrlehrer (Hymenaios und Philetos) und ihrer Lehre gipfelt („die Auferstehung ist schon geschehen"). Als Ergebnis wird festgehalten: „so zerstören sie bei manchen den Glauben". Dann folgt 2Tim 2,19: „Aber das feste Fundament Gottes besteht und hat folgendes Siegel: ‚Es kennt der Herr die Seinen' (=Num 16,5LXX) und: ‚Es lasse ab vom Unrecht, wer den Namen des Herrn nennt'" (wohl ein Mischzitat aus Jes 52,11 und 26,13[129]). Von einer ganzen Reihe von Ausle-

---

verbindlichen Regelung i.S. des Aposteldekrets wohl nie zugestimmt hat. Abgrenzung gegenüber den als misanthropisch geltenden jüdischen Gebräuchen konnte 1-2 Generationen später sehr wohl als adäquate Strategie empfunden werden, die eigene politische Zuverlässigkeit zu erweisen, gerade wenn (worauf Häfner, a.a.O., 31 Anm. 181 hinweist) die Gemeinde in anderen Bereichen auf ihre Abgrenzung bedacht blieb.

[127] Wenig einleuchten will mir die Erklärung von G. Häfner, Schrift, 161-174, der einen Spagat zwischen beiden Positionen dergestalt versucht, dass das Schöpfungsthema den entscheidenden Konfliktpunkt mit den durch gnostisches Gedankengut beeinflussten weltverneinenden Häretikern markiere, wobei aber ein gewisser Restkonsens bestehe, Gen 1 noch zu den von den Gegnern geteilten Glaubenstexten gehöre und sich deshalb für die Argumentation empfehle. Aber auch in dieser Auslegung bestimmt sich der Sinngehalt des Prätextverweises von der angenommenen aktuellen Situation her.

[128] Eine gründliche Untersuchung aller Detailfragen zu 2Tim 2,19 bietet G. Häfner, Schrift, 204-223.

[129] Andere mögliche Textgrundlagen diskutiert G. Häfner, Schrift, 206-210.

gern wird das Numerizitat als Ausdruck der Erwählungsgewissheit angesichts der Verunsicherung durch die Irrlehre verstanden, es intendiert, der Gemeinde „eine Festigkeit in der vorhandenen Situation" zu geben, unter Rückgriff auf biblische Sprache soll versichert werden, dass Gott weiß „zu belohnen, die er berufen hat und die treu blieben."[130] Diese Deutung geht allein vom semantischen Gehalt des zitierten Textes aus und setzt diesen in Beziehung zu der als dominant bestimmten intratextuellen Zielrichtung paränetischer Stabilisierung.

Eine ganz andere Akzentsetzung ergibt sich, wenn der Ko-Text des Zitates in die Deutung einbezogen wird. So betont A. T. Hanson, dass das Zitat

> „comes from the story of the revolt of Dathan and Abiram against the authority of Moses and Aaron. The quotation is actually Moses' answer to the challenge of the rebels. We can hardly fail to see its appropriateness to the author's situation, for the false teachers were certainly challenging the authority of the official ministry."[131]

Noch expliziter möchte S. C. Martin eine durch das Zitat etablierte doppelte Analogie sehen:

> „In the allusion to the rebellion of Korah, Dathan, and Abiram in 2 Tim, the Pastor establishes a kind of analogy: Korah, Dathan, and Abiram are likened to Hymenaeus and Philetus ...., while, by implication, Paul and Timothy are likened to Moses and Aaron."[132]

Daraus folgt nach Martin, dass die Intention des Zitates eine vielfache ist. Erstens werde das Recht von Paulus und Timotheus auf Autoritätsausübung in der Gemeinde eingeschärft, zweitens die Autorität der Gegner als angemaßte erwiesen und drittens werde den Gegnern und ihren Anhängern direkt mit einem gottgewirkten tödlichen Ende gedroht. Auch Martin kann intratextuelle Hinweise für seine auf Polemik zielende Gesamtdeutung des Textzusammenhanges benennen. Die Paulus-Moses-/Timotheus-Aaron-

---

[130] So N. Brox, 249, ähnlich Dib-Co 84f; G. Häfner, Schrift, bes. 217.

[131] A. T. Hanson, 137.

[132] S. C. Martin, Pauli Testamentum. 2 Timothy and the Last Words of Moses, 21. Leider hat G. Häfner, Schrift, der S. 218f ausführlich gegen die Deutung des Zitates im Duktus der Korach-Erzählung argumentiert, die Arbeit von Martin nicht berücksichtigt. Wenn jedoch intertextuelles Vorwissen ein bestimmtes Verständnis des zitierten Satzes (hier als Drohung) nahe legt, sollte man m.E. nicht von einer willkürlichen Deutung sprechen, sondern anerkennen, dass der Text Interpretationshinweise bietet, die in verschiedene Richtungen weisen. Dies gilt um so mehr angesichts des in 2Tim 3,15 zitierten Ideals, das Schriftkundigkeit bei den intendierten LeserInnen der Past vorauszusetzen scheint bzw. zu inaugurieren sucht. Häfners in diesem Zusammenhang dargebotener Grundsatz, die „Auslegung eines Zitats muß sich von dem leiten lassen, was tatsächlich zitiert ist, soll sie nicht willkürlich werden" (a.a.O., 218), ist zwar grundsätzlich zuzustimmen, greift aber letztlich zu kurz, denn die *Bedeutung* dessen, „was tatsächlich zitiert ist", wird eben je nach Schriftkenntnis der Rezipierenden durch den prätextuellen Ko-Text mehr oder weniger stark mitbestimmt.

(bzw. Joshua)-Analogie wird von ihm darüber hinaus in einer Vielzahl von teils evidenten, teils möglichen intertextuellen Verweisen aufgespürt, so dass man seine Deutung keinesfalls von vornherein als unhaltbar bezeichnen kann. Vielmehr ist Martins Untersuchung ein glänzendes Beispiel dafür, wie eine einmal etablierte intertextuelle Lesestrategie – hier der Wahrnehmung des Paulus im 2Tim als neuem Moses (vgl. Dtn 18,15) – eine Vielzahl von neuen intertextuell konstituierten Bedeutungen aus sich heraussetzt, die zuvor kaum je diskutiert worden sind.[133]

2.5.3.4 Sinnkomplexion durch Intertextualität: 2Tim 4,17 im Zusammenspiel von intratextueller Ebene und intertextueller Mehrfachkodierung

Ein letztes Beispiel soll demonstrieren, wie im Normalfall alle in den letzten Abschnitten isoliert betrachteten Faktoren zusammenwirken und eine Sinnkomplexion und Äquivokation aufgrund mehrdeutiger intratextueller Signale im Verein mit potenzieller intertextueller Mehrfachkodierung, also dem Hereinspielen von möglicherweise mehr als einem Prätext, entsteht. Weil die Löwenmetapher zur Erklärung zentraler Sprachphänomene eine so ehrwürdige Tradition besitzt[134] und 2Tim 4,17 geeignet scheint, dies Problem zu illustrieren, konzentriert sich die folgende Untersuchung auf die Schlussphrase von 2Tim 4,17, die lautet: „und ich wurde errettet aus dem Rachen des Löwen" (καὶ ἐρρύσθην ἐκ στόματος λέοντος).

Zunächst ist gemäß der im vorangehenden Abschnitt erarbeiteten Rangfolge die intratextuelle Ebene, der Ko-Text, zu betrachten. Rein theoretisch wäre ein wörtliches Verständnis des Satzes, der sich dann auf ein reales Ereignis, einen Tierkampf des Paulus bezöge, denkbar (und entsprechend haben schon im 2. Jh. ChristInnen aus 2Tim 4,17 und 1Kor 15,32 die Legende vom getauften Löwen herausgesponnen, der Paulus in der Arena das Leben rettete). Der Ko-Text legt dies Verständnis aber keineswegs nahe, denn V. 16–17 fokussieren zur Gänze auf die Situation der Verteidigung vor Gericht: Alle Menschen haben Paulus verlassen (was er ihnen nicht anzurechnen bittet), aber der Kyrios stand ihm bei und stärkte ihn, so dass durch ihn „die Botschaft ausgebreitet wurde und alle Heiden sie hörten". Daran schließt sich, durch einfaches καί verbunden, die Feststellung von der Rettung „aus dem Rachen des Löwen" an, die demnach einen glücklichen Ausgang des Verhörs bezeichnen dürfte, andernfalls böte der Satz (gerade unter der vorausgesetzten Kommunikationssituation – Timotheus hört offensicht-

---

[133] Vgl. Pauli Testamentum, bes. 9–52.187–238.

[134] Meine intendierten LeserInnen verstehen natürlich diesen intertextuellen Verweis auch ohne den folgenden Beleg, doch da es in wissenschaftlichen Arbeiten üblich ist und gegebenenfalls das Nachlesen erleichtert, sei auf die Diskussion über das Wesen der Metapher anhand des Homerzitats „Achill ist ein Löwe" in Aristoteles, Rhetorik 1406b verwiesen.

lich zum ersten Mal von diesem Ereignis) eine kaum verständliche, extrem verkürzte Redeweise, die dem Berichteten in seiner Ungeheuerlichkeit nicht gerecht würde. Unter modernen Interpreten ist denn auch nicht strittig, dass V. 17c, was die Rede vom Rachen des Löwen betrifft, durch den Textzusammenhang klar als metaphorische Redeweise ausgewiesen wird. Strittig sind in der Gegenwart vor allem zwei Fragen: erstens die nach der historischen Situation, auf die die Aussage anspielt. Zweitens die nach der Bedeutung, präziser gesagt nach der intertextuellen Verwobenheit und eventuellen punktuellen Bezogenheit der Löwenmetapher. Zur historischen Dimension: Soll in 2Tim 4,17 gesagt werden, dass Paulus aus der Gefangenschaft freigekommen ist, so dass er in unmittelbarer Zukunft nicht mehr mit dem Martyrium rechnet? Auf dieser Deutung fußen alle Entwürfe zur Chronologie des Lebens des Paulus, die mit einer weiteren Missionsphase nach der (dann als „erste" bezeichneten) römischen Gefangenschaft rechnen.[135] Dies historische Problem ist nicht allein aufgrund von 2Tim zu beantworten, m.E. ist aufgrund der Konvergenz zahlreicher Argumente klar davon auszugehen, dass Paulus nicht wieder auf freien Fuß gesetzt wurde. Im vorliegenden Zusammenhang interessiert vor allem, ob die Beurteilung der intertextuellen Dimension der Formulierung Einfluss auf die Beantwortung der Frage nach den historischen Fakten hat.

Außerdem weichen verschiedene Interpretationen darin voneinander ab, was die vorausgesetzte Intensität der vom Leser zu erbringenden intertextuellen Mitarbeit zum Verständnis der Phrase ἐρρύσθην ἐκ στόματος λέοντος und der daraus folgenden Gesamtdeutung von 4,16–18 angeht. Die Mehrzahl der AuslegerInnen geht davon aus, dass der Verfasser von einer relativ konventionellen Metapher Gebrauch macht, d.h. sie wollen allenfalls eine schwache intertextuelle Zusatzkodierung annehmen, die sich auf einen allgemeinen Sprachgebrauch stützt und nicht auf bestimmte zum Verständnis nötige Prätexte. Dabei konkurrieren mehrere Deutungen:

1. Schon Euseb meinte, der Löwe stehe für Nero (HistEccl II,22,2–3), eine Variante dieser These bieten z.B. Dibelius-Conzelmann, die die kaiserliche Macht allgemein bezeichnet sehen.[136] Als Belege für diesen Sprachgebrauch (nicht als Prätexte im strengen Sinn) werden Josephus, Ant 18,228 (τέθνηκεν ὁ λέων vom Tod des Tiberius) und IgnRöm 5,1 (römische Soldaten als Leoparden) angeführt, Spicq weist ferner hin auf 4Q169 (pNah) Frg. 4 Kol i zu Nah 2,12–14 (sowohl die Seleukidenherrscher als auch die Makkabäer

---

[135] Vgl. z.B. C. Spicq I, 126–146; B. Reicke, Chronologie.
[136] Dib-Co, 93; neuestens auch H. W. Tarja, Martyrdom, 92.

und ihre Großen werden als Löwe(n), „Löwe des Zorns" bezeichnet);[137] W. Michaelis macht sehr zu Recht auf ZusEst 4,17s aufmerksam.[138]

2. Die am häufigsten vertretene Deutung sieht in 4,17c Aufnahme alttestamentlicher Gebetssprache zur bildlichen Bezeichnung der Rettung des Frommen durch Jahwe aus höchster Todesgefahr, verwiesen wird u.a. auf 1Kg 17,37; 1Makk 6,20; Ps (LXX) 7,2f; 21,22; 34,17; 90,13; Dan 6,21.28 Theod; 1QH XIII (V*), 9.11.13–14.18.[139]

3. Gelegentlich wird auch auf 1Petr 5,8 verwiesen und im Löwen ein Symbol des Satans gesehen.[140]

Während diese dritte Deutung mir vom Ko-Text überhaupt nicht gedeckt erscheint, daher allenfalls als Zusatzkodierung zur ersten Deutung bestehen könnte (so dass also im Kaiser bzw. den staatlichen Autoritäten der Satan am Werk wäre, vgl. Apk 13), sind die ersten beiden Deutungen als nahe liegende intertextuelle Lesestrategien zu bezeichnen. Lassen sich überzeugende Gründe dafür anführen, welche intertextuelle Deutung die vom Text intendierte ist? Gemäß der Definition eines intertextuellen Verweises als Doppel- oder Mehrfachkodierung ist dabei zunächst die intratextuelle Ebene zurate zu ziehen. Fragen wir also zunächst, ob die Deutung des Löwenrachens auf die kaiserlichen Institutionen oder einen bestimmten Kaiser im Gesamtzusammenhang der Briefe zu halten ist. Angesichts von 1Tim 2,1–3; Tit 3,1–2 darf man das eher bezweifeln, denn hätte sich „Paulus" nicht genau der Lästerung der Obrigkeit schuldig gemacht, die er selbst in Tit 3,2 verbietet? Zwar ist es kaum Zufall, dass ausgerechnet im 2Tim keine Aufforderungen zur Staatsloyalität begegnen, statt dessen durchziehen Leidensparänesen den Brief[141] bis hin zur Aussage, *alle*, die in Christus Jesus fromm leben wollten, würden Verfolgung erleiden müssen (2Tim 3,12). Trotzdem bleiben die Urheber der Verfolgung vollkommen anonym, es wird immer nur aus der Perspektive der Leidenden das Leiden thematisiert oder in abstrakten bzw. gegenständlichen, nie personalen Ausdrücken von Verfolgung, von Ketten etc. gesprochen, was wohl Ausdruck einer gewissen Verlegenheit des Verfassers ist. Er war diesbezüglich in einer schwierigen

---

[137] Aktualisierte Fundstelle der von C. Spicq, 821, mitgeteilten Belege, vgl. auch 4Q 167 (pHos[b] [pHos[a]*]), Fr. 2,1–3 (der Hohepriester als „Löwe des Zorns"). Die von Spicq gebotenen Belege differenzieren nicht zwischen hervorgehobenen einzelnen Herrschern als Löwen und der allgemeinen Symbolisierung von Feinden und Gefahr im Bild des Löwen, die oben zur zweiten Deutungskategorie zählen.

[138] W. Michaelis, Art. λέων, 258 Anm. 20.

[139] So V. Hasler, 81; L. Oberlinner, XI/2, 179 mit Anm. 48, vertritt selbst diese These und nennt zahlreiche weitere Vertreter. Vgl. auch W. Michaelis, Art. λέων, 258.

[140] So G. Holtz, 198.

[141] Vgl. 2Tim 1,8.12.15–18; 2,3.8–13; 3,10–12; 4,6–8.14f.16–18.

Situation, da Paulus schließlich zu Unrecht in Rom „wie ein Übeltäter" (2Tim 2,9) hingerichtet worden war und er diesem Märtyrer für das Evangelium ein gebührendes Denkmal setzen wollte. Damit durfte er aber nicht seine in 1Tim/Tit verfolgte apologetische Strategie ins Wanken bringen, die fundamental darauf baute, dass bei entsprechendem Wohlverhalten der ChristInnen „ein ruhiges und stilles Leben in aller Frömmigkeit und Ehrbarkeit" (1Tim 2,2) möglich ist, und die daher die Unberechenbarkeit und Grausamkeit der römischen Kaiser und ihrer Behörden verdrängen musste. So kam es zu dem Porträt des leidenden Paulus, der immer nur sagt, wofür und weswegen er leidet, aber nie, unter wem. Die intratextuelle Einbindung von 2Tim 4,17 schließt daher m.E. einen *intendierten* intertextuellen Verweis auf den Kaiser bzw. die kaiserliche Macht eher aus. Andererseits ist dieser Ausschluss ein so indirekter, dass ohne weiteres nachvollziehbar ist, wenn diese vergleichsweise schwache ko-textuelle Gegenindikation im unmittelbaren Rezeptionsakt ignoriert wird. Aufgrund der sachlichen Nähe beider Konzeptionen (allgemeine Todesgefahr und potenziell todbringende Staatsmacht), der im 1. Jh. bestehenden rechtlichen Situation – die Macht des Kaisers verkörpert sich in den Löwen, die er auf Verurteilte losließ – und der vom Text vorausgesetzten aktuellen Situation einer (vorläufig) lebendig überstandenen Konfrontation mit der Staatsmacht, ist auch ein Ineinander beider Deutungen denkbar. Vielleicht schafft sich die aus apologetischen Überlegungen von der Textoberfläche verdrängte Benennung des für die Verfolgungen Verantwortlichen auf diesem Wege – vom empirischen Verfasser möglicherweise ungewollt – wieder Eingang in den Text. Vielleicht ist aber auch den VertreterInnen der anderen Option Recht zu geben, die in der Löwenmetapher einfach eine unspezifische Symbolisierung von Todesgefahr sehen wollen. Eine sichere Entscheidung ist aufgrund der intratextuellen Vorgaben m.E. nicht zu treffen.

Mit den bisherigen Überlegungen befanden wir uns noch im Vorfeld der eigentlich interessanten Fragen nach der intertextuellen Dimension des Textes. Die Dechiffrierung einer Metapher auf dem Hintergrund eines verbreiteten Sprachgebrauchs erfordert nur eine relativ geringfügige intertextuelle Mitarbeit der RezipientInnen und konstituiert nur dann komplexeren Sinn, wenn wie hier mehrere Deutungen möglich sind und changieren. Die Suche nach einem Prätext oder Prätexten im eigentlichen Sinne, also nach *bestimmten* Texten, die die intendierten LeserInnen assoziieren sollen, wenn sie 2Tim 4,17c lesen, eröffnet nun die von den meisten KommentatorInnen ignorierte Frage nach einer zusätzlichen Sinndimension, die sich erst durch das Hereinspielen bestimmter fremder Texte auftut. Ich möchte zwei denkbare Sinnhorizonte skizzieren: 1. Das paulinische Martyrium als Christusnachfolge und 2. Paulus als neuestes Glied in einer Kette jüdischer From-

mer, die die Heiden durch ihre unerschrockene Treue zum Gott Israels be-
eindrucken.

1. Entgegen dem Eindruck, den manche Kommentare durch die Vielzahl
von angeführten Belegstellen erwecken wollen, handelt es sich bei der Formulierung von 2Tim 4,17c (ἐρρύσθην ἐκ στόματος λέοντος) nicht um
eine „stock phrase", nicht um eine im Wortlaut feststehende Floskel. Vielmehr gibt es nur eine einzige Stelle, an der die präpositionale Verbindung
ἐκ στόματος λέοντος in genau dieser Form begegnet,[142] nämlich Ps
21,22LXX: σῶσόν με ἐκ στόματος λέοντος. Zwar wird hier ein anderes
Verbum benutzt (σῴζειν), das allerdings nach Ausweis von Ps 21,9LXX
dort genauso wie in 2Tim 4,17–18 als Synonym zu ῥύομαι zu verstehen
ist.[143] Wegen dieser wörtlichen Übereinstimmung rechnen einige Kommentare mit einer bewussten Anlehnung an den Sprachgebrauch des Psalms.[144]
Sobald man dies aber ernsthaft ins Auge fasst, muss man sich fragen, ob mit
Blick auf die LeserInnen intendierte Intertextualität vorliegt und was mit ihr
beabsichtigt ist. A. T. Hanson hat die interessante These vertreten, dass
ganz bewusst der Passionspsalm anzitiert wird, um das Martyrium des Paulus mit der Kreuzigung Jesu zu vergleichen, ohne dass eine direkte Erwähnung des Kreuzes im Text erfolgen muss, die der Verfasser (aus politischen
Gründen?) bekanntlich durchgängig vermeidet.[145] Hansons Argumentation
ist allerdings nur z.T. überzeugend. Er listet folgende Übereinstimmungen
zwischen Ps 21LXX und 2Tim 4,16–18 auf (statt seiner englischen Übersetzung biete ich den LXX bzw. NTG–Text):

21,12 μὴ ἀποστῇς ἀπ᾽ ἐμοῦ, ...,	4,17a ὁ δὲ κύριός μοι παρέστη καὶ ἐνεδυνάμωσέν με
ὅτι οὐκ ἔστιν ὁ βοηθῶν.	4,16 ἀλλὰ πάντες με ἐγκατέλιπον·
21,17 συναγωγὴ <u>πονηρευομένων</u> περιέσχον με,	4,18 ῥύσεταί με ὁ κύριος ἀπὸ παντὸς ἔργου <u>πονηροῦ</u>
21,22 <u>σῶσόν με ἐκ στόματος λέοντος</u>	4,17c καὶ <u>ἐρρύσθην ἐκ στόματος λέοντος.</u>
21,28 μνησθήσονται καὶ ἐπιστραφήσονται πρὸς κύριον <u>πάντα τὰ περατα τῆς γῆς</u> καὶ προσκυνή- σουσιν ἐνώπιόν σου <u>πᾶσαι αἱ πατριαὶ τῶν ἐθνῶν,</u>	4,17b καὶ ἀκούσωσιν <u>πάντα τὰ ἔθνη,</u>

---

[142] Vgl. noch Am 3,12: ἐκ στόματος τοῦ λέοντος.
[143] Richtig W. Michaelis, Art. λέων, 258 Anm. 20.
[144] Z.B. W. Lock, 119; C. Spicq, 821.
[145] Vgl. A. T. Hanson, 140f. 160–162; ders., Use, 213f.

Unverständlicherweise registriert Hanson nicht die engen Berührungen zwischen Ps 21,29 und 2Tim 4,18:

21,29 ὅτι τοῦ κυρίου ἡ βασιλεία, καὶ   4,18 καὶ σώσει εἰς τὴν βασιλείαν
αὐτὸς δεσπόζει τῶν ἐθνῶν.   αὐτοῦ τὴν ἐπουράνιον

Die wörtlichen Parallelen sind abgesehen von Ps 21,22 / 2Tim 4,17c nicht von der Art, dass man mit bewusster Erinnerung aufgrund von wörtlicher Übereinstimmung rechnen dürfte. Immerhin stimmen neben den gewissermaßen „gattungstypischen" Topoi „Verlassenheit des Beters von allen außer Gott", „Errettung" (vom „Löwen" und vom „Bösen") auch noch die Themen βασιλεία κυρίου und „Bekehrung der Heiden" in beiden Texten eine zentrale Rolle. Es gibt also deutliche Anhaltspunkte für eine bewusste intertextuelle Beziehung derart, dass Ps 21LXX eine Bezugsfolie des Textes bildet. Aber ist sie für die RezipientInnen auch erkennbar? Man kann, wenn man sich die Grundgesetze intertextueller Sinnkonstitution vor Augen hält, an diesem Punkt zu klareren Aussagen kommen als Hanson, der letztlich alles offen hält.[146] Auszugehen ist von der richtigen Einsicht Hansons, dass durch das kurze Psalmzitat, *wenn* es von den RezipientInnen als Anspielung auf den Leidenspsalm Jesu erkannt wird, der Eindruck entstehen muss, dass Paulus sich mit dem leidenden Frommen des Psalms identifiziert, worin sich zugleich eine bewusste Nachahmung des Verhaltens Jesu vollzieht, dessen Passion bekanntlich von Anklängen an Ps 22 (21LXX) in seinem eigenen Munde wie in der Beschreibung seines Leidens durchzogen ist. Wenn diese Hypothese von den RezipientInnen erst einmal aufgestellt wurde, dann lassen sich auch die weiteren oben aufgelisteten Berührungen zwischen beiden Texten entdecken. Aber ist es nicht eine krasse Überinterpretation, den intendierten RezipientInnen von 2Tim 4,16–18 eine solche Hypothesenbildung angesichts des kurzen wörtlichen Anklangs an Ps 21,22 zu unterstellen? Hier meine ich, müsste die Regel in Anschlag gebracht werden, dass die intratextuellen Sinnvorgaben ganz entscheidend über die Plausibilität von intertextuell eingeholtem zusätzlichen Sinn bestimmen. Das bedeutet in diesem Fall, dass man überprüfen muss, ob der Text schon vor 2Tim 4,17 Hinweise auf eine Wahrnehmung des Leidens Pauli im Lichte des Leidens Jesu enthält. Dies ist in aller wünschenswerten Deutlichkeit in 2Tim 2,8–13 und im unmittelbar vorangehenden Vers 2Tim 4,16 der Fall. Die Einweisung des Timotheus (und seiner Nachfolger, die die intendierten Leser des 2Tim sind, vgl. 2,2) in das „Mitleiden" mit Paulus im Kampf für das Evan-

---

[146] Vgl. die Aussagen in A. T. Hanson, 162: „The parallel is not self-evident. ... There may well be something in it." und 140: „If there is a scriptural background (and I am inclined to think there is)...", die eine gewisse Ratlosigkeit gegenüber einem Evidenzgefühl verraten, das sich aufgrund fehlender methodischer Kategorien nicht intersubjektiv vermitteln lässt.

gelium (vgl. 2Tim 1,8; 2,3) wird mit 2,8ff zurückgebunden an das Vorbild Jesu Christi. „Dies geschieht in der Weise, dass die Paulusanamnese von 2Tim 1,6–2,7 durch den Imperativ μνημόνευε Ἰησοῦν Χριστόν in eine Christusanamnese überleitet wird: Es gilt für die Verkündiger des Evangeliums, sich am Leitbild Jesu Christi zu orientieren, und zwar, wie der weitere Fortgang zeigt, speziell an seinem Leiden."[147] In dem 1Tim 2,11–13 zitierten Hymnus werden kerygmatische Traditionen ursprünglich unterschiedlicher traditionsgeschichtlicher Herkunft und mit unterschiedlichem Sitz im Leben in eine Leidensparänese aufgenommen. So ist nicht mehr die Taufe, sondern das Martyrium im Blick, wenn es in wörtlicher Aufnahme von Röm 6,8 heißt: εἰ γὰρ συναπεθάνομεν, καὶ συζήσομεν. Eine synoptische Tradition vom Ausharren in den Verfolgungen der Endzeit (Mt 10,22) wird verschmolzen mit dem paulinischen Gedanken der eschatologischen Mitherrschaft der Gläubigen (vgl. 1Kor 4,8; 6,3): εἰ ὑπομένομεν, καὶ συμβασιλεύσομεν.[148] In das hymnische „Wir" schließt Paulus sich vor allen anderen ein, wie die Reflexion über das eigene Leiden unmittelbar vor dem Hymnus zeigt (2Tim 2,9f). Von 2Tim 2,8–13 her ist also im 2Tim ganz klar das Leiden des Paulus ein Leiden, ein Sterben mit Christus und in Erinnerung des Leidens Christi. In der Phrase τὸν δρόμον τετέληκα (2Tim 4,7) können mit Joh vertraute LeserInnen natürlich das τετέλεσται Jesu wiedererkennen (Joh 19,30).[149] Wenn dann noch in 4,16 der angehende Märtyrer angesichts der Verlassenheit von seinen Mitarbeitern in einer paulinisch formulierten (vgl. 1Kor 13,5), in der Sache aber jesuanischen Geste um Nichtanrechnung bittet,[150] dann muss dies den RezipientInnen deutlich signalisieren, dass Paulus sich als rechter Apostel (vgl. Apg 7,60) damit tatsächlich anschickt, sein Leben ganz wie Jesus Christus zu beschließen.[151]

---

[147] J. Roloff, Der Weg Jesu als Lebensnorm (2Tim 2,8–13), 155–167, das Zitat: 159.

[148] Etwas anders J. Roloff, Weg, 164f, der zu 2Tim 2,12a nur auf Mt 10,22 verweist und ferner auf die Nähe zum Überwinderspruch Apk 3,21 aufmerksam macht: „Wer überwindet, dem werde ich verleihen mit mir auf meinem Thron zu sitzen, so wie auch ich überwunden habe und mich mit meinem Vater auf seinen Thron gesetzt habe." Eine Konvergenz der Gedanken ist nicht zu leugnen, doch terminologisch ist die Anlehnung an Paulus sicher kein Zufall, vielmehr steckt in dem betont futurischen συμβασιλεύσομεν m.E. dieselbe gezielte Polemik gegen ein präsentisches Taufverständnis, das auch in 2Tim 2,11 (ganz klar postmortales und nicht postbaptismales συζήσομεν) leitend war. Dies ergibt sich m.E. zwingend aus der kotextuellen Polemik gegen Leute (m.E. Pauliner), die (m.E. unter Berufung auf [dt]pln Traditionen) sagen: „die Auferstehung ist schon geschehen" (2Tim 2,18).

[149] So z.B. H. W. Tarja, Martyrdom, 95.

[150] Hier ist nicht nur an Lk 23,34 zu denken, sondern auch ganz allgemein an die Bedeutung, die die Bereitschaft zur Vergebung in der Lehre Jesu hat.

[151] Dass die Vergebungsbitte von 2Tim 4,16 in einer auffälligen kotextuellen Spannung zum Drohen mit der Talio in 2Tim 4,14 steht, ist kein Argument gegen die oben vorgetragene Vermutung, im Gegenteil. Der Verfasser verfolgt ganz offensichtlich zwei verschiedene Zwecke, in 4,14

Die Anspielung auf den Leidenspsalm Jesu in 2Tim 4,17 kommt also nicht überraschend. Paulus hat sein Martyrium bereits unübersehbar in das Licht des Leidensweges Jesu gestellt. Wenn also die RezipientInnen Ps 21LXX gut genug kennen (sei es als wiederkehrenden Text im liturgischen Kontext der Passionserinnerung, sei es als auswendig verfügbares traditionelles Gebet), dann werden sie den intertextuellen Verweis in 2Tim 4,17c als weiteres Glied einer Kette von Aussagen verstehen können, die Paulus als Christusnachfolger im Leiden erweisen. Hanson ist zuzustimmen: „we see here the author using Scipture in a remarkably subtle fashion"[152] und sollten hinzufügen, dass sicher nur schriftbewanderte RezipientInnen in der Lage waren, diese Anspielung in ihrem ganzen Assoziationsspektrum zu erfassen. Wenn dieser Verweis in der beschriebenen Weise aktualisiert wurde, bereicherte er nicht nur den Text von 2Tim, sondern er fügte in der Wahrnehmung der AdressatInnen auch Ps 21LXX eine weitere Bedeutungsnuance hinzu, allerdings im Rahmen eines schon von der Evangelienschreibung her vorstrukturierten Bedeutungsmusters: Die christliche Aneignung des Klagepsalms wird vertieft.[153]

2. Doch ist Ps 21,22LXX bei weitem nicht der einzige, sinnvoll zu 2Tim 4,17c zu assoziierende Prätext. Ein ganzes Bündel von anderen möglichen Prätexten wird zusammengehalten durch eine Kombination von wörtlicher Nähe zu 2Tim 4,17 und vergleichbarem Situationsbezug, nämlich der Situation der Verteidigung eines/r jüdischen Frommen vor einem heidnischen Herrscher.

Der bekannteste Text ist die Errettung Daniels aus der Löwengrube. Wörtliche Anklänge an 2Tim 4,17 begegnen, in Dan 6,21Theod fragt der König, ob Gott Daniel ἐκ στόματος τῶν λεόντων wird retten können (Verbum: ἐξελέσθαι). In 6,28Theod begegnet als Verbum ῥύεται im Zusammenhang mit der Rettung ἐκ χειρὸς τῶν λεόντων. Besonders interessant ist die kurze Zusammenfassung der Erzählung als Höhepunkt einer Paradigmenreihe in 1Makk 2,60, die lautet: Δανιηλ ἐν τῇ ἁπλότητι αὐτοῦ ἐρρύσθη ἐκ στόματος λεόντων. Dies stimmt bis auf den Plural der Löwen und die unerlässliche Anpassung der Verbform wörtlich mit 2Tim 4,17 überein und es ist vielleicht kein Zufall, dass der Text sich enger mit dem Text einer martyrologischen Exemplareihe deckt als mit der ursprünglichen

droht er den Irrlehrern mit einem gnadenlosen Gericht, in 4,16 signalisiert er schwach gewordenen ChristInnen die Möglichkeit der Vergebung und porträtiert sich selbst als Christusnachfolger.

[152] A. T. Hanson, 140.

[153] Nicht überzeugend erscheint mir die Ablehnung einer bewussten Anspielung auf Ps 21LXX durch G. Häfner, Schrift, 112-114 mit der Begründung, die Situation des verlassenen Beters des Psalms und die des Paulus seien unvergleichbar und daher nicht sinnvoll aufeinander zu beziehen.

Schriftpassage.[154] Liest man 2Tim 4,17 von dieser Tradition her, dann erscheint Paulus also als zweiter Daniel, der von Gott vor den Löwen errettet wurde.[155] In diesem Fall erhält die Aussage, dass das Kerygma ausgerichtet wurde und alle Heiden hörten, eine hoffnungsvolle Konnotation, denn die Rettungslegende im Danielbuch endet ja bekanntlich mit der vom König angeordneten Anerkennung des Gottes Daniels in seinem ganzen Reich:

> ἐκ προσώπου μου ἐτέθη δόγμα τοῦ ἐν πάσῃ ἀρχῇ τῆς βασιλείας μου εἶναι τρέμοντας καὶ φοβουμένους ἀπὸ προσώπου τοῦ θεοῦ Δανιηλ, ὅτι αὐτός ἐστιν θεὸς ζῶν καὶ μένων εἰς τοὺς αἰῶνας, καὶ ἡ βασιλεία αὐτοῦ οὐ διαφθαρήσεται, καὶ ἡ κυριεία αὐτοῦ ἕως τέλους...· (Dan 6,27Theod).

Die Unzerstörbarkeit der Basileia, von der hier die Rede ist, lässt im Übrigen an 2Tim 4,18 denken.

Geht man auf dem intertextuellen Spaziergang den Weg weiter, den die Danielreminiszenz weist, dann gelangt man zu verwandten Texten, die diese Deutung unterstützen und vertiefen können. Da ist David, der seine Siegesgewissheit im Kampf gegen Goliath aus der Erfahrung gewinnt, dass Gott ihn vor der Pranke des Löwen (Singular!) und des Bären errettet hat (κύριος, ὃς ἐξείλατό με ἐκ χειρὸς τοῦ λέοντος καὶ ἐκ χειρὸς τῆς ἄρκου, αὐτὸς ἐξελεῖταί με ἐκ χειρὸς τοῦ ἀλλοφύλου τοῦ ἀπεριτμήτου τούτου; 1Kg 17,37). Da gibt es schließlich auch Ester, die angesichts des drohenden Pogroms sich anschickt, gegen den ausdrücklichen Befehl des Königs bei diesem vorzusprechen und für ihr Volk um Gnade zu bitten, womit sie sich selbst in Todesgefahr begibt. Sie betet in ZusEst 4,17s–t: „Lege mir angemessene Worte in den Mund vor dem Löwen (δὸς λόγον εὔρυθμον εἰς τὸ στόμα μου ἐνώπιον τοῦ λέοντος), und verwandle sein Herz, dass er unsern Gegnern feind wird ... Uns aber errette durch deine Hand (ἡμᾶς δὲ ῥῦσαι ἐν χειρί σου)." Hier ist der Löwe Bild für den König, eine Bedeutung, die, wie gezeigt wurde, auch für 2Tim 4,17 nicht auszuschließen ist. W. Michaelis' Überlegungen zu 2Tim 4,17, gelesen vor dem Hintergrund dieser Passage aus Ester, sind durchaus bedenkenswert: „Ist an die Situation des Verhörs gedacht, in dem Paulus auch vor dem ‚Löwen' das Kerygma zu vertreten hatte?"[156]

Tertium comparationis der zuletzt besprochenen Texte ist die jeweils vorausgesetzte Situation der Errettung vor einem übermächtigen Feind, der nicht an den Gott Israels glaubt, in Ester und Daniel geht es zudem ganz

---

[154] Zu der bedeutenden Rolle, die biblische Modelle und Reihen von Exempla bei der Ausprägung frühjüdischer und christlicher Martyriumstheologie spielten, vgl. B. Dehandschutter, Example, 20–26.

[155] Einzelne Kommentare deuten 2Tim 4,17 im Licht der Danieltradition, allerdings ohne die intertextuellen Bezüge vollständig zu erfassen und auszudeuten, vgl. z.B. U. Borse, 107.

[156] W. Michaelis, Art. λέων, 258 Anm. 20.

analog zu 2Tim um eine Bekenntnissituation vor dem heidnischen Herrscher. In diesem Zusammenhang war offensichtlich die Löwenmetapher äußerst beliebt, wobei letztlich nicht entscheidend ist, ob der feindliche Herrscher selbst mit einem Löwen verglichen wird oder sich der Löwen als
Mittel der Einschüchterung bedient. Alle diese Erzählungen enden mit der
tatsächlichen Überwindung oder Bekehrung des Gegners. Daher könnte sich
die Hartnäckigkeit erklären, mit der sich die Deutung von 2Tim 4,16–17 auf
eine erste Gefangenschaft des Paulus, aus der dieser wieder freigekommen
sei, trotz ihrer historischen Unwahrscheinlichkeit, hält. Die intertextuell
unwillkürlich aufgerufenen Assoziationen weisen in diese Richtung. Auch
der vorangehende Ko-Text scheint zunächst diese Deutung zu unterstützen,
denn in 2Tim 3,10–11 erinnert Paulus den Timotheus an die gemeinsam
erlittenen Verfolgungen: Σὺ δὲ παρηκολούθησάς μου ... τοῖς διωγμοῖς,
τοῖς παθήμασιν, οἷά μοι ἐγένετο ἐν Ἀντιοχείᾳ, ἐν Ἰκονίῳ, ἐν Λύσ-
τροις, οἵους διωγμοὺς ὑπήνεγκα· und fügt hinzu: καὶ ἐκ πάντων με
ἐρρύσατο ὁ κύριος, was nichts anderes als die tatsächliche Beendigung
der jeweiligen Verfolgungssituation meinen kann. Von daher gelesen legt
die Aussage von 2Tim 4,17c, die dasselbe Verbum verwendet und dasselbe
Subjekt der Rettung, nämlich den Kyrios, benennt, tatsächlich eine analoge
Deutung nahe. Wieder also sind es gegenläufige Aspekte des Ko-Textes, die
die Äquivokation der intertextuellen Bezugnahme hervorrufen. Gegen die
von 2Tim 3,11 her sich nahelegende Deutung auf eine innerweltliche Rettung spricht allerdings der unmittelbar vorangehende und unmittelbar folgende Ko-Text: 2Tim 4,6–8 drückt unmissverständlich aus, dass Paulus'
Tod unmittelbar bevorsteht, und 2Tim 4,18 nimmt sicher nicht unbedacht
erneut dasselbe Verb und dasselbe Subjekt auf, um die endgültige Errettung
des Paulus zu beschreiben: ῥύσεταί με ὁ κύριος ἀπὸ παντὸς ἔργου
πονηροῦ καὶ σώσει εἰς τὴν βασιλείαν αὐτοῦ τὴν ἐπουράνιον. Alle
vorläufigen, zeitlichen Errettungen, auch die letzte nach der ersten Apolo-
gie, verblassen angesichts der unmittelbar bevorstehenden Aufnahme des
Märtyrers in die himmlische Basileia. Auch die jüdische und die spätere
christliche Märtyrerliteratur verwendet die Erinnerung an Daniel und die
Männer im Feuerofen in der Darstellung von Martyrien mit tödlichem Ausgang. Die Rettungslegenden Dan 3.6 mit ihrer innerweltlichen Restituierung
der Märtyrer werden zum Gleichnis der geglaubten Auferweckung der Märtyrer, 2Tim partizipiert hier an einer verbreiteten Vorstellung, die sich in
den Verfolgungserfahrungen der Makkabäerzeit herausgebildet hatte und
auf die die ChristInnen zurückgreifen konnten.

Fassen wir zusammen: liest man die Aussage von 2Tim 4,17c als intertextuellen Hinweis auf die Errettung Daniels, vielleicht auch Esters und
Davids aus dem Rachen des Löwen, dann lädt sich der Text mit Assoziatio-

nen von der Überwindung eines Tyrannen, dem siegreichen Eintreten für den Gott Israels vor den Heiden, von Glaubensmut, der sich nicht einschüchtern lässt etc. auf. Nicht der klagende Psalmbeter, sondern der Löwenkämpfer und die mutige Königin, die ihr Volk rettet, verbinden sich mit dem Vers. So gelesen passt er sich ein in die durchgängige agonistische Metaphorik der Pastoralbriefe und besonders des 2Tim. Und doch schließen die beiden untersuchten Deutungen von Paulus als Imitator der Passion Christi und als zweiter Daniel einander nicht aus. Denn auch Jesus selber wird vom Verfasser der Pastoralbriefe in die Reihe der sich vor heidnischen Amtspersonen bewährenden Frommen eingereiht: In 1Tim 6,13 beschwört Paulus Timotheus „vor Gott, der alles Leben schafft, und vor Christus Jesus, der vor Pontius Pilatus das gute Bekenntnis abgelegt hat", wobei durchaus an das Zeugnis „vor jenen Mächten und Gewalten" ... gedacht ist, „die die Herrschaft über Welt und Menschen usurpieren, indem sie Gott, dem Schöpfer und Lebensspender, die Ehre verweigern",[157] wie nicht zuletzt die den Abschnitt beschließende Gottesprädikation erweist (1Tim 6,15: ὁ μακάριος καὶ μόνος δυνάστης, ὁ βασιλεὺς τῶν βασιλευόντων καὶ κύριος τῶν κυριευόντων... ᾧ τιμὴ καὶ κράτος αἰώνιον· ἀμήν).

Anhand von 2Tim 4,17c wurde exemplarisch das Phänomen intertextueller Mehrfachkodierung und der sich daraus ergebenden Sinnkomplexion demonstriert. Die knappe Phrase ἐρρύσθην ἐκ στόματος λέοντος erwies sich als gewissermaßen „gesättigt" mit aus anderen Texten stammenden Sinngehalten, die in Beziehung gesetzt werden konnten zu zentralen intratextuell zu erhebenden Sinnlinien, was zu einer erheblichen Anreicherung des Textes mit Sinn führte, deutlich über das hinaus, was die Kommentare üblicherweise zu dieser Stelle verzeichnen. Dass alle vorgeführten Deutungen textadäquat sind, hoffe ich, gezeigt zu haben. Sie sind sicher nicht intendiert und unverzichtbar in dem Sinne, dass eine von ihnen dem Text eine gänzlich neue Deutung hinzufügte, vielmehr werden Aspekte des Textes vertieft, die ohnehin in ihm unmissverständlich vorhanden sind (Paulus als Christusnachfolger und als Streiter Christi), eventuell werden auch Aspekte betont, die der Text selbst aus politischer Vorsicht zurücknimmt (Personifizierung der verfolgenden Staatsmacht im Löwen?). Aber ist damit zu rechnen, dass eine der vorgetragenen Deutungen oder das ganze Bündel von Deutungen der Autorenintention dergestalt entspricht, dass sie für die ErstadressatInnen erkennbar und verstehbar sein sollte? Dies eröffnet die bisher nur andeutungsweise berücksichtigte Dimension der vorausgesetzten intertextuellen Kompetenz der Lesenden, die ausführlicher Erörterung bedarf. Dies soll im übernächsten Kapitel geschehen. Zum Abschluss der Überlegungen zur Zu-

---

[157] J. Roloff, 351; vgl. auch B. Dehandschutter, Example, 24.

satzkodierung von Texten durch Bezugnahme auf Prätexte ist nun die Frage nach den möglichen *Funktionen* intertextueller Textkonstitution zu stellen.

2.5.4 Textorientierte und referenztextorientierte Funktionen von Intertextualität

Intertextuelle Verweise können von AutorInnen zu unendlich verschiedenen Zwecken eingesetzt und von RezipientInnen zu ebenso vielen Zwecken aktualisiert werden, daher erscheint die Erstellung einer Taxonomie der Funktionsformen von Intertextualität wenig sinnvoll. Vorgeschlagene abstrakte Funktionsskalen sind etwa (nach B. Schulte-Middelich[158]): „Selbstzweckhaft / spielerische – einzel-zweckgerichtete – gesamt-zweckgerichtete Funktion" der Verweisung; „affirmative Wirkungsstrategie – neutrale Position – kritische Wirkungsstrategie"; „Sinnstützung / Sinnerweiterung – neutrale Sinnkonstitution – Sinnkontrastierung". Diese können weiter subkategorisiert werden, z.B. bietet sich unter „kritischer Wirkungsstrategie" die Skala „Kritik an der Form – Kritik an Form und Thematik – Kritik an der Thematik" an. Solche Skalen können m.E. Anregungen geben, um bei der konkreten Analyse intertextueller Verweise das ganze Spektrum der Möglichkeiten im Auge zu behalten, aber es wird unmöglich sein, ein abstraktes Modell zu entwerfen, das alle möglichen Funktionen von Intertextualität beschreibt, letztlich ist jeder Einzelfall sachlich zu würdigen. Es erscheint mir daher sinnvoller, lediglich eine der Allusionsforschung verpflichtete grobe Typologie der Funktionsmöglichkeiten zugrunde zu legen, die an der Funktionsrichtung der intertextuellen Verweisung orientiert ist. Dabei sind für unsere Literatur wohl nur zwei Funktionstypen von Bedeutung, nämlich in der Bezeichnung von U. J. Hebel:[159]
1. „Intratextuelle Funktionalisierung", also die Zusatzkodierung des anspielenden Textes und

---

[158] Funktionen intertextueller Textkonstitution, 215.
[159] Textarchäologie, 99. Sachlich sind die beiden obengenannten Funktionen identisch mit den ersten beiden Funktionstypen die B. Schulte-Middelich, Funktionen, 214, beschreibt: „Funktionstyp 1. Der Prätext erhält zumindest eine Zusatzkodierung. Funktionstyp 2. Der Folgetext oder Textteile (=Folgetext ohne Prätextanteile) erhalten zumindest eine Zusatzkodierung." Die Funktionstypen 3. und 4. (3: „Der Prätext und der Folgetext beziehungsweise die entsprechenden Textteile erhalten gemeinsam jeweils zumindest eine Zusatzkodierung." 4. „Jenseits von Prätext und / oder Folgetext oder -textteil entsteht auf einer Metaebene zumindest eine neue Kodierung") scheinen moderner und postmoderner Literatur, die in Gestalt verschiedener Texte unterschiedliche Wirklichkeitsmodelle zueinander in Beziehung setzt, vorbehalten zu sein, vgl. dazu B. Schulte-Middelich, 225ff.

2. „Metatextuelle Funktionalisierung", d.h. „die Zusatzkodierung des intertextuellen Allusionsreferenten".[160]

Um unnötigen terminologischem Ballast zu vermeiden, werde ich im Folgenden öfter schlicht von *textorientierten und referenztextorientierten Funktionen* von Intertextualität sprechen.[161] Die im letzten Abschnitt besprochenen Texte waren im Wesentlichen dem ersten Funktionstyp zugehörig, die Aussage des Textes wurde unterstrichen, perspektiviert und bereichert durch die Bezugnahme auf Prätexte. U. J. Hebel unterscheidet bei diesem Funktionstyp nochmals drei Ebenen im Text, auf denen die Zusatzkodierung erfolgen kann, sie dient der Figurencharakterisierung, der Themaillustration und der Struktur-/Kompositionsstütze (setting, Vorausdeutung, Plotmotivation). Es ist leicht ersichtlich, dass die Pastoralbriefe von allen drei Formen Gebrauch machen:

Figurencharakterisierung: Hier ist natürlich zunächst an den fiktiven Verfasser und die fiktiven Adressaten zu denken, die als „literarische Gestalten" ihr Profil nicht zuletzt durch Anknüpfung an und Anspielung auf pln Prätexte gewinnen. Da dies in der besonderen Form der „fiktiven Eigentextreferenz" geschieht, wird es im zweiten Hauptteil gesondert untersucht. Aber auch die Charakterisierung der Gegner wird durch intertextuelle Verweise wirkungsvoll abschreckend gestaltet, indem sie etwa explizit mit Jannes und Jambres, den berüchtigten Gegenspielern des Mose, verglichen wer-

---

[160] Hebel ist hier terminologisch G. Genette verpflichtet, der die „Metatextualität" als eine der fünf von ihm unterschiedenen Formen von „Transtextualität" (Intertextualität im Sinne der in dieser Arbeit verwendeten Terminologie) bestimmt hatte und definiert: „dabei handelt es sich um die üblicherweise als ‚Kommentar' apostrophierte Beziehung zwischen einem Text und einem anderen, der sich mit ihm auseinandersetzt, ohne ihn unbedingt zu zitieren" (Palimpseste, 13). Allerdings ist zu beachten, dass die von Hebel anvisierte Zusatzkodierung des Prätextes auch in Fällen intertextueller Bezugnahme geschehen kann, die unter die anderen von Genette bestimmten Kategorien fallen (etwa „Hypertextualität"; „Intertextualität"; vgl. seinen Hinweis auf die wechselseitige Überschneidung der Klassen ebd. 18).

[161] In Anlehnung an die Terminologie bei J. Helbig, Markierung, 143–187. Helbig untersucht in seinem 5. Kapitel allerdings vorrangig die Funktionen der *Markierung* von Intertextualität, stellt aber zu Recht fest, dass „im Einzelfall nicht immer eindeutig zwischen der Funktion von Intertextualität als solcher und der Funktion ihrer Markierung zu trennen" ist (ebd. 155), das gilt insbesondere bei den text- und referenztextbezogenen Funktionen der markierten Intertextualität. Eine spezifische Funktion hat die Markierung vor allem in ihrer Rezipientenorientierung (s. dazu ebd., 144ff.161ff und weiter unten in diesem Kapitel). Helbig möchte neben der übergeordneten Rezipientenorientierung als Grundfunktion von Markierungen und den text- und referenztextorientierten Funktionen von markierter Intertextualität noch einen dritten Funktionstyp annehmen, nämlich produzentenorientierte Funktionen, wozu alle Verwendungen von intertextuellen Verweisen mit dem Ziel der (Selbst-)verteidigung und Selbstdarstellung des Autors zählen, also seine Selbsteinordnung in oder Selbstabgrenzung von bestimmten literarischen Traditionen etc. (181f). Ich würde diese Funktion von Intertextualität als eine Strategie des impliziten Autors zur Ausgestaltung der Autorenrolle begreifen und somit unter die textorientierten Funktionen subsumieren.

den (2Tim 3,8) oder indem ihnen die sprichwörtlichen Untugenden der Kreter angehängt werden (Tit 1,12).[162]

Zur *Themaillustration* sind die meisten der bereits besprochenen Beispiele zu zählen. Der Verweis auf die Güte eines jeden Geschöpfes in 1Tim 4,4 etwa dient dem Verfasser zur Untermauerung seiner antiasketischen Argumentation.

Struktur-/Kompositionsstütze sind vor allem die zahlreichen Anlehnungen an Namen, Daten und Strukturelemente aus den pln Homologoumena. So beginnt etwa der 2Tim mit einer deutlichen Anlehnung an das Prooemium des Römerbriefes[163] und endet mit Personalnotizen und Grüßen, die höchstwahrscheinlich den Schluss des Kolosserbriefes frei variieren.[164]

Die zweite, *referenztextorientierte Funktionsrichtung* intertextueller Verweise (die Zusatzkodierung des alludierten Textes) ist nicht minder bedeutsam für die exegetische Arbeit. Die „wertende und / oder rezeptionsgeschichtliche Relationierung und Kommentierung des Allusionsreferenten"[165] wird bei der Auswertung von Bezugnahmen neutestamentlicher Texte auf die Schriften des Ersten Testaments in aller Regel berücksichtigt. Erfüllungszitate (vgl. Mt 1,22f; 2,15.18 etc.) oder typologische Interpretationen (z.B. 1Kor 10,1ff) fügen dem alludierten Text neue Bedeutungen zu, die oft in der weiteren Rezeptionsgeschichte fest mit ihm verbunden bleiben. Ein anschauliches Beispiel dafür liefert die Verwendung von Dtn 25,4 durch Paulus und den Verfasser der Pastoralbriefe. Muss Paulus seine Deutung des Verses auf das Unterhaltsrecht der Apostel noch unter scharfer Abgrenzung von einem „falschen" wörtlichen Textverständnis absichern („sorgt sich Gott etwa um die Ochsen?!", 1Kor 9,9), so kann der Verfasser der Pastoralbriefe diese Deutung bereits voraussetzen und Dtn 25,4 ohne Kommentar als Schriftgrundlage für die angemessene Entlohnung der Presbyter in der Gemeinde zitieren (1Tim 5,18). In anderen Feldern der Exegese aber hat man die Erkenntnis, dass es häufig genug auch die Absicht eines intertex-

---

[162] Figurencharakterisierung durch intertextuelle Verweise ist nicht zu verwechseln mit onomastischer Intertextualität. Natürlich werden Figuren oft mit Hilfe onomastischer Verweise charakterisiert (so etwa die Falschlehrer durch Jannes und Jambres), aber genauso durch allusive oder titulare Intertextualität.

[163] Die Anlehnung von 2Tim 1,3–5 an Röm 1,8–11 ist allgemein anerkannt, vgl. E. A. Barnett, Paul, 263; P. N. Harrison, Problem, 92; U. Luz, Rechtfertigung, 378; P. Trummer, Paulustradition, 1255f; G. Lohfink, Vermittlung, 174; M. Wolter, Paulustradition, 205; H. Merkel, 54f; L. Oberlinner, XI/2, 11f; U. Borse, 76f (mit Synopse) u.ö.

[164] Vgl. P. Trummer, Paulustradition, 134f; L. Oberlinner, XI/2, 166f. Selbst wenn nicht Kol, sondern die mündliche Paulustradition der Bezugstext von 2Tim 4,10–12 sein sollte, ändert das nichts an der Funktion der intertextuellen Verweise im (fiktiven) Briefschluss, formgerecht die personalen Verbindungen des Paulus zu seinen Mitarbeitern nach Analogie der anderen Paulinen und unter Bezugnahme auf bekannte Personen hervorzuheben.

[165] U. J. Hebel, Textarchäologie, 99.

tuell konstruierten Textes ist, eine bestimmte Lesart des alludierten Textes
festzulegen, noch nicht zur systematischen Untersuchung und Auswertung
von Prätextbezügen genützt. Hier eröffnet sich ein weites Feld, das für eine
intertextualitätstheoretisch reformulierte Redaktionskritik genauso fruchtbar
zu sein verspricht[166] wie für die Auslegung von Pseudepigrapha. Im zweiten
Hauptteil der Arbeit werde ich diesen Aspekt am Beispiel der Pastoralbriefe
ausführlicher thematisieren. Zur Debatte steht hier nichts weniger als die
Frage, ob einzelne Pseudepigrapha gezielt mit der Absicht verfasst worden
sind, bestimmte Interpretationen der Homologoumena festzuschreiben, die
sie imitieren und auf die sie häufig genug auch in indirekter Weise (als „fiktive Selbstzitate") Bezug nehmen.

2.6 Allusionskompetenz, intertextuelle Präsuppositionsstruktur und Formen der Markierung

In diesem Abschnitt soll noch etwas genauer die Rolle von AutorIn und LeserIn beim Schreiben bzw. Rezipieren von intertextuell konstituierten Texten untersucht werden, um die Spannbreite potenzialadäquater Deutungen
abzustecken. Auszugehen ist von der Einsicht, dass „das intertextuelle Allu-
sionspotenzial eines Textes als ... Teil seines Rollenangebotes an den impliziten Leser"[167] zu verstehen ist, das von keinem einzelnen Leser voll erfasst und aktualisiert werden kann, aber an die empirischen LeserInnen bestimmte Forderungen an „Allusionskompetenz" stellt. Das beginnt bei den
„selbstverständlichen" Voraussetzungen einer „normalen" Sprachkompe-
tenz (die bei fremdsprachlichen und / oder historisch und kulturell abständi-
gen Texten oft mühsam hergestellt werden muss) und betrifft dann vor allem die Ebene der sinnkonstitutiven und sinnerweiternden Intertextualtiät.
„Setzt ein intertextuell organisierter Text in der Struktur seines impliziten
Lesers sinnkonstitutiv notwendiges intertextuelles (Vor)Wissen ... voraus,

---

[166] Eine solche von der Intertextualitätstheorie her konzipierte Redaktionskritik würde wohl
viele Übereinstimmungen aufweisen mit der von einem rezeptionsästhetischen Ansatz her entwickelten „Leserorientierten Evangelienexegese am Beispiel von Matthäus 1-2", die M. Mayordomo
Marín unter dem Titel „Den Anfang hören" vorgelegt hat. Leider bin ich auf dieses wichtige Buch,
das viele hervorragende literaturtheoretische Erörterungen etwa über die Autoren- und Leserrolle,
über Möglichkeiten und Grenzen der Interpretation und auch über Intertextualität jeweils mit Blick
auf ihre Anwendbarkeit in der Evangelienexegese enthält, durch den freundlichen Hinweis von U.
Luz erst nach Abschluss dieser Arbeit aufmerksam geworden. Ich musste aus Zeitgründen darauf
verzichten, in eine detaillierte Würdigung und Auseinandersetzung mit diesem Entwurf einzutreten,
habe aber mit großer Freude die m.E. weitgehenden Konvergenzen in der grundsätzlichen Bewertung des Potenzials der neueren literaturwissenschaftlichen Diskussion für die Exegese zur Kenntnis genommen. Siehe auch o. S. 34 Anm. 108.

[167] U. J. Hebel, Textarchäologie, 59.

so benötigt der Rezipient zumindest ansatzweise eine ähnliche intertextuelle Kompetenz."[168] So beginnt beispielsweise das Johannesevangelium in dem Satz Ἐν ἀρχῇ ἦν ὁ λόγος mit einem Verweis auf den ersten Schöpfungsbericht der LXX, der allerdings leicht überlesen werden kann.[169] Lediglich das Vorwissen der RezipientInnen – eine sogenannte *pragmatische Präsupposition* – kann das Erkennen der intertextuellen Dimension und damit das volle Verständnis des Verses sichern. Die Rekonstruktion der *„intertextuellen Präsuppositionsstruktur"* eines Textes, also der Summe des intertextuellen Vorwissens oder der Allusionskompetenz, die der Text in der Struktur seines impliziten Lesers voraussetzt, ist wiederum besonders schwierig (aber auch besonders nötig) bei Texten, zu denen ein großer historischer und / oder kultureller Abstand besteht. Die intertextuelle Präsuppositionsstruktur bezieht sich auf die kontextuellen (situativen) Voraussetzungen genauso wie auf kulturelle Diskurse und das vorausgesetzte literarische Corpus, auf Gattungskonventionen, Diskursregeln etc.[170] Insbesondere nicht-markierte oder nur schwach markierte intertextuelle Verweise sind der Gefahr ausgesetzt, „intertextueller Erosion" zum Opfer zu fallen,[171] aus dem kulturellen Gedächtnis zu verschwinden[172] und sind daher auf die textarchäologische Rekonstruktionsarbeit von ExpertInnen „als Annäherung an die Allusionskompetenz des impliziten Lesers" besonders angewiesen.[173] Glücklicherweise ist ein Großteil der sinnstiftenden intertextuellen Verweise eines Textes dem Bereich der *markierten Intertextualität* zuzuweisen, die den Le-

---

[168] U. J. Hebel, Textarchäologie, 97.

[169] Vgl. zur Deutung W. S. Kurz, Intertextual Permutations of the Genesis Word in the Johannine Prologues, 179-190.

[170] Während sich interpretationspragmatisch ausgerichtete intertextualistische Interpretationen mit Vorliebe den in einem Text vorausgesetzten identifizierbaren individuellen Prätextausschnitten zuwenden und damit immer in Gefahr sind, sich konventioneller Einflussforschung wieder anzunähern, plädiert J. Culler, Presupposition and Intertextuality, ohne diese Herangehensweise für unergiebig zu halten, für eine Konzentration auf „the general discursive space that makes a text intelligible" (106). „Focusing on the conditions of meaning in literature, ... [this enterprise] relates a literary work to a whole series of other works, treating them not as sources but as constituents of a genre, for example, whose conventions one attempts to infer. One is interested in conventions which govern the production and interpretation of character, of plot structure, of thematic syntheses, of symbolic condensation, and displacement." (117).

[171] Von „intertextueller Erosion" spricht insbesondere U. J. Hebel, Textarchäologie, 59.82.94 et passim; vgl. auch M. Riffaterre, Semiotics of Poetry, 136: „Implicit intertextuality is highly vulnerable to the erosion of time and cultural change, or to the reader's unfamiliarity with the corpus of the elite that bred a particular poetic generation".

[172] Vgl. R. Lachmann, Ebenen, 135: „Die Analyse der doppelt kodierten Texte muss, so scheint es, berücksichtigen, daß die intertextuelle Überdeterminierung keine fixe Größe ist. Der Zeichenkomplex der latenten Kodierung kann aus dem kulturellen Gedächtnis (zumindest vorübergehend) verschwinden."

[173] U. J. Hebel, Textarchäologie, 94.

serInnen mehr oder weniger deutlich signalisiert, welche Allusionskompetenz von ihnen erwartet wird.

Als *Markierung* werden die literarischen Mittel der LeserInnensteuerung
bezeichnet, die AutorInnen einsetzen, um den Fremdtext als solchen hervor-
zuheben, und mit denen sie sicherzustellen versuchen, dass der intendierte
Dialog mit dem Prätext oder den Prätexten auch wirklich stattfindet. Die
Markierung wirkt als „Intertextualitätssignal", initiiert den Prozess der
Wahrnehmung eines Textes als doppelt- oder mehrfachkodiert und setzt so
den Dialog der Texte in Gang. Die dominante Funktion der Markierung von
Intertextualität ist damit eine kommunikative, sie dient als kommunikatives
Bindeglied zwischen AutorIn und LeserInnen im Dienste einer adäquaten
Rezeption.[174] Nach einigen wichtigen grundlegenden Aufsätzen, insbeson-
dere von U. Broich, H. F. Plett und W. Füger,[175] hat J. Helbig 1996 eine um-
fassende Monographie zu diesem Phänomen vorgelegt: „Intertextualität und
Markierung. Untersuchungen zur Systematik und Funktion der Signalisie-
rung von Intertextualität", auf die ich mich im Folgenden vor allem stütze.

Grundlegend ist zunächst die Unterscheidung zwischen *unmarkierter und
markierter Intertextualität*, die nach J. Helbigs Definition nichts mit dem
Umfang des vorhandenen Prätextsegments oder der Wörtlichkeit seiner Präsenz im Text zu tun hat. Eine noch so wörtliche Übernahme kann von den
RezipientInnen übersehen werden, wenn der Prätext ihnen unbekannt ist
und er nahtlos in den Text integriert wurde.

> „Es erscheint daher geboten, die Bezeichnung ‚Markierung' für spezifische sprach-
> liche oder graphemisch-visuelle Signale zu reservieren, die eine intertextuelle Ein-
> schreibung erst als solche kennzeichnen (eben: ‚markieren') sollen – sei es, indem
> sie zu dieser hinzutreten, sei es, dass sie der Einschreibung inhärent sind und durch
> deren Kontextualisierung Markierungscharakter erhalten."[176]

---

[174] Vgl. J. Helbig, Markierung, 141ff.161ff. Das schließt natürlich nicht aus, dass die RezipientInnen frei sind, sich den auktorialen Strategien der Rezeptionslenkung zu entziehen und umgekehrt auch nicht, dass die auktoriale Strategie nicht z.B. wegen ungenügender Prätextkenntnisse
empirischer RezipientInnen fehlschlagen könnte.

[175] U. Broich, Markierung, 31–47; H. F. Plett, Sprachliche Konstituenten, 78–116; ders., Intertextualities, 3–29; W. Füger, Intertexualia Orwelliania, 179–200.

[176] J. Helbig, Markierung, 54. Diese Definition impliziert eine Ablehnung solcher Bestimmungen von Markiertheit, in denen ein wörtlich wiederholtes Prätextsegment, das vom Rezipienten
wiedererkannt wird, selbst als „Markierung" (bzw. „marker") bezeichnet wird (so z.B. bei Z. Ben-
Porat, The Poetics of Literary Allusion, 105–128). J. Helbig hebt mit Recht hervor, dass auch wörtliche Übernahmen völlig nahtlos in den Text integriert sein können und bei Unkenntnis des Prätextes durch einen Rezipienten „das Paradoxon eines unmarkierten *markers* entstünde." (ebd.) Allerdings ist seine eigene Definition von Markiertheit auch nicht frei von dieser Paradoxie, denn er
muss zugestehen, dass es Grenzfälle gibt, die „im Übergangsbereich zwischen unmarkierter (bzw.
nur durch Emphase markierter) und explizit markierter Intertextualität fluktuieren" und dass gelegentlich ungenügende Prägnanz von Markierungen zur Nicht-Aktualisierung führt (a.a.O., 119). In

„Unmarkiert ist Intertextualität ... dann, wenn neben einem notwendigen Verzicht auf linguistische und / oder graphemische Signale eine sprachlich-stilistische Kongruenz von Zitatsegment und Kontext vorliegt – eine Art literarischer Mimikry, welche die intertextuelle Kommunikativität des Textes reduziert und es ermöglicht, eine intertextuelle Spur nahtlos in einen neuen Kontext zu integrieren, ohne dass hierbei Interferenzen entstehen."[177]

Die Unterscheidung von unmarkierter und markierter Intertextualität ist nicht zu verwechseln mit der bereits oben S. 29ff eingeführten Differenz zwischen latenter und intendierter Intertextualität. Denn unmarkierte Intertextualität ist häufig intendiert. Gründe, intendierte Prätextbezüge nicht zu markieren, gibt es viele.[178] Bei allgemein bekannten Texten kann der Verfasser davon ausgehen, dass alle LeserInnen die Bezugnahme registrieren werden, eine Markierung wäre unnötig, störend oder könnte sogar die Kompetenz der LeserInnen in Zweifel ziehen. Bei subtilen Verweisen rechnen AutorInnen u.U. damit, dass nur ein Teil der Leserschaft sie entschlüsseln wird, bei kompetenten Lesenden wird ein gewisses Elitebewusstsein gestärkt und die Freude am literarischen Rätselraten kultiviert, zwischen verbergendem Autor und aufdeckenden LeserInnen entsteht eine intensive Beziehung wie unter Eingeweihten. Manchmal erfordern politisch repressive Kontexte eine solch subtile Kommunikation.[179] In all diesen Fällen sollen die RezipientInnen auch unmarkierte Intertextualität wahrnehmen. Das ist aber nicht immer der Fall, wie man am Fall des Plagiates, das einen Extremfall unmarkierter Intertextualität darstellt, sehen kann.

Intertextuelle Markierungen können mehr oder weniger deutlich sein. J. Helbig erarbeitet Kriterien für eine Progressionsskala, die am „Nullpunkt" der unmarkierten Intertextualität beginnt, über die „implizit markierte" hin zur „explizit markierten Intertextualität" führt und ihre „Potenzierungsstufe" in der „thematisierten Intertextualität" findet. Markierungen sind nach der oben bereits zitierten Definition „spezifische sprachliche oder graphemisch-visuelle Signale", die eine intertextuelle Doppel- oder Mehrfachkodierung im Text kennzeichnen, „sei es, indem sie zu dieser hinzutreten, sei es, dass sie der Einschreibung inhärent sind und durch deren Kontextualisierung Markierungscharakter erhalten."[180]

Als hinreichendes Kriterium der (impliziten oder expliziten) Markiertheit eines intertextuellen Verweises definiert J. Helbig das Erfülltsein von wenigstens einer der folgenden drei Bedingungen:

diesen Fällen wirkt bei einem Teil der Leserschaft offensichtlich als marker, was für andere ein unmarkierter marker ist.

[177] J. Helbig, Markierung, 88.
[178] Vgl. J. Helbig, Markierung, 72–75.87–91.155–161.
[179] Ein Beispiel aus Tom Jones bespricht J. Helbig, Markierung, 89.
[180] J. Helbig, Markierung, 54.

„Kondition 1:
Eine intertextuelle Spur S wird durch emphatischen Gebrauch verstärkt in den
Wahrnehmungsfokus des Rezipienten gerückt.

Kondition 2:
Das Auftreten von S bedingt in deren neuem Kontext eine linguistische und / oder
graphemische Interferenz.

Kondition 3:
Durch sprachliche Informationsvergabe wird S eindeutig als intertextuelle Referenz offengelegt."[181]

Der entscheidende Unterschied zwischen einer impliziten und einer expliziten Markierung ist nach Helbig, dass die Signale im Falle der impliziten Markierung polyvalent sind, keinen *eindeutigen* Hinweis auf eine intertextuelle Verweisung liefern, sondern „immer nur als Indiz für Intertextualität fungieren." Implizite Markierungen setzen daher immer allusionskompetente LeserInnen voraus, sie dienen vornehmlich dazu, „ein kompetentes Publikum mit adäquatem literarischen Vorwissen unaufdringlich auf das Vorhandensein eines intertextuellen Bezuges aufmerksam zu machen."[182] Dies geschieht vorwiegend durch emphatischen Gebrauch, der den prätextuellen Charakter des Textes nicht an sich transparent macht, wohl aber die Referenz verstärkt in den Wahrnehmungsfokus der RezipientInnen rückt. Solche Emphase kann durch die Anzahl sicherer und möglicher Prätextsegmente im Text hervorgerufen werden (*Quantität*) und durch deren *Position*. Bei der Beurteilung der *Quantität* von Prätextverweisen in einem Text ist generell das Phänomen zu würdigen, dass mit zunehmender Dichte von Fremdtextverweisungen in einem Text die Wahrscheinlichkeit steigt, „dass eine Formulierung oder eine Textpassage auf ihren potentiellen intertextuellen Gehalt hin befragt wird".[183] U. Broich spricht von der Schaffung eines Klimas „permanenter Intertextualität", die gewissermaßen eine intertextuelle Rezeptionshaltung hervorrufen kann, die die Schwelle der Markierungsbedürftigkeit herabsetzt.[184] Emphase durch *Position* meint einmal die *Distribution* der Fremdtextverweise im Text[185] und, erheblich wichtiger, ihre *Exponiertheit*. Denn jeder Text gibt eine Hierarchie unterschiedlich privilegierter Positionen vor, an denen intertextuelle Verweise auftreten können. Diese sind individuell und gattungsabhängig verschieden, generell privilegiert

---

[181] J. Helbig, Markierung, 93f.
[182] J. Helbig, Markierung, 95.
[183] J. Helbig, Markierung, 99.
[184] U. Broich, Markierung, 43.
[185] J. Helbig, Markierung, 104f.

sind jedoch der Anfang und der Schluss, sowie sogenannte Paratexte (Titel, Motti, Widmungen, Vorworte, Kapitelüberschriften, Fußnoten).[186] Markierung durch emphatische Anfangsposition liegt beispielsweise bei den bereits erwähnten Anfangsworten des JohEv vor, die die ersten zwei Worte des Buches Genesis wiederaufnehmen und damit eine relativ starke, aber doch implizite Markierung des unveränderten Prätextsegments vornehmen. Deutlicher als J. Helbig sollte man schließlich *semantische Interferenzen* zwischen eingelagertem Text und Ko-Text als mögliche implizite Markierung von Intertextualität einbeziehen.[187]

Ob implizite Markierungen ihr Ziel erfüllen, die Lesenden auf den verarbeiteten Prätext zu „stoßen", hängt neben ihrer Deutlichkeit von weiteren Faktoren ab, vor allem von der *Bekanntheit* des Prätextes und des jeweils aus ihm zitierten Segments und von den *Veränderungen*, die der Autor am Wortlaut des Prätextsegments vorgenommen hat. Zur Bekanntheit: es ist davon auszugehen, „dass eine generelle Korrelation zwischen dem Bekanntheitsgrad eines jeweiligen Referenztextes in einem spezifischen historischen Kontext und der Bereitschaft zur Signalisierung einer Bezugnahme auf diesen" besteht.[188] Was die Veränderungen betrifft, die bei der Einarbeitung eines Prätextes an diesem vorgenommen werden, so ist davon auszugehen, dass im Allgemeinen der Wiedererkennungswert mit jeder Abweichung vom Originalwortlaut sinkt.[189] Trotzdem sind das Ausmaß von Wörtlichkeit und die Markiertheit zwei getrennt zu betrachtende Phänomene, da Markierung auch anders als durch die emphatische Verwendung einer als bekannt vorausgesetzten originären Zeichenkette erreicht werden kann (siehe dazu u. S. 67f das Beispiel der Bezugnahmen auf Dtn 19,15 im Urchristentum).

Deutlicher als die implizite ist die explizite Markierung von Intertextualität, bei der „eine Tendenz zur Monosemierung" zu verzeichnen ist, „die es einem Rezipienten auch ohne hinreichende literarische Vorkenntnisse erleichtern soll, einen intertextuellen Verweis als solchen zu erkennen".[190] Er-

---

[186] J. Helbig, Markierung, 105–111; vgl. außerdem W. Karrer, Titles and Mottoes as Intertextual Devices, 122–134; U. Broich, Markierung, 35–38; G. Genette, Palimpseste, 11–13.

[187] J. Helbig, Markierung, 97 beschreibt als wichtigste Parameter impliziter Markierung „die relative Quantität und Position der intertextuellen Spur sowie de[n] Kontrast zu ihrer textuellen Umgebung", konkretisiert dann aber auf den folgenden Seiten nur Quantität und Position. Der Kontrast zur textuellen Umgebung kann i.S. Helbigs nur die überaus wichtige semantische Ebene betreffen, denn linguistische Interferenzen hält er für einen Hinweis auf explizite Markierung. Die Wichtigkeit des semantischen Aspekts betonen z.B. H. F. Plett, Sprachliche Konstituenten, 86f; M. Riffaterre, Semiotics of Poetry, 130 u.ö.; La syllepse, 496ff.; W. Füger, Intertextualia Orwelliana, 183f (unter dem Stichwort „Differenz zwischen Text und Prätext"). S. a. u. S. 109 das Pfistersche Kriterium der „Dialogizität".

[188] J. Helbig, Markierung, 159.

[189] J. Helbig, Markierung, 97.

[190] J. Helbig, Markierung, 112.

reicht wird dies durch einen künstlich herbeigeführten „mehr oder weniger deutlichen Bruch in der Rezeption", der es unmöglich macht (oder machen sollte), dass die Markierung übersehen wird. An Mitteln expliziter Markierung entfallen bei in scriptio continua geschriebener antiker Literatur leider in aller Regel die in der Gegenwart dazu häufig verwendeten *graphemischen Interferenzen* wie Doppelpunkt und Anführungszeichen, Abweichungen im Satzspiegel, Wahl anderer Schriftarten (Versalien, Kursive, Unterstreichungen etc.), Segmentierung durch Schrägstriche u.v.m.[191] Das ὅτι-Rezitativum ist zwar ein antikes Pendant, ist allerdings in seiner Fähigkeit, einen intertextuellen Verweis *eindeutig* zu markieren, etwas schwächer einzuschätzen. Weiter nennt J. Helbig als Mittel expliziter Kennzeichnung *onomastische Markierungen* wie re-used figures und re-used authors, soweit es sich um eindeutig identifizierbare Namen (keine Allerweltsnamen) handelt. Beispiele aus den Pastoralbriefen betreffen sowohl Figuren aus der biblischen Tradition (Adam, Eva, Mose, Jannes und Jambres) wie Personen, die aus der literarischen und außerliterarischen Paulustradition bekannt sind (v.a. PaulusmitarbeiterInnen und Paulusgegner). Den dritten Bereich expliziter Markierung bilden Aufmerksamkeitssteuerungen durch linguistischen Kodewechsel, der allgemein gesprochen immer dann vorliegt, wenn ein Textteil in erkennbarem Kontrast zu seiner kotextuellen Umgebung steht. H. F. Plett listet an Möglichkeiten der Interferenz durch Kodewechsel auf:

> „wenn in einem fortlaufenden Text das Zitat
> a) einer anderen Sprache (interlinguale Interferenz),
> b) einer anderen Sprachstufe (diachrone Interferenz),
> c) einer anderen Sprachregion (diatopische Interferenz),
> d) einem anderen Soziolekt (diastratische Interferenz),
> e) einem anderen Sprachregister (diatypische Interferenz),
> f) einer anderen Schriftart (graphemische Interferenz),
> g) einer anderen Prosodie (prosodische Interferenz)
> usw. angehört."[192]

Ich möchte nicht en detail auf alle diese Möglichkeiten eingehen, sondern nur zwei Beispiele besprechen, die zugleich zeigen, warum in der Forschung strittig ist, ob Interferenzen durch Kodewechsel als explizite oder implizite Markierung von Intertextualität gelten sollen. Der interlingualen Markierung von Intertextualität bedient sich z.B. der Verfasser des MkEvg in Mk 7,11 (Ἐὰν εἴπῃ ἄνθρωπος τῷ πατρὶ ἢ τῇ μητρί, Κορβᾶν, ὅ ἐστιν, Δῶρον, ὃ ἐὰν ἐξ ἐμοῦ ὠφεληθῇς κτλ.) oder in Mk 15,34 (ἐβόησεν ὁ Ἰησοῦς φωνῇ μεγάλῃ, <Ελωι ελωι λεμα σαβαχθανι;> ὅ ἐστιν μεθερμηνευόμενον κτλ.). Aber nicht jeder Sprachwechsel zeigt ei-

---

[191] Vgl. die ausführliche Dokumentation bei J. Helbig, Markierung, 121–126.
[192] H. F. Plett, Sprachliche Konstituenten, 85.

nen Verweis auf Prätexte an, vgl. die Erwähnung der „Stätte Golgatha, das heißt übersetzt Schädelstätte" in Mk 15,22. Prosodische Interferenzen begegnen in den Pastoralbriefen dort häufiger, wo hymnisches Material verarbeitet wird, das in den meisten Fällen tatsächlich traditioneller (=prätextueller) Art ist (vgl. z.B. 1Tim 3,16; 2Tim 1,9f; 2,11–13; Tit 3,4–7). Aber es ist natürlich nicht ausgeschlossen, dass ein Autor sich hymnischer Diktion bedient, ohne spezielle Prätexte im Auge zu haben. Manche Kodewechsel sind textimmanent erklärbar, andere sind so subtil, dass sie nur geübten LeserInnen auffallen, daher möchte ich, der Gefahr einer gewissen Unsystematik zum Trotz, mit H. F. Plett die meisten Fälle von Markierung durch Kodewechsel eher der impliziten Markierung zuweisen und nur unzweideutige Fälle explizit markiert nennen.[193]

Die stärkste Stufe intertextueller Markiertheit stellen explizite Verweise auf den intertextuellen Charakter einer Textstelle durch Zitationsformeln, meta-kommunikative Verben, explizite Identifizierungen von AutorInnen und / oder Referenztexten, gegebenenfalls mit weiteren für die Interpretation sachdienlichen Hinweisen dar. Diese Stufe versteht J. Helbig als eine Potenzierungsstufe explizit markierter Intertextualität, die er *thematisierte Intertextualität* nennt. Selbst wenn man sich diese Terminologie nicht zu eigen macht und auch in diesen Fällen von (starker) expliziter Markierung spricht, bleibt zu beachten, dass tatsächlich deutliche qualitative Unterschiede zu nicht-thematisierten eindeutigen intertextuellen Verweisen bestehen, insofern die Transparenz höher ist, der Referenztext in seiner „Fremdheit" betont herausgestellt wird und damit die intertextuelle Konstitution von Sinn den RezipientInnen als interpretatorische Aufgabe deutlich vor Augen geführt wird.[194]

Ein kurzes Beispiel soll den Erkenntnisgewinn dieser Theorie der Markiertheit von Intertextualität abschließend demonstrieren. Betrachten wir die folgenden drei intertextuellen Bezugnahmen auf Dtn 19,15 (ἐπὶ στόματος δύο μαρτύρων καὶ ἐπὶ στόματος τριῶν μαρτύρων σταθήσεται πᾶν ῥῆμα) im Neuen Testament:

1Tim 5,19: κατὰ πρεσβυτέρου κατηγορίαν μὴ παραδέχου, ἐκτὸς εἰ μὴ ἐπὶ δύο ἢ τριῶν μαρτύρων.

Mt 18,15f: Ἐὰν δὲ ἁμαρτήσῃ (εἰς σὲ) ὁ ἀδελφός σου, ὕπαγε ἔλεγξον αὐτὸν μεταξὺ σοῦ καὶ αὐτοῦ μόνου. ... ἐὰν δὲ μὴ ἀκούσῃ, παράλαβε μετὰ σοῦ ἔτι ἕνα ἢ δύο, ἵνα ἐπὶ στόματος δύο μαρτύρων ἢ τριῶν σταθῇ πᾶν ῥῆμα·

---

[193] Vgl. H. F. Plett, Sprachliche Konstituenten, 84ff; so auch W. Füger, Intertextualia Orwelliana, 183; dagegen möchte J. Helbig, 118ff, aus Systematisierungsgründen alle Kodewechsel als explizite Markierungen betrachten.

[194] Zur Thematisierung des intertextuellen Verfahrens vgl. auch M. Lindner, Integrationsformen, 130–132 und u. S. 106 zur Autoreflexivität.

Joh 8,17: καὶ ἐν τῷ νόμῳ δὲ τῷ ὑμετέρῳ γέγραπται ὅτι <u>δύο</u> ἀνθρώπων ἡ <u>μαρτυρία</u> ἀληθής ἐστιν.

Unter dem Aspekt der Wörtlichkeit des Zitates betrachtet ist die mt Fassung eindeutig die dem Originaltext am nächsten kommende, die Fassung des 1Tim ist stark reduziert, aber immer noch deutlich an den Wortlaut angelehnt, die joh Fassung dagegen weist die geringste, nur noch rudimentäre wörtliche Übereinstimmung auf. Betrachten wir aber die Markiertheit der intertextuellen Verweisung und setzen als Leser einen (historisch gut denkbaren) auf Markierung angewiesenen, da mit der LXX *nicht* vertrauten Heidenchristen voraus, dann zeigt sich, dass die Deutlichkeit des intertextuellen Verweises hier völlig unabhängig von der Wörtlichkeit zu bestimmen ist. In 1Tim 5,19 ist der Prätextverweis *unmarkiert*, ein Leser, der Dtn 19,15 nicht kennt, hat trotz der deutlichen wörtlichen Anlehnung an den LXX-Text keine Chance, den Verweis auf die Thora zu verstehen.[195] In Mt 18,15 ist der Verweis *implizit oder allenfalls schwach explizit markiert* erstens durch Repetition eines Elementes (nimm *einen oder zwei* mit dir, damit aus dem Munde von *zwei oder drei* Zeugen...). Zweitens besteht eine deutliche semantische Differenz zwischen dem geschilderten konkreten Fall und der ganz allgemein formulierten Regel, die auch einen nicht allusionskompetenten Leser von Mt 18,15f vermuten lassen müsste, dass der vorgeschlagene Instanzenweg eine Konkretion der im ἵνα-Satz gegebenen Regel darstellt, und ihm somit zumindest die Frage nach der Herkunft dieser Regel aufdrängen würde. Zu mehr als einer Vermutung über die Herkunft aus der Thora aber gibt der Text einem nicht allusionskompetenten Leser trotz seiner weitgehenden Wörtlichkeit keinen Anhalt. Ganz anders Joh 8,17: hier ist zwar das Zitat weitgehend in johanneische Diktion überführt worden, trotzdem stellt die explizite Markierung durch die Formulierung καὶ ἐν τῷ νόμῳ δὲ τῷ ὑμετέρῳ γέγραπται ὅτι, die die Herkunft des Referenztextes angibt und die Intertextualität als solche thematisiert, sicher, dass auch mit der Thora völlig unvertraute LeserInnen verstehen werden, worauf es dem Verfasser hier ankommt: die Schrift selbst zeugt gegen die Juden, die Jesus ablehnen.

Wie kann die intertextuelle Präsuppositionsstruktur eines Textes bestimmt werden? Nach den vorangegangenen Ausführungen ist deutlich, dass der Markierung oder Nicht-Markierung von intendierter Intertextualität eine Schlüsselrolle zukommt, denn intendierte Leserrollen werden ganz wesentlich über Markierungsstrategien definiert. Ferner sind explizite Aussagen des (impliziten) Autors über die intendierte Leserschaft auszuwerten. Schließ-

---

[195] G. Häfner, Schrift, 193f hält es sogar für denkbar, dass weder dem Verfasser noch den Adressaten die Herkunft der Regel aus der Schrift bekannt war.

lich ist nach weiteren Hinweisen zu fragen, die Aufschluss über die Struktur des impliziten Lesers geben können, etwa welche Gattungskonventionen zum Verständnis des Textes als unbedingt bekannt vorauszusetzen sind. Wollte man aufgrund des soeben besprochenen Beispiels eine Vermutung über die intertextuelle Präsuppositionsstruktur der Pastoralbriefe bezüglich der Schriften des Ersten Testaments aufstellen, müsste sie lauten, dass der Verfasser mit relativ allusionskompetenten LeserInnen rechnet. Auch die Überlegungen zu 1Tim 4,17c und den möglichen weitreichenden intertextuellen Schlussfolgerungen zur Verwendung von Num 16,5 in 2Tim 2,19 tendierten bereits in diese Richtung. Das mag zunächst überraschen, denn weithin meint die Forschung „im nahezu völligen Fehlen von alttestamentlichen Zitaten und Schriftbeweisen"[196] ein Charakteristikum der Pastoralbriefe feststellen zu können, man hat sie sogar deswegen in die Nähe Markions gerückt und jegliche Kenntnis atl. Schriften durch den Verfasser der Past bestritten.[197] Doch das kann kaum überzeugen. Weisen doch mehrere Aussagen über bzw. Ermahnungen an den fiktiven Adressaten Timotheus deutlich auf dessen Verankerung in der Schrift und seine bleibende Gebundenheit an das Erste Testament hin (vgl. 2Tim 1,5; 3,15f; 1Tim 4,13). Die eingehende Untersuchung der intertextuellen Präsuppositionsstruktur der Pastoralbriefe bleibt dem zweiten Hauptteil vorbehalten (s.u. S. 222–242). Denn die Briefe setzen nicht allein Kenntnisse des ersten Testaments voraus. Viel wichtiger ist ihre intensive, teilweise verschleierte, teilweise als „Selbstreferenz" getarnte Bezugnahme auf die echten Paulusbriefe, ohne deren Kenntnis auf Seiten der Leserschaft das vom Autor intendierte adäquate Verständnis gar nicht möglich wäre.

2.7 Zusammenfassung

Die folgende Übersicht, die eine Erweiterung eines Schemas von W. Füger darstellt,[198] fasst die wichtigsten in dieser Einleitung diskutierten Grundunterscheidungen auf dem Felde der prinzipiell als universales Charakteristikum von Textualität anzusehenden Intertextualität zusammen. Die Schraffierung kennzeichnet dabei die im Sinne des Autors „geglückt" verlaufene Rezeption von Intertextualität, wozu auch die Nichtrezeption gehören kann, wenn sie der Autorenintention entspricht, wie etwa im Falle des verschleierten Verfasserpseudonyms und anderer verdeckter Prätextbezüge bei literarischen Fälschungen.

---

[196] J. Roloff, Weg, 156.
[197] So C. M. Nielson, Scripture, 4–23.
[198] W. Füger, Intertextualia Orwelliana.

	Intendierte Intertextualität = ist AUTORIN bewusst		Latente Intertextualität = AUTORIN nicht bewusst
TEXT- PRÄTEXT- BEZIEHUNG	soll LeserInnen ebenfalls bewusst werden, daher oft „markiert" (z.B. Zitat; Anspielung; Parodie; Kommentar)	soll LeserInnen nicht bewusst werden, daher nicht markiert, z.T. kaschiert (z.B. Plagiat, ungenannte Quelle, Fälschung)	 (z.B. Einfluss dominanter Diskurse)
wird LESERIN bewusst	❶ z.B. erkanntes Zitat; goutierte Parodie	❸ z.B. erkanntes Verfasserpseudonym	❺ z.B. erkannte Trendabhängigkeit; kreative Neuverknüpfung
wird LESERIN nicht bewusst	❷ z.B. überlesene Anspielung	❹ z.B. für echt gehaltene Fälschung	❻ z.B. unbemerkte Trendabhängigkeit; „das unendliche Rauschen der Intertextualität"

In den folgenden beiden Hauptteilen liegt der Schwerpunkt auf der Erfassung von intendierten intertextuellen Bezügen, die zur Bestimmung des intertextuellen und historischen Ortes der Pastoralbriefe beitragen können. Dies sind im ersten Hauptteil intendierte Bezugnahmen auf die Pastoralbriefe durch ihre frühesten Rezipienten. Man kann am Beispiel der Rezeption der Pastoralen durch Polykarp von Smyrna und Ignatius von Antiochien paradigmatisch studieren, wie intertextuelle Verweise rhetorisch gekonnt für bestimmte literarische Ziele eingesetzt werden, wie durch Bezugnahme auf die hochgeschätzen Briefe des „Paulus" an Timotheus und Titus eine überzeugende und vielschichtige Argumentation entsteht. Ein weiterer Effekt dieser Untersuchung ist, dass sich durch sie die Abfassungszeit der Pastoralbriefe eingegrenzen lässt. Im zweiten Hauptteil werden intendierte, aber verschleierte Bezugnahmen der Pastoralbriefe auf pln Briefe und andere Paulustraditionen untersucht, durch die ein neuer Zugang zu den Flügelkämpfen um die Bewahrung der pln Tradition eröffnet werden kann, die den theologiegeschichtlichen Hintergrund der Abfassung der Pastoralbriefe bilden. In beiden Hauptteilen wird zunächst ein forschungsgeschichtlicher Teil den Forschungsstand skizzieren, aus dem heraus sich die Notwendigkeit eines neuen, intertextualitätstheoretisch fundierten Zugangs ergibt. Es folgen dann methodische Untersuchungen zu Teilbereichen der Intertextualitätstheorie, im ersten Hauptteil zum Thema „Intertextualität und literarische

Abhängigkeit", im zweiten zur besonderen intertextuellen Struktur paulinischer Pseudepigraphie. Daran schließen sich jeweils ausführliche Textanalysen (zu Polykarp und Ignatius bzw. zu ausgewählten Texten der Pastoralbriefe) an.

II. Die Pastoralbriefe als Prätexte in ihrer frühesten Rezeptionsgeschichte

3. Probleme der Bestimmung des Terminus ad quem der Abfassung der Pastoralbriefe

Die Diskussion um die mögliche Authentizität der Pastoralbriefe halte ich – trotz mancher immer noch andauernder Rückzugsgefechte[1] – für abgeschlossen und setze darum in dieser Arbeit den pseudepigraphen Charakter der Pastoralbriefe voraus.[2] Obwohl die kritische Forschung seit H. J. Holtzmanns 1880 erschienener Monographie die Pastoralbriefe fast durchgängig als Pseudepigrapha untersucht, ist sie bei einer erstaunlich großen Zahl von grundlegenden Fragen noch immer weit von einem Forschungskonsens entfernt. Mit dieser Arbeit möchte ich zeigen, dass mit der Rezeption der Intertextualitätsforschung in der Exegese methodische Fortschritte erzielt werden können, die manche offenen Fragen einer Lösung näher bringen können. In diesem Hauptteil geht es u.a. um eine zuverlässige Eingrenzung der Entstehungszeit der Pastoralbriefe, die nach wie vor ein dringendes Forschungsdesiderat darstellt. Entgegen der gelegentlich geäußerten Ansicht, die Datierung um das Jahr 100 n.Chr. stelle einen gesicherten Forschungskonsens dar,[3] ist festzuhalten, dass zwar die Mehrheit der gegenwärtigen

---

[1] Unter den Einleitungen vgl. W. Michaelis, Einleitung, 232–261; monographisch zuletzt M. Prior, Paul the Letter-Writer; einflussreiche Artikel z.B. E. E. Ellis, Authorship, 151–161; ders., Pseudonymity, 212–224; P. H. Towner, Theology, 287–314. Auch Kommentare, die die Autorschaft des Paulus voraussetzen, werden weiterhin verfasst, vgl. in den letzten Jahren L. T. Johnson (Knox Preaching Guides, 1987); G. D. Fee (NIBC, 1988); J. R. Ensey (1990); G. W. Knight III (The New International Greek Testament Commentary, 1992); P. T. Towner (The IVP New Testament Commentary Series, 1994); sogar der ebenfalls von L. T. Johnson verfasste neueste Kommentar zu 1/2Tim in der Anchor Bible (AnB 35A, 2001); vergleichbare deutsche Kommentare aus diesem Zeitraum sind mir nicht bekannt.

[2] Die ältere Forschung zu den Pastoralbriefen arbeitet H. J. Holtzmann in seiner 1880 erschienen Monographie (Die Pastoralbriefe, kritisch und exegetisch behandelt) auf, die den entscheidenden Meilenstein in der Echtheitsdebatte darstellt. Für die weitere Forschungsgeschichte, den gegenwärtigen Stand der Debatte und die Hauptargumente vgl. die Einleitungen (bes. A. Jülicher / E. Fascher, Einleitung, 162–186; W. G. Kümmel, Einleitung, 323–341; A. Wikenhauser / J. Schmid, Einleitung, 507–541; P. Vielhauer, Geschichte, 215–237; H. Köster, Einführung, 735–746; U. Schnelle, Einleitung, 341–361), die Einleitungskapitel der großen Kommentare (bes. N. Brox, 9–77; A. T. Hanson, 2–51; J. Roloff, 19–50; L. Oberlinner, XI 2/1, XXI–L), Überblicksartikel (bes. W. Schenk, Forschung, 3404ff; J. Roloff, Pastoralbriefe, 50ff; außerdem P. Trummer, Paulustradition, 15–105.

[3] So etwa H. Hegermann, Ort, 47.

Beiträge zur Pastoralbriefexegese eine solche zeitliche Ansetzung vertritt,[4] dafür aber keine wirklich schlagenden Argumente beizubringen imstande ist. Dagegen entspricht es dem tatsächlichen Forschungsstand, wenn neuere Arbeiten wie die von M. Wolter oder E. Schlarb die Abfassungszeit nicht enger als auf den Zeitraum von ca. 90 bis ca. 140 n.Chr. eingrenzen[5] und damit einräumen, dass die von W. Bauer, H. v. Campenhausen u.a. vertretene Spätdatierung nach wie vor nicht als widerlegt gelten kann.[6] Selbst diese Zeitspanne deckt nicht das ganze Spektrum der argumentativ vertretbaren Datierungen ab. Einerseits wird auch eine Abfassung um 75 n.Chr.[7] oder „spätestens in den 80er Jahren" des 1. Jh. für wahrscheinlich gehalten.[8] Andererseits werden im Zuge der neuesten Fälschungstheorien zum Corpus Ignatianum sogar wieder Ansetzungen der Pastoralbriefe um 150 n.Chr. postuliert.[9] Es ist offenkundig, dass diese offene Forschungslage weder günstig für die Erforschung grundsätzlicher Aspekte der Auslegung der Pastoralbriefe (Ort in der Paulustradition, Charakter der bekämpften Gegnerfront etc.) ist noch für die Klärung wichtiger Bereiche der Entwicklung des Christentums im 2. Jh.

Ich möchte im Folgenden einen problemorientierten Überblick darüber geben, worin dieser große Datierungsspielraum begründet ist, um von dort auch den Ausgangspunkt weiterer Nachforschungen zu bestimmen. Die grundsätzlichen Probleme der Datierung der Pastoralbriefe sind m.E. durch drei Faktoren bedingt: 1. durch die erst spät einsetzende äußere Bezeugung; 2. durch die insgesamt für das späte 1. und frühe 2. Jh. ungünstige Quellenlage, die eine genaue Datierung fast aller in diesem Zeitraum geschriebenen

---

[4] Z.B. N. Brox, 38; W. G. Kümmel, Einleitung, 341; U. B. Müller, Theologiegeschichte, 54f.; A. T. Hanson, 13 (zwischen 96 und 110, am ehesten 100–105); J. Roloff, 46 („kaum sehr viel später als um das Jahr 100", 23 Jahre früher hatte Roloff noch eine Datierung kaum nach 80 vertreten, vgl. Apostolat, 238); L. Oberlinner, XI 2/1, XLVI.

[5] E. Schlarb, Lehre, 18 Anm. 7 (ca. 90–130 n.Chr.); M. Wolter, Paulustradition, 24 „zwischen ca. 90 und (optimistisch geschätzt) ca. 140 n. Chr.".

[6] W. Bauer, Rechtgläubigkeit, 88.225–230; A. E. Barnett, Paul, 251; H. v. Campenhausen, Polykarp, 204ff; P. Vielhauer, Geschichte, 228.237; H. Köster, Einführung, 743.746; hochspekulativ K. L. Carroll, Expansion, 230–237 (nach 150 n.Chr., durch Tatian verbreitet).

[7] So K. Berger, NT, 743.

[8] W. Thießen, Ephesus, 254; ähnlich J. D. Quinn, 19 (80–85 n.Chr.).

[9] Eine „einsichtigere Datierung" der Pastoralbriefe fordert insbesondere R. M. Hübner, Der paradox Eine, 206; was darunter zu verstehen ist, sagt ders., Thesen, 62 Anm. 68: „eine Datierung um 150"; die Unwahrscheinlichkeit der neuesten Thesen vom angeblich pseudepigraphen Charakter der um oder nach 160 zu datierenden Igantiusbriefsammlung durch R. M. Hübner, T. Lechner, R. Joly u.a. habe ich ausführlich nachgewiesen in einem der maschinenschriftlichen und als Mikrofiche veröffentlichten Fassung der Dissertation beigegebenen Anhang, A. Merz, Der intertextuelle und historische Ort der Pastoralbriefe, Diss. Heidelberg 2000, 349–382, eine Veröffentlichung in Aufsatzform ist vorgesehen.

Schriften unmöglich macht; 3. durch den pseudepigraphen Charakter der Briefe bei fehlenden klaren zeitgeschichtlichen Bezügen.

3.1 Die äußere Bezeugung der Pastoralbriefe

Die handschriftliche Überlieferung der Pastoralbriefe beginnt wie die der anderen (Pseudo-)Paulinen um 200 n.Chr.[10] Wann die literarische Bezeugung einsetzt, ist heftig umstritten, bisher hat sich weder die häufig postulierte Kenntnis der Pastoralen durch Polykarp von Smyrna noch ihre gelegentlich vermutete Verwendung durch den 1Klem und Ignatius von Antiochien allgemein durchsetzen können.[11] Die nach gegenwärtigem Forschungsstand als sicher zu bezeichnende äußere Bezeugung setzt erst im letzten Viertel des 2. Jh. ein, bei Athenagoras (Suppl 37,1), Theophilus (Autol 3,14) und vor allem Irenäus,[12] alle kurz vor oder nach 180 n.Chr. Daneben gibt es eine ganze Reihe Nachrichten, die anzuzeigen scheinen, dass die Pastoralbriefe in so genannt häretischen Kreisen des 2. Jh. abgelehnt wurden, was ein Zeichen für späte Entstehung sein kann. Angesichts der heftigen antihäretischen Polemik der Briefe, von der die großkirchlichen

---

[10] Zwar fehlen die Pastoralbriefe bekanntlich im berühmten Chester-Beatty Papyrus 46 (um 200), doch lässt sich aus dieser am Ende unvollständigen Handschrift mit ihrer singulären Abfolge der Paulusbriefe (gg. P. Vielhauer, Geschichte, 217 u.a.) nicht erschließen, dass die Pastoralbriefe nicht mehr folgten bzw. nicht mehr folgen sollten und also in Ägypten Anfang des 3. Jh. nicht bekannt waren. Denn es gibt Hinweise darauf, dass der Schreiber zunehmend erkannte, dass gegen Ende der Raum knapp werden würde. Nach D. Trobisch, Entstehung, 26–28.60 liegt in $\mathfrak{P}^{46}$ die Verschmelzung einer Teilsammlung, die Röm, Heb, Kor, Eph umfasste, mit der üblichen 13-Briefe-Sammlung von Röm–Phlm vor. Mit dem ebenfalls um 200 zu datierenden $\mathfrak{P}^{32}$, der Abschnitte aus dem Titusbrief bietet, sind die Pastoralbriefe aber genauso früh bezeugt wie der Rest des Corpus Paulinum.

[11] Die im Jahr 1964 verfasste, unveröffentlichte Dissertation von F. Weninger („Die Pastoralbriefe in der Kanonsgeschichte zur Zeit der Patristik") war mir nicht zugänglich. Der von Weninger versuchte Nachweis einer bereits im Jahr 64 n.Chr. beginnenden und dann durchgängig dichten Rezeption der als authentisch beurteilten Pastoralen ist in der Forschung praktisch nicht rezipiert worden. Lange galt die Beurteilung P. Vielhauers, Geschichte, 217 und W. G. Kümmels, Einleitung, 326f, dass die Pastoralbriefe erst im dritten Viertel des 2. Jh. sicher bezeugt sind, als common sense. In den letzten zwei Jahrzehnten häufen sich die Stimmen, die in Polykarps Brief an die Philipper den terminus ante quem sehen wollen (vgl. dazu u. S. 114ff), in der Bewertung der Parallelen zu den Ignatiusbriefen (vgl. dazu u. S. 141ff) deutet sich keinerlei klare Beurteilung an. Auch die mir erst nach Abschluss meiner Untersuchungen bekannt gewordene große Arbeit von C. Looks („Das Anvertraute bewahren. Die Rezeption der Pastoralbriefe im 2. Jahrhundert", 1999) hat daran grundsätzlich nichts geändert. Das Prädikat „sicher" vergibt auch Looks erst von Irenäus und Tertullian an, „sehr wahrscheinlich" werden nach ihm die Pastoralbriefe einmal bei Polykarp, zweimal bei Justin und erst danach häufiger zitiert (vgl. die Tabelle a.a.O., 481–490).

[12] Bei Irenäus werden die Pastoralbriefe ausgiebig benutzt, unter Nennung des Paulus z.B. Haer I,16,3; II,14,7; III,3,3; III,3,4 u.ö.; vgl. ausführlich R. Noormann, Irenäus, passim und C. Looks, Rezeption, 323–366.

Häresiologen von Irenäus an großzügigen Gebrauch machten, könnte es aber auch lediglich eine Reaktion darauf sein.[13] Auch dass es sich um „Privatbriefe" handelt, wird manchmal unter Berufung auf den Canon Muratori für die zögerliche Akzeptanz der Pastoralen verantwortlich gemacht.[14]

Das Fehlen der Pastoralbriefe im Kanon Markions (Tert, Marc V,21) ist nicht eindeutig zu interpretieren. Von den Vertretern der Spätdatierung wird es meist im Zusammenhang mit 1Tim 6,20, der Warnung vor τὰς βεβήλους κενοφωνίας καὶ ἀντιθέσεις τῆς ψευδωνύμου γνώσεως, als Hinweis auf eine antimarkionitische Ausrichtung der Pastoralbriefe gesehen, als direkte Polemik gegen Markions Hauptwerk.[15] 1Tim 6,20 wäre dann ein Musterbeispiel für unmarkierte titulare Intertextualität. Das Problem dieser Deutung ist, dass in den Pastoralbriefen keine spezifisch markionitischen Überzeugungen zurückgewiesen werden, dass spätere Markioniten die Pastoralbriefe gelesen und zu ihren Gunsten ausgelegt haben und dass weder die Zusammenstellung mit κενοφωνίαι zu einem Buchtitel noch die Bezeichnung Gnosis auf Markion passt.[16] Das Stichwort ἀντιθέσεις lässt sich, wie E. Schlarb gezeigt hat, am besten als polemischer Gegenbegriff zur paulinischen παραθήκη verstehen, die zu bewahren Timotheus ja mehrfach beschworen wird: „die eine παραθήκη steht gegen die vielen ἀντιθέσεις!"[17] – wie im Übrigen auch die ψευδώνυμος γνῶσις gegen die ἐπίγνωσις ἀληθείας!

Wenn man sich gegen eine antimarkionitische Ausrichtung der Pastoralbriefe entscheidet, muss man sich fragen, ob Markion sie gar nicht kannte

---

[13] Vgl. neben dem Zeugnis *Tertullians* über Markions „Zurückweisung" der Pastoralbriefe (s.u. Anm. 18) *Origenes*, der erwähnt, dass „einige" den 2Tim wegen des Zitats aus einer apokryphen Schrift in 2Tim 3,8 ablehnen (Commentariorum in Mt. Series zu Mt 27,9). *Clemens von Alexandrien* (Strom II,11,52) bezeugt, dass die Häretiker die Briefe an Timotheus als unecht zurückweisen, dass dies wegen der Aussage 1Tim 6,20f geschah, könnte Interpretation des Clemens sein. *Hieronymus*, Praef. in ep. ad Titum (PL 26, 589f): nach einer allgemeinen Polemik gegen Häretiker, die sich erdreisten, nach Gutdünken zu entscheiden, „Illa epistola Pauli est, hæc non est" (genannt werden als Beispiele die Briefe an Timotheus und Titus und der Hebräerbrief) wird festgehalten, dass *Tatian* trotz seiner kritischen Haltung manchen Paulusbriefen gegenüber den Titusbrief hochgeschätzt habe (zur Begründung immer noch überzeugend: R. M. Grant, Tatian, 301). Er bestätigt damit, dass Unechtheitsvorwürfe gegen die Pastoralbriefe (und den Hebr) im Raum standen und da seine Aussage sich partiell mit den bereits erwähnten von Tertullian, Clemens und Origenes deckt, scheint mit die Skepsis von C. Looks, Rezeption, 225f.262 gegenüber der Zuverlässigkeit des Hieronymus überzogen; die Behauptung a.a.O., 29, die Echtheit der Pastoralbriefe habe „auch schon im 2. Jahrhundert" „nie in Zweifel" gestanden, ist in dieser Pauschalität unzutreffend.

[14] Zum Canon Muratori vgl. NTApo 1,27–29; J. Roloff, 47.

[15] So F. Chr. Baur, Pastoralbriefe, 25–28; W. Bauer, Rechtgläubigkeit, 229; H. v. Campenhausen, Polykarp, 205f; P. Vielhauer, Geschichte, 228.237; H. Köster, Einführung, 743.746.

[16] So schon A. v. Harnack, Marcion, 174.3*f.129*ff (Markionitische Prologe zu den Past) 132*ff.170*ff. Zu den sog. markionitischen Prologen vgl. auch C. Looks, Rezeption, 226–228.

[17] E. Schlarb, Miszelle, 276–281; das Zitat: 281.

oder ob er sich dezidiert gegen ihre Aufnahme entschieden hat, wie Tertullian meint.[18] Beides ist möglich und keines von beiden lässt sich angesichts der dürftigen Quellenlage auch nur annähernd sicher belegen. Ein entscheidendes Argument in der Datierungsfrage ist hier auf keinen Fall zu gewinnen. Ich möchte trotzdem in aller gebotenen Vorsicht eine Überlegung vortragen, wie es sich verhalten haben könnte:

Unkenntnis der Pastoralbriefe durch Markion wäre m.E. doch eher ein Argument für eine späte Entstehung, denn dass der weitgereiste „Ultrapauliner" nicht in Kleinasien oder Rom auf sie gestoßen sein sollte, wenn es sie schon (länger) gab, erscheint doch recht unwahrscheinlich.[19] Wenn er sie aber kannte, warum hat er sie „zurückgewiesen" anstatt sie wie die anderen Paulusbriefe zu seinem Zwecke zu bearbeiten und warum hat er in Kenntnis von 1Tim 6,20 sein Hauptwerk ἀντιθέσεις genannt? Meine These dazu ist folgende: Die Pastoralbriefe sind als an die engsten Mitarbeiter des Paulus gerichtetes 3-Briefe-Corpus fingiert worden, um ein schon recht umfangreiches Corpus Paulinum, das bereits einen Brief an einen Gemeindeleiter enthielt (Phlm) zu komplettieren, wie P. Trummer m.E. überzeugend gezeigt hat. Richtig ist auch seine Schlussfolgerung: „Die Past konnten als pln Pseudepigrapha nur geschrieben und verbreitet werden im Zuge einer Neuedition des bisherigen Corpus."[20] Bis eine solche Neuedition sich durchgesetzt hatte, dauerte es eine Weile, schon allein deshalb, weil Handschriften auch einen gewissen Wert darstellten, und nicht alle Gemeinden sich sofort die Neuausgabe hätten leisten können. Es ist also damit zu rechnen, dass Paulusbriefsammlungen mit und ohne Corpus Pastorale[21] in den Gemeinden

---

[18] Tert, Marc V,21 erwähnt, dass Markion den Philemonbrief kennt, fährt fort: miror tamen, cum ad unum hominem literas factus receperit, quod ad Timotheum duas et unam ad Titum de ecclesiastico statu compositas recusaverit. Vgl. auch Epiph, Haer, 42,9,3–4.

[19] Darin ist U. Hübner, Thesen, 62f, Anm. 68 Recht zu geben. Zum ganzen vgl. auch C. Looks, Rezeption, 223–226.

[20] P. Trummer, Corpus Paulinum, 122–145, das Zitat 133, zustimmend J. Roloff, Pastoralbriefe, 57f; U. Schnelle, Einleitung, 364.

[21] Welche Paulusbriefe das Corpus enthielt, auf das hin die Pastoralbriefe geschrieben wurden, hält Trummer, Corpus Paulinum, 130–132 offen, er rechnet aber m.E. zu Recht mit Kenntnis von Röm, 1Kor, 2Kor, Phil, Phlm, Eph (damit indirekt Kol!) und weist darauf hin, dass die in Orientierung an Einzelbriefen gefälschten Pseudepigrapha (Kol, Eph, 2Thess) eine frühere Stufe spiegeln als die Fälschung des an einem Corpus Paulinum orientierten Corpus Pastorale. Die *ökonomischste These* wäre daher ohne jeden Zweifel die Annahme, dass die 10-Briefe-Sammlung des Markion eine Bearbeitung eben der Sammlung der Paulusbriefe ist, die auch der „Neuedition mit Corpus Pastorale" zugrunde lag. Der Nachweis von D. Trobisch, Entstehung, bes. 12–62 dass sich *handschriftlich* nur zwei Grundsammlungen erschließen lassen, nämlich die „katholische" Sammlung Röm, Hebr, 1Kor, Eph einerseits und Röm 1/2Kor, Gal, Eph, Phil, Kol, 1/2Thess, 1/2Tim, Tit, Phlm andererseits, spricht nicht gegen die skizzierte These. Denn in der 13-Briefe-Sammlung ist mit Eph beginnend *ein früher Anhang* an die Ursammlung Röm 1/2Kor Gal nachzuweisen, der mit Sicherheit auch eine Neuedition markiert (ebd., 57.108ff). Es ist aber nicht zu erweisen, dass diese

nebeneinander in Gebrauch waren. Dies musste – jedenfalls im Lichte des allgegenwärtigen Fälschungsvorwurfs Markions – die Frage provozieren, ob die Pastoralbriefe eine Fälschung sind.[22] Vergegenwärtigt man sich außerdem die Rolle, die die Pastoralbriefe mit ihrer heftigen Irrlehrerpolemik, ihren Anweisungen, Häretiker nach vergeblicher Ermahnung auszuschließen, sich nicht mit ihnen inhaltlich auseinander zu setzen etc., in der sich zunehmend verschärfenden Auseinandersetzung zwischen Markion und den örtlichen Gemeindeleitern gespielt haben könnten, dann wird m.E. schnell deutlich, dass die Pastoralen, unter dem Namen von Markions Hauptzeugen verfasst, die besten Waffen gegen Markion waren. Die Aufforderung, das anvertraute Glaubenserbe zu bewahren und sich den Widersprüchen jeder anderen sogenannten Erkenntnis zu entziehen (1Tim 6,20), konnten die Gemeindeleiter auf Markion beziehen und ihn damit konfrontieren. Dann ist Markions Wahl des Titels „Antitheseis" vielleicht als polemisch-intertextuelle Retourkutsche zu verstehen – er, dem die etablierten Bischöfe vorwerfen, sich in Antithese zur überlieferten Wahrheit zu befinden, weist ihnen nach, dass die Wahrheit nur unter Anerkenntnis der Antithesen zwischen gerechtem Gott und Vater Jesu Christi etc. zu haben ist, und dass die katholische Lehre selbst, sofern sie dies nicht anerkennt, voller innerer Widersprüche ist. Die Tatsache, dass Markion eine (bearbeitete) 10-Briefe-Sammlung „kanonisierte", hat vielleicht der jüngeren, mit ihr konkurrierenden Sammlung, welche die zur Ketzerbekämpfung so hervorragend geeigneten Pastoralbriefe enthielt, den Weg in den Kanon der Katholika nicht unerheblich erleichtert.

Festzuhalten bleibt: Eindeutige Schlüsse auf eine späte Entstehung der Pastoralbriefe sind aus der späten äußeren Bezeugung nicht zu ziehen, sie ist aber dafür verantwortlich, dass Spätdatierungen bis hin zur antimarkionitischen Abfassung nicht sicher ausgeschlossen werden können. Nur über den zweifelsfreien Nachweis einer früheren literarischen Bezeugung könnte

---

Neuedition Eph–Phlm inklusive der Past umfasste, vielmehr legt das Ordnungsprinzip nach der Länge der Briefe, aus dem Trobisch den Neuanfang mit dem Eph (der länger ist als Gal) erschließt, die Vermutung nahe, dass mit 1Tim (der länger ist als 2Thess) ein zweiter Anhang beginnt. Gerade im Lichte des Markionitischen Apostolikons scheint mir die Möglichkeit sehr naheliegend, dass zunächst mit Eph beginnend alle bis dato bekannten Gemeindebriefe angefügt wurden (Phlm ließ sich als solcher verstehen!) und in einer späteren erneut erweiterten Ausgabe die Briefe an Einzelne am Ende eingefügt wurden, zu denen dann auch Phlm, der ohnehin als kürzester am Ende stand, gezählt wurde. Eine in den Grundzügen ähnliche, etwas kompliziertere These vertritt U. Schmid, Marcion und sein Apostolos: Markion bearbeitete eine bereits antijudaistisch glossierte 10-Briefe-Sammlung, diese ist nach ihm auch aufgrund ihrer dem W-Text nahestehenden Textform aber kein unmittelbarer Vorläufer der kanonischen Ausgabe, könnte aber indirekt für einen solchen Vorläufer zeugen.

[22] Vgl. die Anm. 13 zusammengestellten Hinweise auf Gruppen, die die Pastoralbriefe als Fälschungen betrachtet zu haben scheinen!

dies geschehen. Dies ist in der Vergangenheit wiederholt versucht worden, bisher aber ohne wirklich durchschlagenden Erfolg.

3.2 Verwandte Datierungsprobleme urchristlicher Schriften

Die Unsicherheit der Datierung der Pastoralbriefe ist kein Einzelphänomen, sondern reiht sich ein in die Problematik der genaueren zeitlichen Fixierung vieler in der 2. Hälfte des 1. und der ersten Hälfte des 2. Jh. entstandenen Schriften. Während von der Mitte des 2. Jh. an das Netz der verbürgten Daten und Fakten immer dichter wird, wir konkrete Personen und ihre schriftlichen Hinterlassenschaften zeitlich zunehmend genauer fixieren, sie in Korrelation zu zeitgeschichtlichen Daten bringen können und damit eine Vergleichsmatrix auch für anonyme oder undatierte Texte entsteht, ist diese Situation vorher kaum gegeben.

Unter den neutestamentlichen Schriften sind besonders Hebr, alle katholischen Briefe (Jak, 1Petr, 2Petr, 1–3Joh), das Johannesevangelium und die Apostelgeschichte sehr schwer zu datieren, teilweise konkurrieren wie bei den Pastoralbriefen extreme Frühdatierungen mit extremen Spätdatierungen (bes: joh Literatur; Apg; 2Petr). Nichtkanonische Schriften, die wahrscheinlich oder möglicherweise aus der Zeit zwischen 50 und 150 n.Chr. stammen, wie die Ignatiusbriefe, die Didache, der zweite Clemensbrief und der Barnabasbrief, frühe apokryphe Evangelien (wie das Petrusevangelium, das Protevangelium Jacobi, judenchristliche Evangelien u.a.), manche der Nag-Hammadi-Schriften (sicher das EvThom und die EpJac, aber auch andere), der 3. Korintherbrief, das Kerygma Petri, die Epistula Apostolorum und viele fragmentarisch erhaltene Texte (POx 840; Papyrus Egerton etc.), werden in der Forschung ebenfalls extrem unterschiedlich datiert. Es ist die Ausnahme, wenn ein wahrscheinlicher Abfassungszeitraum von etwa 25 Jahren bestimmt werden kann, was am ehesten beim 1. Clemensbrief, dem Polykarpbrief und dem Hirt des Hermas der Fall ist. Soweit die betreffende Literatur des frühen 2. Jh. nur fragmentarisch bei späteren Kirchenhistorikern und Häresiologen bezeugt ist, wie z.B. die Fragmente des Valentin, Basilides und anderer früher gnostischer Theologen, kommen Probleme der sicheren Identifizierung der Originalfragmente (gegenüber dem Ketzerhaupt zugeschriebenen Texten von Schülern) hinzu.

Aus all dem resultiert der hypothetische Charakter und die große Angreifbarkeit der konkurrierenden Entwürfe über die theologiegeschichtlichen und verfassungsgeschichtlichen Entwicklungslinien des Christentums in diesem Zeitraum. Die vorläufigen Endpunkte oder Zwischenstationen kann man bei Irenäus, Tertullian, Hippolyt, den frühen Apologeten greifen, aber wie die Entwicklungen verlaufen sind und welchen Phasen die jeweiligen Schriften zuzuordnen sind, ist oftmals extrem umstritten. Da ist es fast unvermeidlich, dass jede Wahrnehmung der Quellen immer schon im Lichte einer vorgängigen Theorie über den Verlauf der Entwicklung geschieht. Gerade den Pastoralbriefen kommt dabei in vielen Fragen eine Schlüsselstellung zu. Im Rahmen der Verfassungsgeschichte etwa werden die Pastoralbriefe von manchen ganz an den Anfang, von anderen fast ans Ende einer langen Entwicklung hin zum monarchischen Episkopat gestellt. Dass dies möglich ist, hängt zu einem ganz entscheidenden Teil an der Pseudonymität der Briefe (s. dazu u. 3.3), aber auch daran, dass die Literatur des ganzen Zeitraums so wenig zeitlich und oft auch geographisch fixierbar ist. Da externe Daten (Verfasser, zeitgeschichtliche Ereignisse) in aller Regel nicht zur Verfügung stehen, wäre einer der wenigen erfolgversprechenden Wege die Erarbeitung einer relativen Chronologie über das Feststellen literarischer Abhängigkeiten, also die Fixierung der einzelnen Schriften durch einen feste Position in einer intertextuellen Kette. Doch haben solche Versuche in der Vergangenheit oft den Eindruck hinterlassen, nicht intersubjektiv konsensfähig zu sein. M.E. liegt das an einer zu wenig entwickelten Methodik, die durch Integration der literaturwissenschaftlichen Erkenntnisse um die Gesetzmäßigkeiten intertextueller Textkonstitution verbessert werden könnte.

3.3 Datierungsprobleme aufgrund des pseudepigraphischen Charakters der Pastoralbriefe

Die Schwierigkeiten der Datierung der Pastoralbriefe werden durch gattungsimmanente Probleme verschärft. Da die Briefe vorgeben, zu Lebzeiten des Paulus verfasst zu sein, müssen sie ihre tatsächliche Entstehungszeit verbergen. Zwar ist die Maske des Verfassers keineswegs perfekt, sonst hätte der Nachweis der Pseudepigraphie nie gelingen können. Aber die Argumente, die den nachpaulinischen Charakter der Pastoralbriefe überzeugend belegen – wie unpaulinische Sprache,[23] theologische Differenzen zu

---

[23] Einen guten Überblick über die Erforschung der Sprache der Pastoralbriefe gibt W. Schenk, Forschung, 3408–3421. Dass sich gravierende terminologische und stilistische Unterschiede zu den unbestrittenen Paulinen aufweisen lassen, steht nach den Untersuchungen insbesondere von H. J. Holtzmann, Pastoralbriefe, 84–118, und P. N. Harrison, Problem, 18–44.67–86.137–165, fest (vgl. auch die in Anm. 2 genannte Literatur). Eine nähere zeitliche Einordnung aufgrund der Sprache aber kann nicht gelingen, vielmehr wurden ganz verschiedene Zuordnungen vorgenommen: Gegen Harrisons Schlussfolgerung, dass die Sprache der Pastoralen in die Nähe der apostolischen Väter und Apologeten führt – in deren Nachfolge H. v. Campenhausens Versuch einzuordnen ist, Polykarp von Smyrna zum Verfasser zu erheben (Polykarp, 197–237) –, ist immer noch eindrucksvoll zu lesen die bereits 1940 von F. R. M. Hitchcock vorgelegte Untersuchung „Philo and the Pastorals", die zeigte, dass 87,5% aller Vokabeln der Pastoralbriefe auch bei Philo vorkommen. Immer wieder ist aufgrund sprachlicher Nähe versucht worden, den Verfasser des LkEvg und der Apg zum Autor der Pastoralbriefe zu küren, vgl. in neuerer Zeit A. Strobel, Schreiben des Lukas?, 191–210 (dagegen N. Brox, Lukas, 62–77); S. G. Wilson, Luke and the Pastoral Epistles (dagegen J.-D.

Paulus, „fortgeschrittene" Verhältnisse in Struktur und Organisation der Gemeinden – eignen sich durchweg nicht zur Eingrenzung der tatsächlichen Abfassungszeit. So gibt es zwar eindeutige *Anachronismen*, diese verhelfen aber nur zur Feststellung eines *relativen Abstandes* zu den Paulinen, der schwer objektivierbar ist; klare zeitgeschichtliche Bezüge fehlen. Es gibt auch keine Sicherheit darüber, wie weit der Verfasser Einzelaspekte *historisierend bearbeitet* hat. Schließlich ist es schwierig bis unmöglich, Sicherheit darüber zu erlangen, wo der Verfasser (deskriptiv) Gemeindeverhältnisse seiner Zeit abbildet und wo er (präskriptiv) Veränderungen herbeiführen möchte. Ich möchte diese Probleme an einigen Beispielen exemplarisch vorführen, Vollständigkeit ist dabei nicht angestrebt.

1. Das Fehlen klarer zeitgeschichtlicher Bezüge: *Tod des Timotheus?* Der Tod der beiden Apostelschüler Timotheus und Titus dürfte Voraussetzung ihrer Wahl als Adressaten eines Pseudepigraphons sein. Gelegentlich wird der Hebräerbrief daher als terminus post quem der Abfassung der Pastoralbriefe diskutiert. Hält man die Nachricht über die Freilassung des Timotheus aus dem Gefängnis in Hebr 13,23 für historisch zuverlässig, dann fiele die Abfassung des Hebräerbriefes noch in die Lebenszeit des Timotheus.[24] Doch viel wäre damit nicht gewonnen, denn es gibt keine konsensfähigen Datierungsindizien für den Hebräerbrief.[25] Außerdem ist keinesfalls auszuschließen, dass die Erwähnung des Timotheus der pseudepigraphen Fiktion dient, den Hebräer als Paulusbrief zu empfehlen.[26]

„Antithesen" und *„Gnosis"?* Zum Stichwort ἀντιθέσεις wurde oben S. 75–77 schon das Nötige gesagt, ein Bezug auf Markions Hauptwerk lässt sich nicht nachweisen, es ist sogar denkbar, dass die Wahl des Titels durch Markion eine Reaktion auf die Pastoralbriefe darstellt. Auch die Warnung vor dem „leeren Geschwätz ... der sogenannten Gnosis, zu der sich einige bekannt haben und vom Glauben abgeirrt sind" (τὰς βεβήλους κενοφωνίας ... τῆς ψευδωνύμου γνώσεως, ἥν τινες ἐπαγγελλόμενοι περὶ τὴν πίστιν ἠστόχησαν, 1Tim 6,20f) lässt keinerlei zeitliche Einordnung zu. Zwar lässt 1Tim 6,20f das Selbstverständnis der GegnerInnen erkennen, über „Gnosis" zu verfügen, aber in welcher Beziehung diese „Gnosis" zu den gnostischen Systemen des 2. Jh. steht, ist vollkommen offen, da das

---

Kaestli, Luke-Acts, 110–126) und schließlich die faszinierende These von J. D. Quinn, The Last Volume of Luke, 62–75, die auch seinem Kommentar (AnB) zugrundeliegt, dass die Pastoralbriefe den dritten und letzten Teil des lukanischen Werkes bilden sollten.

[24] Damit rechnet z.B. A. T. Hanson, 21.

[25] So auch M. Wolter, Paulustradition, 23. Meist wird zwar eine Abfassung zwischen 80 und 90 n.Chr. vertreten (E. Gräßer, XVII 1,25; H. F. Weiß, 77), doch auch eine Ansetzung vor 70 (A. Strobel, 11 [um 60]; K. Berger, NT [um 56]) oder in bzw. nach der domitianischen Verfolgung (wegen Hebr 10,32ff; 12,4) ist denkbar (P. Vielhauer, Geschichte, 251).

[26] Vgl. E. Gräßer, XVII 1,22; U. Schnelle, Einleitung, 380.

GegnerInnenprofil der Briefe insgesamt mehr Rätsel aufgibt als löst. Die Fragen beginnen schon damit, ob der in den Briefen klar erkennbare *jüdische* Charakter der angegriffenen Lehre ein historisierendes Porträt ohne Anhalt bei den tatsächlichen Gegnern ist[27] oder nicht. Die Aussagen über die GegnerInnen sind so unspezifisch, dass das Spektrum der Interpretationen von einer einzigen jüdisch-frühgnostischen GegnerInnenfront über zwei verschiedene Gegnergruppen bis hin zu einer Vielzahl durch die Pastoralbriefe als „Handbuch" der Ketzerbekämpfung abzuwehrenden Häresien[28] reicht.

Manchmal wird behauptet, das *Verhältnis zur Umwelt* weise klar auf „eine Zeit relativer Sicherheit vor Verfolgungen", wie es sie „nur unter der Regierung Hadrians und Antonius Pius' gegeben" habe „also kommen die Jahre von ca. 120 bis 160 n.Chr. in Frage".[29] Doch hatte H. J. Holtzmann die sich in den Briefen spiegelnde Situation ganz anders rekonstruiert, nach ihm sind sie in „Zeiten der von Staats wegen verhängten Verfolgungen" entstanden. Er verwies dazu auf 1Tim 6,12 (Jesu beispielhaftes Bekenntnis vor Pontius Pilatus), auf 2Tim 1,6f (mutlos werdende Vorsteher) und auf 2Tim 1,8; 2,3; 3,12; 4,5; 4,17f (Leiden als Berufsaufgabe des Gemeindeleiters und Paulus als Vorbild des Märtyrers).[30] Sind also die Aussagen über das „ruhige und stille Leben in aller Frömmigkeit und Ehrbarkeit" (1Tim 2,2, vgl. Tit 2,12; 3,1f), die Mahnungen, Amtsträger müssten bei Außenstehenden einen guten Leumund haben (1Tim 3,7), und die Warnungen an Frauen und SklavInnen, keinen Anstoß zu erregen, damit das Wort Gottes nicht verlästert werde (1Tim 6,1; Tit 2,5.10), nicht vielmehr apologetisch motiviert und passen bestens in eine Situation, wie sie der Briefwechsel zwischen Plinius und Trajan voraussetzt?[31] Man wird keinerlei chronologische Schlüsse aus den diesbezüglichen Angaben der Past ziehen dürfen: Der Themenkomplex „Leiden", „Martyrium", „Bekenntnis" war durch die fiktive Briefsituation des 2Tim vorgegeben und darüber hinaus für das Christentum bis zur konstantinischen Wende immer von Belang; eine beschönigende Darstellung aus apologetischem Interesse ist nicht auszuschließen.

---

[27] Schon H. J. Holtzmann, Pastoralbriefe, 153.158 u.ö. hielt den jüdischen Charakter der Gegner für in der pseudepigraphischen Maske des Verfassers begründet. Vgl. außerdem P. Trummer, Paulustradition, 165: die antijüdische Polemik hat anamnetische Funktion.

[28] Eine frühgnostische Front: z.B. J. Roloff, Pastoralbriefe, 57; zwei Fronten (judenchristliche enkratitische Wanderpropheten und enthusiastische Pauliner: z.B. U. B. Müller, Theologiegeschichte, 58–74; „apologetisches Vademecum" der Ketzerbekämpfung: Dib-Co, 54; H. Köster, Einführung, 743.

[29] H. Köster, Einführung, 744.

[30] H. J. Holtzmann, Einleitung, 286.

[31] Vgl. Plinius, Ep X,96 und Rescript Trajans Ep X,97; dazu A. N. Sherwin-White, Letters of Pliny, 691–712.772–787.

Zwei Kaiser? F. Chr. Baur und H. J. Holtzmann meinten, in 1Tim 2,2 einen klaren Datierungshinweis finden zu können, die Aufforderung für Könige (βασιλεῖς im Plural) zu beten, weise auf zwei gleichzeitig regierende Kaiser, mithin in die Jahre nach 137 n.Chr.[32] Doch wird man eher mit einem generischen Plural rechnen, da eine allgemein für alle Zeiten gültige Paränese gegeben wird.[33]

2. Das *briefimmanente Zeitbewusstsein*: Zahlreiche Angaben der Pastoralbriefe lassen eine deutliche Differenz zwischen der fiktiven Entstehungszeit und der tatsächlichen Abfassungszeit erkennen. So gilt der Glaube als schon von den Müttern ererbtes Gut (2Tim 1,5; 3,15; vgl. auch 1Tim 2,15; 5,10). Neugetaufte sollten für den Posten des Bischofs nicht in Frage kommen (1Tim 3,6) – zur Zeit des Paulus eine undenkbare, klar anachronistische Vorschrift. Eindeutig sind die realen Hauptadressaten der Briefe Gemeindeleiter der dritten oder vierten Generation (vgl. bes. Tit 1,5; 2Tim 2,2). Doch handelt es sich hier um ein typisches relatives Argument, das in keinen genauer zu fixierenden Zeitraum weist, sondern auf jede jenseits der direkten Apostelschüler lebende Generation zutrifft. Die hier auf der Textebene präsente Zeitspanne kann ebenso gut als literarisches Mittel eines um 80 schreibenden Autors interpretiert werden, der die Zukunft in seinem Sinne beeinflussen möchte, wie eines Zeitgenossen des Polykarp, der seine eigene Gemeindeleitergeneration in eine auf Paulus zurückgehende Sukzessionskette einordnen möchte.

3. *Verfassungsgeschichte*: Ohne jeden Zweifel spiegeln die Pastoralbriefe in ihren Aussagen über die Ämter (Episkopos, DiakonInnen, Presbyter, Witwen) ein gegenüber Paulus fortgeschrittenes Stadium. Doch die Urteile darüber, *wie* fortgeschritten, divergieren in der Forschung weit und dies ist bei fehlenden äußeren Anhaltspunkten zur Datierung m.E. unvermeidlich, wie ich am unausgeglichenen Nebeneinander von ἐπίσκοπος und πρεσβύτεροι in den Briefen zeigen möchte, das ganz unterschiedlich gedeutet werden kann.[34] Einerseits gibt es Indizien, die auf eine *Identifikation* beider Ämter durch den Verfasser der Pastoralbriefe hinzuweisen scheinen. Wenn Titus in Tit 1,5 angewiesen wird, in den Städten Kretas πρεσβύτεροι einzusetzen, die Qualifikationen dieser dann in 1,6 mit einem singularischen Katalog beschrieben werden (εἴ τίς ἐστιν ἀνέγκλητος κτλ.), der in V. 7 fortgesetzt wird mit einem weiteren Qualifikationsspiegel über den Bischof (δεῖ γὰρ τὸν ἐπίσκοπον ἀνέγκλητον εἶναι κτλ.), dann ist die redaktionelle Ver-

---

[32] F. Chr. Baur, Pastoralbriefe, 126f; H. J. Holtzmann, Pastoralbriefe, 269.
[33] So Bauer, WB, 272.
[34] Ich konzentriere mich auf Basisoptionen der Deutung. Vgl. die ausführlich dokumentierte Übersicht über die Forschungsgeschichte bei H. v. Lips, Glaube, 111–116.

bindung zweier nicht ursprünglich identischer Amtsbezeichnungen hier unübersehbar. Nimmt man hinzu, dass außerdem vom Episkopos wie von den
Presbytern die Aussage gemacht wird, dass sie der Gemeinde „vorstehen"
(προστῆναι 1Tim 3,5; 5,17) und dass sie beide um die Lehre bemüht sind
bzw. sein sollen (1Tim 3,2; 5,17; Tit 1,9), dann kann man durchaus die Ansicht vertreten, „dass beide Bezeichnungen von Haus aus die gleiche Sache
meinen: die Führung und Vertretung der Gemeinde und das Amt der Predigt
und Leitung des Gottesdienstes", und daraus schließen, in den Gemeinden
der Pastoralbriefe werde die Gemeindeleitung kollektiv von Presbytern
wahrgenommen, die auch Episkopen genannt werden können (vgl. Apg
20,17ff.28 von den ephesinischen Presbytern[35]), von einem monarchischen
Episkopat sei nirgendwo die Rede.[36] Oder man nimmt eine Teilidentität an,
etwa dass die ἐπίσκοποι mit den in 1Tim 5,17 als eigene Gruppe zu identifizierenden προεστῶτες πρεσβύτεροι[37] identisch seien,[38] also πρεσβύτε
ροι ἐπισκοποῦντες.[39] Den auffälligen durchgängigen Singular bei der Rede vom Bischof in 1Tim 3,1ff; Tit 1,7 muss man dann als generischen Singular deuten,[40] der sich u.U. einem an beiden Stellen verarbeiteten traditionellen Episkopenspiegel verdankt.[41] Der Grund für die Identifikation von
Presbytern und Bischof in Tit 1 wird häufig in der Verschmelzung zweier
unterschiedlicher Verfassungsformen gesehen, der aus dem palästinisch-jüdischen Bereich stammenden Ältestenverfassung mit einer aus dem paulinischen Missionsbereich stammenden Episkopen- / Diakonenverfassung, deren einziger spärlicher Beleg vor den Pastoralbriefen Phil 1,1 sein könnte.[42]
Eine solche gänzliche oder weitgehende Gleichordnung der beiden Ämter
ist mit einem sehr frühen angenommenen Entstehungszeitpunkt der Pastoralbriefe zu vereinbaren. Legt man sie zugrunde, kann man in der Konse-

---

[35] Wie das Nebeneinander von πρεσβύτεροι und ἐπίσκοποι in Apg 20,17.28 zu deuten ist, ist
natürlich nicht minder umstritten wie im Falle der Pastoralbriefe. Neben der Deutung, hier würden
zwei aus verschiedenen Gemeindeverfassungen stammende Ämter redaktionell identifiziert (so
z.B. N. Brox, 151), wird auch die Annahme vertreten, ἐπίσκοπος fungiere lediglich als „Funktionsbezeichnung für Presbyter" (so L. Oberlinner, XI 2/3, 91).

[36] H. W. Beyer, Art. ἐπισκέπτομαι κτλ., 613f (Zitat: 613; Z. 44f). Auf dieser Linie auch W.
Thießen, Ephesus, 295ff; G. Schöllgen, Hausgemeinden, 84f.

[37] Dieses Verständnis ist sprachlich möglich, naheliegender ist allerdings, dass das Vorstehen
eine Funktionsbeschreibung für alle Presbyter ist, eine eigene Gruppe stellen nur die in der Lehre
tätigen dar, vgl. H. v. Lips, Glaube, 109–111.

[38] Vgl. die προϊστάμενοι πρεσβύτεροι in Herm v II,4,3.

[39] So z.B. Dib-Co, 46; N. Brox, 151.

[40] So z.B. H. W. Beyer, Art. ἐπισκέπτομαι κτλ., 614; Dib-Co, 46; N. Brox, 149.

[41] N. Brox, 148f.

[42] N. Brox, 150f; J. Roloff, 170–175, schon ders., Apostolat, 264f, Anm. 111; W. Thießen,
Ephesus, 297f. Sehr kritisch gegenüber der These einer Episkopenordnung vor den Pastoralbriefen
ist L. Oberlinner, XI 2/3, 88–91.

quenz alle Aussagen über den Bischof auch als Aussagen über die Presbyter verstehen (und umgekehrt) und müsste damit rechnen, dass es in den Gemeinden mehrere Episkopen gegeben hat.

Ein anderes Bild von der Amtskonzeption der Pastoralbriefe ergibt sich, wenn man davon ausgeht, dass die singularische Rede vom Bischof seine Stellung an der Spitze der Gemeinde anzeigen soll. Dafür spricht eine Reihe guter Gründe. Insbesondere ist die οἶκος-Ekklesiologie der Pastoralbriefe, die die Stellung des Bischofs in der Kirche, dem Haus Gottes (1Tim 3,15), nach Analogie des pater familias (1Tim 3,4f) bzw. als οἰκονόμος θεοῦ bestimmt (Tit 1,7), in ihrer ganzen Struktur auf einen, mit großer Autorität ausgestatteten Mann an der Spitze jeder Ortsgemeinde hin angelegt.[43] Das Bischofsamt wird im Unterschied zum Presbyteramt auffällig breit entfaltet und empfohlen (1Tim 3,1–7) und mit dem Hauptinteresse der Pastoralbriefe, der Bewahrung und Ausrichtung der gesunden Lehre und der Irrlehrerbekämpfung, direkt verknüpft (Tit 1,7ff). Ohne jeden Zweifel liegt dem Verfasser der Pastoralbriefe das Bischofsamt ganz besonders am Herzen. Ein Hauptproblem bei der genauen Bestimmung seiner Funktionen und seines Verhältnisses zum Presbyteramt besteht darin, dass umstritten ist, inwieweit die Aussagen, die der Verfasser der Pastoralbriefe zur Rolle der fiktiven Adressaten Timotheus und Titus in den Gemeinden macht, für die Amtskonzeption auszuwerten sind. So meint etwa J. Roloff, ein „wesentlicher, wenn nicht gar der entscheidende Teil" der Neuinterpretation des Amtes geschehe „in der Darstellung des Dienstes der fiktiven Briefadressaten, der Apostelschüler Timotheus und Titus."[44] Aber sind die Apostelschüler Repräsentanten des Episkopos und Presbyter umfassenden gemeindeleitenden Amtes (H. v. Lips)[45] oder vertreten sie den monarchischen Bischof (H. v. Campenhausen)?[46] In letzterem Falle gehören erstens die Disziplinargewalt über sündige Presbyter (1Tim 5,19–21),[47] zweitens die alleinverant-

---

[43] Zur οἶκος-Ekklesiologie in den Pastoralbriefen vgl. vor allem H. v. Lips, Glaube, 106–160; G. Schöllgen, Hausgemeinden, 74–90; J. Roloff, Kirche, 250–267; D. C. Verner, Household; E. Schlarb, Lehre, 314–356; U. Wagener, Ordnung, bes. 235–245; L. Oberlinner, XI 2/3, 78–83.

[44] J. Roloff, 170; ähnlich geht auch L. Oberlinner vor.

[45] Glaube, 106–108 – die Argumentation ist m.E. überzeugend, steht allerdings in einer nicht ausgeglichenen Spannung zur ebenfalls überzeugenden Deutung von 1Tim 5,19f auf den Bischof im Gegenüber zu den Presbytern durch v. Lips, ebd. 115. Daraus kann man vielleicht schließen: der Verfasser der Pastoralbriefe war um Stringenz nicht bemüht. Wo es ihm um die Stärkung der Lehre geht, sollen sich die Presbyter mit Timotheus und Titus identifizieren, wo es um die Amtsgewalt des Gemeindeleiters geht, nicht.

[46] Amt, 117f. Demgegenüber bestreitet N. Brox, 149, vehement, dass es zulässig ist, „aus den Funktionen der Briefadressaten ... Folgerungen für die Existenz des monarchischen Bischofs [zu] ziehen, weil sie als Teil der Brieffiktion ungenau und nicht deskriptiv zu verstehen sind."

[47] H. v. Lips, Glaube, 115; L. Oberlinner, XI 2/1, 258: die zuständige Instanz ist der Episkopos; J. Roloff tendiert S. 310 ebenfalls deutlich dahin, S. 317 dagegen möchte er nur eine Anwei-

wortliche (?) Auswahl und Einsetzung von AmtsinhaberInnen (1Tim 5,9.11 5,22; 2Tim 2,2; Tit 1,5) und drittens der Ausschluss von unbußfertigen Häretikern aus der Gemeinde (Tit 3,10f) zu den Aufgaben des Episkopos – wahrhaftig eine Stellung, die den Titel „monarchischer Bischof" zu verdienen scheint und diesem Eindruck verdanken sich die Spätdatierungen der Pastoralbriefe in die Mitte des 2. Jh. Doch folgt dies keineswegs mit Notwendigkeit, denn „die Frage nach dem Verhältnis zwischen der Wirklichkeit in den Gemeinden und der Vorstellung und Zielsetzung des Verfassers" lässt der Text unbeantwortet,[48] die Zuordnung von deskriptiven und präskriptiven Aussagen kann daher sehr unterschiedlich vorgenommen werden. Gestaltet der Verfasser der Pastoralbriefe in dem Porträt des starken Gemeindeleiters, das in Timotheus und Titus modellhaft gezeichnet und mit der ekklesiologischen Metaphorik vom Haus Gottes und seinem Hausverwalter wirkungsvoll unterstützt wird, einen angesichts der subjektiv empfundenen schweren Bedrohung durch IrrlehrerInnen für nötig gehaltenen radikalen Neuentwurf[49] oder greift er eine in seiner Gegenwart bereits (ansatzweise? weithin?) praktizierte Konzeption auf und stärkt sie?[50] Mir scheint die Tatsache, dass gerade die drei obengenannten Funktionen dem Bischof nie direkt, sondern immer nur indirekt über den Apostelschüler als Gemeindeleiter (dem auf der realen Ämterebene am ehesten der Bischof entspricht) zugewiesen werden, eher dafür zu sprechen, dass zur Abfassungszeit der Bischof diese Kompetenzen keinesfalls schon hatte. Aber man kann auch nicht ganz ausschließen, dass die indirekte Autoritätszuweisung sich historisierender Darstellung verdankt.[51] Eines ist jedenfalls gewiss: Die unauflöslichen Unschärfen im Profil der Ämter und die Unmöglichkeit, sicher zwischen Widerspiegelungen von bereits Praktiziertem und lediglich Erwünschtem zu unterscheiden, lassen keine sichere chronologische Einordnung der Pastoralbriefe zu, sie können jeweils mit guten Gründen an je-

---

sung für ein „Übergangsstadium" im Zuge der Ablösung der Presbyterverfassung durch die Episkopenverfassung sehen. Viele AuslegerInnen vermeiden jegliche Diskussion über die disziplinierende Person / Funktion – was angesichts eines so deutlich auf praktische Umsetzung ausgerichteten Textes unangemessen ist.

[48] L. Oberlinner, XI 2/3, 92.

[49] So die Interpretation von L. Oberlinner, XI 2/3, 75–93, der sich H. Merkel, 92, darin anschließt, dass das Bischofsamt als ein den Gemeinden bis dato gänzlich unbekanntes eingeführt werden soll.

[50] So geht z.B. H. v. Campenhausen, Amt, 117, davon aus, dass die Pastoralbriefe „bereits mit einem monarchischen Bischofsamt rechnen. Der eine Bischof ist also schon zum Haupt des Presbyteriums geworden". J. Roloff, 169–177 nimmt eine mittlere Stellung ein, indem er damit rechnet, dass die Presbyterial- und Episkopalordnung schon recht weitgehend zusammengewachsen sind und etliche Presbyter zugleich Episkopen von Hausgemeinden sind.

[51] So A. T. Hanson, 33 über den Verfasser: „He knew, and those to whom he wrote knew, that in Paul's day there had been nothing corresponding to the monarchical bishop."

dem beliebigen Punkt innerhalb der Entwicklung des monarchischen Episkopats angesetzt werden.[52]

Eine äußerst problemadäquate Lösung der Schwierigkeiten bei der Bestimmung des historischen Ortes der Pastoralbriefe hat seinerzeit Adolf von Harnack vertreten. Er postulierte aufgrund der Beobachtung, dass sich in ihnen Hinweise auf drei verschiedene Epochen finden lassen, eine Entstehung in 3 Stufen: Fragmente echter Paulusbriefe seien zwischen 90 und 110 redaktionell überarbeitet worden, wobei die Pastoralbriefe in ihren wesentlichen Zügen entstanden. Diese Fassung lag Polykarp von Smyrna vor, der 1Tim 6,7.10 zitierte. Wesentliche Stücke der Kirchenordnung seien aber später, nach 130 n.Chr. interpoliert worden, z.B. 1Tim 5,17–20, wo ein Synoptikerwort als „Schrift" zitiert und ein über dem Presbyterkollegium stehender Bischof mit Disziplinargewalt vorausgesetzt wird, und 6,17–21, wo auf die Antithesen Markions angespielt werde.[53] Zwar lässt sich diese literarkritische Theorie aufgrund der inzwischen vielfach nachgewiesenen kompositionellen Einheitlichkeit der Pastoralbriefe nicht mehr vertreten. Aber an Problembewusstsein scheint sie manchen gegenwärtig vertretenen Extremdatierungen (nach unten wie oben) immer noch überlegen zu sein. Der Schlüssel für den heterogenen Befund ist allerdings nicht in Literarkritik, sondern im pseudepigraphischen Charakter der Past zu finden. Vieles alt wirkende dürfte auf das Konto bewusst verarbeiteter Traditionen gehen und auf gezielte Echtheitssuggestion zurückzuführen sein. Vieles, das auf eine spätere Zeit zu weisen scheint, könnte Beweis für das Gelingen der Täuschung sein: Die kirchliche Wirklichkeit hat sich nach dem Bild des Pseudo-Paulus geformt, das zur Abfassungszeit noch lange nicht Realität war. Insofern deutet viel darauf hin, dass die Datierung um die Jahrhundertwende doch die richtige sein könnte. Man wird das aber angesichts der aufgewiesenen grundsätzlichen Probleme nur über den Nachweis einer frühen literarischen Bezeugung sichern können. Dafür bieten sich Polykarp von Smyrna und die Ignatiusbriefe besonders an. Allerdings sind zunächst die nicht unerheblichen methodischen Probleme zu erörtern, die einer sicheren Identifizierung von Textelementen entgegenstehen, welche eine sichere literarische Bekanntschaft mit den Pastoralbriefen erweisen können.

---

[52] Vgl. die immer noch treffende Bemerkung von F. Loofs, Gemeindeverfassung, 637: „nicht nur die Pastoralbriefe ..., sondern auch andere Quellen zur Verfassungsgeschichte gleichen einem Kaleidoskop, das man so und anders schütteln kann."

[53] A. von Harnack, Chronologie, 480–485. Die Fragmententheorie ist als Lösungsversuch nie ganz aus der Debatte verschwunden. Man denke an P. N. Harrisons wichtigen Beitrag von 1921 (Problem, bes. 87–135), an C. K. Barretts Kommentar (1963). Eine Erneuerung der Fragmententheorie bietet 1997 J. D. Miller, The Pastoral Letters as Composite Documents.

4. Überlegungen zur Methode:
Intertextualität und literarische Abhängigkeit

Wie im letzten Kapitel schon angedeutet wurde, ist die Frage der frühesten literarischen Bezeugung der Pastoralbriefe umstritten. Die Zahl derer, die annehmen, dass Polykarp von Smyrna die Pastoralbriefe verwendet, ist etwa so groß wie die der Bestreiter. Was die Berührungen zwischen den Pastoralbriefen und anderen frühchristlichen Schriften (z.B. 1Klem; Ignatianen) angeht, lautet das Urteil gegenwärtig fast einhellig, diese seien so unspezifisch, dass literarische Abhängigkeiten nicht feststellbar seien, die Gemeinsamkeiten ließen sich durch die gemeinsame christliche Sprach- und Vorstellungswelt und durch Verwendung derselben Quellen hinlänglich erklären.[1] Andererseits gibt es Untersuchungen, nach denen die Pastoralbriefe von Ignatius (manchmal auch: vom 1Klem) direkt als Quellen verwendet wurden.[2] Nicht das Vorliegen von intertextuellen Bezügen ist also strittig, sondern vielmehr der Intensitätsgrad der Intertextualität und ihr Zustandekommen (gemeinsame Abhängigkeit von der christlichen Alltagssprache bzw. einer gemeinsamen Quelle oder literarische Abhängigkeit eines Textes vom anderen). Die Vermutung liegt nahe, dass das bisher verwendete methodische Instrumentarium nicht präzise genug ist, um eine intersubjektiv konsensfähige Differenzierung der Intensitätsgrade zu ermöglichen. Der in 4.1 folgende Überblick über die Methoden, die ausgewählten Untersuchungen zur literarischen Abhängigkeit zugrunde liegen, soll diese Vermutung überprüfen und zugleich sichten, welche Methoden sich in der exegetischen Arbeit bewährt haben. Im Anschluss daran soll in 4.2 ein in Anlehnung an die literaturwissenschaftliche Intertextualitätsforschung gewonnenes Bündel von Methoden vorgestellt und mit den Ergebnissen des exegetischen Überblicks verbunden werden, um anschließend die literarischen Beziehungen zwischen den Pastoralbriefen und Polykarp von Smyrna (5) und Ignatius von Antiochien (6) mit diesem durch die neuere Intertextualitätsdiskussion befruchteten Methodenarsenal zu untersuchen.

---

[1] Charakteristisch z.B. M. Wolter, Paulustradition, 23 mit Anm. 67.

[2] Z.B. H. J. Holtzmann, Pastoralbriefe, 259–261; D. A. Hagner, Use, 230–237; die neue Untersuchung von C. Looks, Rezeption, 77–152 findet sowohl bei 1Klem als auch bei Ignatius eine gewisse Wahrscheinlichkeit, aber keine Sicherheit für Kenntnis und Verwendung der Pastoralbriefe.

4.1 Verfahren zur Feststellung literarischer Abhängigkeit in der Exegese

Zwei Vorbemerkungen sind voranzuschicken: 1. Da der folgende forschungs-
geschichtliche Überblick dazu dienen soll, Methoden zur besseren Beurteilung der frühesten Rezeption der Pastoralbriefe zu entwickeln, habe ich exemplarisch Forschungsliteratur ausgewertet, die sich mit intertextuellen
Konstellationen beschäftigt, welche ebenfalls durch ein prinzipiell *unge-
klärtes* literarisches Verhältnis zwischen Schriften(gruppen) gekennzeichnet
sind. Dies ist z.B. bei der synoptischen Frage, beim umstrittenen Verhältnis
zwischen Johannes und den Synoptikern, bei der ungeklärten Frage, ob die
Apg die Paulusbriefe kennt und verwendet hat und in der Frage nach Vorliegen und Ausmaß der Rezeption pln Texte im urchristlichen Schrifttum
der Fall. Dagegen beziehen sich die zahlreichen Untersuchungen zum Schrift-
gebrauch bei Paulus[3] auf ein grundsätzlich anders gelagertes intertextuelles
Verhältnis. Sie wurden daher nur in Ausnahmefällen zu Rate gezogen.
2. Da es mir um eine methodische Erfassung der Intensität aller möglichen
Formen von intertextuellen Beziehungen als Schlüssel zum Nachweis literarischer Abhängigkeiten geht, spielen traditionell wichtige, wenn auch zunehmend umstrittene Unterscheidungen zwischen und Definitionen von bestimmten Formen intertextueller Bezugnahmen auf Prätexte – beispielsweise Zitat, Anspielung, Anklang, Paraphrase, Echo, literarische Vorlage, Mi-
drasch – im Folgenden keine nennenswerte Rolle,[4] auch wenn manche Begriffe aufgrund der Tatsache, dass die ausgewertete Literatur mit ihnen
operiert, natürlich nicht zu umgehen sind. Damit soll der Wert genauer Differenzierungen für andere Untersuchungsgegenstände keinesfalls bestritten
werden. Wohl aber ist beabsichtigt, unreflektierte und z.T. unberechtigte
Annahmen über die Intensität einer intertextuellen Verweisung, die mit diesen und anderen eingeführten Begriffen oft verbunden sind, in Frage zu
stellen. Dass beispielsweise ein über einen längeren Satzzusammenhang
sich erstreckendes wörtliches „Zitat" eine intensivere Form der intertextuellen Bezugnahme darstellt als eine kurze prägnante, üblicherweise „Anspielung" genannte Bezugnahme, trifft zwar oft, aber keinesfalls immer und
notwendig zu. Wie sich zeigen wird, ist die Intensität einer intertextuellen
Verweisung durch eine Vielzahl von voneinander unabhängigen Faktoren be-

---

[3] Vgl., um nur einige wichtige Beiträge zu nennen, D.-A. Koch, Schrift; R. B. Hays, Echoes; C.
D. Stanley, Paul; F. Wilk, Bedeutung; G. Häfner, Schrift; die Sammelbände C. A. Evans / J. A. Sanders, Paul; C. A. Evans / J. A. Sanders, Scriptures; sowie die Forschungsüberblicke H. von Lips,
Paulus, 27-49; K. D. Litwak, Echoes, 260-288.
[4] Zum Stand der Diskussion vgl. D.-A. Koch, Schrift, 11-20; S. E. Porter, Use, 79-96; G. Häfner, Schrift, 46-63; s.a. o. S. 6 mit Anm. 6.

dingt. Diese werden jedoch von den traditionellen Bezeichnungen z.T. gar nicht oder nur in einseitiger Auswahl erfasst. Der Verzicht auf Definitionen bestimmter Formen von intertextuellen Bezugnahmen dient daher dazu, die Wahrnehmung auf die ganze Vielfalt intensiver intertextueller Beziehungen zwischen Texten zu richten, gerade auch jenseits des eindeutigen Zitats.

4.1.1 Die Hauptkriterien literarischer Abhängigkeit vom 19. Jahrhundert bis zur Gegenwart

1. Zunächst sind einige Schlaglichter auf die im 19. Jh. intensiv diskutierte synoptische Frage zu werfen.[5]

a) *Dass* eine literarische Beziehung (welcher Art auch immer) zwischen den Synoptikern bestehen musste, war unter historisch-kritisch arbeitenden Wissenschaftlern aufgrund der umfangreichen wörtlichen Übereinstimmungen allgemein anerkannt. Überzufällige Übereinstimmung im Wortlaut ist somit das erste wichtige Kriterium für literarische Abhängigkeit.

Nicht so leicht zu beantworten sind allerdings die Fragen, ob damit eine *notwendige* Bedingung gegeben ist und ob wörtliche Übereinstimmungen einen *hinreichenden* Grund zur Annahme einer *literarischen* Abhängigkeitsbeziehung darstellen. Auch fragt sich (in anderen Kontexten als der synoptischen Frage), wann eine wörtliche Übereinstimmung beginnt, *über*zufällig zu sein. Damit sind Probleme benannt, die später zu untersuchen sein werden.

b) In der Erklärung des Abhängigkeitsgefälles zwischen den Synoptikern gab (und gibt) es bekanntlich keine Einigkeit. Alle Theorien versuchen jedoch, den vorliegenden Textbefund als Ergebnis von intendierten und nachvollziehbaren Veränderungen am jeweils vorausliegenden (vorliegenden oder postulierten) Text verständlich zu machen. Abstrahiert vom Synoptikerproblem ergibt sich die Prämisse: Direkte literarische Abhängigkeit zwischen zwei Texten setzt voraus, dass der Folgetext sich als intentionale Bearbeitung des Prätextes (oder einzelner seiner Segmente) erklären lässt.

c) Eine besondere Bedeutung bei der Klärung der synoptischen Frage kommt der Reihenfolge der von allen Synoptikern geteilten Traditionen zu. Schon 1835 erkannte C. Lachmann in seiner Schrift „De ordine narrationum in evangeliis synopticis",[6] dass Mt und Lk den Erzählstoff nur dort in derselben Abfolge bieten, wo sie mit der mk Reihenfolge übereinstimmen. Im Verein mit der Klärung der Intention der jeweiligen Abweichungen von Mk

---

[5] Es geht mir hier nur um zentrale methodische Erträge, für alle Einzelheiten vgl. die Einleitungen (etwa W. G. Kümmel, 13–53; P. Vielhauer, 263–280; U. Schnelle, 177–194 und W. Schmithals, Einleitung).

[6] ThStKr 8, 570ff.

bei den Seitenreferenten (gemäß b) ist dies das wichtigste Argument für die Mk-Priorität. Umgekehrt ist das literarische Verhältnis zwischen dem Ev-Thom und den Synoptikern trotz signifikanter wörtlicher Übereinstimmungen nicht zuletzt deshalb so umstritten, weil sich keinerlei Kongruenz in der Abfolge des Stoffes nachweisen lässt.

Überzufällige wörtliche Übereinstimmungen, Konvergenzen in der Abfolge der gemeinsamen Elemente und die Intentionalität der Abweichungen (in Wortlaut und Reihenfolge) sind somit drei Indikatoren für literarische Abhängigkeit, die aus der Diskussion der synoptischen Frage gewonnen werden können und die mehr oder weniger ausdrücklich allen Untersuchungen zu literarischer Abhängigkeit zugrunde liegen.

2. Oft steht die literarische Beziehung zweier Texte (bzw. Textkorpora) nicht von vornherein fest, sondern wird diskutiert, so auch das Verhältnis zwischen dem Johannesevangelium und den Synoptikern.[7] H. J. Holtzmann, der mit seiner Untersuchung zu den synoptischen Evangelien von 1863 einen entscheidenden Beitrag zur Etablierung der Zwei-Quellen-Theorie leistete, legte 1869 eine Untersuchung über „Das schriftstellerische Verhältniss des Johannes zu den Synoptikern" vor. Während nun die einen Holtzmann bescheinigen, eine „immer noch weithin überzeugende Studie"[8] vorgelegt zu haben, sind andere nach wie vor nicht überzeugt, dass die Beziehung zwischen Johannes und den Synoptikern die einer literarischen Abhängigkeit ist.

Wie geht Holtzmann vor? In der Hauptsache listet er wörtliche Übereinstimmungen auf, die er je nach Deutlichkeit als „Spuren", „leichte" oder „starke" „Berührungen", mehr oder weniger „auffallende Übereinstimmungen" o.ä. kennzeichnet. Hier stellt sich die Frage nach der Beweiskraft von übereinstimmenden Wendungen, ähnlichem Wortgebrauch u.ä., die subjektiv sehr unterschiedlich eingeschätzt wird. Von methodischer Bedeutung ist in diesem Zusammenhang die warnende Vorbemerkung Holtzmanns,

> „dass ich es nicht für eine Widerlegung halten werde, wenn das eine oder andere der zahlreichen Beispiele, die ich anführen werden, herausgehoben und als schwächliche Stütze weitgehender Konsequenzen für das öffentliche Mitleid ausgestellt werden sollte. Ich rechne auf Kritiker, welche schlagende Beispiele von solchen, die nur im Gefolge anderer aufrecht wandeln können, zu unterscheiden vermögen und so, indem sie Eines in's Andere rechnen, einer Totalansicht entgegenstreben".[9]

---

[7] Wieder kann ich für die Einzelheiten nur auf die Einleitungen verweisen sowie auf den 1992 erschienenen Sammelband John and the Synoptics (ed. A. Denaux).

[8] H. Thyen, Erzählung, 2024.

[9] Verhältniss, 64.

Die Forderung nach einem Gesamturteil, das verschieden starke Argumente zueinander in Beziehung setzt, ist wert, beachtet zu werden. Viele Untersuchungen zur literarischen Abhängigkeit begnügen sich mit punktuellen Vergleichen und lassen das von Holtzmann angemahnte Bemühen um eine „Totalansicht" vermissen. Andererseits ist es als eine Schwäche zu betrachten, dass Holtzmann keine konkreten und allgemein überprüfbaren Regeln angeben kann, nach denen die von ihm geforderte kumulative Evidenz zustande kommt.[10]

In einem ersten Durchgang vergleicht Holtzmann Berührungen mit nur je einem Synoptiker, danach solche mit je zweien oder allen dreien. Darüber hinaus versucht er regelmäßig nachzuweisen, dass Johannes durchgängig den synoptischen Bericht voraussetze und ihn gelegentlich durch seine Art der Darstellung sogar kommentiere. Der Nachweis der Reproduktion von autorspezifischen Elementen und erst recht die dem Evangelisten abgespürte Absicht einer kommentierenden Beziehung zu den Synoptikern weisen weit in die Zukunft. Obwohl Holtzmann zu allen Aspekten eine äußerst umfangreiche Sammlung von Hinweisen auflistet, bleibt das Ergebnis arbiträr. Dies liegt in erster Linie daran, dass er, vor der Ära der Formgeschichte schreibend, nicht in nennenswertem Umfang mit mündlichen und schriftlichen Quellen neben den Synoptikern rechnet. Dies führt zu nicht zwingenden Schlussfolgerungen oder gar zu ausgesprochen unbefriedigenden Argumentationen, wie an zwei Beispielen demonstriert werden soll.

Es klingt auf den ersten Blick einleuchtend, wenn Holtzmann zu Joh 12,14f literarische Abhängigkeit von Mt 21,2.4f behauptet.[11] Denn während Mk und Lk an dieser Stelle von einem nicht näher bestimmten Jungtier (πῶλος) reden, auf dem Jesus reitet, nennt Mt wegen des Zitates von Sach 9,9 eine Eselin und ihr Junges (ὄνος καὶ πῶλος). Joh bietet ebenfalls das Sacharjazitat (allerdings in abweichender Form) und spricht von einem ὀνάριον. Die bleibenden Differenzen zwischen Mt und Joh erlauben aber auch andere Erklärungen als das Vorliegen literarischer Abhängigkeit: So könnte die Verbindung des Einzugs in Jerusalem mit der Sacharjastelle schon vormt Ursprungs sein, oder die dem Joh vorliegende mündliche oder schriftliche Tradition geht zwar letztlich auf Mt zurück, beruht aber nicht auf Kenntnis des mt Textes.

Wenig überzeugend ist die Argumentation zu Joh 4,46–54.[12] Hier postuliert Holtzmann aufgrund der jeweiligen Übereinstimmungen mit Mt und Lk eine literarische Abhängigkeit von ihnen beiden. Allerdings können die aufgeführten Belege, die zu ei-

---

[10] Es ist auch bezeichnend, dass Holtzmann das Urteil über die schlagenden und schwächlichen Argumente weitgehend seinen Kritikern überlässt, anstatt selber eine klare Hierarchie aufzustellen. Könnte man deshalb vielleicht vermuten, dass sich hinter Holtzmanns Bemerkung die intuitive Einsicht verbirgt, dass es ihm noch nicht restlos gelungen ist, die eigene, aufgrund erschöpfender Textkenntnis gewonnene Überzeugung der literarischen Verhältnisse auf methodisch überzeugende Art und Weise zu vermitteln?

[11] Verhältniss, 66.

[12] Verhältniss, 159–161.

nem großen Teil klassische Topoi von Wundergeschichten sind, diesen Beweis kaum erbringen. Für den 4,48 an den Vater (πρὸς αὐτόν) ergehenden Vorwurf der Wundersucht, der in deutlicher kotextueller Spannung zu 4,50–53 steht, hat Holtzmann nur unbefriedigende und teilweise widersprüchliche Erklärungen: Erstens sei die Flüchtigkeit der Ausarbeitung unübersehbar, zweitens sei der Vorwurf nicht an den Vater, sondern an die umstehenden Galiläer gerichtet (die allerdings nur Lk 7,3f anwesend sind) und überdies stünde das Wort möglicherweise an falscher Stelle. Die sehr viel näher liegende redaktionsgeschichtliche Erklärung, die 4,48 als Korrektur an einer von der Q-Fassung abweichenden Variante der Wundergeschichte deutet, kommt nicht in den Blick.

Unter Berücksichtigung formgeschichtlicher Erkenntnisse erweisen sich viele von Holtzmanns Beobachtungen als Hinweise auf die Aufnahme von synoptischen Traditionen, nicht unbedingt jedoch als Beweis für die Kenntnis eines oder mehrerer der synoptischen Evangelien.

3. Die unter dem form- und redaktionsgeschichtlichen Paradigma entstandenen Untersuchungen zur literarischen Abhängigkeit sind sich des mit der Existenz mündlicher Traditionen gestellten Problems voll bewusst. Zwei Kriterien sollen die Übernahme aus einem schriftlich fixierten Prätext erweisen helfen: explizite Hinweise auf eine schriftliche Quelle und die Wiedergabe eines schon im Prätext redaktionellen Ausdrucks.

a) So beschreibt H. Köster die methodischen Prinzipien, die seiner Untersuchung zur synoptischen Überlieferung bei den Apostolischen Vätern zugrunde liegt, folgendermaßen:

„Zur Beantwortung der Frage, ob in den einzelnen Schriften bereits schriftliche Evangelien oder evtl. ältere Traditionen benutzt sind, müssen jeweils zunächst die Zitationsformeln und die Hinweise auf schriftliche Autoritäten untersucht werden. ... Stehen ... die angeführten Stücke unter der Autorität des Herrn und läßt sich aus keinem der Quellenhinweise auf die Benutzung eines Evangeliums schließen, so hängt die Frage der Benutzung davon ab, ob sich in den angeführten Stücken Redaktionsarbeit eines Evangelisten findet." (3)

In der Praxis führt das zweite Kriterium oft nicht zu konsensfähigen Urteilen. Das oben zitierte Beispiel zu Mt 21,2.4f ist nur eines von vielen, die zeigen könnten, dass häufig keine Klarheit darüber zu gewinnen ist, ob z.B. eine nur bei einem Synoptiker vorliegende Formulierung eine Traditionsvariante oder das Ergebnis redaktioneller Tätigkeit darstellt. Dies führt bei der Frage des literarischen Verhältnisses zwischen Johannes und den Synoptikern, aber auch zwischen den Synoptikern und dem EvThom weiterhin zu divergierenden Antworten.[13] Darüber hinaus ist bei dem vorauszusetzenden

---

[13] Vgl. z.B. W. Schrages Untersuchung zum EvThom, die Spuren der Redaktionsarbeit der Synoptiker nachweisen möchte, die von anderen ExegetInnen jedoch für Überlieferungsvarianten ge-

langen Weiterwirken des Einflusses mündlicher Überlieferung auch niemals auszuschließen, dass eine redaktionelle Formulierung eine mündliche Nachgeschichte hat. Dies ist insbesondere bei kerygmatischen und liturgischen Texten zu vermuten.

So besteht beispielsweise keinerlei Einigkeit darüber, ob die Formulierung ἵνα πληρωθῇ πᾶσα δικαιοσύνη in IgnSm 1,1 ein Zitat aus Mt 3,15 ist, oder ob diese Formulierung, deren mt redaktioneller Charakter nicht zu bestreiten ist, Ignatius auf dem Wege über eine kerygmatische Formel zugekommen ist.[14]

In seiner Untersuchung über das Matthäusevangelium im 2. Jh. versucht A. J. Bellinzoni eine schärfere Fassung des Kriteriums zu erreichen. Er postuliert, eindeutig redaktionelle Formulierungen seien ein Hinweis auf Benutzung, macht dann aber eine Einschränkung: „Alternativly, obvious non-Matthean material mixed with what may seem to be Matthean tradition may alert us to the use of a source other than the gospel."[15] Doch wird dadurch das Problem lediglich verschoben: Wenn die postulierte Quelle matthäisches und nicht-matthäisches Gut verbinden konnte, warum nicht auch der Verfasser der zu untersuchenden Schrift? Ohne unterstützende Hinweise aus dem Textzusammenhang ist daher dieses Kriterium schwerlich hilfreich.

b) Auf die Paulusrezeption übertragen werden die beschriebenen Methoden von A. Lindemann, dessen Untersuchung für die vorliegende Arbeit von besonderem Interesse ist, weil sie auch die Pastoralbriefe berücksichtigt, und von C. Looks in seiner Untersuchung über die Rezeption der Pastoralbriefe im 2. Jahrhundert. Lindemann legt seine Grundsätze, Bezugnahmen auf paulinische Briefe festzustellen, in wenigen Sätzen dar:[16]

> „Ein *Zitat* liegt nur dort *mit Sicherheit* vor, wo der Autor den Zitatcharakter etwa durch eine Einleitungsformel ausdrücklich kenntlich gemacht hat" (17).
> „Ein Zitat liegt *wahrscheinlich* vor, wenn der Autor einer Schrift in seinem Text eine Formulierung verwendet, die nach grammatischer Struktur, nach dem Wortlaut und nach der inhaltlichen Tendenz deutlich an eine paulinische Aussage erinnert, ohne auf eine gemeinsame Tradition zurückgeführt werden zu können ... .
> Dasselbe gilt, wenn sich beim Wortlaut zwar Abweichungen zeigen, im übrigen aber andere Indizien für eine Bekanntschaft des Vf mit paulinischen Briefen bzw. paulinischer Theologie sprechen..." (17f).

---

halten werden, vgl. W. Schrage, Verhältnis, sowie den Überblick bei F. T. Fallon / R. Cameron, The Gospel of Thomas, 4213–4224.

[14] Für die Variante der indirekten Vermittlung plädiert H. Köster, Überlieferung, 57–59. Einen neueren Überblick über verschiedene Deutungen bietet C. Trevett, Approaching Matthew, 59–67, zu den methodischen Fragen vgl. A. J. Bellinzoni, Gospel, 206f und die Replik von E. Nardoni, Interaction, 269f.

[15] Gospel, 199.

[16] Rezeption, 17f.

„Als *Anspielungen* gelten solche Texte, wo bestimmte charakteristisch paulinische Topoi oder Termini verwendet werden, die sich nicht aus außerpaulinischer Tradition ableiten lassen und die im Kontext so weit als ‚Fremdkörper' wirken, daß sie wahrscheinlich nicht auf bloßen Zufall zurückgehen." (18)

Einzig sicheres Kennzeichen von intensiver Intertextualität („Zitat") ist demnach ihre Hervorhebung durch eine explizite Markierung („etwa durch eine Einleitungsformel"). Auch schwächere intertextuelle Beziehungen („Anspielungen") gelten offensichtlich als auf der Textoberfläche markiert, was mit der Formulierung „im Kontext ... als Fremdkörper wirken" allerdings nur recht vage umschrieben ist und nicht näher spezifiziert wird. Als *wahrscheinliche* Indikatoren von Intertextualität gelten überzufällige Übereinstimmungen in Wortlaut und grammatischer Struktur, sowie autorspezifische Inhalte (was dem obigen Kriterium der „Redaktionsarbeit" entspricht). Lindemann gibt keine allgemeinen Regeln für den Grad der Wahrscheinlichkeit an, den diese Kriterien zu etablieren vermögen. Traditionelles oder auch nur potenziell traditionelles Material gilt als Gegenindikator für das Vorliegen von Zitaten und Anspielungen, weil es nach Lindemann keinen methodisch gesicherten Weg gibt, die Vermittlung via Paulus nachzuweisen. Er vermerkt auch ausdrücklich die Möglichkeit, dass immer mit mündlicher Weitertradierung von Aussagen aus Paulusbriefen zu rechnen ist.

Diese Zusammenschau über die bisherigen Hauptkriterien zeigt, dass sie mit Ausnahme des expliziten Quellenverweises dazu neigen, sich gegenseitig aufzuheben: Wörtliche und syntaktische Übereinstimmungen sowie gleiche Abfolge von Elementen kann insbesondere bei kürzeren Texten sowohl auf mündliche Tradition wie auf schriftliche Vermittlung weisen. Autorspezifische bzw. redaktionelle Elemente sind oft nicht sicher gegenüber traditionellem Material zu bestimmen und können darüber hinaus wiederum mündlich weitervermittelt werden. Es ist darum methodisch durchaus gerechtfertigt, wenn Lindemann, der „die Gefahr subjektiver Urteile" sehr deutlich sieht, lieber „einen verhältnismäßig strengen Maßstab" anlegen möchte.[17] Das führt dazu, dass nur in einer verhältnismäßig kleinen Zahl von Fällen positive Aussagen über die Benutzung von Paulusbriefen getroffen werden. Diese können dann zwar als gesichert betrachtet werden. Das gilt m.E. aber nicht im selben Maße für die Aussagen über Nicht-Benutzung, die auf der Basis von Lindemanns Untersuchung gelegentlich getroffen werden.[18] Denn diese resultieren aus einer Summe mit äußerst unklarer Berechnungsgrundlage, nämlich basierend auf verschieden ausgeprägten

---

[17] Rezeption, 18.
[18] Vgl. etwa I. Broer, Einleitung 2, 543: „Die Annahme, die Verfasser des ersten Clemensbriefes und der Ignatiusbriefe hätten die Pastoralbriefe gekannt, hat Lindemann gründlich widerlegt." Ähnlich J. Roloff, 45 Anm. 117.

(Un-)Wahrscheinlichkeitsaussagen, über deren Grade und Abstufungen nach Lindemann keine valide Auskunft möglich ist. Hier besteht also tatsächlich Theoriebedarf. Die Beschränkung auf das absolut Sichere muss, so berechtigt sie ist, überwunden werden durch Methoden, die versuchen, den Grad der Wahrscheinlichkeit einer literarischen Beziehung anzugeben.

Auf den ersten Blick könnte man denken, die Untersuchung von C. Looks führe genau hier weiter, denn er stellt ihr eine differenzierte Skala der Rezeptionswahrscheinlichkeit voran und stuft dann jede diskutierte Berührung auf dieser 6stufigen Skala ein, die von „*sicher*" über „*sehr wahrscheinlich*" [sw], „*gut möglich bis wahrscheinlich*" [mw], „*möglich, aber unsicher*" [mu], „*unwahrscheinlich*" [uw] bis zur Kategorie „*ausgeschlossen*" [a] reicht.[19] Bei genauerem Hinsehen erweisen sich allerdings die zugrundegelegten Kriterien als ungeeignet, den Zweck einer intersubjektiv nachvollziehbaren Stufung der Wahrscheinlichkeit zu erfüllen. Dies soll hier etwas ausführlicher dargelegt werden, weil es sich bei Looks Monographie um den einzigen neueren Beitrag handelt, der das gesamte Feld der in diesem Hauptteil zu untersuchenden literarischen Beziehungen der Pastoralbriefe zu Polykarp und Ignatius ebenfalls abschreitet.

„Sichere" Rezeption wird von Looks nur angenommen, wenn „Quelle und / oder Autor des verwendeten Materials genannt worden sind", wenn „eine das Zitat kennzeichnende Formel" vorhanden ist, das Zitat sich außerdem „über mehrere zusammenhängende Worte" erstreckt und „so gut wie keine Abweichungen zum Original" aufweist, sich schließlich andere Quellen als Herkunftsort ausschließen lassen.[20] Man wird nicht bestreiten, dass in einem so beschriebenen Fall Rezeption als sicher gelten kann, wohl aber, dass damit alle oder auch nur die Mehrzahl aller Fälle sicherer Rezeption erfasst werden können.

Nehmen wir als Beispiel die Anspielung auf die leitmotivische Güte der Schöpfung (Gen 1,4.8....31) in 1Tim 4,3 (πᾶν κτίσμα θεοῦ καλόν), eine unbezweifelbare Rezeption der Genesis, die ohne Zitateinleitungsformel und Übereinstimmung in mehreren Worten auskommt.

Genauso wenig überzeugt es, wenn für eine „sehr wahrscheinlich" vorliegende Rezeption „[i]n den allermeisten Fällen eine Einleitungsformel" sowie eine Übereinstimmung in „eine[r] längere[n] Passage von Worten" bei allenfalls kleineren Abweichungen erlaubt wird.[21] Fast jede Form paraphrasierender oder anspielender Bezugnahme wird diesem Kriterium nicht genügen und kann häufig doch mit großer Wahrscheinlichkeit oder sogar

---

[19] C. Looks, Rezeption, 22f.
[20] C. Looks, Rezeption, 22.
[21] C. Looks, Rezeption, 22.

Sicherheit identifiziert werden, man denke beispielsweise nur an den Beginn des Johannesevangeliums mit seiner klaren Rezeption der beiden Anfangsworte der Genesis ἐν ἀρχή.

Nach Looks nimmt die Wahrscheinlichkeit einer Rezeption in den Kategorien [mw] und [mu] weiter ab mit dem gänzlichen Fehlen von einleitenden Formeln und der geringer werdenden Anzahl von übereinstimmenden oder ähnlichen Wörtern. Erst bei diesen Kategorien spielen überhaut inhaltliche Aspekte (inhaltliche Nähe und Prägnanz der aufgenommenen Textpassagen) eine Rolle, allerdings weisen die Formulierungen so wenig Trennschärfe auf, dass Zweifel an der Praktikabilität mit Händen zu greifen sind:

So kann nach Looks es sich bei einer „gut möglichen bis wahrscheinlichen Rezeption" um „ein einzelnes identisches Wort wie auch ... eine Gruppe von mehreren im Satz verteilten Worten handeln, die identisch oder auch inhaltlich ähnlich sein können", eine als „möglich, aber unsicher" beurteilte Rezeption erweist sich durch „wenige[.] (ca. ein bis drei) parallele[.] Worte, die z.T. im Satz versprengt und eher nicht wörtlich identisch sind". Im Falle der Kategorie [mw] „müssen die verwendeten parallelen Worte entweder sehr selten bzw. charakteristisch sein oder der Inhalt muß eine sehr auffällige und außergewöhnliche Affinität zu dem der Pastoralbriefe haben"; bei der Kategorie [mu] zeigt sich die mögliche, aber unsichere Abhängigkeit „z.B. wenn das Wort bzw. die Worte Hapaxlegomena sind oder wenn der Inhalt außergewöhnlich eng mit dem der Pastoralbriefe verwandt ist."[22]

Da der Spielraum für subjektive Bewertung hier offenkundig groß ist, dürfte bei Looks faktisch das dritte genannte Element der „möglichen anderen Parallelen" das im Zweifelsfall leitende Kriterium darstellen: Bei der „gut möglichen bis wahrscheinlichen" Rezeption existieren andere Parallelen entweder nicht „oder sie kommen für eine Rezeption nicht in Frage, weil die Argumente für eine Abhängigkeit von den Pastoralbriefen besser" sind, dagegen kann bei der „möglichen, aber unsicheren" Rezeption die „mögliche andere Parallele ... genauso gut als Quelle angenommen werden wie die Pastoralbriefe".[23] Eine Problematik dieses Arguments wird allerdings bei Looks (wie den meisten anderen) nicht diskutiert: Das Vorhandensein oder Nicht-Vorhandensein eines weiteren möglichen Prätextes, dem sich die Berührung verdanken könnte, ist bei der extrem lückenhaften Überlieferung urchristlicher Literatur gänzlich von dem Zufall der jeweiligen Überlieferungslage abhängig. Es sollte daher m.E. nicht als entscheidendes, sondern allenfalls als ergänzendes Kriterium in Anschlag gebracht werden. Der positive Nachweis einer bewussten Rezeption aufgrund von Überlegungen zur intentionalen Verarbeitung eines Prätextes muss immer Vorrang haben.

---

[22] Alle Zitate C. Looks, Rezeption, 22f.
[23] C. Looks, Rezeption, 23.

Ganz seltsam mutet schließlich die Einführung der Kategorie [a] „Rezeption *ausgeschlossen*" am untersten Ende der Skala durch Looks an, die zugewiesen wird, wenn es „keine Hinweise auf Autor oder Quelle" gibt und „es sich nur um ein bis zwei ähnliche Worte oder eine geringe inhaltliche Verwandtschaft" handelt. Die Behauptung, eine Rezeption sei „definitiv auszuschließen, weil es keine positiven Gründe für eine Abhängigkeit oder sogar erdrückende Beweise gegen sie gibt, z.B. durch eine für die Herkunft eindeutig identifizierbare Parallele" ist unzutreffend,[24] denn die Tatsache, dass kein positiver Nachweis für eine Rezeption möglich ist, bedeutet noch nicht, dass der Autor nicht trotzdem – und sei es unbewusst – vom Prätext beeinflusst ist,[25] und selbst wenn eine andere Herkunftsquelle benennbar ist, schließt das nicht aus, dass der Verfasser diese in dem Bewusstsein rezipierte, zugleich auch auf weitere Prätexte ähnlichen Wortlauts anzuspielen. Da wir über die Intentionen des Autors niemals umfassende Kenntnis erlangen können, dürfte die Kategorie „Rezeption ausgeschlossen" aus Gründen logischer Stringenz nur in den Fällen Verwendung finden, wo die Bekanntschaft mit dem zur Debatte stehenden Prätext sicher ausgeschlossen werden kann, beispielsweise aus chronologischen Gründen.

Die von Looks zugrundegelegten Kriterien zur Unterscheidung der Wahrscheinlichkeit von Rezeption erweisen sich somit insgesamt als nicht plausibel. Die seiner Abstufung zugrundeliegende weitgehende „Parallelschaltung" der Skalen „Ausmaß der Kenntlichmachung" (durch Zitateinleitung) und „Ausmaß der Wörtlichkeit", nach der es z.B. sichere Rezeption nur bei Vorliegen von Nennung der Quelle oder Zitateinleitung *und* hoher wörtlicher Übereinstimmung geben kann, ist theoretisch unhaltbar. Es handelt sich bei diesen beiden klar um voneinander unabhängige Parameter. Dass der inhaltlichen Komponente nur eine Funktion bei der Unterscheidung zwischen der dritten und vierten Wahrscheinlichkeitskategorie zukommt, ist gleichfalls nicht nachvollziehbar. Es lassen sich leicht Beispiele finden, bei denen die unübersehbare inhaltliche Beziehung zwischen Prätext und rezipierendem Text auch ohne Zitateinleitung und größere wörtliche Überein-

---

[24] Alle Zitate C. Looks, Rezeption, 23.

[25] Beispielsweise urteilt C. Looks, Rezeption, 112, die Aufnahme von Tit 3,1 in 1Klem 1,3 sei ausgeschlossen und spiegelt damit eine Sicherheit vor, die man nicht haben kann. Wenn die Korinther dafür gelobt werden, dass sie sich ihren Vorgesetzten unterordneten (ὑποτασσόμενοι τοῖς ἡγουμένοις ὑμῶν), so ist selbstverständlich ein positiver Nachweis der Orientierung an der Gehorsamsforderung aus Tit 3,1 (Ὑπομίμνῃσκε αὐτοὺς ἀρχαῖς ἐξουσίαις ὑποτάσσεσθαι, πειθαρχεῖν κτλ.) nicht möglich. Aber dass der Verfasser sich an dem ihm nach C. Looks möglicherweise bekannten Paulusbrief orientierte und eine bewußte Transfer von der dort geforderten Unterordnung unter obrigkeitliche Autoritäten auf die gemeindeleitenden Personen vornahm, ist angesichts der weiten Verbreitung von Gehorsamsparänese im jüdisch-christlichen Schrifttum dieser Zeit vielleicht als unwahrscheinlich einzustufen, aber keinesfalls auszuschließen.

stimmungen das Urteil einer sehr wahrscheinlichen oder sicheren Rezeption nahe legt.

Dafür bietet neben den o.g. Beispielen aus Joh 1,1 und 1Tim 4,3 auch die Untersuchung von Looks selbst Belege, denn er hat sich keineswegs immer an den von ihm aufgestellten Kriterien orientiert. Beispielsweise genügt ihm im Falle der Rezeption von Namen aus dem 2Tim in den Paulus- und Theklaakten gelegentlich ein einziges Wort (nämlich der Name selbst), um die Rezeption als „sehr wahrscheinlich" einzustufen,[26] obwohl die oben zitierten Kriterien für diese Kategorie sämtlich nicht vorhanden sind!

Obwohl C. Looks zu vielen Einzelstellen wertvolle Beobachtungen und Einschätzungen liefert, die im Folgenden immer wieder Berücksichtigung finden werden, bietet seine differenzierte Skala zur Bestimmung der Wahrscheinlichkeit keine praktikable Methodik, um die (anhand von Lindemann u.a.) festgestellte Problematik zu bearbeiten, dass es jenseits der Fälle, bei denen Rezeption sicher nachgewiesen werden kann, extrem schwierig ist, den Grad der Wahrscheinlichkeit einer Rezeption anzugeben. Schritte in diese Richtung unternehmen die im nächsten Absatz zu besprechenden Autoren.

4.1.2 Versuche weiterer Konkretisierungen und Herausforderungen des gültigen Paradigmas

1. E. P. Sanders' Untersuchung zur literarischen Abhängigkeit des Kolosserbriefes von den echten Paulinen konzentriert sich auf die kaschierte Intertextualität, wie sie pseudepigraphischen Werken zu eigen ist, in denen ausdrückliche Zitate nicht möglich sind.[27] Sanders stellt zunächst Anzahl und Eigenart der wörtlichen Übereinstimmungen eines unbestrittenen paulinischen Briefes (Phil) mit den übrigen sechs Homologoumena den wörtlichen Übereinstimmungen des Kol mit den unbestrittenen Paulinen gegenüber. Seine auf diesem Wege gewonnenen Kriterien für das Vorliegen literarischer Abhängigkeit (im Unterschied zu charakteristischen Stileigentümlichkeiten und häufig wiederholten Lieblingsgedanken eines Autors) sind aber auch auf andere Fälle wenig expliziter Intertextualität anwendbar. Sie lassen sich folgendermaßen systematisieren:[28]

Conditio sine qua non[29] ist nach Sanders das Vorliegen wörtlicher Übereinstimmung in drei oder mehr Worten auf engem Raum. Gelegentlich ge-

---

[26] C. Looks, Rezeption, 437.438.441.
[27] E. P. Sanders, Dependence, 28–45.
[28] Vgl. auch W. Schenk, Luke, 132f.
[29] Dependence, 30. Vgl. die folgende Aussage: „Only verbatim agreement ... can show possible literary dependence" (ebd., Hervorhebung A.M.)

nügt auch die Korrespondenz von zwei Wörtern, sofern diese „sufficiently significant and unusual" sind (30).

Als *Zusatzindikatoren* für literarische Abhängigkeit gelten:

(1.) Konflation oder serielle Zitation von zwei oder mehr thematisch verwandten paulinischen Passagen unterschiedlicher Herkunft (32).

(2.) Das Auftauchen nicht-paulinischer inhaltlicher oder stilistischer Elemente in Verbindung mit wörtlich übernommenen Passagen (leichte Modifikationen im Interesse der Anwendung auf eine neue Situation) (33).

(3.) Die Anwendung paulinischer Formulierungen und Argumente auf einen anderen theologischen Kontext (33).[30]

Als *Gegenindikatoren* gelten

(4.) typisch paulinische Redewendungen („stock phrases"), d.h. solche Phrasen, die in den echten Paulinen öfter als einmal begegnen und

(5.) das offensichtliche Vorliegen von Tradition.[31]

Sanders betont, dass eine *kumulative Evidenz* anzustreben ist: Möglichst viele Textabschnitte sind unter den aufgezählten Kriterien zu untersuchen.

Positiv hervorzuheben ist, dass Sanders sich darum bemüht, *voneinander unabhängige* Kriterien zu formulieren. Treten neben das Fundamentalkriterium der Wortkonstanz mehrere verstärkende Hinweise und fehlen Gegenindikatoren, erhöht das das nachprüfbar die Wahrscheinlichkeit, dass literarische Abhängigkeit vorliegt. Ein Schritt in die richtige Richtung scheint mir auch die allerdings nur angedeutete Unterscheidung einer qualitativen und einer quantitativen Ebene bezüglich der Wortkonstanz zu sein. Ungewöhnliche Wortverbindungen müssen stärker gewertet werden als Allerweltsfloskeln. Hier bieten sich weitergehende Differenzierungen an. Kritisch ist m.E. Folgendes anzumerken: Erstens schließt die Beschränkung auf Fälle, in denen in der Regel drei oder mehr Wörter übereinstimmen, andere mögliche Verfahren der intertextuellen Bezugnahme aus, wie z.B. die Imitation von Strukturen (z.B. Argumentationsformen, Gattungen), ironische Verfremdungen o.ä. Zweitens sind die hier unter 2. und 3. angeführten Indikatoren m.E. als Varianten *eines* Kriteriums anzusprechen, welches den Grad der Differenz zwischen einem fremdtextlichen Element und seinem neuen Ko-Text misst.

---

[30] Die Darstellung der hier unter 3. und 4. angeführten Kriterien bei W. Schenk, Luke, 132 ist teils verkürzend, teils mindestens missverständlich: Im Falle des Kolosserbriefes und im Sinne von E. P. Sanders ist es gerade *kein* Zeichen von literarischer Abhängigkeit, wenn eine typisch paulinische Formulierung verwendet wird und wenn die Übereinstimmung nicht nur auf der wörtlichen, sondern auch auf der inhaltlich-argumentativen Ebene besteht – dies könnte nämlich auf paulinische Verfasserschaft hinweisen!

[31] Dies wird zwar nicht explizit als Kriterium formuliert, kommt aber im Laufe der Auslegung deutlich zum Tragen, vgl. z.B. Dependence, 36f.42.

2. W. O. Walker stellt in seinen methodischen Reflexionen über das literarische Verhältnis zwischen der Apg und den Paulusbriefen das oben von Sanders stellvertretend für viele andere formulierte Grundaxiom in Frage: Das Vorliegen signifikanter wörtlicher Übereinstimmungen mit einer benutzten Quelle „can by no means be accepted as an absolute principle of literary criticism"[32] Walker gibt zu bedenken, dass ein Verfasser einer Quelle Daten und Informationen entnehmen, ihren Stil aber bewusst zugunsten seines eigenen abändern kann. So kommt etwa den weitgehenden Übereinstimmungen zwischen der Apg und den Paulinen bezüglich der genannten Orte und Personennamen auch ohne ins Auge springende sprachliche Parallelen ein hoher Beweiswert zu.[33] Allerdings wird sich die Kenntnis der Quelle direkt oder indirekt, bewusst oder unbewusst auch auf der sprachlichen Ebene niederschlagen. Doch ist in einem solchen Falle eher mit Berührungsspuren als mit großflächigen Übereinstimmungen zu rechnen. Die später von Walker im Anschluss an Enslin angeführten Beispiele konzentrieren sich auf ungewöhnliche Ausdrücke und auffallende Übereinstimmungen in einzelnen Wortfeldern. Weitergehende Reflexionen darüber, ob und gegebenenfalls wie sich die auf Kenntnis einer schriftlichen Quelle beruhenden Ähnlichkeiten von zufälligen, sich in einem gleichen Sprach- und Denkmilieu einstellenden unterscheiden lassen, fehlen zwar, doch bleibt die Möglichkeit unbedingt festzuhalten, dass es literarische Abhängigkeit auch ohne bedeutende wörtliche Übereinstimmungen geben kann.

Interessant sind Walkers Überlegungen zur Frage der häufig postulierten, von den Paulusbriefen unabhängigen Traditionen, die der Apg anstatt der Briefe zugrunde liegen sollen. Abstrahiert man vom Einzelfall, fordert er vor allem:[34]

(1.) Eine postulierte „unabhängige Tradition", die Ähnlichkeiten zu einer bekannten potenziellen Quelle aufweist, könnte von dieser beeinflusst und somit zumindest ein indirekter Hinweis auf sie sein.

(2.) Das Postulat der Abhängigkeit von einer unbekannten Tradition ist gegenüber der Hypothese der Benutzung einer bekannten Quelle nur dann zulässig, wenn damit der Textbefund besser zu erklären ist als ohne das Einführen einer zusätzlichen Hypothese.

---

[32] Acts, 10.

[33] Vgl. das oben S. 23f zu onomastischer Intertextualität Gesagte: *Wenn* ein hinreichend charakteristischer Name aus einem Prätext übernommen wurde und dieser Prätext den LeserInnen bekannt ist, dann ist die intertextuelle Beziehung aufgrund pragmatischer Präsupposition markiert. Zum Nachweis der Kenntnis eines Prätextes aber eignet sich diese Gesetzmäßigkeit dann nicht, wenn nicht sicher zu erweisen ist, dass die Namen nur aus dem zur Diskussion stehenden Prätext stammen können (was oft der Fall sein wird).

[34] Acts, 10f.

In Walkers eigener Anwendung dieser These steht dann statt des Rekurses auf eine unbekannte Quelle die Fragestellung im Mittelpunkt, ob sich aus der Tendenz des lk Werkes Gründe erschließen lassen, die eine bewusste Änderung der aus den pln Briefen bekannten Gegebenheiten plausibel erscheinen lassen. Damit greift Walker ein meist nicht genügend gewichtetes intertextuelles Phänomen auf: Bei der bewussten Bezugnahme auf andere Texte wird keineswegs immer deren ursprüngliche Aussageabsicht gewahrt. Vielmehr liegt zwischen den beiden Polen der nahezu totalen Affirmation und der Negation das breite Spektrum jener „eigenartigen Spannung zwischen Assimilation und Dissimilation", die nach H. Meyer den eigentlichen Reiz eines Zitates oder allgemeiner gesagt einer intertextuellen Bezugnahme ausmacht.[35] Walkers methodischer Ansatz, die Ausführungen der Apg zu Sachverhalten, auf die sich auch die pln Briefe beziehen, als „some sort of *conscious dialogue* with the letters"[36] zu deuten, ist m.E. als Fortschritt zu bewerten. Mit der Kategorie des „bewussten Dialogs" ist eine Nähe zu solchen von der Literaturwissenschaft inspirierten exegetischen Ansätzen angedeutet, die sich darum bemühen, den Bezug frühchristlicher Texte auf vorausliegende Texte nach den literarischen Gesetzmäßigkeiten zu deuten, welche die neuere Intertextualitätsdiskussion erarbeitet hat.

3. H. Thyen versteht in seinen neueren Arbeiten das Johannesevangelium als hochgradig intertextuell strukturiertes literarisches Werk.[37] Der Text, dessen „Bausteine" neben den Texten der jüdischen Bibel vor allem die Synoptiker sind, soll die LeserInnen in das intertextuelle Spiel mit den Prätexten verwickeln. Sie sollen das Johannesevangelium als „Palimpsest"[38] auf dem Hintergrund seiner synoptischen Vorgänger rezipieren. Der Nachweis literarischer Abhängigkeiten ist in dieser Konzeption auf das engste mit der Deutung der johanneischen Texte verwoben. So kommt es entscheidend darauf an zu zeigen, dass das Johannesevangelium zu seinem vollen Verständnis auf die Kenntnis der Synoptiker angewiesen ist. Als „Intertextualitäts-Indizien" gelten alle Elemente, die auf eine andere als die johanneische Textwelt verweisen.

So zeigt Thyen, wie in Joh 11–12 sukzessive bekannte Namen, Szenerien, Vorgänge vor allem aus dem Lukasevangelium aufgerufen werden (durch den Artikelgebrauch, Rückverweise und andere literarische Mittel), so dass Lk 10,38–42; 7,36–50; 7,11–

---

[35] H. Meyer, Zitat, 12.
[36] Acts, 14 (Hervorhebung A.M.).
[37] Vgl. bes. H. Thyen, Erzählung; ders., Johannes und die Synoptiker.
[38] Obwohl die Palimpsestmetapher in der Intertextualitätsdiskussion häufig begegnet (vgl. vor allem G. Genettes „Palimpsestes", auf die H. Thyen sich auch beruft), ist sie denkbar ungeeignet, das Gemeinte zu veranschaulichen, da beim Palimpsest keine inhaltliche Beziehung zwischen dem Vorgängertext und der neuen Beschriftung besteht; vgl. K. Stierle, Werk, 149f Anm. 21.

17; 16,19–31 und Mk 14,3–9 dem im Text implizierten Leser gegenwärtig sein sollten, wenn der johanneische Text gedeutet wird.[39]

Manche Textelemente, die traditionellerweise als Relikte früherer Textfassungen gelten, werden als intendierte Referenzen auf die Synoptiker gedeutet.

Der Hinweis auf das Gras in Joh 6,10 beispielsweise gilt meist als Überbleibsel einer Fassung des Brotwunders in der Semeia-Quelle, die mit Mk 6 traditionsgeschichtlich verwandt ist und ein blindes Motiv ohne erzählerische oder inhaltliche Bedeutung darstellt. Anders urteilt F. Vouga, der mit bewusster Verarbeitung der Synoptiker und also mit Aufnahme von Mk 6,39 rechnet: „Le narrateur johannique ... n'entend pas seulement suivre les textes de Marc et de Matthieu, mais signaler la référence à la narration synoptique par la reprise d'éléments qui lui sont étrangers." Ähnlich deutet Vouga Joh 6,26: Der Vorwurf bezieht sich, wie der Wortlaut klar zeigt, auf Mk 6,42 par. Hinter solchen Verweisen steht eine kommunikative Absicht: „La rédaction du quatrième évangile entend cependent non seulement re-raconter l'histoire synoptique mais, par les références formelles, le faire comprendre au lecteur."[40]

Die Bedeutung dieser Interpretationsansätze für die Frage literarischer Beziehungen zwischen Texten sollte nicht unterschätzt werden. Zeigen sie doch, dass bei sorgfältiger Analyse der sprachlichen Form im Verein mit einer Deutung, welche die Möglichkeiten der *Sinnkonstitution durch Intertextualität* einbezieht, sich subtilere Formen des intendierten Verweises auf Prätexte nachweisen lassen als Zitationsformeln und explizite Quellenhinweise.

4. Auch R. B. Hays legt seiner Untersuchung der „Echoes of Scripture in the Letters of Paul" das literaturwissenschaftliche Konzept der Intertextualität zugrunde. Dadurch verlagert sich das Gewicht von der Frage, welche Schriftstelle Paulus zitiert oder anklingen lässt, hin zu der Frage nach dem Zuwachs von Bedeutung, den ein Zitat, eine Anspielung, ein Echo produzieren. Dieser liegt, kurz gesagt, darin, dass mit einer erkannten Anspielung auch deren literarischer Kontext ins Spiel kommt und so zahlreiche Assoziationen (Hays spricht von „overtones"[41]) freigesetzt werden, die bei der Deutung mitberücksichtigt werden müssen. Da Hays sich dessen bewusst ist, dass man bei der Identifikation intertextueller Beziehungen mit verschiedenen Graden der Wahrscheinlichkeit rechnen muss, schlägt er sieben „Tests" zur Überprüfung vor, die im Folgenden je zunächst vorgestellt und dann kommentiert werden.[42]

(1.) *Availability*: War die postulierte Quelle AutorIn und LeserInnen zugänglich? – Im Falle der Schriftbenutzung durch Paulus weitgehend unpro-

---

[39] H. Thyen, Erzählung, bes. 2033–2043; vgl. auch U. Busse, Lazarusperikope und schon H. J. Holtzmann, Verhältniss, 71f.

[40] F. Vouga, Jean 6, 261–279, beide Zitate 272.

[41] Echoes, 21.

[42] Echoes, 29–32.

blematisch, ist dieses diachronische Fundamentalkriterium in vielen Fällen, in denen das Vorliegen literarischer Abhängigkeit umstritten ist, nicht entscheidbar, bzw. gibt die Fragestellung vor, unter der eine Untersuchung der intertextuellen Beziehung erfolgt.

(2.) *Volume*: Dies Kriterium erfragt „the degree of explicit repetition of words or syntactical patterns" (30) . Hinzu kommt die Überlegung, wie charakteristisch und bekannt die zitierte Stelle des Referenztextes ist und wieviel rhetorisches Gewicht sie im Argumentationszusammenhang erhält. – Positiv hervorzuheben scheint mir, dass sich nach diesem Kriterium ein Urteil erst aus dem Zusammenspiel dreier Ebenen ergibt: die Textoberfläche betreffend (Wortkonstanz bzw. syntaktische Parallelität), Semantik und Textstruktur betreffend (Bedeutung und rhetorisches Gewicht der Aussage) und die Pragmatik von AutorIn und LeserIn betreffend (Bekanntheit des Referenztextes).

(3.) *Recurrence*: Wiederholte unstrittige Bezugnahmen auf einen bestimmten Referenztext oder eine Passage desselben erhöhen die Wahrscheinlichkeit, dass eine strittige Anspielung auf denselben Zusammenhang tatsächlich intendiert ist, da der betreffende Prätext offenbar eine große Bedeutung für den Autor oder die Autorin hat. – Dies ist ein wichtiger und bei punktuellen Untersuchungen oft vernachlässigter Gesichtspunkt.[43]

(4.) *Thematic Coherence*: Hays fragt, ob die angebliche Anspielung in den Argumentationsgang des alludierenden Textes passt und ob sie der Tendenz nach mit anderen Zitaten / Anspielungen zusammenstimmt. – Hier ist kritisch anzumerken, dass intertextuelle Bezugnahmen keineswegs immer inhaltliche Übereinstimmung voraussetzen. Eine Quelle kann modifiziert oder korrigiert, ihr kann sogar widersprochen werden. „Thematic Coherence" wäre also rein formal als „erkennbare inhaltliche Beziehung gleich welcher Art" zu beschreiben. Unbedingt zu beachten ist der Hinweis auf andere Referenztexte, die zum gleichen Gesichtspunkt herangezogen werden, da sie das Interpretationsfeld konstituieren, in dem eine einzelne intertextuelle Verweisung verstanden werden will.

(5.) *Historical Plausibility*: Hays Warnung davor, in anachronistischer Weise Anspielungen zu identifizieren oder zu interpretieren, ist so selbstverständlich wie berechtigt.

(6.) *History of Interpretation*: Wird die postulierte Anspielung von anderen vorkritischen oder historisch-kritisch orientierten RezipientInnen wahr-

---

[43] Die gegen dies Kriterium vorgetragene Behauptung von S. E. Porter, Use, 83: „This may work to determine more or less frequent echoes, but it does not seem to be able to determine a singular echo" ist m.E. unzutreffend. Die Möglichkeit, eine einzelne Stelle mit einiger Sicherheit als intendiertes Echo zu erkennen, wächst tatsächlich mit der Anzahl der Bezugnahmen auf den Prätext im Textzusammenhang.

genommen? – Hays weist selber darauf hin, dass dieser Frage weder in positiver noch negativer Hinsicht entscheidende Bedeutung zukommen kann. Sie verweist vielmehr auf das hermeneutische Problem der vorgängigen, sei es gläubigen, sei es wissenschaftlichen Interpretationsgemeinschaft, die einen bestimmten „Kanon" möglicher intertextueller Bezugstexte (und ihrer zulässigen Deutungen) teilt.[44] Weder kann der Konsens dieser Gemeinschaft das Vorliegen einer intertextuellen Beziehung beweisen, noch ihre Ablehnung sie widerlegen.

(7.) *Satisfaction*: Gibt eine vorgeschlagene intertextuelle Lesart der betreffenden Stelle Sinn, erhellt sie den größeren Zusammenhang? – Hier ist Hays' von der Intertextualitätsforschung inspirierter Ausgangspunkt zu würdigen. In der Regel wenden AutorInnen intertextuelle Verweise an, um ein Mehr an Sinn zu erreichen. Lässt sich dieser Mehrwert schlüssig aufzeigen, bestätigt dies zugleich das Vorliegen der literarischen Beziehung. Gerade bei Stellen, an denen umstritten ist, ob eine intertextuelle Beziehung vorliegt, sollte deshalb die Interpretation im größeren Zusammenhang eine wichtige Rolle spielen.[45]

Hays' Kriterien sind besonders deshalb von Interesse, weil sie voneinander unabhängig sind. So besteht die Möglichkeit, dass durch ihr Zusammenwirken der Grad der Wahrscheinlichkeit bestimmbar wird, mit dem eine intertextuelle Beziehung anzunehmen ist. Ferner ist die Konzentration auf den Sinn von Intertextualität bei der Entstehung und Rezeption von Texten (in den Kriterien 7, 4, 3 und 2) ein bedeutender methodischer Fortschritt. Bedauerlicherweise verzichtet Hays im weiteren Verlauf seiner Untersuchung auf die explizite Anwendung der dargestellten „Tests" mit der Begründung, dies wäre zu langweilig („wearisome") und schließt sein methodisches Kapitel mit antimethodischer Polemik gegen „all this hermeneutical hedging", das die Flamme der Texte zu ersticken drohe.[46] Doch das sollte niemanden davon abhalten, das methodische Potenzial seiner systematischen Anfangsüberlegungen auszuschöpfen.[47]

---

[44] H. Plett spricht in diesem Zusammenhang von „Interpretationsfiltern", „die sich zwischen Text und Prätext schieben" und nennt als Beispiele ein herrschendes Vorurteil und den wissenschaftlichen Diskurs (Sprachliche Konstituenten, 87).

[45] Die Berechtigung dieses Kriteriums wird allerdings z.T. scharf angegriffen. So schreibt beispielsweise S. E. Porter: „It is perplexing that the most important criterion is not in fact a criterion for discovering echoes, but only for interpreting them, leaving the question of definition and determination unresolved" (Use, 83).

[46] Echoes, 32f.

[47] Auch H. Hübner, Intertextualität, 888f vermerkt die antimethodischen Bemerkungen des nachweislich methodisch kontrolliert vorgehenden Autors mit deutlichen Vorbehalten.

4.2 Kriterien zur Skalierung der Intensität von intertextuellen Bezügen

In diesem Kapitel soll nun ein Vorschlag zur Erhellung literarischer Abhängigkeitsbeziehungen folgen, der die methodischen Erträge der (stellvertretend für viele) ausgewerteten obigen Beispiele der exegetischen Tradition in den Rahmen des von dem Anglisten M. Pfister entwickelten Kriterienkatalogs zur Skalierung der Intertextualität stellt. Pfisters Modell vermittelt zwischen globalen poststrukturalistischen Intertextualitätsmodellen und analysepragmatisch ausgerichteten Modellen, indem es die spezifischen Formen von Intertextualität als verdichteten Ausdruck der universalen Intertextualität versteht, die prägnantere Formen wie gezielte Einzeltext- oder Systemreferenzen erst möglich macht. Pfisters Modell bietet in konzentrierter Form wichtige, in der Theologie noch kaum rezipierte Erträge aus der textanalytisch ausgerichteten Intertextualitätsforschung, wie sie in der Einleitung entfaltet worden ist. Allerdings wäre eine unmodifizierte bzw. unkommentierte Übernahme wenig sinnvoll, vor allem, weil, wie dargelegt, die Literaturwissenschaften ihre Ergebnisse in der Regel an fiktionalen Texten gewonnen haben, die zudem meist aus der Neuzeit oder gar der (Post-)Moderne stammen. Deswegen sollten in der exegetischen Tradition bewährte Verfahrensregeln, wie sie den oben skizzierten Arbeiten zugrunde liegen, integriert werden.

Es handelt sich bei den folgenden sechs Kriterien um voneinander weitgehend unabhängige Parameter zur Erfassung des Intensitätsgrades von intertextuellen Verweisen. Jedes Zitat, jede Anspielung, jedes vage Echo kann auf jeder dieser Skalen eingeschätzt werden.

1. *Referenzialität*: Zugrunde liegt diesem Kriterium die linguistische Unterscheidung zwischen „use" und „refer to": „So wie man ein Wort oder eine linguistische Struktur entweder nur verwenden oder darauf auch verweisen kann, so kann man sich auch vorgegebener Texte oder Diskurstypen entweder einfach bedienen oder aber auf sie referieren." (26) Das Kriterium der Referenzialität geht davon aus, „daß eine Beziehung zwischen Texten umso intensiver intertextuell ist, je mehr der eine Text den anderen thematisiert" (26) . Die bloße Übernahme einer Wendung aus einem fremden Text in den eigenen Zusammenhang ist damit von geringer intertextueller Intensität, „während andererseits in dem Maße, in dem der Zitatcharakter hervorgehoben und bloßgelegt und damit auf das Zitat und seinen ursprünglichen Kontext verwiesen wird, die Intensität des intertextuellen Bezugs zunimmt. In diesem Maße wird auch der Folgetext zum Metatext des Prätexts".[48]

---

[48] Mit Metatextualität ist gemeint, dass sie „den Prätext kommentiert, perspektiviert und interpretiert und damit die Anknüpfung an ihn bzw. die Distanznahme zu ihm thematisiert" (26f).

Was hier mit „Referenzialität" bezeichnet wird, hat der Sache nach exegetische Untersuchungen zur literarischen Abhängigkeit immer bestimmt. Bei A. Lindemann fungiert erwiesene Referenzialität sogar als einziges Kriterium für ein unbestreitbares Zitat. Ein solches liege vor, „wo der Autor den Zitatcharakter ... ausdrücklich kenntlich gemacht hat." Schon H. J. Holtzmann legte in methodisch wenig reflektierter Form Referenzialität als Kriterium zugrunde, wenn er zu einzelnen johanneischen Stellen zu zeigen versuchte, dass diese synoptische Berichte voraussetzen oder sich sogar kommentierend auf sie beziehen. In der gegenwärtigen Debatte um das Verhältnis zwischen Johannes und den Synoptikern kommt, wie gezeigt wurde, dem Nachweis der Referenzialität eine Schlüsselfunktion zu.

2. *Kommunikativität*: Dieses Kriterium skaliert die „kommunikative Relevanz" einer intertextuellen Beziehung. Gefragt wird „nach dem Grad der Bewußtheit des intertextuellen Bezugs beim Autor wie beim Rezipienten, der Intentionalität und der Deutlichkeit der Markierung im Text selbst" (27). „Nur werkgenetisch oder nur durch den Rezipienten willkürlich an den Text herangetragene Prätexte oder Textfolien konstituieren gemäß diesem Kriterium nur schwache intertextuelle Bezüge, während der harte Kern maximaler Intensität hier erreicht ist, wenn sich der Autor des intertextuellen Bezugs bewußt ist, er davon ausgeht, daß der Prätext auch dem Rezipienten geläufig ist und er durch eine bewußte Markierung im Text deutlich und eindeutig darauf verweist." (ebd).

Die hier angesprochene kommunikative Komponente ist in der exegetischen Tradition zwar nie ganz vernachlässigt worden, hat aber nicht die volle ihr zukommende Aufmerksamkeit erfahren. Insbesondere ist die systematische Erfassung der Referenzsignale oder Markierungen, mit deren Hilfe AutorInnen anzeigen, dass sie sich auf einen Prätext beziehen, bislang wenig entwickelt. Allgemein anerkannt ist die explizite Zitateinleitung, die darum z.B. bei A. Lindemann auch als untrügliches Kennzeichen genannt wird. Der Zitatcharakter wird „etwa durch eine Einleitungsformel kenntlich gemacht". Doch gibt es weitere Formen impliziter und expliziter Markierung, wie oben S. 62–68 gezeigt wurde.

3. *Autoreflexivität*: Dieses eng mit den ersten beiden Kriterien verbundene Intertextualitätsmerkmal berücksichtigt die gelegentlich begegnende Metakommunikation über die Intertextualität in einem Text. „Der Intensitätsgrad der Intertextualität ... kann noch dadurch gesteigert werden, daß ein Autor in einem Text nicht nur bewußte und deutlich markierte intertextuelle Verweise setzt, sondern über die intertextuelle Bedingtheit und Bezogenheit seines Textes in diesem selbst reflektiert, d.h. die Intertextualität nicht nur markiert, sondern sie thematisiert, ihre Voraussetzungen und Leistungen rechtfertigt oder problematisiert." (27) Auch dieses Kriterium ist skalierbar.

Die schwächste Form der Autoreflexivität liegt vor, wenn der Prätext lediglich genannt wird. Stärker ist die „Kommentierung der Differenz zum Prätext"; als intensivste Form schließlich gilt die „Thematisierung der intertextuellen Textkonstitution selbst und ihrer ideologischen Implikationen".[49]

Autoreflexive Aussagen finden sich in etlichen frühchristlichen Schriften, zu nennen wären beispielsweise der Lukasprolog (Lk 1,1–4), die Verweise der Didache auf „das Evangelium", 1Klem 47,1, ferner alle expliziten Schriftverweise. Stellen dieser Art werden in der Regel in der exegetischen Forschung unter referenziellem Aspekt, als Hinweise auf benutzte Quellen, wahrgenommen. Ihre Funktion als Indikator einer bewussten intertextuellen Text- und Sinnkonstitution und ihre inhaltliche Relevanz für die Interpretation der intertextuellen Beziehungen dagegen wird m.E. manchmal unterschätzt, wie die Ausführungen zu Polykarp und besonders zu Ignatius zeigen sollen.

4. *Strukturalität:* Dieses Kriterium „betrifft die syntagmatische Integration der Prätexte in den Text. Nach diesem Kriterium ergibt das bloß punktuelle und beiläufige Anzitieren von Prätexten einen nur geringen Intensitätsgrad der Intertextualität, während wir uns in dem Maße dem Zentrum maximaler Intensität nähern, in dem ein Prätext zur strukturellen Folie eines ganzen Textes wird." (28) Hochgradig intertextuelle Texte und Textsorten (wie Parodie, Imitation, Übersetzung) sind dadurch charakterisiert, dass „hier die punktuellen Verfahren des Zitierens oder Anspielens zur Bildung von Mustern ausgeweitet" sind, „die als strukturelle Folie größere Textteile oder schließlich den Ganztext integrieren" (ebd.).

Das Kriterium der Strukturalität deckt sachlich mehrere in der exegetischen Arbeit bereits angewandte Indikatoren für literarische Abhängigkeit ab:
– Die Bezugnahme auf mehrere Prätexte oder verschiedene Abschnitte eines Prätextes unter einem bestimmten inhaltlichen Gesichtspunkt gelten Sanders, der von „Konflation" und „serieller Zitation", und Hays, der von „thematischer Kohärenz" spricht, als Indikatoren von Intertextualität. Die Intertextualitätsforschung spricht in etwa gleicher Bedeutung von einer *kontaminatorischen Relation*.[50]
– Mehrfachbezug auf denselben Prätext oder Abschnitte desselben hält Hays für ein wichtiges Kriterium („Recurrence"). Bei der Beurteilung literarischer Abhängigkeiten zwischen größeren Quellenkomplexen, wie in der synoptischen Frage, hat insbesondere die Quantität und Reihenfolge der Prätextbezüge immer eine wichtige Rolle gespielt. In der Intertextualitätsde-

---

[49] M. Lindner, Integrationsformen, 130.
[50] Vgl. M. Lindner, Integrationsformen, 121f.

batte werden vergleichbare intertextuelle Beziehungen oft als *anagrammatische Relationen* bezeichnet.[51]

– Bei Einbeziehung der Systemreferenz (s.o. S. 25) eröffnen sich weitere Möglichkeiten der Identifikation struktureller Muster, die eine literarische Beziehung zwischen zwei Texten anzeigen können.

Unter dem Aspekt der Strukturalität wird es wichtig sein, über die jeweils sicheren Zitate und Anspielungen hinaus auch solche von geringerem Wahrscheinlichkeitsgrad einzubeziehen, sofern sie in ein sich abzeichnendes Muster passen. Es ist also gegen die Plädoyers der Beschränkung auf das absolut Sichere mit Holtzmann darauf zu drängen, dass es intertextuelle Beziehungen gibt, „die nur im Gefolge anderer" als solche identifiziert werden können, und zwar deswegen, weil sie Teil eines Musters sind, das sich erst im Zusammenspiel zentraler und beigeordneter Elemente erschließt.

5. *Selektivität*: Dieses Kriterium soll unterschiedliche Grade in der Prägnanz der intertextuellen Verweisung erfassen. Untersucht wird, „wie pointiert ein bestimmtes Element aus einem Prätext als Bezugsfolie ausgewählt und hervorgehoben wird und wie exklusiv oder inklusiv der Prätext gefaßt ist, d.h. auf welchem Abstraktionsniveau er sich konstituiert. Dabei kommt schon einem wörtlichen Zitat, das als genau umgrenztes Partikel eines fremden Textes im neuen aufscheint, eine größere intertextuelle Intensität zu als einer Anspielung, die sich pauschal auf einen ganzen Prätext oder zumindest auf einen übergreifenden Aspekt davon bezieht." (28) „Den harten Kern markiert hier also das wörtliche Zitat aus einem individuellen Prätext ... Und je selektiver und prägnanter der intertextuelle Verweis ist, umso mehr kommt ihm die Struktur und die Funktion einer Synekdoche, des *pars pro toto*, zu: Mit dem pointiert ausgewählten Detail wird der Gesamtkontext abgerufen, dem es entstammt, mit dem knappen Zitat wird der ganze Prätext in die neue Sinnkonstitution einbezogen" (28f).

Das in der Exegese seit jeher berücksichtigte Kriterium der Wortkonstanz kommt bei der Selektivität also immer zusammen mit einer inhaltlichen Komponente, die die Prägnanz erfasst, zum Tragen. Natürlich bleibt bei der Beurteilung der Prägnanz ein Ermessensspielraum, der durch den zeitlichen Abstand von den RezipientInnen und die lückenhafte Kenntnis des damaligen Textuniversums vergrößert wird. Trotzdem ist prinzipiell daran festzuhalten, dass sich nur im Zusammenspiel von wörtlicher Übereinstimmung und deren inhaltlichem Gewicht eine Aussage über die Intensität einer intertextuellen Beziehung machen lässt.

6. *Dialogizität*: Das letzte Kriterium besagt, dass „ein Verweis auf vorgegebene Texte oder Diskurssysteme von umso höherer intertextueller Intensi-

---

[51] Vgl. M. Lindner, Integrationsformen, 121–124, und R. Lachmann, Ebenen 134ff.

tät ist, je stärker der ursprüngliche und der neue Zusammenhang in semantischer und ideologischer Spannung zueinander stehen." Eine totale Affirmation ist schwächer als eine antithetische Bezugnahme, am intensivsten ist „eine differenzierte Dialektik von Anknüpfen und Distanznahme als dem Optimum an Dialogizität" (29) : „Eine Textverarbeitung gegen den Strich des Originals, ein Anzitieren eines Textes, das diesen ironisch relativiert und seine ideologischen Voraussetzungen unterminiert, ein distanzierendes Ausspielen der Differenz zwischen dem alten Kontext des fremden Wortes und seiner neuen Kontextualisierung – dies alles sind Fälle besonders intensiver Intertextualität" (ebd.).

Auch das Kriterium der Dialogizität wurde in der exegetischen Tradition bereits vielfach angewendet.

– Literarkritische Rekonstruktionen von Vorstufen eines Textes orientieren sich an Spannungen und Brüchen, um die Nahtstellen zu entdecken.

– Bei der Feststellung literarischer Abhängigkeiten – etwa in der Synoptischen Frage – untersucht man die Differenzen daraufhin, ob sie als intendierte Abänderung erklärbar sind.

Dabei lassen sich gegenläufige Argumentationen nachweisen, die jedoch beide eine bestimmte Ausprägung eines dialogischen Verhältnisses zwischen Prä- und Folgetext zum Ausdruck bringen: Einerseits werden „Verbesserungen" des Mk durch die Seitenreferenten etwa im Interesse der theologischen Überzeugungen oder des Erzählzusammenhanges als Belege für die Prätextualität des Mk angeführt. Andererseits weist die Übernahme von mk Elementen, die sperrig im lk oder mt Kontext stehen (blinde Motive, widersprüchliche Aussagen) Mt und Lk ebenfalls als Folgetexte aus. Entscheidend ist demnach nicht die Zunahme oder Abnahme von Sinn, sondern ein erklärbares dialogisches Verhältnis zwischen Prä- und Folgetext.

Auch andere der besprochenen Arbeiten brachten das Kriterium der Dialogizität in Anschlag. W. O. Walker rechnet damit, dass die Apg an einigen Stellen einen bewussten, gleichwohl nicht thematisierten Dialog mit den paulinischen Briefen führt. E. P. Sanders nannte leichte sprachliche oder inhaltliche Modifikationen zwecks Anpassung an einen anderen theologischen Kontext bzw. die Verwendung von Formulierungen eines Autors in einem völlig neuen Kontext als Indizien für literarische Abhängigkeit. H. Thyen schließlich rechnet damit, dass das Johannesevangelium in toto einen Dialog mit den Synoptikern führt.

Wichtig scheint mir, dass das Kriterium der Dialogizität implizit eine interpretatorische Aufgabe formuliert: Es gilt, jeweils den Dialog mit dem Prätext, der in einer intertextuellen Beziehung zum Ausdruck kommt, zu verstehen.

Wie sich gezeigt hat, haben alle sechs von M. Pfister beschriebenen Kriterien Entsprechungen in etablierter exegetischer Methodik. Sie eröffnen aber aufgrund ihrer Abstraktheit den Blick für weitere, bisher unberücksichtigte Aspekte und ermöglichen so eine Ausdifferenzierung bewährter Verfahren. Wichtig ist vor allem die weitgehende *Unabhängigkeit* der sechs Dimensionen der Intertextualität voneinander. Jede intertextuelle Beziehung kann bezüglich ihrer Intensität auf jedem der sechs Kriterien eingestuft werden. Die ersten drei Kriterien hängen relativ eng zusammen, so ist Autoreflexivität nicht denkbar ohne Referenzialität und Kommunikativität; Referenzialität impliziert, dass die RezipientInnen den Verweischarakter wahrnehmen oder wenigstens erahnen, setzt also ein gewisses Maß an Kommunikativität voraus. Man wird also die ersten drei Kriterien in aller Regel gemeinsam betrachten. Von ihnen und untereinander wirklich unabhängig sind jedoch die letzten drei Kriterien der Strukturalität, Selektivität und Dialogizität. Im Zusammenspiel aller Kriterien lassen sich dann klarere Aussagen über den Intensitätsgrad machen. Von mathematischer Genauigkeit ist man natürlich weit entfernt, doch ergibt sich mit Sicherheit ein strukturierteres Bild als ohne die Zugrundelegung dieser unabhängigen Kriterien.

Die Unabhängigkeit der Kriterien lässt sich am Beispiel des Zitats von Dtn 19,15 im Urchristentum demonstrieren, das bereits o. S. 67f zur Illustration der Ausgeprägtheit von Markierung, welche über die Kommunikativität eines intertextuellen Verweises entscheidet, herangezogen wurde und hier um eine weitere Verwendung in 2Kor 13,1 ergänzt wird. Lediglich das Kriterium der Strukturalität kann mit diesem Beispiel per definitionem nicht im Vergleich erfasst werden, da es sich immer um denselben kurzen Prätext handelt; das Kriterium der Selektivität kommt nur in dem Aspekt der unterschiedlich ausgeprägten Wortkonstanz zum Tragen.

In 1Tim 5,19[52] wird seitens des Verfassers kein Versuch unternommen, den Bezug auf die atl. Zeugenregel gegenüber den LeserInnen zu signalisieren, d.h. *Kommunikativität* und *Autoreflexivität* fehlen der Verweisung. *Referenzialität* ist gleichwohl, wenn auch schwach ausgeprägt, vorhanden, denn die Anweisung zum Umgang mit Anschuldigungen gegenüber Presbytern folgt der in 1Tim 5,17f gebotenen Besoldungsregel für Presbyter, die mit einer expliziten Schriftbegründung versehen ist.[53] Es ist daher wohl davon auszugehen, dass auch in 5,19 der Rechtstext nicht nur den im Prinzip beliebig ersetzbaren Wortlaut der Regel liefert, sondern sie zugleich als dem Gotteswillen entsprechenden Grundsatz ausweisen möchte, insofern liegt eine echte Referenz auf Dtn 19,15 vor, keine von der Herkunft des Textes

---

[52] 1Tim 5,19: κατὰ πρεσβυτέρου κατηγορίαν μὴ παραδέχου, ἐκτὸς εἰ μὴ ἐπὶ δύο ἢ τριῶν μαρτύρων.

[53] 1Tim 5,17f: Οἱ καλῶς προεστῶτες πρεσβύτεροι διπλῆς τιμῆς ἀξιούσθωσαν, μάλιστα οἱ κοπιῶντες ἐν λόγῳ καὶ διδασκαλίᾳ· λέγει γὰρ ἡ γραφή, Βοῦν ἀλοῶντα οὐ φιμώσεις·καί, Ἄξιος ὁ ἐργάτης τοῦ μισθοῦ αὐτοῦ.

abstrahierende Verwendung des Wortlauts.[54] Die *Selektivität* ist mit der Reproduktion von vier formgleichen Worten des Prätextes mäßig ausgeprägt, die *Dialogizität* ist nicht besonders hoch, da der atl. Text ganz seiner Intention nach auf einen speziellen Sachverhalt angewendet wird.

Im Fall von Mt 18,15f[55] ist die *Selektivität* mit acht reprozduzierten Wörtern deutlich höher, die *Dialogizität* und *Referenzialität* sind etwa gleich ausgeprägt wie bei 1Tim 5,19, die *Kommunikativität* dagegen ist etwas höher, da der Ko-Text trotz fehlender expliziter Zitateinleitung erkennen lässt, dass der ἵνα-Satz eine allgemein gültige Regel zitiert, die dem gebotenen Kirchenzucht-Verfahren zugrundegelegt werden soll. Ob *Autoreflexivität* vorliegt, ist diskussionswürdig.

Man könnte die Verwendung von Rechtstexten der Thora durch Jesus im Matthäusevangelium unter Berufung auf die programmatische Einleitung der Bergpredigt (Mt 5,17f) als eine Form autoreflexiver intertextueller Textgestaltung betrachten: Jesus, der gekommen ist, das Gesetz und die Propheten zu erfüllen und kein Jota zu opfern, erfüllt die Thora u.a. dadurch, dass er seine Gemeinderegeln explizit an atl. Weisungen zurückbindet. Da es allerdings erheblicher Mitarbeit der RezipientInnen bedarf, um in dieser Weise die Erfüllungsaussage von Mt 5,17 als autoreflexive Aussage zu identifizieren, welche die im Evangelium folgenden Schriftzitate Jesu als Nachweis der bewusst intertextuellen Konzipierung seiner Lehre verstehen lehrt, ist der autoreflexive Charakter der Verweisung nicht sehr intensiv.

Joh 8,17[56] bietet wiederum ein völlig anderes Bild. Die *Selektivität* ist mit nicht einmal zwei vollständig identisch zitierten Worten extrem niedrig, *Referenzialität* und *Kommunikativität* dagegen sind durch den expliziten Verweis auf das Gesetz stark ausgeprägt. *Autoreflexivität* ist nicht vorhanden, die *Dialogizität*, also die Spannung zwischen prätextuellem Sinn und dem durch die Anspielung konstituierten Textsinn, ist jedoch deutlich höher als in den zuvor besprochenen Texten. Denn geht es bei Mt und 1Tim wie in Dtn 19,15 um menschliche Zeugen in einem Rechtsverfahren um zwischenmenschliche Angelegenheiten, so bietet Joh die Regel auf, um Jesus und Gott als hinreichende Zeugen für die Wahrheit der Botschaft Jesu zu erweisen.

---

[54] Anders G. Häfner, Schrift, 193f. Wenn man ihm in der Einschätzung folgen wollte, dass dem Autor der Bezug auf die Schrift nicht bewusst war, er sich vielmehr auf ein „in der Gemeindedisziplin geübtes Prinzip" (193) berufe, bedeutete dies jedoch lediglich, eine andere, nicht weniger verbindliche Referenzgröße anzunehmen.

[55] Mt 18,15f: Ἐὰν δὲ ἁμαρτήσῃ (εἰς σὲ) ὁ ἀδελφός σου, ὕπαγε ἔλεγξον αὐτὸν μεταξὺ σοῦ καὶ αὐτοῦ μόνου. ἐάν σου ἀκούσῃ, ἐκέρδησας τὸν ἀδελφόν σου· ἐὰν δὲ μὴ ἀκούσῃ, παράλαβε μετὰ σοῦ ἔτι ἕνα ἢ δύο, ἵνα ἐπὶ στόματος δύο μαρτύρων ἢ τριῶν σταθῇ πᾶν ῥῆμα

[56] Joh 8,17: καὶ ἐν τῷ νόμῳ δὲ τῷ ὑμετέρῳ γέγραπται ὅτι δύο ἀνθρώπων ἡ μαρτυρία ἀληθής ἐστιν.

Paulus schließlich bezieht sich in 2Kor 13,1b unter exakter Wiedergabe von 9 Wörtern[57] (also bei sehr hoher *Selektivität*) auf dem Rechtssatz der heiligen Schrift als Bezugsnorm seines Verhaltens, *Referenzialität* ist daher vorhanden, allerdings wird das Zitat nicht kenntlich gemacht und ist allenfalls implizit markiert (durch Wiederaufnahme des τρίτον von 1a in τριῶν 1b), die *Kommunikativität* des Zitats wird also seitens des Autors nicht abgesichert (kann allerdings wahrscheinlich durch pragmatische Präsupposition als gegeben angenommen werden).[58] Von allen besprochenen Beispielen bietet Paulus' Verwendung des Zitates wahrscheinlich den höchsten Grad an Dialogizität, denn es ist nicht einmal unmittelbar evident, welche inhaltliche Beziehung zwischen dem dritten Besuch des Paulus und den zwei oder drei Zeugen überhaupt besteht. Dementsprechend konkurrieren zwei Deutungen. Nach dem ersten (m.E. wahrscheinlicheren) Verständnis möchte Paulus seinen dritten Besuch als dritten, den Streitfall mit den Korinthern endgültig zur Entscheidung bringenden Zeugen verstanden wissen. Die Forderung nach zwei bis drei verschiedenen unabhängigen Zeugen gemäß Dtn 19,15 wird der Sache nach damit von ihm natürlich nicht erfüllt. Egal, ob man seine Inanspruchnahme der Schrift als „wenig bedenklich" (so H. Lietzmann / W. G. Kümmel), frei allegorisch (so H.-J. Klauck) oder gar „künstlich, aber einem Rabbinenschüler ... wohl zuzutrauen" (so H. Windisch) charakterisiert,[59] immer wird der hochdialogische Charakter der Verweisung wahrgenommen. Diesem Dilemma entgehen Deutungen, die in 13,1b die Ankündigung von Gerichtsverfahren gegen sündige Korinther sehen wollen, bei denen Paulus unter Aufbietung von jeweils 2–3 Zeugen eine thoragemäße Verurteilung erreichen möchte.[60] Indes passt dies Szenario überhaupt nicht zu der in Korinth vorliegenden Situation.[61]

Fasst man die untersuchten vier Stellen hinsichtlich der Intensität der Intertextualität in den untersuchten fünf der sechs unabhängigen Kriterien schematisch zusammen, ergibt sich folgendes Bild:

---

[57] 2Kor 13,1: Τρίτον τοῦτο ἔρχομαι πρὸς ὑμᾶς· ἐπὶ στόματος δύο μαρτύρων καὶ τριῶν σταθήσεται πᾶν ῥῆμα.

[58] Dass es sich bei der in 2Kor 13,1 wiedergegebenen verkürzten Fassung von Dtn 19,15 um ein in der mündlichen Unterweisung des hellenistischen Judentums und Urchristentums tradiertes Schriftwort handelt, das den Gemeinden bekannt war, zeigt D.-A. Koch, Schrift, 95.117f.186.240.

[59] H. Lietzmann / W. G. Kümmel, 160; H.-J. Klauck, 99f; H. Windisch, 413f.

[60] So z.B. A. Schlatter, Bote, 675, der mit einer Anwendung des in Mt 18,16 überlieferten Jesuswortes durch Paulus rechnet und E.-B. Allo, 335.

[61] Vgl. zur Begründung die in Anm. 59 genannten Autoren.

	Referenziali-tät	Kommunika-tivität	Autoreflexi-vität	Selektivität	Dialogizität
1Tim 5,19	schwach vorhanden	nicht abgesichert	nicht vorhanden	mäßig	schwach
Mt 18,15f	schwach vorhanden	mäßig	eventuell vorhanden	hoch	schwach
Joh 8,17	stark ausgeprägt	stark ausgeprägt	nicht vorhanden	extrem niedrig	hoch
2Kor 13,1	vorhanden	vorausgesetzt, nicht abgesichert	nicht vorhanden	sehr hoch	extrem hoch

Fasst man die Ergebnisse insgesamt zusammen, bietet 1Tim 5,19 eine wenig intensive intertextuelle Beziehung, Mt 18,15f eine mäßig intensive, Joh 8,17 und 2Kor 13,1 weisen ein intensives intertextuelles Verhältnis zu Dtn 19,15 auf, erreichen dies aber auf ganz verschiedenen Wegen. Man kann an diesem Beispiel wunderbar studieren, dass allein das Zusammenspiel verschiedener Aspekte ein Gesamturteil ermöglicht und dass in der Exegese traditionell hochgeschätzte (und m.E. oft überschätzte) Aspekte wie ein hohes Maß an wörtlicher Übereinstimmung oder Vorhandensein einer Zitationsformel auch bei intensiver Intertextualität ganz fehlen können.

Einige Überlegungen zum Einfluss mündlicher Traditionen sind noch hinzuzufügen. Die Pfisterschen Kriterien erörtern diese Frage nicht, da sie sich der literaturwissenschaftlichen Arbeit an (meist fiktiven) Texten späterer Epochen verdanken. In der Antike ist das Verhältnis von Schriftlichkeit und Mündlichkeit schon deshalb ein anderes, weil Lesen in der Regel Vorlesen bedeutete, und damit für die Mehrzahl der RezipientInnen eine mündlich vermittelte Rezeption schriftlicher Texte vorauszusetzen ist. Auch darüber hinaus hatte die mündliche Weitergabe von christlichen Traditionen bis weit ins zweite Jahrhundert hinein einen bedeutenden Stellenwert. So ist hohe intertextuelle Intensität bezüglich etwa der Strukturalität, Selektivität und Dialogizität auch bei der Aufnahme mündlicher Traditionen denkbar. Hohe Intensitätsgrade auf den ersten drei Kriterien jedoch dürften in aller Regel Schriftlichkeit des Referenztextes voraussetzen.

5. Polykarp von Smyrna und die Pastoralbriefe

5.1 Die intertextuelle Präsuppositionsstruktur des Polykarpbriefs: Polykarps Quellen und sein Umgang mit ihnen

Polykarps Brief an die Philipper ist bekanntermaßen ein hochgradig intertextuelles Dokument. Seinen Stil hat P. Vielhauer treffend charakterisiert als eine „christliche Erbauungssprache, die hauptsächlich aus Zitaten aus der christlichen Literatur oder auch mündlicher Überlieferung besteht"[1] und A. v. Harnack sprach nicht weniger treffend von einem „Cento aus der älteren Literatur".[2] Bevor die umstrittene Frage des Verhältnisses zu den Pastoralbriefen angegangen wird, soll überblicksweise zusammengetragen werden, was sich über die Begründung und Ausprägung der intertextuellen Bedingtheit von Polyc sagen lässt. Polykarps intertextuelle Bezugnahmen erfolgen teils implizit, teils explizit. Einige Quellen, die ihm sicher schriftlich vorlagen (z.B. die Ignatiusbriefe, 1Petr,[3] 1Klem[4]), werden ausgiebig, aber stillschweigend benutzt. Zumindest im Falle der den Philippern vorliegenden und in Polyc 13 von Polykarp selbst zur Lektüre empfohlenen Ignatiusbriefe ist dabei aber sichergestellt, dass Polykarp damit rechnen konnte, dass Anklänge von den Adressaten identifiziert werden konnten.[5] Obwohl Polykarp durchgehend aus der Überlieferung schöpft, setzt er nur gelegentlich, meist an argumentativen Schlüsselstellen, deutliche Intertextualitätssignale, die anzeigen, dass er sich auf überliefertes Gut bezieht. So begegnen mehrfach unspezifische Referenzformeln wie εἰδότες, ὅτι, die einen beliebigen Fremdtextbezug anzeigen können und später noch genauer untersucht werden sollen. Autoritäten von höchster Geltung zitiert Polykarp vier-

---

[1] P. Vielhauer, Geschichte, 564. Besonders eindrücklich führt dies die Übersetzung von W. Schoedel (AF V) vor Augen, die Anlehnungen an urchristliche Sprache durch Kursive deutlich macht und Anspielungen auf bestimmte Texte durch zusätzliche Anführungszeichen – die nicht kursiven Worte sind eindeutig in der Minderzahl!

[2] Miszellen, 87.

[3] Die Kenntnis des 1Petr vermerkte bereits Euseb, HistEccl. IV,14,9 und wird m.W. von niemandem bestritten. Die wichtigsten Zitate und Anspielungen verzeichnet NTAF, 86–89.

[4] So A. von Harnack, Chronologie I/II, 252.386; W. Bauer, 284f; H. von Campenhausen, Polykarp, 221; J. A. Fischer, AV, 239; H. Köster, Überlieferung, 112; J. B. Bauer, 28–30. In Polyc 9,2 liegt m.E. eine markierte Anspielung an 1Klem 5,4 vor.

[5] Ich setze hier das Ergebnis meiner Auseinandersetzung mit der neuesten Fälschungstheorie, die das Corpus Ignatianum erst 165–175 n.Chr. entstanden sein lässt, voraus, vgl. S. 73 Anm. 9.

mal unter Angabe der „Quelle", nämlich den κύριος selbst (Polyc 2,3; 7,2),[6] Paulus (Polyc 11,2) und die heiligen Schriften (12,1).[7] Diese spezifischen wie die unspezifischen Referenzen sowie weitere autoreflexive Aussagen lassen erkennen, dass Polykarp sich der intertextuellen Strukturiertheit seines Briefes bewusst ist. Der Grund für die weitgehende Abhängigkeit von früheren urchristlichen Texten liegt offenkundig in seinem Traditionsverständnis. So ruft er angesichts drohender Irrlehre dazu auf, sich dem Wort zuzuwenden, das seit Anbeginn überliefert worden ist (τὸν ἐξ ἀρχῆς ἡμῖν παραδοθέντα λόγον, Polyc 7,2). Als Träger der Überlieferung führt Polykarp den Kyrios, „die Apostel, die uns das Evangelium verkündigt haben", und „die Propheten, die die Ankunft unseres Herrn vorherverkündigt haben", an (Polyc 6,3). Als einziger namentlich genannter Apostel ist Paulus von überragender Wichtigkeit für Polykarp.[8] Er hat zu seinen Lebzeiten „das Wort der Wahrheit genau und zuverlässig gelehrt" und, wo er nicht persönlich anwesend sein konnte, „Briefe geschrieben, durch die ihr, wenn ihr euch in sie vertieft, erbaut werden könnt zu dem Glauben, der euch gegeben wurde" (Polyc 3,2). Dass Polykarp die Philipper an die paulinischen Briefe erinnert und sie auffordert, sich in sie zu vertiefen (ἐγκύπτειν), um im Glauben erbaut zu werden, ist eine für die Bewertung der intertextuellen Struktur des Philipperbriefes wichtige Aussage. In autorzentrierter Perspektive (denn man darf wohl annehmen, dass Polykarp selber praktizierte, was er anderen empfahl) benennt sie das Verfahren, dem Polykarp selber seine theologische Bildung und seinen Stil verdankt. Er hat die Sprache der urchristlichen Literatur, allem voran der Paulusbriefe, so oft wiederholt, dass sie zu seiner eigenen geworden ist. Auf die Adressaten bezogen beweist die Stelle zunächst, dass Polykarp voraussetzen kann, dass einige Paulusbriefe den Philippern bekannt und zum Studium verfügbar waren. Der Ausdruck ὑμῖν ἔγραψεν ἐπιστολάς zeigt ferner, dass Polykarp die Paulusbriefe als an die gesamte Kirche gerichtete Schreiben wahrnahm und diese Sicht bei den Philippern ebenfalls voraussetzte (oder ihnen nahe legen wollte).[9] Wegen der vielen Anlehnungen an Paulus im Philipperbrief und des in 3,2 vor-

---

[6] Die unter der Autorität des κύριος angeführten Logien erweisen, wie H. Köster, Überlieferung, 112–123 gezeigt hat, dass Polykarp das MtEv und wahrscheinlich auch das LkEv kannte. Selbst in der offensichtlich aus 1Klem 13,1f übernommenen Logienkomposition (Polyc 2,3) gleicht er den Wortlaut an die mt und lk Fassung an.

[7] Welche Schriften Polykarp unter dem Ausdruck sacra litera bzw. scripturae verstanden hat, ist umstritten, s.u. S. 132.

[8] Vgl. zu Polykarps Paulusbild A. Lindemann, Rezeption, 87–91.231f.

[9] Diese ekklesiologische Deutung von Polyc 3,2 analog zu 2Petr 3,15 vertreten u.a. auch A. Lindemann, Rezeption, 88f.92; P. Steinmetz, Gerechtigkeit, 70 Anm.1. Dafür spricht auch Polyc 11,3, da aus dieser ansonsten schwer deutbaren Stelle immerhin hervorzugehen scheint, dass Polykarp von einem Brief an die Gemeinde von Philippi weiß.

ausgeschickten Bescheidenheitstopos, nach dem Polykarp selber nicht mehr tun kann, als der Weisheit des Paulus unvollkommen nachzustreben, dürfte der globale Verweis auf die Paulusbriefe wohl die Aufforderung enthalten, sich angesichts des vorliegenden Briefes erneut in sie zu vertiefen. Die Vielzahl von intertextuellen Bezügen und Verweisen im Philipperbrief ist also erstens Ausdruck der Tatsache, dass Polykarp sich der notwendigen Abhängigkeit von Traditionen, die auf die Anfänge zurückgehen bzw. in Kontinuität zu ihnen stehen, bewusst ist. Zweitens bezweckt er damit, die Adressaten explizit auf diese Traditionen zu verweisen, um sie dadurch zu veranlassen, sich auch selber in den Prozess der ständigen aktualisierenden Aneignung zu begeben, den Polykarps Philipperbrief exemplarisch aufzeigt.[10] Die intertextuelle Präsuppositionsstruktur des Polykarpbriefes ist demnach, was die frühchristliche und insbesondere paulinische Literatur angeht, als sehr ausgeprägte klar erkennbar. Dass Polykarp bei den RezipientInnen eine hohe Allusionskompetenz voraussetzt (und weiter stärken möchte), scheint mir erwiesen. Durch das große Ausmaß thematisierter Intertextualität und die Vielzahl der unbezweifelbaren intertextuellen Referenzen erzeugt Polykarp genau das Klima einer „permanenten Intertextualität", das die Schwelle der Markierungsbedürftigkeit stark herabsetzt.[11]

Über den genauen Umfang der Polykarp vorliegenden Paulusbriefsammlung besteht in der Forschung kein Konsens, so dass im Folgenden gelegentlich auch eigene Untersuchungen dazu nötig sind.[12] Im Unterschied zu den sonstigen Paulinen ist die Frage, ob Polykarp mit den Pastoralbriefen vertraut war, besonders umstritten, weil ihre Beantwortung, insbesondere im Falle der Bejahung, Konsequenzen für die Entstehungszeit der Briefe hat.

Positiv beantwortet wird sie in einem 1997 erschienen Aufsatz von Kenneth Berding, Polycarp of Smyrna's View of the Authorship of 1 and 2 Timothy, der wegen seiner kuriosen Methodik hier kurz vorgestellt werden soll. Berding enthält sich jeder in-

---

[10] In eine ähnliche Richtung gehen die Überlegungen B. Dehandschutters, Polycarp's Epistle, der meint, die Originalität (!) Polykarps bestehe darin, dass er sich in seiner Paränese nahezu ausschließlich an anerkannten christlichen Quellen (und nicht an atl.-jüd. Schriften) orientiere und dies auch deutlich signalisiere, „by asking his adresses to consider their situation in the light of a specifically Christian tradition" (291).

[11] S.o. S. 64.

[12] Die Angaben über den Umfang der von Polykarp verwendeten Paulusbriefsammlung schwanken sehr stark. Von einer Vielzahl von Paulusbriefen, einer fast abgeschlossenen Sammlung, den meisten der kanonischen Paulusbriefe ohne nähere Spezifizierung sprechen z.B. A. von Harnack, Chronologie I/II, 385; J. A. Fischer, AV, 239; W. G. Kümmel, Art. Paulusbriefe, 197; R. M. Grant, AF I, 67 (alle Paulusbriefe außer Phlm); H. Rathke, Ignatius, 18; D. K. Rensberger, Apostle, 119.

Genauere Bestimmungen bieten z.B. W. Bauer, Rechtgläubigkeit, 219: 1Kor, Röm, mehrere Phil; A. E. Barnett, Paul, 184: 1Kor, Eph, Phil; NTAF, 85ff: 1Kor (Kat. A: „no reasonable dout", iii), Röm, 2Kor, Gal, Eph, Phil, 2Thess, 1Tim, 2Tim (Kat. B: „a high degree of probability", iii); A. Lindemann, Rezeption, 221–232: Polykarp benutzte 1/2Kor, Gal, Eph, 1Tim und wusste vom Phil.

haltlichen Auseinandersetzung mit den fraglichen Stellen. Er stellt wahrscheinliche Zitate und Anspielungen auf Paulusbriefe im Polykarpbrief zusammen, indem er die Arbeiten von J. B. Lightfoot, P. N. Harrison, W. Schoedel, J. B. Bauer und der Oxford Society of Historical Theology (NTAF) auswertet und so, wie er selbst sagt, eine Liste erhält, die einen „konservativen Konsens" spiegelt.[13] Er untersucht dann die Verteilung der Zitate im Brief und stellt fest, dass jeweils im engeren Umfeld der namentlichen Erwähnung des Paulus (Polyc 3,2; 9,1; 11,2f) sich „Cluster" von Zitaten und Anspielungen auf Paulusbriefe finden. Da zweimal in solchen Clustern auch Stellen aus dem 1. und 2. Tim begegnen, schließt er, dass Polykarp diese Briefe als Paulusbriefe kannte.

Was die Clusterbildung betrifft, ist das Ergebnis überzeugend, wenn auch nicht überraschend angesichts der in Polyc 3,2 von Polykarp freimütig bekannten uneinholbaren Vorbildfunktion der pln Briefe und der Tatsache, dass die Namensnennung als explizite Markierung für pln Zitate und pln inspirierte Argumentationszusammenhänge fungiert. Den Beweis, dass Polykarp die Pastoralbriefe als Paulusbriefe kannte, hat Berding jedoch keinesfalls erbracht, da seine ganze Argumentation auf einer petitio principii beruht. Unter den von Berding für die Auswahl seiner „konservativen Liste" zugrundegelegten fünf Autoren sind nämlich alle außer J. B. Bauer davon überzeugt, dass 1Tim 6,7.10 in Polyc 4,1 und 2Tim 4,10 in Polyc 9,2 zitiert wird. Hätte Berding sich bei der Erstellung seiner Liste die Urteile H. v. Campenhausens, Dibelius-Conzelmanns, N. Brox' u.a. zu eigen gemacht, dass die Berührungen nicht signifikant genug sind, um eine literarische Abhängigkeit zu erweisen, dann blieben ihm zwar die pln „Cluster", doch ohne Einschluss der Pastoralbriefe.

5.2 Eindeutige intertextuelle Bezugnahmen und Verweise Polykarps auf die Pastoralbriefe

5.2.1 Der Anfang allen Übels (Polyc 4,1 / 1Tim 6,7.10)

Die Schlüsselstelle für die Beurteilung des Verhältnisses zwischen Polykarp und den Pastoralbriefen ist Polyc 4,1,[14] wo nach Ansicht vieler Exegeten 1Tim 6,10.7 zitiert wird,[15] während nach anderen hier nur gemeinsame Tradition

---

[13] K. Berding, Polycarp, 349–360, die Liste der Zitate: a.a.O., 353–355, als „conservative list" bzw. „conservative consensus" bezeichnet a.a.O., 352.353.

[14] Treffend bezeichnet C. Looks, Rezeption, 156, Polyc 4,1 als „Kronzeugen".

[15] Ein Zitat sehen u.a.: J. B. Lightfoot, AF II,1, 602; H. J. Holtzmann, Einleitung, 291; B. S. Easton, 30; W. Michaelis, Einleitung, 238; NTAF, 95f; K. Aland, Methodische Bemerkungen, 37; R. M. Grant, AF I, 65; W. Schoedel, AF V,16; H. Binder, Situation, 70; A. Lindemann, Rezeption, 223f; J. Roloff, 330; P. Steinmetz, Gerechtigkeit, 70f mit Anm. 5; D. K. Rensberger, Apostle, 124f; von den neueren Einleitungen U. Schnelle, Einleitung, 366; I. Broer, Einleitung 2, 543f, wohl auch C. Looks, Rezeption, 156–161 (obwohl die Ausführungen S. 161 erkennen lassen, dass Looks das Zitat für erwiesen hält, vergibt er nicht das Prädikat [s] („sicher"), sondern [sw] („sehr wahrscheinlich").

vorauszusetzen ist.[16] Zunächst ist zu klären, welche Schlussfolgerung die Einleitungsformel εἰδότες οὖν, ὅτι nahe legt. Dass sie eine deutliche referenzielle und kommunikative Funktion hat, ist unstrittig, mithin das Vorliegen eines intertextuellen Verweises, den der Verfasser für die AdressatInnen deutlich markiert. Doch will die Formel auf ein Pauluszitat aufmerksam machen oder ist sie lediglich „Einleitung zu einem geläufigen Gedenkspruch"?[17] Eine erste Antwort kann der Vergleich mit ähnlichen Stellen bringen. εἰδότες (οὖν), ὅτι begegnet noch dreimal (1,3; 5,1; 6,1); in 11,2 ist die Formel variiert zu aut nescimus, quia = ἢ οὐκ οἴδαμεν, ὅτι. Auch πεπεισμένοι, ὅτι in 9,2 hat erkennbar dieselbe Funktion. Allen Stellen ist gemeinsam, dass Polykarp mit ihnen auf eine zwischen ihm und den Philippern unstrittige Textbasis verweist, von der aus er dann weiterargumentiert.[18] Die so eingeführten Stellen sind also den Philippern bekannt oder sollten es wenigstens sein. Vier der fünf Stellen lassen sich als Pauluszitate identifizieren. Der erste so eingeführte Satz χάριτί ἐστε σεσωσμένοι, οὐκ ἐξ ἔργων (Polyc 1,3) zitiert mit Segmenten aus Eph 2,8f eine „als charakteristisch paulinisch geltende Aussage",[19] ist also ein klares Zitat auch nach dem Kriterium der Selektivität (Wortkonstanz *und* Prägnanz). Polyc 11,2 gibt 1Kor 6,2 wieder (Aut nescimus, quia sancti mundum iudicabunt?), wobei durch den Nachsatz „sicut Paulus docet" sogar explizit die paulinische Herkunft des Zitates angegeben wird.[20]

Gelegentlich wird die Ansicht geäußert, aut nescimus, quia bzw. ἢ οὐκ οἴδαμεν, ὅτι sei in 11,2 keine Einleitungsformel, sondern gehöre zum Zitat.[21] Diese Erklärung befriedigt nicht (Paulus schreibt bekanntlich ἢ οὐκ οἴδατε, ὅτι κτλ.), weist aber in die richtige Richtung. Polykarp hat die gewöhnliche Einleitungsformel hier in Anlehnung an das folgende Zitat abgewandelt, ἢ οὐκ οἴδαμεν, ὅτι übernimmt somit als modifizierter Teil des Zitates zugleich die Funktion der Zitateinleitung. Statt lediglich zu zitieren, verweist Polykarp so zugleich auf das Zitat (referenzieller Aspekt), signalisiert sein Einverständnis mit der paulinischen Aussage (dialogischer Aspekt) und fordert die AdressatInnen ebenfalls dazu auf (kommunikativer Aspekt).

---

[16] Für gemeinsame Tradition votieren: F. Schleiermacher, Sendschreiben, 16ff (zustimmend zitiert von F. C. Baur, Pastoralbriefe, 137f); Dib-Co, 65f; H. von Campenhausen, Polykarp, 224f; W. G. Kümmel, Einleitung, 326; A. Wikenhauser / J. Schmid, Einleitung, 515; N. Brox, 26–28; P. Trummer, Paulustradition, 16; J. B. Bauer, 50.

[17] So N. Brox, 27.

[18] In 4,1; 5,1; 6,1 bilden die so eingeleiteten Sätze die Begründung für die folgenden bzw. vorangehenden Ermahnungen; 1,3 spricht die Glaubensgrundlage an, von der aus der ganze Brief verstanden werden möchte. 11,2 ist eine rhetorische Frage und lässt unterschiedliche Deutungen zu, auf jeden Fall erinnert Polykarp an ein den Adressaten bekanntes Pauluswort.

[19] A. Lindemann, Rezeption, 222f unter Hinweis auf Apg 15,11; Tit 3,5.

[20] Ein weiteres Zitat aus 1Kor liegt in Polyc 5,3 vor, wo der Lasterkatalog von 1Kor 6,9f in gezielter Auswahl zitiert wird.

[21] Z.B. A. Lindemann, Rezeption, 227.

Bei Polyc 9,2 (οὐκ εἰς κενὸν ἔδραμον) könnte man allenfalls streiten, ob Phil 2,16 oder Gal 2,2 als Vorlage gedient hat, zumal Paulus ausdrücklich unter den in 9,1 genannten Personen ist, auf die der Ausdruck bezogen wird.[22] Schließlich hat auch die Warnung θεὸς οὐ μυκτηρίζεται (Polyc 5,1) eine wörtliche Parallele bei Paulus (Gal 6,7). Zwar könnte hier auch ein unabhängig von Paulus aufgenommenes Sprichwort vorliegen, da möglicherweise bereits Gal 6,7 ein Zitat ist.[23] Näherliegend ist allerdings auch hier ein Pauluszitat,[24] denn Polykarp verweist auf eine gemeinsame Grundüberzeugung und hat bereits zuvor den Galaterbrief zitiert.[25]

Nicht zu identifizieren ist allerdings der in Polyc 6,1 anvisierte Referenztext: εἰδότες, ὅτι πάντες ὀφειλέται ἐσμὲν ἁμαρτίας. Dieser Satz entspricht zwar dem pln Sündenverständnis, findet sich aber in dieser Formulierung weder in pln noch in sonstiger urchristlicher Literatur. Möglicherweise ist das Logion als Zusammenfassung der pln Sündenlehre gebildet worden und war den Gemeinden als mündliche Paulustradition bekannt, was aber eine Vermutung bleiben muss.[26] Es könnte sich auch um eine weisheitliche Sentenz jüdischen Ursprungs oder um eine freie Anspielung auf das Vaterunser handeln.

Festzuhalten bleibt, dass sich Polykarp mit den Zitationsformeln εἰδότες ..., ὅτι / οὐκ οἴδαμεν, ὅτι / πεπεισμένοι, ὅτι in vier von fünf Fällen auf Paulustexte bezieht, deren Kenntnis er bei den Philippern vorauszusetzen scheint.

Dies ist ein erstes Indiz dafür, in Polyc 4,1 auch ein Zitat aus einem Paulusbrief, nämlich 1Tim 6,7, anzunehmen. Die Formulierung εἰδότες οὖν, ὅτι οὐδὲν εἰσηνέγκαμεν εἰς τὸν κόσμον, ἀλλ᾽ οὐδὲ ἐξενεγκεῖν τι ἔχομεν, stimmt beinahe wörtlich mit der Vorlage überein, die liest: οὐδὲν γὰρ εἰσηνέγκαμεν εἰς τὸν κόσμον, ὅτι οὐδὲ ἐξενεγκεῖν τι δυνάμεθα.[27] Die vorangestellte These Ἀρχὴ δὲ πάντων χαλεπῶν φιλαργυρία entspricht syntaktisch und inhaltlich 1Tim 6,10: ῥίζα γὰρ πάντων τῶν κακῶν ἐστιν ἡ φιλαργυρία. Die Veränderungen sind durch Einsetzen von Synonymen[28]

---

[22] Siehe dazu unten S. 123.

[23] Darauf weist die Einleitung μὴ πλανᾶσθε, die auch 1Kor 6,9; 15,33 sprichwörtliche Wendungen einzuleiten scheint.

[24] So auch A. Lindemann, Rezeption, 224.

[25] Polyc 3,2–3a zitiert Gal 4,26; 3,3b nimmt vermutlich auf Gal 5,14; 6,2 Bezug.

[26] In diese Richtung gehen die Überlegungen A. Lindemanns, Rezeption, 225. Denkbar wäre auch, dass Polykarp glaubt, aus Röm 6–8 oder einer anderen Paulusstelle zu zitieren, R. M. Grant, AF I, 66 denkt an Röm 3,23, und sich über den genauen Wortlaut geirrt hat. Es wird beim non liquet bleiben müssen.

[27] A. Lindemann, Rezeption, 223f mit Anm. 346 rechnet in diesem Fall wegen der bemerkenswerten Übereinstimmung sogar mit einer schriftlichen Vorlage.

[28] Wie die Rede vom Anfang bzw. der Wurzel der Weisheit in Sir 1,6.20; Ps 110,10 zeigt, sind ῥίζα und ἀρχή austauschbar. Epikur bezeichnete den Genuss als ἀρχὴ καὶ ῥίζα παντὸς ἀγαθοῦ (Athenaeus Deipn. 12,546f; zit. nach W. R. Schoedel, 379 Anm.16).

zustande gekommen, was beabsichtigte Variation oder unbewusste Änderung sein kann. Zwar ist richtig, dass beide Logien weitverbreitete Gemein-
plätze wiedergeben, also von geringer Prägnanz zu sein scheinen, doch erklärt das noch nicht die weitgehenden Übereinstimmungen im Wortlaut.[29]
Darüber hinaus ist es ausgesprochen unwahrscheinlich, dass die Sentenzen
zweimal unabhängig voneinander kombiniert worden wären (Strukturalität).[30] Die Möglichkeit einer geprägten Tradition, die beiden Briefen vorlag
und den Philippern bekannt war, wäre allerdings nicht ganz auszuschließen,
wenn nicht der übergreifende Textzusammenhang weitere, bisher unbeach-
tete Hinweise für die Abhängigkeit Polykarps von 1Tim 6 böte.

In Polyc 3,1 kennzeichnet Polykarp seinen Brief als ein Schreiben περὶ
τῆς δικαιοσύνης, das er auf ausdrückliche Bitte der Philipper angefertigt
habe. P. Steinmetz hat überzeugend dargelegt, dass es den Philippern vor
allem um einen Rat über das der δικαιοσύνη entsprechende Verhalten in
dem besonderen Fall des in Geldangelegenheiten schuldig gewordenen Presbyters Valens ging, und dass sämtliche Ermahnungen Polykarps in Polyc 1–
10 unter dem Aspekt des Wandels entsprechend dem „Gebot der Gerechtigkeit" (Polyc 3,3) stehen, die in Kap. 11f besprochene Verfehlung schon im
Auge haben und vielfältig thematisch vorbereiten.[31] Dies gilt besonders für
Polyc 3,2–4,1, denn bevor mit 4,2–6,3 einzelne Gruppen der Gemeinde angesprochen werden, macht Polykarp hier eine grundsätzliche Aussage darüber, wie Gerechtigkeit erlangt und wie sie verloren wird. Ganz paulinisch
mutet zunächst der Ansatz beim Glauben an, der mit einer an Gal 4,26 anspielenden Formulierung als „unser aller Mutter" bezeichnet wird (3,2f).[32]
Zur πίστις gesellen sich dann – in einem etwas seltsamen Bild – nachfolgend
die Hoffnung, vorangehend die Liebe zu Gott, Christus und zum Nächsten
(3,3), womit offensichtlich die Trias von 1Kor 13,13 ins Spiel gebracht
wird. Das Ziel dieser Ausführungen ist die Aussage, wer in Glaube, Hoffnung und Liebe lebe, habe das Gebot der Gerechtigkeit erfüllt, denn wer die
Liebe besitze, sei weit entfernt von jeder Sünde (3,3). Dies ist erkennbar in
weiterführender Anlehnung an pln Grundsatzformulierungen über die Erfüllung des Gesetzes geschrieben (vgl. Röm 13,8–10; Gal 5,14; 6,2). Der *Liebe*
(ἀγάπη) als *Erfüllung des Gebotes der Gerechtigkeit* wird dann in 4,1 eben-

---

[29] Vgl. die zahlreichen, sprachlich aber durchweg anders gestalteten Parallelen bei Dib-Co,
65f; J. Roloff, 335.338; J. B. Bauer, 48f. Auch C. Looks, Rezeption, 159, betont die Beweiskraft
der Wörtlichkeit der Zitation.

[30] Gegen A. Wikenhauser/J. Schmid, Einleitung, 515; H. von Campenhausen, Polykarp, 220f;
richtig C. Looks, Rezeption, 157f.

[31] P. Steinmetz, Gerechtigkeit, 63–75. Insbesondere die zahlreichen Warnungen vor der Habsucht einerseits und die Hinweise auf die Notwendigkeit der Barmherzigkeit und Vergebungsbe-
reitschaft andererseits durchziehen den ganzen Brief, vgl. Polyc 2,2f; 4,1.3; 5,2; 6,1f; 11,1f; 12,1f.3.

[32] A. Lindemann, Rezeption, 223.

falls mit einer pln Fundamentalaussage die *Liebe zum Geld* (φιλαργυρία) als *Anfang alles Schlimmen* entgegengesetzt (1Tim 6,10). Es werden also ἀγάπη (πίστις, ἐλπίς) und ἐντολὴ δικαιοσύνης auf der einen sowie φιλαργυρία und ἁμαρτία / πάντα χαλεπά auf der anderen Seite einander antithetisch zugeordnet. Folgerichtig nimmt Polykarp darum am Schluss der Warnung vor der φιλαργυρία (Polyc 4,1 Ende) erneut die Stichworte δικαιοσύνη und ἐντολή auf, indem er die Philipper nun direkt auffordert: ὁπλισώμεθα τοῖς ὅπλοις τῆς δικαιοσύνης καὶ διδάξωμεν ἑαυτοὺς ... πορεύεσθαι ἐν τῇ ἐντολῇ τοῦ κυρίου. Diese die Kompositionsstruktur betreffenden Beobachtungen sind im Hinblick auf die Pastoralbriefe in dreierlei Hinsicht interessant: Erstens war Polykarp offensichtlich darum bemüht, in seinen grundlegenden Ausführungen „über die Gerechtigkeit" (3,1) Erfüllung wie Versagen in Anlehnung an Paulus zu formulieren (vgl. neben den verschiedenen anzitierten Stellen die zwei Referenzsignale: den Hinweis auf die pln Briefe in 3,2 und die Zitationsformel in 4,1). Das heißt in Bezug auf das gewählte Zitat aus 1Tim 6,10.7: Es ist *in diesem thematischen Zusammenhang* keinesfalls ein Gemeinplatz oder ein geläufiger Gedenkspruch, sondern die einzige im Corpus Paulinum überhaupt zu findende Allgemeinaussage, die den Worten über die Erfüllung des Gesetzes kontrastierend gegenüber zu stellen war, mithin von hoher Selektivität. Zweitens hat Polykarp seinen zwar allgemein gültigen, aber mit Blick auf einen Presbyter, der sich finanziell vergangen hatte, formulierten Grundsatz einer *Amtsträgerparänese* (1Tim 6,6–10) entnommen, die vor Leuten warnt, die meinen, πορισμὸν εἶναι τὴν εὐσέβειαν (1Tim 6,5b).[33] Ob Polykarp den Philippern zutraute, diesen Zusammenhang zu erkennen, oder ob es nur für ihn selber von Bedeutung war, dass schon Paulus die φιλαργυρία für die gefährlichste Versuchung eines Amtsträgers hielt, möchte ich dahingestellt sein lassen. Für Zufall kann ich es nicht halten, zumal sich drittens auch an die Warnung vor der Habsucht in 1Tim 6,11f direkt die Aufforderung an den Amtsträger anschließt, nach der Gerechtigkeit zu streben (σὺ δέ ... δίωκε δὲ δικαιοσύνην) und den guten Kampf des Glaubens zu kämpfen (ἀγωνίζου τὸν καλὸν ἀγῶνα τῆς πίστεως). Polykarp fasst m.E. diese beiden Aspekte zusammen in dem (pln) Bild vom Wappnen mit den Waffen der Gerechtigkeit' (ὁπλισώμεθα τοῖς ὅπλοις τῆς δικαιοσύνης), er folgt also dem durch 1Tim 6,7–12 vorgegebenen Duktus und variiert ihn lediglich durch Einfügung einer (seiner Meinung nach) gleichbedeutenden Metapher aus 2Kor 6,7.[34] Man erkennt an dieser Stelle, welch hohe Bedeutung

---

[33] Vgl. J. Roloff, 327: in 1Tim 6,6–10 handelt es sich „um Weisungen speziell für die Amtsträger", für ihr „Verhalten zum Besitz".

[34] Es kann also an dieser Stelle keine Rede von einer „freien" Verbindung „fremder Texte" durch Polykarp sein, wie A. Lindemann, Rezeption, 224 meint.

der 1Tim für Polykarp hat. Offensichtlich hält er den Begriff der δικαιοσύνη, wie er in den Pastoralbriefen verwendet wird, nämlich als Tugendbe-
griff, für originär paulinisch, so dass er auch „echte" pln Stellen wie 2Kor
6,7 von diesem Vorverständnis her interpretieren und integrieren kann.[35]

Fasst man alle Argumente zusammen, bleibt m.E. kein Raum für Zweifel
daran, dass Polykarp in Vorbereitung seiner Stellungnahme zum Fall Valens
bewusst aus der Amtsträgerparänese des 1Tim zitiert; dies signalisiert schon
die Zitationsformel, die auch sonst pln Inhalte einführt und einen hohen
Grad von *Referenzialität* und *Kommunikativität* der intertextuellen Verweisung garantiert. Die sequenzielle Zitation zweier Logien aus 1Tim 6,10.7
und die prägende Kraft des weiteren Ko-Textes, nämlich der Gegensatz φιλαργυρία – δικαιοσύνη und die Verbindung von δικαιοσύνη und Kampf-
metaphorik, erweisen ein hohes Maß an *struktureller Korrespondenz*
zwischen der Vorlage und dem Text. Das Zitat ist von hoher *Selektivität*, da
es im Hinblick auf das zu verhandelnde Thema (Amtsträger und ihre Verantwortung in Bezug auf Geld) und in gezielter Gegenüberstellung zu positiven pln Fundamentalaussagen über die Erfüllung des Gesetzes ausgewählt
worden ist und zudem fast wörtlich mit dem Prätext übereinstimmt. Schließlich ist das Verhältnis der in Polyc 3,2–4,1 anzitierten Prätexte zum Text
von hoher *Dialogizität*, weil durch die kotextuelle Perspektivierung die aus
1Tim 6,10.7 stammenden paränetischen Logien in den Rang von theologischen Fundamentalaussagen erhoben werden.

Der argumentative Zusammenhang von Polyc 3,2–4,1 macht deutlich,
dass 1Tim 6,7.10 für Polykarp auf derselben Stufe steht wie 1Kor 13,13,
Gal 4,26 und Gal 5,14 / Röm 13,8–10. Eine Entstehung der Pastoralbriefe
nach Polyc und ihre Abfassung durch Polykarp scheint damit schon von
dieser Stelle her ausgeschlossen zu sein.[36]

---

[35] Vgl. die zutreffende Feststellung A. Lindemanns, Rezeption, 229: „Man kann nicht sagen,
dass die paulinische Theologie das Denken Polykarps entscheidend geprägt hat", und dies, obwohl
„Pauluszitate und -anspielungen den weitaus größten Teil des von Polykarp bewußt aufgenommenen Materials" ausmachen. Auch U. Luz, Rechtfertigung bei den Paulusschülern, 367 wundert sich
darüber, dass eine deutliche Reminiszenz an Eph 2,8f (in Polyc 1,3) Polykarp nicht daran hindere,
„die Gerechtigkeit als eine Tugend zu verstehen (3,1ff)". *Eine* Erklärung für diesen auffälligen
Sachverhalt dürfte sein, dass schon Polykarp Paulus durch die Brille der Pastoralbriefe hindurch
gelesen hat. Dass dabei die handfesten moralischen Aussagen der Pastoralbriefe leichter in sein eigenes theologisches Denken zu integrieren waren als die Spitzenaussagen der pln Rechtfertigungslehre, ist einleuchtend. A. M. Ritter, Alexandrien, 119 verweist außerdem auf die matthäische Fär-
bung des Gerechtigkeitsbegriffs bei Polykarp, der δικαιοσύνη erstmalig im Zitat von Mt 5,10 verwendet (Polyc 2,3).

[36] Denkbar bliebe natürlich, dass Polykarp selber die Pastoralbriefe verfasst und ihnen mit einer außerordentlichen Dreistigkeit, die H. von Campenhausen keinesfalls im Blick hatte, durch die
Formulierung von Polyc 4,1 den Weg in die kirchliche Akzeptanz geebnet hätte. In diesem –
höchst unwahrscheinlichen – Fall läge die Abfassung der Pastoralbriefe aber zeitlich vor Polyc.

5.2.2 Die Liebe der Märtyrer (Polyc 9,2/2Tim 4,6–10)

Eine zweite, m.E. deutlich auf den 2Tim intertextuell bezugnehmende Stelle ist Polyc 9,2. Als Vorbilder der Geduld stellt Polykarp in 9,1 den Philippern die Märtyrer der jüngsten Zeit (Ignatius, Zosimus, Rufus und weitere namentlich nicht genannte Philipper) sowie Paulus und die übrigen Apostel vor Augen. Über sie werden eine Reihe von lobenden Aussagen gemacht, die durch die einleitende Referenzformel (πεπεισμένους, ὅτι) als von den Philippern selbstverständlich geteilte charakterisiert werden:

> πεπεισμένους, ὅτι οὗτοι πάντες οὐκ εἰς κενὸν ἔδραμον, ἀλλ᾽ ἐν πίστει καὶ δικαιοσύνῃ, καὶ ὅτι εἰς τὸν ὀφειλόμενον αὐτοῖς τόπον εἰσὶ παρὰ τῷ κυρίῳ, ᾧ καὶ συνέπαθον. οὐ γὰρ τὸν νῦν ἠγάπησαν αἰῶνα, ἀλλὰ τὸν ὑπὲρ ἡμῶν ἀποθανόντα καὶ δι᾽ ἡμᾶς ὑπὸ τοῦ θεοῦ ἀναστάντα. (Polyc 9,2)

Dass hier ein hochgradig intertextuelles Stück vorliegt, zeigt sich schon daran, dass die einleitende Referenzformel durch καὶ ὅτι nochmals aufgenommen wird, ein deutlicher Hinweis auf eine bewusste Kombination mehrerer Fremdtextbezüge durch Polykarp.[37] Der Ko-Text und die einleitende Bemerkung πεπεισμένους, ὅτι weisen zudem ganz klar die Richtung, in der die Prätexte zu suchen sind: Es kann sich nur um Selbstaussagen der Märtyrer oder Berichte über sie handeln. Ich möchte im Folgenden zeigen, dass sich Polyc 9,2 als drittes Glied einer intertextuellen Kette[38] erweisen lässt, die mit dem paulinischen Philipperbrief beginnt und durch 2Tim 4,6–10 fortgesetzt wurde. Polykarp hat diese Verbindung erkannt und durch Integration von Aussagen, die seiner eigenen Generation entstammen (1Klem 5 und IgnRöm 6,1; IgnSm 4,2), erweitert, entsprechend der Tatsache, dass es eine neue Märtyrergeneration zu ehren gab.

Dass das erste Zitat (οὐκ εἰς κενὸν ἔδραμον) wörtlich aus Phil 2,16 übernommen wurde, sollte man nicht bezweifeln. Der Grad wörtlicher Übereinstimmung mit Gal 2,2 ist geringer und ebenso die inhaltliche Korrespondenz, denn nur Phil 2,16 teilt mit Polyc 9,2 den Aspekt des eschatologischen Urteils über ein abgeschlossenes Leben. Es ist als Zeichen für eine bewusste und geschickte Prätextintegration anzusehen, dass Polykarp das Textsegment

---

Die eminenten Stilunterschiede zwischen beiden Schreiben, die Campenhausen selbst treffend charakterisiert hat und auf den großen zeitlichen Abstand zwischen der Abfassung beider Texte zurückführte („gut ein Menschenalter", Polykarp, 248), fallen natürlich stark gegen diese These ins Gewicht. Außerdem zeigen die in den Pastoralbriefen bekämpften Gegner doch ein recht anderes Profil als das aus Polyc 7 (und den Ignatianen) zu erschließende Hauptproblem einer doketischen Christologie.

[37] Gegen A. Lindemann, Rezeption, 228, der meint, die in Polyc 9,2 verwendeten traditionellen Wendungen seien keine Anspielungen. Die beiden deutlichen Markierungen erweisen *mindestens* die jeweils direkt folgenden Worte als intendierte Anspielungen auf Phil 2,16 und 1Klem 5,4.(7).

[38] S.o. S. 21 mit Anm. 62.

ohne jede Änderung übernommen hat und die inhaltliche Verschiebung des Bezuges von dem in der ersten Person sprechenden Paulus auf alle (πάντες) nur über die syntagmatische Positionierung zustande kommt, durch die der mehrdeutigen Verbform ein neues Subjekt zugeordnet wird. Es gibt über diese Stelle hinaus klare Hinweise darauf, dass Polykarp der paulinische Philipperbrief bekannt war.[39]

Schwer wiegen besonders Polykarps wohlgesetzte Eingangsworte an die Philipper (Polyc 1,1), die zweifellos eine theologisch durchdachte und sprachlich gelungene Anspielung auf das den pln Phil durchziehende Motiv der Freude darstellen (vgl. Phil 1,4.17f.25; 3,1; 4,1.4.10) und wegen ihrer emphatischen Anfangsstellung als implizit markiert gelten können.[40] Polykarp leitet mit <u>συνεχάρην ὑμῖν μεγάλως ἐν τῷ κυρίῳ</u> seinen Dank für die Fürsorge der Gemeinde gegenüber den durchgezogenen, inzwischen zu Märtyrern gewordenen Christen ein. Paulus verwendet ἐχάρην δὲ ἐν κυρίῳ μεγάλως zu Beginn seiner Danksagung für die Fürsorge der Gemeinde während *seiner* Gefangenschaft für das Evangelium (4,10). Das *Mit*freuen begegnet bei Paulus angesichts des drohenden Martyriums: Er freut sich mit den Philippern und sie sollen sich mit ihm freuen (χαίρω καὶ <u>συγχαίρω πᾶσιν ὑμῖν</u>· τὸ δὲ αὐτὸ καὶ ὑμεῖς χαίρετε καὶ συγχαίρετέ μοι, 2,17f). Die Konflation beider Wendungen durch Polykarp bringt also mit der Paulus nachempfundenen Danksagung die gemeinsame Verbundenheit zwischen ihm und den Philippern in der pln Tradition angesichts der gerade geschehenen Martyrien zum Ausdruck – treffender hätte er es kaum sagen können. Die intertextuelle Verweisung zeichnet sich durch hohe Selektivität aus, das dialogische Verhältnis ist von aktualisierender Aneignung geprägt. Die Anspielung ist nur implizit markiert, was sich in diesem Falle dadurch erklären dürfte, dass Polykarp davon ausgehen konnte, dass die Philipper den paulinischen Philipperbrief genauestens kennen – was bedeutet, dass auf ihrer Seite eine sehr niedrige Signalschwelle für Zitate und Anspielungen aus diesem Brief besteht. Die pointiert an den Anfang des Briefes platzierte Wendung hat sichtlich kommunikatives Gewicht.[41]

Im Unterschied zu Polyc 9,2 bringt Paulus allerdings in Phil 2,16 eine noch unerfüllte Hoffnung zum Ausdruck, am Tage Christi nicht vergeblich gelaufen zu sein. M.E. gründet sich die diesbezügliche Sicherheit Polykarps (πεπεισμένους, ὅτι) auf 2Tim 4,6ff, wo die entsprechenden Aussagen des Philipperbriefes verarbeitet sind. Dies ist zunächst nachzuweisen.[42]

Paulus schreibt den Philipperbrief angesichts seines möglicherweise bevorstehenden Todes. Seine Ermahnungen haben testamentarisches Gepräge,

---

[39] Dies wird von A. Lindemann, Rezeption, 228f m.E. zu Unrecht in Zweifel gezogen.

[40] Zustimmend äußern sich auch A. E. Barnett, Paul, 171f.177 und P. N. Harrison, Polykarp's Two Epistles, 291f.

[41] Vgl. auch oben Anm. 9 zu Polyc 11,3; manche sehen auch in Polyc 12,3 („betet für die Feinde des Kreuzes") einen Hinweis auf Phil 3,18, z.B. J. B. Lightfoot, AF II,1, 602.

[42] Dies wird in der Forschung kontrovers beurteilt: Klar dagegen votiert Wolter, Paulustradition, 224f; dafür vor allem D. Cook, 2 Timothy IV.6–8, 168–171; A. T. Hanson, 30f; ders., Domestication, 412–14; A. E. Barnett, Paul, 269.

wobei die Aussicht, doch noch freizukommen, den strengen Testamentscharakter immer wieder durchbricht. Paulus spricht von seinem Tod als erstrebenswertem „Aufbruch" zu Christus (ἐπιθυμία ... ἀναλῦσαι, 1,23) und als vielleicht bevorstehendem Geopfert-Werden (εἰ καὶ σπένδομαι, 2,17). Er beschreibt sein Leben als Christ und Apostel in den Metaphern des Wettkampfes / Laufes und fordert die Philipper zur Nachahmung auf (1,27.30; 2,16; 3,12–14). Er hält sich nicht für vollkommen (οὐχ ... ἤδη τετελείωμαι, 3,12) und bittet die Gemeinde, durch ihr Festhalten am Wort des Lebens dazu beizutragen, dass sein Laufen nicht vergeblich war (οὐκ εἰς κενὸν ἔδραμον, 2,16). Im 2Tim werden alle diese Stichworte angesichts des auf der Ebene der Fiktion unmittelbar bevorstehenden Todes aufgenommen und aus der für Paulus charakteristischen Potenzialität in eine triumphierende Aktualität überführt, die tatsächlich die Vollendung schon hinter sich weiß. Der fiktive Paulus sagt unter Orientierung an den Worten des echten: Ἐγὼ γὰρ ἤδη σπένδομαι, καὶ ὁ καιρὸς τῆς ἀναλύσεώς μου ἐφέστηκεν. τὸν καλὸν ἀγῶνα ἠγώνισμαι, τὸν δρόμον τετέλεκα ... (2Tim 4,6f). Mit der Formulierung τὸν δρόμον τετέλεκα (2Tim 4,7) werden m.E. die in Phil 2,16 ausgesprochene Hoffnung, Paulus möge nicht vergeblich gelaufen sein, und seine Selbsteinschätzung, nicht vollkommen zu sein (Phil 3,12), konflagierend aufgenommen. Auch die Rede vom Tag Christi (ἡμέρα Χριστοῦ) in Phil 2,16 begegnet in 2Tim 4,8 als Vorausblick auf jenen Tag (ἐν ἐκείνῃ τῇ ἡμέρᾳ). Der Beweis für literarische Bezugnahme auf den pln Philipperbrief liegt im gehäuften Auftreten der Parallelen (Strukturalität) zusammen mit ihrer Prägnanz.[43] Selbstverständlich ist die Wettkampfmetaphorik in frühjüdischen und -christlichen Texten in martyrologischen Zusammenhängen häufig belegt und könnte unabhängig von den pln Philipperstellen aufgenommen worden sein. Anerkanntermaßen ist ἀνάλυσις / ἀναλύειν zwar nicht im NT, aber sonst als Umschreibung des Sterbens geläufig. Und schließlich wird auch die Opfermetaphorik wiederum zwar nur an diesen beiden Stellen im NT, aber sonst vielfach auf das Sterben von Gerechten übertragen.[44] Doch statt an ein zufälliges Zusammentreffen dreier aus unterschiedlichen Wortfeldern stammender signifikanter Metaphern in einem pseudopaulinischen Brief zu glauben, dessen fiktive Entstehungssituation vergleichbar mit der des pln Philipperbriefes ist, scheint es mir viel näher zu liegen, anzunehmen, dass der Verfasser

---

[43] Eine andere Möglichkeit, die Nähe zwischen Phil und 2Tim 4,6ff zu erklären, bietet die Fragmententheorie. Nach P. N. Harrison, Problem, 93–135 gehört das Stück zu einem echten Paulusbrief. Den überzeugenden Gegenbeweis aufgrund sprachlicher Kriterien erbringt D. Cook, 2 Timothy IV.6–8, 168–171; vgl. auch ders., The Pastoral Fragments Reconsidered, 120–131.

[44] Belege und Literatur für alle drei Metaphernkreise (Wettkampf, ἀνάλυσις und Opfer) sind ausführlich dokumentiert bei M. Wolter, Paulustradition, 224f mit Anm. 12–14.

sprachliche Anleihen bei dem Autor macht, dessen Stil und Vorstellungswelt er ja schließlich bewusst nachahmt, um glaubhaft zu sein.[45]
    In 2Tim 4,8.10 begegnen zwei über den pln Phil hinausgehende Gedan-
ken, die in Polyc 9,1f m.E. vorausgesetzt sind: die als Verheißung formulierte ausdrückliche Ausweitung des Kreises derer, die wie Paulus hoffen
können, nach bestandenem Kampf eschatologischen Lohn zu erhalten, auf
alle (πάντες), die die Erscheinung des Herrn *lieben* (ἀγαπᾶν τὴν ἐπιφά-
νειαν αὐτοῦ), und deren Kontrastierung mit dem warnenden Beispiel des
Demas, der Paulus aus Liebe zum jetzigen Äon verließ (ἀγαπᾶν τὸν νῦν
αἰῶνα). Liebe zum jetzigen Äon wird in 2Tim 4,6ff also der Liebe zum
κύριος entgegengesetzt, die sich als beharrliches Festhalten des Glaubens
manifestiert (2Tim 4,7c), was im Bild des Wettkampfes metaphorisch beschrieben wird (2Tim 4,7a.b), und für alle Gläubigen die Verheißung eschatologischen Lohnes enthält (2Tim 4,8). Polykarp nimmt genau diese Kombination von Gedanken auf, indem er die in 2Tim 4,8 ausgesprochene Verheißung auf Ignatius und seine Leidensgenossen bezieht, ihnen bescheinigt,
dass sie nicht vergeblich gelaufen sind (Phil 2,16), weil sie (gemäß 2Tim
4,8.10) nicht den jetzigen Äon liebten, sondern den κύριος.[46]
Mitnichten besteht also die Verwandtschaft zwischen Polykarp und den Pastoralbriefen an dieser Stelle nur in der Verwendung des sonst in der zeitgenössischen Literatur überhaupt nicht vorkommenden Terminus ὁ νῦν αἰών.[47]
Vielmehr ist die Aufnahme dieses Begriffes in Polyc 9,2 eingebettet in die
Übernahme und Anpassung der martyrologischen Konzeption von 2Tim
4,6–10 an die aktuelle Situation nach dem Tode einer weiteren Generation
von Märtyrern. Dass hierbei auch Anspielungen an 1Klem und vor allem die
Ignatianen angegliedert wurden,[48] entspricht der paränetischen Absicht Po-

---

[45] Gegen Wolter, Paulustradition, 224f.

[46] Als „Kehrseite von 2 Tim. 4,10" bezeichnete schon H. J. Holtzmann, Pastoralbriefe, 261f die
Wendung οὐ γὰρ τὸν νῦν ἠγάπησαν αἰῶνα in Polyc 9,2. Ferner weist er darauf hin, dass in
2Tim 4,7.8.10 und Polyc 9,2 „der Lauf, der Glaube und die Gerechtigkeit in derselben Reihenfolge
wiederkehren". Als „gut möglich bis wahrscheinlich" beurteilt die literarische Aufnahme von 2Tim
4,10 C. Looks, Rezeption, 164–166. Inkonsequenterweise werden die im selben thematischen Zusammenhang rezipierten Gedanken aus 2Tim 4,7–8 als „möglich, aber unsicher" bewertet, a.a.O.,
170f, weil zu deutlich auf Phil 2,16 Bezug genommen werde. Dies Argument erübrigt sich durch
den obigen Nachweis der intertextuellen Kette.

[47] So H. von Campenhausen, Polykarp, 223.

[48] Vgl. εἰς τὸν ὀφειλόμενον αὐτοῖς τόπον (Polyc 9,2) mit εἰς τὸν ἅγιον τόπον in 1Klem
5,7 und τὸν ὑπὲρ ἡμῶν ἀποθανόντα καὶ δι' ἡμᾶς ὑπὸ τοῦ θεοῦ ἀναστάντα in Polyc 9,2 mit
ἐκεῖνον ζητῶ τὸν ὑπὲρ ἡμῶν ἀποθανόντα· ἐκεῖνον θέλω, τὸν δι' ἡμᾶς ἀναστάντα in Ign-
Röm 6,1; schließlich sind IgnSm 4,2 und Polyc 9,2 die einzigen beiden Stellen in der urchristlichen
Literatur, an denen συμπάσχω mit Dativ in der Bedeutung von körperlichem Mitleiden mit Christus verwendet wird.

lykarps, diese Märtyrer seiner Gegenwart in die Reihe der Vorbilder einzugliedern.

5.2.3 Diakonenspiegel (Polyc 5,2)

In Polyc 5,2 häufen sich die Parallelen zu allen drei Pastoralbriefen derart, dass der Zufall als Erklärung m.E. ausscheidet. Eine spezielle Ermahnung an die Diakone wird abgeschlossen mit einer an alle Christen gerichteten, dreifachen eschatologischen Verheißung, der drei Bedingungen zugeordnet sind. Deutliche Parallelen zu den Pastoralbriefen finden sich in der Wortwahl wie im theologischen Argumentationszusammenhang.

Kern der Ermahnung an die Diakone ist ein Tugendspiegel, dessen adjektivische Attribute mit einer einzigen – für Polykarp charakteristischen, quasi redaktionellen – Ausnahme[49] aus den Amtsspiegeln der Pastoralbriefe (1Tim 3,1–13 und Tit 1,6–9) entnommen zu sein scheinen.[50] Drei der Attribute sind Hapaxlegomena im NT: (μὴ) διάβολος (adj.), (μὴ) δίλογος, ἐγκρατής.[51] δίλογος ist darüber hinaus außer in 1Tim 3,8 und Polyc 5,2 in der Bedeutung „doppelzüngig" überhaupt nur noch ein einziges Mal an entlegener Stelle nachgewiesen.[52] ἐπιμελής ist in frühchristlicher Literatur sonst nicht belegt, dürfte aber zusammenfassende Wiedergabe des Ausdrucks ἐκκλησίας θεοῦ ἐπιμελεῖσθαι sein (1Tim 3,5). Somit stammen μὴ διάβολος, μὴ δίλογος, ἀφιλάργυρος[53] und ἐπιμελής aus 1Tim 3,1–13, ἐγκρατής[54] aus der Parallelstelle Tit 1,8; Polykarp hat in Auswahl (den Fall Valens vor Augen) und aus dem Gedächtnis zitiert. Dass umgekehrt die Pastoralbriefe von Polykarp abhängig wären, ist nicht anzunehmen, der Autor hätte sonst die wenigen Attribute erheblich vermehrt und sorgsam auf drei verschiedene Amtsspiegel verteilt. Nicht ganz auszuschließen ist die Möglichkeit, dass Polykarp und die Pastoralbriefe sich auf eine gemeinsame Quelle beziehen. Dies erscheint aber wegen der im Folgenden zu besprechenden weiteren Anspielungen auf die Pastoralbriefe in Polyc 5,2 eher unwahrscheinlich.

---

[49] Daß Amtsträger barmherzig (εὔσπλαγχος) sein müssen, fordert Polykarp auch an erster Stelle von den Presbytern (Polyc 6,1), wohl gezielt im Hinblick auf die Erfordernisse, welche mit der Verfehlung des Valens gestellt waren (vgl. Polyc 11,4–12,2). In der sonstigen christlichen Literatur findet sich εὔσπλαγχος nicht als den Amtsträgern zugeschriebenes Prädikat, sondern als allgemein christliche Tugend (Eph 4,32; 1Petr 3,8; 1Klem 54,1).

[50] Vgl. schon H. J. Holtzmann, Pastoralbriefe, 261.

[51] διάβολος ist eine Vorzugsvokabel der Pastoralbriefe: 1Tim 3,11; 2Tim 3,3; Tit 2,3.

[52] Pollux, Onom 1,118 v.l.; vgl. R. Schwarz, Bürgerliches Christentum, 63.

[53] Vgl. noch Hebr 13,5; Did 15,1.

[54] Vgl. noch 2Klem 4,3 und Herm v 1,2,4.

Der Ermahnung folgt eine dreifache eschatologische Begründung, deren erster Teil lautet: ᾧ ἐὰν εὐαρεστήσωμεν ἐν τῷ νῦν αἰῶνι, ἀπολημψόμεθα καὶ τὸν μέλλοντα. Hier ist nicht nur erneut die ausschließlich in den Pastoralbriefen und bei Polykarp begegnende Wendung ὁ νῦν αἰών von Interesse, sondern die Art ihrer theologischen Verwendung. Das Verhalten im gegenwärtigen Äon wird in ein direkt konditionales Verhältnis zum Ergehen im zukünftigen gestellt. Im selben Zusammenhang begegnet die Rede vom gegenwärtigen Äon in den Pastoralbriefen: in 1Tim 6,17–19 und (etwas weniger deutlich) in Tit 2,12f. Vermutlich stand Polykarp 1Tim 6,17–19 vor Augen: Dort werden die in dieser Welt Reichen (πλούσιοι ἐν τῷ νῦν αἰῶνι) aufgefordert, sich durch gute Werke einen Schatz zu erwerben εἰς τὸ μέλλον (!), ἵνα ἐπιλάβωνται τῆς ὄντως ζωῆς. Die Sentenz Polykarps bietet gewissermaßen die vom Beispiel abstrahierte theologische Essenz aus dieser Ermahnung. Über ἐν τῷ νῦν αἰῶνι hinausgehend ist auch die Kontrastierung mit τὸν μέλλοντα (αἰῶνα) durch 1Tim 6,17–19 inspiriert (vgl. auch 1Tim 4,8). Vielleicht gilt dies sogar für die Wahl des Verbums, wobei Polykarp durch die Formulierung ἀπολαμβάνειν τὸν μέλλοντα (αἰῶνα) den Geschenkcharakter des Heils[55] stärker herausstellt als die Pastoralbriefe, welche mit ἐπιλαμβάνειν τῆς ὄντως ζωῆς (vgl. auch 6,12) die Assoziation der eigenmächtigen Aneignung des ewigen Lebens zumindest nicht ausschließen.

Bezüglich Polykarps Verwendung von ὁ νῦν αἰών ist zusammenfassend festzuhalten, dass er den Ausdruck in denselben Zusammenhängen verwendet wie die Pastoralbriefe: ἀγαπᾶν τὸν νῦν αἰῶνα in martyrologischem Kontext als Gegenbild zum Verhalten des Märtyrers (Polyc 9,2 / 2Tim 4,6–10) und in direkter Kontrastierung von ethischem Verhalten ἐν τῷ νῦν αἰῶνι mit den eschatologischen Folgen (Polyc 5,2 / 1Tim 6,17–19; Tit 2,12f). In beiden Fällen lässt sich die Verwendung bei Polykarp als weiterführende bzw. abstrahierende Fassung des Gedankens der Pastoralbriefe deuten. Nicht direktes Zitat, sondern Neuanwendung eines vertrauten Textes, der gleichwohl noch erkennbar ist, liegt vor, was einen relativ hohen Grad von Dialogizität bedeutet.

Eine letzte Anspielung an einen Text aus dem 2Tim in Polyc 5,2 ist noch zu besprechen: ὅτι ἐὰν πολιτευσώμεθα ἀξίως αὐτοῦ, καὶ συμβασιλεύσομεν αὐτῷ, εἴγε πιστεύομεν. Das Heil, als Mitherrschen mit Christus vorgestellt, wird hier zweifach determiniert.[56] Der Text, der durch das ein-

---

[55] Polykarp nimmt damit pln Sprachgebrauch auf, vgl. ἀπολαμβάνειν mit eschatologischen Gütern in Gal 4,5; Kol 3,24.

[56] Gegen die Strukturanalyse bei A. Bovon-Thurneysen, Ethik und Eschatologie, 241–256, die hier eine „schwerfällige Konstruktion von drei Verheißungen, die immer mit je einem Bedingungssatz verknüpft sind" (247) erkennen möchte: ᾧ ἐὰν εὐαρεστήσωμεν ἐν τῷ νῦν αἰῶνι, ἀπο-

leitende ὅτι als Zitat gekennzeichnet wird,[57] ist eine Konflation von Phil 1,27 (ἀξίως τοῦ εὐαγγελίου τοῦ Χριστοῦ πολιτεύεσθε) und 2Tim 2,12 (εἰ ..., καὶ συμβασιλεύσομεν), wobei die zweite Stelle die syntaktische Struktur und mit ihr das theologische Gefälle vorgibt. Da in 2Tim 2,11–13 ein traditioneller Hymnus wiedergegeben wird (2,11a: πιστὸς ὁ λόγος), könnte man auch erwägen, dass sie Polykarp unabhängig vom 2Tim bekannt war.[58] Weil sich aber schon Indizien für eine Kenntnis des 2Tim ergeben haben, ist diese Möglichkeit m.E. nur von hypothetischem Charakter. Die Häufung von Anklängen an die Amtsspiegel der Pastoralbriefe (3 Hapaxlegomena und weitere Attribute aus 1Tim 3,1ff; Tit 1,6–9) und an zwei charakteristische Texte (1Tim 6,17–19; 2Tim 2,12) auf engstem Raum in Polyc 5,2 erweisen die hohe Strukturalität bei der Bezugnahme auf die Prätexte und sind nicht anders als durch intensive Vertrautheit Polykarps mit den Pastoralbriefen zu erklären.[59]

5.3 Weitere sprachliche, sachliche und gattungsspezifische Parallelen

Die bislang besprochenen Stellen belegen m.E. hinreichend schlüssig, dass Polykarp die Pastoralbriefe (zumindest 1 und 2Tim) als Paulusbriefe kannte, da er sie als solche zitierte und ihre Argumente in die eigene Darstellung integrierte. Daneben gibt es eine große Anzahl weiterer sprachlicher, sachli-

---

ληψόμεθα καὶ τὸν μέλλοντα, καθὼς ὑπέσχετο ἡμῖν ἐγεῖραι ἡμᾶς ἐκ νεκρῶν, καὶ ὅτι ἐὰν πολιτευσώμεθα ἀξίως αὐτοῦ, καὶ συμβασιλεύσομεν αὐτῷ, εἴγε πιστεύομεν· Der καθώς-Satz über die Auferstehung expliziert m.E. den vorausgehenden über das Empfangen des kommenden Äon. Die Periode besteht also aus zwei Dreiergruppen. Die erste besteht aus einem Bedingungssatz, der von zwei Verheißungen gefolgt ist; bei der zweiten umschließen zwei bedingende Sätze die Verheißung. Was die theologische Gesamtdeutung betrifft, ist Bovon-Thurneysen bedingt zuzustimmen: Zwar ist Polykarp m.E. deutlich darum bemüht, das Prä der Heilstat Christi (vgl. Polyc 1,3) und den Geschenkcharakter des Glaubens festzuhalten (vgl. die Formulierung ἡ δοθεῖσα τίνι πίστις Polyc 3,2; 4,2 u.ö.), de facto aber verwendet er eschatologische Aussagen nur noch, um das ethische Verhalten der Christen durch sie zu beeinflussen (durch Verheißung von Lohn und Drohen mit Strafe). Dadurch entsteht der Eindruck, dass „menschliches Tun zur Bedingung der zukünftigen [göttlichen] Entscheidungen wird" (256).
[57] NTAF, 97.
[58] So urteilt naheliegenderweise H. von Campenhausen, Polykarp, 225.
[59] C. Looks, Rezeption, vergibt für die Anspielung auf 1Tim 3,3.8.11 das Prädikat [mw] („gut möglich bis wahrscheinlich", a.a.O., 161f), ebenfalls für die Anspielungen auf 2Tim 2,12 (a.a.O., 162f), 2Tim 4,10 (a.a.O., 164) und für den Anklang an Tit 1,8 (a.a.O., 167). Die naheliegende Höherstufung in die Kategorie „sehr wahrscheinlich" oder „sicher" (die die Ausführungen durchaus nahe zu legen scheinen, vgl. a.a.O., 163) erfolgt allerdings nicht. Hier zeigt sich deutlich, wie unbefriedigend ein solches Vorgehen, das die jeweilige Einzelberührung künstlich isoliert, ist. Das Kriterium der Strukturalität ist eben als eigenständiges neben demjenigen der Selektivität (bestehend aus Wortkonstanz und Prägnanz) in Anschlag zu bringen und vermag die Wahrscheinlichkeit, literarische Abhängigkeit nachweisen zu können, signifikant zu erhöhen.

cher und gattungsspezifischer Parallelen zwischen den Pastoralbriefen und Polykarps Philipperbrief, die z.T. genauso gewichtig sind wie die oben besprochenen. Sie werden im Folgenden nur noch summarisch angeführt, weil sie zwar den hohen Grad der Intertextualität zwischen beiden Schriften(gruppen) deutlich zeigen, aber keine Schlüsse darauf zulassen, wem die Priorität zukommt.[60] Die erwiesene Abhängigkeit Polykarps vorausgesetzt, können sie diese allerdings überzeugend illustrieren.

1. Sprachliche Berührungen (meist von geringerer Selektivität): Das Hapaxlegomenon ματαιολογία, das 1Tim 1,6 zur Kennzeichnung der Irrlehre verwendet, findet sich im Urchristentum nur noch in Polyc 2,1. Einzig Polyc 3,3 und 1Tim 5,24 verwenden metaphorisch gebrauchtes προάγειν – ἐπακολουθεῖν (allerdings unterscheiden sich die Bilder).[61] Der Ausdruck ut fructus vester manifestus sit in omnibus (Polyc 12,3) ist vielleicht eine Reminiszenz an 1Tim 4,15: ἵνα σου ἡ προκοπὴ φανερὰ ᾖ πᾶσιν.[62] In dem Abschnitt über Valens klingen möglicherweise zwei Texte aus den Pastoralbriefen an: Polyc 11,2 (Wer sich aber in diesen Dingen nicht beherrschen kann, wie kann er dies einem anderen predigen?) verwendet dieselbe Argumentationsstruktur und setzt dasselbe Amtsverständnis voraus wie 1Tim 3,5 (Wenn einer seinem eigenen Haus nicht vorzustehen weiß, wie kann er für die Kirche Gottes sorgen?).[63] Deutlicher ist die zweite Bezugnahme: Die Hoffnung, der Herr möge den schuldig Gewordenen Buße schenken (quibus det dominus paenitentiam veram = οἷς δῴη ὁ κύριος μετάνοιαν ἀληθινήν, Polyc 11,4) scheint Polykarp in Anlehnung an 2Tim 2,25 formuliert zu haben, wo es heißt: δῴη αὐτοῖς ὁ θεὸς μετάνοιαν εἰς ἐπίγνωσιν ἀληθείας.[64] Eine charakteristische Gemeinsamkeit ist schließlich in der Aufforderung zum Gebet für die Obrigkeit zu sehen[65] (Polyc 12,3 / 1Tim 2,1f).[66]

---

[60] Bezeichnenderweise gewann H. von Campenhausens bahnbrechender Aufsatz seine Schlagkraft vor allem aus diesen im Folgenden aufzulistenden Übereinstimmungen, wogegen die Frage der möglichen Abhängigkeit Polykarps von den Pastoralbriefen nicht mit der notwendigen Ausführlichkeit behandelt wird.

[61] Sehr skeptisch C. Looks, Rezeption, 176f.

[62] C. Looks, Rezeption, 175: „möglich, aber keinesfalls zwingend".

[63] Als „möglich, aber unsicher" beurteilt von C. Looks, Rezeption, 172.

[64] Das vermutet NTAF, 97; auch C. Looks, Rezeption, 166 („gut möglich bis wahrscheinlich"). Die Vorstellung von Gott als Geber der Buße begegnet auch 1Klem 7,4; Barn 16,9; Herm s 8,6,1f. Doch keine dieser Stellen bietet wie Polyc 11,4 / 2Tim 2,25 einen im Konjunktiv formulierten Wunsch und das Stichwort ἀλήθεια / ἀληθινός.

[65] Hierzu meint H. J. Holtzmann, Pastoralbriefe, 261, Polyc 12,3 stamme direkt aus 1Tim 2,2. C. Looks, Rezeption, 174f ist wegen der weiteren möglichen Bezugstexte Eph 6,18; 1Klem 60,4–61,2 zurückhaltender („möglich, aber unsicher").

[66] Weiter kann man vielleicht (mit NTAF, 98) in der Formulierung quod ego credo esse in vobis (Polyc 12,1) eine Reminiszenz an 2Tim 1,5 sehen (πέπεισμαι δὲ ὅτι ἐν σοί). Aber vgl. Ign-

2. Gattungsspezifische Parallelen: Die enge Verbindung von Haustafelparänese mit Stoffen der Kirchenordnung und Ketzerpolemik im Rahmen eines (echten oder fingierten) Briefes charakterisieren, wie H. von Campenhausen bereits beobachtet hat,[67] die Pastoralbriefe, den Brief Polykarps an die Philipper und, was Campenhausen nur anmerkungsweise erwähnt, den Brief des Ignatius an Polykarp.[68] Sonst gibt es diese Kombination von Themen, Inhalten und Formen nicht. Was Polykarp den Frauen (4,2), Gemeindewitwen (4,3), Diakonen (5,2), jungen Männern und Jungfrauen (5,3) sowie den Presbytern (6,1) empfiehlt, steht der Paränese der Pastoralbriefe, nimmt man formale wie inhaltliche Aspekte zusammen, näher als alle anderen erkennbaren Quellen (wie die echten Paulinen, 1Petr, 1Klem). Doch soll auf eine genaue Analyse hier verzichtet werden, da für unsere Fragestellung weiterführende Ergebnisse auf diesem Wege (anders als im Falle des ignatianischen Polykarpbriefes: s.u.) nicht zu erwarten sind.

3. Übereinstimmungen im Paulusbild: Polykarps Paulusbild stimmt in den wesentlichen Zügen mit dem Bild des Apostels überein, das die Pastoralbriefe von ihm zeichnen. Paulus gilt erstens beiden als *Traditionsgarant* und *Lehrer der Wahrheit*. In der Formulierung ἐδίδαξεν ἀκριβῶς καὶ βεβαίως τὸν περὶ ἀληθείας λόγον spricht sich das Vertrauen in die Zuverlässigkeit der pln Lehre aus, Vertiefung in die Paulusbriefe gilt darum als sicherer Weg, im verliehenen Glauben erbaut zu werden (Polyc 3,2). Auch dass Zitate aus Paulusbriefen zur Diskussionsgrundlage erhoben werden (εἰδότες ... ὅτι, Polyc 1,3; 4,1; 5,1; 6,1) und in Polyc 11,2 explizit auf die Lehre des Paulus hingewiesen wird, sind untrügliche Zeichen dafür, dass Polykarp seinen Glauben und seine Lehre in pln Tradition verankert, wie dies die Pastoralbriefe in freilich noch einseitigerer Form ihren LeserInnen nahe legen. Zweitens ist der inhaltliche Schwerpunkt dessen, was als pln Lehre verstanden wird, bei Polykarp und in den Pastoralbriefen sehr ähnlich. Ohne dies im Detail zu verfolgen, kann festgestellt werden, dass bei beiden Bekenntnisse zur pln Rechtfertigungslehre (Polyc 1,3; Tit 3,5) Hand in Hand gehen mit der tatsächlichen Aushöhlung dieser Lehre durch die deutliche Vorordnung des Imperativs. Der Begriff der δικαιοσύνη ist darum bei beiden ähnlich gefüllt (s.o. S. 122). Die sachlich und quantitativ meisten Übereinstim-

---

Trall 3,2! C. Looks, Rezeption, bewertet weitere Parallelen: Polyc 5,3 nehme Tit 2,12 auf („möglich bis wahrscheinlich", a.a.O., 163f); Polyc 7,1 beziehe sich möglicherweise auf 2Tim 4,3 (a.a.O., 170); weitere mögliche, aber unsichere Berührungen: Polyc 4,2 / 1Tim 4,12; Polyc 4,3 / 1Tim 5,5; Polyc 4,3 / 1Tim 3,11; Tit 2,3; Polyc 12,2 / 1Tim 2,7, a.a.O., 168.169.173.

[67] H. von Campenhausen, Polykarp, 226ff.

[68] Dass „der nähere Vergleich" zwischen IgnPol und den Pastoralbriefen „unergiebig" bleibe, wie H. von Campenhausen, Polykarp, 228 Anm. 122 meint, hat unsere Untersuchung nicht bestätigt, s.u. S. 177ff.

mungen zeigen sich mit paränetischen Stoffen und Elementen der Kirchenordnung. Zu dem Lehrer Paulus und seiner überwiegend ethischen Lehre kommt drittens hinzu Paulus als *Paradigma des vorbildlich ausharrenden Märtyrers*, eines Vorbildes der Geduld, wie es vor allem der 2Tim zeichnet, wobei zwei zentrale Texte (2Tim 2,12; 4,6ff) von Polykarp interpretierend aufgenommen wurden.

4. Schriftverständnis: Die Art, wie Polykarp die Philipper im Fall Valens auf die Schrift verweist, ist möglicherweise ebenfalls durch die Pastoralbriefe inspiriert. Sowohl in 1Tim 5,18 als auch in Polyc 12,1 werden *zwei* Zitate, die *ein* Problem der Gemeinde beleuchten sollen (Unterhalt für Amtsträger, Verhalten angesichts des Versagens eines Amtsträgers), als Schriftzitate eingeführt und mit καί aneinandergereiht, obwohl nur das erste Zitat aus der Septuaginta stammt, das zweite dagegen ein Herrenwort (Lk 10,7) bzw. ein (pseudonymes) Pauluswort (Eph 4,26b) ist. Die Reihung mit καί ist in 1Tim 5,18 dadurch leicht zu erklären, dass der Verfasser die Logien unterschiedlichen Quellen entnimmt (der LXX,[69] wahrscheinlich via 1Kor 9,8–14,[70] und einem Evangelium [Lk 10,7] bzw. einer Sammlung von Herrenworten [Q?]).[71] In Polyc 12,1 ist das et / καί dagegen in die asyndetische Aufzählung der Logien von Eph 4,26 eingefügt worden. Heißt es dort: ὀργίζεσθε καὶ μὴ ἁμαρτάνετε· ὁ ἥλιος μὴ ἐπιδυέτω ἐπὶ (τῷ) παροργισμῷ ὑμῶν, so lautet der Text von Polyc 12,1: irascimini et nolite peccare, *et* sol non occidat super iracundiam vestram.[72] Dies ist zusammen mit der pluralischen Einleitung (his scripturis dictum est) wohl ein Hinweis für das Bewusstsein Polykarps, aus zwei verschiedenen Schriften zu zitieren,[73] und das, obwohl er das Doppelzitat ohne irgendeinen Hinweis auf die Herkunft des ersten Logions aus der Schrift in Eph 4,26 vorfand. Dieser Tatbestand lässt unterschiedliche Deutungen zu: Entweder glaubte Polykarp, bei-

---

[69] Ob das Zitat gegenüber 1Kor 9,9 wieder dem Text von Dtn 25,4 (LXX) angeglichen wurde (οὐ φιμώσεις statt pln οὐ κημώσεις, wobei die Wortfolge allerdings (gegen Paulus und die LXX) umgestellt wurde, oder ob die Lesart οὐ κημώσεις in den pln Text erst sekundär eingedrungen ist, muss m.E. offen bleiben, vgl. G. Häfner, Schrift, 190f.

[70] Es ist offensichtlich, dass 1Tim 5,17f von 1Kor 9,8–14 literarisch abhängig ist, da Dtn 25,4 im Judentum sonst völlig anders gedeutet wird. Das zitierte Herrenwort dürfte aufgrund des Hinweises auf den Befehl des Herrn in 1Kor 9,14 eingefügt worden sein. Vgl. P. Trummer, Paulustradition, 151–155 und J. Roloff, 305f.309f. Primäre Vermittlung durch mündliche Paulustradition halte ich gegen G. Häfner, Schrift, 190-192 für unwahrscheinlich, 1Tim 5,17f ist als fiktive Selbstauslegung der strittigen Passage durch „Paulus" auszulegen, s.u. S. 212–213 und bes. S. 232–233.

[71] Zur Frage, ob der Verfasser der Past ein Jesuswort wissentlich als „Schrift" zitiert, vgl. erschöpfend G. Häfner, Schrift, 201-203.

[72] Jede Auswertung von Polyc 12,1 ist mit dem prinzipiellen Unsicherheitsfaktor belastet, dass nur die erwiesenermaßen recht ungenaue lateinische Übersetzung erhalten ist. Alle Schlüsse können daher nur unter Vorbehalt gezogen werden.

[73] So z.B. NTAF, 93.

de Logien stammten aus dem AT,[74] oder er war sich dessen bewusst, dass er ein Schriftwort und ein Pauluswort gemeinsam als „Schrift" zitiert.[75] In diesem Fall könnte ihm 1Tim 5,17 als Modell gedient haben, an dessen syntaktische Struktur er sich darum anlehnte. Ich halte es nicht für undenkbar, dass Polykarp, der die Kombination Schriftwort – Herrenwort als γραφή zitiert vorfand, nun seinerseits einen Schritt weiterging und auch ein von Paulus zitiertes Schriftwort gemeinsam mit der pln Deutung als „Schrift" verstanden wissen wollte. Als Hinweis darauf lässt sich Polykarps Verwendung des Verbums ἐγκύπτειν verstehen. Er bezieht es auf die pln Briefe, in die die Philipper sich „vertiefen" sollen, um zum Glauben erbaut zu werden (Polyc 3,2). Das Verb kommt sonst im Urchristentum nur noch im 1Klem vor, der Polykarp bestens bekannt war, wo es sich konsequent auf die Heilige Schrift und die durch sie vermittelte Erkenntnis (der Worte) Gottes bezieht (1Klem 40,1; 45,2; 53,1; 62,3).

Als Ergebnis der Abschnitte 3.1–3 lässt sich festhalten: Polykarps hoch intertextueller Brief an die Philipper setzt die Pastoralbriefe als Paulusbriefe voraus und rechnet vermutlich mit ihrer Kenntnis auch bei den Philippern. Damit steht der Polykarpbrief als terminus ad quem der Abfassung der Pastoralbriefe fest.

5.4 Authentizität, Redaktionsgeschichte und Datierung der Philipperkorrespondenz Polykarps

Leider ist die Datierung des Polykarpbriefes nicht ohne Probleme, weil sichere interne Indizien zur Bestimmung der Abfassungszeit fehlen. Als Anhaltspunkt für die Datierung gelten im Allgemeinen die Hinweise auf Ignatius im Polykarpbrief. Seine Durchreise durch Philippi setzt Polyc 1,1 voraus, c. 13 erwähnt etliche zusammen mit dem Polykarpbrief übersandte Ignatiusbriefe und bittet um weitere Nachrichten „über Ignatius und die mit ihm". In einer gewissen Spannung dazu steht allerdings, dass im oben ausführlich besprochenen 9. Kapitel der Tod des Ignatius fest vorausgesetzt wird, was immer wieder zur Bestreitung der literarischen Integrität des Polykapbriefs Anlass gegeben hat, neuerdings sogar wieder in Verbindung mit einer

---

[74] Diese Vermutung äußern u.a. W. Bauer, 296f; H. Köster, Überlieferung, 113 und P. Steinmetz, Gerechtigkeit, 67 Anm.1.

[75] Für ziemlich unwahrscheinlich halte ich die von C. M. Nielsen, Polycarp, Paul and the Scriptures, 199–216, vertretene Ansicht, Polykarp habe gar nicht mehr gewusst, dass in Eph 4,26 ein Schriftzitat vorliege, vielmehr zitiere er das Corpus Paulinum als Heilige Schrift. Schon vom Argumentationszusammenhang her liegt es nahe, dass nach der zweimaligen Berufung auf Paulus in Kap. 11 mit den Heiligen Schriften eine zweite Autorität ins Feld geführt werden sollte, um die Philipper zur Nachsicht zu bewegen.

sehr weitreichenden, besonders von R. Joly, R. Hübner und T. Lechner ver-
fochtenen Theorie, die das ganze Corpus Ignatianum für eine Fälschung aus
den Jahren ca. 165–175 n.Chr. hält, die mit Hilfe von Interpolationen im
Polykarpbrief abgesichert werden sollte. Meine ausführliche Auseinandersetzung mit dieser These, die an anderer Stelle nachzulesen ist, führt m.E.
klar zu dem Ergebnis: Die Ignatianen sind mit an Sicherheit grenzender
Wahrscheinlichkeit keine Fälschungen und es gibt keinen Anlass, Polyc 1,1
und 13 für Interpolationen zu halten.[76] Wie ist dann aber der Widerspruch in
der zeitlichen Perspektive zwischen c. 9 und c. 13 zu erklären? Mir scheint
immer noch die von P. N. Harrison vorgeschlagene Erklärung die wahrscheinlichste zu sein, dass der Polykarpbrief in seiner vorliegenden Gestalt
aus zwei ursprünglich selbständigen Schreiben zusammengestellt wurde,
wobei Polyc 13 (eher ohne als mit Kap. 14) als ein kurzes Begleitschreiben
zu einer Abschrift der Ignatiusbriefe zu gelten hat, welche die Philipper von
Polykarp erbeten hatten (Polyc 13,2).[77] In dieser covering note bittet Polykarp auch um Nachricht über „Ignatius und die mit ihm sind" (ebd.), eine
sichere Kenntnis über den Tod der Gefangenen hat er zu diesem Zeitpunkt
noch nicht erhalten. Als Polykarp dagegen 9,2 schrieb, wo das Martyrium
vorausgesetzt ist, dürfte die in 13,2 erbetene Nachricht ihn erreicht haben.
Man wird Harrisons These allerdings nicht ohne Abstriche übernehmen
können. Polyc 14 passt mit seinen ausführlichen Schlussgrüßen viel besser
an das Ende des „großen" Schreibens an die Philipper (Polyc 1–12).[78] Dann
wird man sich das Zusammenfügen der beiden Schreiben nicht mehr wie
Harrison als irrtümliches Aneinanderfügen hintereinanderliegender Blätter
vorstellen,[79] sondern als editorischen Akt, wie er auch anderen urchristli-

---

[76] S. o. S. 73 Anm. 9.

[77] P. N. Harrison, Polycarp's Two Epistles. Harrisons These hat sich weitgehend durchgesetzt,
allerdings mit leichten Veränderungen; zur Zuordnung von Polyc 14 s. Anm. 78, auch der von Har-
rison zugrundegelegte große zeitliche Abstand zwischen den beiden Schreiben (covering note im
September des Todesjahres des Ignatius noch unter Trajan, der lange Philipperbrief zu Ende der
Regierungszeit Hadrians um 135) und die postulierte antimarkionitische Ausrichtung des zweiten
Philipperbriefes haben Widerspruch hervorgerufen und müssen daher diskutiert werden.

[78] Weitere Argumente nennt P. Pilhofer, Philippi, 209 Anm. 12. Bereits Harrison selbst hatte
die Zuordnung von Polyc 14 zu Polyc 1–12 erwogen (a.a.O., 15.206). Diese Lösung wird in jüngerer Zeit häufig vorgenommen, so von P. Vielhauer, Geschichte, 558f; J. B. Bauer, 18f.31ff; unter
den Ausgaben J. A. Fischer, AV, 234f; H. U. v. Balthasar, AV, 113.

[79] So P. N. Harrison, Polycarp's Two Epistles, 19. Die von ihm ebd. 20–24 angeführten Analogien bestehen teils aus Briefkompositionen (wie 2Kor), teils aus zufällig zusammenkopierten
Texten (mehrere nicht zusammengehörige Privatbriefe auf einem Papyrus). Hier wird man heute
methodisch präziser argumentieren müssen.

chen Briefen zugrunde liegt, also keinesfalls ein absurder Vorgang ohne Parallelen ist, wie R. Joly und T. Lechner suggerieren.[80]

Eines der schlagendsten Gegenargumente bietet die Geschichte der Ignatiusbriefsammlung selbst. Die syrisch erhaltene kurze Rezension besteht aus IgnPol, IgnEph und IgnRöm. In den Römerbrief wurden am Schluss nach einer kurzen redaktionellen Überleitung („jetzt komme ich bald nach Rom") zwei Kapitel aus IgnTrall eingefügt, ohne dass dies irgendwie angezeigt würde. Der größte Teil dieses Briefes inklusive Präskript geht verloren. Die Subscriptio („hier endet der dritte Brief") macht deutlich, dass der Redaktor keine Skrupel hatte, aus zwei verschiedenen Briefen einen neuen zu kreieren.[81]

Allerdings hat T. Lechner zu Recht der bisherigen Forschung das fehlende Motiv für eine bewusste Interpolation eines echten Brieffragments in den zweiten Philipperbrief entgegengehalten.[82] Ein solches lässt sich aber vermutungsweise rekonstruieren: Nach dem Märtyrertod des Polykarp gab es in der christlichen Öffentlichkeit ein lebhaftes Interesse an diesem großen „Lehrer Asiens" (MartPol 12,2), wie sich an dem von vornherein zur Weiterverbreitung an „alle Gemeinden der heiligen und katholischen Kirche an jedem Ort" vorgesehenen Martyrium zeigt (MartPol inscr.), das noch verfasst wurde, bevor sich der Todestag Polykarps zum ersten Mal jährte (MartPol 18,3).

Leider ist das Todesjahr des Polykarp höchst umstritten.[83] Nach Euseb, HistEccl IV,14,10–15,1 fiel es in die Regierungszeit Marc Aurels, in der Chronik notieren die beiden ansonsten voneinander abweichenden Zeugen (Rufin, bzw. armenische Übersetzung) das 7. Jahr seiner Regierung, d.h. 167/168 n.Chr. Dagegen führen aufgrund literarischer und inschriftlicher Belege das in MartPol 21 genannte Prokonsulat des Statius Quadratus und der Name des Oberpriesters bzw. Asiarchen C. Julius Philippus von Tralles zu einer Datierung um 155/156 n.Chr. Ich bin geneigt, diese nachprüfbaren Daten der möglicherweise tendenziellen oder auf vager Kenntnis beruhenden Zuordnung des Euseb vorzuziehen, aber eine gewisse Unsicherheit bleibt. Die auf einer unnötigen Konjektur beruhende Deutung ins siebzehnte (statt siebente) Jahr des Marc Aurel (177 n.Chr.) dagegen ist sicher auszuschließen.

---

[80] W. Schoedel, Letters, 200 A. 2 hat zu Recht darauf hingewiesen, dass Joly, der (Dossier, 27) versucht, eine bewusste Verbindung beider Briefe als absurdes Unternehmen hinzustellen, damit implizit gegen jegliche redaktionellen Briefkompositionen, z.B. im Corpus Paulinum, argumentiert; ähnlich wie Joly argumentiert T. Lechner, Ignatius, 44f.47. Zu Briefkompositionen (inklusive dem Spezialfall der Autorenrezension) vgl. neben der einschlägigen Literatur zu den betroffen Paulusbriefen (2Kor; Phil) v.a. D. Trobisch, Paulusbriefe, und ders., Entstehung, bes. 84ff.119ff.

[81] Vgl. den syr. Text mit engl. Übersetzung bei J. B. Lightfoot, AF II,3, 75–92; Zur Kurzen Rezension als impliziter Briefsammlung vgl. D. Trobisch, Entstehung, 120f.

[82] Ignatius, 47.

[83] Vgl. die Forschungsüberblicke, die die umfangreiche Literatur zu dieser Frage aufarbeiten: P. Meinhold, Polykarpos, 1673–1680; B. Dehandschutter, Martyrium, 497ff; G. Buschmann, 39f. 362–373.

Spätestens zu diesem Zeitpunkt – eher 155/156 als 167/168 – ist ein Interesse an schriftlichen Hinterlassenschaften des Bischofs von Smyrna vorauszusetzen.[84] Sucht man nach dem Ort, von dem aus die Verbreitung des Philipperbriefes ins Werk gesetzt wurde, kommt dafür m.E. am ehesten Philippi in Betracht. Denn der Philipperbrief ist der einzige erhaltene Polykarpbrief, es ist kein Corpus mit mehreren Briefen überliefert, obwohl Irenäus noch wusste, dass Polykarp außer dem *einen*, wärmstens zur Lektüre empfohlenen Brief an die Philipper (Haer III,3,4) auch noch andere Briefe verfasst hat.[85] Ein Corpus, das mehrere, an verschiedene Adressaten gerichtete Briefe enthalten hätte, wäre am ehesten am Ausgangspunkt dieser Briefe, also im Privatarchiv des Polykarp oder dem Gemeindearchiv von Smyrna, wo gegebenenfalls Kopien verwahrt wurden, zusammengestellt worden. Ein solches Archiv scheint es aber entweder nicht gegeben zu haben, oder die dort erstellte Briefsammlung ist verlorengegangen.[86] Jedenfalls stammt der Philipperbrief kaum von dort, denn es erscheint sehr unwahrscheinlich, dass in Smyrna die Kopie eines relativ belanglosen Kurzschreibens wie 1Polyc (=Polyc 13) vorhanden gewesen wäre, nicht aber Kopien der erwiesenermaßen existenten anderen Briefe,[87] die man der interessierten Öffentlichkeit zugleich hätte zugänglich machen können. Daher spricht m.E. alles für Philippi, die Empfängergemeinde beider Briefe, als Ausgangspunkt der „Veröffentlichung" des Polykarpbriefes. Unter dieser Annahme erklärt sich gut, warum das kurze Begleitschreiben zu den übersandten Ignatianen mit der Nachfrage nach dem Ergehen des Ignatius und seiner Begleiter, inkorporiert wurde. Er war zu kurz, um als eigenständiger Brief neben dem umfangreichen Philipperbrief zu bestehen, andererseits schienen die in ihm erhaltenen Nachrichten zu wichtig, um weggelassen zu werden. Für Philippi spricht außerdem, dass diese Gemeinde sich bereits einige Zeit zuvor darum bemüht hatte, Kopien der Ignatiusbriefe von Polykarp zu erhalten. Offenkundig war man in Philippi bestrebt, eine aktive Rolle bei der Sammlung und Verbreitung christlicher Schriften zu übernehmen.[88]

---

[84] Ähnliche Überlegungen schon bei P. N. Harrison, Polycarp's Two Epistles, 16.18.

[85] Im Brief an Florinus erwähnt Irenäus Briefe, die Polykarp „teils an benachbarte Gemeinden, die er zu befestigen suchte, teils an einzelne Brüder, die er mahnte und ermunterte, geschrieben hat." (Brieffragment bei Euseb, HistEccl V,20,8).

[86] Vgl. auch die historisch schwer zu beurteilende Notiz in der pionischen Vita Polycarpi 12, nach der viele Traktate, Predigten und Schriften Polykarps nach dessen Martyrium der Gemeinde von den Verfolgern geraubt wurden. Diese Notiz könnte auch ein Versuch des um 250 schreibenden Verfassers sein, zu erklären, warum zu seiner Zeit fast nichts von den Schriften des Polykarp erhalten ist.

[87] S.o. Anm. 85.

[88] Zur Sammlung der Ignatiusbriefe und zur Bibliothek der Gemeinde in Philippi vgl. auch P. Pilhofer, Philippi, 255ff.

Wann aber hat Polykarp den 2. Philipperbrief (=Polyc 1–12.14) verfasst? Für problematisch halte ich Harrisons Spätdatierung auf etwa 135 n.Chr.[89] Die dafür beigebrachten Argumente vermögen nicht zu überzeugen, wie vor allem L. W. Barnard im Einzelnen nachgewiesen hat.[90] Insbesondere spricht nichts für eine antimarkionitische Frontstellung der Ketzerpolemik von Polyc 7. Da in Polyc 7,1–3 keine der *spezifisch* markionitischen Auffassungen[91] abgelehnt werden (nicht umsonst rekonstruierte Harrison eine angebliche Frühfassung von Markions Theologie vor dessen Begegnung mit Cerdo in Rom),[92] gab hauptsächlich die Kennzeichnung „Erstgeborener Satans" Anlass zu dieser Vermutung. Denn Irenäus überliefert (Haer III,3,4), dass Polykarp Markion so tituliert hat. Doch ist dieses Argument untauglich, da πρωτότοκος τοῦ σατανᾶ (ohne bestimmten Artikel!) in Parallele zu ἀντίχριστος und ἐκ τοῦ διαβόλου steht und schon die Satzkonstruktion unzweifelhaft erkennen lässt, dass diese Ausdrücke auf *jeden* zu beziehen sind, der die genannten Irrlehren vertritt (πᾶς γάρ, ὅς ..., ἀντίχριστός ἐστιν· καὶ ὅς ..., ἐκ τοῦ διαβόλου ἐστίν· καὶ ὅς ..., πρωτότοκός ἐστι τοῦ σατανᾶ).[93] Man kann mit D. K. Rensberger[94] die Argumentation geradezu auf

---

[89] P. N. Harrison, Polycarp's Two Epistles, 143–206.267–284.

[90] L. W. Barnard, Problem, 31–39. Ferner kritisch gegen eine antimarkionitische Ausrichtung A. von Harnack, Marcion, 5*f Anm. 4; J. A. Fischer, AV, 236f; P. Vielhauer, Geschichte, 560–62; B. Aland, Marcion, 90; A. M. Ritter, Alexandrien, 123.

[91] P. Meinold, Art. Polykarpos, PRE 21,2, 1683–1688 führt zur Untermauerung von Harrisons These zahlreiche unspezifische Beobachtungen an, bei denen eine intendierte Bezugnahme auf Markion völlig ungesichert ist. So beweist die Tatsache, dass Polykarp περὶ τῆς δικαιοσύνης schreibt, sich auf Paulus beruft und das AT auf Christus weissagend versteht, keine antimarkionitische Frontstellung. Der Vorwurf des Doketismus wird sich, wie nicht zuletzt die Ignatianen zeigen, auf weitverbreitete Tendenzen beziehen; „Verdrehung von Herrenworten" passt natürlich auf Markion, aber keineswegs nur auf ihn. Dass die Warnung vor der φιλαργυρία „die Erinnerung an den wohlhabenden Schiffsreeder Markion wecken" (1686) müsse, Valens also vermutlich ein von Markion bestochener Überläufer gewesen sei, ist eine abenteuerliche Spekulation (so auch P. Philhofer, Philippi, 219), die zudem den Text gegen sich hat. Valens wird ausschließlich ethischer Verfehlungen beschuldigt und mit keinem Wort der in Kap. 7 abgewehrten Häresien verdächtigt. Auch T. Lechner, Ignatius, 27–38 kann nicht wahrscheinlich machen, dass es sich bei der Behandlung der Gerechtigkeitsthematik im Polyc auf Herausforderungen durch Markions These vom gerechten Gott dieser Welt, der das Leiden fordere, handelt.

[92] A.a.O., 184ff.315. Noch weniger als diese Hilfskonstruktion Harrisons vermag allerdings die Annahme zu überzeugen, die mangelnde Übereinstimmung der angeblich antimarkionitischen Polemik mit Markions überlieferter Lehre sei darauf zurückzuführen, „dass Polykarp bei der Abfassung seines Briefes die Ansicht seiner Gegner noch nicht richtig und genügend begriffen hatte", wie T. Aono, Entwicklung, 394, glauben machen möchte.

[93] So schon A. von Harnack, Chronologie I/II, 388. Zudem hat N. A. Dahl, Der Erstgeborene Satans, 70–84, nachgewiesen, dass der Ausdruck πρωτότοκος τοῦ σατανᾶ/שׂטן בכור sich nach jüdischer Haggada auf Kain bezieht (Gen 3 und 4,1 wurden auf eine Zeugung Kains durch die Schlange/den Teufel gedeutet). Dieser galt rabbinischem Judentum und frühem Christentum als *Typos des Ketzers*. Es ist sogar in mehreren Targumim ein Gespräch (nach Gen 4,8) überliefert, in dem Kain behauptet, es gebe kein Gericht, keinen Richter, keine andere Welt, keinen Lohn für die

den Kopf stellen: Das Fehlen antimarkionitischer Polemik beweist, dass der Philipperbrief Polykarps vor dem Beginn der Auseinandersetzung mit Markion verfasst wurde. Ist demnach eine Datierung nach ca. 135 eher unwahrscheinlich, verbietet es darüber hinaus der von zahlreichen Anspielungen auf die Ignatianen durchklungene Briefanfang,[95] der die Aufnahme des Ignatius und der anderen Gefangenen in Philippi lobend erwähnt,[96] eine zu lange

---

Gerechten und keine Strafe für die Bösen. Es kann kaum bezweifelt werden, dass Polykarp diese jüdische (antisadduzäische) Tradition auf christliche Gegner anwendet, welche die Eschatologie spiritualistisch deuteten (μήτε ἀνάστασιν μήτε κρίσιν, Polyc 7,1) – nichts weist auf Markion. Vgl. auch die ansprechende Vermutung A. M. Ritters, Alexandrien, 123, und T. Lechners, Ignatius, 29–32, dass Irenäus (oder die hinter Haer III,3,4 stehende Tradition) den Dialog zwischen Polykarp und Markion nach Analogie der berühmten Badehausszene zwischen Johannes und Kerinth in Ephesus unter freier Bezugnahme auf Polyc 7 gestaltet hat.

[94] Apostle, 108–112.

[95] Die μιμήματα τῆς ἀληθοῦς ἀγάπης erinnern an die ignatianische Konzeption von sich selbst und allen Christen als μιμητὴς θεοῦ/κυρίου, besonders im Leiden, vgl. IgnRöm 6,3; IgnEph 1,1; IgnTrall 1,2; IgnPhld 7,2. Zu den ἁγιοπρεπέσιν δεσμοῖς vergleiche man IgnSm 11,1, zur Diademmetapher das Perlenbild in IgnEph 11,2; zur Wahl des Verbums δέχεσθαι vgl. Ign-Röm 9,3; IgnPhld 11,1; ἀληθῶς ist eine Lieblingsvokabel des Ignatius, im Polyc begegnet sie nur hier; ignatianisch klingt schließlich die Formulierung vom Auserwähltsein (ἐκλελεγμένων) der Märtyrer, vgl. IgnEph inscr.; IgnTrall inscr.; IgnPhld 11,1. Vgl. P. N. Harrison, Polycarp's Two Epistles, 163–165. T. Lechner, Ignatius, 57–61 hat darüber hinaus darauf aufmerksam gemacht, dass die (s.E. interpolierte) doppelte Partizipialkonstruktion über Aufnahme und Weitergeleit der Märtyrer nach Analogie der sich bei Ignatius häufig am Briefanfang findenden Partizipien konstruiert sein könnte, „welche in unmittelbarem Zusammenhang mit dem Empfang von Personen ... oder bestimmten Wahrnehmungen und Eindrücken (durch Metaphern) stehen" (ebd. 58), vgl. IgnEph 1,1; 2,1; IgnTrall 1,2; IgnRöm 1,1; IgnPol 1,1; IgnPhld 11,1. Doch diese richtige Beobachtung lässt sich mindestens so gut als Imitation ignatianischer Briefeingänge durch Polykarp erklären, der somit im Schreiben an die Philipper gleich zu Beginn zwei der zentralen Vorbilder, Paulus und Ignatius, durch Anlehnung an die bekannten Präskripte intertextuell heraufbeschwört (zur Anlehnung an den Philipperbrief s.o. S. 124)!

[96] P. Pilhofer, Philippi, 212–214 hat vorgeschlagen, Polyc 1,1 nicht auf Ignatius, sondern auf Christen eines späteren Gefangenentransportes durch Philippi (vielleicht Zosimus und Rufus) zu beziehen. Er möchte damit zwei Probleme lösen, die bei der üblichen Identifizierung der in Polyc 1,1 und 9,1 genannten Märtyrer auftreten. Erstens meint er so erklären zu können, wieso weder Zosimus noch Rufus (noch andere Gefangene neben Ignatius) in den Ignatiusbriefen erwähnt werden, zweitens lässt sich dann ein größerer zeitlicher Abstand zwischen den beiden Philipperbriefen annehmen, den Pilhofer (a.a.O., 209–212) für nötig hält, um einen zwischenzeitlichen Besuch des Polykarp in Philippi unterzubringen (vgl. Polyc 11,3; 14) und den Bischof von Smyrna in die Vertrauensstellung hineinwachsen zu lassen, die seine Ratgeberrolle gegenüber den Philippern im Fall Valens erfordere. Dagegen ist zu sagen: Wann der Besuch des Polykarp erfolgte, lässt der Brief nicht erkennen – Polykarp könnte schon vor der ignatianischen Durchreise mit den Philippern in Kontakt gestanden haben. Eine alternative These, warum die Philipper sich gerade kurz nach dem Begegnung mit Ignatius im Fall Valens an Polykarp wandten, biete ich u. S. 191. Daß an den Transport des Ignatius gedacht ist, zeigt m.E. auch die Anlehnung an ignatianische Sprache in Polyc 1,1 (s.o. Anm. 95). Bezüglich Zosimus und Rufus ist im Übrigen darauf hinzuweisen, dass auch die Formulierung von Polyc 13,2 vorauszusetzen scheint, dass Ignatius nicht der einzige christliche Gefangene war (de ipso Ignatio et de his, qui cum eo sunt...).

Zeitspanne zwischen diesem Ereignis und dem zweiten Philipperbrief anzunehmen.[97] Beide Briefe gehören in die Kommunikationssituation, die der Gefangenentransport des Ignatius durch Smyrna und Philippi eröffnete, wie die Briefeingänge deutlich zeigen (Polyc 13,1; 1,1).[98] Der zweite Brief an die Philipper ist also nicht allzu lange nach dem Eintreffen der Nachricht über den Märtyrertod des Ignatius entstanden.[99] Leider ist jedoch das Todesjahr des Ignatius nicht sicher zu bestimmen, das bei Euseb bezeugte Martyrium unter Trajan scheint nach den neuesten Forschungen zu den Angaben in der Chronik und der Kirchengeschichte auf seine eigene Berechnungen zurückzugehen, die nur auf einer antiochenischen Bischofsliste beruhen, in der Ignatius als zweiter Nachfolger des Petrus geführt wurde.[100] Andere Versuche, die Datierung unter Trajan zu verteidigen, erbringen keine unbezweifelbaren Ergebnisse.[101]

Allerdings ist zu berücksichtigen, dass der ignatianische Brief an Polykarp mit seinen Ratschlägen zur Amtsführung einen gewissen Altersunterschied zwischen Ignatius und Polykarp voraussetzt und ein zu fortgeschrittenes Alter Polykarps wohl ausschließt. Je nach angenommenem Todesdatum für Polykarp[102] ergibt sich für ihn ein Geburtsdatum etwa um 70 oder etwa um 80 n.Chr. Ich halte daher die Jahre 105–120 n.Chr. für die wahrscheinlichste Zeitspanne, die Jahre 120–135 n.Chr. sind aber auch nicht ganz auszuschließen. Das bedeutet, dass Euseb, auch wenn er wahrscheinlich keine wirklich zuverlässigen Angaben über das Todesdatum des Ignatius hatte, vielleicht mit seiner Schlussfolgerung, dass sich das Martyrium des

---

[97] Diese Überlegung hinderte H. von Campenhausen daran, Harrisons These ohne Bedenken zuzustimmen (Polykarp, 239 Anm. 181). Doch kann die Teilungshypothese unabhängig von der Spätdatierung des zweiten Briefes gewürdigt werden.

[98] Siehe dazu ausführlicher u. S. 188.

[99] Für eine Entstehung von 2Polyc (=Polyc 1–12.14) spätestens 1–2 Jahre nach 1Polyc (=Polyc 13) plädieren auch L. W. Barnard, Problem, 31–39; J. A. Fischer, AV, 236f; P. T. Camelot, Ignace, 194f; P. Steinmetz, Gerechtigkeit, 68 mit Anm. 2; J. B. Bauer, 62f; A. M. Ritter, Alexandrien, 117; K. Berding, Polycarp, 350; unter den Vertretern der Authentizität des ganzen Briefes hält die Nähe zum Martyrium des Ignatius fest B. Dehandschutter, Polycarp's Epistle, 278f.

[100] Vgl. T. Lechner, Ignatius, 75–115.

[101] S. L. Davies, The Predicament of Ignatius of Antioch, 174–180, macht wegen der Religionspolitik Kaiser Trajans eine Abfassung in den Jahren 112/113 wahrscheinlich; K.-G. Essig, Mutmassungen über den Anlaß des Martyriums von Ignatius von Antiochien, 105–117, stützt sich auf eine Nachricht aus der Chronographie des Antiocheners Johannes Malalas (6.Jh.), nach der Ignatius den Kaiser anlässlich eines Besuches in Antiochien im Dezember des Jahres 115 geschmäht hätte und daraufhin zum Tode verurteilt worden sei. Beide Vorschläge werden den historischen Rahmenbedingungen gerecht, mehr als Möglichkeiten der Datierung eröffnen sie nicht. Ob die Malalas-Notiz Vertrauen verdient, darf bezweifelt werden, vgl. T. Lechner, Ignatius, 4f. Anm. 3.

[102] S. o. S. 135.

Ignatius in der Regierungszeit des Kaisers Trajan ereignete, gar nicht so falsch lag.[103]

Polykarp kannte, wie unter 5.2 und 5.3 gezeigt wurde, die Pastoralbriefe als Paulusbriefe. Trennt man die Ignatianen und den Polykarpbrief nicht, wie im Gefolge von Harrisons Spätdatierung des 2. Philipperbriefs oft üblich, zeitlich weit voneinander, erhöht sich damit die historische Möglichkeit, auch bei Ignatius eine Kenntnis der Pastoralbriefe nachweisen zu können. Dies soll nun im nächsten Abschnitt untersucht werden.

---

[103] Die traditionelle Datierung 110–117 n.Chr. hält auch Munier, Question, 380.684, weiterhin für vertretbar, W. Schoedel, Polycarp, 349, lässt den Zeitraum 105–135 n.Chr. zu.

6. Ignatius von Antiochien und die Pastoralbriefe

6.1 Methodische Vorbemerkungen, Hypothese und Gang der Untersuchung

Dass Ignatius[1] die Pastoralbriefe gekannt haben könnte, wird in der neueren Forschung öfter abgelehnt als befürwortet.[2] Aber auch für die authentischen Paulusbriefe und Deuteropaulinen sieht es nicht viel besser aus,[3] lediglich die Benutzung des 1Kor kann als Konsens gelten,[4] obwohl aus IgnEph 12,2

---

[1] Ich setze aufgrund meiner Auseinandersetzungen mit der neuesten Fälschungstheorie zum Corpus Ignatianum voraus, dass Ignatius eine historische Person (und keine literarische Fiktion) ist, dass er mit Polykarp von Smyrna anlässlich seiner Todesfahrt in engem Kontakt kam, und dass die sieben Briefe der sogenannten Mittleren Rezension authentisch sind, vgl. dazu o. S. 133ff mit Anm. 76.

[2] Für die Kenntnis der Pastoralbriefe durch Ignatius haben sich ausgesprochen H. J. Holtzmann, Pastoralbriefe, 259–261; Th. Zahn, Ignatius, 614. NTAF ordnet 1/2Tim zwar nur in die Kategorie C ein, kommt aber S. 73 zu dem abschließenden Ergebnis: „The Reminiscences ... are tolerably clear. Both Epistles are nearly in Class B" (B: „a high degree of probability", iii). H. Rathke, Ignatius, 65 registriert eine große sprachliche Nähe, bietet aber widersprüchliche Erklärungsversuche (berechtigte Kritik bei A. Lindemann, Rezeption, 201 Anm. 181). Mögliche Kenntnis nimmt R. M. Grant, AF I, 57 an. Die ausführliche neue Untersuchung von C. Looks zur Rezeption der Pastoralbriefe im 2. Jh. kommt bezüglich der Ignatianen (Rezeption, 123–152) zu keinem eindeutigen Ergebnis. Obwohl es zahlreiche Hinweise auf Benutzung gebe, seien „sichere Schlüsse" nicht möglich: „Die Anzahl an ‚wahrscheinlicheren' Parallelen ist gering, und auch weitere Übereinstimmungen sind zu (sic) von zu geringer Bedeutung, um eine Rezeption der Pastoralbriefe in den Briefen des Ignatius zwingend nachweisen zu können" (Rezeption, 152). Gegen eine Kenntnis der Pastoralbriefe durch Ignatius votieren seit E. von der Goltz, Ignatius, 109 fast alle neueren Untersuchungen (z.B. M. Wolter, Paulustradition, 23 Anm. 67) und Kommentare (z.B. Ignatius: W. R. Schoedel, 36f; Pastoralbriefe: J. Roloff, 45 Anm. 117).

[3] Der nach dem 1Kor am häufigsten als Ignatius vertraut genannte Paulusbrief ist der Eph (z.B. H. Paulsen, Ignatius, 937: Ignatius kennt 1Kor und Eph). Die Spezialuntersuchungen, die sich ausführlich mit der Frage der in den Ignatianen verwendeten Paulusbriefe beschäftigt haben, kommen sämtlich zu unterschiedlichen Rangordnungen: Barnett, Paul, 152–170 hält für *erwiesen* die Kenntnis von 1Kor, Röm, Eph; für *wahrscheinlich* Gal, Phil, Kol; für *denkbar* 2Kor, 1/2Thess, Phlm (die Pastoralbriefe bezieht er aufgrund der Vorentscheidung ihrer nachignatianischen Entstehung nicht in die Untersuchung ein). NTAF, 64–76 hält die Kenntnis des 1Kor für absolut sicher („A"); Eph für sehr wahrscheinlich („B"); dann folgen in Kategorie C: Röm, 2Kor, Gal, Phil, 1/2Tim („nearly in Class B"); in Kategorie D: Kol, 1/2Thess, Phlm. R. M. Grant, AF I, 57: am wichtigsten ist 1Kor, es gibt Anspielungen an Röm, 2Kor, Gal, Eph, Phil, Kol, 1Thess und möglicherweise 1/2Tim. H. Rathke, Ignatius, 39: sicher ist 1Kor; Kenntnis der Pastoralbriefe, Eph, 1/2Thess ist „nicht zu beweisen, jedoch wahrscheinlich". A. Lindemann, Rezeption, 199–221 setzt hinter alle Briefe außer 1Kor mehr oder weniger deutliche Fragezeichen und verzichtet auf die Aufstellung einer Rangordnung.

[4] Vgl. die häufige Nennung von 1Kor in den o. Anm. 3 zitierten Listen. Als weitere Belege seien W. Bauer, Rechtgläubigkeit, 220f; H. Paulsen, Studien, 34 und A. Lindemann, Rezeption, 215

eindeutig hervorgeht, dass Ignatius *mehrere Paulinen*[5] kannte.[6] Die Gründe dafür liegen vor allem in der theologischen Eigenständigkeit des Ignatius; er gestaltet übernommene Traditionen souverän um und neigt nicht zum Zitieren.[7] Hinzu kommt die Einschränkung durch die äußere Situation: Als Gefangenem waren Ignatius schriftliche Vorlagen nicht zur Hand, er war ganz auf sein Gedächtnis angewiesen. R. M. Grant hat m.R. darauf aufmerksam gemacht, dass in dieser Lage die gebräuchliche Unterscheidung zwischen „Schrift" und „Tradition" unbrauchbar wird. Denn auch dem Ignatius ehemals schriftlich vorliegende christliche Texte sind nur noch als Tradition verfügbar.[8] Das führt dazu, dass die zahlreichen, deutlich an pln Texte anklingenden ignatianischen Formulierungen dem Original fast nie so ähnlich sind, dass literarische Abhängigkeit (außer vom 1Kor)[9] als hinreichend gesichert gelten könnte. Die Abfassungssituation und der ignatianische Stil erschweren also die Erfassung seines intertextuellen Bezugsfeldes, weil – anders als bei Polykarp – explizit markierte, wörtliche Zitate weitgehend fehlen, auf die eine Untersuchung aufbauen könnte. Konzentration auf andere Manifestationsformen von Intertextualität ist also geboten, und ich hoffe zeigen zu können, dass es dadurch möglich wird, die Kenntnis und Benutzung der Pastoralbriefe durch Ignatius nachzuweisen.

Einen ersten gezielten Hinweis darauf, dass Ignatius die beiden Timotheusbriefe kennen könnte, liefert die Aussage von IgnEph 12,2, Paulus gedenke der Epheser in jedem Brief (ἐν πάσῃ ἐπιστολῇ). Im brieflichen Kontext untermauert diese Bemerkung das zuvor in überschwänglichen Formulierungen ausgemalte enge Verhältnis zwischen den Aposteln (11,2), besonders

---

genannt. Der 1Kor bei Ignatius ist einer der ganz wenigen Fälle, wo das Herausgeberteam des NTAF die Kategorie A („no reasonable doubt", iii) für angemessen hielt (64–67).

[5] Dies betont hervorzuheben, ist durchaus angebracht angesichts pauschaler Urteile wie des von W. Schneemelcher, Paulus, 6 vertretenen: „Daher kann man die Vermutung nicht von der Hand weisen, dass Ignatius gar keine Paulusbriefe gekannt oder gelesen hat."

[6] Wie wenig konsensfähig Urteile über die literarischen Anspielungen des Ignatius auf Paulus sind, erhellt schlaglichtartig die Zusammenstellung angenommener literarischer Bezüge von fünf älteren Textausgaben bzw. Untersuchungen durch W. L. Hendricks, Imagination (J. B. Lightfoot, A. E. Barnett, K. Lake, C. Richardson, D. Inge in NTAF). Von insgesamt 198 vermerkten Berührungen wird nur eine von allen fünf Autoren vermerkt (1Kor 1,20 in IgnEph 18,1). 19 Anspielungen werden von jeweils 4 Autoren geteilt (12x 1Kor; 2x Phil, 2x Eph, 1x 1Thess, 1x Kol, 1x Röm).

[7] Die einzigen ausdrücklichen (mit γέγραπται eingeleiteten) Zitate sind Prov 3,34 und 18,17 in IgnEph 5,3 und IgnMagn 12.

[8] R. M. Grant, Scripture and Tradition, 327f.

[9] R. M. Grant, Scripture and Tradition, kommt nach einer Untersuchung verschiedener bei Ignatius aufgenommener Stellen aus dem 1Kor zu dem Ergebnis, „that Ignatius used the letter in several different ways and that sometimes he quoted, sometimes he alluded, sometimes he allusively quoted and sometimes he quotingly alluded. Any idea of exactness in analyzing his usage must be read in by the analyst. It does not exist in Ignatius' own writings" (324). H. Rathke, Ignatius, 40 betont, es sei manchmal nicht klar, ob Ignatius bewusst oder unbewusst in pln Wendungen spricht.

Paulus (12,2), und den Ephesern. Darum und weil Ignatius betont, er wisse, wem er schreibe (12,1), wird man den Realitätsgehalt dieser Angabe nicht so bedenkenlos bezweifeln dürfen, wie das gelegentlich geschieht.[10] Die einzigen dem Ignatius sicher bekannten Erwähnungen von Ephesus (1Kor 15,32; 16,8) stehen in *einem* Brief. Als *zweiter* kommt unter Vorbehalt der (pseudo)paulinische Epheserbrief in Betracht (Eph 1,1).[11] Das genügt keinesfalls, um die Hyperbel „in *jedem* Brief" zu rechtfertigen, selbst wenn man sie mit A. Lindemann abgeschwächt versteht, als habe Paulus der Epheser auch „verschiedentlich in Briefen gedacht".[12] Auch „verschiedentlich" ist öfter als zweimal. Die analoge Übertreibung von IgnRöm 4,1 (γράφω πάσαις ταῖς ἐκκλησίαις) wird immerhin durch *sieben* wirklich geschriebene Briefe an *sechs* Gemeinden gedeckt, und IgnPol 8,1 und IgnEph 20,1 beweisen, dass Ignatius noch mehr Briefe hatte schreiben wollen. Will man also Ignatius nicht unterstellen, er habe den Ephesern ein rhetorisch ungeschicktes, da unzutreffendes Kompliment gemacht, muss man entweder annehmen, Ignatius und die Epheser hätten Kenntnisse von weiteren Paulusbriefen gehabt, in denen Ephesus erwähnt wurde, oder – naheliegender – auf beiden Seiten mit der Kenntnis der Pastoralbriefe rechnen (1Tim 1,3; 2Tim 1,16–18; 4,12.19).[13]

Der methodische Weg, einen über die begründete Vermutung der Kenntnis hinausgehenden Nachweis der Benutzung der Pastoralbriefe zu erbringen, soll im Folgenden skizziert werden. In einem ersten Abschnitt (s.u. 6.2) werden einige Beobachtungen zur allgemeinen sprachlichen Nähe zwischen Ignatius und den Pastoralbriefen festgehalten, die beachtlich ist, aber zu unspezifisch, um Aufschluss über ihr Zustandekommen zu ermöglichen. Die

---

[10] Wenn etwa W. Schneemelcher, Paulus, 5 aus IgnEph 12,2 und der zur petitio principii erhobenen Voraussetzung, Ignatius könne die Pastoralbriefe keinesfalls gekannt haben, schließt, man könne „für die Aussage des Ignatius, Paulus erwähne die Epheser in jedem seiner Briefe [=IgnEph 12,2], keinen ausreichenden Beleg beibringen und muß dann wohl vermuten, dass Ignatius kaum eine größere Kenntnis der Paulusbriefe gehabt hat", dann kann man sich nur über die Selbstverständlichkeit wundern, mit der hier eigene Vorurteile über die Richtigkeit der Aussagen von Quellen entscheiden dürfen.

[11] Aber s.u. S. 173 Anm. 111 zur Adresse des Eph.

[12] A. Lindemann, Rezeption, 85, vgl. auch ders., Apostel, 44f. Weitere (unwahrscheinliche) Deutungen der Stelle referiert E. Dassmann, Stachel, 129–131.

[13] So auch R. Staats, Kirche, 130 Anm.16. Nur teilweise überzeugend finde ich die Überlegung von C. Looks, Rezeption, 143–145, es sei an alle indirekten Erwähnungen von Ephesus in Gestalt von Personen, die mit dieser Stadt in Beziehung standen, zu denken, also an die Nennungen von Timotheus, Prisca und Aquila, Tychikus im Corpus Paulinum. Deshalb müssten in IgnEph 12,2 nicht notwendig die Pastoralbriefe eingeschlossen sein. Dagegen ist festzuhalten, dass die Identifikation des mit Ephesus verbundenen Personenkreises überhaupt nur durch die Ortsangaben in 1Tim 1,3; 2Tim 1,18; 4,12.19 gelingt. Wenn also Ignatius mit der Erwähnung der Epheser in jedem Brief auch die ephesinischen Mitarbeiter des Paulus meinen sollte, setzte das zumindest eine indirekte Kenntnis der Personal- und Ortstradition der Pastoralbriefe voraus.

eigentliche Untersuchung geht (in 6.3) von autoreflexiven Bemerkungen des Ignatius aus, mit denen er selbst den intertextuellen Ort seiner Briefe und der in ihnen enthaltenen Aussagen benennt: die Paulusnachfolge. Ignatius möchte in den Spuren des Paulus erfunden werden (IgnEph 12,2) und dieser Wunsch bestimmt, wie nachzuweisen sein wird, die Rezeption paulinischer Inhalte weit stärker als üblicherweise angenommen wird.[14] Durch Auswertung der autoreflexiven Aussagen und eindeutiger Bezugnahmen auf den 1Kor lässt sich die Selbststilisierung des Ignatius als Paulusnachfolger als ein strukturelles Muster erweisen, das die Integration paulinischer Prätexte regiert (s.u. 6.3).[15] Auf dieser Basis lassen sich dann auch weniger sichere Anspielungen auf paulinische Texte bewerten und unter Umständen Schlüsse auf die Quellen des Ignatius ziehen. Dabei werden der Übersichtlichkeit halber thematische Untergruppen gebildet und untersucht, nämlich die sich durch intertextuelle Bezugnahmen konstituierende Paulusnachfolge des Ignatius in der Ketzerbekämpfung, im Streit um das Amt, in seinem Selbstverständnis als Märtyrer und seinem Wirken durch Briefe (s.u. 6.4–6.7). Die Zitate und Anspielungen, die Ignatius dem 1Kor entnommen hat, übernehmen eine Kontrollfunktion, da Forschungskonsens darüber besteht, dass Ignatius ihn „almost by heart" kannte.[16] Wenn so sichergestellt ist, dass Paulus für Ignatius ein nachzuahmendes Vorbild in der betreffenden Hinsicht ist, wird weitergefragt, ob Anspielungen auf weitere Paulusbriefe und natürlich besonders auf die Pastoralbriefe zu demselben Themenkomplex vorliegen. Vollständigkeit wird nur bei der Behandlung möglicher Bezüge auf die Pastoralbriefe angestrebt. Dabei ist auf Einzeltext- wie Systemreferenzen zu achten, und in diesem Fall wird der Systemreferenz sogar entscheidender Beweiswert zukommen. Die Tatsache, dass Ignatius auf seiner Todesfahrt Briefe an Gemeinden geschrieben hat, wird allgemein als Zug der Nachahmung des Apostels anerkannt.[17] Gilt aber dies, dann sollte man

---

[14] Die wichtige Frage nach der Paulusimitation des Ignatius wird meist nur am Rande behandelt. Als Ausnahmen können gelten H. Rathke, Ignatius, 27f.41–47.65f u.ö. und vor allem R. F. Stoops, If I Suffer ... Epistolary Authority in Ignatius of Antioch, 161–178. Stoops zentrale Einsicht: „Ignatius understood his situation and his letter writing in large part on the model provided by Paul" (177) wird in dem vorliegenden Kapitel auf einen umfassenderen Themenkreis und insbesondere auf die Frage nach der intertextuellen Textkonstitution des Ignatius übertragen.

[15] Diese Erkenntnis hat auch methodische Konsequenzen für die Erfassung des ignatianischen Paulusbildes. Dies kann nicht allein aus den beiden wenig ergiebigen ausdrücklichen Erwähnungen des Apostels in IgnEph 12,2 und IgnRöm 4,3 erschlossen werden, sondern muss alle Züge in der Selbstdarstellung des Ignatius, die er von Paulus entlehnt, einbeziehen. Dann wird man kaum wie A. Lindemann, Rezeption, zu dem Ergebnis kommen, die Person des Paulus spiele in den Ignatianen „eine recht geringe Rolle", das Paulusbild enthalte „kaum individuelle Züge" (200.87).

[16] NTAF, 67.

[17] H. Lietzmann, Geschichte der Alten Kirche, Bd. 1, 251, spricht von „bewußter Nachahmung der Paulusbriefe"; A. Lindemann, Rezeption, 200 meint: „Indem er als einzelner Briefe an christliche

auch fragen, ob es ein bloßer Zufall ist, dass Ignatius neben 6 Briefen an Gemeinden (u.a.: Smyrna) auch noch einen speziellen Brief an einen Amtsträger gerichtet hat (an Polykarp, den Bischof von Smyrna), oder ob sich hierin nicht vielmehr ebenfalls das (vermeintlich) paulinische Vorbild auswirkt.

Die These, die in diesem Kapitel belegt werden soll, lautet also: Die intertextuelle Textkonstitution der Ignatianen steht weithin im Dienste der Selbstwahrnehmung und Selbstdarstellung des Ignatius als Paulusnachfolger. In bewusster Nachahmung der beiden unter dem Namen des Paulus überlieferten Briefformen verfasst Ignatius Briefe an Gemeinden und ein Schreiben an einen Amtsträger. Viele Bezugnahmen auf paulinische Texte sollen den AdressatInnen die Paulusnähe des Ignatius vor Augen führen. Einzelne Züge dieser Selbststilisierung des in den Fußstapfen des Paulus wandelnden Ignatius lassen sich als Einzeltextreferenzen auf die Pastoralbriefe erweisen.

6.2 Sprachliche Beobachtungen zur Nähe zwischen Ignatius und den Pastoralbriefen

Das Ausmaß der sprachlichen Nähe zwischen den Ignatianen und den Pastoralbriefen wird zumeist unterschätzt bzw. gar nicht thematisiert.[18] Interessant ist zunächst der Vergleich mit anderen Paulusbriefen, deren Sprache eine der wichtigsten Quellen des Ignatius ist. Von den insgesamt 70 ignatianischen Wörtern, die im NT nur im Corpus Paulinum belegt sind, kommen 24 in den Pastoralbriefen vor, verglichen mit dem doppelt so langen 1Kor (dessen Kenntnis durch Ignatius sicher ist) nur ein Wort weniger und damit relativ gesehen erheblich mehr.[19] 13 ntl. Hapaxlegomena der Pastoralbriefe bietet auch Ignatius (1Kor und Ignatius teilen 12). Nun läge die Vermutung nahe, dass es sich bei diesen Wörtern größtenteils um solche handelt, die Ignatius und den Pastoralbriefen aus ihrer kirchlichen Alltagssprache geläufig waren, d.h. bei den übrigen apostolischen Vätern häufig belegt sein müssten. Dies trifft aber lediglich für *ein* Wort zu: ἀγνεία.[20]

Gemeinden richtet, folgt er offenbar bewußt dem Vorbild des Apostels." Vgl. noch R. Bultmann, Ignatius, 400; P. Schubert, Form and Function, 100f; H. Rathke, Ignatius, 42f und R. F. Stoops, If I Suffer, 162 et passim.

[18] Grundlegend für meine Überlegungen (wie auch für die nach Abschluss meiner Untersuchung erschienene Studie von C. Looks, Rezeption, 123–152) sind die wortstatistischen Analysen von P. N. Harrison, Problem, und H. Rathke, Ignatius, 57–65. Ich habe ihre Ergebnisse mit Hilfe des Thesaurus Linguae Graecae überprüft und in wenigen Fällen korrigiert, habe aber aufs Ganze gesehen keine relevanten Fehler feststellen können.

[19] Vgl. H. Rathke, Ignatius, 60f.

[20] 1Tim 4,12; 5,2; IgnEph 10,3; IgnPol 5,2; Polyc 4,2; 5,3; 1Klem 64; zahlreiche Belege bei Herm.

Drei weitere Worte sind noch je einmal bei apostolischen Vätern belegt (ἀναζωπυρεῖν, ἀψευδής, χρήσιμος).[21] Die verbleibenden neun Vokabeln sind in der urchristlichen Literatur vor den Apologeten *ausschließlich bei Ignatius und in den Pastoralbriefen belegt*: ἀμοιβή, ἀνανήφειν, ἀναψύχειν, διάγειν, ἑτεροδιδασκαλεῖν, κατάστημα, νεωτερικός, πραϋπάθεια, φροντίζειν[22] (zum Vergleich sei an den allerdings deutlich kürzeren Polykarpbrief erinnert: drei Worte und ein Ausdruck begegnen ausschließlich in Polyc und den Pastoralbriefen).[23] Dieser bei der relativen Kürze der beiden Corpora doch recht auffällige Sachverhalt darf nicht, wie meist üblich, mit Schweigen übergangen werden, sondern verlangt nach einer Erklärung, wobei literarische Abhängigkeit nur *eine* mögliche ist. Auf jeden Fall muss bei der weiteren Untersuchung darauf geachtet werden, ob diese Hapaxlegomena der Pastoralbriefe bei Ignatius in Ko-Texte eingebettet sind, die weitere Hinweise auf literarische Verbindungen enthalten.

Hinzu kommen (neben den in den folgenden Abschnitten zu besprechenden möglichen *bewussten* Anspielungen des Ignatius auf die Pastoralbriefe) noch eine ganze Reihe wenig spezifischer Parallelen im Ausdruck.[24] Dazu gehören die Wendung ἐν πάσῃ ἁγνείᾳ (1Tim 5,2 / IgnEph 10,3); die Bezeichnung Christi als unsere (gemeinsame) Hoffnung ([κοινὴ] ἐλπὶς ἡμῶν, 1Tim 1,1; Tit 1,2.4 / IgnEph 21,2; IgnMagn 11; IgnTrall inscr.; 2,2; IgnPhld 11,2); die Warnung, den Heiden / dem Widersacher keinen Anlass zur Verleumdung zu geben (ἀφορμὴν διδόναι τινά, IgnTrall 8,2 / 1Tim 5,14); die Rede vom reinen Gewissen / rein sein im Gewissen (καθαρὰ συνείδησις / καθαρὸς ... τῇ συνειδήσει, 1Tim 3,9; 2Tim 1,3 / IgnTrall 7,2); der Ausdruck ἐπαγέλλεσθαι τινά (1Tim 2,10; 1Tim 6,20f / IgnEph 14,2) und die Bezeichnung der ἀγάπη als τέλος (1Tim 1,5 / IgnEph 14,1). Die Zusammenstellung von Glaube, Liebe und Geduld in dieser Reihenfolge begegnet nur 1Tim 6,11; Tit 2,2 / IgnPol 6,2.

Der hier untersuchte Bereich gemeinsamer seltener Wörter und geteilter Ausdrucksweisen von insgesamt geringerer Selektivität erfasst vermutlich zum überwiegenden Teil nicht intendierte Intertextualität, über deren Zustandekommen kaum eine valide Aussage möglich ist. Nur wenn es gelingt, die Absichten eines Verfassers bei der Aufnahme prätextueller Elemente zu erfassen, werden sich Anspielungen, die nicht unmittelbar selbstevident sind,

---

[21] 2Tim 1,6 / IgnEph 1,1 / 1Klem 27,3; Tit 1,2 / IgnRöm 8,2 / MartPol 14,2; 2Tim 2,14 / IgnEph 4,2 / Herm v 4,3,4.

[22] 1Tim 5,4 / IgnSm 9,2; 2Tim 2,26 / IgnSm 9,1; 2Tim 1,16 / IgnEph 2,1; IgnTrall 12,2; 1Tim 2,2; Tit 3,3 / IgnTrall 2,2 (aber vgl. Lk 7,25 v.l. D K); 1Tim 1,3; 6,3 / IgnPol 3,1; Tit 2,3 / IgnTrall 3,2; 2Tim 2,22 / IgnSm 3,1; 1Tim 6,11 / IgnTrall 8,1; Tit 3,8 / IgnPol 1,2.

[23] διάβολος (adj.), δίλογος, ματαιολογία, ὁ νῦν αἰών.

[24] Diese Übereinstimmungen vermerken die Einleitungen zu den Pastoralbriefen (z.B. W. Michaelis, Einleitung, 238).

identifizieren lassen. Das nun folgende Kapitel hat darum für die Entdeckung von eventuellen Anspielungen auf die Pastoralbriefe große Bedeutung, auch wenn diese selbst aus methodischen Gründen zunächst außer Betracht bleiben.

6.3 Die intertextuell konstituierte Selbststilisierung des Ignatius als Paulusnachfolger

Die Absicht dieses Abschnittes ist es, anhand weniger zentraler Bezugnahmen des Ignatius auf Paulus (und die Apostel) sowie paulinische Texte aufzuzeigen, wie stark Ignatius in seiner Selbsteinschätzung und Selbstdarstellung auf den Apostel rekurriert. Es soll aufgewiesen werden, wie er sich
selbst unter Beziehung auf paulinische Texte oder die Person des Apostels
zur Geltung bringt bzw. sein Erleben unter Verwendung paulinischer Formulierungen strukturiert und mitteilt. Dabei müssen ignatianische Texte
herangezogen werden, die sich prägnanter paulinischer Wendungen bedienen, ohne Paulus explizit zu nennen, und autoreflexive Aussagen, in denen
Ignatius ausdrücklich sein Verhältnis zu Paulus (und den anderen Aposteln)
reflektiert.

Besonders auffallend und für das Verständnis des Ignatius und seines
Verhältnisses zu Paulus entscheidend sind Passagen, in denen Ignatius *vertraute paulinische Selbstreferenzen* auf sich überträgt und damit eine deutlich wahrnehmbare Identifikation mit Paulus vollzieht, die nicht direkt ausgesprochen wird, sondern sich durch den erkannten intertextuellen Verweis
konstituiert. Dies gilt besonders für die häufigen und auf den ersten Blick
rätselhaften Bezugnahmen auf 1Kor 15,8–10.[25] Zweifelsohne haben die
Beteuerungen, Ignatius sei der „Letzte" der syrischen Kirche (ἔσχατος,
IgnRöm 9,2; IgnSm 11,1; IgnTrall 13,1; IgnEph 21,2) und eine „Fehlgeburt"[26] (ἔκτρωμα; IgnRöm 9,2) ihr sprachliches Vorbild in 1Kor 15,8. Die
damit verbundene Aussage, er sei nicht würdig, einer der ihren genannt zu
werden (ὅθεν οὐκ ἄξιός εἰμι καλεῖσθαι, IgnMagn 14,1, ähnlich IgnRöm
9,2; IgnSm 11,1; IgnTrall 13,1), entspricht dem pln οὐκ εἰμὶ ἱκανὸς καλεῖσθαι ἀπόστολος in 1Kor 15,9. Der sich in IgnSm 11,1; IgnRöm 9,2 anschließende Hinweis auf die göttliche Gnade geht vermutlich auf 1Kor 15,10

---

[25] Die Bezugnahme auf 1Kor 15,8–10 wird unisono anerkannt, vgl. z.B. A. E. Barnett, Paulus,
161; H. Rathke, Ignatius, 38; J. Schneider, Art. ἔκτρωμα, 465; W. R. Schoedel, 301f; A. Lindemann, Rezeption, 210.

[26] Ob man hier mit H. Schlier, Untersuchungen, 155–157 annehmen soll, Ignatius übertrage die
valentinianische Vorstellung von der aus dem Pleroma ausgeschlossenen gestaltlosen Frucht der
Sophia auf sein Verhältnis zur die Einheit verkörpernden syrischen Kirche, kann man mit W. R.
Schoedel, 301 mangels deutlicher Hinweise auf ein solches Verständnis bezweifeln.

zurück.[27] Allerdings besteht zwischen der in 1Kor 15 vorausgesetzten äußeren Situation des Paulus (Christenverfolger und letzter Osterzeuge) und der des Ignatius kein erkennbarer Zusammenhang.[28] Diese zunächst bei den LeserInnen Verwirrung stiftende Differenz zwischen altem und neuem Ko-Text der Formulierungen hat zunächst die Funktion, den intertextuellen Verweis deutlich zu markieren. Sie lenkt sodann den Blick um so eindeutiger auf den einzigen Vergleichspunkt, die negative Selbsteinschätzung des Paulus in 1Kor 15,8–10, mit der Ignatius sich identifiziert.[29] Ignatius imitiert den Apostel als Vorbild der Selbstdemütigung. Ähnliches gilt für die Selbstbezeichnung als „Abschaum" (περίψημα, IgnEph 8,1; 18,1), die ebenfalls von Paulus entlehnt sein dürfte (1Kor 4,13), zumal auch in 1Kor 4,9 die Apostel als „die Letzten" (ἔσχατοι) bezeichnet werden.[30] Über die Gründe, die Ignatius zu dieser demonstrativ selbsterniedrigenden Haltung veranlasst haben, ist viel spekuliert worden.[31] Ich halte es nicht unbedingt

[27] 1Kor 15,10 liest: χάριτι δὲ θεοῦ κτλ., was in IgnSm 11,1 klar aufgenommen wird (ἀλλ᾿ ἐκ χάριτος θεοῦ κτλ.). IgnRöm 9,2 formuliert denselben Gedanken als ἀλλ᾿ ἠλέημαι κτλ., was der Formulierung von 1Tim 1,13 nahe kommt: ἀλλὰ ἠλεήθην κτλ., wo es wie in 1Kor 15,10 um die Bekehrung des Verfolgers Paulus geht. Doch kann diese Berührung auch auf Zufall beruhen (zur Formulierung vgl. noch Phil 2,27).

[28] Manche Exegeten haben einen Zusammenhang konstruiert, indem sie annahmen, Ignatius sei wie Paulus lange ein Christenverfolger oder Christenhasser gewesen (z.B. Th. Zahn, Ignatius, 403f oder J. B. Lightfoot, AF II/2, 229f), aber diese Vermutung hat keinerlei Anhalt im Text. Nach R. M. Grant, AF I, 53 besteht der Vergleichspunkt darin, dass Paulus der letzte der Apostel, Ignatius der letzte der antiochenischen Märtyrer war, doch ist IgnRöm 10,2 ein viel zu schwacher Anker für diese These. Wahrscheinlich sind dort gar keine Märtyrer, sondern antiochenische Gesandte nach Rom gemeint, die die Ankunft des Ignatius ankündigen sollten (W. Schoedel, 303). Wie die Adressaten der anderen Briefe diese Deutung der Selbstbezeichnung als „Letzter" hätten erschließen sollen, ist nicht ersichtlich.

[29] Der Ausdruck ἔκτρωμα ist zu stark, als dass man ihn als „inhaltlich leeren" Ausdruck der Selbsterniedrigung auffassen könnte (mit W. R. Schoedel, 302 gegen H. W. Bartsch, Gnostisches Gut, 136).

[30] Neben der selbstabwertenden Funktion kommt περίψημα aber bei Ignatius auch die Bedeutung des Sich-Opferns für Christus und seine Gemeinde zu, s.u. S. 167 Anm. 100.

[31] Hier ist vor allem der (an P. N. Harrison, Polycarp's Two Epistles, 79–106 anschließende) Kommentar von W. R. Schoedel zu nennen (37–44; 336f et passim), der die These vertritt, das Selbstwertgefühl des Ignatius habe einen schweren Schlag erlitten, weil es ihm nicht gelungen sei, in seiner eigenen Gemeinde Antiochien die Einheit zu wahren, was sich in den Selbstdemütigungen ausdrücke. Darum versuche er, durch die Inszenierung seines Martyriums theologisch Gleichgesinnte zu gewinnen, durch sie doch noch positiven Einfluss auf seine Heimatgemeinde zu nehmen und durch das erfolgreiche Bestehen des Martyriums sich seiner eigenen Würdigkeit erneut zu versichern. Ein Hinweis für die Richtigkeit dieser These kann in der Beobachtung W. M. Swartleys (Imitatio Christi, 81–103) gesehen werden, dass die selbstabwertende Sprache nach bekannt Werden des wiederhergestellten Friedens in Antiochien deutlich abnimmt (IgnPhld 10,1; IgnSm 11,1f; IgnPol 7,1f werden auf die Bereinigung innergemeindlicher Streitigkeiten gedeutet, vgl. auch F. W. Schlatter, Restoration, 465–469). H. Mödritzer, Stigma, 249–252 hat sich dieser These angeschlossen und bewertet die ignatianischen Selbsterniedrigungen S. 253ff einleuchtend als Strategie der Selbststigmatisierung zum Zwecke der Charismaerneuerung.

für entscheidend, Sicheres darüber zu wissen. Konkrete Umstände haben dieses Verhalten zwar sicher verstärkt, aber es hatte für Ignatius auch unabhängig von ihnen Bedeutung. Die ostentative Anlehnung an pln Sprache offenbart, dass Ignatius ein Verhaltensmuster reproduziert, das er in Paulus verkörpert sieht und für christlich essenziell hält: Subjektive Minderwertigkeitsgefühle und sich selbst erniedrigende Aussagen machen einen Christen nach Ignatius aus. Diese Überzeugung spiegelt sich auch deutlich in den beiden einzigen ausdrücklichen Schriftzitaten des Ignatius: „Der Gerechte ist sein eigener Kläger" (IgnMagn 12 / Prov 18,17) und: „Gott widersteht den Hochmütigen" (IgnEph 5,3 / Prov 3,34). Der implizite Vergleich des Ignatius mit dem sich selbst erniedrigenden Paulus trägt aber den Keim der Überwindung der Niedrigkeit schon in sich. Denn natürlich hält Ignatius den Apostel keineswegs für unwürdig und einen der Letzten unter den Christen. Im Gegenteil, wenn er Paulus „von außen" beschreibt, rühmt er ihn als den „Geheiligten, Wohlbezeugten, Preiswürdigen" (IgnEph 12,2). Ignatius lässt auch keinen Zweifel daran, dass seine eigene Unwürdigkeit zeitlich begrenzt ist: Er wird „jemand sein", wenn er das Martyrium bestanden haben wird. In IgnRöm 9,2 legt die enge Anlehnung an Paulus in Selbsterniedrigung wie erhoffter Erhöhung durch Gott die Interpretation nahe, dass Ignatius nach bestandenem Martyrium nichts weniger als eine quasi-apostolische bzw. -paulinische Dignität beansprucht, wie folgende Gegenüberstellung zeigt:

IgnRöm 9,2	1Kor 15,8–10
ἐγὼ δὲ αἰσχύνομαι ἐξ αὐτῶν λέγεσθαι· οὐδὲ γὰρ ἄξιός εἰμι, ὧν ἔσχατος αὐτῶν καὶ ἔκτρωμα·	15,9: οὐκ εἰμὶ ἱκανὸς καλεῖσθαι ἀπόστολος
	15,8: ἔσχατον δὲ πάντων ὡσπερεὶ τῷ ἐκτρώματι ...
ἀλλ᾽ ἠλέημαί τις εἶναι, ἐὰν θεοῦ ἐπιτύχω.	15,10: χάριτι δὲ θεοῦ εἰμι ὅ εἰμι [sc. ἀπόστολος]

Dass Ignatius seinen Status als vollendeter Märtyrer nur sehr vage als τὶς εἶναι umschreibt, mit einem Ausdruck, der an anderer Stelle (IgnEph 3,1) mit apostolischer Lehrautorität assoziiert wird,[32] ist m.E. kein Zufall. Letztlich dient die Parallelisierung mit Paulus durch die intertextuelle Übernahme und leicht veränderte Nachahmung paulinischer Selbsterniedrigungen Ignatius dazu, auch an der Autorität des Apostels Paulus zu partizipieren,[33]

---

[32] S.u. Anm. 34.
[33] H. Mödritzer, Stigma, 253ff greift m.E. zu kurz, wenn er die Strategie des Ignatius lediglich darin sieht, sich (aktiv) klein zu machen, um Widerspruch zu evozieren und sich von den Gemeinden (passiv) groß machen zu lassen, und 260f die Parallelität der Verhaltensweisen des Paulus und Ignatius betont. Paulus ist für Ignatius auch mehr als ein „Vorbild" forensischer Selbststigmatisierung. Indem Ignatius pln selbststigmatisierende Äußerungen auf sich selbst bezieht, gewinnt er nicht nur *wie Paulus* neues Charisma, sondern sichert sich einen *Abglanz des paulinischen Charismas*.

zunächst noch unter dem Vorbehalt des zu bestehenden Märtyrertodes, post mortem aber ohne Einschränkung. Doch widersprechen diesen Schlussfolgerungen nicht die gelegentlichen expliziten Beteuerungen des Ignatius, keine apostolische Autorität zu beanspruchen? Ein kurzer Überblick über die einschlägigen Texte wird zeigen, dass auch sie sub contrario verbergen, was sie eigentlich bewirken wollen.

Ignatius betont dreimal, nicht wie ein Apostel (IgnTrall 3,3), nicht wie die Apostel Petrus und Paulus (IgnRöm 4,3), nicht wie „jemand, der etwas darstellt" (IgnEph 3,1)[34] befehlen (διατάσσεσθαι) zu können. Auch Ign-Eph 12,1f thematisiert den geringen Status des Briefschreibers im Vergleich mit den AdressatInnen und dem Apostel Paulus. Das klingt bescheidener als es ist. Denn man muss sich fragen, warum Ignatius diese Bemerkungen überhaupt für nötig oder angebracht hält. Alle Äußerungen beziehen sich auf die in den brieflichen Ermahnungen in Anspruch genommene Autorität, wie klar daraus ersichtlich ist, dass das bestrittene διατάσσεσθαι bzw. der geringe Status des Ignatius jeweils antithetisch bezogen werden auf das γράφειν (IgnTrall 3,3; IgnEph 12,1) bzw. παρακαλεῖν (IgnEph 3,2; Ign-Röm 4,3 vgl. 4,1; IgnTrall 6,1 vgl. 3,3). In der Tat wird man zugeben müssen, dass Ignatius mit seinen Briefen eine den Aposteln bzw. besonders Paulus entsprechende Vollmacht zur brieflichen Ermahnung und Lehre in Anspruch genommen hat.[35] Er schreibt an Gemeinden, die er zum größeren Teil gar nicht kennt und gibt ihnen ganz unverhüllt Anweisungen, etwa die Unterordnung unter die Amtsträger oder das Verhalten nicht rechtgläubigen Christen gegenüber betreffend. Dem naheliegenden Vorwurf, damit maße er sich zuviel an, begegnet Ignatius präventiv, indem er bestreitet, „wie ein Apostel" befehlen zu wollen. Damit gibt er einerseits indirekt zu, dass die zutage getretene Inanspruchnahme von Lehrautorität über fernstehende Gemeinden analog zur apostolischen Autorität zu verstehen ist,[36] und bestreitet doch zugleich, eine Würde beansprucht zu haben, die es nur in einer vergangenen Epoche gegeben hat.[37] Das Recht zum apostolischen δια-τάσσεσθαι also will und kann Ignatius nicht in Anspruch nehmen, das παρα-

---

Dieselbe Einschränkung ist gegen H. O. Maier, Setting, 158–170 geltend zu machen, der die charismatische Autorität des Ignatius in Analogie zu derjenigen des Paulus als „routinized charisma" bestimmt.

[34] Gemeint ist in IgnEph 3,1, wie die Parallelstellen IgnTrall 3,3; IgnRöm 4,3 deutlich zeigen, „ein apostolischer Jemand", vgl. R. F. Stoops, If I Suffer, 170.

[35] Dies betont zu Recht R. F. Stoops, If I Suffer, 164.168 und schon H. Rathke, Ignatius, 20.41f.

[36] W. R. Schoedel, 432 weist auf Lukian, PeregrMort 41 hin, wo aller Wahrscheinlichkeit nach festgehalten ist, wie das Verhalten des Ignatius auf Außenstehende wirkte: „Man sagt, er habe an fast alle berühmten Städte Briefe geschickt, gewissermaßen testamentarische Verfügungen mit Ermahnungen und Gesetzen."

[37] Vgl. R. F. Stoops, If I Suffer, 168f.

καλεῖν bzw. γράφειν aber verteidigt er, wobei er mit dieser Antithese vermutlich auf Paulus zurückgreift, dem er entnehmen zu können glaubte, dass ein Apostel befiehlt, ein Gefangener Jesu Christi dagegen bittet. Der dreimal betonte Verzicht des Ignatius auf das διατάσσεσθαι (IgnEph 3,1; IgnRöm 4,3; IgnTrall 3,3) zugunsten des παρακαλεῖν (IgnEph 3,2; IgnRöm 4,1; IgnTrall 6,1 in Rückbezug auf 3,3) dürfte nämlich eine intertextuelle Anspielung auf das paulinische Vorbild von Phlm 8–10 sein.[38] In Phlm 8f verzichtet Paulus auf sein Recht, Philemon zu befehlen (ἐπιτάσσειν) und bittet statt dessen um der Liebe willen (διὰ τὴν ἀγάπην ... παρακαλῶ), wobei er sich als δέσμιος Χριστοῦ Ἰησοῦ bezeichnet. Der folgende Vers 10 beginnt wiederum mit betontem παρακαλῶ und erwähnt nochmals die Fesseln des Paulus (selbst im Präskript steht δέσμιος Χριστοῦ Ἰησοῦ statt des zu erwartenden ἀπόστολος Χριστοῦ Ἰησοῦ). Ignatius reproduziert also sehr prägnante Elemente des Bezugstextes, wenn er in IgnEph 3,1; IgnTrall 3,3–4,2; IgnRöm 4,3 seine Fesseln und seinen Status als Verurteilter ins Spiel bringt und als Grund seines παρακαλεῖν in IgnEph 3,2 und IgnTrall 3,3; 6,1 die Liebe (ἀγάπη, ἀγαπῶν) nennt. Mit diesem intertextuellen Verweis deutet Ignatius wohl an, dass er sich zwar nicht mit dem Apostel Paulus, aber wohl mit Paulus als Gefangenem Christi vergleichen kann und insofern wie dieser das Recht hat, bittend zu befehlen.

Diese auf einer zugegebenermaßen nicht ganz eindeutigen intertextuellen Verweisung beruhende Deutung befindet sich jedenfalls in vollem Einklang mit Ignatius' expliziter Bestimmung seines Verhältnisses zu den Aposteln. An drei der vier relevanten Stellen überführt Ignatius nämlich den zwischen ihm und den Aposteln zunächst aufgeworfenen Gegensatz in eine freilich erst nach seinem Tod vollendete Kongruenz. So heißt es IgnRöm 4,3, er sei jetzt noch ein „Verurteilter" und „Sklave", der sich mit den „Aposteln" Petrus und Paulus, die „frei" sind, nicht vergleichen kann, doch werde er wie sie „als Freier in Christus auferstehen", wenn er gelitten hat (IgnRöm 4,3) – und ihnen insofern gleichrangig sein.

---

[38] Diese einleuchtende Vermutung äußern H. J. Sieben, Die Ignatianen als Briefe, 9; H. Hübner, Philemon, 32f und schon J. Knox, Philemon, 52, der diese Beobachtung allerdings im Kontext der These vertreten hat, Berührungen mit dem Philemonbrief träten nur in IgnEph 1–6 auf, dort aber gehäuft, weil Onesimus, der ehemalige Sklave des Philemon und jetzige Bischof von Ephesus, im Zentrum dieser Passage stehe. Die Unhaltbarkeit dieser Theorie hat J. W. Martens, Ignatius, 73–86 m.E. einleuchtend gezeigt, indem er aufweist, dass alle von Knox postulierten entscheidenden „Parallelen" auch an weiteren Stellen der Ignatianen begegnen. Er zieht daraus aber den m.E. falschen Schluss, es handle sich um von den Paulinen unbeeinflusstes ignatianisches Vokabular. Die Möglichkeit, dass der Philemonbrief (wie andere Paulusbriefe) tatsächlich in mehreren Ignatianen deutliche Spuren hinterlassen hat, wird zwar erwogen, aber nicht weiterverfolgt. Genau dies versuchen obige Beobachtungen nachzuweisen. Weitere Hinweise auf Kenntnis des Philemonbriefes s.u. S. 170.

Offensichtlich spielt Ignatius an dieser Stelle neben 1Kor 7,22 auf 1Kor 9,1 an (Οὐκ εἰμὶ ἐλεύθερος; οὐκ εἰμὶ ἀπόστολος;), wo „Apostel" und „frei" als Attribute nebeneinander stehen.[39] Indem Ignatius das zweite (ἐλεύθερος) als (zukünftig) auch für sich geltend erweist, rückt er sich selbst deutlich in die Nähe der Apostel.

In IgnEph 3,1 argumentiert Ignatius, er dürfe nicht befehlen, als wäre er (ein apostolischer) Jemand, weil er, obgleich schon gefesselt, noch nicht vollendet sei in Christus und erst anfange, ein Jünger zu werden. Was impliziert dies anderes, als dass der vollendete Märtyrer die Vollmacht zu befehlen hätte, bzw. dass das Bestehen des Martyriums die sozusagen unter Vorbehalt vorgebrachten Ermahnungen des Ignatius in Kraft setzt?!

Nach IgnEph 11,2–12,1 weiß sich Ignatius den Ephesern unterlegen, weil diese immerfort mit den Aposteln übereinstimmen und Miteingeweihte des Paulus sind. Trotzdem schreibt er ihnen (12,1), gibt ihnen allgemeine Ermahnungen und Einsichten in den Heilsplan Gottes weiter (18–19) und beabsichtigt sogar, ihnen einen weiteren Brief mit christologischen Ausführungen zu widmen (20,1). Die Berechtigung dazu ergibt sich aus 12,2: Ignatius weiß sich in den Spuren des Paulus wandelnd, und dies wird allen offenkundig werden, wenn er „Gott erlangt", d.h. das Martyrium bestanden hat. Er beansprucht also explizit für die Zukunft und implizit für die Gegenwart, eine mindestens so enge, wenn nicht engere Verbindung mit Paulus zu haben wie die Epheser.[40] Die Thematisierung der Berechtigung seines eigenen Schreibens (12,1) und die Erwähnung der Briefe des Paulus (12,2) im unmittelbaren Ko-Text stellen sicher, dass das erhoffte Gefunden-Werden in den Spuren des Paulus sich nicht nur auf das bestandene Martyrium bezieht, sondern auch die im Vorfeld verfassten letzten brieflichen Ermahnungen des Märtyrers einschließt.

Die Erklärung des Ignatius, er wolle in den Spuren des Paulus erfunden werden (οὗ γένοιτό μοι ὑπὸ τὰ ἴχνη εὑρεθῆναι, IgnEph 12,2), enthält möglicherweise ebenfalls einen gewichtigen intertextuellen Verweis auf Paulus selbst: In 2Kor 12,18 beteuert Paulus, er und seine Mitarbeiter (der namenlose „Bruder" und Titus) hätten in demselben Geist gegenüber den Korinthern gehandelt und seien in denselben Spuren (τοῖς αὐτοῖς ἴχνεσιν) gewandelt.[41] Die Frage muss offen bleiben, da über die Kenntnis des 2Kor durch Ignatius keine letzte Sicherheit zu gewinnen ist, aber die Möglichkeit, dass Ignatius sich durch die gewählte Formulierung in die Reihe der unmit-

---

[39] Vgl. A. Lindemann, Rezeption, 209.

[40] Vgl. R. F. Stoops, If I Suffer, 170.

[41] παρεκάλεσα Τίτον καὶ συναπέστειλα τὸν ἀδελφόν· μήτι ἐπλεονέκτησεν ὑμᾶς Τίτος; οὐ τῷ αὐτῷ πνεύματι περιεπατήσαμεν; οὐ τοῖς αὐτοῖς ἴχνεσιν;

telbaren Apostelschüler stellt, ist m.E. nicht von der Hand zu weisen.[42] 2Kor 12,18 wird üblicherweise gar nicht als denkbare Anspielung diskutiert – offensichtlich, weil nur ein gemeinsames (und geläufiges) Wort eine zu schmale Basis zu sein scheint. Berücksichtigt man aber das damit umschriebene Selbstbild des Ignatius, könnte diese Anspielung etwa dieselbe Bedeutung für ihn gehabt haben, wie sie für die Bezeichnung als „Fehlgeburt" und „Letzter" nach 1Kor 15,8f oben nachgewiesen wurde.

Ergebnis: Bestreitung von apostolischer Autorität durch Ignatius geht an den besprochenen Stellen Hand in Hand mit der Inanspruchnahme einer der apostolischen vergleichbaren Würde für den vollendeten Märtyrer und seine brieflichen Äußerungen.[43] Es handelt sich um autoreflexive Bemerkungen, mit denen Ignatius seine intertextuelle Bezogenheit thematisiert, nämlich die Inanspruchnahme von Textsorten (apostolische Weisung, Apostelbrief), die seinem persönlichen Status nicht zu entsprechen scheint. Dies wird einerseits auf einer allgemeinen Ebene thematisiert, indem er auf das (briefliche) Befehlen von Aposteln[44] und das Briefschreiben des Paulus Bezug nimmt und Unterschiede wie Gemeinsamkeiten zwischen den Prätexten und ihren Autoren einerseits und Ignatius und seinen Briefen andererseits herausarbeitet. Weiter geschieht es unter gezielter Anspielung auf konkrete paulinische Texte, die den Status von Aposteln (1Kor 9,1), das Verhältnis von Aposteln zu ihren Mitarbeitern / Nachfolgern (2Kor 12,18) sowie das Verhältnis von brieflichem Befehl und brieflicher Bitte (Phlm 8–10) zum Inhalt haben. Mit den besprochenen autoreflexiven Bemerkungen zeigt Ignatius ein hohes Intertextualitätsbewusstsein und vermittelt es auch seinen Empfängergemeinden, indem er ihnen erklärt, inwiefern seine brieflichen Ermahnungen in legitimer Apostel- und besonders Paulusnachfolge stehen, obwohl er selbst kein Apostel ist.

Die vorgetragene Deutung wird durch die Inscriptio des Trallianerbriefes bestätig, in der Ignatius die Gemeinde ἐν ἀποστολικῷ χαρακτῆρι grüßt. Auch diese autoreflexive Aussage balanciert Anknüpfung und Distanz sorg-

---

[42] An möglichen weiteren literarischen Berührungen vgl. IgnTrall 9,2/2Kor 4,14; zu IgnPhld 6,3 s.u. S. 176, zu 2Kor 7,13 s.u. S. 170.

[43] Die Tendenz von IgnEph 3,1; IgnTrall 3,3; IgnRöm 4,3 treffend zusammenfassend, stellt H. Rathke, Ignatius, 20 fest: „Hier liegt also nicht der grundsätzliche Verzicht vor, Weisungen nach der Art der Apostel zu geben. Ignatius muß nur die tiefe Kluft feststellen, die ihn als *unvollendeten* Märtyrer von den Aposteln trennt." (Hervorhebung A.M.)

[44] IgnRöm 4,3 ist m.E. eine Ausnahme, welche die Regel bestätigt. Hier bezieht sich das οὐχ ὡς Πέτρος καὶ Παῦλος διατάσσομαι ὑμῖν zwar auf die imündliche Predigt der Apostel in Rom, doch wird es auf das γράφω, ἐντέλλομαι und παρακαλῶ von 4,1 zurückbezogen, also auf die schriftliche Ermahnung des Ignatius. Dies ist möglich, weil prinzipiell kein Unterschied zwischen mündlicher und schriftlicher Äußerung der Apostel besteht (vgl. auch Polyc 3,2). De facto aber sind zur Zeit des Ignatius die Anordnungen der Apostel (vermutlich auch schon die des Petrus) überwiegend oder ausschließlich in brieflich fixierter Form zugänglich.

fältig. Durch den allgemeinen intertextuellen Verweis auf Apostelbriefe wird implizit ein ihnen vergleichbarer Vollmachtsanspruch angemeldet, obwohl explizit lediglich ein Hinweis auf die Form des pln Grußes erfolgt.[45] Eine weitere dem Paulus abgeschaute und strukturell den zu Anfang des Kapitels bereits besprochenen Stellen vergleichbare Selbsterniedrigung liegt m.E. in der viermaligen auffälligen Selbstbezeichnung des Ignatius als σύν-δουλος der Diakone vor (IgnEph 2,1; IgnPhld 4,1; IgnMagn 2; IgnSm 12,2), die quer zu dem sonstigen Bemühen des „Bischofs von Syrien" (IgnRöm 2,2) liegt, die Hierarchie zu betonen und die drei Ämter sorgfältig voneinander zu unterscheiden. Besonders in IgnSm 12,2 ist die fast unangemessene Bescheidenheitsgeste unübersehbar, dort grüßt Ignatius „den gotteswürdigen Bischof [=Polykarp], das gottgefällige Presbyterium" und „meine Mitknechte, die Diakone". Nicht seinem „Amtsbruder" stellt sich Ignatius hier gleich, sondern den Diakonen, die dem Bischof und den Presbytern untergeordnet waren. Das paulinische Vorbild dafür findet sich im Kolosserbrief, wo der fiktive Paulus sich zweimal als σύνδουλος der διάκονοι Epaphras (1,7) und Tychikus (4,7) bezeichnet. Natürlich ist διάκονος hier keine Amtsbezeichnung im ignatianischen Sinne, sondern hat eine viel umfassendere Bedeutung und meint keineswegs untergeordnete Personen, sondern Gemeindeleiter.[46] Ob Ignatius das bewusst war, mag dahingestellt sein, jedenfalls scheint der antiochenische Bischof die Irritation, die seine wiederholte Selbstbezeichnung als Mitknecht der Diakonatsinhaber bei den Adressaten auslösen musste, bewusst provoziert zu haben,[47] um sich durch intertextuelle Verweise als Paulusnachfolger zu stilisieren. Dass der sich in IgnSm 12,2 weit unter Polykarp einstufende „Mitknecht der Diakone" im Polykarpbrief unproblematisiert die Autorität in Anspruch nimmt, eben diesem Bischof von Smyrna Anweisungen zur rechten Amtsführung zu geben, ist m.E. nur die andere Seite derselben Nachahmung des Paulus, der ja in

---

[45] Richtig m.E. R. F. Stoops, If I Suffer, 167f und R. R. Hann, Judaism, 353 („conscious imitation"). Sonst wird die Bedeutung der Aussage eher heruntergespielt. Ein rein literarisches Stilmittel (aber zu welchem Zweck?) sieht W. R. Schoedel, 228. Bauer-Paulsen, 58 meinen unter Hinweis auf IgnTrall 3,3 und IgnRöm 4,3, Ignatius fordere „für sich nicht apostolische Autorität ..., sondern er verweist auf die Art, in der die Apostel die Gemeinden in ihren Briefen begrüßt haben". Doch sollten die obigen Untersuchungen gezeigt haben, dass die Bestreitung apostolischer Autorität durch Ignatius bei genauerem Hinsehen ein komplexes Verhältnis von Ablehnung und Inanspruchnahme beinhaltet.

[46] Abhängigkeit von Kol 1,7; 4,7 nehmen an A. E. Barnett, Paul, 154; W. Bauer, 199. W. R. Schoedel, 95 Anm. 9 meint, Ignatius spiegele „zweifellos den auch aus Kol 1,7 ... bekannten Gebrauch wieder". Dass dort allerdings „eine Person untergeordneter Stellung" gemeint sei (so Schoedel), wird kaum zutreffen.

[47] Dass Ignatius denselben Gedanken sprachlich weniger auffällig formulieren konnte, zeigt IgnMagn 6,1.

den Pastoralbriefen seinen Mitarbeitern ebensolche Anweisungen gegeben hat (s.u. S. 177ff).

Kurz zusammengefasst hat das vorliegende Kapitel Folgendes ergeben: Ignatius beschreibt sich selbst unter Aufnahme prägnanter paulinischer Selbstreferenzen („Letzter", „Fehlgeburt", „Abschaum", „Mitknecht" der Diakone). Damit bezeigt er angemessene christliche Demut („Gott widersteht den Hochmütigen"!) und assoziiert sich durch das indirekte Mittel der intertextuellen Verweisung doch zugleich mit dem verehrten Apostel. Wie dieser schreibt er Briefe, in denen er Gemeinden autoritativ dogmatische und paränetische Weisungen gibt.[48] Dass dies eine bewusste Nachahmung der Apostel- und besonders der Paulusbriefe ist, zeigen autoreflexive Aussagen, welche die Berechtigung zu apostolischem Befehlen thematisieren (IgnTrall 3,3; IgnEph 3,1; IgnRöm 4,3), bzw. in direktem Verweis auf apostolische Redeweise diese übernehmen (ἀσπάζειν ... ἐν ἀποστολικῷ χαρακτῆρι, IgnTrall inscr.). Da Ignatius apostolische Befehlsvollmacht nicht in Anspruch nehmen kann, bringt er seine Anliegen in der Form der Bitte vor und stellt sie unter einen „martyrologischen Vorbehalt". Das vollendete Martyrium wird den Beweis dafür erbringen, dass er seinen Weg in den Spuren des Märtyrerapostels Paulus gegangen ist, und damit seinen Briefen nachträglich eine quasi-apostolische Autorität verleihen.

Der Paulusnachfolger Ignatius schrieb also nicht nur, wie des öfteren anerkannt wird, Briefe wie Paulus, und zwar, was meist bestritten wird, mit einem vergleichbaren Autoritätsanspruch, sondern er schrieb auch weithin in bewusster Anlehnung an paulinische Sprache. In den folgenden Abschnitten soll anhand ausgewählter Themen vertiefend nachgewiesen werden, wie stark intertextuelle Bezugnahmen auf paulinische Briefe im Dienst der Selbstdarstellung des Ignatius als Paulusnachfolger stehen. Hauptzweck dieser Untersuchungen ist es, mögliche Bezugnahmen auf die Pastoralbriefe zu entdecken.

6.4 Paulus als Vorbild in der Bekämpfung von Gegnern

Dass Ignatius sich Paulus zum Vorbild genommen hat, wenn er sich mit Gegnern auseinandersetzt,[49] ist unbestreitbar. So ist schon oft beobachtet

---

[48] „Ignatius, finding himself in the footsteps of Paul and hoping to continue on that path to its end, wrote letters as Paul had done." (R. F. Stoops, If I Suffer, 178).

[49] Die Frage nach der theologischen Ausrichtung der bekämpften Gegner und die damit zusammenhängende Entscheidung, ob es eine (judenchristlich-doketische bzw. ebionitische), zwei (eine judenchristliche und eine doketische) oder gar drei bekämpfte Gruppen sind (zu den genannten noch eine prophetisch-antiepiskopale), kann an dieser Stelle offen bleiben. Vgl. zur Orientie-

worden, dass er in IgnTrall 10 die Argumentation von 1Kor 15 gekonnt auf die Auseinandersetzung mit Doketisten überträgt.[50] Ignatius schreibt: (a) Εἰ δέ, ὥσπερ τινὲς ἄθεοι ὄντες, τουτέστιν ἄπιστοι, λέγουσιν, (b) τὸ δοκεῖν πεπονθέναι αὐτόν, (c) αὐτοὶ ὄντες τὸ δοκεῖν, (d) ἐγὼ τί δέδεμαι, (e) τί δὲ καὶ εὔχομαι θηριομαχῆσαι; (f) δωρεὰν οὖν ἀποθνήσκω. (g) ἄρα οὖν καταψεύδομαι τοῦ κυρίου. Die Anlehnungen an 1Kor 15,12–18.29–34 sind offensichtlich. Ignatius übernimmt zunächst die Argumentationsstruktur, unter hypothetischer Voraussetzung der Richtigkeit der Gegnerthese deren absurde Folgen nachzuweisen. Sprachlich wird die Voraussetzung mit εἰ δέ eingeleitet (IgnTrall 10a / 1Kor 15,12.13.14; var. εἰ γάρ: 15,16; εἰ: 15,19.32), die Folgen werden als rhetorische Fragen formuliert (IgnTrall 10d.e / 1Kor 15,29.30), oder als Schlussfolgerungen (IgnTrall 10f / 1Kor 15,13–19.32; mit ἄρα eingeleitet: IgnTrall 10g; 1Kor 15,14.18). Besonders der die Gegnerthese einführende Satz ist bei beiden weitgehend parallel gestaltet: IgnTrall 10a.b liest: Εἰ δέ, ...τινὲς ... λέγουσιν + Gegnerthese, 1Kor 15,12: Εἰ δέ ..., πῶς λέγουσιν ... τινὲς + Gegnerthese. Inhaltlich vergleiche man zu τινὲς ἄθεοι ὄντες (IgnTrall 10a) 1Kor 15,34: ἀγνωσίαν γὰρ θεοῦ τινες ἔχουσιν. Die rhetorischen Fragen IgnTrall 10d.e führen die gegenwärtigen und noch ausstehenden Leiden des Ignatius als Beweis für die Wirklichkeit des Leidens Christi ins Feld, wie 1Kor 15,30–32 der ständige Lebenseinsatz des Paulus diesem als Beweis für die Wirklichkeit der Auferstehung gilt.[51] Dass θηριομαχεῖν auch mit Blick auf 1Kor 15,32 gewählt ist, sollte man nicht bestreiten.[52] IgnTrall 10f (δωρεὰν οὖν ἀποθνήσκω) wird auf 1Kor 15,18 (... dann sind auch die in Christus Entschlafenen verloren) und auf 15,31 (καθ᾿ ἡμέραν ἀποθνήσκω) anspielen. IgnTrall 10g entspricht 1Kor 15,15: Wenn die Gegner im Recht wären, stünden Paulus bzw. Ignatius als Lügner vor Gott / Christus da. Ignatius konfrontiert außerdem wie Paulus die Gegner mit den „sie selbst betreffenden

---

rung P. Meinold, Studien, 19–36; K. C. Barrett, Jews, 220–244; P. J. Donahue, Jewish Christianity, 81–93; C. Trevett, Prophecy, 1–18; J. Speigl, Ignatius, 360–376; M. D. Goulder, Docetists, 16–30.

[50] Die Orientierung des Ignatius an 1Kor 15 halten z.B. für gegeben A. Lindemann, Rezeption, 208; J. A. Fischer, AV, 179 A 40; Bauer-Paulsen, 64; A. E. Barnett, Paul, 159; K. Bommes, Weizen Gottes, 98f; H. von Campenhausen, Die Idee des Martyriums, 28f Anm. 4. NTAF vermerkt diese offensichtliche Parallele erstaunlicherweise überhaupt nicht, vermutlich, weil sich keine wörtlichen Übereinstimmungen aufweisen lassen – wodurch die Grenze einer nur am Wortlaut orientierten Untersuchung deutlich wird.

[51] Dass die Schlüssigkeit des Beweises vom eigenen Leiden auf die Realität des Leidens bzw. der Auferstehung Christi schon zu Zeiten des Ignatius nicht allgemein anerkannt war, zeigen die Doketisten in Smyrna, die dem Märtyrer Verehrung entgegenbrachten. Wenn Ignatius ihnen entgegenhält: „was nützt mir denn einer, wenn er mich lobt, meinen Herrn aber lästert, indem er nicht bekennt, dass er Träger eines Leibes (σαρκοφόρος) ist?" (IgnSm 5,2), klingt seine Ratlosigkeit dieser Position gegenüber durch.

[52] S.u. S. 166.

Konsequenzen ihres Denkens":[53] So wie die korinthische Vikariatstaufe unsinnig ist, wenn es keine Auferstehung gibt (1Kor 15,29), folgt aus der doketischen Christologie der Gegner, dass sie selbst nur scheinbar existieren (IgnTrall 10b.c).[54]

Der Gesamteindruck ist unvermeidbar, dass Ignatius in enger Anlehnung an 1Kor 15 formuliert hat. Wenn A. Lindemann diese „deutliche Adaption paulinischer Redeweise und paulinischer theologischer Argumentation" nicht als „unmittelbare literarische Abhängigkeit" gelten lässt, weil wörtliche Berührungen fehlen,[55] spiegelt dies einen sprachtheoretisch zu wenig differenzierten Begriff von literarischer Abhängigkeit. Auch Einzeltextreferenzen können sich auf einer abstrakteren Ebene niederschlagen als in unmittelbarer Übernahme von Elementen, die man als Kontiguitätsrelation von Similaritätsrelationen unterschieden hat. Beim Verhältnis zwischen IgnTrall 10 und 1Kor 15 handelt es sich um eine solche Similaritätsrelation, bei der nicht einzelne Textsegmente, sondern die Relationen zwischen Elementen eines Prätextes übernommen werden,[56] hier vor allem die Argumentationsform und die ihr entsprechenden Satzstrukturen. Diese komplexere Art der intertextuellen Verweisung setzt natürlich auf Seiten des Verfassers eine gewisse literarische Bildung und Übung voraus, die im Falle des Ignatius sicher vorhanden war.[57]

Ein weiteres Mal greift Ignatius auf eine pln Argumentation aus dem 1Kor zurück, wenn er sich im Magnesierbrief gegen judaisierende Christen wendet: „So schafft nun den schlechten Sauerteig weg, den alt gewordenen und bitteren, und wendet euch dem neuen Sauerteig zu, das ist Jesus Christus. Lasst euch durch ihn salzen ..." (IgnMagn 10,2). Gegen anderslautende Analysen, die eine Beeinflussung durch die synoptische Tradition annehmen (Mt 16,6.12),[58] ist festzuhalten, dass Ignatius hier eindeutig an 1Kor 5,7f

---

[53] So A. Lindemann, Rezeption, 208.

[54] Die von Ignatius hier verwendete Polemik durch Umkehrschluss ist konventionell. Vgl. Schoedel, 256 mit Hinweis auf (spätere) Kirchenväter und Philo, Op 171: Denjenigen, die „unendlich viele" Welten annehmen, fehlt „unendlich viel Kenntnis an Wahrheit".

[55] A. Lindemann, Rezeption, 208.

[56] Vgl. M. Lindner, Integrationsformen, 126f; R. Lachmann, Ebenen, 136: „Wenn im Phänotext Strukturen als fremdtextlichen Strukturen äquivalent signalisiert sind, läßt sich von einer Similaritätsbeziehung sprechen. Diese Relation realisiert sich nicht in zitierten Elementen oder Verfahren, sondern im Aufbau von analogen Strategien, die ihre Entsprechungen in bestimmten Referenztexten haben." Während sich Einzeltextreferenzen als Kontiguitäts- oder Similaritätsbeziehung realisieren können, beruhen Systemreferenzen per definitionem auf Similaritätsrelationen zwischen Texten.

[57] Dass Ignatius die Anlehnung an paulinische Gedanken möglicherweise gar nicht bewusst war, halte ich angesichts seiner komplexen Transformationsleistung für sehr unwahrscheinlich (gegen A. Lindemann, Paul, 38f).

[58] So A. Lindemann, Rezeption, 207, doch ohne eine detaillierte Argumentation am Text.

anknüpft.[59] Während nämlich in Mt 16,6.12 lediglich die eine Metapher „Sauerteig" begegnet, die mit der „Lehre der Pharisäer und Sadduzäer" identifiziert wird, entfaltet Paulus das Bildfeld, das mit dieser Metapher verbunden ist, und Ignatius folgt ihm darin mit fast wörtlichen Übereinstimmungen. Der ζύμη κακίας des Paulus entspricht die κακὴ ζύμη bei Ignatius, der altgewordene Sauerteig heißt bei Paulus παλαία ζύμη, bei Ignatius παλαιωθεῖσα ζύμη, den neuen Teig nennt Paulus νέον φύραμα, Ignatius spricht von νέα ζύμη. Gegen die synoptischen Stellen teilen Paulus und Ignatius auch eine explizite christologische Zuspitzung und ekklesiologische Anwendung: Christus ist der neue Teig, bzw. das Passahlamm; mit einem Imperativ wird die Gemeinde aufgefordert, sich von dem alten Sauerteig zu trennen.[60] Die Nähe zwischen 1Kor 5,7f und IgnMagn 10,2 in Wortwahl und Argumentationsstruktur ist so deutlich, dass eine bewusste Übertragung eines pln Bildes auf die Situation in Magnesia durch Ignatius angenommen werden muss.

Die intertextuelle Bezogenheit des Ignatius auf den 1. Korintherbrief hat einen adressaten- und einen autorbezogenen Zweck: Einerseits erhöhte es für die Adressaten die Autorität und Plausibilität der ignatianischen Argumente, wenn sie sozusagen im apostolischen Gewande daherkamen. Andererseits rückte Ignatius auf diese Weise persönlich in die Nähe des Paulus und kam so seinem Vorsatz nach, in den Spuren des Apostels zu wandeln. Ich meine nun, dass Ignatius sich nicht nur den argumentierenden Paulus des 1Kor zum Vorbild genommen hat, sondern auch den polemisierenden Paulus der Pastoralbriefe. In seiner Gegnerbekämpfung finden sich nämlich zahlreiche potenzielle Berührungen mit den Pastoralbriefen.

Das gilt zunächst für die Verwendung gleicher Wort- und Bildfelder. So charakterisiert ἐκτρέπειν das Abwenden von der Wahrheit (IgnMagn 11 / 1Tim 1,6; 5,15; 6,20; 2Tim 4,4);[61] ἐμπίπτειν wird mit Metaphern aus der Jagd verbunden (IgnMagn 11: Angelhaken des Irrtums / 1Tim 3,6f: Schlinge des Teufels, vgl. 6,9); ferner wird nur in 2Tim 3,6 / IgnPhld 2,2; IgnEph 17,1 das der Kriegssprache entstammende Verb αἰχμαλωτίζειν für das ab-

---

[59] Eine Beeinflussung durch 1Kor 5,6ff nehmen an W. Bauer, 228, Bauer-Paulsen, 54; A. E. Barnett, Paul, 158; NTAF, 65; R. M. Grant, AF I,55.

[60] Dass Ignatius die pln Metaphorik nochmals, wahrscheinlich um ein synoptisches Bild erweitert („lasst euch von ihm *salzen*"), besagt nichts über die Herkunft des Sauerteigbildes, zumal auch in den Synoptikern die Bilder vom Sauerteig und vom Salz nirgends verbunden sind, gegen A. Lindemann, Rezeption, 207. Es wäre sogar denkbar, dass Ignatius auch das Bild vom Salz aus dem pln Traditionsbereich kannte, vgl. Kol 4,6.

[61] ἐκτρέπειν begegnet in der urchristlichen Literatur nur noch (in anderer Bedeutung) in Hebr 12,13.

werbende Verhalten von Gegnern verwendet,[62] zu erinnern ist an das Hapaxlegomenon ἑτεροδιδασκαλεῖν, das überhaupt nur in 1Tim 1,3; 6,3 und IgnPol 3,1 begegnet. Die bekämpfte Lehre wird als leeres Gerede gekennzeichnet (IgnPhld 1,1: μάταια λαλοῦντες / 1Tim 1,6: ματαιολογία, Tit 1,10: ματαιολόγοι), das nur Streitereien hervorruft (IgnSm 7,1: συζητοῦντες / 1Tim 1,4; 6,4; 2Tim 2,23; Tit 3,9: (ἐκ)ζητήσεις) und überhaupt höchst unnütz ist (ἀνωφελής: IgnMagn 8,1 / Tit 3,9; 1Tim 4,8). Die Gegner werden als wilde Tiere apostrophiert (θηρία: IgnEph 7,1; IgnSm 4,1 / Tit 1,12),[63] sie verderben die Häuser (οἰκοφθόροι: IgnEph 16,1; οἴκους ἀνατρέπειν: Tit 1,11), sind hochmütig[64] und ungehorsam,[65] lassen es an guten Werken fehlen, dienen dem Teufel, haben ein verdorbenes Gewissen und richten sich selbst.[66] Einigkeit besteht auch in der Anwendung von Metaphern aus dem medizinischen Bereich auf die Gegner.[67] Selbstverständlich kann man diese Übereinstimmungen auf das Konto weit verbreiteter Gegnerpolemik buchen.[68] In einigen Passagen bei Ignatius treten die Parallelen zu den Pastoralbriefen aber so gehäuft auf, dass literarische Abhängigkeit trotz der stark zu veranschlagenden Topik der Polemik auf keinen Fall ausgeschlossen werden kann.

Die deutlichsten Parallelen bestehen zwischen IgnSm 9,1 und 2Tim 2,25f.

Εὔλογόν ἐστιν λοιπὸν ἀνανῆψαι ἡμᾶς, ὡς ἔτι καιρὸν ἔχομεν εἰς θεὸν μετανοεῖν. ... ὁ λάθρα ἐπισκόπου τι πράσσων τῷ διαβόλῳ λατρεύει	ἐν πραΰτητι παιδεύοντα τοὺς ἀντιδιατιθεμένους, μήποτε δῷη αὐτοῖς ὁ θεὸς μετάνοιαν εἰς ἐπίγνωσιν ἀληθείας, καὶ ἀνανήψωσιν ἐκ τῆς τοῦ διαβόλου παγίδος ...

An beiden Stellen geht es um die Umkehr der bekämpften Gegner. Ignatius fordert sie direkt dazu auf, nüchtern zu werden und zu Gott umzukehren; 2Tim 2,25f reflektiert über die Möglichkeit, dass Gott den Gegnern Umkehr schenke und sie wieder nüchtern werden. ἀνανήφειν begegnet im NT und der sonstigen urchristlichen Literatur nur an diesen beiden Stellen, ist aller-

---

[62] Die metaphorische Verwendung des Verbums begegnet auch bei Paulus, jedoch in anderen Zusammenhängen: vgl. Röm 7,23 und, der Verwendung in den Pastoralbriefen und bei Ignatius geradezu entgegengesetzt, 2Kor 10,5.

[63] Vgl. ferner λύκοι: IgnPhld 2,2; κύνες: IgnEph 7,1.

[64] IgnEph 5,3; IgnSm 6,1; IgnTrall 7,1 / 1Tim 3,6; 6,4; 2Tim 3,2.

[65] ἀπειθοῦντες / ἀπειθεῖς: IgnMagn 8,2 / Tit 1,16; verschiedene andere Verben des Sich-Widersetzens: IgnEph 7,2 / 1Tim 3,8; 4,15; 2Tim 2,25; Tit 1,9.10.

[66] Fehlende Werke: IgnSm 6,2 / Tit 1,16; Teufelsdienst: IgnEph 10,3; 13,1; IgnSm 9,1 u.ö. / 1Tim 5,15; 2Tim 2,26 u.ö.; kein gutes Gewissen: IgnMagn 4; IgnTrall 7,2 / 1Tim 4,2; Tit 1,15; sich selbst Richten: IgnEph 5,3 / Tit 3,11.

[67] IgnEph 7,1f; IgnTrall 6,2; 11,1; IgnPol 1,3; 2,1 / 1Tim 6,4; 2Tim 2,17; Tit 1,13.

[68] Das Vorherrschen stereotyper Polemik betont H. Paulsen, Studien, 85–87.

dings als Metapher für Umkehr auch bei Philo belegt.[69] Darüber hinaus erwähnen Ignatius und die Pastoralbriefe, dass die Gegner dem Teufel (διάβολος) verfallen sind bzw. dienen, was sich als Hintergehen des Bischofs bzw. Widerstand gegen den Gemeindeleiter äußert. Nur durch Anerkennung des Bischofs ist darum Umkehr zu Gott möglich (Ignatius), bzw. nur bei Anerkennung der Lehre des Gemeindeleiters gibt Gott die Umkehr (2Tim). Die Nähe zwischen beiden Anschauungen und in den Formulierungen ist also unübersehbar, ein absolut zwingender Beweis für literarische Abhängigkeit liegt aber wohl nicht vor.

IgnPhld 2,2 erinnert in der Argumentationsstruktur und Wortwahl an 2Tim 3,4–6, man vergleiche:

πολλοὶ γὰρ λύκοι	οἱ ἐνδύνοντες ... (2Tim 3,6)
ἀξιόπιστοι	ἔχοντες μόρφωσιν εὐσεβείας ... (2Tim 3,5)
ἡδονῇ κακῇ	φιλήδονοι ... (2Tim 3,4)
αἰχμαλωτίζουσιν τοὺς θεοδρόμους	αἰχμαλωτίζοντες γυναικάρια (2Tim 3,6)

Da die parallelen Ausdrücke nicht wörtlich übereinstimmen und zudem aus gängiger Polemik bestehen, ist es vor allem die metaphorische Verwendung von αἰχμαλωτίζειν, die auffällt (vgl. noch IgnEph 17,1).[70]

Schließlich vergleiche man zu IgnMagn 8,1:[71]

ἑτεροδοξίαι μηδὲ	γραώδεις μῦθοι (1Tim 4,7; vgl. 1Tim 1,3;
μυθεύματα τὰ παλαιά	2Tim 4,4; Tit 1,14)
ἀνωφελῆ οὖσιν ...	εἰσὶν γὰρ ἀνωφελεῖς (Tit 3,9; vgl. 1Tim 4,8)
εἰ ... κατὰ Ἰουδαϊσμὸν ζῶμεν,	Ἰουδαϊκοὶ μῦθοι καὶ ἐντολαὶ ἀνθρώπων (Tit 1,14)
ὁμολογοῦμεν χάριν μὴ εἰληφέναι	θεὸν ὁμολογοῦσιν εἰδέναι, τοῖς δὲ ἔργοις ἀρνοῦνται (Tit 1,16)

Auffällig ist neben den offensichtlichen Parallelen der Gebrauch von ὁμολογεῖν am Schluss der Polemiken. Beide Male wird den Gegnern das, was sie für sich in Anspruch nahmen (Gott zu kennen, die Gnade empfangen zu haben), durch ein Wortspiel entrungen, im einen Fall durch die Kontrastie-

---

[69] Vgl. Philo, All II, 60 vom betrunkenen Noah: ἀνανήφει, τοῦτο δ' ἐστὶ μετανοεῖ.

[70] S.o. Anm. 62.

[71] Ob diese Parallelen durch das „Vorliegen des gleichen polemischen Wortschatzes" zureichend erklärt sind, wie Schoedel, 204 meint, ist m.E. zumindest fraglich. An literarische Abhängigkeit denken H. J. Holtzmann, Pastoralbriefe, 260 und J. Speigl, Ignatius, 370. Optimistisch ist auch C. Looks, Rezeption, 126f („gut möglich bis wahrscheinlich"). H. Rathke, Ignatius, 85f vermerkt die Beziehungen auf die Pastoralbriefe (statt z.B. auf Gal) im Kampf gegen den Judaismus und schließt daraus: „Offenbar treffen die dort vorausgesetzte Gemeindesituation und die in den Pastoralbriefen angewandte Argumentation für Ignatius mehr zu." (86)

rung von bekennen und verleugnen, im anderen durch das Ausnutzen der Vieldeutigkeit von ὁμολογεῖν (u.a. bekennen, behaupten, zugeben).

Th. Zahn hält die Argumentation von IgnPhld 9,1f für eine Nachahmung von 1Tim 1,8.[72] Heißt es dort, das Gesetz sei gut (καλὸς ὁ νόμος), wenn (ἐάν) es vernünftig angewandt werde, so stellt Ignatius in IgnPhld 9,1 der Feststellung καλοὶ καὶ οἱ ἱερεῖς die Steigerung entgegen, besser sei der Hohepriester, und schließt die Argumentation in 9,2 mit den Worten: πάντα ὁμοῦ καλά ἐστιν, ἐὰν ἐν ἀγάπη πιστεύητε. Gemeinsam ist 1Tim 1,8 und IgnPhld 9,1f eine nomistische Gegnerfront und ein allerdings sehr allgemeines Formular der Argumentation. Man wird nicht ausschließen können, dass Ignatius sich an 1Tim 1,8 orientierte, ein positiver Nachweis dafür lässt sich aber m.E. nicht führen.

Abschließend ist zu den Gemeinsamkeiten zwischen Ignatius und den Pastoralbriefen in der Gegnerbekämpfung festzuhalten, dass eine große Nähe unübersehbar ist. Es gibt aber keine einzige Stelle, an der die literarische Abhängigkeit des Ignatius von den Pastoralbriefen (oder umgekehrt) sicher demonstriert werden könnte, was seinen Hauptgrund in der weiten Verbreitung polemischer Stereotype hat, wie sie von Ignatius und in den Pastoralbriefen aufgenommen werden. Bedenkt man aber, dass Ignatius die Art der pln Auseinandersetzung mit Gegnern im 1Kor nachweislich imitiert hat, so wird man es immerhin für denkbar halten, dass die Parallelen auf Kenntnis der Pastoralbriefe beruhen. Jedenfalls dann, wenn die weitere Untersuchung noch deutlichere Hinweise darauf erbringt, dass Ignatius die Pastoralbriefe gekannt hat.

6.5 Paulus als Vorbild im Einsatz für das kirchliche Amt

Vorab ist festzuhalten, dass die ignatianische Konzeption des dreifachen kirchlichen Amtes in ihren charakteristischen Zügen nicht auf die pln Literatur zurückgeht.[73] Insbesondere die Urbild-Abbild-Theorie, nach der die irdischen Amtsträger die himmlische Hierarchie abbilden, und die Vorstellung, die kirchliche Einheit könne durch bedingungslose Unterordnung unter den einen Bischof gesichert werden, haben ihre Wurzeln kaum im pln Traditionsbereich. Ob dafür stärker gnostische oder allgemein hellenistische Einflüsse verantwortlich zu machen sind, kann hier offen bleiben. Die Stärkung des Amtes als Bollwerk gegen heterodoxe Strömungen und Garant der Einheit der Kirche ist jedenfalls das zentrale Thema der Ignatianen (ausgenommen IgnRöm), zu dessen Entfaltung Ignatius sich offensichtlich durch die Situation der

---

[72] Th. Zahn, Ignatius, 614.
[73] Vgl. zur ignatianischen Amtskonzeption H. Rathke, Ignatius, 76–83; P. Meinold, Studien, 57–66; A. Brent, Epistles, 18–32; R. Staats, Kirche, bes. 126–145; H. O. Maier, Setting, 147–197; E. Dassmann, Hausgemeinde, 90–95; F. Laub, Hintergrund, 265–268.

Gemeinden seiner Zeit herausgefordert fühlte. Zur Begründung beruft er sich auffälligerweise besonders auf seine pneumatische Einsicht.

Gelegentlich scheint Ignatius in der die Unterordnung unter die Amtsträger betreffenden Argumentation auf pln Briefe zurückzugreifen, d.h. in diesem Fall mangels prägnanter Aussagen aus pln Homologoumena fast ausschließlich auf die Pastoralbriefe. Erwartungsgemäß lassen sich eindeutige Bezugnahmen auf den 1Kor nicht nachweisen, man könnte allenfalls fragen, ob es Zufall ist, dass das starke Verb ὑποτάσσεσθαι,[74] das Ignatius in diesem Zusammenhang durchgängig verwendet, mit Bezug auf gemeindeleitende Personen vor 1Petr / 1Klem / Ign[75] nur ein einziges Mal begegnet – in 1Kor 16,16.[76] Bezüglich der Pastoralbriefe sind zunächst sprachliche Übereinstimmungen zu nennen: πρεσβυτέριον als Bezeichnung für das kirchliche Ältestengremium begegnet nur in 1Tim 4,14 und zwölfmal bei Ignatius;[77] ἐπισκοπή als Abstraktum für das Bischofsamt findet sich allein in 1Tim 3,1 und (auf Gott übertragen) IgnPol 8,3.[78] Da beides technische Begriffe sind, zeigt dies zunächst nicht mehr, als dass beide Briefe vergleichbare kirchliche Strukturen voraussetzen.

Die in IgnMagn 3,1 begegnende Aufforderung, das jugendliche Alter des Bischofs nicht zum Vorwand mangelnden Gehorsams ihm gegenüber auszunutzen, erinnert an 1Tim 4,11f und die anderen Stellen der Pastoralbriefe, die das Thema des jungen Amtsträgers behandeln (1Tim 5,1f; 2Tim 2,22; Tit 2,6f). Der Ko-Text von IgnMagn 3 gibt keine sicheren Hinweise darauf, ob Ignatius hier Paulus imitiert[79] oder ob sich dieselbe „aktuelle Autoritäts-

---

[74] ὑποτάσσεσθαι bezogen auf weltliche Herren: Röm 13,1; Tit 3,1; 1Petr 2,13; 1Klem 61,1; den Ehemann 1Kor 14,34 (sek?); Kol 3,18; Eph 5,22–24; 1Petr 3,1.5; die Eltern: Lk 2,51; den Sklavenbesitzer: Tit 2,9; 1Petr 2,18; Barn 19,7; Did 4,11.

[75] 1Petr 5,5 (ἀνατάσσεσθαι); 1Klem 1,3; 57,1; IgnEph 2,2; IgnMagn 2; 13,2; IgnTrall 2,1f; IgnPol 6,1; Polyc 5,3.

[76] Es gibt weitere Indizien dafür, dass Ignatius dieser Vers bekannt war, s.u. S. 175. Seltsamerweise erwähnt T. Y. Mullins (Use, 35–39), der die Verwendung von ὑποτάσσειν bei Ign im Licht der LXX und des NT untersucht, diese Stelle, welche dem ignatianischen Gebrauch m.E. am nächsten kommt, überhaupt nicht.

[77] In Lk 22,66 und Apg 22,5 ist πρεσβυτέριον ein Äquivalent zu Synhedrion, vgl. W. Bauer, WB, s.v.

[78] Gegen W. Bauer, WB, s.v., der IgnPol 8,3 den allgemeineren Sprachgebrauch der „göttlichen Hut" für ἐπισκοπή annimmt. Damit wird aber das vorliegende Sprachspiel nicht adäquat erfasst. Dies zeigt die dem Schlussgruß 8,3 korrespondierende Eingangswendung IgnPol inscr.: Ἰγνάτιος ... Πολυκάρπῳ ἐπισκόπῳ ... μᾶλλον ἐπισκοπημένῳ ὑπὸ θεοῦ. Zu vergleichen sind noch IgnRöm 9,1: Statt des Ignatius hat die syrische Kirche nun „Gott zum Hirten", wird „durch Christus bischöflich beaufsichtigt werden (ἐπισκοπήσει)" und IgnMagn 3,2, wo Gott als ἀόρατος ἐπίσκοπος bezeichnet wird.

[79] Für Imitation H. J. Holtzmann, Pastoralbriefe, 260; H. Rathke, Ignatius, 76 Anm. 3. Diese Deutung schließt nicht aus, dass der junge Bischof von Magnesia tatsächlich um die Anerkennung seiner Autorität zu kämpfen hatte. Die Durchsetzung des Bischofsamtes gegen das wesentlich durch

krise junger Amtsträger in der Kirche" in beiden Briefen niederschlägt.[80] Eine Entscheidung ist von dieser Stelle her kaum möglich.[81] Immerhin sei erwähnt, dass IgnMagn 3,1 mit einer der thematisch relevanten Stellen der Pastoralbriefe (2Tim 2,22) ein freilich naheliegendes Hapaxlegomenon teilt, das in urchristlichen Texten sonst nicht begegnet: νεωτερικός.

Deutlichere Hinweise für Bezugnahme des Ignatius auf den 1Tim bietet der Abschnitt über den Bischof und die Diakone in IgnTrall 2,1–3,3, in dem *mehrfach* auf 1Tim 3 angespielt wird. Er ist dreigeteilt (2,1f; 2,3–3,1; 3,2f), beginnend mit einer typisch ignatianischen Ermahnung, sich dem Bischof und dem Presbyterion unterzuordnen (2,1f), die wie auch 3,1 Parallelen in anderen Briefen hat.[82] In 2,3 wendet sich Ignatius den Aufgaben der Diakone zu und schließt daran eine Mahnung an die Gemeinde an, sie zu achten, wie auch die Presbyter und den Bischof (Inklusio), da ohne diese von Kirche nicht die Rede sein könne (3,1). Abschließend betont Ignatius, er sei überzeugt, dass die Trallianer es genauso halten, fügt ein individuell gestaltetes Lob des Bischofs von Tralles an (3,2) und befestigt die Wirkung seiner Paränese, indem er betont, er halte sich vor stärkeren Aussagen zurück, da er als Verurteilter nicht das Recht habe, wie ein Apostel zu befehlen (3,3). Interessanterweise finden sich die im Folgenden zu besprechenden Anspielungen auf die Pastoralbriefe sämtlich in den gegenüber anderen Unterordnungsparänesen individuell gestalteten Abschnitten (2,3–3,1*; 3,2f), die sich deutlich als „weniger typisch für Ignatius" (W. Schoedel) herausheben.[83] Es scheint, als habe Ignatius seine Mahnungen konkretisieren wollen und sich dazu auf die Pastoralbriefe besonnen. Nur in IgnTrall 2,3 macht Ignatius Aussagen über die Amtspflichten von Diakonen, syntaktisch werden sie wie die Pflichtentafeln der Pastoralbriefe eingeführt: δεῖ δέ κτλ. (vgl. δεῖ οὖν /δέ /γάρ in 1Tim 3,2.7; Tit 1,7). Das ist zunächst nicht mehr als ein wenig charakteristisches gattungsspezifisches Element.[84] Hinzu kommen aber inhaltliche Parallelen: Die Diakone werden als διακόνους ... μυστηρίων Ἰησοῦ Χριστοῦ bezeichnet, was der Aufgabenbezeichnung der Diakone in 1Tim 3,9 nahe kommt: ἔχοντες τὸ μυστήριον τῆς πίστεως (wobei durch 1Tim 3,16 sichergestellt ist, dass Jesus Christus Inhalt eben

---

das Alterskriterium charakterisierte Presbyteramt wird über längere Zeit hin solche Probleme aufgeworfen haben. Zur Debatte steht die Frage: Beruft sich Ignatius für seinen Rat auf die vorgegebene Autorität des Paulus?

[80] So N. Brox, Pseudo-Paulus, 183f; W. R. Schoedel, 190.

[81] Woher allerdings C. Looks, Rezeption, 142f die Sicherheit nimmt, eine Rezeption von 1Tim 4,12 *auszuschließen*, ist mir nicht ersichtlich.

[82] IgnEph 2,2; 4,1; IgnMagn 3,1f; 6,1; IgnSm 8,1f u.ö.

[83] Diese richtige Beobachtung macht W. R. Schoedel, 233 zu IgnTrall 2,3, ohne allerdings Folgerungen daraus zu ziehen.

[84] Vgl. M. Wolter, Paulustradition, 145.

dieses Geheimnisses ist).[85] Ignatius verlangt ferner, dass Diakone sich vor Anschuldigungen (ἐγκλήματα) hüten müssen; 1Tim 3,10 fordert, dass sie unbescholten (ἀνέγκλητοι) sind. Auch das Lob des Bischofs von Tralles scheint an den Kriterien der Pastoralbriefe ausgerichtet zu sein. Am deutlichsten weist darauf die im Zusammenhang unmotivierte, außerdem als Vermutung formulierte Aussage (λογίζομαι κτλ.), ihn achteten wohl auch die Gottlosen, was der Forderung von 1Tim 3,7 entspricht.[86] Warum anders sollte Ignatius diese Vermutung vorbringen, als deshalb, weil er den Bischof von Tralles als vollkommen gemessen an einer allgemein akzeptierten, nämlich der pln Norm erweisen möchte?[87] Auch was sonst vom Bischof gesagt wird, trifft der Sache nach die Forderungen der Pastoralbriefe: Seine Haltung (κατάστημα) ist eine μεγάλη μαθητεία, seine Sanftmut eine Macht. Hierzu vergleiche man 2Tim 2,24f, wo die *Sanftmut* als Strategie für den im Lehren geschickten Gemeindeleiter empfohlen wird, und 1Tim 3,2–5; 4,12; Tit 2,7 zur *Haltung* des Bischofs / Gemeindeleiters, die seine Lehre unterstreicht. κατάστημα ist wiederum eines der Hapaxlegomena der Pastoralbriefe, die im urchristlichen Schrifttum nur noch bei Ignatius begegnen.[88] Wenn Ignatius dann zum Abschluss auch noch betont, vor stärkeren Aussagen halte er sich zurück, denn er als Verurteilter habe sich nicht angemaßt, „wie ein Apostel zu befehlen" (3,3), so ruft dies als klares Referenzsignal den AdressatInnen unwillkürlich in Erinnerung, was die Apostel über Diakone und Bischof gesagt haben, und verstärkt so den Verdacht, Ignatius habe sich bei den vorangehenden Ermahnungen sehr wohl erkennbar an den Anordnungen des Paulus orientiert, um seinen Ermahnungen Gewicht zu verleihen.

Unanfechtbar ist die Beweisführung für Abhängigkeit von IgnTrall 2,1–3,3 von den Pastoralbriefen sicher nicht. Man sollte aber beachten, dass klare Indizien aus verschiedenen Dimensionen dessen zusammentreffen, was Intertextualität ausmacht. Die Durchbrechung der üblicherweise bei Ignatius höchst stereotypen Gehorsamsparänese wirkt auf LeserInnen des gesamten Corpus als mögliche Markierung. Der via negativa ins Spiel gebrachte Verweis auf den Apostel und die scheinbar unmotiviert vorgetragene Vermu-

---

[85] W. R. Schoedel vermutet hier 1Kor 4,1 als Quelle, doch ist dort (im Unterschied zu 1Tim 3,9) nicht von Diakonen die Rede.

[86] Dass die inhaltliche Übereinstimmung nicht durch Berührungen im Wortlaut unterstützt wird, kann angesichts der Tatsache, dass Ignatius aus seinem Gedächtnis schöpft, nicht negativ ins Gewicht fallen.

[87] Von IgnTrall 3,2 her gerät auch die Mahnung, den jungen Bischof nicht zu verachten (IgnMagn 3,1), in den Verdacht, ein an Paulus orientierter literarischer Topos zu sein (s.o. S. 162).

[88] Diese Berührung gehört – wenn sie eine ist – vermutlich in den Bereich der nicht intendierten Intertextualität, denn κατάστημα wird in den Pastoralbriefen nicht in Bezug auf Amtsträger verwendet.

tung über des Bischofs Ansehen bei den Ungläubigen, die nach einem Motiv für diese Aussage fragen lassen, garantieren die Referenzialität und Kommunikativität der Prätextbezüge. Die Vielzahl der syntaktischen, sachlichen und z.T. wörtlichen Berührungen zum Diakonen- und Bischofsspiegel von 1Tim 3 ergibt eine hohe Intensität bezüglich des Kriteriums der Strukturalität. Die Einzelberührungen sind von unterschiedlicher, in keinem Fall aber intensiver Selektivität. Das dialogische Verhältnis der Texte zueinander ist klar: Die paulinischen Aussagen gelten als autoritativ und werden auf die Diakone und den Bischof von Tralles aktualisierend bezogen. M.E. erklärt die Annahme einer intendierten literarischen Bezugnahme auf die Pastoralbriefe (besonders 1Tim 3,1–13) den Text von IgnTrall 2,3–3,3 besser als eine Anhäufung von zufälligen Anklängen, die man sonst postulieren müsste.

Th. Zahn[89] vermutet auch zwischen IgnMagn 6,2 und Tit 2,7 eine literarische Beziehung. Eine Entscheidung scheint mir nicht möglich, zumal auch Röm 6,17 die entscheidenden Stichworte τύπος und διδαχή bietet.

Die entscheidende Nachahmung des Paulus in seinem Einsatz für das Amt besteht aber wohl darin, dass Ignatius wie Paulus einen Brief an einen Amtsträger schreibt, der diesen zur besseren Amtsführung anleiten soll. Doch soll diese Diskussion zunächst noch zurückgestellt werden (s.u. S. 177ff).

6.6 Paulus als Vorbild des Erlebens und Verhaltens eines Märtyrers

Das Selbstverständnis des Ignatius als Märtyrer ist in wesentlichen Zügen vom 4. Makkabäerbuch inspiriert, wie O. Perler nachgewiesen hat. Insbesondere der kaum übersetzbare Terminus ἀντίψυχον, mit dem Ignatius sein stellvertretendes Sterben für die Adressaten umschreibt (IgnEph 21,1; IgnSm 10,2; IgnPol 2,3; 6,1), stammt mit hoher Wahrscheinlichkeit aus 4Makk.[90]

O. Perler hat zahlreiche sprachliche (Wortschatz und Stil betreffende) und weitgehende inhaltliche Parallelen aufgewiesen, die hier nur summarisch angedeutet werden können. Sie beziehen sich auf die enthusiastische Begeisterung für das Martyrium, die detaillierte und akkumulierende Beschreibung der Qualen, das Verständnis des Martyriums als Wettkampf, ausgeprägtes Verlangen nach dem Tod, die Beschreibung von Hindernissen und Lockungen, die den Märtyrer zu Fall bringen wollen, die Vernichtung des Tyrannen bzw. des Teufels, das Martyrium als „Siegel", Unsterblichkeit, Unversehrtheit, ewiges Leben, „bei Gott sein", bzw. „zu Gott gelangen" als Belohnung

---

[89] Ignatius, 614.
[90] Vgl. 4Makk 6,27–29; 17,20–22 und O. Perler, Das vierte Makkabäerbuch, 51f. 4Makk und Ignatius bieten von einem vereinzelten Beleg aus dem 3. Jh. v.Chr. abgesehen, den der TLG ausweist (Bolus Med. et Phil. 2,2), die einzigen Belege dieses Wortes vor Lukian, Lex 10 und Dio Cassius 59,8,3; 158,31.

des Märtyrers, die Deutung des Sterbens als „Gebären / Geburt des neuen Menschen"
u.v.m.

Steht somit 4Makk als eine Quelle der Martyriumsbegeisterung des Ignatius
fest, so lässt sich daneben auch beobachten, dass Ignatius sich auf Paulus
als Märtyrer bezieht, d.h. seine Paulusnachfolge auch dezidiert als Nachfolge ins Martyrium versteht.[91]
    So liegt wahrscheinlich eine literarische Anspielung an 1Kor 15,32 vor,[92]
wenn Ignatius in IgnRöm 5,1 schreibt: Ἀπὸ Συρίας μέχρι Ῥώμης θηριο-
μαχῶ, διὰ γῆς καὶ θαλάσσης, νυκτὸς καὶ ἡμέρας, ἐνδεδεμένος δέκα
λεοπάρδοις, ὅ ἐστιν στρατιωτικὸν τάγμα. In Anlehnung an Paulus[93]
deutet Ignatius hier sein gegenwärtiges Leiden als Gefangener metaphorisch
als Kampf gegen zehn Leoparden. Diese Deutung setzt voraus, dass Ignatius
1Kor 15,32 (εἴ κατὰ ἄνθρωπον ἐθηριομάχησα κτλ.) im übertragenen
Sinne verstand. Daran kann m.E. aber kein Zweifel bestehen, denn IgnRöm
5,2 macht deutlich, dass ein Überleben eines realen Tierkampfes Ignatius als
Versagen gegolten hätte.[94] Am leichtesten erklärt sich das Nebeneinander
von Erwartung des realen Tierkampfes (IgnRöm 5,2; IgnEph 1,2; IgnTrall
10) und metaphorischer Verwendung von θηριομαχεῖν (IgnRöm 5,1) durch
die Annahme, dass Ignatius sich die Chance nicht entgehen lassen wollte,
sich auch in diesem Punkt mit dem verehrten Paulus zu vergleichen.[95]

---

[91] Es ist nicht beabsichtigt, die vielfältigen theologischen Aspekte des ignatianischen Martyri-
umsverständnisses hier auch nur annähernd zu würdigen. Vgl. dazu H. von Campenhausen, Idee,
67–78; K. Bommes, Weizen Gottes; P. Meinold, Studien, 1–18; T. Baumeister, Anfänge; J. Perkins, Self, 245–72; M. J. Wilkins, Interplay, 294–315; A. T. Hanson, Theology, 694–696; C. Butterweck, Martyriumssucht, 23–35. Auch ein Vergleich zwischen pln und ignatianischem Verständnis des Todes für Christus ist nicht das primäre Interesse der Untersuchung (vgl. dazu W.
Rebell, Das Leidensverständnis bei Paulus und Ignatius von Antiochien, 457–465). Es geht – wie
in den vorangehenden Abschnitten auch – darum zu zeigen, in welcher Weise sich Ignatius sprachlich auf Paulus bzw. pln Texte bezieht, wenn er von seinem bevorstehenden Tod spricht.

[92] Bezug auf 1Kor 15,32 wird oft angenommen, z.B. von W. R. Schoedel, 285, O. Perler, Das
vierte Makkabäerbuch, 55.

[93] Damit soll keinesfalls bestritten werden, dass auch andere literarische Vorbilder die Gestaltung des Satzes beeinflusst haben, so etwa 4Makk 9,28 (O. Perler, Das vierte Makkabäerbuch, 55)
und inschriftliche Verherrlichungen militärischer Erfolge, auf die W. R. Schoedel, 285f hinweist.

[94] Auch 2Tim 4,17 offenbart, dass man die metaphorische Beschreibung einer Verfolgungssituation als Tierkampf Paulus zutraute. Dies gilt unabhängig von den schwer zu beantwortenden
Fragen, ob diese Stelle ihrerseits eine Reminiszenz an 1Kor 15,32 darstellt und ob Ignatius auch an
sie dachte, als er seine Leiden als Kampf mit zehn Leoparden bezeichnete. Falls ja, zeigte es einmal mehr den Hang des Ignatius zur Übertreibung: Der Paulus der Pastoralbriefe hatte sich noch
mit *einem* Löwen begnügt.

[95] Anders A. Lindemann, Rezeption, 208 Anm. 240, der eine Beziehung bestreitet mit der Begründung, θηριομαχεῖν sei ein technischer Ausdruck für die Strafe ad bestias. Das erklärt aber
nicht, warum Ignatius eben diesen terminus technicus *auch* metaphorisch verwendet. Lindemann
hält es im Übrigen (aufgrund von IgnTrall 10) für erwiesen, dass Ignatius mit der Argumentation

Eine klare Bezugnahme auf 1Kor 7,22[96] liegt an der schon besprochenen Stelle IgnRöm 4,3 vor, allerdings gibt Ignatius den pln Worten einen völlig neuen Sinn.[97] Er bezeichnet sich im Vergleich mit den „Aposteln" Petrus und Paulus als „Verurteilten", jene seien frei (ἐλεύθεροι), er ein Sklave (δοῦλος). Aber, fügt er hinzu, ἐὰν πάθω, ἀπελεύθερος γενήσομαι Ἰησοῦ Χριστοῦ. Interessant ist die Anspielung besonders deshalb, weil sie das Bemühen des Ignatius erkennen lässt, sein Verständnis des Martyriums in eine pln Formulierung zu fassen, und sei es durch eine (bewusste oder unbewusste) Uminterpretation des Textes.

Ähnliches gilt für IgnRöm 6,1, wo Ignatius seinen Wunsch zu sterben in eine paulinische Formulierung fasst (καλόν μοι ἀποθανεῖν), die im Prätext (1Kor 9,15) rein rhetorische Funktion hat und keinen realen Todeswunsch ausdrückt („lieber wollte ich sterben ...").

Der Verweis auf die paulinischen Prätexte ist an den beiden zuletzt besprochenen Stellen kaum oder gar nicht von der semantischen, sondern von der pragmatischen Funktion der Texte her zu erklären. Ignatius nützt das kommunikative Potenzial der Texte, die ihm selbst und den AdressatInnen als paulinisch bekannt sind. Noch in völlig sinnentfremdeter Form assoziieren sie Ignatius, der sie auf sich selbst anwendet, mit dem Apostel. Auch dies ist eine der vielen möglichen Funktionen von Intertextualität: „Fremde Rede wird ... gezielt eingesetzt, nicht im Sinne eines die Äußerungsabsicht differenzierenden Dialogs zweier ‚Sprachen', sondern als jener Teil einer *neuen* Rede, der den Adressaten bereits lieb und vertraut ist".[98]

Der von Ignatius mehrfach ausgesprochene Gedanke, dass sein Sterben den Gemeinden und allen (rechtgläubigen) Christen zugute kommt,[99] wird neben der offensichtlichen Quelle 4Makk wohl auch auf dtpln Briefe (eventuell auch auf mündliche Paulustradition) zurückzuführen sein, ohne dass eine Vorlage namhaft gemacht werden könnte. Zu denken ist jedenfalls an Stellen wie Kol 1,24; Eph 3,1.13; 2Tim 2,10, die das Bewusstsein zum Ausdruck bringen, dass Paulus zugunsten seiner Gemeinden leidet und stirbt. In diesem Sinne interpretiert Ignatius auch die pln Selbstbezeichnung περίψημα.[100] Es genügt für den hier verfolgten Zweck, festzuhalten, dass

---

von 1Kor 15 vertraut ist (ebd. 208) – übergroße Skepsis erscheint mir deshalb nicht angebracht zu sein.

[96] ὁ γὰρ ἐν κυρίῳ κληθεὶς δοῦλος ἀπελεύθερος κυρίου ἐστίν, ὁμοίως ὁ ἐλεύθερος κληθεὶς δοῦλός ἐστιν Χριστοῦ.

[97] Der Anklang an 1Kor 7,22 wird allgemein anerkannt, vgl. z.B. E. A. Barnett, Paul, 160; W. Bauer, 248; A. Lindemann, Rezeption, 209.

[98] T. Verweyen/G. Witting, Parodie, 226.

[99] Vgl. IgnEph 8,1; 18,1; 21,1; IgnTrall 13,3; IgnSm 10,2; IgnPol 2,3; 6,1.

[100] Περίψημα hat bei Ignatius die doppelte Bedeutung eines Ausdrucks der Selbsterniedrigung gegenüber den Adressaten einerseits und des Sühnopfers für sie andererseits, wobei m.E. IgnEph 18,1 die erste, IgnEph 8,1 dagegen die zweite Bedeutung dominiert, doch soll diese Frage hier

Ignatius dtpln Anschauungen über das sühnende Leiden des Apostels auf sich selbst überträgt. Ferner spricht m.E. viel für die Vermutung, dass die in IgnRöm 2,2 (auch 4,2) entfaltete Vorstellung des Martyriums als eines liturgischen, von den Gesängen der Gemeinde begleiteten Opfers[101] auf Phil 2,17 zurückgeht.[102] Dort fallen die entscheidenden Stichworte σπένδεσθαι (IgnRöm 2,2)[103] und θυσία (IgnRöm 4,2, vgl. θυσιαστήριον in IgnRöm 2,2), darüber hinaus begegnet die Vorstellung vom Sterben als Vollzug einer λειτουργία, die Ignatius in IgnRöm 2,2 weitergebildet zu haben scheint.[104]

In den Bezugnahmen des Ignatius auf sein Schicksal als Märtyrer im Smyrnäerbrief finden sich zwei deutliche Anknüpfungen an die Pastoralbriefe (in IgnSm 4,2–5,3 und 10,2). Die erste steht im Kontext der Auseinandersetzung mit den doketischen Lehren in Smyrna. Ignatius führt zunächst zwei Beweise dafür an, dass Jesus Christus wirklich gelebt und gelitten hat und vor allem wirklich auferstanden ist, zunächst eine Bekenntnistradition (IgnSm 1,1f; 2), dann eine antidoketisch zugespitzte Ostererzählung (IgnSm 3). Am wirklichen Leiden und der fleischlichen Auferstehung Christi hängt für Ignatius alles, weil sie die Auferstehung der Gläubigen garantieren. Im Umkehrschluss liefert darum seine eigene Begeisterung für das Martyrium dem Ignatius einen Beweis dafür, dass Jesus Christus wirklich und nicht nur zum Schein „dies vollbracht hat" (IgnSm 4,2, gemeint sind Sterben und Auferstehen). Bei den Ausführungen von IgnSm 4,2–5,3 hat sich Ignatius m.E. erkennbar an der Leidensparänese und dem Hymnus von 2Tim 2,8–13 orientiert. 2Tim 2,8–9a beschreibt die Auferstehung Jesu Christi und dessen wahre Menschheit als Inhalt des pln Evangeliums und verknüpft das Leiden des Apostel eng damit: Μνημόνευε Ἰησοῦν Χριστὸν ἐγηγερμένον ἐκ νεκρῶν, ἐκ σπέρματος Δαυίδ, κατὰ τὸ εὐαγγέλιόν μου, ἐν ᾧ κακοπαθῶ μέχρι δεσμῶν ὡς κακοῦργος. Diesen Satz

nicht weiter verfolgt werden, vgl. K. Bommes, Weizen Gottes, 221–227; H. Rathke, Ignatius, 30–33.38; G. Stählin, Art. περίψημα, 91f; W. R. Schoedel, 121f; C. Butterweck, Martyriumssucht, 29f.

[101] Ob man genauer sogar an den Vergleich des Martyriums mit einer Eucharistiefeier zu denken hat, ist umstritten, dafür votiert z.B. J. A. Fischer, AV, 134; dagegen W. R. Schoedel, 276.

[102] So W. R. Schoedel, 275.

[103] σπονδίζειν ist eine späte Form von σπένδειν, vgl. W. Bauer, s.v.

[104] Sicher scheint mir jedenfalls, dass aufgrund der drei genannten Übereinstimmungen eine Abhängigkeit des Ignatius von Phil 2,17 erheblich wahrscheinlicher ist als die Bezugnahme auf 2Tim 4,6 (wo lediglich das Verb σπένδεσθαι begegnet), die C. Looks, Rezeption, 135 als gleichwertige Möglichkeit diskutiert. Allerdings ist 2Tim 4,6ff seinerseits eine bewusste Bezugnahme auf verschiedene Aussagen des Philipperbriefes (s.o. S. 124–126), insofern besteht eine indirekte Verbindung zwischen beiden Texten. Wenn man mit einer Abhängigkeit von IgnRöm 2,2; 4,2 von Phil 2,17 rechnet, liegt es auch nahe, in der Schlussbemerkung von IgnRöm 4,3 (καὶ νῦν μανθάνω δεδεμένος μηδὲν ἐπιθυμεῖν) eine Anspielung an Phil 4,11 zu sehen, wo Paulus sagt: ἐγὼ γὰρ ἔμαθον ἐν οἷς εἰμι αὐτάρκης εἶναι. Doch das muss offen bleiben.

konnte Ignatius in einer Situation, in der das richtige Verständnis der Menschheit und der Auferstehung Jesu Christi gefährdet schien, leicht antidoketisch verstehen und auf sich beziehen. Dass er es getan hat, lässt sich zwar nicht beweisen. Aber es folgen mehrere Anspielungen auf die sich unmittelbar anschließenden Verse, die eine antidoketische Rezeption des Gesamtzusammenhanges nahe legen. In IgnSm 4,2 beschreibt Ignatius den Sinn seines Leidens mit εἰς τὸ συμπαθεῖν αὐτῷ [=Χριστῷ] πάντα ὑπομένω, αὐτοῦ με ἐνδυναμοῦντος κτλ. Hierbei scheint πάντα ὑπομένω eine Reminiszenz an 2Tim 2,10.12 (πάντα ὑπομένω; εἰ ὑπομένομεν) zu sein. Dass Christus die Christen stärkt (αὐτοῦ με ἐνδυναμοῦντος), ist zwar eine geläufige Redewendung, begegnet aber im Martyriumszusammenhang nur 2Tim 4,17. Mag man diese Übereinstimmungen noch als zufällig betrachten, so ändert sich das Bild durch das in IgnSm 5,1 folgende Wortspiel: Ὅν τινες ἀγνοοῦντες ἀρνοῦνται, μᾶλλον δὲ ἠρνήθησαν ὑπ᾽ αὐτοῦ, das 2Tim 2,12b zum Vorbild hat: εἰ ἀρνησόμεθα, κἀκεῖνος ἀρνήσεται ἡμᾶς.[105] Es folgt in 5,1b.–3 eine antidoketische Auslegung des „Verleugnens". Bekennen und Verleugnen werden zu innerchristlichen Verhaltensweisen in einer christologischen Streitfrage. Als Zeugen für seine Anschauung führt Ignatius neben den Propheten und dem Gesetz des Mose τὸ εὐαγγέλιον und τὰ ἡμέτερα τῶν κατ᾽ ἄνδρα παθήματα an, wozu erneut 2Tim 2,8b.9a (s.o.) zu vergleichen ist. Dass die Namen der Gegner als ungläubig (ἄπιστα) bezeichnet werden, könnte nochmals an 2Tim 2,13 anspielen. Die abschließende Wendung enthält die theologische Grundüberzeugung des Ignatius, jeder muss umkehren εἰς τὸ πάθος, ὅ ἐστιν ἡμῶν ἀνάστασις, sie stimmt zwar nicht im Wortlaut, aber inhaltlich vollkommen mit der Hauptaussage des Hymnus überein (2Tim 2,11b.12a): εἰ γὰρ συναπεθάνομεν, καὶ συζήσομεν· εἰ ὑπομένομεν, καὶ συμβασιλεύσομεν. Die Evidenz für Abhängigkeit des Ignatius von 2Tim 2,8ff aufgrund der besprochenen Parallelen ist sicher nicht unanfechtbar, es sei darum an dieser Stelle darauf hingewiesen, dass sich deutliche Hinweise für die Kenntnis der unmittelbar vorangehenden Verse (2Tim 2,3–7) im ignatianischen Polykarpbrief finden (s.u. S. 185–185).

Ein weiterer Zug in der Selbststilisierung des Märtyrers Ignatius nach dem Vorbild des Paulus ist ohne Kenntnis der Pastoralbriefe kaum befriedigend zu erklären. In IgnSm 10,2 bezeichnet Ignatius sich selbst und seine Fesseln als ἀντίψυχον für die Smyrnäer und fügt hinzu, dass diese seine Fesseln nicht verachtet und sich ihrer nicht geschämt haben (τὰ δεσμά μου, ἃ οὐχ ὑπερηφανήσατε οὐδὲ ἐπῃσχύνθητε). Damit nimmt er 2Tim

---

[105] H. Rathke, Ignatius, 55; W. R. Schoedel, 366 u.a. vermerken die Übereinstimmungen im Wortspiel, ohne daraus Folgerungen zu ziehen. Auch Mt 10,33 wäre zu vergleichen, doch entbehrt diese Stelle weiterer Beziehungen zur Thematik, die in 2Tim 2,8–13 klar gegeben sind.

1,8 und vor allem 2Tim 1,16 auf. Zunächst bittet Paulus seinen Mitarbeiter Timotheus in 2Tim 1,8, sich seiner als des Gefangenen um des Kyrios willen nicht zu schämen (μὴ οὖν ἐπαισχυνθῇς ... ἐμὲ τὸν δέσμιον αὐτοῦ [=κυρίου]), dann führt er in 1,16 als Paradigma dieses Verhaltens Onesiphorus an, der sich der Ketten des Paulus nicht geschämt habe (τὴν ἅλυσίν μου οὐκ ἐπαισχύνθη).[106] Dasselbe beispielhafte Verhalten haben die Smyrnäer Ignatius gegenüber geübt, woran er sie mit der pln Wendung erinnert,[107] so sich selbst in der Rolle des Paulus und die Smyrnäer als die wahren Nachfolger der Apostelschüler darstellend.[108] Wenn er dann in Anknüpfung an Lk 9,26 (oder einer ähnlichen Tradition) fortfährt, nun werde sich auch Christus der Smyrnäer nicht schämen, zeigt sich darin das unter Niedrigkeitsbezeugungen verborgene enorme Selbstbewusstsein des Märtyrers, das freilich ebenfalls von Paulus her verständlich ist: 2Tim 1,18 bietet einen sachlich entsprechenden Umkehrschluss.

Ein weiterer Beweis für die Verwendung von 2Tim 1,16 durch Ignatius ist, dass auch der zweite dort genannte Dienst für den Märtyrer, das ἀναψύχειν, von Ignatius an einer Stelle aufgegriffen wird (IgnEph 2,1; die Vokabel auch IgnTrall 12,2). Es handelt sich dabei um eines der Hapaxlegomena der Pastoralbriefe, die im Urchristentum nur noch bei Ignatius begegnen. Dass dieser mit der Verwendung von ἀναψύχειν und den verwandten Verben ἀναπαύεσθαι und ὀνίνασθαι pln Stil imitiert und in die Rolle des Paulus schlüpft, wird der folgende Überblick zeigen.

Paulus setzt mit Vorliebe ἀναπαύεσθαι, wenn er eine geglückte, erfreuliche Begegnung unter Christen und besonders zwischen Gemeinden / Gemeindegliedern und den Verkündigern des Evangeliums mitteilt: Stefanas, Fortunatus und Achaikus haben Paulus durch ihre Ankunft erquickt (1Kor 16,18); der Mitarbeiter des Paulus, Titus, ist durch die Korinther erquickt

---

[106] Die Entstehungsgeschichte dieser Wendung liegt deutlich zutage: Originär pln ist die Aussage, Paulus schäme sich des Evangeliums nicht (Röm 1,16). Sie mag auf ein entsprechendes Herrenwort zurückgehen (Mk 8,38 par). In 2Tim 1,8 wird dieser Gedanke aufgenommen und um das Bekenntnis zum gefesselten Diener des Evangeliums erweitert: μὴ οὖν ἐπαισχυνθῇς τὸ μαρτύριον τοῦ κυρίου ἡμῶν μηδὲ ἐμὲ τὸν δέσμιον αὐτοῦ. In 2Tim 1,16 steht dann das Verhalten des Onesiphorus, der sich der Fesseln des Paulus nicht schämte, stellvertretend für das ganze in 2Tim 1,8 geforderte Tun. In dieser Form wird der Ausdruck von Ignatius übernommen.

[107] ἐπαισχύνεσθαι wird nur 2Tim 1,16 und IgnSm 10,2 mit ἅλυσίν μου / δεσμά μου verbunden, das Verb steht sonst nie mit konkreten Gegenständen, sondern immer mit Personen oder Abstrakta. Die Wahl von δεσμά statt ἅλυσις wird auf ungenaue Erinnerung zurückgehen (vgl. auch δέσμιος in 2Tim 1,8), inhaltliche Differenzen sind damit nicht gegeben, beide Vokabeln finden sich in der (dt)pln Literatur, vgl. δεσμά/οί: Phil 1,7.13.14.17; Kol 4,18, Phlm 10.13; 2Tim 2,9; ἅλυσις: Eph 6,20. Für „gut möglich bis wahrscheinlich" hält die Orientierung an 2Tim 1,16 C. Looks, Rezeption, 125f.

[108] Eine freiere (nicht mehr am Wortlaut von 2Tim 1,16 orientierte) Anwendung desselben Themas bietet IgnPol 2,3.

worden (2Kor 7,13); Philemon hat die Herzen der Heiligen erquickt (Phlm 7) und Paulus möchte sich gemeinsam mit den Römern erquicken (Röm 15,32). In Phlm 20 tritt ὀνίνασθαι in einer Bitte mit verwandter Bedeutung neben ἀναπαύεσθαι: ἐγώ σου ὀναίμην ἐν κυρίῳ· ἀνάπαυσόν μου τὰ σπλάγχνα ἐν Χριστῷ. Die Pastoralbriefe schließlich verwenden ἀναψύχειν in demselben Sinne, wie die Aussage 2Tim 1,16 zeigt, Onesiphorus habe Paulus oft „erfrischt" (πολλάκις με ἀνέψυξεν). Sie ist (wie implizit ὀνίνασθαι und ἀναπαύεσθαι in Phlm 20) auf die Fürsorge für den *gefangenen* Apostel bezogen. Ignatius nun verwendet alle drei Verben in stereotypen Phrasen, um auszudrücken, dass Gesandte bzw. Gesandtschaften (IgnEph 2,1; IgnMagn 15; IgnSm 12,1) oder Gemeinden (IgnTrall 12,1; IgnSm 9,2) ihn selbst, den Gefangenen, erquickt haben oder sich der in seiner Sache reisenden Boten (s.o. Titus in 2Kor 7,13!) angenommen haben (IgnSm 10,1) bzw. dieses tun mögen (IgnRöm 10,2). Mehrfach wiederholt Ignatius die Phrase, er wolle sich einzelner (IgnMagn 2; IgnPol 1,1), bzw. der Gemeinden (IgnMagn 12,1; IgnPol 6,2) erfreuen (immer ὀναίμην). Am interessantesten ist IgnEph 2,1f, wo alle drei Verben auf engstem Raum kombiniert werden: Κρόκος ... κατὰ πάντα με ἀνέπαυσεν, ὡς καὶ αὐτὸν ὁ πατὴρ Ἰησοῦ Χριστοῦ ἀναψύξαι ... . ὀναίμην ὑμῶν διὰ παντός κτλ. Ich kann das nur für bewusste Nachahmung pln Stils halten, Ignatius weist den Gemeinden bzw. Einzelpersonen durch diese Formulierungen jeweils die Rolle zu, die entsprechende Personen in den pln Briefen innehaben.[109] Es besteht also ein klar erkennbares dialogisches Verhältnis zwischen den Prätexten und der neuen Kotextualisierung. Das Auftauchen aller drei in der paulinischen Literatur in diesem Zusammenhang verwendeten Ausdrücke erweist deren *gezielte Auswahl* durch Ignatius.[110]

In beiden besprochenen Fällen kommt den Pastoralbriefen gegenüber Ignatius eindeutig die Priorität zu. Die Argumentation von 2Tim 2,8–13 wird antidoketisch verschoben, 2Tim 1,16 wird an zwei verschiedenen Stellen nachgeahmt. Immer geht es darum, dass Ignatius seine eigene Gefangenschaft nach dem Modell des Paulus wahrnimmt und mitteilt.

---

[109] H. J. Holtzmann, Pastoralbriefe, 261 vermerkte bereits, dass Krokus „hier dem Onesiphorus [von 2Tim 1,16] entspricht".

[110] C. Looks, Rezeption, 138 hält den Rückgriff auf 2Tim 1,16 bei der Verwendung von ἀναψύχειν für „möglich, aber unsicher". NTAF, 75 vermerkt zur Verwendung von ὀναίμην: „the allusion is very doubtful". Dies muss so erscheinen, solange die Absicht des Ignatius bei der Verwendung der Ausdrücke verkannt wird und die synonymen Verben ἀναπαύεσθαι, ἀναψύχειν und ὀναίμην nicht *alle* in die Untersuchung einbezogen werden. Dann aber ist ihr gehäuftes Auftreten gerade kein Beweis dafür, dass man es mit ignatianischen Phrasen ohne Bedeutung zu tun hat, sondern erweist die gezielte Anwendung paulinischer Phrasen durch Ignatius (gegen J. W. Martens, Ignatius, 78f, dem allerdings darin zuzustimmen ist, dass die Floskel ὀναίμην in IgnEph 2,2 keine Anspielung auf den Namen des Onesimus sein kann, wie J. Knox meinte).

6.7 Paulus als Vorbild der brieflichen Kommunikation mit Gemeinden und Einzelpersonen

In diesem Abschnitt soll herausgearbeitet werden, dass Ignatius sich bei der Abfassung der Briefe an Gemeinden und an Polykarp auch formal an ihren jeweiligen literarischen Vorbildern orientiert hat, dass er also bewusst zwischen der Form der Gemeindebriefe und dem Brief an Polykarp unterschieden hat und dies durch identifizierbare Einzeltext- wie Systemreferenzen den AdressatInnen zu erkennen gegeben hat.

6.7.1 Gemeindebriefe

Im Abschnitt 6.3 wurde herausgearbeitet, dass die briefliche Ermahnung von Gemeinden durch Ignatius Ausdruck seines Selbstverständnisses als Paulusschüler ist und in den folgenden Kapiteln wurde anhand ausgewählter Beispiele gezeigt, wie er sich in seinen Ausführungen zur Bekämpfung von Gegnern, zum Amt und zu seinem bevorstehenden Martyrium auf pln Texte bezieht und sie auf die aktuellen Situationen anwendet. Hier sollen nun noch einige Beobachtungen folgen, die ausdrücklich die *Briefform* und die *Kommunikation durch Briefe* betreffen.

Es scheint, als habe Ignatius bei einigen Briefeingängen bewusst auf bestimmte pln Briefe angespielt. Insbesondere die Inscriptio des ignatianischen Epheserbriefes halten viele Exegeten für eine gezielte Nachahmung von Eph 1,3–23. Aber auch im Smyrnäer-, Philadelphier- und Römerbrief finden sich Spuren der Nachahmung eines pln Briefanfangs.

Die Parallelen zwischen der Inscriptio des IgnEph und dem Anfang des ntl. Eph lässt man am besten in einer Gegenüberstellung auf sich wirken (links die *lückenlose* Inscriptio des IgnEph, rechts die ntl. Parallelen):

Ἰγνάτιος, ὁ καὶ Θεοφόρος, τῇ <u>εὐλογημένῃ</u>	1,3: <u>εὐλογητὸς</u> ὁ θεός ... ὁ <u>εὐλογήσας</u> ἡμᾶς ἐν πάσῃ <u>εὐλογίᾳ</u>
ἐν μεγέθει	1,19: τὸ ὑπερβάλλον μέγεθος
θεοῦ πατρὸς	1,3: ὁ θεὸς καὶ πατήρ
<u>πληρώματι</u>	1,10.23: τοῦ <u>πληρώματος, τὸ πλήρωμα</u>
τῇ <u>προωρισμένῃ</u>	1,5.11: <u>προορίσας</u> ἡμᾶς, <u>προορισθέντες</u>
πρὸ αἰώνων	1,4: πρὸ καταβολῆς κόσμου
εἶναι διὰ παντὸς εἰς δόξαν	1,12.6.14: <u>εἶναι</u> ἡμᾶς <u>εἰς ἔπαινον</u> <u>δόξης, εἰς ἔπαινον</u> <u>δόξης, εἰς ἔπαινον</u> τῆς <u>δόξης</u>
παράμονον, ἄτρεπτον ἡνωμένην καὶ ἐκλελεγμένην	– 1,4: ἐξελέξατο

ἐν πάθει ἀληθινῷ,
ἐν θελήματι τοῦ πατρός ...[111]

1,7: διὰ τοῦ αἵματος αὐτοῦ
1,1.5.9.11: διὰ θελήματος θεοῦ, τοῦ
θελήματος αὐτοῦ [=πατρὸς καὶ θεοῦ],
τοῦ θελήματος αὐτοῦ, τοῦ θελήματος
αὐτοῦ

Außer dem Absender zeigen ganze drei Worte keine Berührungen mit dem pln Eph – die „kumulative Wirkung der Parallelen" ist in der Tat „eindrucksvoll".[112] Auffälligerweise reproduziert Ignatius fünfmal Worte oder Wendungen, die in Eph 1,1ff öfter als einmal begegnen (in der Liste unterstrichen), was sich m.E. daraus erklärt, dass er auf sein Gedächtnis zurückgriff und diese Formulierungen sich sicher besser eingeprägt hatten. Stellt man außerdem in Rechnung, dass Ignatius *nicht zitieren*, sondern auf den Anfang eines pln Briefes *anspielen* wollte, wird man die Bezüge für hinreichend deutlich halten,[113] zumal auch andere Stellen eine Kenntnis des pln ·Eph als sehr wahrscheinlich erscheinen lassen.[114]

Die Inscriptio des Smyrnäerbriefes erinnert an Präskript und Eulogie des 1Kor,[115] besonders die Wendung ἀνυστερήτῳ οὔσῃ παντὸς χαρίσματος klingt an 1Kor 1,7 an, wo Paulus den Korinthern versichert: ὑμᾶς μὴ ὑστερεῖσθαι ἐν μηδενὶ χαρίσματι. Auch im uneingeschränkten Lob der Weisheit und Glaubensstärke der Adressaten stimmen IgnSm inscr.; 1,1 und 1Kor 1,2–9 sachlich überein, die Verknüpfung von Weisheit und Kreuz in IgnSm 1,1f könnte von 1Kor 1,18–25 angeregt sein, wie W. Bauer bemerkt.[116]

---

[111] Die Adresse τῇ ἐκκλησίᾳ ... τῇ οὔσῃ ἐν Ἐφέσῳ τῆς Ἀσίας wurde nicht verglichen, da nicht als sicher gelten kann, dass Ignatius die Anschrift ἐν Ἐφέσῳ in seinem Exemplar des „Eph" bereits lesen konnte. Sie fehlt in den besten Textzeugen, bzw. wurde erst nachträglich in sie eingefügt (P46; א*; B*).

[112] W. R. Schoedel, 80. Eine literarische Beziehung nehmen an J. B. Lightfoot, AF II/2, 23; A. E. Barnett, Paul, 153; NTAF, 67; H. Rathke, Ignatius, 45–47; R. F. Stoops, If I Suffer, 170; H. Paulsen, Studien, 35f läßt die Entscheidung offen. Gegen literarische Abhängigkeit sprechen sich H. Schlier, Untersuchungen, 85 und A. Lindemann, Rezeption, 205 aus; W. Bauer, 192 betont, zum zwingenden Beweis direkter Abhängigkeit genügten die Anklänge nicht.

[113] Es ist m.E. methodisch problematisch, wenn als Argument gegen eine literarische Beziehung angeführt wird, es gebe „an keiner Stelle eine unmittelbare wörtliche Berührung" (A. Lindemann, Rezeption, 205). Eine solche ist bei einer Anspielung nicht unbedingt zu erwarten.

[114] Vor allem wäre hier IgnPol 5,1 zu nennen: Die Männer sollen ihre Lebensgefährtinnen lieben wie der Herr die Kirche (ἀγαπᾶν τὰς συμβίους ὡς ὁ κύριος τὴν ἐκκλησίαν). Die geringfügigen sprachlichen Abweichungen zu Eph 5,25.29 fallen nicht ins Gewicht. Dass Ignatius die Idee nur andeutet, ist m.E. kein stichhaltiges Argument gegen ein Zitat (wie A. Lindemann, Rezeption, 215 zu meinen scheint), sondern wird eher darauf zurückzuführen sein, dass er Bekanntes ins Gedächtnis ruft. Nur auf dem Hintergrund der κεφαλή-σῶμα-Vorstellung von Eph 5,22–33 ist der Vergleich ja überhaupt verständlich. Zu weiteren möglichen Anspielungen vgl. NTAF, 68 und H. Rathke, Ignatius, 46 Anm. 2.

[115] Bewusste Bezugnahme wird erwogen von W. R. Schoedel, 342–345; A. E. Barnett, Paul, 163; NTAF, 66.

[116] W. Bauer, 264.

Die Anklänge sind insgesamt spärlicher als im Falle des IgnEph, dafür aber steht die Vertrautheit des Ignatius mit dem 1Kor außer Frage.

Die Anfangsworte des Philadelphierbriefes loben den Bischof, von dem es in einer wahrscheinlich an Gal 1,1 anspielenden Formulierung heißt, er habe seinen Dienst οὐκ ἀφ' ἑαυτοῦ οὐδὲ δι' ἀνθρώπων ..., ἀλλ' ἐν ἀγάπῃ θεοῦ πατρὸς καὶ κυρίου Ἰησοῦ Χριστοῦ.[117] Eine bewusste Anspielung legt sich hier besonders deshalb nahe, weil der Gegensatz im Unterschied zu Gal 1,1 (Παῦλος ἀπόστολος οὐκ ἀπ' ἀνθρώπων οὐδὲ δι' ἀνθρώπου ἀλλὰ διὰ Ἰησοῦ Χριστοῦ καὶ θεοῦ πατρός) künstlich wirkt, wodurch die Anspielung markiert wird. Paulus konnte wegen seiner Christusvision sein Apostolat mit Recht auf Gott und Christus zurückführen, was auf den Bischof von Philadelphia natürlich nicht zutraf. Deswegen fügte Ignatius ἐν ἀγάπῃ ein und unterlegte dem Satz damit einen deutlich sekundären erbaulichen Sinn.

Schließlich könnte auch in dem auf die Inscriptio des ignatianischen Römerbriefes folgenden Anakoluth, in dem Ignatius erwähnt, dass er häufig darum gebetet habe, die römische Gemeinde zu sehen (IgnRöm 1,1), eine Erinnerung an Röm 1,9–11.13 verarbeitet worden sein, zumal diese Aussage wiederum besser zur Situation des Paulus als zu der des Ignatius passt, dessen Gebete weniger dem Zusammentreffen mit den Römern als dem Gelingen des Martyriums gegolten haben dürften.[118]

Während die Inscriptiones der vier besprochenen Briefe durch literarische Anspielungen versuchen, eine Beziehung zwischen dem Brief des Ignatius und denen des Apostels Paulus herzustellen, geschieht dasselbe am Anfang des Briefes an die Trallianer mit einer autoreflexiven Bemerkung: Ignatius grüßt die Kirche von Tralles ἐν τῷ πληρώματι ἐν ἀποστολικῷ χαρακτῆρι. Gerade angesichts dieser Stelle wird man die anderen besprochenen Briefeingänge, mögen auch im ein oder anderen Fall Zweifel bleiben, als Beleg dafür gelten lassen, dass Ignatius den Wunsch hatte, gerade am Briefanfang an Paulus zu erinnern. Das sich darin ausdrückende Bewusstsein für die Form des pln Briefes verdient, vermerkt zu werden.

Will man die ignatianischen Gemeindebriefe formgeschichtlich klassifizieren, empfiehlt es sich, mit H. J. Sieben bei den παρακαλῶ-Phrasen als Schlüsselstellen anzusetzen.[119] Deren epistolographische Funktion besteht darin, dass sie das Hauptkorpus des Briefes umschließen (IgnTrall 6,1+12,2;

---

[117] Eine wahrscheinliche Anspielung sehen J. B. Lightfoot, AF II/2, 251; A. E. Barnett, Paul, 161f; NTAF, 70; R. M. Grant, Scripture and Tradition, 330. W. R. Schoedel, 310 vermerkt die pln Begrifflichkeit und verweist auf Gal 1,1; ähnlich Bauer-Paulsen, 81. Dagegen hält A. Lindemann, Rezeption, 211 Anm. 256 die Annahme für „in keiner Weise zwingend".

[118] Vgl. Bauer-Paulsen, 69.

[119] H. J. Sieben, Die Ignatianen als Briefe, 1–18.

IgnMagn 6,1+14,1)[120] oder den Hauptteil und oft auch das Hauptthema einleiten (IgnEph 3,1; IgnRöm 4,1; IgnSm 4,1[121]). Man kann sie darum in Übereinstimmung mit der Gesamtaussage der Briefe durchaus treffend als „παρακαλῶ-Briefe" bezeichnen.[122]

Das παρακαλεῖν realisiert sich sprachlich am häufigsten in der direkten Anrede der Adressaten durch Indikative und Imperative in der 2. Pers. Plural. Aber auch allgemein gültig in der 3. Pers. formulierte Ermahnungen werden gelegentlich eingestreut, sowie Rede in der 1. Pers. Plural, wobei Ignatius sich selbst mit den Adressaten zusammenschließt. Dies entspricht vollkommen den Erwartungen an eine lebendige Kommunikation mit einer Gruppe und wird hier nur erwähnt, weil es für den Vergleich mit IgnPol wichtig sein wird.

Reflexion über den Stellenwert der brieflichen Kommunikation mit den Adressaten findet sich vor allem in den Briefen, die Ignatius an Gemeinden schreibt, die eine Gesandtschaft zu ihm geschickt hatten. Diese beginnt er stereotyp mit der emphatischen Versicherung, er habe in den Besuchern die Gesamtheit der betreffenden Gemeinde gesehen.[123] Auf das Lob der Gemeindevertreter folgt dann die Aufforderung, sich ihnen unterzuordnen (IgnEph 1,2–2,1; IgnTrall 1,1–3,3; IgnMagn 2–4, 6,1). In IgnEph 2,1f und IgnMagn 2 begegnen im selben Kontext Aussagen über die „Erquickung", die Ignatius durch die Besucher erfahren hat (s.o.). Das literarische Vorbild für dieses Set von Gedanken könnte 1Kor 16,15–18 gewesen sein. Paulus drückt dort seine Freude über die Ankunft einer korinthischen Gesandtschaft aus, indem er sagt, diese hätte ihm den Mangel (der Anwesenheit) der Korinther ersetzt[124] und seinen Geist erquickt (16,18). Des weiteren fordert

---

[120] Auch IgnPol 1,2+7,3 wird von H. J. Sieben, Die Ignatianen als Briefe, 13 als Inklusion betrachtet, doch siehe dazu Anm. 134.

[121] In gleicher epistolographischer Funktion wie παρακαλῶ begegnet hier παραινῶ; vgl. H. J. Sieben, Die Ignatianen als Briefe, 12.

[122] H. J. Sieben, Die Ignatianen als Briefe, 10.

[123] W. R. Schoedel, 91 meint unter Berufung auf H. Koskenniemi, Studien zur Idee und Phraseologie des griechischen Briefes, 179f, das Gefühl der Gegenwart der Epheser in ihren Repräsentanten wurzele in „der Vorstellung der hellenistischen Briefe, dass die Briefschreiber einander in den Worten des anderen sehen." Dies ist aus zwei Gründen unwahrscheinlich: Erstens handelt es sich bei den von Koskenniemi gebotenen Beispielen um Personen, die sich bereits kennen, und zweitens gilt der Brief als Ersatz für die persönliche Anwesenheit des *Schreibers*. Dies ist keine Analogie dazu, dass Ignatius in den Vertretern einer ihm unbekannten Gemeinde diese ganz kennen gelernt haben will.

[124] Ob diese Wiedergabe von τὸ ὑμέτερον ὑστέρημα οὗτοι ἀνεπλήρωσαν die pln Intention trifft (so u.a. J. Weiß, 386; F. Lang, 248 und die meisten Bibelübersetzungen), ist freilich umstritten, zahlreiche Exegeten nehmen an, Paulus habe sagen wollen, die Angekommenen hätten Paulus ersetzt, woran die Korinther es fehlen ließen (so u.a. Conzelmann, 357f [aber mit Zweifeln]; C. Wolff, 225 und die Züricher Bibel). Das stärkste Gegenargument scheint mir in Phil 3,20 zu liegen, wo dieselbe Formulierung begegnet, aber ein ausgesprochen freundliches Verhältnis zwischen der

er die Gemeinde zweimal auf, den Abgesandten zu gehorchen (16,15f.18). Die Übertragung des pln Textes ist in ihrem ersten Teil nicht ganz situationsgerecht, da Ignatius die betreffenden Gemeinden anscheinend gar nicht kannte; Paulus dagegen konnte mit größerem Recht behaupten, in Stefanas, Fortunatus und Achaikus die ganze Korinthische Gemeinde vergegenwärtigt zu haben. Mag nun 1 Kor 16,15–18 im Hintergrund stehen oder nicht, Ignatius begreift jedenfalls wie Paulus Briefe als Mittel, in nicht erreichbare und sogar gänzlich unbekannte (vgl. Röm und Kol!) Gemeinden hineinzuwirken und die Autorität der Briefüberbringer, sofern sie in der Gemeindeleitung tätig sind, zu stärken (vgl. neben 1 Kor 16,15–18 noch 2 Kor 7,5–15; 2 Kor 8+9, Phil 2,25–30, Kol 4,7–9).

Im Brief an die Gemeinde von Philadelphia, die Ignatius auf seiner Reise offenbar kennen gelernt hat, findet sich eine apologetische Bezugnahme auf dieses Zusammentreffen, die den Eindruck macht, Paulus abgeschaut zu sein. Ignatius betont, er sei niemandem zur Last gefallen. Die Formulierung ἐβάρησά τινα ἐν μικρῷ ἢ ἐν μεγάλῳ (IgnPhld 6,3) erinnert an 2 Kor 11,9; 12,13–16 (ἐγὼ οὐ κατεβάρησα ὑμᾶς, 12,16) oder 1 Thess 2,7–9 (τὸ μὴ ἐπιβαρῆσαί τινα ὑμῶν, 2,9).[125] Wiederum sind die Situationen des Paulus bzw. des Ignatius nur sehr bedingt vergleichbar,[126] was Ignatius nicht daran hinderte, auch in dieser Lage der Anfeindung sich auf eine Stufe mit Paulus zu stellen. Dass er wenig später Christus zum Zeugen seiner Unschuld anruft (μάρτυς δέ μοι, ἐν ᾧ δέδεμαι, IgnPhld 7,2), entspricht ebenfalls pln Gewohnheit.[127]

In den vorangehenden Abschnitten habe ich jeweils nur eine kleine Auswahl von Beispielen vorgestellt, doch dürfte hinreichend deutlich geworden sein, dass Ignatius intensiv bemüht war, Paulus als Briefschreiber sowohl formal als auch inhaltlich zu imitieren. Es fanden sich in 6.2; 6.4–6.7 bereits deutliche Hinweise auf eine Bekanntschaft mit den Pastoralbriefen. Im

---

Gemeinde und Paulus vorauszusetzen ist. Die Frage kann offen bleiben: Da die positive Deutung durch Phil 3,20 gesichert ist, darf man wohl davon ausgehen, dass Ignatius Paulus in diesem Sinn verstanden hat, denn dass der von ihm so verehrte Apostel ernste Differenzen mit den Korinthern gehabt haben könnte, lag wohl kaum in seinem Vorstellungshorizont.

[125] Vgl. noch 2 Thess 3,8. A. Lindemann, Rezeption, 212 nimmt einen literarischen Topos an, der „möglicherweise auf Paulus zurückgeht". Für keine der Stellen ist sicher zu erweisen, dass Ignatius sie gekannt hat. Da der pln Unterhaltsverzicht sich von der üblichen Praxis der wandernden Apostel unterschied, könnte man u.U. sogar annehmen, dass die Kenntnis über den diesbezüglichen Stolz des Paulus dem Ignatius über die mündliche Tradition zugekommen war. Für wahrscheinlich halte ich das aber nicht.

[126] Worin ein etwaiges „zur Last Fallen" des Ignatius bestanden haben könnte, geht aus dem Text nicht klar hervor, Schoedel, 323 vermutet, man habe Ignatius vorgeworfen, sein Ansehen als Märtyrer (ganz wörtlich) zu sehr „ins Gewicht geworfen" zu haben.

[127] Vgl. Röm 1,9; Phil 1,8; 1 Thess 2,5; 2 Kor 1,23; allerdings findet sich diese literarische Konvention auch bei anderen antiken Autoren, vgl. W. R. Schoedel, 323 mit Anm. 4.

nächsten Abschnitt gehe ich der naheliegenden Frage nach, ob der Brief an Polykarp eine Nachahmung der pln Pastoralbriefe ist.

6.7.2 Der Polykarpbrief

Warum schrieb Ignatius aus Troas zwei Briefe nach Smyrna, obwohl er unter so großem Zeitdruck stand, dass er nicht alle geplanten Briefprojekte verwirklichen konnte (IgnPol 8,1; IgnEph 20,1)? Diese Frage wird, wenn sie überhaupt gestellt wird, nur unzureichend beantwortet.[128] Ich möchte die These zur Diskussion stellen, dass Ignatius unbeschadet konkreter Anliegen, die er im Polykarpbrief zur Sprache bringt, mit diesem Schreiben an den Bischof von Smyrna die ihm bekannten Briefe des Paulus an Timotheus und Titus imitiert. Das Vermächtnis des Paulus, wie es Ignatius vor Augen stand, setzte sich zusammen aus Briefen an Gemeinden und aus Briefen, die Gemeindeleiter zur rechten Amtsführung anleiten sollten. Ignatius wollte es ihm darin gleich tun, darum schrieb er an Polykarp einen „Pastoralbrief".[129] Dieser umfasst allerdings nur den ersten Teil des Briefes, denn nur bis 5,2 ist IgnPol das, was die Inscriptio erwarten lässt, ein Brief an „Polykarp, den Bischof der Kirche der Smyrnäer". In 6,1 wird überraschend die ganze Gemeinde angeredet, in Kap 7+8 wechselt Ignatius mehrfach zwischen der 2.Pers. sg. und pl., spricht abwechselnd Polykarp und die Gemeinde an.[130] Dies ist in der antiken Briefliteratur von Ansätzen bei Paulus und in den

---

[128] Nach W. R. Schoedel, 425 ging es Ignatius hauptsächlich um die in IgnPol 7–8 angesprochenen konkreten Anliegen. Doch erklärt das nicht Form und Inhalt von IgnPol inscr.–5,2.

[129] Dass IgnPol sich formal von den anderen Ignatianen unterscheidet und mit den pln Pastoralbriefe eine gemeinsame Gattung verkörpert, ist schon häufiger, meist en passant, erwähnt worden. So vermerkt J. B. Lightfoot, AF II/2, 329, dass IgnPol mit den Pastoralbriefen „many points in common" hat und E. von Dobschütz, Die urchristlichen Gemeinden, 168 beobachtet, dass IgnPol sich stark von den anderen ignatianischen Briefen unterscheidet und „ein Bischofsspiegel, ein Pastoralbrief im edelsten Sinne des Wortes" ist. J. A. Fischer, AV, 120 meint sogar, der Polykarpbrief setze „die Gattung der neutestamentlichen Pastoralbriefe fort", ohne dies allerdings im Einzelnen nachzuweisen. Den m.W. ersten ausführlichen formgeschichtlichen Vergleich bietet M. Wolter, Paulustradition, 131–202, bes. 143ff.157ff. Er erweist IgnPol als Gattungsparallele zu 1Tim/Tit, ohne allerdings eine literarische Beziehung zwischen ihnen anzunehmen. Seiner gründlichen Untersuchung bleibe ich auch da verpflichtet, wo ich andere Schlussfolgerungen aus den aufgewiesenen Beobachtungen ziehen werde.

[130] Nach P. N. Harrison, Polycarp's Two Epistles, 23 gehört IgnPol 6,1ff ursprünglich in den Smyrnäerbrief (nach IgnSm 10,2) und geriet durch eine zufällige Blattvertauschung in den Polykarpbrief. Harrison führt seine These nicht im Einzelnen durch, lässt z.B. offen, bis wohin der vertauschte Abschnitt reicht. Die These scheitert m.E. daran, dass auch im Schlusskapitel IgnPol 8, das wegen der inhaltlichen Doppelungen zu Sm 12–13 zum Polykarpbrief gehören muss, die Anrede zwischen der 1. Pers. sg. und pl. schwankt. A. v. Harnack, Miszellen, 80–86 wollte den pluralischen Schluss an den Klerus von Smyrna gerichtet sehen – aber m.E. hätte das noch eher einer deutlichen Markierung bedurft als ein Wechsel zur Anrede an die Gemeinde.

Pastoralbriefen (!) abgesehen[131] singulär und wird m.R. durch die kirchliche Praxis erklärt, Briefe in der Gemeindeversammlung zu verlesen.[132] Trotzdem liegt in 6,1 ein deutlicher Einschnitt vor,[133] von hier an löst sich die anfänglich wohldurchdachte Disposition des Briefes (s.u.) auf, bezeichnenderweise im Zusammenhang damit, dass Ignatius auf die Zeitnot und seine dringlichsten Anliegen (Bitte um weitere Briefe und Boten nach Antiochien, 7,1f; 8,1) zu sprechen kommt.[134] Von 6,1 an herrschen auch wieder dieselben Themen und vor allem derselbe Stil wie in den anderen kleinasiatischen Briefen, während der Brief bis 5,2 deutlich von allen anderen Ignatianen abweicht. Im Folgenden möchte ich die entscheidenden Unterschiede auflisten und zeigen, dass sie nicht allein durch die besondere Kommunikationssituation erklärt werden können, sondern durch Kenntnis und bewusste Imitation der pln Pastoralbriefe bedingt sind, also eine *intendierte Systemreferenz* darstellen. Danach wird der Polykarpbrief auf wörtliche Berührungen zu den Pastoralbriefen untersucht. Dieser Zweiteilung liegt die Überlegung zugrunde, dass bei bewusster Nachahmung eines bestimmten Textes (bzw. Textcorpusses) sich Äquivalenzrelationen sowohl auf der Ebene der gat-

---

[131] In allen drei Briefen an Timotheus und Titus lesen die besten Handschriften am Schluss einen pluralisch formulierten Gnadengruß, der wegen der offenkundigen Abweichung von den Briefkonventionen von zahlreichen Abschreibern korrigiert wird (vgl. O. Roller, Formular, 532). R. Pervo, Stone, 37f Anm. 68 hat darin einen Hinweis auf bewusste Pseudepigraphie sehen wollen („the author has let the cat out of the bag"), doch wohl zu Unrecht. Zwar spiegelt sich eindeutig das Wissen um die intendierten AdressatInnen der Pastoralbriefe, die nicht mit den explizit genannten identisch sind (richtig L. Oberlinner, 2/1, 311), doch konnte die Gemeinde als Zusatzadressat auch im Rahmen der Fiktion vorausgesetzt werden, da Apostelbriefe bekanntermaßen in der Gemeindeversammlung vorgelesen wurden, vgl. J. D. Quinn, 269: „The original communication was a personal letter with a public function, and thus the apostle's blessing prayer goes out to all who hear it read out to them (for the plural implies that an assembled group has heard the letter)."

Bei Paulus begegnet dieses eigentümliche Schillern zwischen Privat- und Gemeindebrief kurz in Phil 4,2f und vor allem im Philemonbrief, wo eine Mehrzahl von AdressatInnen im Präskript genannt wird (V. 1–3), in Proömium und Corpus jedoch Philemon allein angesprochen wird (V. 4–7.8–22), dem allein auch Grüße ausgerichtet werden (V. 23f). Der pluralisch formulierte Gnadenwunsch in V. 25 schließt hier nicht weniger hart an als in den Pastoralbriefen, die sich möglicherweise sogar daran orientiert haben.

[132] Das vermutet z.B. Schoedel, 425. Allerdings provoziert diese Annahme sofort die Frage, welche „Briefe an Einzelne" zu Polykarps Zeiten in Gemeindeversammlungen verlesen wurden. M.E. kommen am ehesten die Pastoralbriefe in Betracht.

[133] Nicht überzeugend finde ich den Hinweis von Bauer-Paulsen, 105 auf die weitgehende „Traditionalität des von Ignatius herangezogenen Materials". Dieses kann kaum für die grammatische Form der Paränese verantwortlich gemacht werden (s.a. S. 183).

[134] Dies zeigen die beiden das Briefkorpus umschließenden παρακαλῶ-Phrasen sehr deutlich. Dem παρακαλῶ σε von 1,2 entspricht das ὑμᾶς παρεκάλεσα von 7,3 doch nur notdürftig. Hier wurde der *Anschein einer Inklusion* erweckt, um die offensichtlich im Zuge des Diktates (ab 6,1) aus der Form gelaufene Briefkomposition zusammenzubinden.

tungskonstituierenden Codes wie einzelner Inhalte nachweisen lassen müssten.

6.7.2.1 Der Polykarpbrief des Ignatius als Nachahmung des Brieftyps „paulinischer Pastoralbrief" (Systemreferenz)

Der bis 5,2 reichende Brief an Polykarp stellt ein zweigeteiltes Mahnschreiben über die rechte Führung des Bischofsamtes dar. Nach der knappen Inscriptio, deren einzige Erweiterung bezeichnenderweise dem Bischofstitel Polykarps gilt, und der Eulogie (1,1), die an die Begegnung zwischen Ignatius und Polykarp anknüpft, gibt die erste Mahnung das Thema des Briefes in seinen zwei Hauptaspekten an: „Ich ermahne dich (παρακαλῶ σε), bei der Gnade, mit der du angetan bist, deinen Lauf noch zu beschleunigen und alle zu ermahnen (πάντας παρακαλεῖν), damit sie gerettet werden (ἵνα σῴζωνται)" (1,2). Die Paränese hat also eine doppelte Zielrichtung: Die Ermahnungen an Polykarp zielen auf dessen Tätigkeit als Ermahner der Gemeindeglieder, deren Rettung ist das eigentliche Ziel. Dementsprechend besteht der bis 3,2 reichende 1. Hauptteil aus *Anweisungen an Polykarp* (παρακαλῶ σε), die dessen persönliche Gesinnung und Befähigung (1,2–3), sein Verhalten schwierigen Gemeindegliedern gegenüber (Kap. 2) und seinen Umgang mit Anderslehrenden betreffen (Kap. 3).[135] Der zweite Hauptteil 4,1–5,2 ist eine *Gemeindetafel*, in der die Rechte und Pflichten einzelner Gruppen in der Gemeinde sowie des Bischofs ihnen gegenüber aufgezählt werden (πάντας παρακαλεῖν).[136] Der erste Teil besteht überwiegend aus einer Aneinanderreihung von Imperativen der 2. Pers. sg., die innerhalb der Makrostruktur sämtlich als Konkretionen des παρακαλῶ σε von 1,2 zu verstehen sind. In 4,1–5,2 kommt die doppelte Ausrichtung der Paränese an den Adressaten wie an die von ihm geleitete Gemeinde auch sprachlich zum Ausdruck. Nur hier begegnet in den Ignatianen gehäuft der Imperativ der 3. Pers., der sich gleichermaßen an den Bischof wie an die je-

---

[135] Aufgrund der metaphorischen Sprache von IgnPol 2 ist nicht klar, ob die hier besprochenen „Krankheiten" der Gemeindeglieder auf „häretische Infektion" oder andere innergemeindliche Probleme zu beziehen sind. Am wahrscheinlichsten scheint mir, dass in IgnPol 2 die durch Irrlehre gefährdeten Gemeindeglieder im Blick sind, die es *zu heilen* gilt, in IgnPol 3 dagegen die Wortführer (ἑτεροδιδασκαλοῦντες), die nur noch durch Standhaftigkeit *besiegt* werden können.

[136] Nach dieser Interpretation hat also das zweifache Vorkommen von παρακαλεῖν in IgnPol 1,2 (παρακαλῶ σε ... πάντας παρακαλεῖν) die epistolographische Funktion, die Gliederung des Briefes anzuzeigen. Die Analyse von H. J. Sieben, Die Ignatianen als Briefe, 8, dass beim zweiten παρακαλεῖν „auf die Briefschreibesituation oder auf den Brief in keiner Weise Bezug genommen" werde, trifft m.E. nicht zu. Denn in der Gemeindetafel 4,1–5,2 werden dem Bischof konkrete Anweisungen dafür gegeben, wie das πάντας παρακαλεῖν zu realisieren ist. Das δι' ὀλίγων ὑμᾶς γραμμάτων παρεκάλεσα von IgnPol 7,3 bezieht sich mit H. J. Sieben, a.a.O., 18, zusammenfassend auf den an die Gesamtgemeinde gerichteten Abschnitt von 6,1 an.

weils betroffene Gruppe wendet. Nur hier findet sich die Verbindung eines Verbums iubendi im Imperativ der 2. Pers. (παράγελλε o.ä.) mit folgendem Infinitiv des geforderten Verhaltens. Diese Formen sind unabhängig von den später noch genauer zu untersuchenden Inhalten ein Hinweis für die enge Verwandtschaft der Pastoralbriefe (bes. 1Tim / Tit) und des ignatianischen Polykarpbriefes, denn diese speziellen Formen der vermittelten Paränese, die über einen leitungsbefugten Adressaten die ihm unterstellten Menschen (-gruppen) mit anspricht, bieten im Urchristentum nur diese Schriften.[137] Man vergleiche z.B. die folgenden allgemeinen Anordnungen in der passiven Form des Imperativs der 3. Pers.:

χῆραι μὴ ἀμελείσθωσαν (IgnPol 4,1)   πρεσβύτεροι ... ἀξιούσθωσαν (1Tim 5,17; vgl. noch 3,10)

μηδὲν ἄνευ γνώμης σου γινέσθω (IgnPol 4,1)   χήρα καταλεγέσθω (1Tim 5,9)

πυκνότερον συναγωγαὶ γινέσθωσαν (IgnPol 4,2)   μὴ βαρείσθω ἡ ἐκκλησία (1Tim 5,16)

Vermittelte Paränese durch die aktive Form des Imperativs der 3. Pers.:

[δοῦλοι] ... πλέον δουλευέτωσαν (IgnPol 4,3)   [δοῦλοι] ... μᾶλλον δουλευέτωσαν (1Tim 6,2)

vom Asketen: ἐν ἀκαυχασίᾳ μενέτω (IgnPol 5,2; vgl. noch 3,1)   von der Frau: ἐν ἡσυχίᾳ μανθανέτω (1Tim 2,11; vgl. noch 1Tim 3,10.12; 5,4.16; 6,1; Tit 3,14)

Die Aufforderung an den Adressaten, seinerseits Anordnungen zu treffen:

ταῖς ἀδελφαῖς μου προσλάλει, ἀγαπᾶν κτλ. (IgnPol 5,1)   τοὺς νεωτέρους ... παρακάλει σωφρονεῖν (Tit 2,6; vgl. noch 3,1)

τοῖς ἀδελφοῖς μου παράγγελλε ..., ἀγαπᾶν τὰς συμβίους (IgnPol 5,1)   τοῖς πλουσίοις ... παράγγελλε μὴ ὑψηλοφρονεῖν (1Tim 6,17)

Die frappierenden formalen Übereinstimmungen verlangen nach einer Erklärung. M. Wolter führt sie nicht auf literarische Bekanntschaft zurück, sondern auf die identische Kommunikationsstruktur und ein gemeinsames literarisches Vorbild, nämlich auf eine in der hellenistisch-römischen Antike weitverbreitete Gattung von Briefen, die Instruktionen von Herrschern und hohen Beamten an ihnen untergeordnete, aber ihrerseits weisungsbefugte Amtsträger vermitteln. Er untersucht[138] u.a. ein aus dem 3. Jh. v.Chr. stammendes ptolemäisches Memorandum eines Dioiketen an einen Oikonomos (PTebt 703), die erhaltenen Nachrichten über und Auszüge aus den römi-

---

137 M. Wolter, Paulustradition, 157–161.
138 M. Wolter, Paulustradition, 161–177.

schen Mandata principis (meist an gerade eingesetzte Statthalter kaiserlicher Provinzen gerichtet und zur Veröffentlichung bestimmt), hellenistische Königsbriefe und schließlich aus dem 4. Jh. n.Chr. Briefe Kaiser Julians an die Oberpriester der Asia und Galatiens. In ihnen allen weist er dieselben gattungsspezifischen Elemente nach: die häufige Verwendung des Imperativs der 3. Person, wo es um Anordnungen geht, die dem Adressaten unterstellte Personen betreffen, Aufforderungen an den Briefempfänger, seinerseits Anordnungen zu erlassen, konkrete Handlungsanweisungen, Hervorhebung der Person des Briefschreibers, durch die er den Anordnungen Gewicht gibt (häufig durch das auch im Ediktstil vorkommende βούλομαι). Die Elemente stehen in einem brieflichen Rahmen, der eine ausgeprägte hierarchische Konstellation aufweist: Der Adressat ist dem Absender gegenüber *weisungsgebunden*, jedoch sind die Anweisungen auch über ihn hinaus an Personengruppen gerichtet (und ihnen zur Kenntnis zu geben), denen gegenüber er *weisungsbefugt* ist. Es geht um ein Verhältnis, in dem der Adressat dem Absender persönlich verantwortlich ist für die richtige Ausführung des betreffenden Amtes oder Auftrags, meist hat sogar der Absender den Empfänger selbst in dieses Amt eingesetzt. Die außerordentliche Stabilität dieser Briefform und ihrer gattungsspezifischen Elemente erklärt Wolter sicher zu Recht durch die historische Stabilität dieser äußeren Konstellation.

1 Tim / Tit entsprechen mit ihrer brieflichen Fiktion und in einzelnen Zügen diesem Schema genau.[139] Timotheus und Titus sind als dem Paulus untergeordnete Amtsträger (zurückgelassene Stellvertreter) in den jeweiligen Gemeinden durch Ordination (1 Tim 1,18) und Amtsauftrag (an dessen Übertragung jeweils zu Beginn, z.T. auch am Ende erinnert wird: 1 Tim 1,3f.18f; 6,20; Tit 1,5) weisungsbefugt. Die Einzelweisungen der Briefe sollen an die Gemeinden autoritativ weitergegeben und durchgesetzt werden. Zu der Formulierung μὴ ἀμέλει τοῦ ἐν σοὶ χαρίσματος κτλ. (1 Tim 4,14) gibt es zahlreiche Parallelen, die zeigen, dass hier eine Erinnerung an die Amtseinsetzung mit der Ermahnung einhergeht, sich des durch den Absender erwiesenen Vertrauens würdig zu erweisen.[140] Während ich davon überzeugt bin, dass Wolters Analyse zur Erklärung der Form von 1 Tim / Tit einen entscheidenden Beitrag geleistet hat, trifft dies m.E. für den Brief des Ignatius an Polykarp nicht zu. Konstitutiv für Briefe dieser Gattung ist ein starkes Autoritätsgefälle zwischen Absender und Adressat einerseits, sowie zwischen dem Adressaten und den ihm unterstellten Menschen andererseits. Ignatius nun befindet sich Polykarp gegenüber in einer Position, die der gewählten Briefform prinzipiell widerspricht, mit anderen Worten: Die von

---

[139] Für weitere Einzelheiten und Belege siehe M. Wolter, Paulustradition, 178–202.
[140] M. Wolter, Paulustradition, 185–188.

Wolter postulierte identische Kommunikationssituation zwischen 1Tim / Tit und IgnPol besteht nicht. Die Auskunft, der Märtyrerstatus erlaube Ignatius, einem Bischofskollegen Ratschläge zu geben, befriedigt nicht. Denn auch als vollendeter Märtyrer gerät Ignatius nicht in einen Status, in dem Polykarp *ihm gegenüber* verantwortlich für seine Amtsführung wäre. Ein Bischof ist nach Ignatius' eigener Definition unmittelbar zu Gott und Christus (IgnPol inscr.). Die Einleitungsformel παρακαλῶ σε ... πάντας παρακαλεῖν setzt aber ein starkes hierarchisches Gefälle voraus, impliziert, dass Ignatius Polykarp in gleicher Weise mahnen kann wie dieser die Gemeindeglieder.[141] Einen Hinweis darauf, dass Ignatius selbst die Schwierigkeit empfindet, die in seinen autoritativen Mahnungen liegt, wird man mit M. Wolter[142] darin finden können, dass abgesehen von dem einleitenden παρακαλῶ keine einzige Mahnung mehr in der 1. Person eingeleitet wird, wie es für die Pastoralbriefe[143] und die oben erwähnte amtliche Korrespondenz durchweg charakteristisch ist.[144] Während also die Pastoralbriefe den autoritären Stil hellenistischer und römischer Mandata im Rahmen ihrer Fiktion der Vermittlung von apostolischer Weisung an die Apostelschüler und die von ihnen geleiteten Gemeinden ohne Abstriche übernehmen konnten, reproduziert Ignatius diese Form nur mit Einschränkungen und Modifikationen. Sie lag eigentlich überhaupt nicht nahe, sondern ist als sinnvoll nur verständlich, wenn sie als Nachahmung der pln Briefform begriffen wird.[145] Denn es ist andererseits offenkundig, dass sich mit der Übernahme der Form Inhalte einstellten, an denen Ignatius sonst kein Interesse zeigt. Mahnungen an einzelne Gruppen der Gemeinde bietet Ignatius (von der einzigen Ausnahme IgnTrall 2,3 abgesehen)[146] nur in der Gemeindetafel des Polykarpbriefs (4,1–5,2), die ihre engsten Parallelen in den entsprechenden Abschnitten aus 1Tim / Tit hat, da sie sich an den Gruppen in der Gemeinde

---

[141] Dies gilt insbesondere angesichts der Tatsache, dass die Gemeindebriefe des Ignatius als παρακαλῶ-Briefe zu charakterisieren waren. Die doppelte παρακαλῶ-Struktur des Polykarpbriefes impliziert die Verdoppelung der vorausgesetzten hierarchischen Struktur.

[142] M. Wolter, Paulustradition, 159.

[143] Vgl. 1Tim 2,1.8.12; 5,14.21; 6,13; 2Tim 1,6; 4,1; Tit 3,8.

[144] Die erste konkrete Mahnung des Polykarpbriefes lautet: ἐκδίκει σου τὸν τόπον ἐν πάσῃ ἐπιμελείᾳ σαρκικῇ τε καὶ πνευματικῇ. Von sämtlichen bei M. Wolter besprochenen Parallelen (1Tim 4,14 eingeschlossen) her läge eigentlich das Verständnis nahe, dass Ignatius Polykarp in besagten τόπος eingesetzt hat, wovon natürlich keine Rede sein kann. Vielmehr mahnt Ignatius gewissermaßen stellvertretend für Gott.

[145] M. Wolters sorgfältige Analyse der hellenistischen Briefgattung, die als Vorbild für 1Tim / Tit anzusehen ist, schließt m.E. die Erklärung, die Pastoralbriefe seien in Nachahmung des ignatianischen Polykarpbriefes entstanden, aus (so vermutet R. F. Stoops, If I Suffer, 177 Anm. 74 „the Pauline Corpus were filled out on the model of Ignatius's letters"). Denn IgnPol reproduziert anders als die Pastoralbriefe diese Briefform nur in abgeschwächter Weise.

[146] Auch an dieser Stelle gab es Hinweise auf direkten Einfluss der Pastoralbriefe, s. o. S. 163.

orientiert und eben diese Gruppen nicht direkt anspricht, sondern als Objekte der Belehrung durch den Amtsträger, wie an den indirekten Formen der Paränese ersichtlich ist.[147]

Die Konzentration von Formen vermittelter Paränese in IgnPol 4,1–5,2 fällt besonders auf angesichts einzelner Ermahnungen, die andernorts inhaltlich identisch, aber sprachlich anders realisiert vorkommen. Man vergleiche z.B. IgnEph 13,1 („bemüht euch nun, möglichst häufig zusammenzukommen", Imperativ 2. Pers. pl.) mit IgnPol 4,2 („möglichst häufig sollen Versammlungen stattfinden", Imperativ 3. Pers. pl.), oder IgnMagn 7,1; IgnPhld 7,2 („tut nichts ohne den Bischof") mit IgnPol 4,1 („nichts soll ohne dein Einverständnis geschehen"). Es wäre ja durchaus möglich gewesen, diese Ermahnungen in der IgnPol 1–3 vorherrschenden Form der Imperative der 2. Pers. sg. zu formulieren („lass möglichst häufig Versammlungen stattfinden"). Die Wahl der Form ist offensichtlich durch den doppelten Adressaten bedingt, der 4,1–5,2 im Blick ist.

Dass sich an Gemeindegruppen orientierte Paränese auch in Briefen an Gemeinden unterbringen ließ, zeigen 1Klem und Polyc. Ignatius dagegen beschränkt die Gruppenmahnungen auf den „Pastoralbrief", formuliert sie in vermittelter Paränese und folgt damit m.E. klar dem Vorbild von 1Tim/Tit. Auch dass Ignatius in 6,1 die bis hierhin konsequent durchgehaltene Form der vermittelten Paränese abstößt und wieder zur direkten Anrede (durch Imperative der 2. Pers. pl.) übergeht, spricht m.E. dafür, dass er sich in dem vorangehenden Abschnitt an einem literarischen Vorbild (1Tim/Tit) orientierte. Es war ja im höchsten Maße künstlich, sich bei Mahnungen, die Gemeindeglieder betrafen, an den Bischof zu wenden, zumal Ignatius die smyrnäischen Christinnen und Christen kannte und auch in direktem brieflichen Kontakt mit der Gesamtgemeinde stand. In dieser Situation war die direkte Anrede allemal wirksamer. Darum scheint es mir kein Zufall zu sein, dass Ignatius gegen Ende (kurz bevor er auf seine Wünsche an die Gemeinde zu sprechen kommt!) wieder den persönlicheren Ton der Ermahnung wählt.

6.7.2.2 Wörtliche Berührungen zwischen dem Polykarpbrief und den Pastoralbriefen (Einzeltextreferenzen)

Wenn sich, wie durch die obigen Erwägungen nahegelegt wurde, die Abfassung und formale Gestaltung des Polykarpbriefes dem Vorbild der Pastoralbriefe verdankt, sollte man vermuten, dass sich auch inhaltliche Überein-

---

[147] Die häufig als Parallelen genannten dtpln Haustafeln (z.B. H. Rathke, Ignatius, 77) sind demgegenüber am „Haus" (nicht an der Gemeinde) orientiert und sprechen die jeweils betroffene Gruppe direkt an (Imperative der 2. Pers. pl.) Allerdings bietet Ignatius an einer Stelle (4,3) die für die Haustafeln charakteristische Reziprozität der Ermahnungen, die den Gemeindetafeln der Pastoralbriefe durchweg fehlt, und lehnt sich inhaltlich an Eph 5,25.29 an (s.o. Anm. 114), er vermischt also beide Gattungen.

stimmungen finden lassen. Allerdings ist auch hier davor zu warnen, direkte Zitate zu erwarten. Wenn Ignatius einen „Pastoralbrief" für seine Zeit verfassen und die Rolle des Paulus in seiner Gegenwart übernehmen wollte, durfte er gerade nicht zitieren, sondern musste er einerseits erkennbar an Paulus anknüpfen und ihn andererseits fortschreiben. An den drei Hauptthemen, um die der Polykarpbrief kreist, lässt sich m.E. nachweisen, dass ihre Ausgestaltung von den Pastoralbriefen erkennbar beeinflusst ist: der Bischof als *vollkommener Athlet* (a), dessen Anstrengungen einerseits dem *Kampf gegen Anderslehrende* (ἑτεροδιδασκαλοῦντες) gelten (b), andererseits der *Ermahnung der übrigen Gemeindeglieder* (c).

1. O. Perler hat plausibel gemacht, dass ἀθλητής, in IgnPol 1–3 die zentrale Metapher für den Bischof, und Teile des zugehörigen Wortfeldes direkt auf das in Antiochien entstandene 4. Makkabäerbuch zurückgehen.[148] Dort allerdings sind es die jüdischen Märtyrer, die als wackere Athleten geschlagen werden und doch siegen (4Makk 6,10, vgl. IgnPol 3,1) und als Preis der Ausdauer (ὑπομονή) Unvergänglichkeit in ewigem Leben erhalten (vgl. 4Makk 17,12 ἀφθαρσία ἐν ζωῇ πολυχρονίῳ mit ἀφθαρσία καὶ ζωὴ αἰώνιος in IgnPol 2,3). Die Übertragung dieser Metaphorik auf den Bischof wird sich für Ignatius nahegelegt haben, weil auch Paulus seinen Dienst mit agonistischen Metaphern umschreibt. Besonders nahe kommen der in IgnPol 1–3 verwendeten Terminologie zwei Stellen aus dem 2. Timotheusbrief: 2Tim 2,3–7 und 2Tim 4,5–8.

Letztere ist besonders wegen des Begriffes δρόμος interessant, mit dem Paulus rückblickend seinen „guten Kampf" beschreibt (2Tim 4,7) und der in IgnPol 1,2 die Aufgabe eines Bischofs zusammenfassend charakterisiert. Polykarp soll „seinem Lauf noch eine Strecke hinzufügen" (προσθεῖναι τῷ δρόμῳ),[149] sozusagen „laufend" muss er „alle ermahnen, damit sie gerettet werden".[150] Im gleichen Kontext steht in 2Tim 4,5 und IgnPol 2,3 die Aufforderung: „werde nüchtern" (νῆφε). Allerdings kann man 2Tim 4,5ff nicht eindeutig als Kristallisationspunkt der Überlegungen des Ignatius erweisen, denn die Mahnung zur Nüchternheit ist wenig prägnant und die metaphorische Beschreibung der Lebensaufgabe als Lauf ist eine auch anderweitig belegte, recht konventionelle Metapher.[151]

---

[148] O. Perler, Das vierte Makkabäerbuch, 49ff. 4Makk seinerseits dürfte von Philo beeinflusst sein, doch sind die Parallelen zwischen Ignatius und 4Makk deutlicher (vgl. besonders das in beiden Schriften theologisch zentrale ἀντίψυχον).

[149] Vgl. O. Bauernfeind, Art. τρέχω, 225–235, bes. 233f.

[150] In IgnPol 1,2 ist also (wie in Apg 20,24a) ein epexegetisches καί zu lesen: „ich ermahne dich, deinem Lauf noch weitere Strecken hinzuzufügen, *indem* du alle ermahnst etc.".

[151] Vgl. Apg 13,25; 20,24; Philo, All 3,48; dieselbe Vorstellung kommt Phil 2,16; Gal 2,2 in einer verbalen Umschreibung zum Ausdruck.

Deutlicher sind die Anklänge an 2Tim 2,3–7. Hier wird Timotheus, der als Prototyp jedes Amtsträgers fungiert, mit einem Soldaten, einem Athleten und einem Bauern verglichen. Nur hier begegnet im NT das Verbum ἀθλεῖν, das Ignatius dazu inspiriert haben könnte, die aus dem 4Makk stammenden Passagen über den ἀθλητής auf den Bischof zu übertragen. Abgeschlossen werden die Vergleiche in 2Tim 2,7 mit der Zusage, der Herr werde Timotheus in jeder Hinsicht Einsicht (σύνεσις) geben. Dies formuliert Ignatius um zu der Aufforderung an den τέλειος ἀθλητής, er solle sich noch mehr σύνεσις erbeten, als er schon habe (IgnPol 1,3). Zu der auffälligen Verbindung von ἀθλεῖν / ἀθλητής und σύνεσις in 2Tim 2,5.7 und IgnPol 1,3 tritt in der Gemeindeparänese IgnPol 6,2 noch eine deutliche Anspielung auf 2Tim 2,3f. Ignatius fordert die Gemeindeglieder auf: ἀρέσκετε ᾧ στρατεύεσθε, 2Tim 2,4 erwartet von jedem, der als Soldat Christi in den Krieg zieht, dass er sich bemüht, τῷ στρατολογήσαντι ἀρέσῃ.[152] Zu vermerken ist auch die enge Verknüpfung von agonalen und militärischen Metaphern in IgnPol 6,1f und 2Tim 2,3ff, wobei deutliche verbale Überschneidungen vorhanden sind (IgnPol 6,1: συμπαθεῖν; συναθλεῖν; συγκοπιᾶν; 2Tim 2,3.5.6: συγκακοπαθεῖν; ἀθλεῖν; κοπιᾶν). Ignatius bezieht sich also zweimal deutlich auf die Amtsträger- und Leidensparänese von 2Tim 2,3–7, wobei er sie an der zweiten Stelle auf alle ChristInnen übertragen hat.

2. Für den Kampf des Bischofs bzw. Amtsträgers gegen Andersgläubige werden in IgnPol Vorschläge gemacht, die deutlich an die Pastoralbriefe erinnern. Zunächst ist interessant, dass in 1Tim 1,3; 6,3 und IgnPol 3,1 die Gegner mit einer sonst nirgends begegnenden Wortbildung rein formal als solche charakterisiert werden, die „anders" lehren (ἑτεροδιδασκαλεῖν). Dass das Wort ἑτεροδιδασκαλεῖν aus 1Tim 1,3 übernommen wurde, lässt sich nicht sicher beweisen, liegt aber sehr nahe.[153] Immerhin tauchen Stichworte aus 1Tim 1,3–5 an verschiedenen Stellen der Ignatianen auf: τέλος δὲ ἀγάπη aus IgnEph 14,1 gehört ebenso dazu wie οἰκονομία als zentraler theologischer Begriff in IgnEph 20,1. Ferner könnte μυθεύματα in Ign-Magn 8,1 auf die Mythen von 1Tim 1,4 zurückgreifen.[154] Vor allem ist zu

---

[152] Eine Erinnerung an 2Tim 2,4 sehen H. Rathke, Ignatius, 51; NTAF, 72; H. J. Holtzmann, Pastoralbriefe, 261; W. Michaelis, Einleitung, 238; C. Looks, Rezeption, 129f („gut möglich bis wahrscheinlich"). Wichtig ist sein Hinweis, dass die „ohnehin ... nicht sehr häufigen Worte ἀρέσκω ... und στρατευώ (sic) bzw. στρατεύομαι ...gemeinsam in der christlichen Literatur des 2. Jahrhunderts nicht mehr belegt" sind (a.a.O., 129).

[153] C. Looks, Rezeption, 130 bewertet die Abhängigkeit als „möglich, aber unsicher", berücksichtigt aber die oben folgenden Hinweise auf Rezeption von 1Tim 1,3–5 an verschiedenen Stellen der Ignatianen und die privilegierte Stellung im Prätext bei der Urteilsfindung nicht.

[154] W. Michaelis, Einleitung, 238; NTAF, 71f gibt zu bedenken, dass es sich hier um Worte und Ausdrücke handelt „which are not commonplaces" und hält zusammenfassend fest: „It is also clear that, if literary dependance be admitted, it is on the side of Ignatius".

beachten, dass in 1Tim 1,3 an hervorgehobener Anfangsposition die zentrale Aufgabe des Timotheus zusammenfassend beschrieben wird als παραγγέλλειν τισὶν μὴ ἑτεροδιδασκαλεῖν. Ignatius bietet also ein im potenziellen Prätext höchst prägnantes Wort, das zudem sonst nicht belegt ist, in einem Brief, der einem vergleichbaren Anliegen gewidmet ist wie die Pastoralbriefe. Gezielte Auswahl liegt darum m.E. erheblich näher als ein blind so genau treffender Zufall.

Die Gegner erweisen sich durch ihr „Anderslehren" als „krank", im Gegensatz dazu wird das Lehren und Zurechtweisen des Bischofs als heilende Tätigkeit beschrieben.[155] Theologische Gründe für die Ablehnung der Gegner werden in den Pastoralbriefen kaum, in IgnPol gar nicht genannt, da aber im Gemeindebrief nach Smyrna eine breite inhaltliche Auseinandersetzung stattfindet (IgnSm 1,1–7,2), kann man vermuten, dass die Orientierung an den jeweiligen literarischen Vorbildern (Gemeindebriefe / Pastoralbriefe) dafür verantwortlich zu machen ist. Wie die Pastoralbriefe beschränkt sich Ignatius im Polykarpbrief darauf, wirksame Strategien zur Gegnerbekämpfung anzubieten. Polykarp soll nicht offensiv kämpfen, sondern wie ein Amboss feststehen, die Schläge hinnehmen und siegen (IgnPol 3,1); eine ähnliche Taktik empfiehlt in weniger bildhaften Worten 2Tim 2,23f. Syntaktisch, sachlich und in wörtlichen Anklängen entsprechen sich die Mahnungen von IgnPol 2,1 und 2Tim 2,25, die Gegner mit Sanftmut zur Unterordnung zu bringen (τοὺς λοιμοτέρους ἐν πραότητι ὑπότασσε / ἐν πραΰτητι παιδεύοντα τοὺς ἀντιδιατιθεμένους).

3. Was die Verantwortung des Bischofs für die Anleitung der unterschiedlichen Gruppen in der Gemeinde zur richtigen Lebensführung angeht, die in der Gemeindetafel IgnPol 4,1–5,3 (wohl aus Zeitgründen, vgl. 8,1) sehr knapp abgehandelt wird, so sind die engen formalen Übereinstimmungen zu den Gemeindetafeln der Pastoralbriefe bereits unter 6.7.2.1 dargestellt worden. Trotz der Kürze zeigt der Text ausgesprochen individuelle Akzentsetzungen, die erkennen lassen, dass Ignatius nicht nur eine Form reproduziert, sondern ein lebendiges Interesse an der Gestaltung des Gemeindelebens hatte und auch eigene Vorschläge einbringen wollte. Die inhaltlich deutlichste Parallele zu den Pastoralbriefen findet sich in der Sklavenparänese IgnPol 4,3, in der die Mahnung von 1Tim 6,2 wiederholt und mit einer neuen, aus 1Kor 7,22 gewonnenen Begründung versehen wird. Das rechte Verhalten, wie es der Bischof von den Sklaven fordern soll, lautet: μηδὲ αὐτοὶ φυσιούσθωσαν, ἀλλ᾽ εἰς δόξαν θεοῦ πλέον δουλευέτωσαν. Dies stimmt inhaltlich, in der Satzstruktur und teilweise im Wortlaut mit 1Tim 6,2 überein, wo es heißt, Sklaven sollten ihre Herren nicht verachten (μὴ κατα-

---

155 Vgl. IgnPol 1,3; 2,1 / 1Tim 6,4; 2Tim 2,17; Tit 1,13.

φρονείτωσαν), sondern (ἀλλά) um so mehr Sklaven sein (μᾶλλον δου-λευέτωσαν).[156] Dass solches Verhalten auch um der Ehre Gottes willen gefordert ist, betont die Sklavenparänese des Titusbriefes (Tit 2,10). Sollten tatsächlich der Verfasser der Pastoralbriefe und Ignatius unabhängig voneinander auf den Gedanken gekommen sein, das angemessene Verhalten eines christlichen Sklaven als μᾶλλον / πλέον δουλευέτωσαν zu beschreiben und es einem zu selbstbewussten Verhalten (sich aufblasen / die Herren verachten) entgegenzusetzen? Undenkbar ist es nicht, m.E. aber unwahrscheinlich. Ignatius findet in 1Kor 7,22 eine akzeptablere Begründung für die Gehorsamsforderung, als sie der Verfasser der Pastoralbriefe mit der Beteuerung zu geben vermochte, die christlichen Herren seien doch als Gläubige und von Gott Geliebte zu achten, die sich um εὐεργεσία bemühten. Als Lohn für ihren Dienst würden sie „eine bessere Freiheit von Gott erlangen", meint Ignatius, und lenkt damit das reale Verlangen der Sklavinnen und Sklaven nach Freiheit auf die bessere Zukunft bei Gott. Dass mit κρείττονος ἐλευθερίας ἀπὸ θεοῦ τύχωσιν κτλ. auf 1Kor 7,21f angespielt wird, ergibt sich aus der angesprochenen Frage, ob Sklaven auf Kosten der Gemeinde freigekauft werden sollten, und aus dem Verständnis des pln Verses, wie es aus IgnRöm 4,3 zu erschließen ist: Der Status eines Freien im eigentlichen Sinne kommt den Christen erst mit der Auferstehung von den Toten zu. Diese „bessere Freiheit" sollen Sklavinnen und Sklaven nicht gefährden, indem sie die vordergründige Freiheit dieser Welt erstreben und den Begierden erliegen. Interessant ist diese Neukombination von 1Kor 7,22 und 1Tim 6,2, weil sie zu zeigen scheint, dass Ignatius, obwohl er mit der Tendenz von 1Tim 6,2 durchaus einverstanden war, neben der suggestiven Stärke des Ausdrucks (ein christlicher Sklave ist ein „besserer Sklave") die argumentative Schwäche erkannt hat, und meinte, Paulus durch Paulus korrigieren zu sollen. Vielleicht war sogar eine Entschärfung bzw. Klärung der mindestens vieldeutigen Aussagen von 1Kor 7,21f zur Sklaverei beabsichtigt?[157] Sicher scheint mir jedenfalls, dass Ignatius im Falle der Ermahnung von Sklaven den echten Paulus durch die Brille des so viel bequemeren Paulus der Pastoralbriefe las![158]

---

[156] Abhängigkeit von 1Tim 6,2 vermutet NTAF, 72; C. Looks, Rezeption, 127f hält sie für „gut möglich bis wahrscheinlich".

[157] So z.B. J. Weiß, 187f.

[158] Die Paränese an die verheirateten Frauen und Männer IgnPol 5,1 ist vielleicht von 1Tim 5,1f beeinflusst. Die ungewöhnliche Formulierung „meinen Schwestern rede zu ...; meine Brüder fordere auf ..." könnte man sich als eine wortwörtliche Befolgung des 1Tim 5,1f geforderten Verhaltens erklären: „ermahne ... jüngere Männer ὡς ἀδελφούς, ... jüngere Frauen ὡς ἀδελφάς". Doch wird man dies offen lassen. Eine weitere inhaltliche Übereinstimmung findet sich in der Witwenparänese (IgnPol 4,1), doch lässt sich über eine Bekanntschaft mit 1Tim 5,3ff nichts Sicheres aussagen.

7. Die Paulusbriefsammlung als Prätext der Ignatiusbriefe und des Polykarpbriefs – Zusammenfassung und weiterführende Überlegungen zum intertextuellen Ort

Ein erstes klares Ergebnis der aufgewiesenen Abhängigkeit der Ignatianen und des polykarpschen Philipperbriefes von den Pastoralbriefen betrifft die Datierung der Pastoralbriefe: Da sie in Antiochia in Syrien, Smyrna und Ephesus[1] in Kleinasien und vermutlich Philippi in Makedonien[2] zwischen 110 und 120 n.Chr. zu den Paulusbriefen zählen, sind sie kaum nach der Jahrhundertwende entstanden.

Weitere Schlussfolgerungen müssen die Tatsache berücksichtigen, dass sowohl Ignatius als auch Polykarp offensichtlich eine Paulusbrief*sammlung* voraussetzen, auch wenn deren Umfang sich nicht mit letzter Sicherheit bestimmen lässt. Über deren Status und die spezielle intertextuelle Bezogenheit beider Autoren auf die Paulinen ist in den folgenden Abschnitten zu reflektieren. Dabei sind auch etwaige Auswirkungen der ignatianischen Korrespondenz und ihrer Paulusrezeption auf die Entstehung und Gestalt des Polykarpbriefes zu bedenken.

7.1 Ignatius' Selbstwahrnehmung als Paulusnachfolger, die Entstehung der Ignatiusbriefsammlung und ihre Rezeption bei Polykarp

Wie gezeigt wurde, verstand Ignatius seine Märtyrerexistenz als Paulusnachfolge (und wollte sie auch von anderen so bewertet wissen). Das Verfassen von „Gefangenschaftsbriefen" gehört zu dieser übernommenen Rolle. Der Gefangene Christi hatte den Kirchen Ermahnungen besonders in Fragen des (christologischen) Bekenntnisses und der durch Unterordnung unter die Amtsträger zu bewahrenden Einheit zu übermitteln, deren quasi-apostolische Autorität das bestandene Martyrium erweisen würde. Dass er sich in der Gestaltung seiner Briefe an den zwei paulinischen „Hauptgattungen", dem Gemeindebrief und dem Brief an Gemeindeleiter, orientierte, zeigt seine Ausrichtung an einem *Corpus* Paulinum. Vielleicht ist sogar die

---

[1] Vgl. IgnEph 12,2!
[2] Vgl. die Einleitung des Zitates aus 1Tim 6,7.10 mit „weil wir wissen ..." in Polyc 4,1.

erklärte Absicht, für die Epheser ein zweites Schreiben abzufassen (IgnEph 20,1), an den Briefpaaren in diesem Corpus orientiert (1/2Kor; 1/2Thess?). Was den intertextuellen Ort der Pastoralbriefe zum Zeitpunkt der Abfassung der Ignatiusbriefe betrifft, so ergibt sich aus der oftmals subtilen Bezugnahme des Ignatius auf sie, die gleichwohl von den LeserInnen als Teil seiner Stilisierung als Paulusnachfolger wahrgenommen werden soll, die Schlussfolgerung, dass die Pastoralen nicht nur als selbstverständlicher Bestandteil des Corpus Paulinum gelten, sondern dass sie bereits als Teil des Gesamtcorpus eine allseits verfügbare schriftliche Orientierungsbasis bilden, der weitgehend fraglos normierende Funktion in gesamtkirchlichen Fragen zugestanden wird.

Es muss Ignatius selber (oder einer seiner treuen Begleiter) gewesen sein, der den Philippern nahe legte, Polykarp um eine Zusendung der Ignatiusbriefe zu bitten (Polyc 13,2). Denn wer sonst hätte in Philippi zu diesem Zeitpunkt von der Existenz der Briefe und ihrer Bedeutung wissen können? Auch dies dokumentiert eine Orientierung des Ignatius an einem Briefcorpus, dessen Bedeutung von der ursprünglichen Adresse der in ihm gesammelten Briefe unabhängig ist.

Diese Wahrnehmung der Paulusbriefe ist zum ersten Mal sicher fassbar in Kol 4,16, wo der Austausch von Paulusbriefen zwischen Gemeinden (und d.h. ihre adressatenunabhängige Rezeption) auf der Ebene der Fiktion vorausgesetzt wird. Sie schlägt sich auch nieder in der redaktionellen ökumenischen Adresse des 1Kor,[3] die an die dortigen Heiligen σὺν πᾶσιν τοῖς ἐπικαλουμένοις τὸ ὄνομα τοῦ κυρίου ἡμῶν Ἰησοῦ Χριστοῦ ἐν παντὶ τόπῳ, αὐτῶν καὶ ἡμῶν gerichtet ist (1Kor 1,2).[4] Es fragt sich nur, ob bereits Paulus selber eine Sammlung wichtiger Briefe zum allgemeinen Gebrauch überarbeitet hat[5] oder ob diese Erweiterung im Zuge einer späteren Herausgabe des Corpus Paulinum zu lokalisieren ist.[6] Über das Ausmaß, in dem die Pastoralbriefe die Durchsetzung des Corpus Paulinum als allgemein-kirchlicher Orientierungsbasis tatsächlich gefördert haben, kann man nur spekulieren, man wird sie keinesfalls zu gering ansetzen dürfen. Allgemein vorauszusetzen jedenfalls ist dieses ekklesiologische Verständnis der Paulinen dann bei Polykarp (Polyc 3,2), in 2Petr 3,15 und per analogiam bei Ignatius, der wohl selbst die entscheidenden Schritte unternommen hat, um

---

[3] Gegen W. Schrage, 104f, der die Wendung als Apposition auf die vorausgehenden berufenen Heiligen beziehen möchte („berufen mit allen ..."), ist festzuhalten, dass eine Erweiterung der Adresse mit σύν auch 2Kor 1,1 und Phil 1,1 begegnet.

[4] Auch an die Auslassung des Bestimmungsortes in manchen HSS zu Röm 1,7 und Eph 1,1 ist zu erinnern.

[5] Vgl. D. Trobisch, Paul's Letter Collection.

[6] So meist, schon J. Weiß, 4 und z.B. F. Schnider/W. Stenger, Studien, 23.

seine eigenen, an bestimmte AdressatInnen gerichteten Briefe auch anderen Gemeinden zugänglich zu machen.

Polykarp nimmt eine dem ignatianischen Vollmachtsbewusstsein entsprechende Haltung ein. Er lässt eine Abschrift der in Smyrna befindlichen Ignatianen herstellen (Polyc 13,1). Offensichtlich gab es von allen dort diktierten Briefen (an die Epheser, Trallianer, Magnesier und Römer) ebenso Kopien wie von dem Philadelphierbrief, den wahrscheinlich Burrhus aus Troas zwecks Weiterbeförderung zusammen mit dem Smyrnäer- und Polykarpbrief mitgebracht hatte.[7] Dies könnte darauf hinweisen, dass Polykarp eine Weiterverwendung dieser Briefe schon vor der aktuellen Anfrage aus Philippi zumindest in Erwägung gezogen haben könnte. Die an die Philipper abgehende Sammlung versieht er mit einer erbaulichen Rezeptionsanweisung, die der in Polyc 3,2 zum Ausdruck gebrachten Wertschätzung der Paulusbriefe nur wenig nachsteht (Polyc 13,2).

Seine eigene Rezeption der Ignatianen entspricht diesem Bild: In seinem Schreiben an die Philipper, das fast den Eindruck einer Zitatencollage macht, arbeitet er Wendungen des Ignatius genauso ein wie solche aus 1Klem, 1Petr und den Paulusbriefen. Ferner gliedert er Ignatius, Zosimus, Rufus und andere in Polyc 9,2 gemäß der Verheißung von 2Tim 4,6–8 (welche ihrerseits Phil 2,16f; 1,23 aufnimmt) in die Reihe der vollendeten Glaubenszeugen seit Paulus und den übrigen Aposteln ein. Im Unterschied zu den anderen genannten Leidensgenossen aber spiegelt sich die bedeutendere Rolle des Ignatius in der intertextuellen Montage aus paulinischen, klementischen und ignatianischen Fragmenten.

Dieser Überblick zeigt: Eine Paulusbriefsammlung, welche die Pastoralbriefe enthielt, galt Ignatius als Vorbild seiner schriftstellerischen und Polykarp als Vorbild seiner editorischen und rezeptorischen Tätigkeit. Dies impliziert neben ihrer hohen Bedeutung zugleich die prinzipielle Vergleichbarkeit der Paulusbriefsammlung. Ihr analoge Briefsammlungen können noch verfasst und verbreitet werden. Entscheidende Kriterien sind die Würdigkeit des Verfassers und die über die unmittelbaren Adressaten hinausreichende prinzipielle inhaltliche Bedeutung für „alle Kirchen" (vgl. IgnRöm 4,1).

---

[7] Dies ist jedenfalls die ökonomischste und deshalb naheliegendste Hypothese zur Entstehung des Corpus Ignatianum, denn alle in ihm überlieferten Briefe sind in Smyrna diktiert (IgnEph 21,1; IgnTrall 13,1; IgnMagn 15; IgnRöm 10,1), nach Smyrna gerichtet (IgnSm, IgnPol) oder über Smyrna zugestellt worden (IgnPhld 11,2).

7.2 Polykarps Philipperbrief im Kontext
der Paulusimitation des Ignatius

In diesem Abschnitt möchte ich auf der Basis der bisherigen Ergebnisse die These vertreten, dass Polykarps zweiter Philipperbrief (Polyc 1–12.14) seine Entstehung und seine Form (auch der Bezugnahmen auf die Pastoralbriefe) der Rezeption der Ignatiusbriefe in Philippi verdankt. Vorauszusetzen ist (mit P. N. Harrison), dass Polyc 13 ein Brieffragment ist, das *vor* Polyc 9 zu datieren ist (s.o. 134ff). Die Abfolge der philippisch-smyrnäischen Korrespondenz lässt sich wie folgt rekonstruieren: Ignatius wurde von den Philippern wunschgemäß aufgenommen (vgl. Polyc 1,1). Es gelang ihm, sie von der Notwendigkeit eines Schreibens an die antiochenische Gemeinde zu überzeugen und ihr Interesse an seinen bereits in Smyrna und Troas verfassten Briefen zu wecken. Vermutlich noch während seiner Anwesenheit (zur Begründung s.u.) schicken die Philipper ihr Glückwunschschreiben für Antiochien an Polykarp mit der Bitte um Weiterleitung und fordern die in Smyrna greifbaren Ignatiusbriefe an. Polyc 13 ist das allein sachlicher Korrespondenz dienende Begleitschreiben zu den wunschgemäß überstellten Ignatianen, in dem Polykarp den Erhalt der beiden Schreiben der Philipper (an ihn selbst und an die Antiochener) und eines Ignatiusbriefes bestätigt,[8] sich für die Zustellung des Briefes nach Antiochien verbürgt, den möglichen Nutzen der übersandten Lektüre betont und um genaue Nachricht über das Schicksal des Ignatius und seiner Gefährten bittet, da er davon ausgehen kann, dass sie sich zum Zeitpunkt des Eintreffens seines Briefes nicht mehr in Philippi befinden.

Das nächste überlieferte Zeugnis ist der zweite Philipperbrief Polykarps (Polyc 1–12.14), von dem ich meine, dass er in denselben Kommunikationszusammenhang gehört (und nicht wesentlich später zu datieren ist). Wenn dies der Fall ist, muss der vorausgehende (zweite) Brief der Philipper an Polykarp neben dem Dank für den Erhalt der Ignatianen und der Nachricht über den Tod der Märtyrer auch über das finanzielle Vergehen des philippischen Presbyters Valens[9] und seiner Frau berichtet und die Bitte an Poly-

---

[8] Polykarp wird wohl auf IgnPol 8,1 Bezug nehmen. Es könnte sich allerdings auch um einen weiteren Brief des Ignatius handeln, der nicht erhalten blieb, weil Polykarp natürlich keine Abschrift eines in Philippi verfassten Briefes dorthin zurückschickte.

[9] Es gibt keinen Anlass, anzunehmen, dass Valens der Bischof der philippischen Gemeinde gewesen könnte, wie z.B. R. M. Grant, Scripture and Tradition, 335 meint. In Polyc 11,1 wird an seine Einsetzung als Presbyter erinnert und in Polyc 6,1 wird den Presbytern nicht zufällig die Ermahnung gegeben, sich vor jeder „Geldsucht" fernzuhalten. Dass in 11,2 „Wer sich aber in diesen Dingen nicht beherrschen kann, wie kann er dies einem anderen predigen?" mit 1Tim 3,5, eine Aussage über den Bischof variiert wird, dürfte zwar zutreffen, doch passt die Ermahnung genauso

karp enthalten haben, einen Brief περὶ τῆς δικαιοσύνης (Polyc 3,1) zu verfassen. Die folgenden Überlegungen wollen zeigen, dass diese Aspekte tatsächlich in einem inneren Zusammenhang stehen.

Dass die Philipper sich relativ bald für die übersandte Briefsammlung bedankten, versteht sich von selbst (und auch, dass Polykarp darauf nicht weiter eingehen musste), ebenso, dass sie die erbetene Nachricht weiterleiteten, sobald sie bei ihnen eingetroffen war. Es fragt sich nur, ob Polyc eine Antwort auf eine solche Nachricht ist.

W. Schoedel hat darauf aufmerksam gemacht, dass in Polyc 1,1f mit der Formulierung (συν)εχάρην ὑμῖν ... δεξαμένοις ... ὅτι eine briefliche Formel begegnet, die üblicherweise dazu dient, die Freude angesichts des Empfangs eines Briefes oder einer in einem Brief übermittelten Nachricht auszudrücken.[10] Da bei Polykarp jedoch weder von einem Brief noch von einer Nachricht die Rede sei, sondern von der Aufnahme der Märtyrer durch die Philipper, müsse man von einer Absorption der Brieffloskel durch einen ähnlichen Ausdruck ausgehen: „it is not hard to imagine that talk of the Philippians' reception of their visitors and of Polycarp's reception of a letter from them would flow together in Polycarp's mind".[11] Doch befriedigt diese Erklärung nicht. Ich meine vielmehr, dass die Formulierung ganz formgerecht als Bezugnahme auf die von den Philippern übermittelte Nachricht zu deuten ist. Dazu bedarf es lediglich folgender beider Annahmen: 1. Der erste Brief der Philipper an Polykarp (mit dem Antiochenerbrief und der Bitte um die Zusendung der Ignatianen) wurde noch während der Anwesenheit des Ignatius in Philippi geschrieben. M.E. spricht nichts gegen diese Annahme. 2. Die Philipper haben Ignatius und seinen Schicksalsgefährten bei ihrer Weiterfahrt einen (oder mehrere) Reisebegleiter mitgegeben. Dies entspräche dem Vorbild der Epheser und Smyrnäer, die Burrhus als Ehrengeleit abgestellt hatten (IgnEph 2,1; IgnPhld 11,2; IgnSm 12,1). Die Formulierung προπέμψασιν, ὡς ἐπέβαλεν ὑμῖν in Polyc 1,1 bezöge sich dann auf den nunmehr abgeschlossenen Dienst dieses Begleiters, dem sich vermutlich auch die Nachricht über den Tod der Märtyrer verdankt. Die Philipper hätten Polykarp also in ihrem zweiten Brief mitgeteilt, dass sie Ignatius und den anderen das ihnen zukommende Geleit nach Rom gegeben hatten und dass der

---

gut für Presbyter, zumal die für die Pastoralbriefe charakteristische Ausrichtung auf das Haus gerade nicht reproduziert wird. Vgl. auch J. B. Bauer, 34f.

[10] W. R. Schoedel, Witness, zeigt, dass der Anakoluth von Polyc 1,1–2 durch eine Emendation des καί zu Beginn von 1,2 zu beseitigen ist und dass der Satz dann sowohl den epistolographischen Gepflogenheiten als auch dem Sprachgebrauch bei Ausdrücken der Freude (συγχαίρω + Dativ + ὅτι) voll entspricht. Der sprachlichen Seite dieser Deutung schließe ich mich an (zur Bedeutung der Formel siehe oben).

[11] W. R. Schoedel, Witness, 7.

inzwischen zurückgekehrte Begleiter ihren Tod bestätigt.[12] Polykarp behält sich die Deutung dieses Sterbens für den Höhepunkt seines Briefes vor (Polyc 9,1f) und knüpft an diese Nachricht zunächst so an, dass er das vorbildliche Verhalten der Philipper lobt, nicht zuletzt durch die gelungene Anspielung auf die Dankesworte des Paulus.[13] Wenn diese Rekonstruktion stimmt, liegt demnach in Polyc 1,1 über die allgemeine Anknüpfung an die Durchreise der Märtyrer hinaus eine direkte Reaktion auf die briefliche Nachricht von dem nunmehr abgeschlossenen Märtyrergeleit vor, die epistolographischen Gewohnheiten voll entspricht.

Lassen sich auch Gründe dafür finden, dass die Philipper sich mit ihrem aktuellen Gemeindeproblem an Polykarp gewandt haben? Ein Grund mag gewesen sein, dass er ihnen persönlich bekannt gewesen zu sein scheint (vgl. Polyc 14). Trotzdem galt der Bischof von Smyrna sicher nicht automatisch als die erste Adresse. Polykarp selber jedenfalls weiss um sein Manko, ein Vertreter einer jungen Kirche zu sein, die sich mit Gemeinden, deren Wurzeln bis zu Petrus und Paulus zurückgingen, nicht messen konnte (vgl. Polyc 1,2; 11,3; derselbe Topos begegnet auch IgnEph 11,2–12,2; 1Klem 47,1–6). Warum also wandten sich die Philipper an Polykarp und nicht z.B. an Onesimus, den Bischof von Ephesus?

Hier ist m.E. der Autoritätsgewinn zu berücksichtigen, den Polykarp als Adressat des ignatianischen „Pastoralbriefs" verbuchen konnte. Wenn die Philipper die von Polykarp übersandte Briefsammlung so wahrnahmen wie Polykarp und Ignatius, im Lichte und als Analogie zur Paulusbriefsammlung nämlich, dann musste Polykarp zwangsläufig als exemplarischer Amtsträger erscheinen und Assoziationen, die mit Timotheus oder Titus verbunden waren, auf sich ziehen. *Eine* solche mögliche Assoziation war eine Schieds- und Gerichtsfunktion im Falle des Vergehens von Presbytern (1Tim 5,19–21)!

Die spezielle Form der Intertextualität des Polykarpbriefes erklärt sich in dieser Konstellation als ein ausgewogenes den Erwartungen-Entsprechen und Sich-Entziehen durch Polykarp. Er verweist auf die Paulusbriefe als uneinholbare Grundlage gegenwärtiger Ermahnung und Erbauung und fordert die Philipper auf, sich selbst in sie zu vertiefen (Polyc 3,2). Er verweist auf maßgebliche Autoritäten: den Kyrios, Paulus, die Apostel, die Schrift. Er macht sehr deutlich von den paulinischen Briefen, besonders den Pastoralbriefen Gebrauch, von letzteren gerade auch dort, wo es um die Ermahnung der Diakone und Presbyter (Polyc 5–6) und um die Deutung des Martyriums (Polyc 9) geht, er reproduziert damit zentrale Inhalte der Pastoralen. In Prä-

---

[12] Dies ist wiederum die einfachste These, die sich natürlich nicht beweisen lässt. Es könnte sich die Todesnachricht auch jemandem anderes verdanken, was grundsätzlich aber nichts an der oben vorgetragenen These ändern würde.

[13] S.o. S. 124–124.

skript und Schluss jedoch lehnt er sich m.E. demonstrativ an den 1Klemens-
brief an, ein paränetisches Schreiben in betont rechtgläubiger Tradition, das
aber keine apostolische Autorität in Anspruch nimmt.[14]

Der auf Verschmelzung mit dem verehrten Apostel gerichteten Paulusrezeption des in Erwartung des Martyriums glühenden Pneumatikers Ignatius
stellt Polykarp damit eine besonnene, auf Überprüfbarkeit und Praktikabilität gerichtete Beschäftigung mit den Worten des Apostels an die Seite. Diese
Paulusrezeption entspricht vollkommen den Anforderungen, die der fiktive
Paulus der Pastoralbriefe an einen Amtsträger stellt (vgl. bes. 2Tim 2,14ff).

---

[14] Vgl. Polyc inscr. mit 1Klem inscr. und die Sendung und Empfehlung des Kreszens in Polyc
14 mit 1Klem 63,3 und die Synopse bei J. B. Bauer, 28–30.

III. Die Pastoralbriefe und ihre Prätexte: Die fiktive Selbstauslegung des Paulus

8. Die intertextuelle Dimension paulinischer Pseudepigraphie als Schlüssel zum Ort der Pastoralbriefe in der Paulustradition

Im ersten Hauptteil wurde der intertextuelle Ort der Pastoralbriefe im Bezug zu den Briefen des Ignatius und des Polykarp von Smyrna dahingehend bestimmt, dass diese die Pastoralbriefe bereits als Paulusbriefe rezipieren. Damit ist eine relative Verortung unter chronologischem Aspekt gelungen, die Spätdatierungen ausschließt, das erste Jahrzehnt des 2. Jahrhunderts dürfte den spätest anzunehmenden Entstehungszeitraum darstellen, wahrscheinlicher ist eine Entstehung vor der Jahrhundertwende. Die Untersuchungen des zweiten Hauptteiles sollen nun einen methodischen und (auf ausgewählte Themen konzentrierten) sachlichen Beitrag zur Bestimmung des *Ortes der Pastoralbriefe innerhalb der Paulustradition* leisten. Denn neben dem zeitlichen Abstand der pseudopaulinischen Pastoralen zu Paulus ist auch die theologische Nähe oder Ferne zu ihm, teilweise auch die Notwendigkeit, sich darüber überhaupt Gedanken zu machen, in der Forschung umstritten. Meiner Überzeugung nach kann die Berücksichtigung der spezifischen intertextuellen Struktur pseudepigrapher Briefe einen vertieften Zugang zu diesem Problem eröffnen. Vielleicht kann sie helfen, offene Fragen zu klären, auf jeden Fall müsste sie m.E. dazu führen, die forschungsrelevanten Fragestellungen und die Diskussionslage insgesamt zu verändern. Bevor ich dies (in 8.2) ausführe, möchte ich (in 8.1) zwei idealtypisch vereinfachte Grundmodelle der Verortung der Pastoralbriefe in der Paulustradition, die in der Forschung der letzten Jahrzehnte dominiert haben, skizzieren und kritisch würdigen und dabei zugleich den Forschungsstand ausleuchten, soweit er für die Fragestellung dieser Arbeit relevant ist. Daher konzentriere ich mich besonders auf die Rolle, die dem pseudepigraphen Charakter der Pastoralbriefe zugewiesen wird, auch wenn dies teilweise von den jeweiligen VertreterInnen nicht zu den zentralen Fragestellungen gerechnet wird und sich in ihren Ausführungen nur implizit niederschlägt.

8.1 Forschungsgeschichtlicher Überblick: Modelle der Bestimmung des Ortes der Pastoralbriefe in der Paulustradition

Gemeinsam ist zunächst allen im Folgenden (unter 8.1.1 und 8.1.2) zu besprechenden Ansätzen zur Bestimmung des Standortes der Pastoralbriefe in der urchristlichen Paulustradition, dass sie den pseudepigraphen Charakter der Briefe für erwiesen halten. Sie nehmen damit eine erklärungsbedürftige Diskrepanz an zwischen dem von den Briefen erhobenen literarischen Anspruch, echte Paulusbriefe zu sein, und der als wissenschaftlich hinreichend gesichert betrachteten Evidenz, dass es sich tatsächlich um *literarische Fälschungen* einer späteren Zeit handelt.

Ich verwende den Begriff der „literarischen Fälschung" als deskriptive literarische Kategorie im Anschluss an die Definition W. Speyers, nach der eine literarische Fälschung vorliegt, „wenn der wirkliche Verfasser mit dem angegebenen nicht übereinstimmt", eine „Täuschungsabsicht" vorliegt und „die Maske als Mittel gewählt wurde, um Absichten durchzusetzen, die außerhalb der Literatur" liegen.[1] Ausgeschlossen sind von dieser Definition sekundär falsch zugeschriebene Werke und zu Übungszwecken erstellte Texte im Stile eines bestimmten Autors, bei denen keine Täuschungsabsicht bestand.[2]

Außer Betracht bleiben im Folgenden zwei Minderheitenpositionen, die nicht von diesem breiten kritischen Konsens ausgehen: die in bestimmten Kreisen immer noch häufig begegnende Verteidigung direkter oder indirekter paulinischer Autorschaft einerseits[3] und die eher selten vertretene Annahme einer „offenen Pseudepigraphie" andererseits. Einige Beobachtungen zur Einschätzung des pseudepigraphen Charakters der Briefe in diesen beiden ansonsten nicht weiter verfolgten Ansätzen sind allerdings für die weiteren Untersuchungen von Interesse und sollen daher vorausgeschickt werden.

Die forschungsgeschichtlich wirksame Etablierung der Annahme, es habe im Urchristentum (in Anlehnung an eine in der Antike verbreitete Praxis) eine *offene Pseudepigraphie ohne Täuschungsabsicht* gegeben, wird meist F. C. Baur zugeschrieben,[4] der sie allerdings für die Pastoralbriefe gerade nicht vertritt.[5] Erwogen wird sie beispielsweise durch P. N. Harrison, der über den Autor schreibt:

---

[1] W. Speyer, Fälschung, 13f.

[2] Vgl. dazu W. Speyer, Fälschung, 32ff.37ff; A. Standhartinger, Studien, 31–40.

[3] Dazu ist o. S. 72 mit Anm. 1–2 schon da das Nötige gesagt worden.

[4] Vgl. D. Guthrie, The Development of the Idea of Canonical Pseudonymity in New Testament Criticism, 43–59, bes. 45ff; E. E. Ellis, Pseudonymity, 213.215. Verweisen können sie insbesondere auf F. C. Baur, Paulus, Vol. 2, 116–122, bes. 121.

[5] Gegen L. R. Donelson, Pseudepigraphy, 9 mit Anm. 5, wo ohne Nennung einer Seitenzahl auf Baurs 1835 erschienene Untersuchung „Die sogenannten Pastoralbriefe des Apostels Paulus" verwiesen wird. Nach Baur gehört es aber zentral zur Strategie des Fingators, die markionitischen

„...it is not, indeed, necessary to suppose that he did deceive anybody. It seems far more probable that those to whom, in the first instance, he showed the result of his efforts, must have been perfectly well aware of what he had done. It is not to be supposed that he made any attempt to impose upon his friends, by inscribing his epistles on old and worn papyri or in old-fashioned writing! They went out for what they really were, and the warm appreciation with which the best minds in the Church received them, would not be tinged with any misunderstanding as to the way in which they had been written."[6]

Die Ausführungen lassen deutlich erkennen, dass es sich im Grunde um Postulate und Wahrscheinlichkeitsannahmen handelt, zu deren Begründung eigentlich nichts angeführt werden kann. Es ist vielmehr die Anstößigkeit der im anderen Fall vorauszusetzenden Täuschungsabsicht, die zu dieser Erklärung rät. Einen Versuch der historischen Verortung der Theorie einer offenen Fiktion unternimmt H. Hegermann. Nach ihm enthalten die frühchristlichen Pseudepigrapha „Verfasserfiktionen ohne Täuschungselement",[7] sie seien von tatsächlich in direkter Schülerschaft der Apostel (und Apostelschüler) stehenden „Evangelisten" (Eph 4,11; 2Tim 4,5) verfasst worden, die ihre Gebundenheit an die Lehre der Apostel (Jakobus, Paulus) damit ausdrückten, was die Gemeinden als eine „theologisch begründete Anonymität, die eine Autorfiktion zur Folge hat" zu würdigen gewusst hätten.[8] Nach

Gegner durch *den* Apostel zu widerlegen, „dessen Auctorität sie allein gelten lassen wollten" (a.a.O., 57); das Gelingen der Täuschung über den Verfasser ist damit für die Pastoralbriefe entscheidende Voraussetzung ihres bestimmungsgemäßen Wirkens.

[6] P. N. Harrison, Problem, 12. Harrison diskutiert allerdings im nächsten Absatz die alternative Möglichkeit einer von Anfang an durchgehaltenen Verfasserfiktion, wobei er deren moralische Anstößigkeit mit dem Hinweis auf den „very different standard" bezüglich des Bewusstseins vom geistigen Eigentum „in those days" zu mildern versucht und das Verfassen fiktiver Briefe vergleicht mit der gängigen Praxis antiker Historiker, an entscheidenden historischen Wendepunkten den Akteuren selbstkomponierte Reden in den Mund zu legen (ebd., 12f). Die offene Fiktion, die bei Harrison noch als eine Möglichkeit neben anderen erscheint, wird (unter Berufung auf ihn) zur Gewissheit z.B. bei B. S. Easton, 19: „Their first recipients knew perfectly well who wrote them and not infrequently had been taught by the author in person...".

[7] Für H. Hegermann, Ort, 48 sind die als apostolisch ausgegebenen altkirchlichen Kirchenordnungen ein klarer Beweis dafür, dass „Autorfiktion keineswegs automatisch ein Fälschungsmotiv impliziert". So richtig diese Beobachtung prinzipiell ist, so problematisch ist die Wahl ausgerechnet der Kirchenordnungen als Beleg (vgl. die Bemerkungen von N. Brox, Problemstand, 326). Der Versuch des Nachweises, dass die neutestamentlichen Pseudepigrapha (a.a.O., 48–56) und insbesondere die Pastoralbriefe (a.a.O., 56–61) keine Täuschung der LeserInnen implizieren, ist insgesamt nicht geglückt. Hegermann erklärt die aus den Texten erschließbare, produktionsästhetisch sicher gültige Beobachtung, „daß es sich bei diesen apostolischen Autorfiktionen um ein reflektiertes Autoritätsprinzip handelte" (a.a.O., 55) kurzerhand zur gemeinsamen Überzeugung von AutorInnen und RezipientInnen, obwohl sich in den Texten keinerlei diesbezügliche Signale an die impliziten LeserInnen finden lassen.

[8] A.a.O., 50. Dies gilt zunächst für die Evangelien, nach Hegermann aber haben die Paulusschüler sich „einer Anonymität nach Art der Evangelisten bedient", haben „ihr Wirken unter den Namen des Paulus gestellt wie jene unter Jesu Namen" (a.a.O., 53).

H. Hegermann enthält daher die Autorfiktion der Pastoralbriefe „kein *pseudos*, sondern ist in ihrer Situation eine feierliche Form der Ausübung einer wirklich zugestandenen deuteroapostolischen Autorität."[9] Das Grundproblem dieser Annahme einer offenen Pseudepigraphie im Urchristentum ist, dass weder in den Texten selbst irgendwelche Signale an die impliziten Leser zu finden sind, die ein Bewusstsein für diese postulierte Form der Rede erkennen lassen, noch in den sonstigen Quellen Hinweise für eine solche Einstellung auf Seiten der RezipientInnen begegnen. Vielmehr ist mit N. Brox sehr zu bezweifeln, „daß das Gemeindemilieu der neutestamentlichen Spätschriften, darüber hinaus aber die geistesgeschichtliche Situation der christlichen Frühzeit überhaupt zu dieser theologisch ‚aufgeklärten' Pseudepigraphie disponieren kann."[10] Eine Akzeptanz von Pseudepigraphie findet sich in der Antike überhaupt nur und ganz vereinzelt im Bewusstsein einzelner Ärzte- und Philosophenschulen (z.B. Pythagoreer und Epikuräer), die die Schriften von Schülern unter dem Namen des Meisters rechtfertigen, wobei ich stärker als andere AutorInnen betonen würde, dass dies nach Aussage der Quellen oft bereits eine Reaktion auf die Ergebnisse von echtheitskritischen Untersuchungen zu sein scheint und damit die universell bezeugte Reserviertheit gegenüber der Schriftstellerei unter falschem Namen voraussetzt.[11] Diese äußert sich in den breit dokumentierten Echtheitsdebatten, in denen eine methodisch differenzierte Echtheitskritik angewandt wurde. Sie beweisen ein intensives Bemühen um die Sicherung des geistigen Eigentums eines Verfassers und um die Ausscheidung von fälschlich zugeschriebenen Schriften.[12] Zahlreiche Fälle erfolgreicher Demaskierung von Pseudepigrapha innerhalb und außerhalb des Urchristentums sind bezeugt. Schriften, die erwiesenermaßen einen falschen Verfasseranspruch erhoben, wurden im Urchristentum, soweit die Quellen Aussagen dazu zulassen, immer zurückgewiesen. Das führte in der Praxis zwar dazu, dass die Entscheidungskriterien stark tendenzkritisch dominiert waren, wie z.B. das vielbesprochene Urteil des Bischofs Serapion über das Petrusevangelium zeigt.[13] Doch prinzipiell liegt dem erbitterten Streit über die Fälschung und Gegenfälschung von apostolischen Schriften, der in den innerkirchlichen Auseinandersetzungen seit dem 2. Jh. breit dokumentiert ist,[14] eine so deutliche und

---

[9] A.a.O., 59.

[10] N. Brox, Problemstand, 327, vgl. auch a.a.O., 325f.329..

[11] Vgl. W. Speyer, Fälschung, 34f; N. Brox, Falsche Verfasserangaben, 71–75; A. Standhartinger, Studien, 41–45.

[12] Vgl. W. Speyer, Fälschung, 15–17.88–99.112–128.152–155, für das frühe Christentum: 175–218; N. Brox, Falsche Verfasserangaben, 75–80.

[13] Vgl. Euseb, HistEccl VI,12,3–6 und W. Speyer, Fälschung, 155.201–210; N. Brox, Falsche Verfasserangaben, 77–80; L. R. Donelson, Pseudepigraphy, 17f.

[14] Vgl. W. Speyer, Fälschung, 260–303.

mit der antiken Durchschnittsmoral übereinstimmende Grundentscheidung über die Unzulässigkeit von falschen Verfasserangaben zugrunde, dass man generell skeptisch gegenüber der Wahrscheinlichkeit von offener Pseudepigraphie in den Anfängen der urchristlichen Literaturgeschichte sein sollte, und dies in gesteigertem Maße, je deutlicher die Verfasserfiktion mit der Durchsetzung bestimmter außerliterarischer Intentionen verknüpft ist und ihre Bestreitung das Erreichen dieser Ziele verhindern konnte. Dass die These für die Pastoralbriefe gegenwärtig kaum mehr vertreten wird,[15] liegt sicher daran, dass in ihnen einerseits die der Echtheitssuggestion dienenden literarischen Strategien (wie der Rekurs auf Personaltraditionen, die intensive Ausgestaltung der die persönliche Beziehung zwischen Paulus und seinen Schülern thematisierenden Passagen etc.) gegenüber anderen Pseudepigrapha so gesteigert begegnen und andererseits die kirchenordnenden Anweisungen und die antihäretischen, dogmatischen und ethischen Aussagen so eindeutig der autoritativen Absicherung durch den Apostel bedürfen, dass beides nicht mit einer offenen Fiktion in Einklang zu bringen ist.[16] Insbesondere im Licht der Untersuchungen von N. Brox und L. R. Donelson[17] dürfte es schwierig sein, zu bestreiten, dass die Pastoralbriefe „vom literarischen Unternehmen her eine methodisch angelegte Täuschung, eine bewußte und künstlerisch raffiniert durchgeführte Autoritätsanmaßung darstellen".[18]

Muss man also eine „Pseudepigraphie ohne pseudos" angesichts fehlender Belege, einer erwiesenermaßen gegenläufigen antiken Mentalität und der sorgfältig ausgearbeiteten Fiktion gerade der Pastoralen für unwahrscheinlich halten, weist dies natürlich um so dringlicher auf das Problem hin, wie die auf Irreführung der LeserInnen basierende Pseudepigraphie von ihren Autoren gerechtfertigt wurde und wie sie heute ethisch zu bewerten ist. Die VertreterInnen der Authentizität der Pastoralbriefe, der Fragmenten- oder Sekretärstheorie geben teils unumwunden zu oder lassen durch die Art

---

[15] Eine Ausnahme ist diesbezüglich R. I. Pervo, Stone, 25–47, der den reizvollen, aber nur bedingt tragfähigen Versuch unternimmt, die Pastoralbriefe als Briefroman zu verstehen, dessen Fiktivität den AdressatInnen offenkundig sein müsse. Er blendet bei seiner Analyse gerade die Elemente aus, die erkennbar auf Umsetzung im Gemeindealltag hin ausgerichtet sind (z.B. die kirchenleitenden Anweisungen) und der autoritativen Absicherung durch den apostolischen Verfasser bedürfen.

[16] Vgl. die beiden von W. Speyer, Fälschung, 103–105 als Eckpfeiler der Echtheitskritik herausgestellten Verdachtsmomente: gehäufte Echtheitsbeglaubigungen und erkennbare außerliterarische Absichten.

[17] N. Brox, Notizen, 272–294; L. R. Donelson, Pseudepigraphy, passim, bes. 23–42.54–66.115–202. Vgl. Donelsons zusammenfassendes Urteil a.a.O., 128: „The persuasiveness of his [=the author's] theology depends directly upon the persuasiveness of his pseudepigraphical techniques. ... If the fiction of the letters is not believed by its readers, then the theology of the letters loses its reliable status."

[18] N. Brox, Problemstand, 324.

ihrer Argumentation vermuten, dass für sie der normative Anspruch, den die Pastoralbriefe selbst erheben und der ihnen als kanonisierten ntl. Schriften in den Kirchen zugeschrieben wird, prinzipiell nicht vereinbar ist mit der Annahme einer pseudepigraphen Abfassung. So schreibt etwa E. E. Ellis über die Schriften, die von der Forschung als apostolische Pseudepigrapha verdächtigt werden:

„... they were produced in a community where the apostles' teaching had a unique ,Word of God' authority and where its content and even the identity of true apostles were subject to continuing dispute. In this context they inevitably involved a deceptive imposition of apostolic status on a non-apostolic writing. That they may have been written with good intentions or by ,diciples' is irrelevant. As James Packer has well said, ,Frauds are still fraudulent even when perpetrated from noble motives'. ... In the light of these factors scholars cannot have it both ways. They cannot identify apostolic letters as pseudepigrapha and at the same time declare them to be innocent products with a right place in the canon."[19]

Einerseits halten Stimmen wie diese m.E. mit Recht Fragen nach den Motiven der pseudepigraphen Schriftsteller und dem angemessenen hermeneutischen Umgang mit als Pseudepigraphen erkannten Schriften wach. Andererseits tragen sie wenig zum Erkenntnisfortschritt bei. Denn die rigide Zuspitzung auf die Alternative „Orthonymität oder Entkanonisierung", welche die eigene zeit- und standortgebundene Wahrheitskonzeption absolut setzt, stellt de facto ein Denkverbot auf. Sie behindert damit die unbefangene Wahrnehmung der zahlreichen Hinweise auf die Nichtauthentizität urchristlicher Schriften wie der Pastoralen und blockiert Untersuchungen, die den vielen Facetten des Phänomens der Pseudepigraphie historisch gerecht werden, indem sie beispielsweise nach den antiken Mentalitäten, Wahrheitskonzeptionen etc. fragen, die bei den ProduzentInnen und RezipientInnen von Pseudepigrapha vorauszusetzen sind. Daran aber führt angesichts des verbreiteten Rückgriffs auf apostolische Autorfiktionen im Ur- und Frühchristentum kein Weg vorbei.

Wichtig sind in diesem Zusammenhang vor allem die Überlegungen zur möglichen Rechtfertigung von Pseudepigraphie aufgrund der seit Plato nachgewiesenen philosophischen Reflexionen über die pia fraus, die bei den Kirchenvätern breit aufgenommen werden und besonders als Erklärung für die ethisch problematische Form der Gegenfälschung diskutiert werden. Angesichts der von „den Häretikern" im Namen der Apostel vorgebrachten „Lügen" konnte sich die Gegenfälschung als legitime Maßnahme der „Notwehr" und der die Gläubigen rettenden Lüge empfehlen.[20] Unver-

---

[19] E. E. Ellis, Pseudonymity, 223f. Ähnlich argumentiert z.B. S. E. Porter, Authorship, 105–123.
[20] Vgl. W. Speyer, Fälschung, 94–99; N. Brox, Falsche Verfasserangaben, 81–105; ders., Problemstand, 323f.; L. R. Donelson, Pseudepigraphy, 18–20.

kennbar ist die Standpunktbezogenheit dieses Arguments – die Gegenseite mochte sich subjektiv genauso dazu berechtigt fühlen.

Ein weiterer Versuch, Pseudepigraphie aufgrund einer bestimmten Mentalität zu erklären, ist M. Hengels These von der generellen Ausrichtung an der in der Vergangenheit normativ formulierten religiösen Tradition im palästinischen Judentum, die das Bewusstsein von individueller Autorenschaft, geistigem Eigentum, historischer Wahrheit und Wirklichkeit gegenüber dem griechischen Denken unterentwickelt ließ, so dass alle Weisheitsliteratur Salomo, alle Apokalypsen Autoritäten der Vorzeit zugeschrieben wurden,[21] was im Urchristentum möglicherweise nachgewirkt hat.[22] Allerdings scheint mir gerade für die frühen Pseudopaulinen, die in ganz kurzer Zeit nach dem Tod des Paulus entstanden, dessen Individualität als Autor wahrlich nicht zu übersehen ist, dieser Zugang nur bedingt plausibel. Eher könnte man die schon erwähnten, im hellenistisch-römischen Bereich bezeugten gelegentlichen Äußerungen über die Zulässigkeit der Veröffentlichung von Schülerschriften unter dem Namen eines philosophischen Lehrers als Analogie heranziehen.

Wirkliche Erkenntnisfortschritte in der Pastoralbriefexegese sind beim gegenwärtigen Forschungsstand von den Vertretern der offenen Fiktion und der Authentizität nicht zu erwarten, sondern bei der großen Mehrheit der Forschenden, die davon ausgehen, dass die Pastoralbriefe als orthonyme Paulusbriefe gelesen werden sollen, obwohl sie es nicht sind, und die auf dieser Basis nach den Motiven und Absichten fragen, die hinter der doppelten Pseudonymität der Briefe stehen, und den Zusammenhang von pseudepigraphem Charakter und vermittelter Botschaft untersuchen. Das Spektrum der Antworten ist breit. Trotzdem scheint mir, lassen sich gegenwärtig idealtypisch zwei grundsätzlich verschiedene exegetische Herangehensweisen unterscheiden, die in zwei ganz ähnlich klingenden Buchtiteln programmatisch zum Ausdruck kommen: „Die Paulustradition der Pastoralbriefe" (P. Trummer) und „Die Pastoralbriefe als Paulustradition" (M. Wolter). Der erste Titel benennt, was ich im Folgenden als „Kontinuitätsmodell" bezeichnen möchte (denn es konzentriert sich auf die Kontinuität der literarischen und außerliterarischen paulinischen Tradition, innerhalb derer die Pastoralbriefe zu verorten sind), der zweite Titel kennzeichnet, was „Diskontinuitätsmodell" genannt werden soll (denn es konzentriert sich auf die Kreation einer neuen Paulustradition, wobei die literarische Anbindung an die Paulinen keine nennenswerte Rolle spielt). Es handelt sich um idealtypische Modelle, die in den vorfindlichen Forschungsbeiträgen nie ganz rein begegnen.

---

[21] M. Hengel, Anonymität, 231–329.

[22] Bei N. Brox fungiert „die Bindung an die Traditionen und der entscheidende Wille zur rückwärts orientierten Kontinuität" (Problemstand, 328, vgl. auch Falsche Verfasserangaben, 110–119) als ein wichtiger Erklärungsansatz neben anderen. Ganz von diesem Ansatz her versteht G. D. Meade, Pseudonymity, die urchristliche Pseudepigraphie durchgängig als Ausdruck der Traditionsbindung. Er vereinfacht damit ein komplexes Problem m.E. zu stark. Vgl. die fundierte Kritik bei A. Standhartinger, Studien, 49f.

Denn natürlich sieht jede die Kontinuität zu Paulus betonende Auslegung auch die Diskontinuität (sonst würde sie nicht vom pseudepigraphen Charakter der Briefe ausgehen). Umgekehrt muss jeder die Diskontinuität profilierende Ansatz im Auge behalten, dass die Briefe sich selbst unter die fiktive Verfasserschaft des Paulus stellen, womit die Deutung dieser Kontinuitätsbehauptung unaufgebbar zur Auslegung der Briefe gehört. Ich beginne meine Darstellung mit dem forschungsgeschichtlich neueren Ansatz, der die Diskontinuität zu Paulus ins Zentrum der Aufmerksamkeit stellt, wobei einzelne Interpreten in Anspruch nehmen, den pseudepigraphen Charakter der Briefe erstmalig wirklich ganz ernst zu nehmen.

8.1.1 Die Pastoralbriefe in Diskontinuität zu Paulus

L. R. Donelson hat pointiert die methodische Grundüberzeugung zum Ausdruck gebracht, die mehr oder weniger ausdrücklich vielen der neueren und neuesten Arbeiten zu den Pastoralbriefen zugrunde liegt: Die Konsequenz der Anerkennung der Nicht-Authentizität der Pastoralen muss die Erkenntnis sein,

> „...that continued *attempts to perceive the author as some form of mollified, muffled or transformed Paul are fruitless*, as are those attempts to find our author among the names of other early Christian writers. Neither Paul nor Luke nor Polycarp was the author. The theology of the Pastorals owes its framework to none of those sources, *for the Pastorals proffer a unique and original perception of Christian theology.*"[23]

Nach diesem Grundansatz wird man den Briefen in ihrer theologischen Eigenständigkeit erst dann wirklich gerecht, wenn man das nur als Relikt aus den Zeiten der Echtheitsdiskussionen erklärliche Vergleichen mit den pln Homologoumena bei der Auslegung gänzlich unterlässt. Denn solche Vergleiche müssen – so K. Löning – zwangsläufig dazu führen, dass die Konzeption der Pastoralen an der Messlatte pln Theologie gemessen wird und ihre Abweichungen dann schlimmstenfalls „unter dem Verdacht der Fälschung des echten Paulus und der ‚bürgerlichen' Nivellierung seiner Theologie", bestenfalls als „Paulusrezeption", die „legitime Aktualisierung" betreibe, wahrgenommen werden können.[24] Es gehe nicht an, den sekundären Schritt rezeptionsgeschichtlicher Einordnung der primären Aufgabe jeder Textinterpretation überzuordnen, die in der textimmanenten Erhebung der theologischen Konzeption besteht. Nur wenn man sich darauf konzentriere, hätten die Pastoralbriefe eine Chance, sich „als ein originärer und originel-

---

[23] Pseudepigraphy, 8 (Hervorhebung A.M.).
[24] K. Löning, Gnade 241f.

ler theologischer Entwurf" zu erweisen.[25] Die Fruchtbarkeit des so beschriebenen Grundansatzes steht außer Frage, wie zahlreiche außerordentlich weiterführende Arbeiten der letzten Jahre belegen. Je mehr die Forschung prinzipiell dazu bereit war, damit zu rechnen, dass unter dem pln Pseudonym
ein eigenständiger und kohärenter theologischer Ansatz verborgen sein könnte, desto klarer schälte sich dieser heraus. Arbeiten zur Christologie der Pastoralen übernahmen dabei eine Vorreiterrolle und erweisen sich weiterhin
als wichtig zur Erfassung des theologischen Standorts der Briefe.[26] Die
Amtskonzeption und das Kirchenverständnis sind ihrer Eigenständigkeit
gegenüber Paulus und in ihrer Kohärenz inzwischen gut erforscht.[27] Die Arbeiten von L. R. Donelson, M. Wolter, U. Wagener und vielen anderen haben
deutlich gemacht, dass den Verfasser auch bei der Gegnerbekämpfung und
in den im engeren Sinne theologischen Passagen (soteriologische Traditionen, Hymnen etc.) ein primär ethisch-paränetisches Interesse leitet. Er möchte sein Ideal einer christlichen Existenz in der Welt forcieren, das in der Erfüllung, ja Überbietung der konservativen Normen besteht, wie sie von den
philosophischen Strömungen propagiert wurden, die Einfluss auf die staatstragenden Schichten hatten.[28] Kein Konsens besteht allerdings in der Frage,
wie weit das in den Past zum Ausdruck kommende Ideal ein in der Gemeinde verwurzeltes oder umstrittenes Lebensmodell darstellt. Auch in der Wahl
der Briefgattungen „testamentarische Mahnrede" und „briefliche Instruktion
an untergeordnete Mandatsträger", mit deren Hilfe die Pastoralbriefe ihre
Ziele erreichen wollen, sind sie nach M. Wolters Analyse stärker durch
nicht-christliche Modelle bestimmt als bisher bekannt.[29] Will man die Arbeiten dieser Richtung der Pastoralbriefexegese zusammenfassend charakterisieren, kann man feststellen, dass sie sich erstens auf den inneren Zusammenhang der theologischen Aussagen konzentrieren und damit dominant
intratextuell orientiert sind. Soweit die *intertextuelle* Dimension eine Rolle
spielt, wird zweitens der zeitgenössische religions- und philosophiegeschicht-

---

[25] K. Löning, Gnade 242.

[26] Vgl. L. Oberlinner, Epiphaneia, 192–213; K. Läger, Christologie; H. Stettler, Christologie;
und im Gegenzug dezidiert die Kontinuität zu Paulus betonend: A. Y. Lau, Flesh.

[27] Vgl. v.a. die Monographien von H. v. Lips, Glaube; D. C. Verner, Household; F. Young,
Theology; U. Wagener, Ordnung.

[28] Vgl. bes. L. R. Donelson, Pseudepigraphy, passim, für das ethische Gesamtsystem der Briefe. U. Wagener, Ordnung, bes. 89ff zeigt am Beispiel der Frauenparänesen der Pastoralbriefe überzeugend, dass sie in Form und Inhalt eine große Nähe zu neopythagoreischen Frauenspiegeln
aufweisen. Sie deutet sie daher weniger von einer innerchristlichen Traditionsgeschichte („Haustafeln") her. Statt dessen muss man nach ihr mit einem Neuzugriff des Verfassers der Pastoralbriefe
auf ein in der Umwelt bereitliegendes sehr konservatives Modell rechnen.

[29] M. Wolter, Paulustradition, 131–241. Wolters formgeschichtliche Neubestimmung der Gattung von 1 Tim / Tit ist bereits im Zusammenhang mit dem Brief des Ignatius an Polykarp gewürdigt
worden (s.o. S. 180ff).

liche Kontext herangezogen, um den Ansatz des Verfassers theologisch und religionssoziologisch zu verorten. Was drittens das Verhältnis zur paulinischen Tradition betrifft, so werden weder die literarischen Bezüge zu den anderen Paulusbriefen ins Zentrum gerückt, noch die vorfindlichen Konzeptionen als Ergebnis einer kontinuierlichen traditionsgeschichtlichen Weiterentwicklung pln Theologie gedeutet. Vielmehr wird die Funktion der Pseudepigraphie betont, die faktisch bestehende Diskrepanz zwischen dem Ansatz des Verfassers der Pastoralbriefe und der pln Theologie zu überbrücken. Die pseudepigraphische Fiktion des von Paulus dem Timotheus anvertrauten pln Vermächtnisses wird primär als literarisches Mittel der tendenziösen Neuschreibung der Geschichte zwecks Durchsetzung der Überzeugungen des Verfassers angesichts der Herausforderung durch konkurrierende Lehren verstanden. Da dogmatische Auseinandersetzungen zwischen Orthodoxie und (vermeintlicher) Heterodoxie unter Berufung auf normative Größen der Vergangenheit eines der am breitesten belegten Entstehungsmilieus von Pseudepigraphie in der Antike darstellen, ist dies eine prinzipiell denkbare Möglichkeit der geschichtlichen Verortung der pseudepigraphischen Fiktion der Pastoralen. In diesem Sinne bezeichnet etwa H. Balz die Pastoralbriefe in einer Linie mit den Pseudopetrinen, Jak und Jud als „Tendenzfälschungen" im Unterschied zu Kol und Eph, die als „Schultradition" gelten.[30] In der konkreten Entfaltung dieser These unterscheiden sich allerdings die beiden Entwürfe von M. Wolter und L. R. Donelson, die sich diesem Problem ausführlicher widmen, recht deutlich voneinander. M. Wolter rechnet damit, dass die Pastoralbriefe für eine Gemeinde bestimmt sind, die in ihrem Selbstverständnis paulinisch ist, sich bleibend dem pln Evangelium und der Koinonia mit dem Apostel verpflichtet weiß, aber „begonnen hatte, sich in der ‚Welt' einzurichten, und dabei nach sozialer Integration und Konformität mit den Normen ihres gesellschaftlichen Umfelds strebte", wodurch sie „in Diskontinuität zu Paulus wie ihrem ursprünglichen Selbstverständnis als von der Welt abgegrenzter eschatologischer Heilsgemeinschaft und damit in Diskontinuität zu ihrer eigenen Tradition" geraten war.[31] Die dadurch hervorgerufene Identitätskrise wurde durch die der frühgnostischen Bewegung zuzurechnenden Gegner verstärkt, die der Gemeinde mit der Forderung nach radikaler Entweltlichung eine alternative, nach Wolter dezidiert unpaulinische Identität anboten. Der vom Verfasser besonders in Gestalt der ausgearbeiteten pseudepigraphischen Fiktion vermittelte exklusive Anspruch, „die authentische Paulustradition zu repräsentieren" zusammen mit der gleichzeitig „von ihm faktisch vertretenen, von der des historischen Paulus cha-

---

[30] H. R. Balz, Anonymität, 431.
[31] M. Wolter, Paulustradition, 256.

rakteristisch abweichenden Position" ermöglicht es der Gemeinde, das „Identitätsvakuum" zu überwinden, „das die Gegner ... mit ihrem neuen Identitätsangebot nur zu leicht" hätten füllen können.[32] Der Abfassungszweck der pseudepigraphischen Pastoralbriefe besteht darin, es „der Gemeinde zu ermöglichen, auch in ihrer gegenwärtigen Verfaßtheit ihre paulinische Identität bewahrt zu sehen."[33]

Nach Donelson dagegen ist das Bewusstsein, in verpflichtender Kontinuität mit Paulus zu stehen, wahrscheinlich eher auf Seiten der von den Pastoralbriefen bekämpften GegnerInnen zu sehen, wenngleich er dieser Annahme kein entscheidendes Gewicht zumisst.[34] Das theologisch-ethische System[35] der Briefe jedenfalls ist im Unterschied zu Wolters Annahme nicht Niederschlag der bereits erfolgten Anpassung der Gemeinde an die Normen ihrer Umwelt, sondern vielmehr der Versuch, einen an gesellschaftlich anerkannten Hierarchien und Tugenden ausgerichteten Lebensstil gegen den konkurrierenden und sogar als übermächtig erlebten Entwurf der theologisch spekulativen und stark asketisch ausgerichteten gegnerischen Front durchzusetzen. Diesem Zweck dient nach Donelson der gesamte theologische „Überbau" der Briefe, sowie die als „two cultic controls" fungierenden Konzeptionen von der Ermächtigung durch den bei der Taufe empfangenen, zum tugendhaften Leben befähigenden Geist und von der Vervollkommnung durch die Erziehung, welche die in der gesunden Lehre erprobten, im Zweifel an den Pastoralbriefen selbst zu messenden Gemeindebeamten leisten sollen. Dieses Unternehmen der Etablierung einer kreativen neuen theologisch-ethischen Gesamtkonzeption durch den Verfasser der Pastoralbriefe ist zu seiner erfolgreichen Durchführung angewiesen auf die Akzeptanz der pseudepigraphischen Fiktion in ihrer besonderen Ausgestaltung der brieflichen Übergabe der pln Paratheke an Timotheus und die von ihm wiederum beauftragten „vertrauenswürdigen Männer", die die Lehre der Briefe in der Gegenwart des Verfassers vertreten sollen und an ihr Orthodoxie und Heterodoxie messen können:

„This fiction demonstrates the complete credibility of the doctrines of the letters. ... The παραθήκη comes into existence out of the author's own creativity. He

---

[32] M. Wolter, Paulustradition, 268f.
[33] M. Wolter, Paulustradition, 269.
[34] Vgl. L. R. Donelson, Pseudepigraphy, 116–128, vgl. 124: The Opponents „would have considered themselves good Paulinists" (ähnlich S. 201).
[35] Um von einem System zu sprechen, genügt nach L. R. Donelson, Pseudepigraphy, 4, der Nachweis von „consistency and structure". Sein Buch will zeigen, dass beides in den Pastoralbriefen gegeben ist, er wendet sich damit gegen eine lange Tradition der Auslegung, nach der der Verfasser der Pastoralbriefe traditionsgeschichtlich heterogenes Material wie Amtsspiegel und anderes Material aus einer Kirchenordnung, Haustafeln, hymnische Traditionen etc. zusammengestoppelt habe, ohne kohärente theologische Absichten damit zu verbinden.

picks and chooses from his theological environment; he weaves various ideas into a coherent system, then he thrusts the whole collection back into a fictional past."[36]

Auch die Glaubwürdigkeit der vom Verfasser für die Gegenwart gestärkten hierarchisch gegliederten Gemeindebeamtenschaft

„is built on the elaborate fiction of the entrusted traditions and the fiction of succession; and just as the ethical system crumbles if the fiction is detected so does the structure of this cultic school. ... Therefore, the author is attempting to crown certain teachers, who were being ignored by large portions of the church, with a pedagogical authority which they were not able to accrue on their own through the force of argument. He does this through the opportunities for rewriting history afforded him by the genre of the pseudepigraphical letter."[37]

Die große Stärke der hier unter dem Label „Diskontinuitätsmodell" zusammengefassten Arbeiten liegt darin, das sich auf der intratextuellen Ebene konstituierende theologisch-ethische Eigenprofil der Briefe herausgearbeitet zu haben, sowie wichtige Beiträge zum Einfluss außerchristlicher Traditionen auf die literarische Gestalt und die inhaltlichen Tendenzen der Pastoralbriefe geleistet zu haben. Diese führen die aus der Epoche der Echtheitsdiskussion ererbten Erkenntnisse, die zur Anerkennung der Nicht-Authentizität der Briefe geführt hatten, fort und vertiefen die Einsicht in die faktischen Diskontinuitäten zwischen Paulus und den Pastoralbriefen. Die Pseudepigraphie wird als literarisches Kampfmittel angesehen, das dazu dient, in der theologischen Auseinandersetzung dem eigenen theologischen Neuentwurf einen mit Autorität versehenen Stammvater und eine fiktive Überlieferungsgeschichte zu verschaffen, wobei Bild und Rolle des Paulus (und seiner Mitarbeiter) souverän neu gestaltet werden. Hinter alle diese Einsichten kann m.E. die Forschung nicht mehr zurück. Kritisch ist aber gegen diesen Grundansatz die Vernachlässigung der traditionsgeschichtlichen Kontinuität zu Paulus anzuführen, nicht nur, aber vor allem auch dort, wo sie sich manifestiert durch auf der Textebene greifbare literarische Anknüpfungen. Dieser Vorwurf ist besonders gegen L. R. Donelson zu erheben. Sein zugespitztes Urteil über das Verhältnis des Verfassers der Pastoralbriefe zu Paulus lautet:

The author „appears to be a Paulinist not in theology but only in name; he is defending a man he knows mostly by reputation and legend. He is basically ignorant of Paul's unique version of Christian salvation and thus passes on a handful of catch phrases which sound like Paul but which do not inform the author's thinking in any substantive way."[38]

---

[36] L. R. Donelson, Pseudepigraphy, 164.
[37] L. R. Donelson, Pseudepigraphy, 194.
[38] L. R. Donelson, Pseudepigraphy, 60.

M.E. fällt Donelson in seiner (im Prinzip berechtigten) Abgrenzung gegen apologetische Versuche, die Theologie der Pastoralbriefe als „unter den Bedingungen ihrer Zeit gut paulinisch" zu retten, in das andere Extrem, alles, was in den Briefen noch paulinisch klingt und als Anknüpfung an die pln Biographie und die pln Briefe erkennbar wird, als „catch phrases" ohne inhaltlich Substanz und berechnende literarische Kunstgriffe zur Plausibilisierung der literarischen Fiktion zu deklarieren. Warum aber sollte man nicht damit rechnen, dass der Verfasser der Pastoralbriefe seinem eigenen Selbstverständnis nach genau das ist, was gemäß 2Tim 2,2 ein Enkelschüler des Paulus sein sollte, ein Christ, der sich dem verpflichtet weiß, von dem er gehört hat, dass Paulus es gesagt hat. Donelson hat sicher Recht mit seiner Annahme: Der Verfasser der Pastoralbriefe kombiniert in kreativer Weise Traditionen, die er in seiner Gegenwart vorfindet („He picks and chooses from his theological environment; he weaves various ideas into a coherent system"). Aber woher nimmt Donelson die Sicherheit zu entscheiden, dass dies keine unter dem Namen des Paulus verbreiteten Traditionen sind, wie der Verfasser durch seine Fiktion behauptet? Soweit es die authentischen Paulusbriefe und die aus ihnen entnommenen „catch phrases" betrifft, müssen wir sogar davon ausgehen, dass es sich so verhält. Wenn also Donelson den Verfasser als „Paulinist not in theology but only in name" bezeichnet, dann ist das nur möglich, weil er genau das tut, was er selbst als Ursünde der Pastoralbriefauslegung bezeichnet hatte, weil er die Theologie der Briefe an Paulus misst und als zu leicht befindet. Er ignoriert die Möglichkeit, dass sich das Verständnis pln Theologie, Gemeindekonzeption, Ethik etc. in den Jahrzehnten nach dem Tod des Paulus gravierend verändert haben und dass daher die Kontinuitätsbehauptung des Verfasser seinem Selbstverständnis entsprechen könnte.

An das Modell von M. Wolter ist die Frage zu stellen, wie plausibel es ist, dass die nachpln Gemeinde erst Jahrzehnte nach dem Tod des Paulus das Problem der Bewahrung der pln Identität und das entstandene „Identitätsvakuum" erkannt haben sollte[39] und dass der Verfasser der Pastoralbriefe daraufhin die Kirchenordnung und die ethische Grundkonzeption, die sich in seiner Gemeinde durch nicht näher beschriebene und vor allem bezüglich ihrer Legitimationsbasis unklare Umwelteinflüsse herauskristallisiert hatte, nunmehr mit der Geschichtsfiktion von der unversehrt von Paulus über Timotheus an die Gemeindebeamten der Gegenwart überlieferten Paratheke in pln Tradition umwandelt. Sehr viel wahrscheinlicher als die Theorie von einem „Kontinuitätsverlust" und einem „Identitätsvakuum", in das gnostische

---

[39] Dass die von M. Wolter zugrundegelegte historische Situation schwerlich zu seiner Datierung der Pastoralen nach 90 n.Chr. passt, kritisiert auch U. Wagener, Ordnung, 6.

Gegner einzudringen versuchten, und das daher nachträglich gewissermaßen (pseudo-)paulinisch aufgefüllt werden musste, scheint mir die Annahme
zu sein, dass die von Wolter in ihrer Funktion umfassend beschriebene Pa-
ratheke-Konzeption der auf den Begriff gebrachte Niederschlag einer über
einen langen Zeitraum gepflegten und letztlich unerschütterten Überzeugung ist, dass die eigenen christlichen Überzeugungen und Lebensformen
dem pln Evangelium entsprechen (mögen sie sich de facto auch weit davon
entfernt haben).[40] Dann aber darf man sich nicht der Aufgabe entziehen,
nachzuvollziehen, wie die uns faktisch offenbare Diskontinuität zu Paulus
in der theologisch-ethischen Gesamtkonzeption, die die Pastoralbriefe durch
ihre Geschichtsfiktion überbrücken, *gleichzeitig* in der Wahrnehmung ihres
Verfassers eine in kontinuierlicher Paulustradition stehende Darlegung des
pln Vermächtnisses sein kann. Hier ist viel von den im nächsten Abschnitt
zu besprechenden Arbeiten zu lernen, die die Pastoralbriefe als Produkt eines Verfassers verstehen, der in einem kontinuierlichen Traditionsstrom, einem niemals abgerissenen Gespräch über die Bedeutung des pln Erbes für
die Gemeinden seiner SchülerInnen und EnkelschülerInnen steht.

8.1.2 Die Pastoralbriefe in Kontinuität zu Paulus: unangefochtene oder umstrittene Paulustradition?

Die neueren Beiträge zur Pastoralbriefexegese, die ich unter dem Oberbegriff „Kontinuitätsmodell" zusammenfassen möchte, lassen zwei Grundmodelle erkennen. Dass die Herausforderung durch attraktive gegnerische
Identitätsangebote als Katalysator für die Ausarbeitung der Pastoralbriefe
gewirkt hat, dürfte mit der Mehrheit der AuslegerInnen feststehen.[41] Frag-

---

[40] Es wird nicht recht deutlich, ob M. Wolter dieser Aussage letztlich zustimmen würde. Seine
Ausführungen scheinen mir an diesem Punkt nicht ganz konsistent. Einerseits betont er, dass die
Gemeinden, für die Past geschrieben wurden, in ihrem Selbstverständnis eine paulinische Identität
haben, die „bleibende Verwiesenheit" auf Paulus „nur noch" – aber immerhin: noch! – „als Tradition präsent war". Andererseits spricht er von einem „Identitätsvakuum", davon, dass „der Traditi-
ons- und Kontinuitätsverlust der Gemeinde krisenhafte Ausmaße" angenommen hatte, die „Kontinuität der Tradition ... längst zerbrochen" war und dass es ein „Legitimationsdefizit der gegenwärtigen Lebensordnung der Gemeinde" gab. Dieser offenbar gravierende Traditionsabbruch konnte
nur durch die Neuschaffung der Paulustradition in Gestalt der Pastoralbriefe mit ihrer literarischen Fiktion der paulinischen Paratheke überwunden werden (Zitate 268.269). Je nachdem, welches Set von Aussagen man ins Zentrum stellt, erscheint Wolter eher als ein Vertreter des „Diskon-
tinuitätsmodells" (als den ich ihn hier zugeordnet habe) oder als jemand, der der „klassischen" Be-
trachtungsweise der Pastoralbriefe als Aktualisierung des Pauluserbes angesichts häretischer Bedrohung anhängt (so wird er z.B. von K. Löning, Gnade, 242 mit Anm. 4; U. Wagener, Ordnung,
5f zugeordnet).
[41] Eine Außenseiterposition nimmt diesbezüglich B. Fiore, Personal Example, ein, der die GegnerInnen lediglich als literarische Fiktion zur einprägsameren Einschärfung des ethischen Gesamt-
ansatzes mit Hilfe positiver und negativer Beispiele betrachtet, vgl. z.B. a.a.O., 9.25.234 et passim.

lich ist allerdings, ob die GegnerInnen eine Form des Christentums vertraten, für die der Apostel Paulus keine wichtige Rolle spielte, so dass der exklusive Paulinismus und die pseudepigraphische Fiktion der Pastoralbriefe sich mit Wolter als Versuch verstehen lässt, eine spezifische Ausprägung der christlichen Tradition „unter Einschluß ihres Archegeten als verbindlich" zu autorisieren.[42] Die Pastoralbriefe wären dann ein Produkt der Paulusschule oder in Paulustradition stehender Christen, die sich gegen konkurrierende nicht-paulinische Strömungen wenden. Vertreten wird zweitens die These, dass zwischen dem Verfasser der Pastoralbriefe und den GegnerInnen umstritten war, welche christliche Existenz- und Glaubensweise als Paulusnachfolge gelten kann. Während man in diesem Fall von einer *umstrittenen Kontinuität* sprechen muss, gehen die Vertreter der erstgenannten Position davon aus, dass der Verfasser der Pastoralbriefe in einer *unangefochtenen Traditionskontinuität* zu Paulus steht und die Pseudepigraphie als legitimen Ausdruck dieses Schülerverhältnisses begreift. Die wichtigsten Vertreter dieses Verständnisses im deutschen Sprachraum sind N. Brox und P. Trummer, im englischen wären etwa R. F. Collins und D. G. Meade zu nennen.[43] Die verschiedenen Beispiele der pln Pseudepigraphie bekunden eine räumlich und geographisch ausgedehnte „kontinuierliche innerkirchliche P[aulus]-Tradition" im ägäischen Raum als dem ehemaligen paulinischen Missionsbereich. Im Vergleich zu einer inhaltsleeren Berufung auf Paulus, wie sie etwa in der Epistula Apostolorum begegnet, und einer Paulustradition ohne Berücksichtigung der Paulusbriefe, wie sie die Apg bezeugt, erweisen sich die Pastoralbriefe nach P. Trummer

> „als wertvolle Zeugen einer bewußten Tradition und Neuinterpretation des P[aulus] und seiner Briefe. ... Die pseudepigraphen Past wollen nicht die authentischen Briefe durch Fälschungen ersetzen, sondern sind Ausdruck einer Wertschätzung des P[aulus], welche seine Briefe in die nachpln Zeit hinein erhalten und verlängern möchte."[44]

N. Brox fasst seine Sicht folgendermaßen zusammen:

> „Die Pastoralbriefe orientieren die Kirche, für die sie geschrieben sind, an Paulus ..... Alle einzelnen paulinischen Elemente in ihnen wollen darum als diese Rückbindung an den Apostel begriffen werden, die sich ihrer Sache völlig sicher ist, weil sie sich durch den engen Zusammenhang in der kirchlichen Verkündigung garantiert und legitimiert weiß. Die Briefe legen Paulus in die Situation ihrer Zeit der Kirche aus, denn nur so kann das Wort des Apostels für die neue Situation ori-

---

[42] M. Wolter, Paulustradition, 114; der Ansatz wird im Vergleich mit anderen Traditionsstiftern breit entfaltet a.a.O., 95–130.

[43] Vgl. R. F. Collins, Letters, 88–131.242–263. Die anderen Positionen werden im Folgenden näher charakterisiert.

[44] P. Trummer, Paulustradition, 248.

entierend, wegweisend und stützend sein; sie sind als pseudepigraphische Schriften eine *zeitgemäße Form der Paulus-Exegese*, die auf verschiedene Weise durchgeführt wird: Es wird nicht nur paulinisches oder ‚paulinisierendes' Lehrgut verwendet und darin der Anschluß an den Apostel gesucht, sondern in großer Freiheit werden recht disparate Dinge unter dessen Namen zusammengestellt."[45]

Für die vorliegende Arbeit ist vor allem von Interesse, welche Rolle bei dieser Aktualisierung des Apostelwortes die Bezugnahme auf die literarische (und teilweise auch die außerliterarische[46]) Paulustradition spielt, also die im innerpaulinischen Traditionsbereich gepflegte Intertextualität. Hier hat insbesondere P. Trummer den Ansatz von N. Brox vertiefend und wegweisend weitergeführt. Er hat in seiner 1978 erschienenen Arbeit „Die Paulustradition der Pastoralbriefe" und dem 1981 publizierten Aufsatz „Corpus paulinum – Corpus pastorale" die besondere Ausprägung der pseudepigraphen Struktur der Briefe und die Verarbeitung der literarischen Paulustradition durch die Pastoralbriefe untersucht und ist auf beiden Wegen zu demselben Ergebnis gekommen, das in seiner Tragweite m.E. noch längst nicht für die Interpretation der Pastoralbriefe nutzbar gemacht wurde, was vor allem daran liegt, dass die angewandte Methodik an einem entscheidenden Punkt unzulänglich ist. Trummers entscheidende Einsicht lautet, dass die Pastoralbriefe im Unterschied zu den früheren Pseudopaulinen (2Thess; Kol; Eph), die als pseudopaulinische Gemeindebriefe sich jeweils vor allem an *einem* pln *Gemeindebrief* orientieren (1Thess; Phlm; Kol), als Briefe an *Apostelschüler* und als *Briefcorpus* konzipiert sind, das seine eigentliche Bezugsgröße im Corpus Paulinum hat, dessen Umfang allerdings nicht sicher festzulegen ist.[47] Beides, die literarische Bezugnahme auf eine ganze Gruppe von Paulusbriefen und die doppelte Pseudonymität, die zeigt, dass die Pastoralbriefe nicht nur auf Paulus, sondern auch auf seine Schüler bereits zurückblicken und über das Thema der Apostelschülerschaft die Fragen nach der dauerhaften Verwaltung des Pauluserbes reflektieren, erweisen die Pastoralbriefe als der zweiten nachpln Generation zugehörig, als Tritopaulinen.[48] Die Ansicht, dass die Pastoralbriefe sich bereits auf eine Sammlung von Paulusbriefen beziehen, setzt sich zunehmend durch.[49] Als gesi-

---

[45] N. Brox, 68 (Hervorhebung A.M.).

[46] Vgl. zur außerliterarischen Paulustradition vor allem N. Lohfink, Vermittlung, 169–188.

[47] Die Ansicht, dass die Pastoralbriefe als „letter collection" verfasst wurden „through acquaintance with an existing Pauline letter collection" vertrat lange vor P. Trummer (bereits 1941) A. E. Barnett, Paul, 251.

[48] P. Trummer, Paulustradition, 100–105.

[49] Vgl. schon P. N. Harrison, Problem, 8.88 und E. A. Barnett, Paul, 277; in neuerer Zeit sind neben P. Trummer; Corpus Paulinum, 125–135 z.B. zu nennen: H.-M. Schenke / K.-M. Fischer, Einleitung, 225; E. Dassmann, Stachel, 165; W. Stenger, Timotheus, 261; J. Wanke, Paulus, 186; J. Roloff, 39f; U. Schnelle, Einleitung, 346.364; R. Reuter, Synopse II, 11.

chert kann wohl die Kenntnis von Röm, 1/2Kor, Phil, Phlm gelten, über die Deuteropaulinen und die übrigen kleinen Briefe ist m.E. keine abschließende Sicherheit zu gewinnen.[50] Trummer hat außerdem eine Reihe sehr überzeugender Argumente dafür vorgelegt, dass die Pastoralbriefe sich selbst „als Schlußpunkt oder ‚Ausrufezeichen' am Ende eines in einer langen Entwicklung stehenden und durch sie abzuschließenden Corpus Paulinum" verstehen.[51] D. G. Meade hat dies im Anschluss an Trummer folgendermaßen zusammengefasst:

„the author was in effect writing a literary ‚conclusion' for the Pauline ‚canon'. His intent was not necessarily to end the actualization of Pauline tradition, but only its literary expression. From henceforth any further *Vergegenwärtigung* must take place under the supervision of the ‚approved' leadership of the church, Paul's official interpreters."[52]

Meiner Überzeugung nach wird dieser Ansatz dem Selbstverständnis der Pastoralen gerecht. Was aber bedeutet das für die Interpretation der in den Pastoralbriefen zwecks Aktualisierung verarbeiteten Paulustraditionen? Trummer beschreibt sein methodisches Vorgehen in Analogie zur Synoptikerexegese:

„Die Paulustradition der Pastoralbriefe „ist eine schriftliche, durch das Corpus paulinum vermittelte Tradition. ... Die Erkenntnis des literarischen Zusammenhanges zwischen P[aulus] und den Past hat für die Auslegung der Past eine große Be-

---

[50] Diese Gruppe von Briefen, deren Berechtigung im Laufe der weiteren Untersuchung gelegentlich am Einzelfall nachzuweisen sein wird, stellt eine Mittelposition dar zwischen dem sehr kritischen Ergebnis von A. Lindemann, Rezeption, 134–149, der nur Röm und 1Kor als gesichert ansehen möchte (a.a.O., 146), und der optimistischeren Einschätzung von P. Trummer, der mit Kenntnis von Röm, 1/2Kor, Phil, Eph, Phlm rechnet. Zwar ist P. Trummer darin recht zu geben, dass die Past eindeutig eine fortgeschrittene Phase der Pseudepigraphie darstellen und daher „beim Vorliegen sprachlicher Anklänge auch die Wahrscheinlichkeit" wächst, „daß die Paulusrezeption der Past z.T. durch das Medium der deuteropaulinischen Pseudepigraphie hindurchgeht" (Corpus Paulinum, 132). Doch Belege für sichere literarische Bezugnahmen auf Kol oder Eph nennt er nicht (auch seine Ausführungen in Paulustradition, 120–123.181–185 erfordern nur Kenntnis mündlich vermittelter deuteropln Traditionen) und auch ich habe leider keine finden können. Die von Trummer angenommene Kenntnis *nur des Eph* als einzigem dtpln Brief halte ich aus allerdings aus grundsätzlichen Erwägungen für unwahrscheinlich. Die Kenntnis des authentischen Phlm steht – auch für Trummer – außer Frage (zur Begründung s.u. S. 259). Nun dürfte aus Gründen der Echtheitsbeglaubigung Kol sicher im literarischen Zusammenhang mit Phlm, und Eph vermutlich im literarischen Zusammenhang mit Kol (+Phlm) überliefert worden sein, es ergibt sich also entweder eine Kenntnis nur des Phlm oder der Gruppe Phlm + Kol oder der Gruppe Phlm + Kol + Eph. Dieser Überlegung entspricht z.B. die Reihe bekannter Paulusbriefe, die U. Schnelle, Einleitung, 364 gibt: Röm, 1/2Kor, Phil Kol, Phlm. Um Fehlschlüsse zu vermeiden, habe ich auf die Einbeziehung von Kol und Eph als literarischen Vorlagen verzichtet.

[51] P. Trummer, Corpus Paulinum, 133. Vgl. dazu auch u. S. 239ff.

[52] D. G. Meade, Pseudonymity, 138.

deutung. Die Past geben ihre theologische Intention hinsichtlich der P-Tradition oft erst frei, wenn die *redaktionsgeschichtliche Methode* auf sie angewandt wird."[53]

Die Anwendung der redaktionsgeschichtlichen Methode wird zwar erschwert dadurch, dass im Rahmen pseudepigrapher Briefe „offensichtliche Zitate und deutliche Anspielungen schon von vornherein als regelwidrig empfunden werden",[54] aber im Prinzip geht Trummer tatsächlich häufig genau so vor wie bei einem synoptischen Vergleich – er eruiert Unterschiede und Gemeinsamkeiten und sucht nach den Intentionen für die Abweichung von der „Quelle", die in aller Regel in der veränderten Situation gefunden werden.

Beispielsweise wird die Anlehnung an pln Prätexte in der Unterhaltsfrage aufgearbeitet (1Kor 9,7ff in 1Tim 5,18 und 2Tim 2,4ff) und als Ergebnis festgehalten, dass die Past „den einzigartigen pln Unterhaltsverzicht nicht auf der ganzen Breite des kirchlichen Amtes" durchhalten. „Die Ursachen dafür liegen wohl in dem großen personalen Bedarf lokaler Ämter, im Verständnis ihrer freien Erstrebbarkeit gegenüber der schicksalhaften Beauftragung bei P[aulus] und in den zunehmenden Anstrengungen dieser Amtsträger in Richtung auf die Lehre." Als Ergebnis wird festgehalten: „Die versuchte Ausrichtung der Past an P[aulus] ist trotz der einmaligen und unwiederholbaren Situation des P[aulus] gerade in der Frage des Lebensunterhaltes der nachpln Presbyter nicht zu übersehen."[55]

M.E. wird Trummer dem von ihm selbst erarbeiteten literarischen Entstehungsmodell im Grundansatz methodisch nicht gerecht. Die redaktionelle Absicht kann, wenn die Pastoralbriefe die Paulinen nicht ersetzen, sondern abschließend ergänzen wollen, nicht dadurch erhoben werden, dass man sich auf die Veränderungen an der Tradition allein konzentriert.[56] Die LeserInnen sollen ja die Traditionen in ihrem literarischen Ursprungskontext weiterhin im selben Corpus finden wie die auf veränderte Situationen hin bearbeiteten Traditionen. Die redaktionelle Absicht ergibt sich daher erst bei einer verknüpfenden Betrachtung der diachronen Perspektive (Anpassung von Traditionen aufgrund veränderter Situationen) und der literarischen Synchronizität, die sich ergibt durch die unentrinnbare, nach Trummer sogar gewollte Eingliederung der Pseudepigraphen in die Gruppe der als authentisch geltenden Paulusbriefe.

---

[53] P. Trummer, Paulustradition, 107 (Hervorhebung A.M.), vgl. a.a.O., 242f, ders., Corpus Paulinum, 130.141f.

[54] P. Trummer, Corpus Paulinum, 130.

[55] P. Trummer, Paulustradition, 151–157, die Zitate 156f.

[56] Das synoptische Modell, an dem Trummer sich hier orientiert, ist ja bekanntermaßen ein diachronisch ausgerichtetes Modell, das damit rechnet, dass die verarbeiteten Quellen und Traditionen den LeserInnen nicht als eigenständige literarische Größen bekannt waren.

Um auf das bereits erwähnte Beispiel des Unterhaltsrechtes zurückzukommen: ein Ansatz, der Trummers überzeugendem Gesamtmodell gerecht werden wollte, müsste erklären können, warum der Verfasser der Pastoralbriefe, der aufgrund der von Trummer sicher richtig erhobenen gesamtkirchlichen Situation ein Interesse daran hatte, den pln Unterhaltsverzicht nicht für alle Amtsträger verbindlich zu machen, seine Argumentation für die Unterhaltsberechtigung der Amtsträger in so auffälliger Weise an pln Argumentationen anlehnt, die bei Paulus im argumentativen Gesamtzusammenhang gerade gegenläufig eingesetzt werden. Die „redaktionelle" Absicht wird erst dann vollständig entschlüsselt, wenn man in Rechnung stellt, dass sowohl der Verfasser als auch die ersten LeserInnen die Passagen über den Unterhalt der Amtsträger in 1/2Tim im selben Corpus lesen und demselben Verfasser zuschreiben wie die Aussagen von 1Kor 9,7ff. Welche Deutung sich unter dieser Voraussetzung nahe legt, wird u. S. 232–233 diskutiert.

Die von vielen, gerade konservativen ExegetInnen häufig und m.E. zu Recht betonte intensive literarische Anbindung der Pastoralbriefe an die authentischen Paulusbriefe erfordert eine Methodik, die sich über die speziellen Formen der Intertextualität bei vorgespiegelter Verfasseridentität (also bei pseudepigraphen Schriften) Rechenschaft ablegt. Dies gilt um so mehr, wenn mit Trummer davon auszugehen ist, dass die Pastoralbriefe im Zuge einer Neuedition des Corpus Paulinum geschaffen und damit von Anfang an literarisch im Gesamtzusammenhang der Paulinen rezipiert werden sollten. Eine solche Methodik zu skizzieren und an ausgewählten Beispielen zu erproben, ist Ziel dieser Arbeit.

Der Grundansatz einer innerkirchlich kontinuierlich weitergegebenen Paulustradition, in deren zweite Phase die Pastoralbriefe einzuordnen sind, ist nicht nur für seine unzureichende Methodik bezüglich der Auswertung der literarischen Beziehungen zu kritisieren. Problematisch ist – gerade im Vergleich zu den oben besprochenen Arbeiten, die die Überbrückung der faktischen Diskontinuität zu Paulus als Funktion der pseudepigraphischen Fiktionen bestimmt hatten – auch die mit dieser Auslegungsrichtung fest verbundene Tendenz zur unproblematisierten historischen und theologischen *Rechtfertigung* (anstelle einer angemessenen Erklärung) der Pseudepigraphie. Bei einigen Vertretern gerät die Schultraditionsthese in die Nähe einer problematischen Inspirationstheorie.[57] Selbst bei den um die Pastoral-

---

[57] Dies scheint mir etwa bei J. Zmijewski, Pastoralbriefe, 197–219 (vgl. auch ders., Apostolische Paradosis) der Fall zu sein, wenn er etwa schreibt: „Es ist keineswegs so, daß der Verfasser sich lediglich ausdenkt, was der Apostel gesagt *hätte*, *wäre* er noch am Leben. Vielmehr entspricht das, was er sagt und lehrt, *tatsächlich* paulinischer Paradosis." (Pseudepigraphie, 218) Eine Inspirationstheorie für die ntl. Pseudepigraphie hat vor allem K. Aland in mehreren Veröffentlichungen vertreten (vgl. Anonymität, 24–34; Verfasserangaben, 1–10; Noch einmal, 158–176). Auch W. Speyers These von der Existenz einer „echten religiösen Pseudepigraphie", die von der literarischen Fälschung dadurch zu unterscheiden sei, dass die Verfasser unter dem Einfluss des Geistes

briefexegese verdientesten Vertretern wird sie nicht frei von Apologetik und unter Berufung auf das altkirchliche Geschichtsbild vertreten, das von einer klar umrissenen apostolischen Norm am Anfang und einer klaren Unterscheidbarkeit von Orthodoxie und Heterodoxie ausgehen zu können meint. Dies zeigt etwa die folgende Äußerung von N. Brox, die charakteristisch für diese Art der Bewertung ist:

> „*Mit vollem Recht* konnten ein nachapostolischer kirchlicher Lehrer und seine Generation die überragende Autorität des Apostels Paulus in Anspruch nehmen, um in der Kontinuität paulinischer Tradition das jetzt und hier fällige Wort der Verkündigung zur Bewältigung neuer, anstehender Schwierigkeiten, die in dieser Form noch nicht die Schwierigkeiten des Paulus gewesen waren, aus apostolischem Ursprung heraus zu legitimieren."[58]

Dass hier ein Problem liegt und die Schultraditionstheorie die „Unschuld" der pseudepigraphischen Abfassung nicht zu garantieren vermag, zeigt sich spätestens dann, wenn man die Möglichkeit in Erwägung ziehen muss, dass die von den Pastoralbriefen als GegnerInnen des Paulus bekämpften Anderslehrenden sich ihrerseits auf Paulus berufen haben könnten. Davon geht eine große Zahl neuerer Arbeiten zu den Pastoralbriefen aus. Die Wahl der pseudepigraphen Briefgattung erweist sich in dieser Konstellation als Mittel zur Durchsetzung einer theologischen Position, deren Kontinuität zu Paulus gerade umstritten ist. Ich möchte zunächst kurz vier verschiedene Varianten dieser Theorie der umstrittenen Paulusnachfolge als Entstehungskontext der Pastoralbriefe skizzieren.

Forschungsgeschichtlich von großem Einfluss war die These W. Bauers, die Pastoralbriefe seien verfasst worden, um Paulus den sich auf ihn berufenden Gnostikern zu entwinden, indem dem gnostischen Paulusbild ein die orthodoxe Lehre vertretender Paulus gegenübergestellt wurde.[59] Diese Einordnung gehört in die übergreifende Rekonstruktion der theologiegeschichtlichen Entwicklung durch Bauer, nach der Paulus als „Apostel der Häretiker" galt und in der „katholischen" Kirche seinen Einfluss schon fast verloren hatte.[60] Die radikal „frühkatholische" Umgestaltung pln Theologie in den Pastoralbriefen hatte entscheidenden Anteil daran, dass Paulus in der späteren Großkirche wieder „salonfähig" wurde. In Verbindung mit den als Rezeptionsvorgabe wirkenden Pastoralen konnte das Corpus Paulinum in

---

zu schreiben glaubten und damit keine Täuschungsabsicht bestehe, wäre hier zu nennen (vgl. Fälschung, 35ff; Pseudepigraphie, 333–366).

[58] N. Brox, 74 (Hervorhebung A.M.).

[59] W. Bauer, Rechtgläubigkeit, 225–230; als Vorläufer dieser Sicht kann F. C. Baur, Pastoralbriefe, bes. 56f, gelten, der die antignostische und insbesondere antimarkionitische Ausrichtung der Briefe zum Schlüssel ihrer historischen Einordnung erhoben hatte.

[60] W. Bauer, Rechtgläubigkeit, 215ff.

den Kanon aufgenommen werden. Zwei Voraussetzungen, auf denen diese These beruht, können nach gegenwärtigem Forschungsstand als höchst unwahrscheinlich gelten. Erstens erfordert sie eine Spätdatierung, deren Unwahrscheinlichkeit durch die Untersuchungen im ersten Hauptteil erwiesen wurde. Zweitens hat das theologiegeschichtliche Konstrukt, Paulus sei bis zur Mitte des 2. Jh. in der „rechtgläubigen" Kirche vergessen bzw. aus antignostischen / antimarkionitischen Affekt heraus sogar bewusst unterdrückt worden und habe nur in heterodoxen Kreisen Einfluss besessen, einer genauen Überprüfung an den Quellen nicht standgehalten.[61] Schließlich lässt sich an der Argumentation der Pastoralbriefe durchgängig beobachten, dass unter Berufung auf die unbestrittene apostolische Autorität des Paulus die forcierte Lehre durchgesetzt werden soll und gerade nicht unbestritten rechtgläubige Formeln und Ansichten aufgeboten werden, um einen in Verdacht geratenen Autor zu rehabilitieren, was im Übrigen in der antiken Pseudepigraphie und der altchristlichen Literaturgeschichte singulär wäre.[62] Diese starken Vorbehalte gegen Bauers Theorie sollten aber nicht den Blick trüben für ihren bleibenden Verdienst. Was die Rekonstruktion der theologiegeschichtlichen Entwicklung als ganze angeht, steht Bauers „Rechtgläubigkeit und Ketzerei" gerade gegenüber einer dem altkirchlichen Geschichtsbild verpflichtet bleibenden Forschung als sicher weiter differenzierungsbedürftiges, aber grundsätzlich uneinholbares Dokument der Erkenntnis der Komplexität und der Interdependenzen bei der Herausdifferenzierung der verschiedenen theologischen Strömungen. Was die Pastoralbriefauslegung betrifft, hat er den Blick geschärft für die Möglichkeit, in den bekämpften GegnerInnen Paulusanhänger zu sehen. In neuerer Zeit gibt es vor allem drei Grundansätze, die dieser Möglichkeit verpflichtet sind: Die GegnerInnen werden entweder als enkratitische PaulinerInnen verstanden, als dem pln Erbe verpflichtete JudenchristInnen, oder als AnhängerInnen einer judenchristlich-frühgnostischen Bewegung, die sich auf Paulus berief.

Dass sich in den Pastoralbriefen der Kampf um Paulus zwischen der werdenden frühkatholischen Kirche und dem Paulusbild der Legenden enkratischer Gruppen spiegelt, aus denen die Acta Pauli et Theclae hervorgingen, hat 1983 D. R. MacDonald mit seiner Untersuchung „The Legend and the Apostle. The Battle for Paul in Story and Canon" nachzuweisen versucht.[63]

---

[61] Unabhängig voneinander sind A. Lindemann, Rezeption, und D. K. Rensberger, Apostle, in ihren umfassenden Untersuchungen zur Paulusrezeption zu dem Ergebnis gekommen, dass es eine kontinuierliche, teils inhaltliche, teils nur formale Paulusrezeption in allen wichtigen Strömungen des Urchristentums (in der werdenden katholischen Kirche genauso wie in den gnostischen Schulen und bei Markion) gegeben hat, die einzige Ausnahme bildet das gesetzestreue Judenchristentum mit seinem Antipaulinismus.

[62] Vgl. die überzeugende Argumentation gegen W. Bauer durch N. Brox, 69–71.

[63] Vgl. außerdem ders., Virgins, 169–184; Narratives, 55–70.330–337.

Er kann sich dazu darauf berufen, dass das Paulusbild der beiden Schriften bezüglich der Einstellung des Paulus zur Sexual- und Speiseaskese, zum Verhältnis der ChristInnen zum Staat und zur Frage der öffentlichen Lehre von Frauen diametral gegensätzlich ist. Zwei dieser Themen, die Lehre von Frauen und die Staatsloyalität, werden in den Pastoralbriefen im Rahmen der Paränese mit solchem Nachdruck behandelt, dass eine gegensätzliche Haltung bei den Anderslehrenden vermutet werden kann, die Haltung zur Ehe und zur Speiseaskese spielen sowohl in der direkten Gegnerpolemik als auch in der Paränese der Briefe eine wichtige Rolle. Problematisch an MacDonalds These bleibt allerdings die Voraussetzung, dass die in den Paulus- und Theklaakten von Paulus erzählten Legenden zur Zeit der Abfassung der Pastoralbriefe bereits im Umlauf waren, was die Pastoralbriefe durch Rekurs auf Protagonisten dieser Legenden und durch ihre Polemik gegen „Altweibermärchen" anzeigen sollen. Der von MacDonald versuchte Nachweis, die zahlreichen in den Paulus- und Theklaakten und den Pastoralbriefen gemeinsam begegnenden Namen als unabhängige Bezugnahme auf dieselben mündlichen Traditionen zu deuten, kann nach meinen diesbezüglichen Untersuchungen nicht als gelungen gelten.[64] In ihrer literarischen Endgestalt setzen die Paulus- und Theklaakten vielmehr die Pastoralbriefe voraus und bedienen sich des Namensrepertoires besonders des 2Tim, um ihre Paulusgeschichte zu erzählen. Das schließt keinesfalls aus, dass MacDonalds These in revidierter Form Bestand haben könnte: Es kann durchaus eine traditionsgeschichtliche Kontinuität zwischen den sich auf Paulus berufenden asketischen GegnerInnen der Pastoralbriefe und den Trägergruppen der Paulus- und Theklaakten geben. Ich halte es auch für sehr wahrscheinlich, dass eine traditions- und redaktionsgeschichtliche Untersuchung der Paulus- und Theklaakten weitere ältere Paulustraditionen in ihnen zutage fördern würde, die in ähnlicher Weise bearbeitet wurden wie die Personaltraditionen aus dem 2Tim. MacDonald hat m.E. den Nachweis nicht erbringen können, dass die Pastoralbriefe gegen die Pauluslegenden

---

[64] Diese Untersuchungen zum Verhältnis der Paulusbriefe zu den Paulus- und Theklaakten sollen gesondert publiziert werden, sie wurden ihres großen Umfangs wegen nicht in die vorliegende Arbeit aufgenommen. Das Hauptargument gegen die Annahme einer gemeinsam geteilten mündlichen Tradition ist das Folgende: Es lässt sich zeigen, dass die AcPlThe durchgängig eine negative Beziehung zum Frauenbild, der Askeseproblematik und der Staatsloyalität aufweisen, die im 1Tim und Tit vertreten wird. Durchweg positiv nehmen sie auf die Namen des 2Tim Bezug, verbinden diese aber mit den gegen 1Tim/Tit gerichteten Legenden. Das weist auf eine gegenläufige Rezeption zweier literarischer Vorlagen, nicht auf eine originäre Verbindung von Legenden und Namen. So wird man mit der älteren Forschung (vgl. C. Schlau, Acten, 82–85; A. v. Harnack, Chronologie, 498; C. Schmidt, Acta Pauli, 198–217; ders./W. Schubart, Πράξεις Παύλου, 108–112; J. Rohde, Pastoralbriefe, 303–310) davon ausgehen dürfen, dass die Theklaakten die Pastoralbriefe voraussetzen was auch von der Abfassungszeit (Past: um 100; AcThe: ca 160–180) das Naheliegende ist.

der AcPlThe polemisieren, aber dass die Akten mit ihrem asketischen Paulusbild auf einer paulinischen Entwicklungslinie fußen, in die auch die GegnerInnen der Pastoralbriefe einzuordnen sind, ist nach seiner Untersuchung plausibler als zuvor.

K. Berger und W. Thießen halten die Gegner der Pastoralbriefe für JudenchristInnen, die auf der Basis des Aposteldekrets stehen und ihre judenchristliche Identität unter Bezugnahme auf Paulus begründet und weiterentwickelt haben.[65] K. Berger denkt an Menschen in der Tradition der sogenannten „Schwachen" von Korinth und Rom, die in Verbindung mit der jüdischen Gemeinde und jüdischen Traditionen der Schriftauslegung (Genealogien!) bleiben wollen und denen der Verfasser der Pastoralbriefe mit heftiger Polemik und einer erstmals konsequent heidenchristlichen „paulinischen" Theologie antwortet. Dass die von den GegnerInnen vertretene Bewegung sich selbst „Gnosis" genannt habe und in die beginnende gnostische Bewegung einzuordnen sei, wird bestritten.[66] Dies markiert den entscheidenden Unterschied zur zahlenmäßig bedeutendsten Gruppe unter den ForscherInnen, die die Pastoralbriefe in den Kampf um das legitime paulinische Erbe einordnet. Diese sieht in der gegnerischen Lehre „eine paulinisch gefärbte Frühform der Gnosis"[67] mit mehr oder weniger deutlichem judenchristlichen Einschlag. Meist wird sie wegen der ähnlichen präsentischen Eschatologie in unmittelbare Nähe zu den Deuteropaulinen Kol und Eph gerückt, so dass ein Kampf zwischen einem „rechten" und einem „linken" Flü-

---

[65] K. Berger, Pharisäer, 257–261; Theologiegeschichte, 559–561; W. Thießen, Ephesus, 317–338.

[66] K. Berger, Pharisäer, 258f; Theologiegeschichte, 561: die „Antithesen" sind eine Form der Schriftauslegung, wie sie z.B. im Barn erhalten ist, „Gnosis" ist die dabei gewonnene Einsicht.

[67] J. Roloff, Pastoralbriefe, 57. Diesen Ansatz, demzufolge die Pastoralbriefe als *Dokumentation einer Kontroverse innerhalb der Paulusschule um die sachgemäße Interpretation des paulinischen Erbes"* (ebd.) verstanden werden müssen, vertritt Roloff allerdings so klar erstmals im TRE–Artikel von 1996. Im EKK Kommentar zum 1Tim aus dem Jahr 1988 wird er noch nicht konsequent verfolgt. Zwar wird auch dort gelegentlich darauf hingewiesen, dass die Gegner aus dem „Kreis der Paulusschüler selbst" entstammen, dann aber wird sogleich wertend von einer „Abfallbewegung" gesprochen. „„Paulus' und mit ihm die, die seiner Lehre treu geblieben sind, drohen in die Isolation zu geraten" (J. Roloff, 233), wenig später werden die Wortführer dann als solche bezeichnet, „die sich als Vertreter der paulinischen Lehrtradition ausgaben" (a.a.O., 236). Die Gesamtbeurteilung des Verhältnisses der Pastoralbriefe zu Paulus (a.a.O., 376–382) reflektiert durchgängig das Problem der Bewahrung paulinischer Identität angesichts der Herausforderung durch „die gnostische Irrlehre", das Selbstverständnis der GegnerInnen als Paulusschüler und das damit gestellte historische und hermeneutische Problem wird keiner Zeile mehr gewürdigt. Offenkundig muss man J. Roloffs Kommentar zum 1Tim noch dem Ansatz einer unangefochtenen Kontinuität der Paulustradition zurechnen, aus der die GegnerInnen herausfallen, während er sich im TRE–Artikel klar zu der Position einer umstrittenen Kontinuität bekennt (wobei beide Seiten historisch betrachtet gleich legitime Ansprüche erheben können) und sogar damit zu rechnen bereit ist, dass der durch die Pastoralbriefe repräsentierte konservative Flügel der Paulusschule „einer gezielten Gegenreaktion gegen die durch Kol und Eph dokumentierte theologische Entwicklung", die dem Gnostizismus Ansatzpunkte bot, zuzurechnen ist (Pastoralbriefe, 56).

gel der Paulusschule angenommen wird.[68] Manche der Vertreter, die ihren traditionsgeschichtlichen Ergebnissen gemäß hier einzuordnen wären, vermeiden aus bedenkenswerten methodischen Gründen[69] die Bezeichnung „(früh-)gnostisch" und sprechen entweder von „enthusiastischen Paulinern" (U. B. Müller)[70] oder unterlassen eine formelhafte, notwendig simplifizierende religionsgeschichtliche Zuordnung der GegnerInnen überhaupt zugunsten möglichst umfassender traditionsgeschichtlicher Herleitungen der verschiedenen ihnen zugesprochenen Positionen (E. Schlarb).[71]

Wenn auch die präzise Bestimmung der Positionen der GegnerInnen stark umstritten ist, muss der Grundansatz der Verortung der Pastoralbriefe in einem im innerpaulinischen Traditionsbereich ausgetragenen Kampf um das richtige Verständnis des pln Erbes als der derzeit am besten begründete gelten. Er wird der sorgfältig entfalteten doppelten Pseudonymität der Briefe und ihren gezielt platzierten Personaltraditionen am besten gerecht. Legiti-

---

[68] So programmatisch H. Conzelmann, Schule, 85–96; J. M. Robinson, Kerygma, 28ff; A. Lindemann, Aufhebung, 255, will nicht ausschließen, „daß der Autor des 2. Timotheusbriefes bei seinem Widerspruch gegen jene ‚Irrlehre' auch den Epheserbrief im Blick hatte." Vgl. auch ders., Rezeption, 147f; große Nähe konstatiert auch U. B. Müller, Theologiegeschichte, 67–74 (für die Gruppe der Gegner, die er als „enthusiastische Pauliner" bezeichnet); auch J. Roloff hält das neuerdings für möglich, vgl. o. Anm. 67.

[69] Zur methodischen Problematik vgl. U. B. Müller, Theologiegeschichte, 57f.77; E. Schlarb, Lehre, 79ff; W. Thießen, Ephesus, 317–319. Das Problem besteht nach R. M. Wilson, Gnosis, 540, darin, dass gnostisch anmutende „Vorstellungen, Begriffe und Ausdrucksweisen, die wegen ihres Gebrauchs im entwickelten Gnostizismus ... zu Recht als gnostisch bezeichnet werden" können, möglicherweise „im Kontext eines gnostischen Systems gnostisch sein" mögen, aber nicht sicher ist, ob sie „in einem frühen Stadium, z.B. im Neuen Testamente, bereits gnostisch" waren.

[70] U. B. Müller, Theologiegeschichte, 67–74.

[71] Diese Position führt im Ergebnis zu einem Netz von wahrscheinlichen und möglichen traditionsgeschichtlichen Ableitungen für bestimmte Positionen und Verhaltensweisen der GegnerInnen, die als in paulinischer Tradition stehende Lehrer soziologisch zugeordnet werden, ohne irgendein weiteres Label zu erhalten. Das wirkt einerseits unbefriedigend, ist aber möglicherweise die ehrlichste Lösung. Man kann sich dies an der für die Bestimmung der Gegnerposition essenziellen traditionsgeschichtlichen Herleitung von 2Tim 2,18 verdeutlichen. Es besteht in der Forschung große Einigkeit darüber, dass die GegnerInnen mit der Aussage „Die Auferstehung ist schon geschehen" ein in der Erfahrung der Taufe begründetes präsentisches Heilsverständnis explizieren, das kaum von den in Kol und Eph vertretenen Positionen zu unterscheiden ist, und dass die Auseinandersetzung um diese Lehre im pln Kreis bereits hinter Röm 6,3ff steht (umstrittener ist, ob es auch eine Verbindung zwischen den „Auferstehungsleugnern" des 1Kor und 2Tim 2,18 gibt). W. Thießen, Ephesus, 330–334, ordnet das präsentische Taufverständnis der Gegner in den Gesamtzusammenhang einer judenchristlichen Weiterentwicklung des pln Erbes ein (indem er auf jüdisch-hellenistische Missionsliteratur und -terminologie verweist), U. B. Müller, Theologiegeschichte, 67–72, sieht enthusiastische Pauliner korinthischen Zuschnitts am Werk, während J. M. Robinson, Kerygma, 30ff, und in seinem Gefolge viele andere in den Gegnern der Pastoralbriefe bereits „Gnostiker" sehen, deren Auffassungen man an Hand des Rheginusbriefes, anderer Nag Hammadi Schriften und der Exzerpte und Polemiken altkirchlicher Häresiologen illustrieren kann. Vgl. K. Berger, Gegner, 373–400 zu den grundsätzlichen Schwierigkeiten des Erschließens von Gegnern in ntl. Texten.

miert wird mit ihnen nämlich eine ganz bestimmte Gestalt pln Lehre, die laut Fiktion testamentarisch dem Timotheus übergeben wurde und über ihn an die von ihm eingesetzte Gemeindeleitergeneration weitergegeben worden ist. Dem Timotheus als verantwortlichem Empfänger der pln Paratheke werden qua Analogie und Empfehlung weitere Paulusschüler zugeordnet: Titus ist wie Timotheus legitimes Kind des Paulus und empfängt, wie sich durch den Vergleich von 1Tim und Tit leicht feststellen lässt, zu einem guten Teil dieselben gemeindeordnenden Lehren wie dieser.[72] Weitere treue Paulusschüler werden teils ausführlich, teils en passent erwähnt.[73] Neben diesen aber stehen, teilweise in direkter Konfrontation, Ausführungen über ehemalige Paulusanhänger, die Paulus verlassen haben bzw. von seiner Lehre abgefallen sind.[74] Es liegt nahe, anzunehmen, dass dieser Fiktion in der Realität des Verfassers der Pastoralbriefe eine gespaltene Paulusschülerschaft entspricht, zumal es, wie die vorliegenden Arbeiten zeigen, möglich ist, praktisch jeden Zug der gegnerischen Lehren und Verhaltensweisen in einer paulinischen Traditionslinie unterzubringen. Die vorgetragenen Gegenargumente überzeugen nicht. M. Wolter etwa meint, dagegen spräche

> „vor allem der Bezug des traditionsübergreifenden Prioritätstopos auf Paulus als den Traditionsgaranten, der überall dort Verwendung findet, wo die Legitimation personalisierter Traditionslinien *unter Einschluß* ihrer Archegeten intendiert ist, so daß sein Einsatz wenig sinnvoll wäre, wenn auch die Gegner sich auf Paulus beriefen. Darüber hinaus hat der 2. Tim als testamentarisches Sinngefüge sichtbar gemacht, daß es dem Verfasser der Pastoralbriefe um den paulinischen Weg insgesamt geht und nicht unterhalb dieser Ebene um unterschiedliche Entwicklungen innerhalb der paulinischen Tradition. *Es geht um den ganzen Paulus und nicht um die Frage, wer sich zurecht auf den Apostel beruft.*"[75]

Dem ist entgegenzuhalten: Es ist natürlich das Selbstverständnis beider Seiten, „den ganzen Paulus" legitim zu vertreten, und eben deshalb geht es dem Verfasser der Pastoralbriefe darum, darzustellen, dass er sich zurecht auf den Apostel beruft und die Gegenseite nicht! Gegen Wolters Behauptung, es sei „wenig sinnvoll", sich auf den Traditionsgaranten Paulus zu berufen, wenn die pln Tradition selbst umstritten gewesen sei, steht unübersehbar der klare literarische Befund, dass gerade die paulinische Pseudepigraphie von Anfang an genau dies Verfahren praktizierte. Schon der 2Thess muss nach Ausweis von 2Thess 2,2 als Versuch gelten, bestimmte, von Anhängern einer Nächsteschatologie dem Paulus zugeschriebene Äußerungen zu bestreiten, fraglich ist nur, ob die Stelle gegen den authentischen 1Thess

---

[72] Zu Timotheus und Titus vgl. W. Stenger, Timotheus, 252–267.

[73] 2Tim 1,16–18; 4,10b–13.19–21; Tit 3,12f.

[74] 1Tim 1,18–19/20; 2Tim 1,15/16–18; 2Tim 2,1–15/16–21; 2Tim 4,9a/9b–12.

[75] M. Wolter, Paulustradition, 265 (Hervorhebung im letzten Satz A.M.).

oder ein anderes pln Pseudepigraphon polemisiert.[76] Im 2. Jh. wird Paulus durchgängig von den Gnostikern und von Markion als Traditionsgarant in Anspruch genommen, woraufhin großkirchliche Kreise eine Gegenfälschung produzieren, den sogenannten 3. Korintherbrief, der aus einer Anfrage der Korinther bezüglich gnostischer Grundaussagen und einer antignostischen Antwort des Paulus besteht.[77] Selbst in Kol und Eph ist der Aspekt der Bestreitung bestimmter, unter Berufung auf Paulus vorgetragener GegnerInnenpositionen m.E. vorhanden, wenn auch deutlich schwächer ausgeprägt.[78]

Es gibt m.E. keine schlagkräftigen Argumente gegen die Annahme, dass die Pastoralbriefe als Dokument eines Kampfes um das Pauluserbe zu verstehen sind, allerdings muss zugestanden werden, dass es im positiven Nachweis gewisse Unsicherheiten und Lücken gibt. Diese resultieren zum einen aus der Angewiesenheit auf die polemischen, undifferenzierten und vermutlich auch unvollständigen Aussagen der Pastoralbriefe über die GegnerInnen und ihre Lehre und aus dem Mangel an ergänzenden zeitgenössischen Quellen, die das Bild vervollständigen könnten. So kommt es zu dem beschriebenen Befund konkurrierender traditionsgeschichtlicher Ableitungen, die die Gegnerpositionen alle im paulinischen Traditionsbereich verorten, aber miteinander nur z.T. zu harmonisieren sind. Hier ist leider aufgrund der Quellenlage keine grundsätzliche Verbesserung zu erwarten. Es gibt aber eine Plausibilitätslücke, die durch einen umfassenderen methodischen Zugang geschlossen werden könnte. Wie bereits erwähnt, ist charakteristisch für diese Betrachtung der Pastoralbriefe als Dokument der umstrittenen Kontinuität paulinischer Tradition ein Vorherrschen der traditionsgeschichtlichen Methode, mit der man versucht, die Gegnerpositionen als im innerpaulinischen Traditionsbereich nachvollziehbare Entwicklung zu verstehen. Dies geht tendenziell zu Lasten der Berücksichtigung der direkten literarischen Beziehungen zwischen den Pastoralbriefen und den von ihnen rezipierten Paulinen, obwohl auch diese Rückschlüsse auf die Positionen der GegnerInnen zulassen könnten. Denn wenn die Pastoralbriefe eine Stel-

---

[76] Vgl. M. Rist, Pseudepigraphy, 82f; N. Brox, Problemstand, 322, Anm. 26; A. Lindemann, Abfassungszweck, 35–47.

[77] Zu 3Kor als Gegenfälschung vgl. W. Speyer, Fälschung, 279f; L. R. Donelson, Pseudepigraphy, 43–45.

[78] Ich habe in A. Merz, Bride, 131–147, zu zeigen versucht, dass die Eheparänese des Eph (5,21–33) einer Berufung auf die pln Aussagen zur Höherwertigkeit der Ehelosigkeit in individuellen und ekklesiologischen Argumentationszusammenhängen (1Kor 7; 2Kor 11,2f) durch sexualasketisch lebende PaulusanhängerInnen entgegentritt, indem sie die Ehe als normative Lebensform und Abbild der urbildlichen Beziehung zwischen Christus und der Ekklesia beschreibt. Für den Kolosserbrief kann man m.E. nachweisen, dass die Aufnahme der Haustafel dem polemischen Zweck dient, PaulusanhängerInnen mit ekklesiologisch egalitärem Grundansatz eine Berufung auf den Philemonbrief mit dem Ziel weitgehender Aufhebung der Unterschiede zwischen SklavInnen und Freien in der Gemeinde unmöglich zu machen.

lungnahme in innerpaulinischen Streitfragen sind, sollte man damit rechnen, dass in den im direkten literarischen Anschluss an Paulus verhandelten Sachfragen durch die Art der Profilierung möglicherweise gegenläufige Interpretationen der zugrundegelegten paulinischen Texte ausgeschlossen werden sollen. Dies gilt um so mehr, wenn die Pastoralbriefe tatsächlich als abschließender Bestandteil eines Corpus Paulinum konzipiert worden sind (s.o. S. 210ff). Die Intertextualitätstheorie stellt das methodische Rüstzeug bereit, um diese komplexen Interrelationen im innerpaulinischen Richtungsstreit besser als bisher untersuchen zu können. Bevor dies im nächsten Abschnitt gezeigt wird, sind noch einige Bemerkungen zur Rolle der Pseudepigraphie in diesem dritten Grundmodell der Verortung der Pastoralbriefe in der Paulustradition vonnöten. Es betrachtet die Pseudepigraphie als Mittel zur Durchsetzung der Paulustradition einer Seite gegen eine oder mehrere konkurrierende paulinische Strömung(en) und stellt damit eine gewisse Synthese zwischen den ersten beiden Modellen her. Die Pastoralbriefe verstehen sich selbst als legitimes Produkt einer Schultradition, sind ihrer Funktion nach aber Tendenzfälschungen mit faktisch großem Abstand zu Paulus, die einer konkurrierenden Paulustradition die Legitimität entziehen wollen. In ethischer Perspektive ist dies unter den genannten drei vielleicht die heikelste Form der Verwendung von Pseudepigraphie. Kann die Schultraditionsthese die mit der Autorfiktion einhergehende *Täuschung* der realen AdressatInnen noch als im Grunde unerheblich herunterspielen, insofern sie Einigkeit bezüglich der dem vorgeblichen Verfasser legitimerweise zuzuschreibenden Traditionen annimmt,[79] ist dies unter der Voraussetzung einer Debatte um die rechtmäßig auf Paulus zurückzuführende Lehre nicht mehr möglich. Schließt man sich der m.E. bestens begründeten These an, dass die GegnerInnen der Pastoralbriefe mit ihrer präsentischen Eschatologie sachlich der in Kol/Eph vertretenen Position nahe stehen oder dass diese Position womöglich mit 2Tim 2,18 direkt angegriffen werden soll, dann ist ein Ausschnitt dieser auf beiden Seiten u.a. durch falsche Autorschaftsbehauptung geführten Debatte um die dem Willen des Paulus entsprechende Eschatologie sogar im Kanon selbst dokumentiert. Die mit dieser Ausgangssituation gestellten hermeneutischen Fragen werden m.E. in der exegetischen Forschung nicht mit der nötigen Intensität diskutiert. Sie verschärfen sich

---

[79] Besonders deutlich ist diese Tendenz bei D. G. Meade, Pseudonymity, 122–139, zu erkennen, dem sehr an der zusammenfassenden Formulierung liegt, „*that in the Pastorals, attribution is primarily an assertion of authoritative tradition, not of literary origins.*" (a.a.O., 139). Schon im Rahmen seines eigenen Grundansatzes könnte man zu bedenken geben, dass die Absicherung der autoritative Tradition eben über die Behauptung des literarischen Ursprungs von Paulus geschieht. Ist aber umstritten, was überhaupt als autoritative Tradition gelten kann, verschärft sich die Problematik erheblich.

nochmals, wenn das Problem der Pseudepigraphie als Ausdruck der umstrittenen Kontinuität zu Paulus im Horizont der neueren Intertextualitätsforschung betrachtet wird. Denn diese bringt mit der *„referenztextorientierten Funktion von Intertextualität"*, also der durch intertextuelle Bezugnahmen hervorgerufenen Sinnverschiebungen am Referenztext, eine gänzlich neue Dimension der intendierten Wirkungen von Pseudepigraphie ins Spiel.

8.2 Paulinische Pseudepigraphie als konstitutiv intertextuell strukturiertes literarisches Verfahren

Die folgende Untersuchung der Pastoralbriefe unter dem Gesichtspunkt der besonderen intertextuellen Struktur, die sie als Pseudepigrapha mitbringen, strebt eine Integration der bisherigen Forschungsergebnisse unter einer neuen Fragestellung an. Wesentlich scheint mir die Einsicht in die faktische theologische Eigenständigkeit der Briefe, die ihre behauptete Paulusnähe ganz wesentlich durch die fiktive Anbindung erschafft, die koexistiert mit einem Selbstverständnis, die einzig legitime Verwaltung und Fortschreibung des Pauluserbes darzustellen, und der Tatsache, dass sie tatsächlich in einer Auseinandersetzung mit konkurrierenden PaulusschülerInnen stehen. Diese Ergebnisse sind zu integrieren in eine Methodik der Analyse, die der Grundeinsicht gerecht wird, dass die Pastoralbriefe als pseudepigraphe Paulusbriefe eine Textsorte darstellen, die eine ganz besondere *intertextuelle Präsuppositionsstruktur* aufweist: eine konstitutive, jede ihrer Aussagen prägende intertextuelle Verwiesenheit auf die orthonymen Paulusbriefe.

Es gibt eine ganze Reihe von im engeren Sinne intertextuell konstituierten Textarten und -sorten, die prinzipiell auf bestimmte Prätexte oder ein spezielles Prätextcorpus bezogen sind. Dazu zählen alle Formen auslegender Literatur und alle Texte, die sich selbst als Fortsetzungen anderer Texte zu erkennen geben, ferner Parodien, Pastiches, Centos, Plagiate und literarische Fälschungen. Die Art der Bezogenheit auf die Prätexte ist jedoch jeweils eine ganz spezifische und muss in ihren Charakteristika gesondert untersucht werden. Für pseudepigraphe Briefe ist wie für literarische Fälschungen überhaupt grundlegend, dass das literarische Œuvre bzw. das Set von Traditionen, das mit dem Namen des vorgeblichen Verfassers verbunden ist, zur intertextuellen Präsuppositionsstruktur gehört, ohne deren Kenntnis ein textadäquates Verständnis nicht möglich ist. Ich beschränke mich im Folgenden auf die Beschreibung der intertextuellen Struktur der Pastoralbriefe als einem Paradigma für konsequente Pseudepigraphie im paulinischen Traditionsbereich, inwieweit die Ergebnisse Schlüsse auf andere Pseudopaulinen bzw. andere pseudepigraphe Briefe zulassen, kann nur gelegentlich in die Überlegungen miteinbezogen werden.

Obwohl die Pastoralbriefe vorgeben, Homologoumena zu sein, die in einer spezifischen historischen Situation verortet sind und aus sich selbst heraus auch in die Zukunft der Kirche sprechen, handelt es sich doch bei ihnen um eine *abgeleitete* Form der Literatur.[80] Ihre Existenz wie ihre Rezeption verdanken sie allein dem Faktum, dass es zuvor authentische Paulusbriefe gab, die in den urchristlichen Gemeinden als Ersatz für die persönliche Anwesenheit des Apostels, als Medium der Lehre und Gemeindeleitung fungierten, zu seinen Lebzeiten und darüber hinaus.[81] Das ist zwar in der Forschung prinzipiell anerkannt, doch werden die sich daraus notwendig ergebenden Schlussfolgerungen für die dem Genre des pseudepigraphen Briefs inhärenten Produktions- und Rezeptionsbedingungen in aller Regel nicht gezogen. Die Pastoralbriefe setzen darüber hinaus, wie P. Trummer gezeigt hat, wahrscheinlich nicht nur die Existenz von Paulusbriefen, sondern sogar ein in seinem genauen Umfang umstrittenes Corpus Paulinum als Bezugsgröße voraus. Wenn aber die Pastoralbriefe Texte sind, bei denen der intertextuelle Bezug auf ein Prätextcorpus ein konstitutives Element ihrer Produktion und Rezeption darstellt, wenn sie also als notwendig intertextuell zu rezipierende Briefe konzipiert sind, hat das wesentliche Auswirkungen auf den von den Briefen selbst gesetzten Interpretationshorizont. Sie gewinnen die Möglichkeit, zu überzeugen und zu wirken grundsätzlich nur im literarischen Gesamtzusammenhang des zu ihrer Zeit vorliegenden und den LeserInnen bekannten Corpus paulinischer Briefe und mündlicher Paulustraditionen. Dies weiß der reale Verfasser (wie bewusst oder unbewusst, mag dahingestellt bleiben) und es geht notwendig in seine literarische Gestaltung des (fiktiven) Verfassers und seiner Botschaft an die (fiktiven) Adressaten ein, es bestimmt die Konzeption vom impliziten Autor und von den intendierten LeserInnen der Briefe.

Der Briefschreiber gibt vor, Paulus (bekannt als Autor vieler Briefe) zu sein und die (intendierten und realen) AdressatInnen sollen das auch als zutreffend akzeptieren. Das Konstrukt des impliziten Autors ergibt sich aus der Summe dessen, was der (fiktive) Verfasser der Pastoralbriefe schreibt und darin über sich selbst kundtut, und all den Informationen über Paulus, die aus den authentischen Paulusbriefen und der Paulustradition unwillkürlich aufgerufen werden und zum Verstehen grundlegend sind, sowie den durch gezielte Verweise auf pln Prätexte aufgerufenen Aussagen von oder über Paulus.

---

[80] Vgl. die ausgesprochen zutreffende Bezeichnung, die G. Genette allen hoch intertextuellen Formen der Literatur gegeben hat: „La littérature au second degré" (so der Untertitel seines Werkes „Palimpsestes").
[81] Vgl. R. W. Funk, Parousia, 249–268; W. Stenger, Timotheus, 255–267; F. Schnider / W. Stenger, Studien, 92–107; G. Lohfink, Paulinische Theologie, 114–118.

Das Verhältnis von fiktiven Adressaten und den intendierten LeserInnen[82] in den Pastoralbriefen ist komplex. Es gibt nämlich in allen drei Pastoralbriefen gewissermaßen einen fiktiven Hauptadressaten und fiktive Nebenadressaten. Für 1 Tim / Tit hat M. Wolter nachgewiesen, dass die Gattung der „brieflichen Instruktion an weisungsbefugte Mandatsträger" neben ihrem Hauptadressaten auch zur Kundgabe an die dem Mandatsträger unterstellten Menschen bestimmt war, teilweise sogar durch Veröffentlichung. Diesem doppelten Adressaten tragen die häufigen Formulierungen von Anweisungen im Imperativ der 3. Person Rechnung, durch die dem Mandatsinhaber in unpersönlicher Weise mitgeteilt wird, was in Bezug auf bestimmte Personen(gruppen) geschehen soll. In 1 Tim / Tit sind die Gemeinden von Ephesus und Kreta als ganze bzw. in Gestalt der Gruppen, für die Anweisungen gegeben werden, fiktive Nebenadressaten der Briefe. Dem entspricht m.E. eine primäre und eine sekundäre intendierte Leserschaft: einerseits die Amtsträger, die sich mit Timotheus bzw. Titus identifizieren und die ihnen gegebenen Anweisungen auf sich beziehen sollen, andererseits die GemeindechristInnen in ihren verschiedenen Ständen (Frauen, SklavInnen, Witwen etc.), die zur Kenntnis nehmen sollen, was von ihnen erwartet wird. Etwas anders verhält es sich im 2 Tim. Dieser richtet sich nur an Timotheus, weist diesen allerdings in 2,2 an, das von Paulus Gehörte „treuen Menschen" anzuvertrauen, „die fähig sind, auch andere zu lehren". Hier stehen die fiktiven Nebenadressaten als Nachfolger des Hauptadressaten für die intendierte Leserschaft, die damit ganz vorrangig unter den lehrenden Amtsträgern zu suchen ist. Die Vielzahl der intertextuellen Verweise auf die authentischen Paulinen, die (angefangen mit dem Verfasser- und den Adressatenpseudonymen) aktualisiert werden müssen, um die Briefe angemessen verstehen zu können, erweisen sicher, dass zur intendierten Leserrolle der Pastoralbriefe auf jeden Fall die Kenntnis einiger Paulusbriefe gehört (vgl. weiter zur Allusionskompetenz u. S. 232–233).

Kompliziert wird die unausweichliche Bezugnahme auf das orthonyme Schrifttum dadurch, dass der Verfasser des Pseudepigraphons seine Anknüpfungen und intertextuellen Bezugnahmen so gestalten muss, dass sie nicht als Anlehnungen an fremde Texte oder plumpe Imitationen erkennbar werden. Es gehört zum spezifischen Charakter literarischer Fälschungen, dass ein wesentlicher Teil der für sie konstitutiven intertextuellen Bezugnahmen vom Autor intendiert und ihm bewusst ist, den LeserInnen in seinem eigenlichen Charakter als Bezugnahme auf fremde Texte aber verborgen werden muss, soll die Autorfiktion gewahrt bleiben.

---

[82] Es scheint mir bei den Pastoralbriefen sinnvoll, die *intendierten* LeserInnen zum Gegenstand der Untersuchung zu machen und nicht die *impliziten*. Denn es handelt sich bei den Briefen um Literatur, die ganz eminent auf Wirkung angelegt ist, die bei den realen LeserInnen etwas erreichen möchte. Die literarischen Strategien, die dies ermöglichen sollen, addieren sich zu der Rolle bzw. den Rollen, die der Text den Lesenden vorgibt. Nach der Definition von W. Iser deckt der „intendierte Leser" nur einen Teil des Konstruktes ab, das der überhistorisch konzipierte implizite Leser beschreibt, vgl. W. Iser, Akt, bes. 58ff: Der intendierte Leser ist der Teil der Leserrolle, der historisch und soziologisch in Bezug zu setzen ist zu den realen ErstadressatInnen und damit für eine historisch ausgerichtete Untersuchung vornehmlich relevante. Vgl. E. Wolff, Der intendierte Leser, 141ff.

Betrachten wir nun die verschiedenen Formen der intertextuellen Bezugnahme, die für die Pastoralbriefe als pseudepigraphe Paulusbriefe typisch
sind, im Einzelnen, als da sind: (1.) das aus einem verschleierten onomastischen Verweis bestehende Autorenpseudonym, (2.) die als Systemreferenz
zu charakterisierende Nachahmung der Gattung „paulinischer Brief", (3.)
das Adressatenpseudonym samt weiteren onomastischen Verweisen, sowie
(4.) verschiedene Formen allusiver Intertextualität, darunter vor allem die
fingierte Eigentextreferenz oder fiktive Selbstreferenz.

(1.) Den fundamentalsten intertextuellen Verweis stellt das *Verfasserpseudonym* dar, das sich in den Präskripten literarisch realisiert als fiktive
onomastische Referenz (auf Paulus), die aber nicht als fiktive Referenz
kenntlich gemacht wird und auch nicht als solche durchschaut werden darf,
sollen die Briefe ihre intendierte Wirkung entfalten. Über die besondere
Prägnanz onomastischer Verweise und ihre Fähigkeit, fast unbegrenzt Inhalte an sich zu binden, ist in der Haupteinleitung bereits referiert worden.[83] In
potenzierter Form gelten die Gesetze der Rezeption onomastischer Intertextualität für Autorennamen. Das gesamt literarische Œuvre des Paulus und
unzählige daran geknüpfte Einzelassoziationen werden bei den RezipientInnen unwillkürlich (und damit absolut zuverlässig) aufgerufen, wenn sie die
ersten Worte der Briefe lesen: Παῦλος ἀπόστολος Χριστοῦ Ἰησοῦ
(1/2Tim) bzw. Παῦλος δοῦλος θεοῦ (Tit). Von diesem Moment an begleiten alle Texte, die Paulus geschrieben hat, soweit sie dem jeweiligen Leser
bzw. der jeweiligen Leserin bekannt sind, sowie alle sonstigen Informationen, die über Leben und Werk des Paulus verfügbar sind, als „Hintergrundgemurmel" und als bevorzugter Interpretationshorizont die Lektüre der
Briefe. Über die im Präskript verankerte Verfasserfiktion wird also das gesamte literarische Werk des Paulus als potenzieller Bezugsrahmen der im
weiteren Text folgenden Aussagen aufgerufen. Die anderen Paulusbriefe
und Paulustraditionen geraten in den Rang dessen, was man in der Intertextualitätsdiskussion „Paratexte" genannt hat,[84] ergänzende Informationen des
Autors eines Textes, die von den RezipientInnen als bevorzugte Interpretationshilfen hinzugezogen werden. Hier schlägt sich nieder, was wohl ein
ehernes Interpretationsgesetz jeder literarischen Kultur (ausgenommen die
Postmoderne) ist, dass im Falle unklarer oder unvollständiger Äußerungen
eines Autors dieser als erster und wichtigster Interpret seiner selbst gilt.
Geht man mit P. Trummer davon aus, dass die Pastoralbriefe im Zuge einer
Neuedition des Corpus Paulinum erstellt und eingegliedert wurden, dann
muss man sogar diskutieren, ob man das Verhältnis der in einem literari

---

[83] S. o. S. 23f.
[84] S.o. S. 65. Ich verwende den Begriff hier allerdings ein etwas erweiterter Bedeutung.

schen Gesamtcorpus befindlichen Paulinen und Pseudopaulinen zueinander überhaupt noch als *Para*textualität oder nicht sogar als (fiktive) *Intra*textualität bezeichnen sollte. Durch die behauptete Verfasseridentität und die Eingliederung in einen literarischen Gesamtzusammenhang verschwimmt auf jeden Fall für die RezipientInnen die Grenze zwischen der für das Textverständnis zunächst dominanten intratextuellen Verortung der Aussagen und der intertextuellen bzw. paratextuellen Inbezugsetzung zu Aussagen des vorgeblich selben Autors im weiteren literarischen Kotext. Diese Auflösung der Grenze zwischen intratextueller und intertextueller Dimension unterscheidet die pln Pseudepigraphie als „Form der Paulus-Exegese" von anderen Formen auslegender Bezugnahme auf Paulus, wie sie etwa für Polykarp von Smyrna und Ignatius von Antiochien in dieser Arbeit aufgewiesen wurde.[85]

Die fiktive Absenderangabe in Form der verschleierten onomastischen Referenz auf den Autor „Paulus" erstellt natürlich zunächst nicht mehr als die Interpretations*möglichkeit* der Pseudopaulinen auf dem Hintergrund der Paulinen. Denn bei den LeserInnen ist der Inhalt der mit Paulus verbundenen Schriften und Traditionen selbstverständlich nicht in seiner Gesamtheit präsent und abrufbar. Der Verweis auf den Autor ist zwar nach dem Kriterium der Referenzialität ein absolut eindeutiger, aber wegen der Masse von ihm zugeordneten Prätexten von geringer Selektivität. Über eine gezielte („markierte") Anknüpfung an bestimmte pln Texte aber kann der Verfasser aus dem umfassenden potenziellen Interpretationshorizont einen kleinen Bereich anpeilen, der dann für die Interpretation relevant wird, wie noch genauer zu zeigen sein wird.

Vertrauter und bewusster als die hier ins Zentrum der Überlegungen gerückte literarische Gesetzmäßigkeit, dass ein pseudonymer Brief von seiner intertextuellen Grundstruktur her zwangsläufig auf einer permanenten Inbezugsetzung zu den orthonymen Briefen besteht, ist aus der Rezeptionsgeschichte der umgekehrte Vorgang: Ist ein Pseudepigraphon erst einmal als orthonyme Schrift akzeptiert, gilt bei jeder Rezeption der orthonymen Schriften: Die als Orthonymika akzeptierten Pseudepigrapha wirken als Paratexte und damit als wesentliche Interpretationsfilter bei der Rezeption der authentischen Briefe.[86]

Die Autorfiktion wird natürlich in den Pastoralbriefen nicht allein durch die Absenderangabe intertextuell evoziert und abgesichert. Da die Texte als Selbstäußerungen des Paulus konzipiert sind, tragen ausnahmslos alle Ausführungen zur Ausgestaltung des Bildes vom impliziten Verfasser der Brie-

---

[85] Aus demselben Grunde hinkt der gelegentlich vorgetragene Vergleich zwischen aktualisierender Pauluslegung in den Pseudepigrapha und der Überarbeitung des MkEv durch Mt und Lk, vgl. z.B. R. F. Collins, Letters, 261.
[86] Einige Beispiele dafür lieferte die Untersuchung der Paulusrezeption durch Polykarp und Ignatius im ersten Hauptteil.

fe bei, denn mit jeder Äußerung macht „Paulus" zugleich eine Aussage über sich selbst. Das so entstehende literarische Paulusbild wird vielfältig intertextuell abgestützt. Besonders wichtig sind dabei alle Züge, die eine Anknüpfung an bekannte Fakten aus Leben und Werk des Paulus ermöglichen, seien dies Elemente seiner Biographie (besonders in den sog. Paulusanamnesen[87] und den sonstigen Personaltraditionen), seiner Lehre, seines Stils. Insofern könnten alle weiteren im Folgenden zu besprechenden intertextuellen Beziehungen zu den Paulinen auch hinsichtlich ihres Beitrags zur Ausgestaltung einer glaubhaften Autorfiktion betrachtet werden.

(2.) Besonders wichtig zur Beglaubigung der Verfasserfiktion in den Pastoralbriefen ist die zweite fundamentale intertextuelle Referenz: die *Imitation der Gattung*. Der implizite Verfasser äußert sich im Brief, der literarischen Form, mit der der authentische Paulus seinen dauerhaften Einfluss auf die Gemeinden sicherstellte, sogar – gewollt oder ungewollt – über seinen Tod hinaus. Das Verfassen eines pseudonymen apostolischen Briefes stellt eine *Systemreferenz* dar, wobei Variationen innerhalb der Ausgestaltung der Rahmengattung „Brief" offensichtlich als unproblematisch galten, denn die Pastoralbriefe weichen bekanntlich vom typischen pln Gemeindebrief nicht unerheblich ab. Allerdings lassen sich für viele briefliche Elemente, die in den Pastoralbriefen tragend werden, „Vorläufer" und Anknüpfungspunkte in den authentischen Paulinen finden, so dass die Unvertrautheit bei den RezipientInnen sich in Grenzen gehalten haben dürfte. Beispielsweise enthält der Philipperbrief testamentarische Elemente, die im 2Tim, der ganz als testamentarische Mahnrede in Briefform gestaltet ist, aufgegriffen werden.[88] Für die 1Tim / Tit vorliegende Form der brieflichen Instruktionen an weisungsbefugte Amtsträger gibt es Anknüpfungspunkte in dem an einen Mitarbeiter gerichteten Philemonbrief einerseits und den Passagen, in denen Paulus sein Verhältnis zu seinen engsten Mitarbeitern zur Sprache bringt (z.B. 1Kor 4,17), andererseits.

Etwa vom späten 1. Jh. an ist der apostolische Brief bereits so sehr „als Form Autorität geworden" (F. Vouga), dass selbst Apostel, von denen gar keine orthonymen Briefe bekannt sind, zu pseudepigraphen Verfassern gewählt wurden (vgl. das Corpus catholicum).[89] Dies ist eine letztlich von den Paulusbriefen her erklärliche Entwicklung, bei der eine recht abstrakte Form der Intertextualität eine neue Gattung aus sich heraus setzte. Sofern Pseudepigrapha Autoren zugeschrieben werden, von denen kein orthonymes Schrifttum tradiert wird (1/2Petr, Jak, Jud), gelten für die Rezeption allerdings grundlegend andere Gesetze als im Falle von Pseudepigraphen, die in ein

---

[87] Vgl. P. Trummer, Paulustradition, 116–132; M. Wolter, Paulustradition, 27–64; vgl. auch wichtige Beiträge zum Paulusbild der Pastoralbriefe, etwa R. F. Collins, Image, 147–173; J. Wanke, Paulus, 165–189; M. C. de Boer, Images, 370–373; A. Lindemann, Rezeption, 44–49.

[88] S. o. S. 124–126.

[89] F. Vouga, Brief, 7–58, Zitat: 55.

authentisches Corpus eingegliedert werden (wie beim Corpus Paulinum, den Pseudo-
ignatianen, durch Fälschungen vermehrten Briefsammlungen etwa von Kirchenvätern
wie Cyprian).

(3.) Als dritte fundamentale intertextuelle Referenz, die im Verein mit
Verfasserpseudonym und Gattungsimitation die Grundstruktur der Pastoralbriefe bestimmt, sind die *Adressatenpseudonyme* zu nennen, die qua onomastischer Referenz zwei bekannte Mitarbeiter des Paulus zu Empfängern
der Briefe bestimmen, wiederum ohne dass der Zitatcharakter dieser intertextuellen Verweise deutlich gemacht würde und deutlich werden dürfte. In
enger Verbindung mit den Hauptadressaten Timotheus und Titus begegnen
in den Pastoralbriefen zahlreiche weitere onomastische Referenzen auf Personen (weitere Mitarbeiter, Gegner und GemeindechristInnen) und Orte
(Zentren paulinischer Mission, Reiserouten und -ziele). Die wichtige para-
digmatische Funktion, die insbesondere den Personennamen bei der intratextuellen Sinnkonstitution zukommt, ist durch N. Brox, P. Trummer, W.
Stenger, B. Fiore u.a. klar herausgearbeitet worden.[90] Besonders W. Stenger
hat dabei gezeigt, wie stark „Timotheus und Titus als literarische Gestalten"
unter Rückgriff auf pln Aussagen über sie gestaltet (und damit gewissermaßen intertextuell erschaffen) werden.[91]

Während in der Forschung gegenwärtig häufig die Tendenz besteht, die
Bedeutung der Namen vor allem in ihrer paradigmatischen Funktion zu sehen, muss festgehalten werden, dass ihre intertextuelle Dimension nicht
minder bedeutsam ist. Da Namen in ihrer intertextuellen Verweiskraft hoch-
intensiv sind, konstituieren sie eindeutige onomastische und toponymische
Referenzen auf die entsprechenden Namen in den pln Briefen und der sonstigen Paulustradition. Deren wichtigste Funktion ist mit Sicherheit die historische Absicherung der fiktiven Abfassungssituation, die intertextuelle
Verknüpfung steht im Dienste der Echtheitssuggestion.[92] Ein grundsätzliches Problem der Namensnennung in den Pastoralbriefen liegt im Charakter
onomastischer Referenzen begründet: Namen verweisen zunächst einfach nur
auf sich selbst und nicht zwangsläufig auf eindeutig zu bestimmende literarische Zusammenhänge. Soweit es sich bei den Namen der Pastoralbriefe
um Personen handelt, die aus den authentischen Paulusbriefen bekannt sind,
haben diese für den Verfasser der Pastoralbriefe und die LeserInnen gewis-

---

[90] N. Brox, Notizen, 272–294; P. Trummer, Paulustradition, bes. 132–141; ders., Mantel, 193–
207; F. Schnider/W. Stenger, Studien, 112–119; B. Fiore, Personal Example.

[91] W. Stenger, Timotheus, 252–267. Die wichtigsten Bezugstexte sind 1Kor 4,17; Phil 2,19–24.

[92] Vgl. dazu L. R. Donelson, Pseudepigraphy, 23–42 (Namen und persönliche Details in pseudepigraphen Briefen der griechisch-römischen Welt) und 54–65 (Pastoralbriefe). Interessante Beobachtungen bietet auch der leider nicht in die Druckfassung des Buches aufgenommene Exkurs von
W.-H. Ollrog, Mitarbeiter (Diss. Masch.), 225–231.427–438 zu den persönlichen Notizen in den
Pastoralbriefen.

sermaßen eine doppelte Identität: als literarische Gestalten, als die sie in den Paulusbriefen eine, wenn auch häufig kleine Rolle spielen, und als reale Personen, die zur Zeit der Pastoralbriefe überwiegend bereits verstorben sind. Das Besondere von identifizierenden Namen ist, dass sie wie ein Brennglas alle irgendwie mit der betreffenden Person zusammenhängenden Informationen auf sich ziehen und mit dem Namen zusammen abrufbar halten. Gerade bei den MitarbeiterInnen des Paulus ist nicht auszuschließen, dass über sie einiges an Personaltraditionen mündlich im Umlauf war und die Pastoralbriefe sich darauf beziehen. Bei Informationen zu Personen, die über das in der literarischen Paulustradition festgeschriebene hinausgehen, ist daher die Entscheidung, ob es sich um *echte intertextuelle Verweise* auf literarische / außerliterarische Paulustraditionen oder um *pseudointextuelle Verweise* handelt, im Einzelfall schwer zu treffen. Sofern mit der Namensnennung echte intertextuelle Dialoge intendiert sind, können wir über deren Intention häufig aufgrund fehlender Informationen (sogenannter *intertextueller Erosion*) nur noch Vermutungen anstellen.

Zum Beispiel ist unklar, ob die Notiz in 2Tim 4,10, wo dem aus Phlm 24 / Kol 4,14 bekannten Mitarbeiter des Paulus mit Namen Demas unterstellt wird, er habe Paulus „aus Liebe zu diesem Äon verlassen" und sei „nach Thessalonich gegangen", frei erfunden und damit ein pseudointextueller Verweis mit der paradigmatischen Funktion ist, ein warnendes Beispiel für den Abfall von Paulus aus dem engsten Mitarbeiterkreis zu produzieren.[93] Oder handelt es sich vielleicht doch um eine historisch zuverlässige Nachricht[94] über ein Zerwürfnis zwischen Demas und Paulus oder darauf, dass Demas einem anderen Flügel der Paulusschule zuzuweisen ist als der Verfasser der Pastoralbriefe?[95]

Nochmals verschärft sich dieses Problem bei uns namentlich anderweitig nicht bekannten Personen, die sowohl unter den Gegnern wie unter den Mitarbeitern des Paulus auch in tragender Rolle begegnen, sowie bei den Orten, die in den authentischen Paulusbriefen nicht erwähnt werden. Auch hierbei kann es sich entweder um echte intertextuelle Bezugnahmen auf Paulustraditionen handeln, die den damaligen LeserInnen bekannt sein konnten und deren intertextuelles Assoziationspotenzial uns heute aufgrund intertextueller Erosion verlorengegangen ist, oder um pseudointextuelle Verweise, die allein erfunden wurden, um das fiktive Szenario der Briefe auszugestalten. Im Falle intertextueller Erosion entgeht heutigen RezipientInnen mögli-

---

[93] So z.B. P. Trummer, Paulustradition, 133; L. Oberlinner, XI, 2/2, 169.

[94] So z.B. A. T. Hanson, 157.

[95] So H. Conzelmann, Schule, 88.90 mit Anm. 31. Die Unsicherheit über die Intentionen hinter der Namensnennung betont m.E. mit Recht L. R. Donelson, Pseudepigraphy, 59ff.119ff; vgl. auch 37: „the naming of friends and enemies in the Pastorals might well be done in order to draw careful lines among the author's contemporaries. The author of the Pastorals may be creating his own leadership pantheon in all the personal greetings in his letters."

cherweise ein ehemals unzweifelhafter zusätzlicher Sinn. Pseudointertextuelle Verweise dagegen suggerieren ein de facto niemals vorhanden gewese-
nes Mehr an Informationen und Realität.

So werden wir wahrscheinlich nie mit Sicherheit wissen, ob sich hinter den Informationen der Past über Onesiphorus, der in Ephesus Bedeutendes geleistet hat und sich
vorbildlich gegenüber dem gefangenen Paulus in Rom verhielt (2Tim 1,16–18; 4,19),
irgendeine historische Information steckt oder ob es sich um einen ganz und gar
pseudointertextuellen Verweis handelt.

(4.) Neben onomastischen Referenzen (Autor-, Adressatenpseudonym, sonstige Namensnennung) und der in der Übernahme der Briefgattung sich aus-
drückenden grundlegenden Systemreferenz sind zuletzt noch die verschiedenen *Formen allusiver intertextueller Beziehungen* zu authentischen Paulinen zu besprechen. Diese stehen genau wie die zuvor genannten Formen
intertextueller Verweise unter der für literarische Fälschungen geltenden
einschränkenden Vorgabe, dass der Autor seinen zitierenden / imitierenden
literarischen Zugriff entweder ganz *verbergen* oder auf jeden Fall den Charakter der Referenz, die ja de facto eine Bezugnahme auf einen Text eines
fremden Autors ist, *verschleiern* muss. Im ersten Fall soll die dem Verfasser
bewusste, insofern intendierte „Verarbeitung" der pln Prätexte den RezipientInnen gar nicht bewusst auffallen, sondern ihnen nur – auf der Basis der
für die impliziten LeserInnen vorausgesetzten allgemeinen Vertrautheit mit
den wichtigsten Paulusbriefen – den Eindruck vermitteln, hier schreibe derselbe Autor, etwa durch Stilimitation oder nachahmende Verwendung bestimmter für Paulus typischer Phrasen. In den Pastoralbriefen ist eine bewusste stilistische Anlehnung an Paulus kaum erkennbar; auch werden nur
gelegentlich charakteristisch paulinische Floskeln verwendet, etwa ἀλήθει-
αν λέγω, οὐ ψεύδομαι in 1Tim 2,7 (vgl. Röm 9,1; 2Kor 11,31; 1Thess
1,20). Dies ist besonders im Vergleich zu anderen paulinischen Pseudepigrapha interessant, die ihre Echtheitssuggestion teilweise fast vollständig auf
diese Art der Nachahmung paulinischer Sprache gründen, wie etwa 2Thess,
der sich bekanntlich eng an 1Thess anlehnt, oder der Laodizenerbrief, der
fast ein paulinischer Cento genannt werden kann. Statt Stilimitation und
Neukombination paulinischer Phrasen findet sich in den Pastoralbriefen
(und m.E. auch in 2Thess; Kol; Eph) häufig eine weitaus komplexere Form
der intertextuellen Bezugnahme auf das orthonyme Prätextcorpus, die sich
gleichzeitig zu erkennen gibt und verbirgt. Es handelt sich um thematische
Berührungen, die z.T. wörtliche Anlehnungen im Gefolge haben, was, wie
bereits dargelegt, von zahlreichen Auslegern als Hinweis auf eine regel-
rechte literarische Verarbeitung der Paulusbriefe bewertet wird. Der Verfasser der Pastoralbriefe zieht pln Aussagen „paraphrasierend und interpretierend heran, und zwar *vielfach in einer Weise, welche die Kenntnis der pri-*

mären Paulustexte bei den Lesern vorauszusetzen scheint", bemerkt J. Roloff zutreffend.[96] Bisher hat die Forschung aber nicht die offenkundigen Konsequenzen gezogen, die sich aus dieser Beobachtung unter der vorausgesetzten Pseudonymität der Schriften ergibt. Denn die vom Verfasser vorausgesetzte Kenntnis der alludierten Paulustexte bei den LeserInnen koexistiert mit der Aufrechterhaltung der Verfasserfiktion. Daher handelt sich hier um eine für pseudepigraphe Schriften typische, ganz eigene Form der Intertextualität, die ich *„fiktive Selbstreferenz"* oder *„fiktive Eigentextreferenz"* nennen möchte und deren Bedeutung für die Interpretation von Pseudepigrapha bisher weit unterschätzt wird. Die für die LeserInnen erkennbare („markierte") fiktive Selbstreferenz, die bis zum regelrechten Selbstzitat gehen kann, stellt eine so nur bei literarischen Fälschungen mögliche Sonderform einer intendierten und oft auch markierten Allusion dar. Sie signalisiert den LeserInnen einen Akt der (fiktiven) Selbstauslegung. Anders als die globalen Verweise, die durch die Verfasserfiktion und die systemreferente Übernahme der Briefgattung auf das Corpus Paulinum als Ganzes erstellt werden, eröffnen fingierte Selbstreferenzen auf Einzeltexte einen thematisch begrenzten Dialog zwischen genau abgrenzbaren, vorgeblich vom selben Autor stammenden Äußerungen. Das Pendant zur fiktiven Selbstreferenz in Pseudonymika sind selbstbezügliche Äußerungen, Wiederaufnahmen, Selbstzitate in orthonymen oder anonymen Schriften. Die fiktive Eigentextreferenz eröffnet dem Verfasser eines Pseudepigraphons literarisch alle Möglichkeiten, die ein Autor selbst hat, der sich auf frühere eigene Äußerungen bezieht, also etwa Bekräftigung, Präzisierung, Modifikation, Korrektur bis hin zur Retractatio.[97] Es sind daher vor allem die fingierten Selbstreferenzen, die genauer untersucht werden müssen, um die Rolle der einzelnen paulinischen Pseudepigrapha im Streit um das legitime Erbe des Paulus zu bestimmen.

---

[96] J. Roloff, 39 (Hervorhebung: A.M.).

[97] Das klarste bei Paulus selbst überlieferte Beispiel für eine solche Präzisierung und Teilkorrektur einer eigenen Äußerung in 1Kor 5,9–13 nimmt auf einen leider verlorengegangenen früheren Brief Bezug: „Ich habe euch in dem Brief geschrieben, dass ihr nicht mit Unzüchtigen verkehren sollt. Damit meine ich nicht allgemein die Unzüchtigen dieser Welt .... Vielmehr habe ich geschrieben [soll heißen: hatte ich gemeint]: nichts mit einem zu schaffen zu haben, der sich Bruder nennen lässt und ein Unzüchtiger ist ...". Hier erfolgt die Richtigstellung durch ein explizit markiertes Selbstzitat. Aber auch indirekte Korrekturen sind denkbar. Manche Wiederaufnahmen von Themen aus früheren Briefen des Paulus im Römerbrief (bes. aus Gal und 1Kor) lassen sich möglicherweise als Versuch des Apostels deuten, Missverständnisse auszuschließen und im polemischen Kontext gemachte überzogene Äußerungen zu korrigieren. Eine entsprechende Deutung bietet die Dissertation C. Hartwig, Die korinthische Gemeinde als Nebenadressat des Römerbriefes. Eine Untersuchung zur Wiederaufnahme paulinischer Themen aus dem ersten Korintherbrief im Römerbrief, Diss. Heidelberg 2001. Solche authentischen selbstbezüglichen Äußerungen des Apostels sind ein paulinisches Vorbild für die fiktiven Eigentextreferenzen der Pseudopaulinen.

8.3 Fingierte Selbstreferenzen als der Pseudepigraphie eigene literarische Waffe im Streit um die legitime Auslegung der Paulusbriefe und die Aktualisierung der Paulustradition

Der Prozess der fiktiven Selbstauslegung des (Pseudo-)Paulus durch intertextuelle Bezugnahme auf authentische Paulusbriefe (in Form onomastischer, systemreferenter und besonders eigentextreferenter Verweise) hat aufgrund der zweifachen Grundfunktionen von Intertextualität eine doppelte Zielrichtung, eine text- und eine referenztextorientierte.[98] Unstrittig und bereits recht gut untersucht ist, insbesondere von AuslegerInnen, die die Pastoralbriefe als rückgebundenes Gespräch von Paulusschülern an ihren normativen Ursprung deuten, die *textorientierte Funktion* der pln Referenzen: Der implizite Verfasser („Paulus") sagt unter Bezugnahme auf andere „eigene" Texte etwas partiell Neues und schreibt so die pln Tradition in Anpassung an die Erfordernisse der neuen Zeit fort. Die intertextuellen Verweise können dabei wie dargestellt der Figurencharakterisierung (literarische Ausgestaltung von Verfasser- und Adressatenbild, sowie Charakterisierung ihnen zugeordneter Personen), der Kompositionsstützung (besonders in der Aufnahme pln Brieftopik) und der thematischen Verankerung (z.B. durch Bezugnahme auf charakteristisch pln Theologoumena) dienen.

Viel zu wenig berücksichtigt wird dagegen bisher in der Exegese die *referenztextorientierte Funktion* von pseudepigrapher Intertextualität. Indem der fiktive Verfasser („Paulus") unter Bezugnahme auf „eigene" Texte Neues sagt, verändert er nämlich unvermeidlicherweise den Spielraum der möglichen Bedeutungen des anzitierten, vorgeblich von ihm selbst stammenden Referenztextes, sei es bewusst, sei es unbewusst. Dies soll zunächst am Beispiel der bereits angesprochenen Bezugnahme auf die pln Texte zum apostolischen Unterhaltsrecht in der Frage der Bezahlung der Amtsträger demonstriert werden.

Die paulinische Argumentation in 1Kor 9 ist ganz auf die persönliche Situation des Paulus hin ausgerichtet, der begründet, warum er das Unterhaltsrecht nicht in Anspruch genommen hat, obwohl es ihm als Apostel grundsätzlich zustehen würde. Die ad personam Pauli gemachten Aussagen sind offen für ganz unterschiedliche Schlussfolgerungen auf die Praxis von Amtsträgern in der Nachfolge des Paulus, denn die Argumentation des Paulus lässt es zu, ihn als exemplarische Ausnahme oder als exemplarisches Vorbild zu deuten. Die Pastoralbriefe wollen ihn offensichtlich so verstanden wissen, dass die paulinische Ausnahme die prinzipiell auch in Zukunft gültige Regel nicht tangiert, darum paraphrasieren sie in enger Anlehnung an

---

[98] Über text- und referenztextorientierte Funktionen von Intertextualität vgl. o. S. 57ff.

den Originalwortlaut die von Paulus für das Unterhaltsrecht und gegen seine eigene Praxis angeführten Gemeinderegeln, Schrift- und Gleichnisworte[99] in der Begründung für eine Vergütung der Amtsträger. Damit schließt der implizite Verfasser („Paulus") aber zugleich eine Berufung auf den Unterhaltsverzicht des Paulus als für zukünftige Amtsträger maßgebliches Verhalten aus. Er legt also durch die Behauptung der Verfasseridentität von 1Kor und 1Tim/2Tim den Spielraum der legitimen Deutungen von 1Kor 9 in seinem Sinne fest. Geschah dies unbewusst und ungewollt? Hat der Verfasser diese referenztextorientierte Wirkung seiner Argumentation schlicht übersehen? Wohl kaum. Dagegen spricht, dass im pln Traditionsbereich zwei konträre Bezugnahmen auf Paulus in dieser Frage bezeugt sind: 2Thess 3,8f und Apg 20,30–35. Besonders interessant ist 2Thess 3,8f, weil dort ebenfalls auf 1Kor 9 angespielt wird. Paulus erinnert daran, dass er nie umsonst bei jemandem Brot gegessen, vielmehr Tag und Nacht gearbeitet habe, um niemandem zur Last zu fallen, und begründet dies folgendermaßen: „Nicht dass wir nicht das Recht hätten, sondern wir wollten uns selbst euch zum Vorbild geben, damit ihr uns nachahmen sollt."[100] Apg 20,35 ist besonders pikant deshalb, weil Paulus hier eine Rede vor den Presbytern von Ephesus hält, also genau vor den Personen, denen in 1Tim 5,17f in Form fiktiver Selbstreferenzen auf 1Kor 9 das Unterhaltsrecht zugesprochen wird, während „Paulus" in der Apostelgeschichte seine unermüdliche Handarbeit zur Bestreitung des Lebensunterhalts als exemplarisches Verhalten deutet, das zeigt, „dass man sich so abmühen muss und sich der Schwachen annehmen soll". Unterstützend zu seiner eigenen Meinung führt „Paulus" dann noch – zur Ablösung des traditionell legitimierenden Herrenwortes vom Arbeiter, der seines Lohnes wert ist?[101] – ein apokryphes Jesuswort an: „Geben ist seliger als nehmen". Die Tatsache, dass offensichtlich in der Frage der Bezahlung der Amtsträger gegensätzliche Positionen aus der Argumentation von 1Kor 9 abgeleitet wurden, ist ein starkes Indiz dafür, dass man die gegenläufigen fiktiven Selbstreferenzen der Pseudopaulinen auf diesen Text in 2Thess 3,8f und 1Tim 5,17f; 2Tim 2,2–7 als vermutlich voneinander unabhängige bewusste Versuche der Festschreibung der legitimen Auslegung von 1Kor 9 gegen eine ebenfalls im paulinischen Traditionsbereich vorfindliche Auslegungsvariante bewerten muss.

---

[99] Gemeinderegeln: 1Kor 9,(4.)14/1Tim 5,17.18a; Schriftwort: 1Kor 9,9/1Tim 5,18b; Gleichnisworte: 1Kor 9,7/2Tim 2,3f.6.

[100] Zentrale, die Argumentation tragende Worte aus 1Kor 9, die in 2Thess 3,8ff wiederaufgegriffen werden, sind: ἐξουσία (1Kor 9,4.5.6.12.18/2Thess 3,9), ἐσθίειν (1Kor 9,7.13/2Thess 3,8.10.12), ἐργάζεσθαι (1Kor 9,6.13/2Thess 3,8.10.11.12).

[101] Vgl. Lk 10,7/Mt 10,10; 1Kor 9,4.14; 1Tim 5,18b.

Das Beispiel zeigt: Man kann damit rechnen, dass dem Verfasser eines Pseudepigraphons die referenztextorientierte Funktion von Intertextualität, die durch eine fiktive Selbstreferenz induzierte Sinnverschiebung im Interpretationspotenzial des Prätextes durchaus bewusst war. Natürlich wird man davon ausgehen können, dass die Prätextmodifikation bona fide geschah – pln Texte sollten vor „Fehldeutungen" bewahrt, nicht in der Substanz ihrer Aussage verändert werden. Aber ein Bewusstsein dafür, *dass* fingierte Eigentextreferenzen eine relecture und gegebenenfalls Neuinterpretation der Texte erzwingen, auf die sie anspielen, ist vorauszusetzen. Es ist daher prinzipiell mit der Möglichkeit zu rechnen, dass Verfasser pseudonymer Paulusbriefe versuchen, mit dem Mittel der fiktiven Eigentextreferenz die Bedeutung der alludierten pln Originalaussagen neu zu bestimmen, ohne den Wortlaut des Paulustextes selbst verändern zu müssen. Vor allem zwei historische Konstellationen sind denkbar, unter denen diese Art der fiktiven Selbstmodifikation sich empfiehlt: Eine veränderte historische Situation, in der die pln Aussagen als nicht mehr zeitgemäß empfunden wurde, und die Verunsicherung durch vom eigenen Paulusverständnis abweichende Interpretationen pln Texte / Traditionen, die durch konkurrierende PaulusanhängerInnen vorgetragen wurden. Die Untersuchung der fiktiven Eigentextreferenzen eines Pseudepigraphons bietet damit einen wichtigen Schlüssel zur historischen Verortung der Briefe und kann vor allem einen Zugang zu den frühesten innerpaulinischen Richtungsstreitigkeiten um die Auslegung der pln Briefe und die Fortschreibung der pln Tradition eröffnen. Fingierte Selbstreferenzen sind vor allem dann in diesem Sinne auswertbar, wenn sie in Beziehung gesetzt werden können zu den von den Pastoralbriefen bekämpften GegnerInnen oder anderen in der literarischen Paulustradition vertretenen Positionen. Wenn durch fingierte Eigentextreferenzen ein Verständnis der authentisch paulinischen Stellen ausgeschlossen wird, das bei anderen PaulinerInnen vorauszusetzen ist oder begründet vermutet werden kann, sei es aufgrund der brieflichen Polemik, anderer situationsbezogener Aussagen, anderer Aussagen der literarischen Paulustradition oder traditionsgeschichtlicher Rückschlüsse, dann liegt die Folgerung nahe, dass die fiktive Eigentextreferenz als literarisches Mittel dazu diente, ein bestimmtes Paulusverständnis gegen andere Berufungen auf Paulus durchzusetzen.

Wie aber lassen sich fiktive Selbstreferenzen, die der Verfasser des Pseudepigraphons gezielt einsetzt, um bestimmte Deutungen seines eigenen Textes und / oder des pln Prätextes zu forcieren, von zufällig sich ergebenden intertextuellen Berührungen unterscheiden, die vom Autor nicht bedachte, möglicherweise sogar seinen Absichten zuwiderlaufende Deutungen aus sich heraussetzen könnten? Für den auktorial intendierten Einsatz von fiktiven Selbstreferenzen als Mittel der intertextuellen Sinnkonstitution gelten zum Teil dieselben Regeln wie für „normale" intertextuelle Referenzen (etwa auf atl. Texte), zum Teil aber auch besondere Rezeptionsbedingungen. Vergleichbar sind zunächst die Unsicherheitsfaktoren bei der Deutung: Die realen RezipientInnen können aufgrund individueller Entscheidung Bezüge zu Prätexten zum Ausgangspunkt einer Interpretation erheben, die vom Verfasser niemals intendiert waren. Sie können auch intendierte Bezüge übersehen. Sicherheit ist in vielen Fällen nicht zu erlangen. Andererseits ist davon auszugehen, dass der Verfasser über eine Anzahl von Strategien verfügt und sich ihrer bedient hat, um sicherzustellen, dass ihm wichtige fiktive Selbstreferenzen auch bemerkt und in seinem Sinne gedeutet werden können. Diese lassen sich im Anschluss an die bereits ausführlicher diskutierten Überlegungen zur Allusionskompetenz der impliziten LeserInnen und zur Markierung von Intertextualität, sowie zur Bestimmung der Intensität intertextueller Beziehungen formulieren.[102] Was zunächst die vom Text vorausgesetzte Signalschwelle für Bezugnahmen auf pln Texte angeht, ist sie eher niedrig anzusetzen, denn die Struktur der intendierten Leser der Pastoralbriefe ist so beschaffen, dass die allgemeine Kenntnis pln Briefe zum sinnkonstitutiv notwendigen Vorwissen gehört. Als allgemeine Rezeptionshaltung bei Texten desselben (bzw. vorgeblich selben) Verfassers ist eine verflechtende Lektüre anzunehmen. Dass die Pastoralen darüber hinaus mit einer regelmäßigen Lektüre der pln Briefe bei den realen AdressatInnen rechnen, wird durch verschiedene Stellen nahegelegt: Wahrscheinlich ist bei der Rede vom Nutzen „jeder gottgehauchten Schrift" (2Tim 3,16), die in eine Paränese mündet, „die in feierlicher und theologisch gewichtiger Beschwörung zur Weiterführung der *pln* Verkündigung" auffordert (2Tim 4,1–8), nicht nur an die biblischen Schriften, sondern auch an die paulinischen Briefe gedacht, so dass diese bereits zur Lehrgrundlage der kirchlichen Unterweisung zu zählen sind.[103] Ebenso wird die Ermahnung zu regelmäßiger ἀνάγνωσις (neben παράκλησις und διδασκαλία) in 1Tim 4,13 bereits die regelmäßige Lesung von Paulusbriefen im Gottesdienst einschließen (vgl. schon 1Thess 5,27; Kol 4,16).[104] Schließlich sind die vielfältigen Aufforderungen an die fiktiven Adressaten, das „anvertraute Gut", das „Evangelium" des Paulus zu bewahren, die „gesunde Lehre" zu vertreten, bei dem zu bleiben, was sie von Paulus gelernt / gehört haben etc., zwar primär auf die Pastoralbriefe selber gemünzt. Es ist aber aufgrund der behaupteten Verfasseridentität mit den anderen Paulinen unvermeidlich, dass

---

[102] S. o. S. 60ff.105–113.
[103] P. Trummer, Paulustradition, 108–110 (das Zitat: S. 108); ders., Corpus paulinum, 135f.140. Skeptisch G. Häfner, Schrift, 243f.
[104] So F. Hahn, Gottesdienst, 75; P. Trummer, Corpus Paulinum, 141; J. Roloff, 254; L. Oberlinner, XI, 2/1, 206f.

die RezipientInnen diese Aufforderungen auf alles beziehen müssen, was unter dem Namen des Paulus als Evangelium, Lehre etc. gelten kann. Insofern setzen die Pastoralbriefe mit ihren Aufforderungen zur Bewahrung und Weitergabe der pln Tradition einen fortlaufenden Lektüreprozess auf Seiten der RezipientInnen voraus (bzw. in Gang), der eine hohe Allusionskompetenz bezüglich fiktiver Selbstreferenzen einschließt (bzw. erzeugen soll). Es ist daher durchaus damit zu rechnen, dass auch nur implizit oder gar nicht markierte fiktive Selbstreferenzen Ausdruck eines auktorial intendierten Prätextbezugs sein können, vorausgesetzt, sie sind aufgrund anderer Kriterien als hinreichend intensive intertextuelle Verweise kenntlich. Die Kriterien für die Bewertung der Intensität fiktiver Selbstreferenzen sind im Prinzip dieselben wie für sonstige intertextuelle Beziehungen auch, d.h. die möglichen fiktiven Eigentextreferenzen sind nach dem Ausmaß der Referenzialität, Kommunikativität, Strukturalität, Selektivität und Dialogizität einzustufen.[105] Allerdings erfordern die Spezifika der literarischen Fälschung einige charakteristische Modifikationen. Die Kriterien der *Strukturalität* und *Selektivität* können im wesentlichen unverändert angewendet werden, man muss allerdings einkalkulieren, dass umfangreiche wörtliche Zitate nicht zu erwarten sind. *Autoreflexivität*, d.h. eine Reflexion über die intertextuelle Bedingtheit und Bezogenheit des Textes in diesem selbst, kann es unter der Voraussetzung aufrechterhaltener Pseudonymität nicht geben. *Referenzialität* kann sich nur als fiktive Selbstreferenzialität äußern. Explizite Markierungen, die eine solche anzeigen und eine hohe *Kommunikativität* der fingierten Eigentextreferenz garantieren, werden daher in den Pastoralbriefen nicht (wie sonst häufig) durch klassische Zitationsformeln, sondern durch Ausdrücke und besonders Verben der Erinnerung, des Wissens, der Wiederholung, der Zuverlässigkeit des Bekannten etc. gebildet. Einige Beispiele sollen das kurz demonstrieren.

Ὑπομίμνῃσκε αὐτοὺς ἀρχαῖς ἐξουσίαις ὑποτάσσεσθαι, πειθαρχεῖν, πρὸς πᾶν ἔργον ἀγαθὸν ἑτοίμους εἶναι κτλ. (Tit 3,1): Hier verweist die Aufforderung zur Erinnerung auf entsprechende frühere Äußerungen des vorgeblich selben Verfassers. Dadurch werden die RezipientInnen animiert, an eben solche zu denken, womit die fingierte Selbstreferenz auf Röm 13,1ff als zuverlässig markiert gelten kann.[106] Ähnlich funktioniert

---

[105] Vgl. zu diesen Kriterien o. S. 105–113.

[106] Anders K. Löning, Gnade, 244, der die Behauptung aufstellt: „Metakommunikative Imperative und Aussagen wie Tit 3,1.8 (vgl. 2,1.15) sind nicht als intertextuelle Verweise auf die echten Paulusbriefe zu verstehen, sondern besagen innerhalb der Brieffiktion der Pastoralbriefe, dass diese selbst nicht den Anspruch erheben, die Inhalte, um deren Vermittlung es geht, als solche darzustellen, sondern die Notwendigkeit ihrer Vergegenwärtigung in einem – hier nicht geführten, sondern sinngemäß durch die Pastoralbriefe veranlassten – Verständigungsvorgang innerhalb der Gemeinden einzuschärfen." Man darf m.E. nicht fragen, was die Verweise „innerhalb der Brieffiktion"

2Tim 2,8: Μνημόνευε Ἰησοῦν Χριστὸν ἐγηγερμένον ἐκ νεκρῶν, ἐκ σπέρματος Δαυίδ, κατὰ τὸ εὐαγγέλιόν μου, eine fiktive Selbstreferenz auf Röm 1,3.4.9.16. In 2Tim 2,11 leitet die πιστὸς ὁ λόγος-Formel ein regelrechtes Selbstzitat (aus Röm 6,8) ein: εἰ γὰρ συναπεθάνομεν, καὶ συζήσομεν. In 1Tim 1,8 suggeriert die Einleitungsformel οἴδαμεν δὲ ὅτι paulinischen Sprachduktus,[107] hat daneben aber vor allem die Funktion, eine fiktive Selbstmodifikation von kaum zu unterschätzender Tragweite intertextuell zu markieren, denn mit καλὸς ὁ νόμος ἐάν τις αὐτῷ νομίμως χρῆται κτλ. wird klar auf Röm 7,12.16 angespielt, ein „geradezu antipaulinische[r] Gedanke wird eingeführt mit einem paulinischen Zitat".[108] Eine so deutlich markierte Referenz auf einen pln Text muss in ihrer intertextuellen Funktion als fiktive Selbstreferenz erklärt werden, es genügt nicht, die aktuelle Frontstellung des Verfassers gegen νομοδιδάσκαλοι (1Tim 1,7) anzuführen (so sehr diese selbstverständlich maßgeblich zu berücksichtigen ist) oder von einem schwer erklärlichen „Mißverständnis der paulinischen These von Röm 7,12.16" zu sprechen.[109] Der Verfasser der Pastoralbriefe muss einen Grund gehabt haben, sich in der Formulierung so deutlich an Röm 7,12.16 anzulehnen. Die Frage nach der auktorialen Intention muss angesichts der wichtigen Funktion fiktiver Eigentextreferenzen im Rahmen der Pseudepigraphie m.E. sehr viel deutlicher in den Mittelpunkt der Interpretation gerückt werden als dies bislang meist geschieht.[110]

---

besagen, sondern was sie den intendierten LeserInnen sagen sollen – und diese werden zuverlässig auf literarische Zusammenhänge verwiesen, in denen niedergelegt ist, was Paulus zu einem früheren Zeitpunkt zum betreffenden Thema gesagt hat. Lönings Deutung wäre nur dann angemessen, wenn die intendierten LeserInnen die Fiktion durchschauen sollen, die Pastoralbriefe also eine „offene Pseudepigraphie" betreiben. Dies aber ist sehr unwahrscheinlich, wie oben S. 196ff gezeigt wurde.

[107] Dass es sich um bewusste Stilimitation handelt, meint z.B. J. Roloff, 72, Anm. 92.

[108] A. Lindemann, Rezeption, 145.

[109] So U. Luz, Rechtfertigung, 376.

[110] Ich kann aus Platzgründen hier keine detaillierte Analyse der intertextuellen Beziehung zwischen 1Tim 1,8 und Röm 7,12.16 vorlegen, sondern möchte nur die Richtung andeuten, in die diese führen könnte. Am naheliegendsten scheint mir die Deutung zu sein, dass die bekämpften „Gesetzeslehrer" (1Tim 1,7) sich explizit auf das in Röm 7 niedergelegte Bekenntnis des Paulus zur Heiligkeit und Güte der Thora berufen haben. Da aber ihre Gesetzesdeutung, die mit den Stichworten „Mythen", „Genealogien", „Geschwätz" (1Tim 1,4.6) abqualifiziert wird, zu Ergebnissen führte, die nach Ansicht des Verfassers der Pastoralbriefe mit der „gesunden Lehre" nicht übereinstimmen (vgl. 1Tim 1,3ff.10), wählt er den Weg des modifizierenden Selbstzitates, um Paulus ein Gesetzesverständnis in den Mund zu legen, das ihn von jeder inhaltlichen Auseinandersetzung mit der gegnerischen Thorainterpretation entbindet, indem es die „gesunde Lehre" zum Maßstab des gesetzeskonformen Verhaltens und Lehrens erhebt. Die fiktive Selbstreferenz wäre ihrer Hauptintention nach also *polemisch* zu deuten. Alternativ werden eine *apologetische* und eine *dogmatische* Hauptintention diskutiert: So geht es nach J. Roloff, 72, um eine „Richtigstellung und Bekräftigung der legitimen kirchlichen Lehre vom Gesetz". A. Lindemann, Rezeption, 145f, versteht

Das letzte Beispiel führt zu der vielleicht wichtigsten Kategorie bei der Auswertung fiktiver Selbstreferenzen als einem literarischen Mittel, das dazu eingesetzt werden kann, um die eigene Paulusinterpretation gegenüber einer veränderten Situation und / oder konkurrierenden Paulusdeutungen durchzusetzen, zur Kategorie oder dem Kriterium der *Dialogizität*. Fiktive Selbstreferenzen verweisen die LeserInnen auf Übereinstimmungen oder Diskrepanzen zwischen verschiedenen Äußerungen des vorgeblich selben Autors. Da die normale Erwartungshaltung bei RezipientInnen diejenige ist, dass ein Autor sich möglichst nicht selbst widerspricht, ist im Falle pseudepigrapher Bezugnahme auf Texte des imitierten Autors die totale Antithese zum Prätext die intensivste Form der Dialogizität (im Unterschied zu sonstigen intertextuellen Bezügen, bei denen nicht Affirmation oder Negation, sondern eine „differenzierte Dialektik von Anknüpfen und Distanznahme" als „Optimum der Dialogizität"[111] gilt). Je größer die Spannungen zwischen zwei Aussagen desselben Verfassers sind, desto höher ist die bei den RezipientInnen hervorgerufene kognitive Dissonanz und desto unausweichlicher werden sie auf die interpretatorische Aufgabe gestoßen, einen Sinn darin zu finden. Wie die Auflösung der semantischen Spannungen durch den Autor vorgezeichnet und die RezipientInnen aktualisiert wird, kann wohl immer nur am Einzelfall diskutiert werden. Es lässt sich aber ein grundsätzliches Interpretationsproblem benennen: Wie bereits mehrfach erwähnt wird bei fiktiven Selbstreferenzen die klare Hierarchie von kotextueller Determinierung und sekundär hereingespieltem intertextuellen Deutungspotenzial durch die fiktive Verfasseridentität aufgeweicht, so dass die LeserInnen leicht versucht sein können, die thematisch relevanten pln Referenztexte bei der Interpretation eines pseudepigraphen Textabschnitts gegenüber dem unmittelbaren Kotext zu privilegieren. Außerdem ist natürlich bei einem Nebeneinander zweier vom selben Verfasser stammenden Äußerungen zur selben Thematik von einer grundsätzlichen „Gleichgewichtigkeit" beider Aussagen auszugehen. Will der Verfasser eines Pseudepigraphons die Originalaussage etwa aktualisieren, kommentieren oder modifizieren, muss er sicherstellen, dass die RezipientInnen tatsächlich die von ihm gewünschte Perspektivierung des Prätextes vornehmen und dass nicht etwa die Bekanntheit, das sachliche Übergewicht oder die argumentative Stringenz des Referenztextes dazu führen, dass dieser sich im Dialog anders als vom Verfasser gewünscht „durchsetzt".[112] Bei den Pastoralbriefen lassen sich in der Wahl der Brief-

---

1Tim 1,8ff als misslungenen Versuch eines Ausgleichs zwischen den gesetzeskritischen Elementen der pln Rechtfertigungslehre und der in Röm 7 betonten bleibenden Güte des Gesetzes.

[111] M. Pfister, Konzepte, 29.

[112] Dies ist in der Auslegungsgeschichte des öfteren tatsächlich geschehen. Z.B. haben sich die Pastoralbriefe mit ihrer extrem antiasketischen Tendenz, die in der mehrmaligen Formulierung ei-

gattungen und der Ausgestaltung der Brieffiktionen einige grundlegende Rezeptionsvorgaben des fiktiven Absenders und impliziten Verfassers („Paulus") an die intendierten AdressatInnen (d.h. die in der Apostelschülerschaft stehenden Amtsträger und Zeitgenossen des realen Verfassers) erkennen, die sicherstellen sollen, dass sie ihr Ziel erreichen können, in Streitfragen um die richtige Auslegung paulinischer Aussagen eine autoritative Entscheidung zu fällen und damit die künftige Rezeptionsgeschichte der Paulusbriefe in ihrem Sinne festzulegen. Es handelt sich dabei um Charakteristika der Pastoralbriefe, die in der Forschung zum größten Teil bereits gut aufgearbeitet sind, die allerdings in ihrer Relevanz, die Interpretation fiktiver Selbstreferenzen zu steuern, bisher unterschätzt werden. Es geht um die „Grundsätzlichkeit" aller Aussagen, die die Pastoralbriefe durch ihre Anlage und zahlreiche Einzelzüge durchgängig behaupten. Sie suggerieren auf verschiedene Weise, dass sie als letzte Worte des Apostels, als dauerhaft und universal gültige Anweisungen verstanden werden wollen. Daraus leitet sich implizit ein Anspruch ab, im Konfliktfall von einander widersprechenden oder nicht ganz miteinander kongruenten Äußerungen des Apostels tatsächlich das letzte Wort zu sagen zu haben. Dies gilt natürlich in hervorgehobener Weise für alles, was im Testament des Paulus an Timotheus (2Tim) steht. Die „letzten Worte", der „letzte Wille" des allein maßgeblichen Apostels und Märtyrers haben eine unüberbietbare Verpflichtungskraft für den legitimen Erben (den fiktiven Adressaten) und seine Nachkommen (die „vertrauenswürdigen Männer" von 2Tim 2,2 als primäre intendierte Leser). Aber auch die in 1Tim und Tit gewählte Gattung, die briefliche Instruktion an weisungsbefugte Amtsträger (M. Wolter), stellt sicher, dass die Verbindlichkeit und Verallgemeinerungsfähigkeit ihrer kirchenleitenden und allgemein paränetischen Anordnungen erheblich höher einzuschätzen sind als vergleichbare Anweisungen in Briefen an Einzelgemeinden. Denn es handelt sich laut intertextuell abgestützter Fiktion ja um die beiden wichtigsten und vertrauenswürdigsten Mitarbeiter des Paulus, denen er in 1Tim und Tit Anweisungen sehr grundsätzlicher Art dazu gibt, wie sie ihr Amt in seiner Abwesenheit versehen sollen.[113] Besonders deutlich ist der prinzipielle und auf die Gegenwart der RezipientInnen (als der Zeit der dauerhaften Abwesenheit des Apostels) zielende Charakter dieser Briefe natürlich in 1Tim

---

ner Ehepflicht für Frauen (1Tim 2,15; 5,14) und Amtsträger (1Tim 3,4.12; Tit 1,6) kulminiert, in der Rezeptionsgeschichte im Allgemeinen nicht durchsetzen können, obwohl es ganz sicher eines ihrer Hauptanliegen gewesen ist, Paulus an diesem Punkte zu korrigieren (den klaren Widerspruch zu 1Kor 7 vermerkt auch A. Lindemann, Rezeption, 148 Anm. 115).

[113] Vgl. die ausführliche Besprechung der Funktion des Topos der apostolischen Parusie im Rahmen der pseudepigraphen Fiktion durch W. Stenger, Timotheus, 261–267; F. Schnider / W. Stenger, Studien, 92–107.

3,15 angesprochen: „Ich schreibe dir das, hoffend zwar, dass ich bald zu dir komme. Falls ich aber länger ausbleibe, sollst du wissen, wie man sich im Haus Gottes verhalten soll...". Diese Absichtserklärung des Apostels, Ordnung und Verhalten der Kirche für die Zeit seiner dauerhaften Abwesenheit zu fixieren, muss man neben authentisch paulinische Aussagen wie 1 Kor 11,34b stellen („das Übrige werde ich ordnen, wenn ich komme"), um wahrzunehmen, dass damit zugleich ein Anspruch angemeldet wird, in Fragen der Kirchenordnung und der christlichen Lebensgestaltung gegebenenfalls auch situativ bedingte Äußerungen aus pln Briefen an Einzelgemeinden / -personen durch fiktive Selbstkorrekturen außer Kraft zu setzen. Ein dritter Aspekt, mit dem die Pastoralbriefe ihre „Interpretationshoheit" über die umstrittenen Paulustraditionen grundsätzlich zu befestigen suchen, wird vergleichsweise selten erwähnt[114] und ist in seiner vollen Bedeutung m.E. noch nicht erkannt. Er äußert sich in den zahlreichen intertextuellen (z.T. möglicherweise pseudointertextuellen) Verweisen auf die von Paulus und seinen Schülern Timotheus und Titus missionierten *Orte*. Liest man nämlich diese in intertextueller Verbindung mit den entsprechenden Aussagen der echten Paulinen, entsteht der Eindruck, dass der gesamte östliche Mittelmeerraum durch Paulus gemeinsam mit Timotheus bzw. Titus oder durch diese in seinem Auftrag tatsächlich erreicht wurde.

Paulus selber macht in Röm 15,19.23f die vollmundige Aussage, er habe „von Jerusalem aus in weitem Umkreis bis nach Illyrien das Evangelium Christi voll ausgerichtet", habe nun in diesen Gegenden keinen Raum mehr, wolle daher Spanien als neues Missionsgebiet in Angriff nehmen und auf dem Weg dorthin in Rom Station machen. Es ist bekanntermaßen schwierig, diese Selbstaussage des Paulus mit Aussagen der authentischen Paulusbriefe über die Missionsorte und -reisen des Apostels einigermaßen vollständig zu füllen. Schreitet man den Kreis südöstlich von Jerusalem beginnend ab, dann lassen sich Arabien, Syrien, Cilicien, Galatien (Landschaft oder Provinz?), Kleinasien, Mazedonien und Achaia aus den Paulusbriefen als pln Missionsgebiete sicher erweisen, eine Illyrienmission ist nicht belegt und der von Paulus beschriebene Kreis ist im Süden unvollständig. Mir scheint nun, dass die zahlreichen toponymischen Verweise der Pastoralbriefe sich in doppelter Weise als gezielte Anknüpfung und Vervollständigung der authentisch pln topographischen Angaben verstehen lassen: durch Ausfüllen „weißer Flecken" und durch Verknüpfung aller genannten Orte mit den Personen Timotheus und Titus.

---

[114] Vgl. aber F. Schnider / W. Stenger, Studien, 112–119, bes. 116f; L. Oberlinner, XI, 2/3, 18ff. 194–199.

Titus hat nach der fiktiven Abfassungssituation des Tit zusammen mit Paulus in Kreta missioniert und sollte dort die gemeinsame Arbeit zu Ende bringen (Tit 1,5). Kreta vervollständigt in dem in Röm 15,19 von Paulus genannten „Kreis" den südlichen Bogen (der von Illyrien über Mazedonien, Achaia und Kreta direkt zurück nach Jerusalem führt). Ebenfalls auf diesem Bogen liegen zwei weitere, Titus zugeordnete Ortslagen. In Tit 3,12 wird er angewiesen, nach Eintreffen eines weiteren pln Gesandten zu Paulus nach Nikopolis zu kommen, wo dieser überwintern möchte. Die Forschung ist sich darüber einig, dass hier die Hafenstadt Nikopolis in Epirus an der europäischen Adriaküste gemeint sein dürfte.[115] In 2Tim 4,10 wird mit Dalmatien, wohin wiederum und kaum zufällig Titus von Paulus entsandt wurde, eine etwas weiter nördlich gelegene Küstenregion genannt, an die im Landesinneren direkt Illyrien angrenzt. Die vielleicht von Röm 15,19 angeregten intertextuellen oder pseudointertextuellen Verweise auf Missionen des Paulus mit Titus an der europäischen Adriaküste und auf Kreta sind als Vervollständigungen der pln Missionskarte zu verstehen und dienen m.E. in Gänze dazu, „paradigmatisch das Wirkungsfeld der Nachfolger des Apostels Paulus" zu erweitern.[116] Titus ist damit nach Ausweis der authentischen Paulinen und der Pastoralbriefe als Begleiter und Mitarbeiter des Paulus mit Syrien / Antiochia, Jerusalem (vgl. Gal 2,1; 2Kor 8,19), Achaia, Mazedonien, Troas (2Kor 3,13; 7,5f.13; 8,6ff); Kreta, Nikopolis und Dalmatien (Tit 1,5; 3,12; 2Tim 4,10) fest verbunden.

Auch das Wirkungsfeld des Timotheus wird durch die Pastoralbriefe über die ihm in den authentischen Paulinen bereits zukommenden Missionsbereiche ausgedehnt. Fest verbunden ist sein Name mit Achaia/Korinth (1Kor 4,17; 16,10; 2Kor 1,1.19; Röm 16,21) und Mazedonien (Phil 1,1; 2,19; 1Thess 1,1; 3,2.6), nur indirekt mit Ephesus/Kleinasien, insofern er Mitabsender eines Briefes ist, der vielleicht aus Ephesus stammt (Phil), und offensichtlich aus Ephesus kommend nach Korinth geschickt wurde (1Kor 4,17; 16,8–10). Mit dem 1Tim wird nun die kleinasiatische Metropole dezidiert in die Verantwortung des Timotheus gelegt, er wird darüber hinaus mit den lykaonisch-pisidischen Städten Antiochien, Ikonion und Lystra verbunden, wo er die Leiden des Paulus geteilt haben soll (2Tim 3,10f). Hier wird entweder eine in den Paulusbriefen gar nicht erwähnte Missionsgegend genannt oder – m.E. wahrscheinlicher – es liegt eine Anknüpfung an den Galaterbrief vor, in dem Paulus keine Begleiter seiner Mission erwähnt, so dass Timotheus durch die intertextuelle Verknüpfung nachträglich mit in die galatische Mission eingeschlossen würde (und 2Tim 3,10f die erste Interpretation der Ad-

---

[115] Vgl. die zahlreichen Nachweise bei L. Oberlinner, XI, 2/3, 194, Anm. 5.
[116] So L. Oberlinner, XI, 2/3, 195 (allerdings beschränkt auf die Erwähnung von Nikopolis).

resse des Gal im Sinne der südgalatischen Hypothese wäre). Unmittelbar
vor seinem Tod beordert Paulus den Timotheus dann auch noch nach Rom
(2Tim 4,9.21), so dass dieser wichtigste Mitarbeiter nunmehr mit Kleinasien /
Ephesus (1Tim, [1Kor]), Achaia und Mazedonien (1/2Kor; Phil; 1Thess),
der Provinz Galatien / Antiochia, Ikonion, Lystra (2Tim 3,11; vgl. Gal?) und
Rom (2Tim) verbunden ist.

Erst durch die zusätzlich von den Pastoralbriefen eingeführten Missions-
gegenden und die zusätzliche Erwähnung von Einsatzorten des Timotheus
und Titus (sowie einiger weiterer das Bild abrundender Mitarbeiter) entsteht
der Eindruck, Paulus habe tatsächlich von Jerusalem bis Illyrien in einem
weiten, Rom einschließenden Bogen (vgl. 2Tim 4,17) überallhin das Evangelium gebracht und dabei entweder Titus oder Timotheus bei sich gehabt.
Das gibt den Briefen an diese beiden Mitarbeiter eine universale Bedeutung,
denn alle Gemeinden bzw. Gegenden, in denen sie mit Paulus zusammen
gewirkt haben, werden in den Kreis derer aufgenommen, denen die kirchenordnenden und die „gesunde Lehre" sichernden Anweisungen an Timotheus
und Titus gelten. Dadurch erhalten die Pastoralbriefe gewissermaßen öku-
menische Verpflichtungskraft, die (pseudo?)intertextuellen Verweise garantieren die weltweite Gültigkeit des paulinischen Vermächtnisses.

8.4 Folgerungen für die Auslegung der Pastoralbriefe und den Aufbau der folgenden Untersuchung

Als wichtigstes Ergebnis der einleitenden forschungsgeschichtlichen und
methodischen Überlegungen ist festzuhalten: die intertextuelle Präsuppositionsstruktur der Pastoralbriefe als vorgeblicher Paulusbriefe erfordert ihre
Rezeption im Gesamtzusammenhang der den intendierten LeserInnen bekannten schriftlichen und mündlichen Paulustraditionen. Dazu zählen auf
jeden Fall die folgenden Paulusbriefe: Röm, 1/2Kor, Phil, Phlm. Nicht eindeutig zu entscheiden ist leider, ob eine Kenntnis von Kol und / oder Eph
intendiert ist oder ob sich die Berührungen mit deuteropaulinischen Positionen und Termini mündlicher Paulustradition verdanken. Die Pastoralbriefe
wollen die früheren Paulusbriefe nicht ersetzen, sondern einerseits *ergänzen*
um Traditionen, die aufgrund veränderter Gemeindeverhältnisse benötigt
werden, andererseits *interpretieren*, wo dies aufgrund aktueller Herausforderungen insbesondere durch konkurrierende Paulusauslegungen nötig zu
sein scheint. Es handelt sich um eine Form der Paulus-Fortschreibung und
Paulus-Exegese, die sich als solche nicht direkt zu erkennen gibt, vielmehr
aus der behaupteten Verfasseridentität zu den echten Paulinen nicht nur eine
unhinterfragbare Autorität ableitet, sondern sogar die Möglichkeit gewinnt,

im Namen des Paulus authentische Aussagen des Paulus zu korrigieren, zu modifizieren, in ihrer Geltungsweite einzuschränken oder auszudehnen etc. Das diesbezüglich wichtigste literarische Mittel bei der Interpretation des pln Erbes ist für den Verfasser der Pastoralbriefe die intertextuelle Bezugnahme auf vorgeblich eigene Texte, die fiktive Eigentextreferenz, die eine relecture des Prätextes erzwingen und so sicherstellen kann, dass die Paulinen im richtigen Licht gelesen werden. Dabei geben die Pastoralbriefe durch ihre Gesamtanlage – als Corpus, das auf ein Corpus ausgerichtet ist, als Briefe an die beiden vertrauenswürdigsten Apostelschüler, mit denen gemeinsam der Apostel sein Missionswerk geschaffen und denen er die für die Zeit seiner Abwesenheit gültigen Lehrinhalte und Regeln zur Gemeindeleitung vermittelt hat, durch ihre unbedingt verpflichtenden testamentarischen Elemente u.v.m. – zu erkennen, dass sie beabsichtigen, die literarische Paulustradition abzuschließen und in möglicherweise umstrittenen Fragen der Auslegung das letzte Wort zu sagen zu haben.

Aus der Erkenntnis der Pseudonymität der Pastoralbriefe, aus der die durchgängige intertextuelle Bezogenheit auf das orthonyme Prätextcorpus folgt, und der Schlüsselfunktion insbesondere der fingierten Eigentextreferenzen im innerpaulinischen Auslegungsstreit ergibt sich für das weitere Vorgehen die Notwendigkeit, drei ineinandergreifende Verfahren der Analyse anzuwenden, entsprechend den drei sinnkonstituierenden Ebenen: Jede Aussage ist in ihrem *Ko-Text*, ihrem *Kontext* und in ihrer intertextuellen Beziehung zum orthonymen *Prätext*corpus zu analysieren. Zunächst ist durch eine intratextuelle Analyse die Bedeutung einer Aussage im literarischen Gesamtzusammenhang der Pastoralbriefe zu erheben. Diesem Schritt kommt zur Erfassung der Autorenintention große Bedeutung zu. Der intratextuell erhobene Textsinn ist dann durch kontextuelle und intertextuelle Analysen zu vertiefen und zu situieren, wobei mit Interdependenzen dergestalt zu rechnen ist, dass die situativen Faktoren (Gegnerpositionen, soziale Konflikte, innerpaulinische Schulstreitigkeiten, etc.) sich auf den Umgang mit den pln Prätexten auswirken. Dabei ist gegenüber dem bisherigen Vorgehen in der Exegese vor allem auch damit zu rechnen, dass durch fiktive Eigentextreferenzen eine Veränderung der Interpretationsmöglichkeiten der pln Prätexte erreicht werden soll. Diese Einsichten sind dann in die Gesamtinterpretation einzubeziehen. Die Theologie der Pastoralbriefe und ihr Paulusbild ergeben sich nicht aus ihnen selbst allein. Das Paulusbild der Pastoralbriefe und die von ihnen vertretene Form paulinischer Theologie lassen sich vielmehr vollständig erst dann beschreiben, wenn berücksichtigt wird, wie sie im Gesamtkontext des von ihnen vorausgesetzten Corpus Paulinum das Paulusbild und die paulinische Theologie als ganze verändern wollen und welchen konkurrierenden paulinischen Strömungen damit der Rückbezug auf Paulus erschwert oder unmöglich gemacht werden soll.

Damit ist ein umfassendes Programm beschrieben, das im Rahmen der hier vorliegenden Arbeit natürlich nur exemplarisch durchgeführt werden kann. Ich habe die SklavInnenparänese (Tit 2,9f / 1Tim 6,1–5) und die Frauenparänese' (1Tim 2,8–3,1) als Beispiele ausgewählt, an denen eine kombinierte kotextuelle, kontextuelle und intertextuelle Analyse durchgeführt werden soll. Es handelt sich dabei um zwei Textbereiche, die, was die intertextuelle Dimension angeht, von der bisherigen Forschung recht verschieden behandelt werden. Bei der SklavInnenparänese wird eine intertextuelle Beziehung zu den authentischen Paulinen im Allgemeinen nicht in deutungsrelevanter Weise diskutiert. Die Einsicht in die intertextuelle Präsuppositionsstruktur der Pastoralen erfordert aber die Interpretation von 1Tim 6,2 als fiktive Selbstreferenz auf Phlm 16. Eine Analyse, die die intratextuellen, kontextuellen und fiktiv selbstreferenziellen (intertextuellen) Bezüge auswertet und zueinander in Beziehung setzt, kommt zu einer detaillierteren, historisch wie theologisch profilierteren Bewertung der Interessen, die den Verfasser bei der Niederschrift der SklavInnenparänese bewegten, als frühere Deutungen. Bei der Auslegung von 1Tim 2,8–3,1 hat die Berücksichtigung der intertextuellen Dimension sowohl in der Beziehung zu pln Texten (1Kor 11,3ff; 14,34f) als auch zu atl. Texten (Gen 2–3) bereits eine lange Forschungstradition. Doch als fiktive Selbstreferenzen mit allen dadurch theoretisch gegebenen Möglichkeiten auch der referenztextorientierten Perspektivierung hat man die Bezüge zu den Paulinen noch nicht wahrgenommen, man hat bisher auch nicht berücksichtigt, dass die Bezüge auf das AT in 1Tim 2,13f Wiederaufnahmen paulinischer Genesiszitate sind (1Kor 11,8f; 2Kor 11,3) und daher ebenfalls als fiktive Selbstreferenzen ausgelegt werden müssen. Daher bietet auch dieser Text viel Stoff für eine erneute Untersuchung des Zusammenspiels kotextueller, kontextueller und intertextueller Verwobenheiten bei der Sinnkonstitution.

9. Paulus und der Streit um die sozialen Folgen der Geschwisterschaft von SklavInnen

Christliche SklavInnen sind das Thema zweier kurzer Abschnitte in den Pastoralbriefen: Tit 2,9f und 1Tim 6,1–5. Beide Texte sind vermittelte Anweisungen an SklavInnen, der Form nach Gemeindeleiterparänesen, d.h. Timotheus und Titus werden darüber unterrichtet, wie christliche SklavInnen sich verhalten sollen, um dies dann den Betroffenen in Lehre und Ermahnung einzuschärfen (Tit 2,1.15; 1Tim 6,2b). Die Wahl dieser Texte im Rahmen unserer Untersuchung über fiktive Eigentextreferenzen und ihren Beitrag zur Modifikation der zitierten paulinischen Prätexte könnte zunächst überraschen, scheint ein solcher doch eher unwahrscheinlich, wenn man das Diskurs- und Textfeld zugrundelegt, in dem diese beiden Mahnungen intertextuell üblicherweise verortet werden. Die SklavInnenmahnungen gehören zu den urchristlichen Paränesen, die man mangels eines besseren Ausdrucks als „Haustafeln" oder „Haus- und Ständetafeln" bezeichnet, deren traditionsgeschichtliche Herleitung immer noch nicht wirklich zufriedenstellend geklärt ist,[1] die aber auf jeden Fall eine nachpaulinische Entwicklung spiegeln, an der die Pastoralbriefe partizipieren. Literarisch greifbar sind die Vergleichstexte unter dem Namen des Paulus in Kol 3,22–4,1 und Eph 6,5–9; außerdem in 1Petr 2,18–25; Did 4,10f; IgnPol 4,3; Barn 19,7. Den Pastoralbriefen gelten die Haustafelparänesen als paulinisch, sei es, dass ihrem Verfasser der Epheser- und / oder Kolosserbrief bekannt war (wofür einiges spricht, aber ein definitiver Nachweis nicht zu führen ist),[2] sei es, dass die entsprechenden Traditionen mündlich unter dem Namen des Paulus umliefen.[3] Die Mahnungen Tit 2,9f und 1Tim 6,1f variieren also eine bereits vertraute Form. Einen eingehenden Vergleich mit den beiden deuteropaulinischen Haustafeln halte ich angesichts des traditionellen Charakters der Regeln und des Zweifels über den Prätextcharakter von Kol / Eph nicht für nötig, zumal es keine Indizien für eine gezielte Bezugnahme seitens der Pastoralbriefe zu geben scheint. In der Grundtendenz teilen die Pastoralbriefe mit den beiden

---

[1] Die Forschungsgeschichte zu „Haustafel – Ständetafel – Gemeindetafel" mit Blick auf die Paränesen der Past arbeitet zuverlässig auf D. C. Verner, Household, 13–25.83–125; U. Wagener, Ordnung, 15–65. Die gegenwärtig in verschiedenen Ausprägungen vertretene Herleitung der Haustafeln aus der antiken Ökonomik dürfte zwar unstrittig sein, aber im Einzelnen bleiben viele Fragen offen.

[2] Vgl. A. E. Barnett, Paul, 251–277.

[3] Vgl. die gut begründete Annahme von M. Gielen, Haustafelethik, 122–129, dass Kol 3,18–4,1 die expandierte Version einer mündlichen Vorlage ist.

pseudopaulinischen Schreiben die restriktive Tendenz, SklavInnen auf die Unterordnung und die hingebungsvolle Erfüllung ihrer SklavInnenpflichten als Konkretion ihrer Hingabe an Christus zu verpflichten. Die intertextuelle Beziehung zwischen den Past und Kol/Eph ist also die einer gezielten oder unbewussten affirmativen Variation. Auch zur Paränese des 1Petr weisen die Pastoralbriefe deutliche Übereinstimmungen auf, so in der Bezeichnung δεσπόται für die HerrInnen, wobei Gehorsam gegenüber nicht-christlichen Besitzern eingeschlossen ist, im Fehlen einer Mahnung an christliche HerrInnen und in der Eingliederung der SklavInnenparänese in ein Pflichtenschema, das neben der Ermahnung untergeordneter Gruppen im Haus (Frauen und SklavInnen, Kinder fehlen bei beiden) auch die Unterordnung aller Gemeindeglieder unter die Obrigkeit umfasst.[4]

Wenn im Folgenden die intertextuelle Dimension der SklavInnenparänese der Pastoralbriefe im Rahmen der pln Pseudepigraphie untersucht wird, dann deshalb, weil ich zeigen möchte, dass die Pastoralbriefe mit ihrer SklavInnenparänese nicht nur, wie allgemein anerkannt, affirmativ den bekannten paränetischen Diskurs weiterschreiben. Sie tun das vielmehr unter abwehrender Bezugnahme auf einen bereits marginalisierten, aber sich noch deutlich artikulierenden Minderheitendiskurs. Ich möchte zeigen, dass die Minderheitsmeinung in der Sklavenfrage sich auf einen paulinischen Text, nämlich den Philemonbrief berief, und dass darum der Verfasser der Pastoralbriefe zum Mittel der fiktiven Eigentextreferenz griff, um diese Bezugnahme zukünftig unmöglich zu machen.

Die folgende Analyse ist zweigeteilt. Beide Texte sollen zunächst in ihrer intratextuellen Positionierung untersucht werden, wobei besonders darauf zu achten ist, ob es sich um allgemeine paränetische Anweisungen handelt, die lediglich die Ideale des Verfassers erkennen lassen, oder ob es Hinweise darauf gibt, dass aktuelle Diskussionen über die Richtigkeit seiner Ansichten im Hintergrund stehen. Im Rahmen der intertextuellen Analyse werden die Hinweise auf aktuelle Gemeindediskussionen traditionsgeschichtlich eingeordnet und in Beziehung gesetzt zur Strategie der „Prätextentschärfung", die in 1Tim 6,2 nachzuweisen sein wird.

---

[4] H. v. Lips, Haustafel, hat aus diesen Beobachtungen den Schluss gezogen, dass Tit und 1Petr gegenüber Kol einen gemeinsamen eigenständigen Traditionsstrang der Entwicklung der Gattung verkörpern.

9.1 Intratextuelle Analyse und situativer Kontext

9.1.1 Tit 2,9f

Die Sklavenregel ist der letzte Abschnitt der „Ständetafel" von Tit 2,1–10,[5] die ältere Männer und Frauen, junge Frauen, junge Männer, Titus (d.h. den Amtsträger) selbst und Sklaven umfasst. Vor allem die Ermahnung an die jungen Frauen (2,4f) ist mit der Sklavenparänese an Ausführlichkeit, Konkretheit und restriktiver Tendenz zu vergleichen.

Δούλους ἰδίοις δεσπόταις ὑποτάσσεσθαι ἐν πᾶσιν – totaler[6] Gehorsam[7] gegenüber den Herren ist die erste, alle weiteren umfassende Forderung an die Sklaven. Zwischen christlichen und nicht-christlichen Herren wird nicht differenziert, an beide Gruppen wird gedacht sein.[8] Die anderen

---

[5] Die Gemeindetafel beginnt mit den älteren Männern und schließt mit den Sklaven – schon an diesem äußeren Aufbau ist die „Abhängigkeit von traditionellen Vorgaben und Denkstrukturen" ersichtlich (L. Oberlinner, 106f).

[6] ἐν πᾶσιν ist vom Gesamtduktus der Regel her sicher mit ὑποτάσσεσθαι zu verbinden (so u.a. U.-R. Kügler, Paränese, 197; L. Oberlinner, XI, 2/3, 120) und nicht auf das folgende εὐαρέστους εἶναι zu beziehen (so z.B. die Einheitsübersetzung). Analog formulieren Kol 3,22 (ὑπακούετε κατὰ πάντα) und Eph 5,24 (αἱ γυναῖκες [ὑποτάσσονται] τοῖς ἀνδράσιν ἐν παντί). Insgesamt begegnen drei mit πᾶν unterstrichene Wendungen in der kurzen Regel. „Die Pflicht zum Gehorsam erscheint dadurch als befremdend total." (G. Holtz, 222f)

[7] Gelegentlich finden sich in der Literatur Versuche, die Gehorsamsforderung als nur heutigen Ohren anstößige, damals aber *positiv konnotierte Erwartung* zu erweisen. Sie meint nach Löning, Epiphanie, 121 Anm. 22 „allgemein das konstruktive Sozialverhalten innerhalb der gesellschaftlichen Rangordnung" (ganz ähnlich V. Hasler, 93). Dem ist zunächst mit L. Oberlinner entgegenzuhalten, dass diese Charakterisierung für die Pastoralbriefe auf jeden Fall zu kurz greift: „In den Past ist das Thema ‚Gehorsam' und ‚Unterordnung' von Bedeutung im Zusammenhang mit der Gemeindeordnung, und das bedeutet: auch mit der Bekämpfung der Irrlehrer; dazu paßt, daß die in den Haustafel-Listen übliche Verpflichtung auf Gegenseitigkeit ... fehlt. In den Past steht ‚Unterordnung' im Kriterienkatalog, der über den rechten Glauben entscheidet." (XI, 2/3, 120f Anm. 65). Darüber hinaus muss sich solche Exegese fragen lassen, ob sie nicht die standortgebundene Perspektive der Texte zu Unrecht verallgemeinert zu einer objektiven Aussage: natürlich hat die Forderung nach Unterordnung von Frauen, Kindern, Sklaven „eine positive Bedeutung" (Löning, ebd.) – für die Ehemänner, Väter und Sklavenbesitzer! Dass die Pastoralbriefe völlig ungebrochen und unreflektiert allein aus der Perspektive der Sklavenbesitzer argumentieren, betont mit Recht D. C. Verner, Household, 141.144f.

[8] Die meisten Kommentatoren gehen allerdings davon aus, dass an heidnische Herren gedacht ist, weil anders als in 1Tim 6,2 christliche Herren nicht erwähnt werden (G. Holtz, 222f; V. Hasler, 93; A. T. Hanson, 182; Y. Redalié, Paul, 444f.). An christliche Herren denken U.-R. Kügler, Paränese, 197 (mit der unzutreffenden (!) Begründung, anders als in 1Tim 6,1 sei von heidnischen Sklavenbesitzern nicht die Rede, s. dagegen u. S. 250 mit Anm. 19–20); J. N. D. Kelly, 243 und J. D. Quinn, 146 (mit der Begründung, der Gehorsam „in allem" könne nur gegenüber christlichen HerrInnen verlangt werden, die keine unchristlichen Forderungen stellen würden). Richtig m.E. F. Laub, Begegnung, 55 Anm. 27 und L. Oberlinner, XI, 2/3, 120: An beide Gruppen von Herren ist gedacht, denn bezüglich der Gehorsamspflicht besteht zwischen ihnen kein Unterschied, wie 1Tim 6,1f zeigt.

Forderungen an die Sklaven – sie sollen wohlgefällig sein,[9] nicht widersprechen, nichts veruntreuen, jegliche rechte Treue zeigen – komplettieren das Bild des idealen Sklaven, der sich vollkommen mit seiner Rolle identifiziert.[10] Als einzige der genannten Gruppen werden bei den Sklaven *ausschließlich* auf die Hausherren und das Leben im Privathaus bezogene Tugenden genannt. Ein Leben außerhalb der Sklavenrolle ist nicht im Blick – auch nicht im Bereich der Gemeinde.[11] Dies ist umso auffälliger, als damit das Schema der Gemeindetafel durchbrochen wird.[12] Der *paränetische Gehalt* der Regel ist eindeutig: Für Sklaven sind Servilität und Aufgehen in der Sklavenrolle Ausdruck ihres Christseins.[13] Gegenüber Außenstehenden „schmücken" sie dadurch „die Lehre Gottes unseres Retters" (2,10b). Die dahinterstehende Absicht des Verfassers ist einmal mehr, „die Stabilität der sozialen Strukturen als Kennzeichen der christlichen Gemeinden vorzustellen und sie gleichzeitig als Ausdruck des rechten Glaubens für verbindlich zu erklären;

[9] Die Verpflichtung zum εὐαρέστους εἶναι, die sonst nur gegenüber Gott besteht (vgl. Röm 12,1f; 14,18; 2Kor 5,9; Phil 4,18 u.ö.) in Verbindung mit der Bezeichnung der Herren als δεσπόται (ein geläufiges Gottesprädikat) rückt die Sklavenbesitzer in eine fragwürdige Nähe zur Gottheit (vgl. G. Holtz, 223). Von hier ist es nur noch ein kleiner Schritt dahin, den Herren als τύπος θεοῦ zu bezeichnen (Barn 19,7). Ganz anders noch Kol 3,22, wo den Sklaven nahegelegt wird zu dienen μὴ ... ὡς ἀνθρωπάρεσκοι.

[10] Die direkte Auswertung dieser Anweisungen als Aussagen über das konkrete Verhalten der christlichen Sklaven (auf Kreta!) – „sie ordneten sich ihren Herren nicht unter, lehnten sich gegen sie auf, widersetzten sich ihnen, und veruntreuten das Eigentum ihrer Herren" (so U.-R. Kügler, Paränese, 197) – ist m.E. unhaltbar kurzschlüssig. Vielmehr zeigen sie, dass der Verfasser der Pastoralbriefe verbreitete Negativ-Stereotypen über den Sklavenstand teilt (so m.R. D. C. Verner, Household, 141, vgl. die Nachweise bei J. D. Quinn, 149).

[11] Manche Exegeten ziehen weitgehende Schlüsse aus der Kennzeichnung der Herren als ἴδιοι δεσπόται (auch in 1Tim 6,1): Es solle nur der Gehorsam gegenüber den *eigenen* Herren eingeschärft werden, in der Gemeinde dagegen bleibe „der paulinische Grundsatz von Gal 3,28 unverkürzt in Geltung" (so J. Roloff, 322, ähnlich auch A. Weiser, Titus 2 als Gemeindeparänese, 410f). Dagegen vgl. U.-R. Kügler, Paränese, 208f. Vor allem spricht dagegen, dass ἴδιοι δεσπόται in 1Tim 6,1 (ausschließlich oder wenigstens auch) die eigenen *heidnischen* Herren bezeichnet. Dass christliche Sklaven nur ihnen mit aller Ehre zu begegnen hätten, sonstigen freien heidnischen Bürgern aber nicht, ist mit der apologetischen Grundausrichtung der Pastoralbriefe nicht zu vereinbaren. Ansonsten ist ihre Tendenz ja gerade, die gesellschaftlich verbindlichen Regelungen auch in der Gemeinde durchzusetzen. So sollen etwa sich Frauen (gegen A. Weiser, a.a.O., 412) nicht nur ihren *eigenen* Ehemännern unterordnen (ὑποτασσομένας τοῖς ἰδίοις ἀνδράσιν), sondern auch innerhalb der Gemeinde in aller Unterordnung und schweigend lernen und nicht etwa öffentlich lehren (1Tim 2,11f). ἴδιος ist demnach ganz unbetont verwendet.

[12] Eine Tendenz dazu bestand auch schon bei der anderen Gruppe, bei der der Verfasser ein vorrangiges Interesse an der Ein- und Unterordnung im Haus zeigte, bei den jungen Frauen von Tit2,4f.

[13] Gegen V. Hasler, 93, der meint, die Betonung der Unterordnung fordere „vom Sklaven nicht Servilität, sondern die Bewährung der christlichen Einstellung und Moral auch im Bereich des Weltlichen" ist mit L. Oberlinner, XI, 2/3, 121 mit Anm. 66 festzuhalten, „daß im Verständnis des Paulus der Past einzig in der radikalen Ergebenheit in die Lage eines Sklaven für diesen die Anerkennung als frommer Christ möglich ist."

auf diese Weise kann die Kirche als stabilisierender Faktor für die Gesellschaft ausgewiesen werden."[14] Eine Mahnung an die Herren ist bei dieser klaren *apologetischen Zielrichtung* entbehrlich – ihr Fehlen überrascht daher nicht.

Es bleibt noch zu fragen, ob die Sklavenregel in der skizzierten paränetischen und apologetischen Doppelfunktion aufgeht oder ob sie auch eine aktuelle *polemische Zielrichtung* hat. Darauf könnte zunächst die kotextuelle Einbindung der Gemeindetafel hinweisen.[15] Sie wird ausdrücklich als Rede, die der gesunden Lehre geziemend ist (Σὺ δὲ λάλει ἃ πρέπει τῇ ὑγιαινούσῃ διδασκαλίᾳ, 2,1), der in 1,10–16 besprochenen Lehre von Schwätzern und Schwindlern gegenübergestellt (vgl. 1,11: διδάσκοντες ἃ μὴ δεῖ) und konkretisiert die in 1,13 an Titus ergehende Aufforderung ἔλεγχε ... ἵνα ὑγιαίνωσιν ἐν τῇ πίστει. Die Vermutung liegt also nahe, dass gerade bei den in der Paränese ausführlich und mit konkreten Angaben bedachten Gruppen, d.h. den älteren und jüngeren Frauen, dem Gemeindeleiter und den SklavInnen, ein aktueller Bedarf an Ermahnung zu einem Verhalten vorlag, das dem von den bekämpften Gegnern in Lehre und Leben empfohlenen widersprach. Bezüglich der Sklavinnen und Sklaven bieten etliche Vorwürfe an die Adresse der Gegner Anlass zu Vermutungen in dieser Richtung. In 1,9 wird die Gegnerpolemik vorbereitet durch die Bemerkung, der Bischof müsse in der gesunden Lehre ermahnen können und die *Widersprechenden* (τοὺς ἀντιλέγοντας) zurechtweisen. Diese werden in 1,10.16 als *Ungehorsame* (ἀνυπότακτοι; ἀπειθεῖς) abqualifiziert, die durch ihre falsche Lehren ganze (offenbar christliche) *Häuser zerstören* (1,11). Als Motiv wird ihnen *Gewinnsucht* unterstellt (1,11). In allem *gehorsame* Sklaven, die *nicht widersprechen* (μὴ ἀντιλέγοντας), *nichts veruntreuen* und damit perfekte Mitglieder eines stabilen Hauswesens sind, bieten jedenfalls ein Gegenbild der so gezeichneten Leute. Dass allerdings die Frage des richtigen Verhaltens der Sklaven eines der Themen war, durch das die GegnerInnen die Häuser der Gemeinde zu „zerstören" drohten, lässt sich aufgrund von Tit 1,10–16 / 2,9f allenfalls vermuten.[16] Zur Gewissheit wird es erst angesichts von 1Tim 6,1–5.

---

[14] L. Oberlinner, XI, 2/3, 120.

[15] Vgl. dazu ausführlich A. Weiser, Titus 2 als Gemeindeparänese, 406f.

[16] U.-R. Kügler, Paränese, 201 will aus der an sich richtigen Beobachtung, dass den Irrlehrern die Befähigung zu guten Werken abgesprochen wird (Tit 1,16), die Haustafel aber vorgibt, was der gesunden Lehre entsprechende gute Werke (gemäß Tit 2,14) sind, schließen, dass die „Irrlehrer im Hinblick auf die Sklaven die Lehre, die das in V 9 geschilderte Fehlverhalten" bewirkte (sc.: „sie ordneten sich ihren Herren nicht unter, lehnten sich gegen sie auf, widersetzten sich ihnen, und veruntreuten das Eigentum ihrer Herren" [a.a.O., 197]), vortrugen. Küglers Verfahren ist methodisch hochproblematisch. Mit derselben Berechtigung könnte man für jede der in Tit 2,1–10 abgelehnten Verhaltensweisen schließen, dass sie von den Irrlehrern gelehrt würde, also z.B. aus Tit 2,3, dass

9.1.2 1Tim 6,1–5

In 1Tim 6,1f wird eine zweiteilige Sklavenparänese geboten.[17] Da die zweite eindeutig auf Sklaven mit christlichen Herren bezogen ist (οἱ δὲ πιστοὺς ἔχοντες δεσπότας), die erste ganz allgemein von denen spricht, die als Sklaven unter dem Joch[18] sind (Ὅσοι εἰσὶν ὑπὸ ζυγὸν δοῦλοι), wird meist – e silentio! – geschlossen, dass sie Sklaven heidnischer Herren im Blick hat.[19] Doch wäre das beim Lesen allenfalls durch nachträgliche Korrektur zu erschließen, ὅσοι εἰσίν lässt eindeutig eine generelle Aussage erwarten. Wahrscheinlicher scheint mir daher die Annahme zu sein, dass 6,1 die für alle (christlichen) Sklaven geltende Regel bietet,[20] 6,2 aus aktuellem Anlass den besonderen Fall von Sklaven christlicher Herren thematisiert, und zwar mit dem eindeutigen Interesse, ihnen gegenüber festzustellen, dass für sie Sonderregelungen nur insofern gelten, als an ihren Diensteifer sogar noch höhere Erwartungen gestellt werden.

Die erste Regel in 6,1 ist schlicht aufgebaut: Ein vorgeschalteter Relativsatz nennt die Adressaten der Mahnung, dann folgt im Hauptsatz das erwünschte Verhalten der Sklaven (nämlich dass sie ihre Herren aller Ehre wert halten), abschließend begründet ein Finalsatz dies mit dem Urteil der

---

sich alte Frauen dem Trunk ergeben sollten. Rückschlüsse aus Paränese und Polemik sind nur dann möglich, wenn deutliche Hinweise auf konkrete Probleme vorliegen, die durch andere Texte und das Gesamtbild unterstützt werden. In diesen Fällen sind Rückschlüsse möglich, aber selbstverständlich unter Berücksichtigung der polemischen Absicht und des paränetischen Kontexts (siehe auch o. Anm. 10).

[17] Dass es sich bei der Sklavenregel um eine Fortsetzung der Presbyterregel handelt, also an Sklaven gedacht wäre, die Älteste sind (C. K. Barrett, 82) ist m.E. extrem unwahrscheinlich, der Verfasser behandelt ab 1Tim 5,1 verschiedene Gruppen der Gemeinde, teils Amtsinhaber (wie die Witwen und Presbyter 1Tim 5,3ff.17ff), teils nach anderen Kriterien zusammengefasste (wie Ältere und Jüngere und SklavInnen 1Tim 5,1f.6,1f).

[18] Der Ausdruck ὑπὸ ζυγόν ist gängig zur Bezeichnung der Unfreiheit, vgl. W. Schenk, Art. ζυγός, 258 mit Belegen. An das „Joch Christi" (so H.-W. Bartsch, Anfänge, 150) ist kaum gedacht, auch, dass der Verfasser „von dem erniedrigenden Los und der harten, unmenschlichen Last der Sklaven" weiß (so S. Schulz, Sklavenhalter, 208), ist dem Ausdruck nicht zu entnehmen.

[19] So z.B. J. Jeremias, 43; V. Hasler, 45; N. Brox, 206f; G. Holtz, 131f; L. Oberlinner, XI, 2/1, 265f.; C. K. Barrett, 82.

[20] So D. G. Wohlenberg, 198; G. D. Fee, 137 und höchstwahrscheinlich auch J. Roloff, 321. L. Oberlinner, XI, 2/1, 265 mit Anm. 7 unterstellt Roloff m.E. zu Unrecht, er denke an nicht-christliche Sklaven. Der Text ist nicht ganz eindeutig, da Roloff in der Tat von „allen Sklaven" spricht. Doch geht aus dem Zusammenhang m.E. hervor, dass er an alle christlichen Sklaven denkt, denn die Begründung lautet, die Beschreibung als unter dem Joch stehend sei „ein übergreifendes Merkmal der Sklaverei, wobei es keine Rolle spielt, ob *die Sklavenhalter* Heiden oder Christen sind." (Hervorhebung A.M.) Auch die weitere Auslegung, insbesondere S. 325 („Die ... Sklavenparänese ist ausschließlich gemeindeorientiert. Sie spricht ... die Sklaven ...als Stand innerhalb der Gemeinde an"), zeigt, dass Roloff an christliche Sklaven denkt.

Außenwelt: „damit nicht der Name Gottes und die Lehre gelästert werden".[21] Letzteres impliziert erneut (vgl. Tit 2,10), dass die Unterordnung von Sklaven Inhalt der christlichen Lehre ist und dem Willen Gottes entspricht. Die Formulierung τοὺς ἰδίους δεσπότας πάσης τιμῆς ἀξίους ἡγείσθωσαν zielt vor allem auf die Anerkennung der Vorrangstellung der Herren seitens der Sklaven,[22] ein dienstbares und gehorsames Verhalten wird nicht eigens angemahnt, ist darin aber sicher eingeschlossen. M.E. wurde die Formulierung vor allem gewählt, weil sie als Folie für das unerwünschte Verhalten von Sklaven geeignet ist, das im zweiten Fall diskutiert wird (das καταφρονεῖν), was allerdings nicht ausschließen muss, dass sie eine traditionelle Grundlage hat.[23]

Erst die zweite Regel für die christlichen Sklaven gläubiger Herren zeigt, dass (und bezüglich welcher Gruppe von Sklaven) ein aktuelles und theologisch relevantes Gemeindeproblem vorliegt.[24] Dies erweist sowohl (1.) die dialogische Struktur der Regel als auch (2.) ihre kotextuelle Einbindung.

1. Die einfache Struktur der ersten Regel (Adressat – erwünschtes Verhalten – Begründung) ist in der zweiten erweitert worden. Nachdem die Adressaten der Mahnung in einer vorgeschalteten Partizipialkonstruktion genannt

---

[21] Die Begründung mit dem Urteil der Außenwelt ist kein Argument für die Annahme, in 1Tim 6,1 sei ausschließlich an die Sklaven heidnischer Herren gedacht (gegen U.-R. Kügler, Paränese, 201f). Das erweist Tit 2,5, wo junge Frauen angehalten werden, ihren Männern zu gehorchen, „damit nicht das Wort Gottes gelästert werde". Hier ist sicher nicht nur an Ehefrauen heidnischer Männer gedacht. Vgl. auch Tit 2,10, wo vermutlich ebenfalls Sklaven christlicher wie heidnischer Herren im Blick sind und dieselbe Begründung, allerdings positiv formuliert, begegnet.

[22] „Ehre' bzw. ‚ehren' ist in der Sprache urchristlicher Paränese Umschreibung des den Christen gebotenen Verhaltens, das darin besteht, allen Menschen innerhalb des jeweils zu ihnen bestehenden konkreten gesellschaftlichen Zuordnungsverhältnisses gerecht zu werden (Röm 12,10; 13,7; 1Petr 2,17; 3,7)" im Unterschied zum ‚Lieben' als dem innerhalb der Gemeinde üblichen Verhalten (J. Roloff, 321f). Charakteristisch für die Pastoralbriefe ist allerdings, dass bei ihnen das christliche ἀγαπᾶν und die gesellschaftlich geforderte Unterordnung im Rahmen der Gemeinde explizit zusammenfallen (s.u. zu 1Tim 6,2).

[23] Nach J. Roloff, 320 geht „die Substituierung des traditionellen Leitbegriffs ,gehorchen' durch die gewählte Wendung ,aller Ehre wert halten' auf das Konto des Verf.". G. Holtz, 131f dagegen nimmt an, dass im Hintergrund die hellenistisch-jüdische Tradition steht, die das Gebot der Elternehre auch auf die Sklaven bezog (עֶבֶד wird in der LXX meist mit παῖς übersetzt), vgl. Philo, Decal 165–167. Dafür spricht manches, denn die Berührungen gehen erheblich weiter als Holtz erkennen läßt (s.u. S. 254).

[24] Anders P. H. Towner, Goal, 175, der meint, die Formulierung von 6,1 lasse den Schluss zu, „that certain slaves were guilty of disrespect for their masters". Doch ergibt sich dies sicher erst aus 6,2 – und dort ist eine genau bezeichnete Gruppe im Blick. Es ist daher m.E. methodisch problematisch (und darüber hinaus historisch nicht eben wahrscheinlich), auch den Sklaven heidnischer Herren Emanzipationsbestrebungen zu unterstellen. 1Tim 6,2 und der ganze Ko-Text weisen auf ein *innergemeindliches* Problem und die Begründung der Sklaven ist plausibel nur gegenüber Mitchristen.

wurden (οἱ δὲ πιστοὺς ἔχοντες δεσπότας),[25] folgt zunächst die Beschreibung des abzulehnenden Verhaltens (μὴ καταφρονείτωσαν) samt einer Begründung für dieses[26] (ὅτι ἀδελφοί εἰσιν), daran erst schließt sich in direkter Gegenüberstellung die Beschreibung des erwünschten Verhaltens (ἀλλὰ μᾶλλον δουλευέτωσαν) und eine Begründung dafür an (ὅτι πιστοί εἰσιν καὶ ἀγαπητοὶ οἱ τῆς εὐεργεσίας ἀντιλαμβανόμενοι). Hier wird im Gewand situationsunabhängiger Paränese ein aktuell vorfindliches Verhalten von Sklaven aus der Herrenperspektive kommentiert und korrigiert. Anders lässt sich das Anführen der Begründung für ein aus Herrenperspektive als „verachtend" empfundenes Verhalten nicht erklären. Welches Interesse sollte der Verfasser der Pastoralbriefe daran haben, „aufsässigen" Sklaven noch eine mögliche christliche Erklärung für ihr Verhalten zu liefern? ὅτι ἀδελφοί εἰσιν ist demnach Wiedergabe einer Begründung seitens der SklavInnen (oder anderer in ihrem Sinne argumentierender Christen),[27] ein direktes

---

[25] Mit οἱ δέ wird eine Untergruppe aller derer, die (ὅσοι εἰσὶν) unter dem Joch sind (1Tim 6,1), anvisiert.

[26] Der ὅτι-Satz begründet das καταφρονεῖν, nicht etwa das μὴ καταφρονεῖν. So mit Recht D. C. Verner, Household, 142; Roloff, 323; P. H. Towner, Goal, 175; R. M. Kidd, Wealth, 140 Anm. 95 u.ö. Nur dieses Verständnis wird der syntaktischen Konstruktion der Periode gerecht: Unerwünschtes und erwünschtes Verhalten werden einander überbietend entgegengesetzt (μὴ καταφρονείτωσαν, ὅτι...· ἀλλὰ μᾶλλον δουλευέτωσαν, ὅτι...), die beiden begründenden ὅτι-Sätze werden von derselben Logik regiert: die Herren sind „nicht nur" Brüder (denen gegenüber man Gleichheit einfordern könnte), „sondern auch und um so mehr" Gläubige und Geliebte (denen man etwas schuldig ist, u.z. – als Sklave/Sklavin – um so eifrigeren Dienst).

Demgegenüber meint L. Oberlinner, XI, 265f, der ὅτι-Satz solle begründen, warum die Sklaven ihre Herren *nicht* verachten sollen, weil diese nämlich Brüder sind (ähnlich V. Hasler, 45). Dadurch gerät die Aussage gegen den klaren adversativen Sinn der strukturierenden Konjunktionen zu einer additiven: Sklaven sollen ihre Herren nicht verachten, weil sie Brüder sind, und ihnen darüber hinaus um so eifriger dienen, weil sie Gläubige und Geliebte sind. Dies Verständnis provoziert natürlich sofort die Frage: „Wenn aber die Beziehung der im gemeinsamen christlichen Glauben verbundenen ‚Herren' und Sklaven als die von ‚Brüdern' bestimmt wird, stellt dann der Verfasser nicht seine eigene Festschreibung der sozialen Verhältnisse in Frage?" (a.a.O., 266). In der Tat hätte er – womit m.E. nicht zu rechnen ist – Einwänden in dieser Richtung Tür und Tor geöffnet, denn „daß das glaubensbrüderliche Verhältnis die Standesunterschiede nicht einebnen darf" (V. Hasler, 45, von Oberlinner ebd. zustimmend zitiert), setzt eine Uminterpretation der Metapher „Bruder" voraus, die das Gegenteil von selbstverständlich ist. Als Argument für ein submissives Verhalten war „weil sie Brüder sind" ohne nähere Erläuterung also denkbar ungeeignet.

Als weiteres Argument für das erstgenannte Verständnis kann man die Rezeption von 1Tim 6,2 in IgnPol 4,3 anführen, die o. S. 186–187 bereits besprochen wurde: Dort wird eine Ermahnung an den Bischof, SklavInnen nicht von oben herab zu behandeln, kontrastiert mit der Warnung an die SklavInnen, sich nicht aufzublasen, sondern bessere Sklaven zu sein. Auch hier ist der gefürchtete Hochmut von Sklaven eine Folge ihres neuen Status in der Gemeinde, der eine bessere Behandlung durch den Bischof zur Folge hat (oder haben sollte). Bei Ignatius kommen anschließend sogar direkte Wünsche nach Statusverbesserung durch Freikauf auf Gemeindekosten zur Sprache. Der antiochenische Bischof hat 1Tim 6,2 also wohl so verstanden, dass der Bruderstatus als Begründung für ein aus Herrenperspektive unangemessen selbstbewusst erscheinendes Verhalten angeführt wurde.

[27] So auch J. Roloff, 323; P. H. Towner, Goal, 178.

oder indirektes Gegnerzitat.[28] Mit ἀδελφοί εἰσιν oder ἀδελφοί ἐσμεν begründeten sie ein Verhalten gegenüber SklavenbesitzerInnen, das diese als καταφρονεῖν bewerteten. Abgeschmettert wird die gegnerische Berufung auf die Glaubensgeschwisterschaft vom Verfasser der Pastoralbriefe durch eine Neubestimmung der aus dieser abzuleitenden Verhaltenskonsequenzen: Eben weil die Herren Gläubige sind und Geliebte, „die sich um Wohltätigkeit (εὐεργεσία) bemühen", müssen die Sklaven ihnen um so mehr dienen.

Dass οἱ τῆς εὐεργεσίας ἀντιλαμβανόμενοι in diesem Sinne wiederzugeben ist und nicht von Wohltaten handelt, die die gläubigen und geliebten Herren von den Sklaven empfangen,[29] kann wohl als sicher gelten.[30] Denn die Worte vom Stamm εὐεργ- bezeichnen im Allgemeinen wohltätiges Verhalten von Höhergestellten gegenüber Menschen mit niedrigerem Sozialstatus. Ein ironisches Spielen mit dieser Bedeutung, als transformiere der Verfasser das verachtete δουλεύειν der Sklaven in die angesehene Tätigkeit eines εὐεργέτης,[31] eine Anspielung auf Lk 22,25[32] oder eine philosophisch inspirierte Bewertung freiwilliger Übererfüllung des Geforderten als beneficium,[33] ist dem Verfasser der Pastoralbriefe m.E. nicht zuzutrauen, da er sonst das eindeutige Interesse zeigt, die Hierarchien zu verstärken, anstatt sie aufzuweichen.[34] Der Einwand, es sei „a little over-optimistic to assume that all Christian slave owners are as human as this translation suggests",[35] ist zwar in der Sache berechtigt, geht aber an der Intention des Verfassers vorbei. Dieser hat auch sonst keine Bedenken, schwarzweiß zu malen. Er möchte an dieser Stelle die Pflichten der Sklaven definieren, dass die Sklavenbesitzer sich tadellos verhalten, muss er dabei voraussetzen,[36] um seine

---

[28] Die in Anm. 27 genannten Autoren rechnen mit einem direkten Zitat, die Möglichkeit, dass es sich um eine Wiedergabe in indirekter Rede handelt, kann allerdings m.E. nicht ausgeschlossen werden.

[29] So bereits die Vulgata (qui benificii participes sunt), bei modernen Kommentatoren z.B. Spicq, 184; F. W. Danker, Benefactor, 324; W. Lock, 66; G. D. Fee, 139, L. T. Johnson, 105f.

[30] Vertreten z.B. von Dib-Co, 62f, J. Roloff, 234f; D. C. Verner, Household, 143f; L. Oberlinner, XI, 2/1, 267; V. Hasler, 267, am ausführlichsten werden die sprachlichen Probleme bei R. M. Kidd, Wealth, 140–156 diskutiert. Kidd hält neben der obigen folgende alternative Übersetzung für sprachlich möglich: „weil sie Gläubige und Geliebte sind, die für ihre Wohltaten zurückempfangen". Er konnte nämlich zeigen, dass die üblicherweise von Vertretern der Ansicht, dass die Sklaven als Wohltäter bezeichnet werden, ins Feld geführte mediale Bedeutung von ἀντιλαμβάνεσθαι (= „empfangen" statt „sich bemühen um") sich meist auf die Rückerstattung von früher geleisteten Wohltaten bezieht.

[31] So C. Spicq, 184; G. W. Knight, 247.

[32] So F.W. Danker, Benefactor, 324.

[33] So deutet W. Lock im Lichte von Seneca, Ben III, 18–21 die Stelle.

[34] Richtig D. C. Verner; Household, 143; R. M. Kidd, Wealth, 143f. Bezeichnenderweise begegnen die Interpretationen, die eine subversive Veränderung der sozialen Hierarchien unterstellen (vgl. o. Anm. 29.31.32), meist bei Autoren, die von der Authentizität der Pastoralbriefe ausgehen.

[35] So A. T. Hanson, 105. Zu Hansons wenig überzeugendem neuen Übersetzungsvorschlag „since the masters, who share with slaves in Christian service, are believers and beloved" (105f) vgl. J. Roloff, 325 Anm. 497.

[36] Das Ungleichgewicht der Aussage, die dem „Soll-Stand seitens der Sklaven" den „Ist-Stand seitens der Herren" entgegenhält, wird bei J. Roloff, 324 klar gesehen, gleichwohl für nur „fast befremdlich" erachtet. Gänzlich naiv U.-R. Kügler, Paränese, 205f: „Die Besitzer von Sklaven ziehen

Argumentation nicht zu gefährden.[37] Jedes Eingeständnis möglichen Fehlverhaltens auf der Herrenseite würde die Frage nach den Grenzen der Gehorsamspflicht provozieren – und solche sind offenkundig nicht vorgesehen.

Manchmal wird bestritten, dass die Bezeichnung der Herren als Geliebte sie als *von den Sklaven geliebte* – oder den intendierten Imperativ genauer wiedergebend: *zu liebende* – ausweist. So meinen Dibelius-Conzelmann, da „bei Sklaven, die zum Dienen ermahnt werden müssen, Liebe zu den Herren in eben dieser Mahnung nicht vorausgesetzt werden kann",[38] müsse man θεοῦ ergänzen, gemeint seien die Herren als von Gott Geliebte. Doch mag der theologische Bezug zwar mitintendiert sein, der zwischenmenschliche Aspekt ist aber sicher der dominante.[39] Erstens wird der Bezug auf Gott immer explizit ausgesprochen, wenn darauf der Schwerpunkt liegt (Röm 1,7; 11,28). „Im Zusammenhang von Aussagen über die Gemeinde ist ἀγαπητός stets Bezeichnung des zwischen deren Gliedern bestehenden brüderlichen Verhältnisses (z.B. 1Thess 2,8; 1Kor 4,14; 10,14; 15,58; Phil 2,12; 4,1)."[40] Zweitens sichert die intertextuelle Bezugnahme auf Phlm 16 den zwischenmenschlichen Bezug (s. dazu u. S. 264ff).[41] Schließlich ist die Erwartung und Verpflichtung, dass Sklaven ihre Herren lieben sollen, so unangemessen sie uns auch erscheinen mag, bereits im hellenistischen Judentum nachzuweisen. Philo bezieht in seiner Auslegung des Elternliebegebotes Decal 165–167 (τὸ περὶ γονέων τιμῆς, 165; vgl. die Aufforderung zur Ehre in 1Tim 6,1) u.a. auch das Verhältnis von Wohltätern und Empfängern von Wohltaten sowie von Herren und Sklaven ein: τὸ περὶ γονέων τιμῆς, πολλοὺς καὶ ἀναγκαίους νόμους ὑπαινίττεται, ... τοὺς ἐπ᾽ εὐεργέταις καὶ εὖ πεπονθόσι, τοὺς ἐπὶ δούλοις καὶ δεσπόταις (Decal 165). Die Empfänger von Wohltaten sollen diese vergelten, Diener sollen ihren Dienst *mit Liebe zum Herrn* ausführen (πολλὰ δὲ καὶ

---

in der Behandlung ihrer Sklaven auch die Konsequenz aus ihrem Christsein, sie tun den Sklaven ‚Wohltaten'... Sie beweisen, daß sich die Lage der Sklaven im christlichen Haus zum Guten verändert hat ... 1Tim 6,2 ist Beweis dafür, daß die paulinische Sklavenparänese die Verhältnisse der Sklaven im christlichen Bereich ohne direkte Veränderung der gesellschaftlichen Struktur beeinflußt hat." Kügler kommt zu dem Ergebnis, „daß das Verhalten der Herren – anders als das der Sklaven – zu keinen Klagen Anlaß gab."

[37] Anders R. M. Kidd, Wealth, 156 der meint, „As the subject of a nominal sentence the phrase actually has the effect of *limiting* the predication of ‚faithful and beloved' to ‚the ones who undertake benevolence.' It should be translated: ‚for faithful and beloved are the ones who undertake benevolence,' or perhaps, ‚for those are faithful and beloved who undertake benevolence.'" Doch kann diese Übersetzung nicht überzeugen, denn Kidd verliert den größeren Satzzusammenhang völlig aus den Augen: Eine begründende Funktion für die Aufforderung, um so mehr zu dienen, kann der so verstandene Satz nicht erfüllen, er wäre entweder logisch unverbunden angehängt oder gewönne gar eine dem Gesamtsinn entgegenlaufende Funktion, dass Sklaven nämlich nur dann diensteifrig sein müssten, wenn ihre christlichen Herren sich um εὐεργεσία bemühen – beides erscheint höchst unwahrscheinlich.

[38] Dib-Co, 63, so auch U.-R. Kügler, Paränese, 205.

[39] Nach O. Wischmeyer, Adjektiv, 476–480 wurzelt die paulinische Bezeichnung „Geliebte" als Synonym zu „Brüder" letztlich im jüdischen Erwählungsverständnis (die Patriarchen und das Volk Israel als „Geliebte"). „Die ‚Geliebten Gottes' oder ἀγαπητοὶ ἐν κυρίῳ bilden untereinander eine Gemeinschaft geliebter Brüder und Schwestern" (477f).

[40] J. Roloff, 324 Anm. 494.

[41] Darauf haben H.-W. Bartsch, Anfänge, 153f, P. H. Towner, Goal, 178f und G. W. Knight, 247 zu Recht aufmerksam gemacht (s.u. Anm. 78).

ἄλλα προστέτακται ... εὖ μὲν πεπονθόσι εἰς χαρίτων ἀμοιβάς ... θεράπουσι μὲν εἰς ὑπηρεσίαν *φιλοδέσποτον,* Decal 167). Anders als die Pastoralbriefe nennt Philo jedoch jeweils die Verpflichtungen der übergeordneten Seite und setzt diese nicht als erfüllt voraus.[42] Doch davon unabhängig wird vor dem skizzierten jüdisch-hellenistischen Hintergrund die Rationalität der Dienstverpflichtung unter Berufung auf den Status der Herren als οἱ τῆς εὐεργεσίας ἀντιλαμβανόμενοι[43] und die Verbindung von τιμή (bzw. ihrem Pendant μὴ καταφρονεῖν ἀλλὰ μᾶλλον δουλεύειν) und ἀγάπη im Falle von Herren gleichen Glaubens einsichtig.

2. Die Sklavenregel wird durch eine Einschärfungsformel unterstrichen (Ταῦτα δίδασκε καὶ παρακάλει) und durch die sich anschließende heftige Gegnerpolemik gegen Widerspruch abgesichert. Die Verknüpfung der Gegnerpolemik mit der voranstehenden Sklavenparänese wird zwar vom Großteil der exegetischen Literatur zur Stelle nicht vollzogen, ist aber m.E. die einzig zulässige Interpretation. Die Einschärfungsformel „dies lehre und dazu ermahne" in 2b fasst in erster Linie die Sklavenparänese zusammen,[44] denn in früheren paränetischen Abschnitten begegnen vergleichbare Formeln, vgl. 4,11 (Παράγγελλε ταῦτα καὶ δίδασκε), 5,7 (καὶ ταῦτα παράγγελλε), und zuletzt 5,21 (ταῦτα φυλάξῃς).[45] 6,3 wiederum nimmt ohne Zweifel antithetisch auf 6,2b Bezug, dem <u>ταῦτα δίδασκε</u> wird das Anderslehren und nicht bei der gesunden Lehre Bleiben gegenübergestellt (εἴ τις <u>ἑτεροδιδασκαλεῖ</u> καὶ μὴ προσέρχεται ὑγιαίνουσιν λόγοις τοῖς τοῦ κυρίου ἡμῶν Ἰησοῦ Χριστοῦ[46] καὶ τῇ κατ' εὐσέβειαν διδασκαλίᾳ). Zwar beginnt mit 6,3 eine zusammenfassende Schlusspolemik des Briefes, was besonders durch das Verb ἑτεροδιδασκαλεῖν angezeigt wird. Es wurde am Briefanfang in 1,3 verwendet, um die Aufgabe des Timotheus summarisch zu kennzeichnen, nämlich gewisse Leute zu ermahnen, dass sie nicht

---

[42] Zum Prinzip der „proportionalen" Gleichheit bei Philo, die den Umgang zwischen sozial höher und tiefer Gestellten regelt und im Interesse der Aufrechterhaltung eines friedlichen Zusammenlebens von den Untergeordneten Achtung und Gehorsam, von den Herrschenden Verantwortungsübernahme und milde Herrschaft verlangt, vgl. A. Ade, Sklaverei, 118ff.

[43] Gegen U.-R. Kügler, Paränese, 206, der bestreitet, dass die Sklaven „als Dank oder als Gegenleistung" für die mit οἱ τῆς εὐεργεσίας ἀντιλαμβανόμενοι angesprochenen Verhaltensweisen christlichen Herren besser dienen sollen, sondern darin nur den Nachweis erblickt, dass die Herren ihren Verpflichtungen nachkommen und darum nicht gemahnt werden müssen. Eine plausible Erklärung für die Wahl der kausalen Konjunktion durch den Verfasser bietet er allerdings nicht.

[44] Das wird gelegentlich bestritten, z.B. U.-R. Kügler, Paränese, 206f.

[45] Möglicherweise zeigt die Doppelung von διδάσκειν und παρακαλεῖν an, dass (wie 1Tim 4,11; Tit 2,15) zugleich ein größerer Abschnitt zusammengefasst wird. So E. Schlarb, Lehre, 219 mit Anm. 55. Vgl. auch 281f zur Klammerfunktion von 1Tim 6,2b.

[46] Der Ausdruck ὑγιαίνουσιν λόγοις, τοῖς τοῦ κυρίου ἡμῶν Ἰησοῦ Χριστοῦ meint die christliche Lehre mit ihrer normierenden Grundlage (gen. obiectivus), nicht eine konkrete Lehrbasis in Form einer Herrenwortsammlung; vgl. neben vielen anderen E. Schlarb, Lehre, 219f; L. Oberlinner, XI, 2/1, 273 gegen G. Holtz, 134, J. Roloff, 331.

„anders lehren". Das aber lässt die Tatsache, dass ausgerechnet die Sklavenparänese direkt vor diese polemische Schlussnote zu stehen kommt und
mit dieser antithetisch verklammert wird, nur umso bedeutungsvoller erscheinen.[47] Hier wird offensichtlich ein neuralgischer Punkt berührt. Nur so
lässt sich die heftige Polemik der Verse 3–5 erklären: Wer auch und gerade
bezüglich der Sklaven „anders" lehrt, muss sich sagen lassen, dass er oder
sie die normative Lehre[48] verlassen hat, verblendet, ohne Einsicht und krank-
haft streitsüchtig ist, Neid, Streit, Lästerungen und üble Verdächtigungen
provoziert, sich fortwährend streiten will und dabei nur beweist, dass er zu
den Menschen mit zerrüttetem Verstand gehört, fern von der Wahrheit ist und
sogar die Frömmigkeit zu einem Erwerbsmittel pervertiert. Streicht man die
Polemik, bleibt eine offensive Lehrtätigkeit mit Folgen, die in der Sicht des
Verfassers sozial destruktiv und darum mit der gesunden Lehre nicht vereinbar ist. Die von der falschen Lehre hervorgerufene Einstellung führt nach
dem aus der Sklavenhalterperspektive urteilenden Verfasser der Pastoralbriefe zum „Verachten" der HerrInnen (1Tim 6,2). Was sich dahinter konkret verbirgt, ist schwer zu sagen. Geht es „nur" um Konflikte, die sich aus
den konfligierenden Statuszuweisungen innerhalb des Hauses und der Gemeinde ergaben? Alternativ denken manche, die Gegner hätten tendenziell
oder sogar grundsätzlich die Forderung vertreten, christliche Sklaven seien
freizulassen. Doch sollte man in diesem Fall eine sehr viel gezieltere Argumentation des Verfassers erwarten (analog etwa zu IgnPol 4,3). Generell
scheint mir wichtig, in dieser Frage nicht vorschnell falsche Alternativen
wie die folgende aufzubauen: „Nicht also ‚Häretiker ..., die offen zur Sklavenemanzipation aufriefen und damit den Umsturz der von Gott gesetzten
Gesellschaftsordnung einleiteten', standen hinter den sozialen Problemen
und dem Aufgreifen des Themas ‚Sklaven' in den Pastoralbriefen, sondern
die sich ganz selbstverständlich aus einer geänderten Situation ergebenden
Fragen."[49] Wie die obige Analyse der dialogischen Struktur der Sklavenregel und ihrer kotextuellen Einbindung ergeben hat, ist die Verknüpfung
mit der Irrlehrerfrage durch den Verfasser der Pastoralbriefe nicht zu bestreiten. Klar ist außerdem, dass die Frage des Umgangs zwischen christlichen SklavInnen und ihren HerrInnen als eine *die christliche Glaubens-
überzeugung betreffende* thematisiert worden war. M.a.W. es standen nicht
nur irgendwelche Probleme im Raum, sondern klar formulierte alternative
Lösungen, wobei die der GegnerInnen dem Verfasser der Pastoralbriefe als
mit der gesunden Lehre nicht vereinbar erschien. Da sein Sklavenideal aber
wie gezeigt auf extreme Unterwürfigkeit ausgerichtet ist, sind dazu christli-

---

[47] So auch U.-R. Kügler, Paränese, 202; H. v. Lips, Glaube, 153f mit Anm. 263.
[48] Vgl. E. Schlarb, Lehre, 288–299 zu διδασκαλία und διδαχή in den Pastoralbriefen.
[49] W. Thießen, Ephesus, 279 unter Bezugnahme auf S. Schulz, Ethik, 608.

che Alternativen jenseits radikaler Sklavenemanzipation mit gesellschaftsrevolutionärer Tendenz denkbar. Der Kern der gegnerischen Argumentation bezüglich der Sklavenfrage wurde oben bereits aus der Wiedergabe des umstrittenen Verhaltens durch den Verfasser der Pastoralbriefe rekonstruiert: entweder ἀδελφοί ἐσμεν (als Selbstaussage, die Sklaven und Herren unter dem Aspekt der Geschwisterschaft zusammenfasst) oder ἀδελφοί εἰσιν (als Aussage über die HerrInnen und damit indirekt auch über die SklavInnen). Herauszufinden, auf der Basis welcher Traditionen die angegriffenen ChristInnen ihre Lehre vortrugen und in welchem theologischen Argumentationszusammenhang sie steht, ist die Aufgabe der intertextuellen Analyse.

9.2 Intertextuelle Analyse

Hier ist gemäß unserer Methodik zunächst zu fragen, ob es Hinweise darauf gibt, dass die bekämpften ChristInnen ihre Lehre unter Rückgriff auf Paulus begründeten. Ist dies der Fall, ist weiter zu fragen, ob die Argumentationsweise des Verfassers erkennen lässt, dass er eben diese Berufung auf Paulus unmöglich machen will, gegebenenfalls durch fingierte Eigentextreferenzen.

9.2.1 Traditionsgeschichtlicher Rückschluss auf den theologischen Ort der gegnerischen Argumentation

Verschiedentlich wurde bereits die naheliegende Vermutung geäußert, dass im Hintergrund des auf Geschwisterlichkeit statt Unterordnung zielenden Verhaltens der Sklaven die urchristliche Tauftradition steht, wie sie in Gal 3,28; 1Kor 12,13 und Kol 3,11 erhalten ist.[50] Dort wird bekanntlich aus der Einheit aller Getauften in Christus die Aufhebung der als naturgegeben geltenden Unterschiede ἐν Χριστῷ gefolgert. An allen drei Stellen begegnet explizit die Kombination Sklave / Freier. Dass die angegriffenen SklavInnen und gleichgesinnte Christen auf dieser theologischen Basis Schlussfolgerungen für ein neues Miteinander von HerrInnen und SklavInnen zogen, ist also durchaus vorstellbar. Meist wird darüber hinaus eine Verbindung zwischen dem emanzipativen Verhalten der Sklaven und der präsentischen Eschatologie der GegnerInnen gesehen, die von den Pastoralbriefen scharf bekämpft wird. Aufgrund ihrer Überzeugung, die Auferstehung sei schon geschehen (2Tim 2,18), hätten die Gegner auf Aufhebung der in der Gesellschaft üblichen Hierarchien in der Gemeinde gedrängt.[51] Die gegnerische Eschatologie wurzelt nach allgemeiner Auffassung in einem „enthusiastischen" Taufver-

---

[50] Z.B. D. C. Verner, Household, 142; P. H. Towner, Goal, 176; J. D. Quinn, 148.
[51] Z.B. U.-R. Kügler, Paränese, 202.204; J. Roloff, 322; E. Schlarb, Lehre, 122f.

ständnis, dessen Verortung in der paulinischen Tradition (und dessen traditionsgeschichtlicher Zusammenhang mit der von Gal 3,28 etc. repräsentierten Tauftradition) allerdings recht unterschiedlich beurteilt und bewertet wird.[52] Dieser Aspekt der gegnerischen Lehre ist von der SklavInnenparänese her nicht zu klären, denn die Argumentation in 6,2ff geht auf theologische Begründungen dieser Art nicht ein. Das kann Strategie sein oder ein Hinweis darauf, dass pln Formulierungen wie Gal 3,28; 1Kor 12,13 und Kol 3,11 nicht die direkte Argumentationsbasis der Gegner in der Sklavenfrage gebildet haben. Auffällig ist jedenfalls, dass diese Formeln zwar eine Aussage über eine neue Identität der Getauften *in Christus* machen, sich aber nicht zu der Frage äußern, ob und wie diese in eine veränderte soziale Realität umgesetzt werden soll, bzw. dass an der einen Stelle, wo dies (im Kol, vgl. 3,11 mit 3,22–25) doch geschieht, eine Aufforderung zur Unterordnung begegnet.[53] Außerdem ist zu beachten, dass an keiner dieser Stellen der Begriff ἀδελφός begegnet, den die in 1Tim 6,2 bekämpften ChristInnen im Mund führen. Die aktuelle Argumentationsbasis lässt sich nur durch die Analyse der intertextuellen Struktur von 1Tim 6,2 erschließen. Der Vers enthält nämlich eine in der exegetischen Literatur bisher noch nicht angemessen berücksichtigte fingierte Eigentextreferenz, eine interpretierende Bezugnahme auf Phlm 16, die vermuten lässt, dass die Gegner sich genau darauf beriefen.

9.2.2 Der Prätext (Phlm 16): Die fingierte Eigentextreferenz und ihre Intention

Der Philemonbrief ist Paulus' konkreteste Stellungnahme zum Verhältnis christlicher Sklaven zu ihren ebenfalls christgläubigen Herren an einem aktuellen Fall. Vorausgesetzt, dieser Brief war in den Gemeinden der Pastoralbriefe bekannt, lag es mehr als nahe, sich an ihm zu orientieren, wenn man die Haltung des Paulus denen gegenüber kennen lernen wollte, οἱ δὲ

---

[52] Extrem einfach macht es sich in dieser Hinsicht U.-R. Kügler, Paränese, 201: Das Verhalten der Sklaven zeige, dass sie meinten, „mit der religiösen Freiheit auch die rechtliche Freiheit erlangt zu haben; dieses Denken ist gnostischen Ursprungs".

[53] Das könnte ein Hinweis darauf sein, dass die Forderung nach brüderlicher Behandlung tatsächlich unter Berufung auf die Tauftradition vorgetragen wurde. Der Verfasser des Kol hätte durch die betonte Wiederholung der von den „Egalitaristen" in Anspruch genommenen Formel und die kurz darauf folgende Unterordnungsparänese solcherart argumentierenden SklavInnen den Wind aus den Segeln nehmen wollen. Aber natürlich ist diese Interpretation nicht die einzig mögliche. So deutet etwa A. Standhartinger, Brief 641–644 das Nebeneinander von Kol 3,11 und 3,18–4,1 als „Verdeckungsstrategie", es weise darauf hin, dass die Haustafel lediglich als apologetisches Signal an die politische Seite zu sehen sei, tatsächlich hätten sich alle als „einander ermutigende MitsklavInnen" verstanden oder wenigstens verstehen sollen (Brief, 644).

πιστοὺς ἔχοντες δεσπότας (1Tim 6,2). Dass die Pastoralbriefe den Phlm kennen, ist aus folgenden zwei Gründen vorauszusetzen: Zum einen ist Phlm neben den Pastoralbriefen bekanntlich der einzige Paulusbrief, der sich an einen einzelnen Adressaten richtet, den als „Geliebten" und „Mitarbeiter" angesprochenen Philemon. Darin scheinen die Pastoralbriefe den Phlm zu imitieren. Entscheidend ist der zweite Grund: die Grußliste aus Phlm 24 wurde eindeutig in 2Tim 4,10f verarbeitet. Der Einwand, die Namen könnten auch aus dem Kol stammen (der ebenfalls Phlm 23f ausschreibt), ist nicht stichhaltig, denn da die Aufnahme von Orts- und Personennamen aus paulinischen Briefen in erster Linie im Dienste der Echtheitssuggestion steht, muss Kol zwingend im literarischen Zusammenhang mit Phlm überliefert worden sein. Allerdings zeigt die Existenz des Kol, dass Phlm schon früh zu den Paulusbriefen gehörte, die in den Gemeinden rezipiert wurden.[54]

Exkurs: Zur Abfassungssituation des Philemonbriefes

Die Situation, die zur Abfassung des Phlm führte, ist nur aus diesem selbst und angesichts mancher taktvoll nebulöser Formulierungen[55] des Paulus nicht mit letzter Sicherheit zu rekonstruieren. Sicher ist nur, dass Onesimus, der Sklave des Philemon,[56]

---

[54] Eine eingehende Untersuchung des intertextuellen Verhältnisses zwischen dem Kolosserbrief und dem Philemonbrief muss hier aus Raumgründen unterbleiben. Sie würde das Ergebnis unserer Analyse zu den Pastoralbriefen unterstreichen. Denn es lässt sich m.E. zeigen, dass Kol unter anderem geschrieben wurde, um auszuschließen, dass in der Sklavenfrage politisch destabilisierende Folgerungen aus dem Philemonbrief gezogen wurden. Die Vermutung, dass die SklavInnenparänese im Kol und Phlm aufeinander zu beziehen sind, wurde bisher nur selten und eher verhalten geäußert (z.B. von H. Gülzow, Christentum, 63f). Eine Analyse, die die intertextuellen Grundprinzipien pseudepigrapher Schriftstellerei berücksichtigt, kann erweisen, dass diese den Phlm entschärfende intertextuelle Lektüre vom Verfasser des Kol eindeutig intendiert ist.

[55] Vgl. den interessanten Beitrag von A. Wilson „The Pragmatics of Politeness and Pauline Epistolography: A Case Study of the Letter to Philemon", in dem er anknüpfend an linguistische Untersuchungen zur Pragmatik der Höflichkeit zeigt, dass zur Vermeidung von Gesichtsverlust eines Kommunikationspartners (hier Philemons) rhetorische Stragien gewählt werden müssen, die einer eindeutigen Informationsübermittlung entgegenstehen.

[56] Diese Grundannahme wird nur vereinzelt in Frage gestellt, so versucht beispielsweise in jüngerer Zeit A. D. Callahan, Epistle, ausführlicher in ders., Embassy, nachzuweisen, dass Onesimus nicht der Sklave, sondern der leibliche Bruder des Philemon war und sich erst im 4. Jh. die Sklavenfluchthypothese durchsetzte. Die wichtigsten Argumente dagegen sind m.E.:
a) Der Ausdruck ἀδελφὸς ἀγαπητός in V. 16 müsste eine doppelte Bedeutung haben, in Bezug auf Philemon wörtlich, in Bezug auf Paulus (μάλιστα ἐμοί!) dagegen übertragen zu verstehen sein. b) Gleichzeitig dürfte sich die zu ἀδελφὸς ἀγαπητός hinzutretende Näherbestimmung καὶ ἐν σαρκὶ καὶ ἐν κυρίῳ nur auf Philemon beziehen, beides liegt vom Satzzusammenhang her nicht nahe. c) Die Wendung ἀλλ' ὑπὲρ δοῦλον, die als Gegensatz zu ὡς δοῦλον fungiert und asyndetisch mit ἀδελφὸν ἀγαπητόν verbunden wird, ergibt m.E. nur Sinn, wenn die betroffene Person tatsächlich ein Sklave ist. Wäre nämlich Onesimus der Bruder des Philemon gewesen, dann hätte die Aufforderung, ihn „nicht wie einen Sklaven, sondern wie einen geliebten Bruder", also wie es seinem tatsächlichem Status entspricht, zu behandeln, völlig genügt. Da aber der Adressat

sich zur Zeit der Abfassung bei Paulus im Gefängnis befindet, wo er von Paulus zum christlichen Glauben bekehrt worden war (V. 10), und nun mit einer offiziellen Petition,[57] eben dem Philemonbrief, zu seinem Herrn zurückgeschickt wird (V. 12). Was der Grund für die nicht im beiderseitigen Einvernehmen zustande gekommene Trennung von Sklave und Herr war[58] und was genau Paulus mit dem Philemonbrief erreichen wollte, wird kontrovers diskutiert. Am wahrscheinlichsten scheint, dass Onesimus nicht geflohen ist,[59] sondern sich mit der Bitte um Vermittlung in einem häuslichen Konflikt an Paulus gewandt hat,[60] von dem er zu Recht annahm, dass er ein

aufgefordert wird, Onesimus „nicht wie einen Sklaven, sondern mehr als einen Sklaven, als geliebten Bruder", zu behandeln, zeigt, dass das Geforderte dem tatsächlichen Status des Onesimus nicht entspricht. d) Schließlich ist die intertextuelle Aufnahme von Phlm 16 in 1Tim 6,2 (s.u. S. 264ff) ein Indiz, dass bereits der Verfasser der Pastoralbriefe (und nicht erst Johannes Chrysostomus) in Onesimus einen Sklaven des Philemon sah.

[57] Zu dieser Gattungsbestimmung vgl. M. Wolter, 236, ähnlich P. Stuhlmacher, 24, P. Lampe, 216 auf der Basis von T. Y. Mullins, Petition, 42–54, C. J. Bjerkelund, Parakalô, 118–124 und J. L. White, Official Petition. Der *öffentliche Charakter* des Briefes, der im Präskript neben Philemon mit Apphia und Archippus zwei weitere Personen namentlich anspricht und darüber hinaus an die Hausgemeinde adressiert ist und Grüße von Mitarbeitern enthält, die ebenfalls über die Angelegenheit unterrichtet sind, ist Wert, betont zu werden, denn dadurch wird der Fall Onesimus nicht als privatrechtliche Angelegenheit, sondern als die Gemeinde betreffender Vorgang definiert (vgl. S. C. Winter, Letter, 1f; A. Ade, Sklaverei, 257; P. Lampe, 210.230f). Es wird damit die Gemeinde als kritische Instanz angesprochen, als „Gegenöffentlichkeit" zur staatlichen Öffentlichkeit, die Sklavenbesitzern ein nahezu unbeschränktes Verfügungsrecht über die SklavInnen einräumt, vor der Philemon sein Verhalten rechtfertigen muss, vgl. S. Bieberstein, 676.682. G. Theißen, Sklaverei, 225f.230ff arbeitet heraus, dass die christlichen Gemeinden als mitten in der Gesellschaft angesiedelte Sondergruppen ein gruppenspezifisches Ethos teilten, das es ermöglichte, in die einzelnen Häuser hineinzuwirken und das Verfügungsrecht des pater familias einzuschränken.

[58] Die Formulierung in V. 15: τάχα γὰρ διὰ τοῦτο ἐχωρίσθη πρὸς ὥραν ἵνα αἰώνιον αὐτὸν ἀπέχῃς, die der Trennung eine positive Seite abzugewinnen sucht, zeigt klar, dass sie nicht von Philemon angeordnet war, damit erübrigen sich Theorien, nach denen Onesimus im Auftrag Philemons oder der Gemeinde zu Paulus gereist war (so etwa S. C. Winter, Letter, 1–15), vgl. M. Wolter, 229f; J. M. G. Barclay, Paul, 162f.

[59] Das setzte die „klassische" Lösung voraus (vertreten u.a. von H. Gülzow, Christentum, 31ff; S. Schulz, Sklavenhalter, 180ff; P. Stuhlmacher, 20ff; F. Laub, Begegnung, 67ff; J. M. G. Barclay, Paul, 164). Sie kann das Zusammentreffen von Onesimus und Paulus im Gefängnis nur schwer erklären. Dass ein fugitivus sich freiwillig in die Nähe von Soldaten begab – sei es, weil er reumütig zurückkehren wollte und einen Fürsprecher brauchte, sei es, um ein Asyl zu finden – ist unwahrscheinlich. Wäre er jedoch als Gefangener zu Paulus gestoßen, hätte dieser keine Möglichkeit gehabt, ihn zu Philemon zurückzuschicken und auch nur zu erwägen, ihn bei sich zu behalten (vgl. Phlm 12–14).

[60] So die auf römischen Rechtstexten (vgl. Dig. 21,1,43,1; 21,1,17,4.5) und vergleichbaren Fällen (vor allem der berühmten Fürsprache des Plinius, ep. 9,21) basierende These von P. Lampe, Sklavenflucht, 135–137, der sich u.a. die Kommentare von M. Wolter und H. Hübner angeschlossen haben, und die von B. M. Rapske, Prisoner, 187–203 entfaltet wird. Sie hat den Vorzug, erklären zu können, wieso Onesimus Paulus aufsuchte, ohne den Zufall bemühen zu müssen und im Ort des Zusammentreffens ein unüberwindliches Problem zu sehen. Da ein um Fürsprache bittender Sklave (noch) kein fugitivus ist, (selbst wenn er beabsichtigte, zu einem solchen zu werden, wenn die Vermittlung fehlschlug), konnte Onesimus sich ungefährdet zu Paulus begeben.

Freund seines Herrn mit großem Einfluss auf diesen war.[61] Ob Onesimus sich etwas zuschulden hat kommen lassen oder dessen nur beschuldigt wurde,[62] muss wohl offen bleiben.[63] Umstritten ist ferner, welches konkrete Verhalten des Philemon Paulus als Reaktion auf seinen Brief erwartet.[64] Je nach Rekonstruktion des hinter dem Brief stehenden Geschehens und nach Gewichtung der verschiedenen paulinischen Aussagen werden genannt: Verzicht auf Bestrafung[65] und / oder Schadensersatz;[66] Freilassung des Onesimus[67] und / oder Überlassung des Sklaven / des Freigelassenen an Paulus zur Missionsarbeit;[68] brüderliche Aufnahme und Anerkennung des neuen Status des Onesimus.[69] Zwischen den Zeilen mag Paulus alles mögliche angedeutet haben – *eindeutig* am Text belegen lässt sich nur die Forderung des Paulus, Onesimus seinem neuen Status als „geliebtem Bruder" entsprechend aufzunehmen, die wahrscheinlich auch das eigentliche Anliegen des Phlm bildet, Versöhnung und Verzicht auf Schadensersatz sind darin enthalten.

[61] Die psychologischen Implikationen dieser (geschickten) Wahl des Vermittlers benennt P. Lampe, 206.

[62] Die These, dass Onesimus möglicherweise zu Unrecht beschuldigt wurde, vertritt M. Wolter, 231f.275f. Üblicherweise rechnet man entweder mit einer finanziellen Schädigung des Philemon als Anlass des Konfliktes, zu dessen Beilegung Paulus beitragen soll, oder mit Verbindlichkeiten, die im Zusammenhang mit der Flucht entstanden (durch Diebstahl oder den Arbeitsausfall).

[63] Nach P. Lampe, 224ff wählt Pls in V. 18f bewusst die Form eines unbestimmten Bedingungssatzes („Wenn er dir einen Schaden verursacht hat oder etwas schuldet [ich äußere mich nicht dazu, ob das stimmt], dann..."). So nimmt er die Sicht des Philemon, der sich geschädigt fühlt, auf, ohne dabei selbst ein Urteil darüber abzugeben, ob wirklich ein von Onesimus verursachter Schaden vorliegt.

[64] Auch dies lässt sich nach A. Wilson, Pragmatics, 116 als „politeness maxim" erklären: „One strategy to reduce the perceived cost to the hearer or reader is to avoid making the face threatening act explicitly ‚on record' and leave it to the hearer's or reader's inference to determine what is being requested."

[65] So etwa P. Lampe, Sklavenflucht, 137; Verzicht auf Bestrafung und Schadenersatz: S. Schulz, Sklavenhalter, 182.

[66] So M. Wolter, 232.275f, der darin aber nicht den Hauptaspekt sieht, ähnlich P. Lampe, 224ff.

[67] Die Bitte um Freilassung sehen mit J. Knox, Philemon, 22f z.B. S. C. Winter, Letter, 6; W. Schenk, Philemon, 3466 bereits in V. 10 ausgesprochen, indem sie παρακαλῶ σε περὶ τοῦ ἐμοῦ τέκνου als Bitte *um* Onesimus verstehen, was aber sprachlich zumindest zweifelhaft ist, vgl. D. J. Bjerkelund, Parakalô, 120f.210 Anm. 4; M. Wolter, 261. Andere möchten in der Bezeichnung des Onesimus als Bruder ἐν σαρκί (V. 16) die Freilassung angemahnt sehen (so P. Vielhauer, Geschichte, 172; W. Schenk, Philemon, 3470–72 mit Anm. 78), auch die Formulierung, Philemon würde mehr tun, als Paulus erbittet (V. 21) läßt Raum für diese Deutung (so u.a. P. Lampe, 222).

[68] Vgl. V. 13f, die allerdings als Zwischenbemerkung eingeschoben sind und einen nicht realisierten Wunsch des Paulus nennen, dessen Erfüllung der Entscheidung des Philemon überlassen wird und auf den möglicherweise V. 20–21 nochmals Bezug nimmt. Das zentrale Anliegen des Briefes wird man darin kaum sehen können (so aber W.-H. Ollrog, Paulus, 103–106, ähnlich S. C. Winter, Letter, 5–7), wohl aber einen wichtigen Nebenaspekt, so M. Wolter, 232f.265–268; P. Lampe, 207.

[69] Darin sehen R. Gayer, Stellung, 234ff; M. Wolter, 232–235.268–277, P. Lampe, 207.213 und N. Petersen, Rediscovering, die Hauptintention des Briefes.

Für die Rezeption jenseits des konkreten Falls war vor allem die Frage von Interesse, wie sich nach Paulus das persönliche Verhältnis zwischen dem christlichen Herrn und seinem bekehrten Sklaven in Zukunft gestalten sollte. Dies zeigen die Verse (15b)16–17, die auch das eigentliche briefliche Anliegen formulieren. Philemon soll den Onesimus auf ewig wieder zurücknehmen, nicht mehr als einen Sklaven, sondern als einen, der mehr ist als ein Sklave, nämlich ein geliebter Bruder, und zwar nicht nur im Herrn, sondern auch im Fleisch (οὐκέτι ὡς δοῦλον ἀλλ᾽ ὑπὲρ δοῦλον, ἀδελφὸν ἀγαπητόν, μάλιστα ἐμοί, πόσῳ δὲ μᾶλλον σοὶ καὶ ἐν σαρκὶ καὶ ἐν κυρίῳ, V. 16). Er soll Onesimus in die κοινωνία, die Paulus und Philemon verbindet (vgl. V. 6!) hineinnehmen, ihn behandeln wie Paulus selbst (εἰ οὖν με ἔχεις κοινωνόν, προσλαβοῦ αὐτὸν ὡς ἐμέ, V. 17). Diese Aussagen zielen ohne jeden Zweifel auf eine ganz reale Statusänderung des Sklaven im Haus, vermutlich ohne dass an dieser Stelle eine Änderung des rechtlichen Status für unerlässlich gehalten wird.[70] Vielmehr soll die Statusänderung ermöglicht werden durch den Statusverzicht des Philemon. Dieser wird ihm nahegelegt durch das im Medium des Briefes vermittelte Vorbild des Paulus.[71] Dieser stellt sich einerseits demonstrativ mit Philemon auf eine Stufe[72] (nicht ohne nebenbei anzumerken, dass er „eigentlich" über ihn verfügen könne, vgl. V. 8.19b), indem er für sich selbst auf den Aposteltitel verzichtet, den Philemon „geliebten Bruder und Mitarbeiter" (V. 2), „Bruder" (V. 7), „Teilhaber" (V. 17) nennt, herausstreicht, was er selbst durch Philemon an Trost und Freude empfangen hat (V. 7), ihn bittet, anstatt zu befehlen (V. 8–10), und auf die freiwillige Tat des Angeschriebenen baut (V. 14.21). Andererseits identifiziert er sich geradezu mit Onesimus, positiv, indem er ihn „mein Herz" (V.12), „geliebter Bruder, ganz besonders für mich" (V. 16), nennt und Philemon bittet, ihn aufzunehmen wie ihn selber (V.17), aber auch negativ durch die angebotene Übernahme der Schulden V. 18f. So ist dann in V. 16 der Schluss a fortiore möglich: Wenn Onesimus schon für Paulus ein „geliebter Bruder" ist, um wie viel mehr dann für Philemon.[73] Als „geliebter Bruder" ist Onesimus „mehr als ein Sklave"

---

[70] Anders W. Schenk, Philemon, 340–72 mit Anm. 78, der meint „auf der zwischenmenschlich sozialen Ebene" sei „sogleich durch den absoluten Nichtkontrast (οὐκέτι) die Mitchrist-Relation als Aufhebung der arbeitsrechtlichen Sklaven-Relation gekennzeichnet" (3470) und „Bruder im Fleisch" impliziere die Freilassung des Sklaven.

[71] Vgl. für das Folgende bes. P. Lampe, 211ff.220ff.

[72] Auch die via Präskript und Postskript im Hintergrund anwesenden MitchristInnen, die „Mitarbeiter", „Mitgefangenen", „Mitstreiter", „Bruder" und „Schwester" genannt werden, stellen modellhaft das unter den ChristInnen realisierte neue Miteinander dar, in das Onesimus hineingenommen werden soll, vgl. S. Bieberstein, 677f.

[73] Den Aspekt des von Paulus im Schreiben vollzogenen Statusverzichtes, durch den Philemon genötigt wird, seinerseits auf die Durchsetzung seiner Rechte zu verzichten, hat bereits Martin Lu-

und die Bruderschaft soll sich καὶ ἐν σαρκὶ καὶ ἐν κυρίῳ auswirken, d.h. auch in den alltäglichen Lebensvollzügen. Ähnlich radikal ist V. 17 zu verstehen: κοινωνία setzt in der Antike fast immer Statusgleichheit voraus,[74] κοινωνία am Evangelium zieht die Aufhebung der sozialen Statuszuweisungen nach sich. Im Falle des Onesimus macht Paulus also mit dem οὐκ ἔνι δοῦλος οὐδὲ ἐλεύθερος von Gal 3,28 ernst, er mutet Philemon zu, Onesimus genauso zu behandeln wie Paulus selbst (V. 17b).[75] Es ist nicht zu übersehen, dass die von Paulus vertretene Position im täglichen Zusammenleben zwischen christlichen Sklavenbesitzern und christlichen Sklaven entweder zu radikalen Verhaltensänderungen auf beiden Seiten oder zu immensen Problemen führen musste. Vielleicht auch, um letzteren auszuweichen und erstere Philemon nicht über Gebühr zuzumuten, bittet Paulus um die Freistellung des Onesimus zur Mitarbeit in der Mission. Eine allgemein praktikable Lösung war das natürlich nicht. John M. G. Barclay hat die Dilemmata anschaulich illustriert, in die Sklavenbesitzer und Sklaven, die Glaubensgeschwister – im Herrn und im Fleisch! – waren *und* als HerrInnen und SklavInnen in einem Haus zusammenlebten, unweigerlich geraten mussten.[76] Mit Recht gelten allgemein die Haustafeltraditionen als Versuch, das Verhältnis zwischen über- und untergeordneten Parteien im Haus

---

ther in seiner Vorrede von 1522 herausgearbeitet: „Diße Epistel zeygt eyn meysterlich lieblich exempel Christlicher liebe. Denn da sehen wyr, wie S. Paulus sich des armen Onesimos annympt und yhn gegen seynen herrn vertrit, mit allem das er vermag, vnd stellet sich nicht anders, denn als sey er selbs Onesimus, der sich versundigt habe. Doch thutt er das nicht mit gewalt odder zwang, als er wol recht hette, ßondern eussert sich seyns rechten, damit er zwingt, das Philemon sich seynes rechten auch vertzeyhen muß." (zit. nach W. Schenk, Philemon, 3477). Die von W. Schenk, Philemon, 3476f an dieser Auslegung geäußerte scharfe Kritik ist m.E. nur z.T. berechtigt. Tatsächlich ist die theologische Kategorie von Sünde und Vergebung, in deren Licht die Gesamtproblematik ausgelegt wird, an den Philemonbrief herangetragen. Doch die rhetorische Strategie der Identifikation des Paulus mit Onesimus und seines Verzichts auf Inanspruchnahme seines Rechtes, in Christus zu befehlen, als Mittel, Philemon seinerseits zur Versöhnung und zum Statusverzicht zu bewegen, sind bei Luther bereits klar erkannt.

[74] Vgl. M. Wolter, 273f; P. Lampe, 212f.

[75] Der Behauptung P. V. Keas, Letter, 231, „Paul's effort to persuade Philemon to receive Onesimus as a brother (V. 16) or as he would Paul (V. 17) displays no conflict with the dominant values of Greco-Roman culture" ist entschieden zu widersprechen. Einen Statusniedrigeren (und auch ein Freigelassener blieb seinem Patron untergeordnet und zu Dienstleistungen verpflichtet) als gleichgestellt zu behandeln war eine echte Herausforderung an die Alltagsmoral, die außer im jüdisch-christlichen Milieu nur noch im Kontext stoischer Naturrechtslehre denkbar wurde. Hier zeigen beispielsweise die Ausführungen Senecas, dass es für die meisten seiner Zeitgenossen schwer vorstellbar war, Sklaven als von Natur gleiche Menschen, als Freunde, als Tischgenossen zu akzeptieren (ad. Luc. ep. 47) oder gar anzuerkennen, dass ein Herr von seinem Sklaven Wohltaten empfangen kann (Ben III,18–28).

[76] J. M. G. Barclay, Paul, Philemon and the Dilemma of Christian Slave-Ownership, 161–186.

im Sinne einer konservativen Ethik zu regeln,[77] umstritten sind allerdings nach wie vor die konkreten historischen Umstände ihrer Entstehung und ihre traditionsgeschichtliche Einordnung. Die Sklavenmahnungen der Pastoralbriefe stehen in traditionsgeschichtlicher Nachfolge dieser Texte. Insbesondere 1Tim 6,2 enthüllt, dass Konflikte, die sich aus den gegensätzlichen Statuszuweisungen (HerrInnen als Geschwister ihrer SklavInnen; SklavInnen als Geschwister ihrer HerrInnen) ergaben, jedenfalls zur Zeit der Abfassung der Pastoralbriefe den Hintergrund der konservativen Mahnungen bildeten. Darüber hinaus aber zeigt der Text meiner Überzeugung nach auch, dass diese Konflikte auf beiden Seiten unter Berufung auf Paulus ausgetragen wurden. Nicht nur die konservative Sicht legitimierte sich, indem sie Paulus die Sklavenregeln in den Mund legte, es gab auch Versuche, die radikale Vision des Paulus unter Berufung auf ihn mit Leben zu füllen. Sich dabei am Phlm zu orientieren, lag seines konkreten Charakters wegen nahe. In Phlm 16 haben wir die Argumentationsgrundlage der vom 1Tim bekämpften Lehrer in der Sklavenfrage zu sehen, denn Phlm 16 und 1Tim 6,2 sind die einzigen Texte im Corpus Paulinum, in denen es um das gegenseitige Verhältnis christlicher Herren und christlicher Sklaven unter dem Gesichtspunkt geht, dass sie ἀδελφοί sind.[78] Was bei den Sklaven von 1Tim 6,2 als unerwünschtes Verhalten moniert wird, ist genau das, was sich aus Phlm 16 logisch ergibt: Wenn ein Sklave sich für „mehr als einen Sklaven" hält, wird ein Herr, der diese Ansicht nicht teilt, aus seinem Verhalten schließen, er ließe es an der nötigen Ehrfrucht fehlen (nämlich der in 1Tim

---

[77] So schon H.-W. Bartsch, Anfänge, 146: „Die große Zahl, in der uns im frühchristlichen Schrifttum Anweisungen für die Sklaven begegnen, erweisen..., daß die Frage der Sklaverei für die Gemeinde von Anfang an problematisch war. Dieses Problem ist jedoch, wie unsere Zeugnisse erweisen, einhellig gelöst worden."

[78] Die Nähe beider Texte ist schon gelegentlich registriert und unterschiedlich kommentiert worden: Manche Autoren halten trotz offenkundiger wörtlicher Übereinstimmungen einen literarischen Einfluss für nicht nachweisbar, z. B. J. Roloff, 320; A. Lindemann, Rezeption, 146 Anm. 2. Etliche Autoren nehmen an, daß der Begriff „Geliebter" in 1Tim 6,2 sich der Orientierung des Verfassers der Pastoralbriefe an Phlm 16 verdankt (s.o. Anm. 41; auch W.-H. Ollrog, Mitarbeiter, 429 Anm. 80 wertet 1Tim 6,2 als Ausweis der Kenntnis des Philemonbriefes durch den Verf. der Pastoralbriefe). Unter ihnen registriert P. H. Towner, Goal, 178f, daß an beiden Stellen im Rahmen eines bestehenden Herr-Sklave-Verhältnisses ein Appell aus der Bruderschaft abgeleitet werde, allerdings sei die Situation in 1Tim 6,2 umgekehrt. Schlüsse auf die Intention dieser Umkehrungen werden allerdings nicht gezogen!

Am nächsten kommt der hier vorgetragenen Deutung V. Hasler, 45, der meint: „Vielleicht korrigiert die ausschließliche Betonung der Unterordnung die gegenteilig verstandene Empfehlung des Pls an Philemon, Onesimus nicht mehr als Sklaven, sondern als einen lieben Bruder im Herrn aufzunehmen (Philem. 16)." Die aktuelle polemische Situation wird allerdings bei ihm nicht berücksichtigt, weil er den Satz über die Glaubensbruderschaft als Begründung für das Nicht-Verachten fasst (s.o. Anm. 26) und die Irrlehrerpolemik gleichsam nur vorbeugend auch auf Sklaven bezieht (46).

6,1 geforderten τιμή, die dem übergeordneten sozialen Status der Herren zukam), er verachte ihn (1Tim 6,2), er sei aufgeblasen (vgl. τετύφωται in 1Tim 6,4).[79]

Dass unter dem in 1Tim 6,2 perhorreszierten καταφρονεῖν ein Bewusstsein zu verstehen ist, eigentlich nicht mehr der Sklave oder die Sklavin eines christlichen Herrn oder einer christlichen Herrin zu sein, sondern ihm bzw. ihr gleichgestellt und daher als sklavisch geltende Verhaltensweisen abzulehnen seien, lässt sich mit Hilfe von Philo-Texten illustrieren. In Quod Omnis Probus Liber Sit 98ff zitiert und referiert Philo eine Komödie des Euripides, in der das Verhalten des Herakles beschrieben wird, nachdem er in die Sklaverei verkauft wurde. Er gehorcht nicht, sondern will lieber Befehle geben, vergreift sich am Gut seines Herrn und verweigert die ihm aufgetragenen Arbeit, kurz er „wagt es, sich wie ein freier Mann aufzuführen" (104) und wird interessanterweise von seinem Herrn Syleus nicht nur wegen der konkreten Vergehen angegriffen, sondern auch wegen der zur Schau getragenen übergroßen Verachtung (τῇ περιττῇ καταφρονήσει, 103). Daher scheinen sich mir in dem Vorwurf des Verachtens in 1Tim 6,2 weniger konkrete Vergehen als vielmehr eine Geisteshaltung auszusprechen (die in der Konsequenz dann zu Akten des Ungehorsams führen konnte, aber nicht musste). Das bestätigt Prob 149, wo von Sklaven, die in Tempelasylen Zuflucht gefunden haben, gesagt wird, dass sie mit ihren Herren εὐτόνως ἅμα καὶ καταφρονητικῶς διαφέρονται περὶ τῶν δικαίων. Die Unverletzlichkeit des Ortes bringt nach Philo die freien und edlen Wesenszüge ihrer Seele ans Licht (ebd.). Zugespitzt könnte man sagen: Was der in stoischer Tradition schreibende Philo in Prob durchgängig als erstrebenswertes Ziel der Philosophie hinstellt, nämlich eine Freiheit des Geistes, die auch äußerlich Versklavte erlangen können, wenn sie sich von der Furcht und anderen Affekten freimachen, genau dies fürchtet der Verfasser der Pastoralbriefe als Konsequenz aus der Anerkennung aller Getauften als Geschwister.

Dass sich Sklavinnen und Sklaven tatsächlich auf Phlm 16 berufen haben, zeigt die Art und Weise, wie in 1Tim 6,2 dieser Text in sein Gegenteil verkehrt wird. In beiden Fällen werden angemessenes und falsches Verhalten durch μὴ ... ἀλλά bzw. οὐκέτι ... ἀλλά kontrastiert, nur dass Paulus den Sklavenbesitzer, Pseudopaulus dagegen die Sklaven in die Pflicht nimmt. Nach Paulus ist der Sklave als Bruder „mehr als ein Sklave", „noch mehr Sklave" dagegen nach 1Tim 6,2, dabei sind ἀλλ' ὑπὲρ δοῦλον und ἀλλὰ μᾶλλον δουλευέτωσαν kaum zufällig sprachlich so eng aufeinander bezogen.[80] Ebenso wird mit Bedacht das Adjektiv ἀγαπητός, das Paulus auf den

---

[79] τυφόω kann „aufgeblasen / eitel werden" oder „verblendet / töricht werden" bedeuten (W. Bauer, WB, s.v.). L. Oberlinner, XI, 2/1 entscheidet sich wegen der Zusammenstellung mit der partizipialen Wendung μηδὲν ἐπιστάμενος für die zweite Bedeutung. Doch besteht in der Sicht der Pastoralbriefe das Unverständig-Sein der Gegner ja gerade darin, dass sich Personen, denen Unterordnung zukommt, überheben.

[80] Möglicherweise liegt in dem μᾶλλον δουλευέτωσαν auch eine intertextuelle Beziehung zum μᾶλλον χρῆσαι von 1Kor 7,21. Dann wäre 1Tim 6,2 die früheste Interpretation dieser sprachlich zweideutigen Stelle im Sinne des Sklave Bleibens. Anders als im Falle von Phlm 16 ist aber

geliebten Bruder Onesimus anwendet, in 1Tim 6,2 auf die Herren übertragen, von denen es heißt: πιστοί εἰσιν καὶ ἀγαπητοί, woraus gefolgert wird, dass ihnen die Sklaven umso sklavischer begegnen müssen. So ist der Eindruck unausweichlich, dass 1Tim 6,2 eine bewusst mit dem Sprachmaterial von Phlm 16 gestaltete Aussage ist, die angesichts der diesbezüglichen Lehrstreitigkeiten nur den Zweck verfolgen kann, Sklaven, die unter Berufung auf den Philemonbrief ein auf Egalität in den sozialen Beziehungen zielendes Verhalten an den Tag legten und einforderten, ihre paulinische Argumentationsgrundlage zu entziehen. Mit Hilfe einer fiktiven Eigentextreferenz wird an die Aussagen von Phlm 16 angeknüpft und die dort nicht berührte Frage nach dem angemessen Verhalten des Sklaven hinzugefügt. Dieses wird auf eine Weise definiert (μᾶλλον δουλευέτωσαν), die die pln Aussage auf den Kopf stellt und das kritische Potenzial von Phlm 16 ein für allemal entschärft.

Das kritische Potenzial der Geschwister-Metaphorik ist im Übrigen nicht nur von Paulus in Phlm 16 und den aus 1Tim 6,2 zu erschließenden PaulinerInnen gegen die Institution der Sklaverei zur Geltung gebracht worden, sondern auch von den Essenern nach Philo. Diese hielten keine Sklaven, ja sie betrachteten Sklavenhalter sogar als „ungerecht, weil sie die Gleichheit verletzen" und als „gottlos, weil sie die Satzung der Natur zerstören, ἡ πάντας ὁμοίως γεννήσασα καὶ θρεψαμένη μητρὸς δίκην ἀδελφοὺς γνησίους, οὐ λεγομένους ἀλλ᾽ ὄντας ὄντως" (Prob 79). Die Formulierung enthält eine polemische Spitze gegenüber einer stoischen Naturrechtsauffassung, die zwar alle Menschen als Geschwister geschaffen sieht, aber in der Praxis die Versklavung von Geschwistern mit der Gerechtigkeit für vereinbar hält. Demgegenüber setzten die Essener nach Philo das Naturrecht konsequent um (ἀδελφοὺς γνησίους, οὐ λεγομένους ἀλλ᾽ ὄντας ὄντως).

Ganz analog werden die von 1Tim 6,2ff als Irrlehrer bezeichneten PaulinerInnen argumentiert haben, die in der urchristlichen Tradition die Geschwisterschaft aller Getauften vorfanden und in Phlm 16 sogar lesen konnten, ein geliebter Bruder sei „nicht wie ein Sklave, sondern mehr als ein Sklave". Es brauchte eine Formulierung wie 1Tim 6,2, um endgültig „klarzustellen", dass Paulus recht verstanden im Falle von Sklaven ein noch sklavischeres Verhalten als logische Folgerung aus dem Geschwisterverhältnis fordert. Ignatius ist der erste Rezipient, der nachweislich diese Botschaft für originär paulinisch gehalten hat und demzufolge keinerlei Skrupel empfand, die Freiheitszusage an die SklavInnen von 1Kor 7,21.23 zu spiritualisieren

---

die sprachliche Berührung nur punktuell, daher ist nicht mit Sicherheit zu sagen, ob eine intendierte Anspielung vorliegt. Wir wissen auch nicht, ob die auf ihren „Geschwisterstatus" drängenden SklavInnen im Umfeld des 1Tim diesen in der Freilassung konkretisiert sehen wollten.

und sie der Aufforderung zum irdischen sklavischeren Sklavendienst nach 1Tim 6,2 klar nachzuordnen (zu IgnPol 4,3 s.o. S. 186–187).

Wie gut dem Verfasser der Pastoralbriefe sein Unternehmen gelungen ist, zeigen nicht zuletzt die exegetischen Kommentare zu 1Tim 6,2, die überwiegend die Meinung vertreten, dass die Veränderung der sozialen Beziehungen zwischen Sklaven und Freien „gänzlich außerhalb nicht nur der Möglichkeiten der frühen Kirche, sondern auch außerhalb ihres Gesichtskreises und ihrer Absichten lag".[81] Letzteres galt sicher nicht für die in 1Tim 6,2 bekämpften Christinnen und Christen, die noch wussten und offensiv zu Gehör brachten, dass jedenfalls Paulus ein geschwisterliches Verhältnis zwischen christlichen Herren und ihren Sklaven für geboten hielt. Jede weitere Diskussion über Möglichkeiten und Grenzen „gleichberechtigten" Zusammenlebens von Herren und Sklaven als Geschwistern in Christus aber wurde „unnötig" angesichts der paulinischen „Klarstellung" von 1Tim 6,2, die ohne jeden Zweifel wissentlich und einseitig im Interesse der (sklaven-)besitzenden Schicht einer besonders brisanten paulinischen Aussage den „Biss" nahm. Dass dies geschehen konnte, ohne dass am Wortlaut von Phlm 16 etwas verändert wurde, zeigt, welch machtvolles Mittel die fingierte Eigentextreferenz im Rahmen der Pseudepigraphie darstellt. Dass der Verfasser subjektiv der Überzeugung war, nicht gegen den richtig verstandenen Paulus zu argumentieren und meinte, das wohlverstandene Interesse aller, auch der SklavInnen, im Auge zu haben, davon ist wohl auszugehen. Doch ist objektiv betrachtet seine Radikallösung im Interesse der Erhaltung der Privilegien der Sklavenbesitzer und gegen jede weitere Diskussion über Statusverbesserungen von christlichen Sklaven im Haus christlicher Herren der Intention des Paulus, wie wir ihn im Philemonbrief über die Konsequenzen der christlichen Geschwisterschaft reden hören, diametral entgegengesetzt.

---

[81] So N. Brox z.St., zustimmend zitiert von L. Oberlinner, XI, 2/1, 268.

10. Paulus und der Streit um die Lehre von Frauen
(1 Tim 2,9–3,1)

Nicht nur das Verhalten von Sklaven beiderlei Geschlechts, auch der Lebenswandel von Frauen gemäß der „gesunden Lehre" liegt dem Verfasser der Past sehr am Herzen, wie die Vielzahl der expliziten Aussagen zu diesem Thema erweist. Zweimal legt der Verfasser „Paulus" hervorgehobene autoritative Aussagen in den Mund, einmal, um ein besonders unerwünschtes Verhalten zu verhindern, einmal um ein besonders erwünschtes zu bewirken: „Dass eine Frau lehrt, erlaube ich nicht und auch nicht, dass sie über einen Mann Autorität gewinnt, sondern sie verhalte sich still." (1 Tim 2,12) „Ich will aber, dass die Jüngeren heiraten, Kinder gebären, dem Haushalt vorstehen und dem Gegner keinen Anlass zur Lästerung geben." (1 Tim 5,14) Dass Frauen lehren, soll Timotheus im Auftrag des „Paulus" unterbinden, asketisches Leben mindestens einschränken, darüber besteht weitgehend Einigkeit. Der aktuelle Hintergrund, die Zielrichtung und Reichweite der Aussagen von 1 Tim 2,9–15 und 1 Tim 5,3–16 wird in der exegetischen Literatur allerdings recht verschieden beurteilt. Insbesondere im Falle des Lehrverbotes liegt bei es bei einem Teil der Literatur auf der Hand, dass die Wirkungsgeschichte und gegenwärtige Auseinandersetzungen um die Frauenordination die exegetische Argumentation bestimmen und die Ergebnisse präjudizieren – und zwar bei Exegeten und Exegetinnen aller Couleur.

Die Zahl der Veröffentlichungen zu 1 Tim 2,8–15 aus der Feder evangelikaler ExegetInnen, die sich programmatisch zu einer „schriftgemäßen" Hermeneutik bekennen, die biblische Pseudepigraphie aus Prinzip nicht anerkennt und keinerlei Sachkritik an biblischen Aussagen zulässt, ist leider Legion.[1] Hier wird seit Jahren ein literarischer Krieg ausgetragen, in dem sich zwei Lager gegenüberstehen: Das erste versucht zu zeigen, dass der Text sagt, was er sagt, nämlich, dass Frauen in der Gemeinde unter keinen Umständen Männer lehren dürfen und folgert meist, dass dies heute dementsprechend weiterhin zu gelten hat. Die andere Gruppe versucht zu zeigen, dass der Text nicht sagt, was er zu sagen scheint und folgert, dass daher heute Frauen in der Lehre / im Pfarramt nicht prinzipiell abzulehnen sind. Da sie alle mit dem Anspruch auftreten, ihr Urteil auf dem Wege argumentativer Auseinandersetzung mit dem Text und seinen AuslegerInnen gewonnen zu haben, werden die jeweils gebotenen Argumente im Folgenden Kapitel rezipiert, auch wenn sie z.T. abstrus sind und die pragmatische Abzweckung gelegentlich sogar explizit ausgesprochen wird. Dem liegt meinerseits die hermeneutische Vorentscheidung zugrunde, dass Argumente unab-

---

[1] Direkt am Beispiel 1 Tim 2,9–15 wird die Notwendigkeit der Ablehnung jeder vom Virus der Aufklärung infizierten Hermeneutik vorgeführt von R. W. Yarbrough, Hermeneutics, 155–196.

hängig von ihrem Entdeckungszusammenhang (der hier entweder verzweifelte Argumentation gegen eine frauenfeindliche Kirchenpraxis oder gegen die Übermacht des vermeintlich egalitären Zeitgeistes ist) geprüft werden müssen. Da ich bei der Beurteilung des Textsinnes exegetisch sehr viel häufiger die Konservativen zustimmend zitieren werde, möchte ich vorsorglich darauf hinweisen, dass ich natürlich ihre Gesamtauslegung und ihre Hermeneutik nicht teile. Die Beobachtungen gewinnen bei der hier vertretenen Annahme des pseudepigraphen Charakters der Past und unter Berücksichtigung der dabei wirksamen intertextuellen Strategie insgesamt einen völlig anderen Stellenwert.[2]

Es lässt sich bei diesem Text gut beobachten, wie gegenwärtige Kontexte dazu führen, dass in der Auslegung bestimmte intratextuelle Sinnlinien bevorzugt oder ignoriert werden und dass der situative Kontext und das Corpus der zur Erhellung herangezogenen Referenztexte unbewusst so (re-)konstruiert wird, dass ein in der Grundtendenz schon vorher feststehendes Ergebnis unvermeidlich ist. Man könnte darüber fast das Zutrauen verlieren, dass bei diesem Text eine Untersuchung sine ira et studio möglich ist und Argumente eine Chance haben, Gehör zu finden. Ich möchte trotzdem versuchen, durch eine gründliche Analyse der intratextuellen Dimension im Zusammenspiel mit den situativen Faktoren und den verarbeiteten Prätexten das Spektrum der „legitimierbaren Interpretationen" dieses Textes aufzuzeigen. Es wird sich erweisen, dass häufig tatsächlich nicht mehr als ein breites Spektrum von möglichen Deutungen aufgezeigt werden kann, dass allerdings auch zahlreiche Interpretationen mit großer Wahrscheinlichkeit falsifiziert werden können.

10.1 Intratextuelle Analyse und situativer Kontext: Echos von Traditionen, innergemeindlichen Diskussionen und Konflikten

10.1.1 Kotextuelle Einbindung und Abgrenzung der Perikope

Die *kotextuelle Einbindung* der Perikope, deren Integrität im Rahmen der Past unbestreitbar ist,[3] gibt bereits wichtige Aufschlüsse über ihre Intention. Innerhalb des ganzen Abschnitts 1Tim 2,1–3,16 gibt Paulus Anweisungen, die die Gemeindeordnung betreffen (vgl. 3,15: „wie man im Hause Gottes wandeln soll"), Kap. 2 hat den Gottesdienst, Kap. 3 die Qualifikation der Amtsträger zum Thema. „Vor allem anderen" forderte der Verfasser in 2,1f

---

[2] Die Frage des m.E. heute theologisch angemessenen Umgangs diskutiere ich in der Zusammenfassung (vgl. u. S. 385ff).

[3] G. Holtz, 68ff hält ausgehend von der Sekretärshypothese und der Analyse von 1Tim 2–3 als zusammengehöriger liturgisch-sakramentaler Ordnung des eucharistischen Gottesdienstes 1Tim 2,11–15 für eine thematische Abschweifung und spätere Interpolation, was kaum überzeugen kann.

zu Gebeten für alle Menschen und speziell für die Obrigkeit auf. Deren Ziel ist ein unbehelligtes stilles Leben der Christen (2,2b), ihre Begründung liegt im Wirken Gottes in Christus, das darauf zielt, *alle* Menschen zu retten (2,3–6), wofür zu zeugen Paulus als Herold, Lehrer und Apostel der Völker eingesetzt wurde (2,7). Die Stichwortverknüpfungen (προσευχή in 2,1 / προσεύχεσθαι in 2,8; ἡσύχιος in 2,2 / ἡσυχία in 2,11f; σωθῆναι in 2,4 / σωθήσεται in 2,15), der technische Gebrauch von ἐν παντὶ τόπῳ für den gottesdienstlichen Versammlungsort[4] und die kausale Konjunktion οὖν in 2,8 zeigen an, dass 2,8–3,1a konkretisiert, wie das in 2,1ff angemahnte Beten für alle Menschen mit dem Ziel ihrer Rettung vollzogen werden soll, und zwar geschlechtsspezifisch differenziert: Βούλομαι οὖν προσεύχεσθαι τοὺς ἄνδρας ... ὡσαύτως (καὶ) γυναῖκας ... κοσμεῖν ἑαυτάς (2,8.9ff). Es ist also eindeutig der allerorten abgehaltene Gemeindegottesdienst im Blick, der durch 2,1ff und die in 2,8 folgende Anspielung an Mal 1,11[5] in den Horizont der obrigkeitlichen und menschheitsumfassenden Öffentlichkeit gestellt worden ist, in der die Gemeinde „ein ruhiges und stilles Leben in aller Frömmigkeit und Ehrbarkeit führen" will (1Tim 2,2).

Schon diese universale Ausrichtung der Gottesdienstregeln entzieht allen mit Blick auf das Lehrverbot für Frauen unternommenen Versuchen, hier zeitlich limitierte Regelungen zu sehen, die nur für eine aktuelle Situation der Gemeinde in Ephesus, gelten, den Boden.[6]

Die Anweisung zum Gebet der Männer ist kurz, es wird eine positive Aufforderung, nämlich das Erheben heiliger Hände, erläutert durch eine Warnung vor Streit und feindseligen Gedanken (oder Zweifeln?[7]) (χωρὶς ὀργῆς

---

[4] E. Ferguson, Τόπος in 1Timothy 2:8, 65–73 hat anhand zahlreicher literarischer und inschriftlicher Belege überzeugend nachgewiesen, dass τόπος im hellenistischen Judentum (den Tempel und) die Synagoge und in Aufnahme dieses Sprachgebrauchs im frühen Christentum den Ort der gottesdienstlichen Versammlung bezeichnen kann (vgl. bes. 1Kor 1,2; 1Thess 1,8). Die erwiesene technische Verwendung von ἐν παντὶ τόπῳ schließt den Vorschlag von B. W. Powers, Women, 55–59, dass sich die Anweisungen von 1Tim 2 auch auf Gebete im familiären Rahmen beziehen, wohl aus. Ähnlich auch L. Oberlinner, XI, 2/1, 87, der eine für jeden beliebigen Ort universal gültige Gebetsanweisung annimmt.

[5] Mal 1,11: „Denn vom Aufgang der Sonne bis zu ihrem Untergang wird mein Name verherrlicht unter den Völkern und an jedem Ort (ἐν παντὶ τόπῳ) wird meinem Namen ein Rauchopfer dargebracht und eine reine Opfergabe, denn groß ist mein Name unter den Heiden, spricht der Herr, der Allherrscher." Nach G. Häfner, Schrift, 118f könnte die Anspielung auf Mal 1,11 urchristlich vermittelt und dem Verf. selbst nicht mehr bewusst sein – sichere Indizien dafür gibt es jedoch m.E. nicht.

[6] Vgl. P. W. Barnett, Wives, 225.236. Der ausführlichste unter den Beiträgen, die ganz auf die Rekonstruktion einer durch Irrlehre von Frauen geprägten Gemeindesituation ausgerichtet sind, welche Paulus dazu veranlasst haben soll, situationsbedingt und gegen seine egalitären Grundüberzeugungen den Frauen von Ephesus das Lehren zu verbieten, ist C. und R. Kroeger, I Suffer.

[7] So u.a. L. Oberlinner, XI, 2/1, 86.

καὶ διαλογισμοῦ). Die Mahnung selbst ist, wie J. Roloff gezeigt hat, traditionell,[8] allerdings hat der Verfasser eine allgemeine aus dem hellenistischen Judentum stammende christlich adaptierte Gottesdienstregel auf Männer allein bezogen.[9] Eine polemische Spitze gegen theologische Streitgespräche (ζητήσεις) mag darin verborgen sein,[10] wird aber nicht entfaltet. Die folgende Mahnung an die Frauen[11] ist im Vergleich überproportional lang und bietet an Stelle von Anweisungen zum richtigen Beten umfangreiche Aussagen über das gebotene und verbotene Verhalten von Frauen im gottesdienstlichen Rahmen mit einer ausführlichen Begründung durch die Schrift und einem soteriologisch-eschatologischen Ausblick. Das tragende, dem [βούλομαι] προσεύχεσθαι der Männer entsprechende Verb ist dabei [βούλομαι] κοσμεῖν,[12] eine schlichte Beobachtung, deren Gewicht für die Deutung des Abschnitts bisher nicht angemessen berücksichtigt wurde, wie die Auslegung zeigen wird.

Umstritten ist das Ende der Frauenparänese. Wird sie mit der πιστὸς ὁ λόγος-Formel in 3,1a abgeschlossen oder fungiert diese schon als Einleitung des Episkopenspiegels?[13] Die Formel begegnet nur in den Pastoralbriefen (noch in 2Tim 2,11; Tit 3,8, erweitert durch καὶ πάσης ἀποδοχῆς ἄξιος in 1Tim 1,15 und 4,9). Worauf sie sich jeweils bezieht und worin ihre ei-

---

[8] In Auslegung von Mal 1,11 wurden bereits im Diasporajudentum die Gebete als reine Opfer verstanden, im Urchristentum wurde die Reinheit dann gemäß Mt 5,24 als Abwesenheit von Hass und Unversöhnlichkeit beim Herrenmahl gedeutet, J. Roloff, 126f.130–132; vgl. vor allem Did 14,2–3 (und dazu K. Wengst, Didache, 55f).

[9] Vgl. J. Roloff, 132; U. Wagener, Ordnung, 77f.

[10] Das vermuten G. Holtz, 65; S. H. Gritz, Paul, 124.

[11] Die skizzierte universale Einbindung der Regel und die Kontrastierung mit der Gebetsregel für Männer in V. 8 stellt sicher, dass in 9f.11ff alle Menschen weiblichen Geschlechts gemeint sind und nicht etwa nur Ehefrauen, richtig D. J. Moo, Meaning, 63; anders z.B. P. W. Barnett, Wives, 220, s. auch u. S. 337 Anm. 238.

[12] Manche ExegetInnen meinen, in 1Tim 2,9a sei als Verb βούλομαι προσεύχεσθαι zu ergänzen, z.B. G. Holtz, 65; S. H. Gritz, Paul, 126; C. K. Barrett, 55; D. C. Verner, Household, 168. Das ist schon grammatikalisch unbefriedigend, weil dann die klar antagonistisch aufeinander bezogenen Ausdrücke ἐν καταστολῇ κοσμίῳ κτλ. und μὴ ἐν πλέγμασιν κτλ. zu zwei verschiedenen Verben gehören würden. Auch inhaltlich erheben sich Bedenken, vgl. schon H.-J. Holtzmann, Pastoralbriefe, 312: „Auch sollen in Gemeindeversammlungen die Weiber nicht προσεύχεσθαι; denn dies bedeutet hier laut vorbeten". Zu ergänzen ist also lediglich βούλομαι (vgl. auch unten S. 274–275 mit Anm. 25). Ähnlich betont J. Bassler, Adam, 48, dass sich bereits hierin „a decisive inbalance in liturgical participation" zeige.

[13] Auf 2,15 beziehen die Formel NTG[27]; Dib-Co, 42; E. E. Ellis, Traditions, 239; N. Baumert, Antifeminismus, 256; W. Schenk, Forschung, 3412; U. Wagener, Ordnung, 70f. Als Einleitung zu 3,1 fungiert die Formel nach J. Jeremias; N. Brox, 139; G. W. Knight, Faithful Sayings, 50–61; L. Oberlinner, XI, 2/1, 112f; J. Roloff, 152f (er vermutet wegen des autoritativen Rangs aller mit der Formel eingeleiteten Sätze einen vorgeprägten Leitsatz etwa aus dem Kontext der Ordination) u.v.a. Unklar G. Holtz, vgl. S. 72 mit S. 75.

gentliche Funktion besteht, ist notorisch umstritten.[14] M.E. sollte man vom Wortlaut und der offenkundigsten Funktion ausgehen: Mit πιστὸς ὁ λόγος wird eine abgrenzbare Aussage als *zuverlässig* hervorgehoben, die *Beglaubigungsfunktion* ist die primäre.[15] Die Funktion der ein- oder ausleitenden *Kennzeichnung einer Tradition* tritt an einigen Stellen erkennbar hinzu (1Tim 1,15; 2Tim 2,11; Tit 3,8), in 1Tim 4,9 und 3,1a ist sie – nicht zuletzt wegen der Schwierigkeiten, das „zuverlässige Wort" zu fixieren, umstritten. Auch die Aufforderung zur Beachtung oder Verkündigung kann mit der Beglaubigungsformel organisch verbunden werden (1Tim 1,15; 4,9; Tit 3,8). Entscheidend für die Zuordnung von 1Tim 3,1a ist eine inhaltliche Beobachtung: Alle mit πιστὸς ὁ λόγος beglaubigten Worte enthalten eine soteriologische Aussage,[16] bei 1Tim 1,15; 2Tim 2,11 ist dies praktisch unbestritten, für 1Tim 4,8–10 gilt es unabhängig von der genauen Abgrenzung des zuverlässigen Wortes und dass die von soteriologischen Aussagen durchzogene Tradition Tit 3,4–7 (und nicht 3,8b) das zuverlässige Wort darstellt, ist die gut begründete Mehrheitsmeinung.[17] Auch in 1Tim 2,15 wird eine soteriologische Aussage gemacht, die im Gegensatz zur Empfehlung des Bischofsamtes einer Beglaubigung durchaus bedarf.[18] Die zu untersuchende Texteinheit endet also in 1Tim 3,1a.[19]

---

[14] Neuere Autoren schließen sich zumeist dem Ergebnis von G. W. Knight an, dass es sich um eine „citation-emphasis formula" handelt (Faithful Sayings, passim, bes. 19f) vgl. z.B. N. Brox, 112–114, Dib-Co, 23f; J. Roloff, 88–90; E. Schlarb, Lehre, 206–214. In der Identifikation der „zuverlässigen Worte" aber bleiben Differenzen.

[15] Lediglich von einer „Bekräftigungsformel" zu sprechen (L. Oberlinner, XI, 2/1, 113 u.v.a.), erscheint mir zu schwach, gerade angesichts des von Oberlinner (a.a.O., 44) zu Recht hervorgehobenen verpflichtenden Charakters des Zitierten und des Sitzes im Leben der Formel, der in „der die Gemeinden gefährdenden Auseinandersetzung mit den Falschlehrern um den rechten Glauben" (ebd.) und einer Situation des Rückzugs auf feststehende Glaubenswahrheiten und formelhaften Lehrguts zu sehen ist (ähnlich N. Brox, 112–114 u.v.a.).

[16] So auch W. Lock, 33; E. Schlarb, Lehre, 208; W. Schenk, Forschung, 3412; U. Wagener, Ordnung, 71; dieser Beobachtung gegenüber fallen die Argumente für 3,1 als Einleitung des Bischofsspiegels (wegen der bedeutenden Rolle der Ämter in den Past etc.) eher schwach ins Gewicht.

[17] Anders R. A. Campbell, Faithful Sayings, 73–86.

[18] Die Frage, ob mit der Formel nur die Sentenz 1Tim 2,15 (so meist) oder aber der ganze Argumentationszusammenhang (so E. Schlarb, Lehre, 209f) als zuverlässig bezeichnet werden soll, muss vielleicht nicht alternativ beantwortet werden, denn die sicher primär gemeinte Rettungsaussage fungiert als Abschluss einer Argumentationseinheit und gewinnt damit ihre Plausibilität nur im Gesamtzusammenhang.

[19] Nicht überzeugen kann der Versuch von R. A. Campbell, Faithful Sayings, 73–86, in 1Tim 3,1 die Einleitungsformel für das s.E. in 3,16 vorliegende zuverlässige Wort zu identifizieren. Zwar ist richtig, dass der Verfasser der Past häufig kirchenordnende und hymnisch-kerygmatische Traditionen verbindet und dass 3,1b–13 möglicherweise einen Block traditionellen Materials darstellt. Doch eine einsichtige Erklärung dafür, warum der Verfasser Zitateinleitung und Zitat trennt und

10.1.2 Die argumentative Struktur der Perikope

Die Frauenparänese besteht aus drei leicht abgrenzbaren Einheiten, nämlich zwei paränetischen Abschnitten – der Schmuck- und Kleiderparänese in 2,9f und dem Gebot rechten Lernens und Verbot des Lehrens in 2,11f – sowie einer argumentierenden Einheit in 2,13–15 samt Abschlussformel in 3,1a. Die thematische Zuordnung und die argumentative Verknüpfung der Abschnitte ist umstritten. Die zwei gängigsten Zuordnungen sollen zunächst kurz referiert werden, bevor mein davon abweichendes Verständnis skizziert wird.

Am häufigsten wird folgende Zuordnung gewählt: 2,9f.11f werden als sachlich locker (über das Thema Frau und Gottesdienst) verbundene, argumentativ aber nicht miteinander verbundene Paränesen mit unterschiedlichem traditionsgeschichtlichem Hintergrund angesehen, die Genesisauslegung in 2,13–14 wird als Begründung der zweiten Paränese (Lehrverbot und Unterordnungsforderung) betrachtet, V. 15 wird als direkt und ausschließlich auf V. 14 bezogen interpretiert.[20]

Max Küchler, dem U. Wagener in der m.E. besten neueren Untersuchung zu 1Tim 2,8–15 gefolgt ist, hat demgegenüber eine chiastische Struktur in der Argumentation sehen wollen, die beiden Paränesen würden in den zwei Beweisen aus der Genesis kreuzweise aufgenommen, das Verbot der Lehre werde durch die Ersterschaffung Adams (2,13) legitimiert, das Schmuckverbot durch die Verführung Evas (2,14) begründet.[21] Dadurch hat Küchler allerdings Schwierigkeiten, den mit der Zuverlässigkeitsformel bestärkten Schlussvers als notwendigen Teil der Argumentation auszuweisen.[22]

---

wie er die Formel in ihrem neuen redaktionellen Kontext verstanden haben will, lässt Campbell vermissen.

[20] Dieser Strukturanalyse sind z.B. N. Brox, 129–139; G. W. Knight, 130–149 (er grenzt 2,9f und 2,11–15 in der Auslegung sogar durch eine Zwischenüberschrift voneinander ab); L. Oberlinner, XI, 2/1, 82–109; J. Roloff, 126; P. H. Towner, 69–81 verpflichtet, um nur einige zu nennen. Eine solche Auffassung von der argumentativen Struktur steht m.E. hinter den meisten Auslegungen von 1Tim 2,9–15, bleibt aber oft unausgesprochen.

[21] M. Küchler, Schweigen, 12f.51f. Ähnlich U. Wagener, Ordnung, 71f.105f.

[22] M. Küchler, Schweigen, 12 Anm. 10: „Vers 15 ist eine antithetische Weiterführung von Vers 14b, die vermeiden will, dass der Leser die These II mit ihren negativen Bestimmungen als einzige Aussage zum Thema Frau versteht. Dazu muss aber der Kontext der liturgischen Versammlung ausgeblendet werden." V. 15 erscheint als nur von V. 14 her notwendiger Nachtrag, auf den notfalls auch verzichtet hätte werden können, was angesichts des Gewichtes der Aussage kaum überzeugt. U. Wagener ist Küchler hierin auch nicht gefolgt (vgl. Ordnung, 108f), ihre Analyse kommt bezüglich der argumentativen Stellung von V. 15 der meinigen nahe. Allerdings muss sie wegen ihrer Bestimmung der argumentativen Funktion von V. 14 als Begründung des Schmuckverbotes in Kauf nehmen, dass V. 15 unvermittelt auf V. 10 und V. 12 zurückgreift. Die enge syntaktische Verbindung zwischen V. 14 und 15 bleibt in ihrer Analyse unerklärt.

Ich möchte in den folgenden Abschnitten ein drittes Gesamtverständnis der argumentativen Struktur der Perikope begründen, das der Kohärenz und argumentativen Dichte des Textes, die höher ist als gemeinhin angenommen wird, besser gerecht wird.[23] M.E. stellt der Verfasser in 2,9–10 unter Aufnahme eines moralphilosophischen Topos („Tugend statt Tünche") eine zentrale Forderung auf („ich will, dass Frauen sich schmücken durch gute Werke"), die in den Versen 11–15 entfaltet wird. Sie wird zunächst auf das im Gottesdienst angemessene Verhalten hin konkretisiert (V. 11: Lernen in Stille und Unterordnung als schmückendes gutes Werk), dann gegen ein „Missverständnis" abgesichert (V. 12: Lehren als abgewiesenes potenzielles gutes Werk). Wegen der Attraktivität dieses zurückgewiesenen guten Werks muss eine ausführliche Begründung des Verbots gegeben werden, die V. 13f bietet (wobei die beiden Argumente chiastisch auf die zwei in V. 12 verwendeten Verben διδάσκειν und αὐθεντεῖν zu beziehen sind), und es muss eine Alternative angeboten werden, die in V. 15 folgt (Kindergebären statt Lehren als heilbringendes gutes Werk). Diese Strukturanalyse ist nun im Einzelnen zu entfalten und zu begründen.

10.1.3 1Tim 2,9f: der Schmuck der Schlichtheit

10.1.3.1 Was Frauen schmückt – I: Tugend statt Tünche (1Tim 2,9f)

Die Verse 9–10 bilden einen einzigen unübersichtlichen, da völlig überladenen, aus zwei Ellipsen bestehenden Satz. Nach U. Wageners überzeugender Analyse ist aus V. 8 nur βούλομαι zu ergänzen, wovon als Verb κοσμεῖν abhängig ist. Die Forderung [βούλομαι] γυναῖκας κοσμεῖν ἑαυτάς wird dreifach näher bestimmt, zunächst positiv durch die präpositionale Bestimmung ἐν καταστολῇ κοσμίῳ μετὰ αἰδοῦς καὶ σωφροσύνης, dann negativ und in direktem Gegensatz dazu durch ein zweites präpositionales Wortgetüm (μὴ ἐν πλέγμασιν καὶ χρυσίῳ ἢ μαργαρίταις ἢ ἱματισμῷ πολυτελεῖ), dem wiederum eine positive Bestimmung in Form eines elliptischen Adversativsatzes entgegengesetzt ist (ἀλλ'... δι' ἔργων ἀγαθῶν), der seinerseits durch den eingeschobenen Relativsatz ὃ πρέπει γυναιξὶν ἐπαγγελλομέναις θεοσέβειαν unterbrochen wird. Zu übersetzen ist also: „Ebenso (will ich), dass Frauen sich unter Schamhaftigkeit und Zurückhaltung mit ehrbarer Haltung[24] schmücken, nicht mit kunstvollen Frisuren und

---

[23] Die so bestimmte Struktur des Textes ist m.W. noch nicht ausführlich analysiert und begründet worden, en passant wird sie gelegentlich erwähnt, z. B. von D. J. Moo, Meaning, 63: „vv 11–15 seem to include a description of these ‚good works' [scil. of V. 10]."

[24] So ist aufgrund von Parallelen bei Epiktet (Ench 40) und Dio Chrysostomos (Or 5,14) zu übersetzen, vgl. U. Wagener, Ordnung, 79, also nicht: „in festlicher Kleidung" o.ä. (so aber u.a. G.

Gold oder Perlen oder kostbarer Kleidung, sondern – wie es sich geziemt für Frauen, die sich zur Gottesverehrung bekennen – durch gute Werke."[25] Mit dem Gegensatz von tugendhaftem Verhalten und verschwenderischem Äußeren als wahrem vs. falschem Schmuck, der in den präpositionalen Wendungen zum Ausdruck kommt, gibt der Verfasser traditionelle Topoi hellenistischer Frauenparänesen wieder, wie besonders U. Wagener im Einzelnen nachgewiesen hat, so dass die Parallelen zu den neopythagoreischen Frauenspiegeln und verwandten Texten hier nicht im Einzelnen aufgeführt werden müssen, sondern lediglich die Ergebnisse ihrer Untersuchung zusammenfassend wiedergegeben werden sollen.[26]

Mit καταστολὴ κόσμιος, αἰδώς und σωφροσύνη rekurriert der Verfasser der Past auf zentrale Begriffe und Vorstellungen der hellenistischen Ethik, die ähnlich konnotiert sind: „Alle drei Begriffe bezeichnen eine Begrenzung, eine geordnete Mäßigung. Auch ist ihnen gemeinsam, dass sie in der Anwendung auf Frauen eine besondere Konnotation erhalten und primär die Bedeutung ‚sexuelle Zurückhaltung‘, ‚Keuschheit‘ annehmen." (82) Dafür lassen sich jeweils zahlreiche Belege finden, am nächsten kommt der Zusammenstellung in 1Tim 2,9 Philos Aussage in SpecLeg III, 51, die πόρνη wisse nichts von κοσμιότης, αἰδώς und σωφροσύνη.[27]

Die Gegenüberstellung von äußerem Schmuck und wahrer Tugend gehört zu den traditionellen Topoi hellenistischer Frauenparänesen, besonders breit entfaltet wird sie in Plutarchs Praecepta Coniugalis und in den neopythagoreischen Frauenspiegeln, die in Traktat- und Briefform überliefert sind (vgl. vor allem den Brief Melissas an Kleareta, sowie die Traktate Phintys und Periktione). „Stereotyp wird die äußere Aufmachung nach den Kategorien Kleidung, Geschmeide, Haartracht und Schminke beschrieben; ihr werden die inneren Tugenden entgegengesetzt. Die begriffliche Übereinstimmung mit 1Tim ist eindeutig; es erscheinen genau die vom Autor der Pastoralbriefe verwandten Tugendbegriffe σωφροσύνη und κοσμιότης; der αἰδώς entspricht die αἰσχύνα. ... Neben den Tugendbegriffen kann dem Schmuck auch ein Verhalten entgegengestellt werden, so im Melissabrief das Führen des Haushalts. Bei ‚Periktione‘ findet sich sogar der Rekurs auf die καλὰ ἔργα, allerdings werden hier

---

Holtz, 65). N. Baumert, Antifeminismus, 285, verweist mit Recht auf die Parallele Jos, Bell 2,126. Trotzdem schwingt die Bedeutung „Kleidung" natürlich mit, da sich die erwünschte Haltung auch darin ausdrückt (vgl. C. Spicq, 375). Nach A. Padgett, Wealthy Women, 22 wurde bewusst ein doppeldeutiges Wort gewählt.

[25] So die Übersetzung von U. Wagener, Ordnung, 68f, die auf ihrer gründlichen sprachlichen Analyse ebd. mit Anm. 12f und S. 72–74.78ff beruht. Alternative Übersetzungen werden von ihr diskutiert und mit guten Begründungen abgewiesen. Ich verweise für alle diesbezüglichen Einzelfragen auf diese Arbeit. Dieselbe grammatikalische Analyse liegt den Übersetzungen von N. Brox, 129f; L. Schottroff, Schwestern, 104; J. Roloff, 125; W. Lock, 31 u.v.a. zugrunde.

[26] U. Wagener, Ordnung, 77–92; vgl. vor allem auch K. Berger, Hellenistische Gattungen, 1081–1085 und die im Neuen Wettstein I, 852–861 gebotenen Parallelen.

[27] Zum Stellenwert dieser Tugenden in Philos Idealporträt von Frauen vgl. D. Sly, Philo's Perception of Women, bes. 201–207, αἰδώς wird an einigen ausgesprochen zentralen Stellen dem biblischen Text hinzugefügt, so begegnet Eva dem Adam bei ihrem ersten Treffen (vor dem Fall) μετ' αἰδοῦς (Op 152, zit. a.a.O., 205) – was ein sprechendes Licht auf 1Tim 2,15 wirft.

im Gegensatz zu 1Tim 2,10 die ‚guten Werke' nicht selbst als Schmuck bezeichnet, sondern sind Folge des Schmückens mit der Tugend. Interessant ist bei ‚Pinthys' und ‚Periktione' der doppelte Bezug der Schmuckpolemik: Einmal wird mit der Treuepflicht gegenüber dem Ehemann und dem Haus, dann aber auch mit dem Verhältnis zu sozial Schlechtergestellten argumentiert. ... Offensichtlich wird die luxuriöse Aufmachung reicherer Frauen nicht nur als sexualethisches, sondern auch als soziales Problem verstanden."[28]

Die Rezeption solcher Standesparänesen im Urchristentum belegt auch 1Petr 3,1ff, eine enge Parallele oder – m.E. wahrscheinlicher – eines der literarischen Vorbilder von 1Tim 2,9ff.[29] Dieser Text steht im Rahmen einer Haustafel und zeigt gegenüber der deutlich sekundären Einpassung in einen liturgischen Kontext in 1Tim 2,9ff[30] noch den ursprünglichen Sitz im Leben solcher Ermahnungen, Frauen zu einem tugendhaften Leben als treue und ergebene Ehefrauen und verlässliche, sparsame Verwalterinnen des Hauswesens anzuhalten. Mit der Einfügung der Schmuckpolemik in den Kontext der Gottesdienstparänese erreicht der Verfasser der Past, dass die Frauen auch hier primär als Geschlechtswesen wahrgenommen werden, die besonders restriktiven Verhaltensnormen unterliegen. „Damit wird die angemessene Rolle und das rechte Verhalten der Frau im christlichen Gottesdienst in Analogie zu ihrer gesellschaftlichen Stellung bestimmt."[31]

Gegenüber dem mit traditionellem Vokabular geradezu getränkten Vers 9 gilt der mit ἀλλά angehängte Verweis auf die guten Werke in V. 10 mit Recht als Eigenformulierung des Verfassers, die den Schmucktopos neu interpretiert und sich dazu des für seine Ethik so zentralen Begriffs der καλὰ / ἀγαθὰ ἔργα bedient.[32] Viele KommentatorInnen vermerken, dass der Verfasser mit V. 10 den Rahmen der Gottesdienstparänese verlasse. Die Mahnung zu tugendhafter Haltung und zurückhaltender Kleidung in V. 9 sei trotz ihrer offenkundig anderen Provenienz in den gottesdienstlichen Kontext übertragbar gewesen.[33] Die Forderung dagegen, dass Frauen, die sich zur Gottesfurcht bekennen, sich geziemenderweise mit guten Werken schmü-

---

[28] Ordnung, 84f.

[29] Wörtliche Berührungen: χρύσιον; ἱμάτιον/ἱματισμός; κόσμος/κόσμιος (1Petr 3,3/1Tim 2,9); κοσμεῖν σεαυτόν (1Petr 3,5/1Tim 2,9); πολυτελής (1Petr 3,4/1Tim 2,9); ἡσύχιος/ἡσυχία (1Petr 3,4/1Tim 2,11f); ὑποτάσσεσθαι/ὑποταγή (1Petr 3,1.5/1Tim 2,11); Synonyme: ἐμπλοκή τριχῶν/πλέγμα (1Petr 3,3/1Tim 2,9); ἀγαθοποιεῖν/ἔργα ἀγαθά (1Petr 3,6/1Tim 2,10).

[30] So die überzeugende Ansicht von Dib-Co, 37, die von den meisten ExegetInnen übernommen wird.

[31] U. Wagener, Ordnung, 82.

[32] Für ganz redaktionell halten V. 10 z.B. J. Roloff, 128, dagegen schließt U. Wagener, Ordnung, 86 aus der Verwendung des Hapaxlegomenons θεοσέβεια, dass der Verfasser auch in Teilen von V. 10 Traditionsgut verarbeitet.

[33] Zumal auch in hellenistischen Mysterienkulten Kleiderordnungen belegt sind, vgl. die Inschrift von Andania, Dittenberger, Syll.[3] 736,15ff.

cken sollen, verweise auf das christliche Leben als ganzes.[34] Zur Konkretion greifen die Kommentatoren auf die in 5,10 gebotene Liste der von einer wahren Witwe mitzubringenden guten Werke zurück, die Aufzucht von Kindern, Gastfreundlichkeit, Fußwaschung an den Heiligen und Hilfe für in Not Geratene nennt. Außerdem denken manche wegen der Entgegensetzung der guten Werke (in 2,10) zur luxuriösen Aufmachung (in 2,9) auch an die von den Reichen in 1Tim 6,17–19 geforderten finanziellen Aufwendungen für die Gemeinde.[35] Dass all dies im Sinne der Past mit Recht als Schmuck gottesfürchtiger Frauen bezeichnet werden kann, ist nicht zu bezweifeln. Doch als Alternative zu luxuriös-lasziver Selbstpräsentation im Gottesdienst muss, wenn der Text logisch und kohärent strukturiert ist (wovon m.E. bis zum eindeutigen Erweis des Gegenteils ausgegangen werden sollte), zumindest auch an ein im Gottesdienst zum Ausdruck gebrachtes Verhalten gedacht sein. Im übernächsten Abschnitt möchte ich zeigen, dass das in V. 11 geforderte stille Lernen in Unterordnung als Konkretion der in V. 9f von Frauen als Schmuck geforderten ehrbaren Haltung und gutes Werk zu erweisen ist. Doch zunächst ist nach der aktuellen Abzweckung der Schmuckparänese zu fragen.

10.1.3.2 Die aktuelle Dimension der Schmuckparänese

Trotz des stark topischen Charakter der Schmuckparänese ist wohl vorauszusetzen, dass in 1Tim 2,9 kunstvolle Frisuren, Gold, Perlen oder kostbare Kleider nur genannt werden, weil dergleichen in den anvisierten Gemeinden auch vorkam. Worin aber das Konfliktpotenzial der aufwendigen Aufmachung von Frauen besteht, wird sehr verschieden rekonstruiert.

Dass speziell ein Auftreten von Frauen abgewiesen werden soll, das sich am kultischen Schmuck von Artemispriesterinnen orientierte, muss als extrem unwahrscheinlich gelten.[36] Dass der Verf. lediglich um die Keuschheit der Adressatinnen besorgt war,[37] greift wahrscheinlich ebenso zu kurz wie die Annahme, dass ihm an der Entschärfung von Spannungen lag, die aus den sozialen Unterschieden zwischen den Gemeindemitgliedern resultierten und durch ostentative Präsentation von Reichtum stimuliert wurden.[38] Die Verbindung von Schmuckparänese und Lehrverbot weist vielmehr darauf

---

[34] So z.B. A. T. Hanson, 71; N. Brox, 132; N. Baumert, Antifeminismus, 289; U. Wagener, Ordnung, 87.

[35] U. Wagener, Ordnung, 87f.

[36] S. H. Gritz, Paul, 125–128; C. Kroeger/R. C. Kroeger, I Suffer, 63. Dagegen überzeugen R. Strelan, Paul, Artemis, and the Jews in Ephesus, 154f.191.

[37] So z.B. J. Roloff, 132f; G. Fee, 71f.

[38] So z.B. L. Oberlinner, XI, 2/1, 90; V. Hasler, 24; P. H. Towner, 71. Dagegen spricht, dass in den Past wenig von einem besonderen Bemühen um sozialen Ausgleich zu sehen ist und daß die reichtumskritischen urchristlichen Traditionen auffällig wenig rezipiert werden.

hin, dass es um Führungsansprüche geht, die aufgrund einer hohen sozialen Stellung erhoben wurden.[39] A. Padgetts Rekonstruktion, nach der das Problem lediglich einige neukonvertierte reiche Frauen sind, die professionelle Lehrer aus dem Kreis der von den Past bekämpften Häretiker bezahlten, um schnell die für die angestrebten Führungstätigkeiten nötigen Kenntnisse zu erwerben, ist natürlich unzureichend.[40] L. W. Countryman und R. M. Kidd haben die These vertreten, dass 1Tim 2,9 im Rahmen einer übergreifenden Problematik interpretiert werden müsse, nämlich der schwierigen Integration von reichen Christen in den Gemeinden.[41] Sie haben als zentrales Problem m.E. richtig erkannt, dass die christlichen Gemeinden ihren reichen Mitgliedern analoge Ehrungen und Einflussmöglichkeiten, wie sie pagane Vereine und Stadtgemeinschaften ihren „Wohltätern" zugestanden, nicht einräumten. Dies stellte ein strukturelles Problem mit Konfliktpotenzial dar.[42] Doch was Kidd und Countryman als Lösungen der Past herausarbeiten – vor allem die Kooption reicher Christen als Amtsträger und der Hinweis auf die Heilswirksamkeit von Wohltätigkeit für die Gemeinde – wird der hinter 1Tim 2,9ff stehenden Konfliktlage nicht gerecht, wie schon U. Wagener herausgearbeitet hat.[43] Die Ansprüche reicher Männer und reicher Frauen werden vom Verf. sehr verschieden behandelt, „die Wechselwirkung von sozialer Schicht und Geschlecht"[44] muss als Analysekategorie miteinbezogen werden, soll das Ergebnis der Problematik voll gerecht werden.[45]

U. Wagener hat eine m.E. überzeugende Interpretation der in 2,9 vorauszusetzenden Konflikte geliefert:[46] Der Verf. greift die sichtbare Demonstration von Wohlstand durch Frauen deshalb an, weil Reichtum aufgrund gesell-

---

[39] Dies betont m.R. P. W. Barnett, Wives, 228.236.

[40] A. Padgett, Wealthy Women, bes. 21.23.30f. Padgetts Annahme, dass es sich um Neubekehrte handelt, basiert auf folgendem Zirkelschluss: Erstens seien Reiche eher seltener und später bekehrt worden und zweitens seien Frauen, sobald sie ausgiebig in der christlichen Lehre unterwiesen worden wären, zur Lehre zugelassen worden, wie etwa Röm 16 erweise (a.a.O., 24 Anm. 22). Die von Padgett einleitend (S. 19) aufgestellte Behauptung, die Ergebnisse des Aufsatzes seien mit jeder zur Autorenschaft der Past vertretenen Option vereinbar, wird durch diese Argumentation als haltlos erwiesen.

[41] L. W. Countryman, Rich Christian, bes. 152–154.167ff; R. M. Kidd, Wealth, bes. 75–77.100–106.

[42] Nicht überzeugend ist dagegen die von beiden für die Past vertretene Verortung des Konflikts als Kompetenzstreit zwischen lokalen Eliten und dem apostolischen Delegaten, vgl. dazu U. Wagener, Ordnung, 46.

[43] Zur Kritik an Countryman und Kidd vgl. Ordnung, 44–47.

[44] U. Wagener, Ordnung, 46.

[45] Countryman und Kidd sind nur zwei von zahlreichen Beispielen für eine Exegese, die Aussagen der Texte über Frauen nur solange zur Kenntnis nimmt, wie sie ihre Deutung (hier die Anwesenheit von reichen Christen in den Gemeinden) stützt, es aber im Zuge der Auslegung nicht für nötig halten zu überprüfen, ob die gefundene Lösung auch für die Frauen haltbar ist (die ja in den Pastoralbriefen gerade kein gemeindeleitendes Amt übernehmen durften).

[46] Vgl. Ordnung, 111–113.

schaftlicher Konvention für Frauen der vielversprechendste Weg war, um Einfluss zu nehmen und öffentliche Ämter zu besetzen. Dies gilt ganz besonders für die kleinasiatischen Städte, aus denen eine Fülle von Ehreninschriften für Frauen bezeugt sind, die zeigen, dass sie die unterschiedlichsten öffentlichen und kultischen Ämter wahrgenommen haben.[47] Die Schmuckparänese des Verf. der Past zielt daher auf Attribute, die das soziale Statusbewusstsein wohlhabender Frauen zum Ausdruck brachten. Gerade bei wohlhabenden und wirtschaftlich unabhängigen Frauen sind auch Bildungsressourcen und -ambitionen zu vermuten, die sie zur Lehre befähigen würden. Der Verf. belegt die prestigeträchtigen Accessoires mit einer sexualisierenden Interpretation, fokussiert damit die Wahrnehmung auf die Geschlechtsrolle und unterstellt eine Verführungsabsicht.[48] Dies wird zur Grundlage der Zurückweisung der Ansprüche von Frauen auf Partizipation in gemeindlichen Lehr- und Führungsämtern und ihrer Einweisung in die klassische Frauenrolle als Ehefrau und Mutter.

10.1.4 1Tim 2,11–15: Der Frauen Schmuck durch gute Werke – stille Unterordnung und Mutterschaft statt Lehre

10.1.4.1 Was Frauen schmückt – II: Lernen in Stille und Unterordnung (1Tim 2,11)

V. 11f bilden eine antithetisch konstruierte, durch ἐν ἡσυχίᾳ gerahmte Doppelanweisung. Dem im Imperativ der 3. Person formulierten *Gebot*, in Stille und in aller Unterordnung zu lernen (V. 11), wird das in der ersten Person formulierte *Verbot*, zu lehren und über den Mann zu herrschen, an die Seite gestellt (V. 12a). Der Streit, welche der beiden Aussagen stärker betont wird, ist müßig. Das Lehrverbot ist als direkte autoritative Aussage des Paulus gestaltet und gewinnt dadurch höchste Autorität. Doch verweist die angehängte Alternative zum Lehren – ἀλλ' εἶναι ἐν ἡσυχίᾳ, V. 12b – auf das Gebot des rechten Lernens zurück und weist ihm damit dieselbe Dignität zu. εἶναι ἐν ἡσυχίᾳ erweist sich als zusammenfassende Aussage, die „positiv" gefüllt stilles Lernen in aller Unterordnung umfasst (V. 11), und sprachlich klar als Opposition zum untersagten Lehren und der Autoritätsausübung

---

[47] Vgl. R. MacMullen, Women in Public, 208–218, der allerdings noch Einschränkungen bezüglich des Amtes der Oberpriester macht, die von R. A. Kearsley, Archiereiai, 183–192 überzeugend zurückgewiesen werden; P. R. Trebilco, Jewish Communities, 104–126.228–238; R. S. Kraemer, Share, 80–92.222–225.

[48] „Altväterliche" Deutungen sahen diese tendenziöse Darstellung des Verfassers noch als objektive Beschreibungen des Verhaltens von Frauen an, vgl. z.B. J. Jeremias, 12, der meint, der Verfasser argumentiere gegen „die Versuchung, die Begehrlichkeit des Mannes durch auffällige Kleidung zu entzünden und damit sich selbst und dem Manne die Andacht zu rauben."

über Männer gestaltet ist. Zunächst sollen die drei Aspekte des *Gebots*, die mit den Stichworten ἐν ἡσυχίᾳ (μανθάνειν bzw. εἶναι), μανθάνειν und ἐν πάσῃ ὑποταγῇ beschrieben werden, einzeln betrachtet werden, um die Vielzahl der jeweils im Kontext der Past und der zeitgenössischen Popularphilosophie damit verbundenen Assoziationen zu erfassen. Das Lehr*verbot* wird dann im Zusammenhang mit seiner Begründung in V. 12–15 besprochen (s. S. 288ff).

1. *In der Stille sein / lernen als schmückendes gutes Werk*: Lernen bzw. Sein ἐν ἡσυχίᾳ ist für den Verfasser der Past positiv konnotiert. Die ganze Gemeinde betet für die Machthaber, damit sie ein ruhiges und stilles Leben unter dem Schutz einer wohlwollend herrschenden Obrigkeit führen kann (1Tim 2,2). In derselben Haltung forderte auch Paulus zu einem unauffälligen Leben auf (1Thess 4,11, variierend aufgenommen in 2Thess 3,12). ἡσυχάζειν / ἡσύχιον βίον διάγειν ist eine Tugend der politisch Untergeordneten, die sich mit der ihnen zugemessenen Position bescheiden, ohne aufzubegehren. Wie die ganze Gemeinde sich nach 2,2 gegenüber den staatlichen Autoritäten verhält, so sollen nach 2,11f die Frauen sich gegenüber den Männern verhalten. Angesichts anderer Stellen, die das rollengemäße Verhalten von Frauen direkt mit dem Ansehen der Gemeinde in der Öffentlichkeit verbinden (vgl. 1Tim 5,14; Tit 2,5), wird man die auffällige doppelte Nennung des ἐν ἡσυχίᾳ-Seins der Frauen im Konnex mit dem in 1Tim 2,2 formulierten Ideal so interpretieren dürfen, dass ein ruhiges Verhalten der Frauen dem Verf. als Ausweis der politisch unbedenklichen Haltung der christlichen Gemeinden gilt. Häufig wird die Auffassung vertreten, wie in 1Tim 2,2 sei nur an ein unauffälliges Verhalten, nicht aber an eine Verpflichtung zum Schweigen gedacht, die Teilnahme an Lehrgesprächen werde nicht verboten.[49] Doch zeigt der in V. 12 hergestellte Gegensatz zu διδάσκειν und αὐθεντεῖν ἀνδρός, dass es darum geht, Frauen eine potenziell mit Autorität verbundene *verbale Präsenz* zu verbieten. ἐν ἡσυχίᾳ εἶναι / μανθάνειν ist insofern ein Pendant zu σιγᾶν, was auch die literarische Vorlage in 1Kor 14,34 nahe legt (s. dazu u. S. 334ff) und vor allem Nachrichten über das Verhalten im Gottesdienst aus dem hellenistischen Judentum vermuten lassen. So schreibt etwa Philo in Som II, 263: „Deshalb üben und schulen sie uns für beides, für das Reden (λέγειν) und für das Schweigen (ἡσυχάζειν), wenn wir den passenden Augenblick für beides beobachten. Wird zum Beispiel des Hörens Wertes gesagt, höre in Schweigen (ἐν ἡσυχίᾳ) zu, ohne etwas zu entgegnen, nach der Vorschrift des Mose: ‚Schweige (σιώπα)

---

[49] So z.B. G. Holtz, 69; O. Michel, Grundfragen, 90f; dagegen richtig H.v. Lips, Glaube, 137.

und höre' (Dtn 27,9)."[50] V. 11 beinhaltet also ein Redeverbot und darüber hinaus eine bestimmte Haltung, gefordert wird das aktive Ausüben der passiven Rolle, ein demonstratives Sicheinfügen in eine hierarchisch strukturierte Lehr-Situation, für die die äußere Stille einerseits Voraussetzung andererseits Ausweis der inneren Gesinnung ist. Das illustriert sehr schön Philos Bericht über die TherapeutInnen, von deren Verhalten beim sabbatlichen Lehrvortrag des Vorstehers er schreibt: „Ruhig hören alle anderen ihm zu (καθ' ἡσυχίαν δὲ οἱ ἄλλοι πάντες ἀκροῶνται) und spenden Lob nur durch Blicke und Nicken des Kopfes." (VitCont 31; vgl. 76)[51]

1Tim 2,11 verweist nur Frauen in die ἡσυχία. Gemäß unserer These sollte dies ein Aspekt ihres Schmuckes an würdiger Haltung sein, den V. 9 fordert. Dass dem so ist, legen einige Parallelen nahe, die zeigen, dass Schweigen bzw. ein ruhiges Wesen nicht nur – wie hinlänglich bekannt – häufig gefordert wurden,[52] *sondern geradezu sprichwörtlich als Schmuck von Frauen galt*. Zuerst ist die bereits erwähnte Parallele in 1Petr 3 zu nennen. In 3,4 wird als κόσμος der Frau „der verborgene Mensch des Herzens im Unvergänglichen des sanften und stillen Geistes (ὁ κρυπτὸς τῆς καρδίας ἄνθρωπος ἐν τῷ ἀφθάρτῳ τοῦ πραέως καὶ ἡσυχίου πνεύματος)" bezeichnet. Notfalls wird eine solcherart mit einem stillen Wesen geschmückte Frau ihren Mann auch ohne Worte (ἄνευ λόγου) gewinnen (1Petr 3,1)! Deutlicher noch sind die Parallelen aus der Gnomik.[53] Schon Sophokles zitiert den Satz γυναιξὶ κόσμον ἡ σιγὴ φέρει (Aias, 293)[54] als „ein ewig altes Lied (ἀεὶ

---

[50] Was nach Philo (für Männer) nur in bestimmten Situationen gilt, fordert 1Tim 2,11f für Frauen als generelle Haltung.

[51] Nach Philos Porträt sind alle TherapeutInnen durch tägliches mehrstündiges Studium ausgewiesene ExpertInnen. Trotzdem lassen sie sich am Sabbat selbstverständlich durch den ältesten und erfahrendsten belehren, Kritik ist gar nicht vorgesehen, Lob wird nur nonverbal erteilt. Philo bietet auch sonst eine den Past entsprechende streng hierarchische Auffassung von Lehren und Lernen, vgl. Praem 49: τὸν μανθάνοντα πιστεῦσαι δεῖ τῷ διδάσκοντι; Som II, 68 spricht vom πειθαρχεῖν τῷ διδάσκοντι, vgl. H. v. Lips, Glaube, 134–136.

[52] Die antike Literatur aller Gattungen ist voll von Forderungen an Frauen, sich der (öffentlichen) Rede zu enthalten, z.B. Demokrit Fr. 110 (γυνὴ μὴ ἀσκείτω λόγον· δεινὸν γάρ·); Eur Heracl 476f (γυναικὶ γὰρ σιγή τε καὶ τὸ σωφρονεῖν κάλλιστον, εἴσω θ' ἥσυχον μένειν δόμων); Eur Tro 645–656; Eur Iph Aul 830; Plut Num 25,10–11; Plaut Rud IV/4, 1113f; Val Max 3,8,6.

[53] K. Berger, Hellenistische Gattungen, 1085 hat auf die Bedeutung der Gnomik für die Entwicklung der Haustafeln aufmerksam gemacht. Die obigen Erwägungen erweisen m.E. die Fruchtbarkeit dieses Ansatzes, wobei der Skopus in dem Nachweis liegt, dass auch Kombination verschiedener breit entfalteter Topoi sich dem Vorbild von Gnomen verdankt, die in gedrängter Form eine Koppelung von Themen im allgemeinen Bewußtsein etablierten.

[54] Bereits C. Spicq, 70 zitiert diese Stelle, allerdings nicht die weiteren oben folgenden Belege aus der Gnomik. Bemerkenswert ist auch die Einbindung des Zitates in den Ko-Text: κἀγὼ μαθοῦσ' ἔληξ' (und so belehrt, schwieg ich), Ai, 294 – und daraufhin nimmt das Unglück seinen Lauf! Sophokles nimmt damit eine bemerkenswert kritische Haltung zu der zitierten Maxime ein, die man bei den anderen Belegstellen vermisst.

δ' ὑμνούμενα)". Aristoteles nimmt das Dichterwort zur Basis weiterer Schlussfolgerungen,[55] auch bei Menander[56] ist es überliefert. Bei Kallistratos (2. Jh. v.Chr.) wird es kommentiert, das Schweigen als Schmuck der Frauen wird dabei zu einem quasi körperlichen Attribut, das mit der Wolle der Schafe und den Bärten der Männer verglichen wird.[57] Dass Schweigen Frauen als Schmuck dient, war demnach den LeserInnen von 1Tim 2,11 vermutlich hinreichend vertraut, so dass sie die Aufforderung zur Stille leicht als Konkretion der Forderung, sich nicht mit aufwendiger Kleidung, Gold und Perlen, sondern durch eine würdige Haltung und gute Werke zu schmücken, erkennen konnten. Ein Fragment Demokrits zieht sogar denselben Schluss vom allgemein anerkannten Schmuck einfacher Kleidung auf den Schmuck der verbalen Zurückhaltung von Frauen wie er in 1Tim 2,9f.11 nach meiner Analyse den LeserInnen nahegelegt wird:

κόσμος ὀλιγομυθίη γυναικί·
καλὸν δὲ καὶ κόσμου λιτότης.[58]

Der Verfasser von 1Tim 2,9ff sagt dasselbe, allerdings weit weniger elegant.[59]

2. *Unterordnung als Schmuck und gutes Werk:* Die Haustafel von Tit 2, die laut 2,1 enthält, was der gesunden Lehre entspricht, und eine Liste der guten Werke bietet, denen die von der Gnade Erzogenen und vom Kreuzestod Christi Gereinigten gemäß 2,11–14 nacheifern sollen, nennt Unterordnung unter den Ehemann als eines der von einer jungen Frau geforderten guten Werke (Tit 2,5). In 1Tim 2,11 ist nicht gesagt, wem die Frauen sich unterordnen sollen, dem Ko-Text entsprechend ist – analog zum Ehemann, dem im Haus der Kirche der Bischof entspricht – zwar sicher primär an den männlichen Amtsträger gedacht,[60] doch mag das fehlende Objekt darüber hinaus ausdrücken, dass ein umfassendes Verständnis von Frauenexistenz in Unterordnung vorausgesetzt ist.[61] Da die Rolle des Bischofs in den Past

---

55 Pol I, 1260a 30 formuliert im Singular: γυναικὶ κόσμον ἡ σιγὴ φέρει.

56 γυναιξὶ πάσαις κόσμον ἡ σιγὴ φέρει; ΓΝΩΜΑΙ ΜΟΝΟΣΤΙΧΟΙ, XIV, 22, zit. nach S. Jaekel, 19, vgl. K. Berger, Hellenistische Gattungen, 1085.

57 Schol Soph Ai 293, zit. nach Neuer Wettstein I, 386.

58 Fr. 274. Übersetzung nach Diels: „Schmuck ist wenig Reden für das Weib; etwas Schönes ist ja auch Schmuckes Schlichtheit."

59 Auch die in diesem Zusammenhang oft genannte Stelle Plutarch, PraecConiug 31 (Mor 142 C–D) belegt die Zusammengehörigkeit von züchtiger Kleidung und Schweigen von Frauen in der Öffentlichkeit, jedoch verbunden durch den Aspekt des Verborgenseins der Frau, nicht durch den Schmucktopos: „Theano trug ihren Mantel so, daß der eine Arm bloß war. ,Welch schöner Arm', rief ihr jemand zu; ,aber kein öffentlicher', gab sie zurück. Der Arm einer anständigen Frau darf so wenig öffentlich sein wie ihr Gespräch; sie soll darin schamhaft und behutsam wie im leiblichen Entblößen sein."

60 So P. W. Barnett, Wives, 230.

61 So G. Dautzenberg, Stellung, 194.

ganz analog zur Rolle des Hausvaters gestaltet ist und im Hause Gottes dieselben Regeln gelten wie im Privathaus (vgl. 1Tim 3,4f), ist es vollkommen
passend, in beiden Kontexten eine gehorsame Haltung als gutes Werk zu
bezeichnen, das eine Christin schmückt. Dass die Assoziation von Unterordnung und Schmuck den Past nicht fremd ist, zeigt auch Tit 2,10.[62] In der
Frauenparänese des 1Petr heißt es sogar in 3,5 ausdrücklich, die heiligen
Frauen, denen Christinnen nacheifern sollen, hätten sich damit geschmückt,
dass sie sich ihren Männern unterordneten (ἐκόσμουν ἑαυτὰς ὑποτασσόμε-
ναι τοῖς ἰδίοις ἀνδράσιν). Sei es, dass dies die direkte Vorlage für 1Tim
2,9ff war, sei es, dass beide auf eine bereits verchristlichte Frauenparänese
zurückgriffen, ein traditionsgeschichtlicher Zusammenhang besteht sicher.[63]
Wie schon bei der Schmuckparänese hat der Verfasser der Past eine allgemeine Verhaltensregel auf den gottesdienstlichen Rahmen übertragen, womit
eine drastische Ausweitung der Unterordnungsforderung einherging (wie
sie wahrscheinlich bereits in der Gottesdienstregel von 1Kor 14,33b–36 vorgenommen worden war).[64]

3. *Lernen* in aller Unterordnung und Stille *als Schmuck:* In 1Tim 2,11 ist die
Unterordnung unter die Amtsträger auf das *Lernen* ἐν ἡσυχίᾳ bezogen.
Bevor gezeigt wird, dass auch richtiges Lernen als Schmuck verstanden wer-
den konnte, soll zunächst die Bedeutung von μανθάνειν im Rahmen der
Past erhoben werden.

μανθάνειν steht in 1Tim 2,11 ohne direktes Objekt. Wie es zu verstehen
ist, zeigt via negativa die Gegnerpolemik von 2Tim 3,1–9. Dort werden im
Rahmen einer stilisierten Weissagung in den letzten Tagen auftretende Irrlehrer angekündigt, die zunächst mit einem langen Lasterkatalog bedacht
werden, um den Abscheu der LeserInnen zu wecken (2Tim 3,2–4). Dann
allerdings gesteht der Verfasser ein, dass diese Leute die μόρφωσις εὐσε-
βείας wahren, ihre δύναμις aber verleugnen,[65] mit anderen Worten: ihr Lebenswandel scheint durchaus dem üblichen Standard zu entsprechen. Diese

---

[62] Allerdings ist in Tit 2,10 die vollkommene Unterordnung von Sklaven als Schmuck der Lehre, nicht der Sklaven selbst verstanden.

[63] Dass bezüglich des Schweige- und Unterordnungsmotivs auch eine Verbindung zu 1Kor
14,33b–36 besteht, rechtfertigt nicht, diejenige zu 1Petr 3 (oder der gemeinsamen Vorlage) zu bestreiten, wie dies U. Wagener, Ordnung, 78 tut. Es ist gerade die sonst nicht belegte Verbindung gemeinsamer Elemente, die hier einen eindeutigen Indikator einer intertextuellen Beziehung darstellt.

[64] S. u. S. 334ff.

[65] 2Tim 3,5 besagt im Klartext, dass die Gegner nach den äußeren Kriterien von Eusebeia un-
tadelig und die Vorwürfe in 3,2–4 nicht zu konkretisieren sind; A. Schlatter, 252f; Pöhlmann,
μόρφωσις, 1093. Anders H. v. Lips, Glaube, 83, der wegen des vorangehenden Lasterkataloges
schließt, die Gegner beriefen sich auf ihre Form der Eusebeia, der aber die Erkennungszeichen im
Sinne der Past, nämlich gute Werke, fehlten.

Christen gehen in die Häuser der Gemeinde und wenden sich[66] an Frauen, die vom Verfasser als „mit Sünden beladen und von vielerlei Begierden getrieben" diskreditiert[67] und abschätzig als γυναικάρια bezeichnet werden. Was sie aber tatsächlich tun, sagt V. 7: πάντοτε μανθάνοντα, sie lernen immerzu. Wie das klar pejorative πάντοτε anzeigt, missfällt dem Verfasser die Intensität dieses Lernens genauso wie sein Inhalt, von dem nichts preisgegeben wird außer der Ansicht des Verfassers, dass die Frauen dadurch „niemals zur Erkenntnis der Wahrheit kommen können" (3,7).[68] Da mit εἰς ἐπίγνωσιν ἀληθείας ἐλθεῖν in den Past formelhaft „Erkenntnis und Annahme der christlichen Glaubenswahrheit in ihrer traditionell geprägten Form" ausgesagt wird,[69] ist es für ihn ein gänzlich verfehltes Lernen. Das positive Gegenbild dazu bietet im unmittelbaren Ko-Text Timotheus selbst, der bei dem bleiben soll, was er einmal gelernt hat, und der weiß, dass er einen zuverlässigen Lehrer, nämlich Paulus, hatte (σὺ δὲ μένε ἐν οἷς ἔμαθες καὶ ἐπιστώθης, εἰδὼς παρὰ τίνων ἔμαθες, 2Tim 3,14).

Wahrscheinlich deutet 2Tim 3,8 sogar an, dass es für die um theologische Bildung bemühten Frauen nicht beim Lernen bleibt: Wie Jannes und Jambres dem Moses, widerstehen „sie" der Wahrheit, d.h. hier ist wohl an die öffentliche Konfrontation zwischen differierenden Ansichten im Gottesdienst

---

[66] Das der Kriegsmetaphorik entstammende Verb αἰχμαλωτίζειν deutet eine gewalttätige Handlung vonseiten der „Irrlehrer" an (vgl. Röm 7,23), V. 7 aber schildert den wahren Sachverhalt: es handelt sich um Lehrgespräche. Übrigens konnte Paulus dieselbe Metapher als Umschreibung seiner Verkündigung verwenden (2Kor 10,5), vgl. auch Eph 4,8 von Christus.

[67] Den Beweis für seine Behauptung bleibt der Verfasser schuldig. Man sollte daher V. 6b als das erkennen, was er ist, eine Unterstellung ohne Anhalt an der Wirklichkeit (so R. J. Karris, Polemic, 560). Anders R. Schwarz, Bürgerliches Christentum, 29 Anm. 50, der die Ketzerpolemik des Irenäus (die Gnostiker predigen Enthaltsamkeit, schänden aber heimlich Frauen) zum Anlass für folgende abwegige Vermutung nimmt: „dies könnte den vielleicht schon zur Zeit der Past von den Irrlehrern praktizierten Hintergrund zu 2Tim 3,6 abgeben". Für Irenäus ist natürlich genauso wie für die Past der polemische Kontext in Rechnung zu stellen, außerdem ist die Kombination beider Stellen höchst fragwürdig.

[68] Hier wird (gegen W. Schenk, Forschung, 3429) nicht etwa gegen ein gnostisches Prinzip polemisiert, das ständiges Lernen um des Lernens willen propagieren würde, wobei mit μηδέποτε εἰς ἐπίγνωσιν ἀληθείας ἐλθεῖν δυνάμενα das Selbstverständnis der Gnostiker ausgedrückt würde. Diese Antithese ist vielmehr vom Verfasser gebildet, wie die Vorzugsverbindung ἐπίγνωσις ἀληθείας erweist (1Tim 2,4; 2Tim 2,25; Tit 1,1, vgl. 1Tim 4,3), die auch in 2Tim 2,25 und 1Tim 4,3 in polemischem Zusammenhang begegnet. Zur Debatte steht, ob man auf dem Weg intellektueller Bemühung zur Erkenntnis kommt oder nicht. Sollten die bekämpften ChristInnen der Überzeugung gewesen sein, dass ihr ständiges Lernen immer nur vorläufige Erkenntnisse bringt und das Suchen, nicht das Finden, dabei der entscheidende Aspekt war, wie es K. Koschorke, Suchen und Finden, 51–65 für die gnostische Erkenntnisbemühung gezeigt hat, ist dies jedenfalls dem Verfasser der Past verborgen geblieben.

[69] H. v. Lips, Glaube, 37, vgl. 32–38.

gedacht, vor der die Past mehrfach warnen und die im Gegensatz zu dem erwünschten Lernen der Gemeindeglieder in Unterordnung und Stille stehen.[70]
Die Kommentare sehen durchgängig „die Einschleicher" aus V. 6a als Subjekt von V.
8.[71] Doch ist keineswegs eindeutig, ob sich οὗτοι in V. 8 auf die „Irrlehrer" (die auch
nicht nur männlichen Geschlechts gewesen sein müssen! s. gleich zu 1Tim 5,13f), auf
die Frauen oder auf Lehrende und Lernende gemeinsam bezieht. Grammatikalisch
und logisch wäre alles möglich, doch hat m.E. die dritte Möglichkeit als wahrscheinlicher zu gelten, denn der in V. 8 erhobene Vorwurf, der Wahrheit zu widerstehen,
betrifft sachlich sowohl die Lehrenden als auch die Lernenden, von denen ja in V. 7
ausdrücklich festgehalten wurde, dass sie niemals zur Erkenntnis der Wahrheit kommen können.

Ähnlich ist wohl 1Tim 5,13f zu verstehen: Ein Gräuel sind dem Verfasser
solche jüngeren „Witwen", die anstatt zu heiraten, Kinder zu bekommen
und den Haushalt zu führen (vgl. 5,14a), *ohne Gewinn lernen, während sie
in den Häusern der Gemeinde herumlaufen* (ἀργαὶ μανθάνουσιν, περιερχόμεναι τὰς οἰκίας, 13a)",[72] und sich darüber hinaus auch noch in ihnen nicht zustehende Bereiche einmischen, indem sie reden, was man nicht
(reden) darf, d.h. Irrlehren verbreiten (13b).

Dass mit λαλοῦσαι τὰ μὴ δέοντα nicht harmloses Geschwätz gemeint ist, sondern
Verbreitung von unerwünschten Lehren, ist aufgrund der offensichtlichen Parallele
zur Gegnerpolemik von Tit 1,11 (διδάσκοντες ἃ μὴ δεῖ) weithin anerkannt.[73] Möglicherweise liegt hier sogar eine subtile intertextuelle Anspielung auf Kol 4,3f/Eph
6,19f vor, wo Paulus um Fürbitte für seine rechte Evangeliumsverkündigung bittet,
dass er rede ὡς δεῖ με λαλῆσαι. Angezeigt würde damit einmal mehr, dass die in
1Tim 5,13 und Tit 1,11 angegriffenen LehrerInnen sich nicht zu Recht auf Paulus berufen dürfen. Weil es sich jedoch um eine sehr allgemeine und weitverbreitete Formulierung handelt, ist nicht zu erweisen, dass eine intendierte Anspielung vorliegt.

Von 2Tim 3,1ff und 1Tim 5,13 aus betrachtet, gewinnt das Lernen in Stille
und Unterordnung in 1Tim 2,11 also die Konnotation der Ausrichtung am

---

[70] Vgl. 2Tim 2,14f; 2,23–26; Tit 3,9f.

[71] Vgl. z.B. Dib–Co, 87: „Subjekt sind natürlich die ἐνδύνοντες, nicht die γυναικάρια".

[72] Dies Verständnis von 1Tim 5,13 beruht auf der überzeugenden Analyse von U. Wagener,
Ordnung, 204–206. Der Ausdruck ἀργαὶ μανθάνουσιν περιερχόμεναι τὰς οἰκίας wird meist
mit BDR 416,2 als Ellipse verstanden, durch εἶναι ergänzt und dann übersetzt: „sie gewöhnen sich
an, faul zu sein, während sie in den Häusern herumlaufen". Doch scheint es, gerade auf dem Hintergrund von 1Tim 3,7 angemessener, ἀργαί prädikativisch auf μανθάνουσιν zu beziehen und
ἀργός im Sinne von ἄκαρπος (wie Tit 3,14, dort auch mit μανθάνειν verbunden) zu verstehen,
vgl. Jak 2,20; 2Petr 1,8.

[73] Vgl. J. Bassler, Adam, 52f; U. Wagener, Ordnung, 206f u.a. D. J. Moo, Meaning, 82 steht
mit seiner Meinung, nichts weise darauf hin, dass Frauen Irrlehre gelehrt hätten, ziemlich alleine.
Dass er zu dieser Ansicht kommt, wundert allerdings nicht, ist er doch auch der Meinung, nachweisen zu können, dass nirgendwo (!) in den Paulinen Frauen als Lehrende vorauszusetzen seien
(a.a.O., 76).

richtigen Lehrer und der Beschränkung des Lernens auf das zur Erkenntnis der Wahrheit Nötige.[74] Beide Stellen zeigen einen Zusammenhang zwischen falschem Lernen und unerwünschtem Lehren von Frauen, dem noch nachzugehen sein wird. Dass μανθανέτω ἐν πάσῃ ὑποταγῇ tatsächlich die Bereitschaft meint, das Richtige zu lernen, zeigen auch die weiteren Verwendungen von μανθάνειν mit Objekt in 1Tim 5,4 und Tit 3,14.

In 1Tim 5,3ff wird das Witwenamt beschränkt auf völlig alleinstehende alte Frauen. Witwen, die Kinder oder Enkel haben, sollen *lernen*, zuerst am eigenen Haus Frömmigkeit zu üben (5,4), was bedeutet, Hausfrauenpflichten zu übernehmen (5,4.8a). Tun sie das nicht, trifft sie das Urteil der Glaubensverleugnung, sind sie schlimmer als die Ungläubigen (5,8b).[75] In Tit 3,14 gelten die guten Werke als Gegenstand des Lernens: μανθανέτωσαν δὲ καὶ οἱ ἡμέτεροι καλῶν ἔργων προΐστασθαι εἰς τὰς ἀναγκαίας χρείας, ἵνα μὴ ὦσιν ἄκαρποι. Diese Paränese ist auf dem Hintergrund der vorangehenden theologischen Ausführungen zu interpretieren. Danach sind das Wirken der Gnade, der Sühnetod Christi und die Gabe der Taufe darauf ausgerichtet, daß die zum Glauben Gekommenen besonnen, gerecht und fromm in dieser Welt leben (2,11f) bzw. sich gute Werke angelegen sein lassen (2,14; 3,4–7.8). Mit μανθάνειν in Verbindung mit einem Objekt wird die subjektive Seite dieses durch das Christusereignis und das Wirken der Gnade angestoßenen Prozesses beschrieben.[76] In diesem Bereich ist aktives Lernen im Sinne der Einübung in gute Werke von den Gläubigen gefordert. Wo es aber um die Erkenntnis der Wahrheit geht, um absolut gebrauchtes μανθάνειν, ist passives Empfangen in schweigsamer Unterordnung selbst ein gutes Werk, ganz besonders für Frauen.

Nun zurück zu der These, in V. 11 werde eine Konkretion der in V. 10 geforderten schmückenden guten Werke gegeben. Hierzu ist auf eine in diesem Zusammenhang m.W. bisher nicht adäquat ausgewertete Parallele aus der paganen Ethik hinzuweisen: Bei Plutarch, PraecConiug 48 (Mor 145B–F) wird der schon genannte Schmucktopos („Tugend statt Tünche") in einer 1Tim 2,9ff sehr nahekommenden Weise verwendet. Plutarch bezeichnet es als kostbaren und prächtigen *Schmuck* einer Frau, wenn diese die Maximen von weisen und tugendhaften Männern verinnerlicht hat. Dieser Schmuck der Theano und vieler weiterer philosophisch gebildeter Frauen wird in traditioneller Manier teuren Perlen und Seide entgegengesetzt.

---

[74] Anders J. W. Kleinig, Heilige Schrift, 17f: die absolute Verwendung beziehe sich „auf das Jüngersein ... und nicht auf das Erlernen einer bestimmten Lektion." (18)

[75] Ich fasse in 5,4 und 8 die Witwen als Subjekt des Satzes, nicht ihre Verwandten, was sprachlich auch möglich ist. Siehe die überzeugende Argumentation von J. Roloff, 287f.

[76] Ähnlich U. Wagener, Ordnung, 96.

„Suche also, beste Eurydike, vor allem die Maximen von weisen und tugendhaften Männern wohl zu erfassen, und führe stets die Lehren im Munde, *die du schon als Jungfrau von uns erhieltest*, damit du deinem Mann Freude machst und andere Frauen diesen deinen kostbaren und prächtigen Schmuck, der dich nichts kostete, bewundern. Die Perlen der Reichen, die Seide der Fremden kannst du für hohen Preis erhalten und tragen, aber umsonst ist der Schmuck, den Theano und Kleobuline trugen oder Leonidas' Gemahlin Timokleia oder die alte Claudia und Scipios Schwester Cornelia und andere, die sich Ruhm und Bewunderung erwarben. Mit solchem kostenlosen Schmuck hast du ein glückseliges und rühmliches Leben." (PraecConiug 48 [Mor 145E–F])

Bezeichnend ist im vorliegenden Zusammenhang, wie dieser Schmuck erworben wird: zunächst durch Belehrung durch einen männlichen Philosophen (hier Plutarch selbst) von Kindheit an (s.o. Mor 145E; wenn aber die Frau erwachsen geworden ist, erwirbt sie den philosophischen Schmuck durch die Aneignung von Weisheiten, die der Ehemann bei seinen aktiven philosophischen Studien erworben hat. Plutarch mahnt ihn: „Du stehst jetzt im Alter, das am besten zum Philosophieren taugt. ... Sammle für deine Frau das Brauchbare bienengleich von allen Orten her (τῇ δὲ γυναικὶ πανταχόθεν τὸ χρήσιμον συνάγων), hebe es in dir auf und teile es ihr im Gespräch mit..." (Mor 145B–C). Auf die so erfolgte Belehrung kann die Frau dann sagen: „Lieber Mann, du bist mein Meister, mein Philosoph und Lehrer der herrlichsten und göttlichsten Dinge."[77] Unterlässt ein Mann diese Belehrung seiner Frau, droht moralischer Verfall, denn wie Kinder nur durch Zutun des Mannes entstehen, Missgeburten aber ohne sein Mitwirken, gilt gleiches auch von der Tugend der Frau:

„Nie hat eine Frau ohne Zutun eines Mannes – so behauptet man – ein Kind zur Welt gebracht (Παιδίον μὲν γὰρ οὐδεμία ποτὲ γυνὴ λέγεται ποιῆσαι δίχα κοινωνίας ἀνδρός). Aber es gibt unförmliche Geburten, bloße Fleischklumpen, Aftergeburten mit Namen, die ihre Entstehung verdorbenen Säften verdanken. Hüte man sich, dergleichen in eines Weibes Seele aufkommen zu lassen! Empfangen sie nicht den Samen nützlicher Lehren, haben sie nicht mit den Männern Anteil am Bildungserwerb, so empfangen sie auf sich gestellt viel Unziemliches und schlechte Vorhaben und Leidenschaften. (ἂν γὰρ λόγων χρηστῶν σπέρματα μὴ δέχωνται μηδὲ κοινωνῶσι παιδείας τοῖς ἀνδράσιν, αὐταὶ καθ᾿ αὑτὰς ἄτοπα πολλὰ καὶ φαῦλα βουλεύματα καὶ πάθη κυοῦσι.)" (PraecConiug 48 [Mor 145D])[78]

---

[77] ἄνερ, ἀτὰρ σύ μοί ἐσσι καθηγητὴς καὶ φιλόσοφος καὶ διδάσκαλος τῶν καλλίστων καὶ θειοτάτων PraecConiug 48 (Mor 145C).

[78] Die Übersetzung wird hier wörtlich statt wie sonst in Anlehnung an Snell gegeben, da dessen Wiedergabe von κοινωνῶσι παιδείας τοῖς ἀνδράσιν mit „werden sie nicht von Männern ausgebildet" deutlich patriarchaler ist als das Original. Nicht wiedergegeben werden kann im Deutschen der sexuelle Oberton von κοινωνῶσι, der wegen der Parallelität von körperlicher und geistiger Besamung und der zuvor erwähnten κοινωνία ἀνδρός sicher mitklingt.

Ganz wie in 1Tim 2,9–11 wird hier der Schmuck einer Frau in einer tugendhaften Haltung gesehen, die sie erwirbt, indem sie sich die vom männlichen
Lehrer (der bei Plutarch ein Philosoph und der philosophierende Ehemann
ist) für sie als nützlich erachteten Lehren aneignet. Zwar ist der Kontext bei
Plutarch nicht polemisch, eine Herabsetzung der Frauen nicht beabsichtigt
und das Problem, ob Frauen auch Männer belehren dürfen, liegt offensichtlich jenseits seines Fragehorizonts. Aber es ist leicht ersichtlich, dass man
aus den seiner Argumentation zugrundeliegenden Prämissen ein Verbot der
Lehre ableiten müsste. Denn begründet wird die Notwendigkeit der Belehrung der Frau mit deren Natur, die in körperlicher wie sittlicher Hinsicht auf
die „Besamung" durch den Mann angewiesen ist und ohne ihn nur minder-
wertige Produkte hervorbringen kann. Dies ist natürlich auch eine gewisse
Parallele zur Begründung des Lehrverbotes in 1Tim 2,13f aus der Zweiterschaffung der Frau und ihrer Alleinverantwortlichkeit für den Sündenfall.
Die Parallelisierung des „Besamens" in sittlicher und körperlicher Hinsicht
zeigt darüber hinaus eine bemerkenswerte Nähe zu 1Tim 2,11.15.

Zwischenfazit: Dass eine Frau in Stille und vollkommenem Gehorsam
lernen soll, wie 1Tim 2,11 fordert, hat im Gesamtzusammenhang der Briefe
eine implizite antihäretische Zielrichtung. Es lässt sich ferner, wie die intratextuellen Bezüge sowie eine weitverbreitete Topik zeigen, eindeutig als
Konkretion der würdigen Haltung und der guten Werke zu bezeichnen, die
eine Christin nach Ansicht des Verfassers schmücken sollen.[79] Es ist also
nicht nötig, die Forderung nach dem Schmuck guter Werke auf das alltägli-
che Leben der Christinnen zu beziehen, in 1Tim 2,10 ist tatsächlich an die
einer Christin wohl anstehenden guten Werke der fügsamen, stillen Aneignung der für sie von Männern als nützlich ausgewählten Lehren gedacht.
Dass vermutlich eine Beziehung besteht zwischen diesen angemahnten guten Werken und der Lehre, die Frauen verboten wird, ist schon mehrfach
angeklungen, dem geht der nächste Abschnitt nach.

10.1.4.2 Was Frauen schmückt (und rettet) – III:
nicht Lehren, sondern Kindergebären (1Tim 2,12–15)

a) 1Tim 2,12 als Verbot eines potenziell heilswirksamen guten Werkes

Mit διδάσκειν δὲ γυναικὶ οὐκ ἐπιτρέπω wird Frauen qua Geschlecht
dauerhaft jedes öffentliche Lehren verboten.[80] Meine These ist, dass mit V. 12

---

[79] C. Spicq, 379 zu V. 11: „la première ‚bonne œuvre' d'une chrétienne (v. 10)."

[80] οὐκ ἐπιτρέπω entspricht παρακαλῶ/βούλομαι in 1Tim 2,1.8; 5,14 – in allen Fällen geht
es um prinzipielle, dauerhaft gültige Anordnungen. Die Verwendung der ersten Person dient der
Hervorhebung der Person des apostolischen Briefschreibers und betont dessen Autorität. Die nächsten Analogien dazu bieten offizielle Briefe von Herrschern und hohen Beamten, auch in Edikten

eine naheliegende Konkretion schmückender guter Werke für Christinnen abgewiesen wird. Es soll sichergestellt werden, dass sie nicht ihr Heil im wahrsten Sinne des Wortes in der Verkündigung suchen. Männern steht dieser Weg nämlich – unter bestimmten Bedingungen – offen. Zwar gilt zunächst einmal auch für die einfachen männlichen Gemeindeglieder, dass sie in Unterordnung unter die wahre Lehre bzw. die diese vermittelnde Person lernen sollen, denn das verlangen die Past von der hörenden Gemeinde im Gegenüber zum Amtsträger. Jegliche Form von Widerspruch und Sichwidersetzen gilt als Ausweis der Irrlehre.[81] Dem Amtsträger als bevollmächtigtem Lehrer dagegen wird eine kaum zu überbietende Autoritätsstellung eingeräumt. Diese ist im Rahmen der Fiktion an „Paulus" rückgebunden. Timotheus wird angewiesen, bei dem zu bleiben, was er – von Paulus – gelernt hat (2Tim 3,14), das gilt natürlich den zuverlässigen, zum Lehren fähigen Menschen, die von Timotheus mit der Weitergabe der pln Paratheke betraut werden (1Tim 2,2) und die vielleicht die wichtigste Adressatengruppe der Past sind, denn diese bieten über weite Strecken Lernstoff für Amtsträger, den sie in der Lehre weitergeben sollen. Die in 2Tim 2,2 als implizite Leser ersten Grades anvisierten πιστοὶ ἄνθρωποι, οἵτινες ἱκανοὶ ἔσονται καὶ ἑτέρους διδάξαι sind allerdings nach Ausweis von 1Tim 2,12 nur Menschen männlichen Geschlechts. Dass Lehren als „gutes Werk" gelten konnte, zeigt 1Tim 3,1, wo das mit der Lehre in den Past vorrangig betraute Bischofsamt (nur wenige Verse nach dem Lehrverbot für Frauen) als *gutes Werk* bezeichnet wird: εἴ τις ἐπισκοπῆς ὀρέγεται, καλοῦ ἔργου ἐπιθυμεῖ. Die Kommentare übersetzen zwar fast durchweg καλοῦ ἔργου ἐπιθυμεῖν mit „eine schöne Aufgabe", „einen wertvollen Dienst" o.ä. „erstreben" und sehen keine Verbindung zu den von Christen geforderten guten Werken.[82] Dass ἔργον hier auch im Sinne von „Aufgabe" zu verstehen ist, kann angesichts von 2Tim 4,5 (dem ἔργον εὐαγγελιστοῦ des Timotheus) nicht bestritten werden, doch besteht die Pointe des gewählten Ausdrucks m.E. gerade darin, dass er doppeldeutig ist. Die erstrebenswerte schöne Beschäfti-

---

ist dieser Sprachstil verbreitet (vgl. M. Wolter, Paulustradition, 173f mit Anm. 60). Es handelt sich also weder um eine nur persönliche Meinung des Paulus noch um eine Anordnung von begrenzter Dauer (richtig D. J. Moo, Meaning, 65; dagegen, aber nicht überzeugend P. B. Payne, Response, 170–173; A. D. Besançon Spencer, Eve, 219 u.a.).

[81] L. Oberlinner, XI, 2/3, 83 spricht im Exkurs „Gemeinde, Amt und Kirche nach den Pastoralbriefen" zusammenfassend völlig zu Recht von einer sich „verhängnisvoll" auswirkenden „Gleichung": „mangelnde Unterordnung = Abfall vom Glauben."

[82] Z.B. N. Brox, 139.141f; J. Roloff, 153 mit Anm. 217. Ausnahmen: Dib-Co, 42, die übersetzen: „Wer nach dem Bischofsamt strebt, der begehrt, ein gutes Werk zu übernehmen", doch ohne dies in der Auslegung weiter zu berücksichtigen, ähnlich G. Holtz, 75.

gung ist zugleich ein gutes Werk.[83] Das beweist Tit 2,7f, wo von Titus gefordert wird, er solle sich zum τύπον καλῶν ἔργων machen und das dann u.a. konkretisiert wird mit der Ausübung seiner Lehraufgabe (vgl. ἐν τῇ διδασκαλίᾳ ἀφθορίαν ... λόγον ὑγιῆ ἀκατάγνωστον).

Dass das Ausüben des Bischofsamts von den Past ganz in einer Linie mit dem Tun sonstiger guter Werke gesehen wird, erklärt m.E. zureichend die in 3,1 gewählten Verben ὀρέγεσθαι und ἐπιθυμεῖν, die alten und modernen Kommentatoren oftmals unangemessen zu sein schienen.[84] Doch lassen sich problemlos analoge Formulierungen finden, wo es um andere gute Werke geht. Zu vergleichen sind insbesondere Tit 2,14 und 1Tim 5,10: In Tit 2,14 wird dem durch Christus gereinigten Volk des Eigentums die Eigenschaft zugeschrieben, es sei ζηλωτὴν καλῶν ἔργων, und die akzeptable Witwe von 1Tim 5,10 zeichnet sich dadurch aus, dass sie jedem guten Werk nachgejagt ist (παντὶ ἔργῳ ἀγαθῷ ἐπηκολούθησεν).

Das in 3,1 anvisierte gute Werk hat zudem direkte soteriologische Relevanz, wie aus der Amtsträgerparänese 1Tim 4,12–16 hervorgeht, wo Timotheus stellvertretend für alle vom Presbyterium unter Handauflegung zur Anagnosis, Paraklesis und Didaskalia Bestellten zu höchster Anstrengung gemahnt wird. Abschließend heißt es: „wenn du dies tust, wirst du dich selbst retten und die, die dich hören" (τοῦτο γὰρ ποιῶν καὶ σεαυτὸν σώσεις καὶ τοὺς ἀκούοντάς σου, 1Tim 4,16).

Kein Zweifel, dem „Gemeindeleiter wird die Aufgabe zugesprochen, als ‚Mittler' der von Gott geschenkten und in Jesus Christus offenbarten σωτηρία zu wirken."[85] In diesem Sinne hatte auch Paulus sein apostolisches Wirken als ein σῴζειν der von ihm Bekehrten verstanden und dieser Topos begegnet auch nachpaulinisch.[86] Dass der Lehrer auch sich selbst rettet, sagt 1Tim 4,16 allerdings erstmals, es begegnet danach auch in 2Klem 15,1; 19,1; vgl. 10,5; Barn 1.3.5. Wodurch aber wird die Rettung bewirkt? Für J.

---

[83] Dies wird explizit bestritten von G. W. Knight, Faithful Sayings, 58 mit folgender Begründung: „But the καλοῦ ἔργου spoken of in 1 Tim. 3:1 is not just another good work or deed to which all may aspire or which all may do. The qualifications which follow in verses 2 and following make that abundantly evident." G. W. Knight übersieht, dass es in den Past kaum gute Werke gibt, die alle tun sollten, sondern dass vielmehr generell die guten Werke geschlechts-, amts- und standesspezifisch differenziert werden. Für wohlhabende freie Männer, die die in 1Tim 3,2ff beschriebenen Bedingungen erfüllen, hat das Erstreben des Bischofsamtes einen vergleichbaren Wert als gutes Werk wie Kinderaufzucht und Gastlichkeit für eine freie Frau (vgl. 1Tim 2,10.15; 5,10) oder Dienststeifrigkeit für Sklavinnen und Sklaven (Tit 2,9f).

[84] Vgl. die textkritische Korrektur von πιστός zu ἀνθρωπινός im Codex Claromontanus, etlichen altlateinischen HSS, im Ambrosiaster und im Speculum (erneut wird diese westliche Lesart als authentisch verteidigt von J. L. North, Speech, 50–67) sowie N. Brox, 141. In der alten Kirche durfte das Bischofsamt trotz 1Tim 3,1 nicht „angestrebt" werden.

[85] L. Oberlinner, XI/1, 214.

[86] Vgl. 1Kor 9,22; 10,33; 2Kor 2,15f; 1Thess 2,16; nachpln: 2Tim 2,10; Jak 5,20; IgnPol 1,2; Barn 19,10.

Roloff steht fest, dass der Verkündiger dem von ihm verkündigten Wort zutrauen darf, „daß es sich zuallerst an ihm selbst auswirkt. In diesem Sinn – und nicht etwa in dem einer vom Menschen zu wirkenden Selbsterlösung – ist die Verheißung des Sich-selbst-Rettens zu verstehen" (261). Das „Missverständnis", der Verfasser der Past predige Selbsterlösung, wird in der exegetischen Literatur fast stereotyp zurückgewiesen.[87] Doch wird mit der Alternative „Erlösung durch das Wort" vs. „Selbsterlösung" dem Text ein dogmatisches Raster übergestülpt, das kaum angemessen ist. Auch Paulus erwartete, dass er und seine Mitarbeiter in der Mission für ihr Bemühen reich belohnt werden würden (vgl. nur Phil 4,1–3). Eschatologischer Lohn für seinen „guten Kampf" wird in 2Tim 4,6–8 dem Paulus selbst, in 2Tim 1,18 dem Onesiphorus, einem Mitarbeiter, der seinen Dienst in Ephesus vorbildlich ausgeübt hat, verheißen. In diesem Rahmen ist auch das σεαυτὸν σώσεις von 1Tim 4,16 zu verstehen.[88]

Was den Frauen in 1Tim 2,12 verboten wird, ist also ohne jeden Zweifel eine Tätigkeit, die, wenn sie von männlichen Inhabern des Bischofsamtes im Sinne des Paulus ausgeübt wird, als „gutes Werk" gilt und eschatologische Rettung für die eigenen Person und die Belehrten verheißt. Dass Frauen, deren Aufgabe es laut 1Tim 2,10 ist, sich mit guten Werken zu schmücken, von dieser somit höchst erstrebenswerten Tätigkeit ausgeschlossen werden, bedarf einer sorgfältigen Begründung, die m.E. in 2,13–15 gegeben wird. Schon die Formulierung in V. 12 ist jedoch mit Blick auf die folgende Begründung und in Erwartung von Widerspruch gewählt. In V. 12 wird Frauen zweierlei verboten: διδάσκειν und αὐθεντεῖν ἀνδρός. Auf dem διδάσκειν δὲ γυναικὶ οὐκ ἐπιτρέπω liegt der Schwerpunkt der Aussage, was vor allem durch die betonte Stellung von διδάσκειν am Satzanfang sichergestellt wird. Was aber bedeutete αὐθεντεῖν ἀνδρός?

b) Die Bedeutung von αὐθεντεῖν ἀνδρός

Es wurden einige geradezu abenteuerlich anmutende Deutungen von 1Tim 2,8–15 vorgelegt, die sich wesentlich auf eine ganz bestimmte postulierte Bedeutung von αὐθεντεῖν stützen. Etliche aufwendige Spezialuntersuchungen zu dem vergleichsweise seltenen Verb (und seinen Derivaten)[89] kamen zu sehr unterschiedlichen Ergebnissen. Definitiv ausgeschlossen sind die von C. Kroeger und ihrem Ehemann postulierten Bedeutungen „Fruchtbarkeitsriten ausüben", „der organische Ursprung von etwas sein" (analog γεννάω

[87] Vgl. z.B. A. Schlatter, 132; N. Brox, 183; J. Roloff, 261; H. Merkel, 40 u.ö.
[88] Siehe auch die Erörterung über die Rolle guter Werke im Heilsprozeß unten u. S. 298–300.
[89] Vgl. A. J. Panning, ΑΥΘΕΝΤΕΙΝ; C. Osburn, ΑΥΘΕΝΤΕΩ; G. W. Knight, ΑΥΘΕΝΤΕΩ; L. E. Wilshire, TLG Computer und ders., Reply; C. Kroeger / R. Kroeger, I Suffer, 84–104. 185–192; H. S. Baldwin, Difficult Word.

oder τίκτω)[90] – und damit auch alle daran anknüpfenden Auslegungen des Textes. Relativ unwahrscheinlich – auf jeden Fall im Zusammenhang von 1 Tim 2,12 – sind die Bedeutungen „einen Mord begehen"[91] oder „to instigate violence".[92]

---

[90] C. Kroeger, Ancient Heresies, 12–15, deutete 1979 αὐθεντεῖν auf die Ausübung von Fruchtbarkeitsriten. Dieser These, die den in 1 Tim 2,12 angegriffenen Frauen unterstellt, zu ihrer Lehrtätigkeit hätten auch sexuelle Dienstleistungen gehört, liegen höchst phantasievolle Deutungen der Belegtexte zugrunde, wie die Untersuchungen von A. J. Panning, ΑΥΘΕΝΤΕΙΝ und C. Osburn, ΑΥΘΕΝΤΕΩ, nachgewiesen haben. Daraufhin haben C. Kroeger/R. Kroeger 1992 eine modifizierte, aber nicht weniger problematische Deutung vorgelegt (I Suffer, 84–104.185–192). Sie interpretieren nun die nachgewiesene Bedeutung „to represent oneself as the author, originator, or source of something" als *biologische* Verursachung und übersetzen 1 Tim 2,12 als „I do not allow a woman to teach nor to proclaim herself as originator of man" (103). Vgl. dagegen H. S. Baldwin, Difficult Word, 76, L. E. Wilshire, Reply, 53f. Abgesehen davon, dass die Kroegers keine einzige Stelle anführen können, an der αὐθεντεῖν auch nur annähernd den für 1 Tim 2,12 postulierten Sinn von biologischer Hervorbringung hat, und daher mehr als fraglich ist, ob diese Deutung sprachlich überhaupt möglich ist, wird sie vom unmittelbar vorangehenden Ko-Text ausgeschlossen. Sie verlangt eine ganz spezifische Bedeutung von διδάσκειν im Sinne von ἑτεροδιδασκαλεῖν (o.ä.), die durch nichts angezeigt ist. Ein Grundproblem der Kroegerschen Deutung ist darüber hinaus, dass eine ganz speziell auf Ephesus zugeschnittene Situation konstruiert wird, was den intendierten allgemein gültigen Charakter der Regeln von 1 Tim 2,1–3,15 ignoriert. Zur postulierten Genesisauslegung der Gegnerinnen vgl. u. S. 310ff.

[91] Als Nebenbedeutung wird „einen Mord begehen" zugelassen von C. Spicq, 380 mit Blick auf Evas Tat, die zum Tode führte. C. Kroeger/R. Kroeger halten es für möglich, dass symbolische Tötungen im Verlauf von Initiationsriten verboten werden (I Suffer, 85f.185–188).

[92] Diese Deutung präferiert L. E. Wilshire, Reply, 43–55 im Jahr 1993, wobei er sich auf seine Untersuchung von 1989 beruft, die dort erhobenen Daten aber nun dahingehend interpretiert, dass die in patristischer Zeit vorherrschende Bedeutung „exercising power and authority" in neutestamentlicher Zeit noch nicht die vorherrschende war (50). Er legt sich nicht darauf fest, ob es sich in 1 Tim 2,12 um eine hyperbolische Ausdrucksweise handelt oder ob sich Paulus (Authentizität wird vorausgesetzt) auf einen aktuellen Zwischenfall oder hitzige Debatten über die gegnerische Lehre in der ephesinischen Gemeinde bezieht. Das so verstandene αὐθεντεῖν erfordert aber in jedem Fall ein Verständnis von διδάσκειν als Teilnahme an Streitgesprächen mit den Gegnern (a.a.O., 50–52), was durch nichts angezeigt ist.

Methodisch liegt das Problem dieser Deutung von αὐθεντεῖν darin, dass sie sich auf dem NT zeitgenössische Belege der Substantive αὐθέντης und αὐθεντία stützt, aber nicht zeigen kann, dass das Verb an dieser Bedeutung partizipiert, weil die Belege für das *Verb* αὐθεντεῖν überhaupt erst ab dem 4. Jh. n.Chr. zahlreich zu finden sind (vgl. die methodischen Bemerkungen bei H. S. Baldwin, Difficult Word, 71f). Von den beiden einzigen vorneutestamentlichen Belegen ist Papyrus BGU 1208 (1. Jh. v.Chr.) unstrittig („exercise authority over" o.ä.), der zweite – ein Fragment aus den Rhetorica des Philodemus (1. Jh. v.Chr.) – ist, da fragmentarisch, nicht einmal sicher als Verb zu identifizieren und wird sowohl für die Bedeutung „those in authority" (Baldwin, Difficult Word, 275) als auch „murderous" (Wilshire, Reply, 46 mit Fragezeichen) in Anspruch genommen. Ein astronomischer Text aus dem 2. Jh. n.Chr. (Ptolemäus, Tetrabiblos) bietet das Verb mit der (Sonder-?)Bedeutung „dominieren", das attische Lexikon des Moeris (2. Jh. n.Chr.) führt αὐθεντεῖν als hellenistisches Äquivalent zu attisch αὐτοδικεῖν auf. Dass Substantiv und Verb nicht denselben Bedeutungsumfang haben, lässt z.B. der antike Lexikograph Hesychius von Alexandrien (5. Jh. n.Chr.) erkennen, der beide getrennt folgendermaßen auflistet:

Das die möglichen Verwendungsweisen des Verbs verbindende Konzept ist das der „Ausübung von Herrschaft",[93] das je nach Kontext neutral verwendet werden oder positive wie negative Obertöne tragen kann.[94] Ein a priori oder auch nur überwiegend negatives Verständnis von αὐθεντεῖν (im Sinne von „dominieren", „Herrschaft anmaßen") ist nicht wahrscheinlich zu machen.[95] Entscheidende Bedeutung kommt daher dem unmittelbaren Satzzusammenhang zu. Die beiden verbotenen Verhaltensweisen werden durch die koordinierende Konjunktion οὐδέ verbunden, was nach der Untersuchung von A. J. Köstenberger impliziert, dass es sich um zwei unterscheidbar bleibende Verhaltensweisen handelt, denen gegenüber der Verfasser dieselbe Werthaltung einnimmt.[96] Da „Lehren" ohne Zweifel in den Past positiv konnotiert ist, muss gleiches auch für αὐθεντεῖν gelten. M.a.W. es werden zwei prinzipiell gute Verhaltensweisen unter den genannten Bedingun-

αὐθεντεῖν· ἐχουσιάζειν
αὐθέντης· ἐχουσιαστής. αὐτόχειρ, φονεύς (zit. n. H. S. Baldwin, Difficult Word, 72 Anm. 14). Das Substantiv hat also eine breitere Bedeutungspalette als das Verb, möglicherweise, weil die Form αὐθέντης etymologisch auf zwei Wegen entstand, einerseits durch Haplologie aus αὐτοθένης (von θείνω, schlagen), andererseits aus αὐτ-ἕντης (so P. Kretschmer, αὐθέντης). Jedenfalls ist die von manchen auch für 1Tim 2,12 postulierte Bedeutung „einen Mord begehen" tatsächlich nur ein einziges Mal sicher im 10. Jh. n.Chr. nachgewiesen, u.z. in einem Scholion zu Aischylos, das in attizistischem Stil gehalten ist und möglicherweise einen anachronistischer Rückgriff auf attischen Sprachgebrauch bietet, vgl. H. S. Baldwin, Difficult Word, 76f; auch G. W. Knight, ΑΥΘΕΝΤΕΩ, 153f weist diese Bedeutung zurück.

[93] So deutet auch im ältesten erhaltenen Kommentar zur Stelle, wo in der Auslegung von 1Kor 14,34 auch 1Tim 2,12 zitiert und dann erklärt wird als μὴ τὴν γυναῖκα ἡγεμόνα γίνεσθαι τῷ λόγῳ τοῦ ἀνδρός (Comm 1Cor, JThS 10 [1909] 42).

[94] Dies ist das valide Ergebnis der überaus gründlichen lexikalischen Untersuchung aller 78 Vorkommen des Verbs in allen auf CD-Rom erfassten griechischen Textcorpora (ausgenommen eindeutige Zitate von 1Tim 2,12) durch H. S. Baldwin, Difficult Word. Erfreulicherweise druckt Baldwin alle Texte mit der Übersetzung, die seiner Auswertung zugrunde liegt, im Anhang S. 275–305 ab. Auch wenn man nicht in jedem Einzelfall die gewählte Übersetzung teilen wird, ist das Gesamtergebnis eindeutig. Nach Baldwin sind folgende Spezifizierungen der „idea of the possession or exercise of authority" (78) in 1Tim 2,12, wo eine transitive Verwendung des Verbs vorliegt, möglich: „to control, to dominate"; „to compel, to influence", „to domineer", „to assume authority over", „to flout the authority of".

[95] So übereinstimmend G. W. Knight, ΑΥΘΕΝΤΕΩ, 145–157 und H. S. Baldwin, Difficult Word, 74f et passim. Für die Übersetzung mit „dominieren" entscheidet sich z.B. G. Fee, 73, zum relativen Recht dieser Wiedergabe s.u. Anm. 99.

[96] A. J. Köstenberger, Sentence Structure, 81–103, untersucht alle neutestamentlichen Stellen, an denen οὐδέ zwei verneinte Verben verbindet und kommt zu dem Ergebnis, dass an allen 53 Stellen die jeweils verbundenen Aktivitäten oder Konzeptionen dieselbe Wertung tragen, d.h. es werden entweder zwei eigentlich positiv bewertete Verhaltensweisen aufgrund bestimmter Umstände verboten (oder verneint) oder es werden zwei prinzipiell abzulehnende Verhaltensweisen aufgezählt. Im NT gibt es mit Apg 16,21 nur eine exakte syntaktische Parallelen zu 1Tim 2,12 (οὐδέ verbindet zwei Infinitive, die von einem verneinten finiten Verb regiert werden), Köstenberger stellt aber 84 Beispiele aus LXX und nicht-biblischer Literatur zusammen, auch für diese gilt die gleiche Bewertung der Infinitive.

gen (nämlich, dass die ausführende Person eine Frau ist) verboten. Damit sind Deutungen von 1Tim 2,12, die hier *nur* ein Lehren „in a domineering manner" verboten sehen wollen, mit A. J. Köstenberger sprachlich als unangemessen abzuweisen.[97] Gegen die auffällige Betonung von konservativer Seite, αὐθεντεῖν sei „not regarded as having any negative oder pejorative overtone inherent within it such as is inherent in the rendering ‚domineer'"[98] ist aber festzuhalten, dass der Ausdruck αὐθεντεῖν *ἀνδρός* auf jeden Fall mit extrem negativen Assoziationen behaftet ist,[99] denn eine Frau, die ihren Mann zu beherrschen versucht, war im höchsten Maße verpönt, wie zahlreiche Aussagen antiker Autoren zeigen.[100] *Jedes* Lehren von Frauen ist daher im Sinne des Verf. als Akt der Dominanz abzuweisen.

Das Verhältnis von Lehren und Herrschen ist logisch wohl zu interpretieren als Schritt vom Spezifischen zum Allgemeinen;[101] das Lehren wird als Sonderfall des Herrschens identifiziert. Durch das nachklappende οὐδὲ αὐ-

---

[97] Vgl. A. J. Köstenberger, Sentence Structure, 82–84.90f, wo er sich mit einem unpublizierten Paper von P. B. Payne auseinandersetzt, aus dem das obige Zitat stammt; positiv berufen sich C. Kroeger/R. Kroeger, 1 Suffer, 79f.83f auf Payne.

[98] G. W. Knight, ΑΥΘΕΝΤΕΩ, 154.

[99] Darin liegt m.E. das Recht derjenigen, die auf einer Übersetzung bestehen, die eine negative Tönung enthält, wie z.B. C. Osburn, ΑΥΘΕΝΤΕΩ. Das auffällige Beharren konservativer/fundamentalistischer Exegeten (z.B. G. W. Knight, H. S. Baldwin, A. J. Köstenberger) darauf, dass 1Tim 2,12 ein *positives* Konzept von Herrschaft zugrunde liegt, ist wohl nur zu erklären als „Vorsichtsmaßnahme", man möchte verhindern, dass ein Lehren von Frauen, das vom Verdacht herrischer, überzogener Machtausübung frei ist, in den Bereich des möglicherweise Erlaubten kommt. Die Grundüberzeugung des Verf. von 1Tim 2,12 und seiner gleichgesinnten Zeitgenossen – dass nämlich Machtausübung einer Frau über einen Mann per se etwas Widernatürliches, Abscheuliches, eine illegitime Machtanmaßung etc. ist (s. Anm. 100), wird verschwiegen. Eine neutrale Übersetzung wird daher den Konnotationen des Textes nicht voll gerecht, eine den damals negativen Konnotationen des Textes gerecht werdende negativ getönte Übersetzung jedoch macht heutigen HörerInnen die Fragwürdigkeit der Argumentation sofort deutlich, da fast jede und jeder sich gut vorstellen kann, dass Frauen lehren, ohne dies in einer Männer herabsetzenden Weise zu tun.

[100] Vgl. Plutarch, PraecConiug 33: ὑποτάττουσαι μὲν γὰρ ἑαυτὰς τοῖς ἀνδράσιν ἐπαινοῦνται, κρατεῖν δὲ βουλόμεναι μᾶλλον τῶν κρατουμένων ἀσχημονοῦσι. Die Verbindung von Reden und Herrschen begegnet auch in den Denksprüchen Demokrits 110f: „Das Weib soll sich nicht um die Rede bemühen; denn das ist abscheulich. Von einem Weibe beherrscht zu werden, ist für den Mann wohl äußerste Vergewaltigung (ὑπὸ γυναικὸς ἄρχεσθαι ὕβρις εἴη ἂν ἀνδρὶ ἐσχάτη." (Diels, Fragmente II, 164); ein Komödienfragment hält fest: ἀγαθῆς γυναικός ἐστιν ... μὴ κρεῖττον᾽ εἶναι τἀνδρός, ἀλλ᾽ ὑπήκοον· γυνὴ δὲ νικῶσ᾽ ἄνδρα κακόν ἐστιν μέγα (Philemon, Fr. 132). Angesichts solcher Belege, die sich vermehren ließen (vgl. noch Eur El 930–937; Plaut Men V/2, 792–797), ist es ganz eindeutig, daß es sich bei der Wortkombination αὐθεντεῖν *ἀνδρός* um „a clear contextual feature" handelt, das D. J. Moo, Meaning, 67 vermißt, um eine negative Konnotation des Wortes feststellen zu können.

[101] Mit A. J. Köstenberger, Sentence Structure, 103 Anm. 15. Von einem „synonymen Parallelismus" sollte man (gegen P. W. Barnett, Wives, 232) wohl nicht sprechen. Im Ergebnis ist Barnett jedoch zuzustimmen: „‚to teach' (in the church) signifies ‚to exercise authority over' the ones who are learning." (ebd.)

θεντεῖν ἀνδρός wird dem διδάσκειν also nicht eigentlich ein weiteres Verbot hinzugefügt, sondern das Lehren einer Frau wird als angemaßte Herrschaft über den Mann interpretiert, was einen wirkungsvollen Appell an das allgemeine Schicklichkeitsempfinden darstellt und, wie zu zeigen sein wird, die Begründung des Lehrverbotes erleichterte.

c) Die zweifache Begründung des Lehrverbotes

Die Verknüpfung von Lehren und Herrschen in V. 12 erleichtert dem Verfasser die Begründung seines Verbotes. Die beiden folgenden Argumente aus der Genesis sind m.E. chiastisch auf διδάσκειν und αὐθεντεῖν bezogen, was allerdings erst im Rahmen der intertextuellen Analyse vollständig begründet werden kann (s.u. 10.2). Der Rekurs auf die Ersterschaffung Adams vor Eva (in V. 13) begründet, warum die Frau nicht über den Mann herrschen darf. Dies ist zugleich eine formale Begründung des Lehrverbotes, die aber allein durch die Assoziation von herrschen und lehren in V. 12 erreicht wird. Erst V. 14 begründet das Lehrverbot inhaltlich,[102] Eva hat sich als anfälliger gegenüber der Verführung (durch die Schlange = Satan) erwiesen, dadurch sind die Frauen generell als anfälliger für die Sünde charakterisiert und daher – so ist zu schließen – zur Lehre, die gerade in den Pastoralbriefen wesentlich auch als Bekämpfung der Irrlehre definiert wird, untauglich. Klare Anzeichen dafür sind die Verwendung von γυνή (anstelle der als Pendant zu Adam in V. 14a zu erwartenden Eva) in V. 14b und das Perfekt γέγονεν.[103] Die Logik der V. 13–14 ist also die Folgende: Die Frau ist dem Mann nicht nur in der Schöpfungsordnung nach- und daher untergeordnet, sondern auch in Bezug auf die Sündhaftigkeit vorgeordnet, daher ist sie zum Herrschen wie zum Lehren untauglich.

d) Ein besonders schmückendes gutes Werk: Selig werden durch Kindergebären – die Bedeutung von 1Tim 2,15 im Textzusammenhang

Meine These ist: Mit V. 15 wird sowohl der das Lehrverbot begründende Argumentationsgang abgeschlossen als auch die in V. 9–10 erhobene Forderung nach dem Schmuck guter Werke erneut aufgegriffen, was sprachlich durch die Wiederaufnahme von μετὰ σωφροσύνης (V. 9.15) und die Korrespondenz von δι᾽ ἔργων ἀγαθῶν (V. 10) und διὰ τῆς τεκνογονίας (V. 15) angezeigt wird.[104] In V. 12 war ein für männliche Amtsträger direkt heilswirksames gutes Werk den Frauen verboten worden, was in V. 13 mit der schöpfungstheologischen und in V. 14 mit der hamartiologischen Minder-

---

[102] So auch z.B. J. Roloff, 139; P. Trummer, Paulustradition, 148; G. Häfner, Schrift, 152f.
[103] „Le verbe au parfait indique les effets permanents de l'acte initial." (C. Spicq, 382).
[104] Richtig J.W. Kleinig, Heilige Schrift, 15.

wertigkeit der Frau begründet wurde. In V. 15a wird nun daraus für sie ein *soteriologischer Sonderweg* abgeleitet: σωθήσεται δὲ διὰ τῆς τεκνογονίας; notwendige (allerdings – vgl. V. 15b – nicht hinreichende) Bedingung der eschatologischen Rettung der Frau ist die τεκνογονία. Bevor meine eigentliche These begründet werden kann, sind einige der zahlreichen Einwände zu besprechen, die gegen das Verständnis von V. 15a als Soteriologie für Frauen vorgebracht worden sind.[105]

Die Einwände lassen sich in drei Hauptgruppen zusammenfassen, welche (1.) ein „profanes" Verständnis von σῴζειν, (2.) ein nicht instrumentales Verständnis von διά oder (3.) ein christologisches Verständnis des Halbverses vorschlagen.

1. Etliche Deutungen von 1Tim 2,15a meinen, σωθήσεται sei hier nicht im Sinne der eschatologischen Rettung der Frau verstanden, es sei vielmehr eine innerweltliche Wiederherstellung gemeint. Dabei denkt S. Jebb an eine via Festlegung auf häusliche Pflichten bewirkte „Rettung" vor dem in V. 12 beschriebenen Irrtum, lehren und über den Mann herrschen zu wollen.[106] Andere haben an eine Bewahrung christlicher Frauen vor den mit der Geburt verbundenen Risiken gedacht[107] – eine jeglicher Empirie widerratende Interpretation, die geradezu zynisch zu nennen ist angesichts der aus ihr abzuleitenden Schlussfolgerungen, was den Tod unzähliger Christinnen im Kindbett betrifft. Das kaum abweisbare Argument gegen alle Versuche dieser Art ist das im gesamten Corpus Paulinum ganz eindeutig festgelegte, streng theologische Verständnis von σῴζειν,[108] das zudem durch die im Ko-Text unmittelbar gegebene Opposition von σωθήσεται zu ἐξαπατηθεῖσα ἐν παραβάσει γέγονεν (1Tim 2,14), sowie die kotextuelle Parallelität zu 1Tim 2,4 (πάντας ἀνθρώπους θέλει σωθῆναι) gesichert wird.

2. Häufig wird die Ansicht vertreten, in der Wendung διὰ τῆς τεκνογονίας sei διά nicht instrumental zu verstehen, sondern beschreibe (modal) die begleitenden Umstände (= ἐν). So meint beispielsweise J. Roloff: „Das Kindergebären ist nicht selbst als Heilsmittel oder Heilsweg verstanden, sondern als Geschehen, durch das hindurch der Weg der Frau zur Rettung führt, das aber andererseits die Rettung für sie nicht verstellen kann." (141f)[109] Der

---

[105] Weitere Varianten in der Deutung von 2,15 diskutiert D. J. Moo, Meaning, 71.

[106] Interpretation, 221. Eine angesichts der in den Pastoralbriefen überall greifbaren Tendenz des Ausbaus der Hierarchien noch unwahrscheinlichere Deutung liefert M. D. Roberts, Woman, 20f, der meint, die Frau werde durch das Kindergebären aus ihrer untergeordneten Stellung gerettet (s.u. S. 342 Anm. 259).

[107] Belege bei Bassler, Adam, 63f Anm. 23.

[108] S. E. Porter, What Does It Mean, 93f.

[109] So auch G. Holtz (s.u. S. 361 Anm. 305). Weitere untaugliche Versuche, die Präposition anders als instrumental zu verstehen, referiert S. E. Porter, What Does It Mean, 96f.

letzte Nebensatz enthüllt die problematische Voraussetzung dieser Deutung. Wenn eine Heilsbedeutung verneint wird, ist der Rekurs auf das Kindergebären als Durchgangsstation auf dem Weg zur Rettung nur unter der Annahme sinnvoll, dass die Gegner die Fortpflanzung als dem Heil abträglich bezeichnet haben. Das aber ist nicht sicher erweisbar (s.u. S. 307ff). Doch auch unabhängig davon wird das defensive Verständnis, die Frau werde „durch das Kindergebären hindurch" gerettet, dem Anliegen des Verf. erkennbar nicht gerecht, schon gar nicht darf man ihm unterstellen, „an affirmation of femininity" zu beabsichtigen und sichern zu wollen, dass Frauen „are acceptable to God within their childbearing function".[110] Denn ihm liegt eindeutig daran, Heil und Kindergebären für Frauen *positiv* miteinander zu verknüpfen, wie 1Tim 5,10 (ἐν ἔργοις καλοῖς μαρτυρουμένη, εἰ ἐτεκνοτρόφησεν) und Tit 2,4.11 (φιλότεκνον εἶναι als Frucht der χάρις σωτήριος für junge Frauen) eindeutig zeigen. Neben 1Tim 2,15 erweisen vor allem auch 1Tim 5,10.14, dass der Verfasser Frauen zum Kindergebären *verpflichten* will. Das instrumentale Verständnis von διά ist daher das einzig angemessene.

3. Als dritte Auslegungsalternative ist das auf Christus bezogene Verständnis von 1Tim 2,15 zu diskutieren, das sprachlich darauf beruht, dass im Ausdruck διὰ τῆς τεκνογονίας der Artikel nicht verwendet werde, um die generische Verwendung des Substantivs anzuzeigen, dass durch ihn vielmehr ein spezieller Akt der τεκνογονία, nämlich das Geborenwerden Christi angezeigt werde. Zugrunde liegt eine messianische Interpretation des Protevangeliums Gen 3,15, Christus sei der dort verheißene Same, der den Kopf der Schlange zertritt.[111]

Um V. 15 so zu verstehen, müssen die LeserInnen eine ganze Reihe von logischen Ergänzungen vornehmen. Zunächst müssen sie sich gegen das unproblematischere generische Verständnis von τεκνογονία entscheiden, was keinesfalls nahe liegt, da außer dem mehrdeutigen Artikel in dem Satz kein anderes Textelement sicher darauf weist, dass an einen speziellen Fall der Geburt gedacht ist. Im Gegenteil: Es gibt einen klaren Hinweis darauf, dass an das Gebären aller Evastöchter gedacht ist, nämlich den im Wort τεκνογονία enthaltenen intertextuelle Verweis auf Gen 3,16 (Kindergebären unter Schmerzen als Inhalt des Fluches über alle Frauen). Diesen Hinweis müssten die LeserInnen ignorieren und statt dessen, nachdem sie das zur Rettung geborene Kind als Jesus Christus identifiziert haben (was noch der leichteste Teil des Rätsels sein dürfte), den Vers als Antwort auf die in Gen

---

110 C. Kroeger/R. Kroeger, I Suffer, 176f, ganz ähnlich auch S. H. Gritz, Paul, 140–145.
111 Diese Deutung wird z.B. vertreten von H. Huizenga, Women, 17–26; Wohlenberg, 118; W. Lock, 33; A. D. Besançon Spencer, Eve, 220; N. Baumert, Antifeminismus, 296–300; G. W. Knight, 146f u.ö.

3,15 vorliegende messianische Verheißung verstehen, obwohl dies sprachlich in keiner Weise angezeigt wird (und die explizite Beziehung zu Gen 3,16 dem entgegensteht).

Der nähere Kotext legt ebenfalls diese Deutung keinesfalls nahe: Von 2,12–14 her ist die Konzentration auf das Schicksal der zur Unterordnung aufgeforderten Frauen gefordert. Auch zeitlich nahe urchristliche Parallelen stützen sie nicht: Die messianische Interpretation von Gen 3,15 und die Eva-Maria-Typologie sind im Urchristentum vor Justin und Irenäus nicht nachgewiesen.[112] Theologiegeschichtliche Erwägungen stehen der Deutung entgegen: Weder in den unbestrittenen Paulusbriefen noch in den Pastoralbriefen gibt es soteriologische Aussagen, die die Rettung an die Inkarnation binden; wo die Menschwerdung Christi und seine Geburt durch eine Frau thematisiert werden (etwa in Gal 4,4), werden vielmehr die Voraussetzungen für das heilbringende Wirken Christi erörtert.[113] Die messianische Deutung verlangt somit erhebliche Assoziations- und Interpretationsleistungen, zu denen der Text keine klaren Anhaltspunkte gibt, und zugleich das Ignorieren des sprachlich naheliegenderen und durch klare inter- und intratextuelle Verweise gestützten Verständnisses. Sie ist daher als sekundäre allegorische Deutung eines anstößigen Textes zu betrachten.

Die Einwände gegen das Verständnis von 1 Tim 2,15 als einer auf alle Frauen bezogenen soteriologischen Aussage, die im Kindergebären eine Heilsnotwendigkeit sieht, sind also unbegründet. Die neben die sprachlichen Erwägungen tretenden gewichtigsten Argumente für diese Deutung sind die unten S. 358ff noch ausführlich zu besprechende intertextuelle Beziehung zu Gen 3,16 und die Beobachtung, dass die Pastoralbriefe analoge Sonderbedingungen der Rettung auch für Amtsträger und für reiche Christen vorsehen, dass also die heilsrelevante Kraft guter Werke vom Verfasser auch in anderen Kontexten bemüht wird.

Zu den *Amtsträgern* wurde oben schon das Wichtigste gesagt. Für sie gilt: Wer die διδασκαλία treu bewahrt, wird damit sich selbst und die von ihm Belehrten retten (1 Tim 4,16). Auch *Reichen* steht nach 1 Tim 6,17–19 ein besonderer Weg zum Heil offen:[114] wenn sie ihren Reichtum zum Tun guter

---

112 Vgl. Justin, Dial 100,4–6; Irenäus, Haer III,22,4; III,23,7; IV,40,3; V,19,1. Bezeichnenderweise wird an keiner dieser Stellen auf 1 Tim 2,15 Bezug genommen, vielmehr auf Gal 3,16.19; 4,4; Jak 1,15!

113 Vgl. M. D. Roberts, Woman, 19.

114 Zu der naheliegenden Frage, ob die in 1 Tim 6,17–19 ins Blickfeld des Autors gerückten Reichen nur reiche Männer sind oder auch reiche Frauen einschließen, vgl. die Überlegungen von U. Wagener, Ordnung, 165. Der androzentrische Charakter der Sprache bringt es mit sich, dass eine eindeutige Entscheidung nicht getroffen werden kann. Zweifelsohne werden Frauen jedoch vom Verf. der Past primär als Geschlechtswesen wahrgenommen, der auf die Wahrnehmung der Ge-

Werke einsetzen, was in der Wendung πλουτεῖν ἐν ἔργοις καλοῖς treffend zum Ausdruck gebracht wird, wenn sie freigiebig (εὐμεταδότους) und
bereit zum Teilen (κοινωνικούς) sind, „schaffen sie sich einen Schatz als
gute Grundlage für das Kommende, damit sie das wahre Leben ergreifen (ἀποθησαυρίζοντας ἑαυτοῖς θεμέλιον καλὸν εἰς τὸ μέλλον, ἵνα ἐπιλάβωνται τῆς ὄντως ζωῆς). Zwar gilt irdischer Reichtum als unsichere Basis,
auf die man nicht hoffen darf (1Tim 6,17), „wenn aber Reichtum in rechter
Weise genutzt wird, im Vertrauen auf Gott und in Verantwortung gegenüber dem Mitmenschen, dann ist auch das ein Weg, zum Heil zu gelangen."[115] Anstatt sich über die „Ungeschütztheit" zu wundern, mit der „der
Verfasser dabei den Bogen vom ‚Schatz der guten Werke' hin zur Erlan-
gung des ewigen Lebens schlägt",[116] oder unter Verweis auf Stellen wie 1Tim
1,15; 2Tim 1,9; Tit 3,5 hier nur paränetischen Übereifer am Werk zu sehen,
der den totalen Primat der Gnade selbstverständlich nicht in Frage stellen
könne,[117] muss man m.E. diesen Text wie die beiden anderen genannten als
betonte soteriologische Aussagen ernst nehmen.[118]

Die drei „Sonderwege" für Frauen, Amtsträger und Reiche lassen sich als
drei ausgearbeitete Anwendungen eines ihnen allen zugrundeliegenden Prinzips erweisen, dem Gericht nach den Werken, das die Past auch sonst unbe-
fangen verkünden (1Tim 5,24f; 2Tim 4,14). Eine Spannung zu dem traditionellen paulinischen Topos der Rechtfertigung οὐκ ἐξ ἔργων, der durchaus
festgehalten wird (Tit 3,5; 2Tim 1,9), besteht dabei offensichtlich für den
Verfasser der Past nicht, was erstens daran liegt, dass der ursprüngliche
Kontext dieser Formel – die Abwehr einer Rechtfertigung aus Gesetzeswer-
ken – längst nicht mehr aktuell ist. In den Past wird zweitens die Rechtfertigung οὐκ ἐξ ἔργων im Taufkontext verankert und bildet die Bedingung dafür, dass die zum Glauben gekommenen gute Werke tun können, ja sogar
müssen (Tit 2,14; 3,8). Denn wahrer Glaube bringt nach den Past gute Werke als sichere Erkennungszeichen hervor, Heterodoxie dagegen geht ebenso
sicher mit der Unfähigkeit zu guten Werken, wie sie der Verfasser definiert,
einher. Das Vorhandensein bzw. Fehlen guter Werke ist für die Past also ein
sicherer Indikator für Rechtgläubigkeit und das Schicksal, die die betreffende Person im Endgericht erwartet. Darum eignet sich die σωτηρία bzw. das
ewige Leben als motivierendes Motiv in paränetischen Kontexten (1Tim

---

schlechtsrolle verpflichtende Heilsweg von 1Tim 2,15 hat daher auf jeden Fall auch für reiche
Frauen Priorität gegenüber einer eventuellen Heilsaneignung durch Wohltätigkeit.

[115] L. Oberlinner, XI/1, 306.

[116] A.a.O., 307.

[117] Diese Tendenz besteht bei sehr vielen, z.B. bei N. Brox, 220; H. Merkel, 52;

[118] Dies geschieht oft nicht, was sich z.B. darin äußert, dass sie gar nicht erst mitberücksichtigt
werden, wenn die Soteriologie der Pastoralbriefe untersucht wird. Die Nähe von 1Tim 2,15 und
1Tim 4,16 wird vermerkt von H. v. Lips, Glaube, 144 mit Anm. 219; U. Wagener, Ordnung, 107.

2,15; 4,7f.16; 6,18f). Traditionelle soteriologische Terminologie wird sowohl für die bereits geschehene Rettung in der Taufe als auch für die noch ausstehende Rettung im Endgericht verwendet. Beide gelten als Wirkungen der Gnade, der frei schenkenden (Tit 3,4–7) und der zu guten Werken erziehenden (Tit 2,11f). Charakteristisch für die Past ist die Weltförmigkeit der χάρις παιδεύουσα. Sie erzieht zu einem „besonnenen, gerechten und frommen Leben in dieser Welt", was impliziert, dass die ethischen Maßstäbe von dieser Welt sind. Die geforderten bzw. von der Gnade gewirkten guten Werke sind deshalb streng im Rahmen der vorgegebenen Ordnungen zu verwirklichen, weshalb sie geschlechts-, amts- und standesspezifisch differenziert werden.[119] Dies zeigt exemplarisch die Gemeindetafel von Tit 2,1–10, die u.a. von Frauen Kinderliebe, Häuslichkeit und Unterwerfung unter den Ehemann, von Amtsträgern unverfälschte Lehre, von Sklaven totalen Gehorsam fordert. Dass τεκνογονία für Frauen, διδασκαλία für Amtsträger und durch Reichtum gewirkte gute Werke für Reiche Heilsbedeutsamkeit gewinnen, ist in dem geschilderten Denkrahmen völlig logisch.[120]

Der bedeutende Unterschied zwischen dem Heilsweg der Frauen und dem der Amtsträger und Reichen liegt aber darin, dass für letztere der besondere Weg zur Rettung aus ihrem hervorgehobenen Status und seinen Vorzügen (Reichtum, Fähigkeit zur Lehre) abgeleitet wird. Den Frauen dagegen wird aufgrund ihrer angenommenen Inferiorität in creatorischer und hamartiologischer Hinsicht ein Heilsweg vorgeschrieben, der im Kontext der ganzen Argumentation dazu dient, ihnen eine Alternative für den Männern vorbehaltenen „privilegierten" Weg der Rettung durch die Lehre zu bieten.[121] Teknogonia steht dabei sicher pars pro toto für die Erfüllung der Frauenrolle, allerdings für den Aspekt derselben, der dem Verfasser am wich-

---

[119] Es ist daher zu kurz gedacht, wenn L. Oberlinner, XI, 2/1, 91 zu 1Tim 2,10 bemerkt, der Vers erwarte von den Frauen nur, was „wesentlicher Bestandteil der an *alle* Gemeindemitglieder gerichteten Erwartungen ist: eine v.a. für die nichtchristliche Umwelt und Öffentlichkeit sichtbare und erkennbare Umsetzung des Glaubens. *In dieser Hinsicht* wird von den Frauen noch nichts Außergewöhnliches verlangt." Da gute Werke vom Verf. ganz selbstverständlich als geschlechtsspezifisch zu differenzierende konzipiert werden, ist mit ihrer Erwähnung bereits die Diskriminierung von Frauen verbunden.

[120] Pointiert auf den Begriff gebracht bei C. Spicq: „La femme sera sauvée, non en enseignant (iv, 16), mais en enfantant" (382). Ähnlich D. J. Moo, Meaning, 71f.

[121] Schon H. J. Holtzmann, Pastoralbriefe, 316 dachte in diese Richtung: „Das Weib wird selig durch Erfüllung seiner Bestimmung; auf diese verweist sie der Verfasser im Gegensatz zu der activen Betheiligung am öffentlichen Gottesdienste, die er der Frau verbietet als nicht ihrer Bestimmung gemäss." Ähnlich P. W. Barnett, Wives, 235: Speziell Aspirantinnen auf das Bischofsamt werden auf die Teknogonia verwiesen. Die hier behauptete, dem Verfasser bewusste Konkurrenz zweier Heilswege sehen beide jedoch nicht in dieser Schärfe.

tigsten und unverzichtbarsten schien.[122] Über den aktuellen Hintergrund wird noch ausführlich nachzudenken sein.

Zunächst ist V. 15b in seiner Beziehung auf 15a zu bedenken. Mit ἐὰν μείνωσιν κτλ. wird klar eine Zusatzbedingung eingeführt. Das Kindergebären ist also zwar eine notwendige, nicht aber eine hinreichende Bedingung der Rettung. Eine sichere Aussage darüber, wie der Verfasser sich die Vollendung der Rettung der Frauen vorstellte, ist leider nicht möglich, da der unmotivierte Übergang vom Subjekt im Singular in V. 15a zum Plural in 15b verschieden interpretiert werden kann. Die Aussage bekommt je nachdem, ob die Frauen oder die Kinder in 15b als Subjekt zu lesen sind, einen ganz verschiedenen Sinn: entweder ist die Rettung der Frauen in Analogie zur Rettung der Amtsträger (1.) oder in direkter Antithese (2.) zu ihnen zu verstehen.

1. Bezieht man V. 15b auf die Kinder,[123] dann wäre die Rettung der Frau an deren Bleiben in πίστις, ἀγάπη und ἁγιασμὸς μετὰ σωφροσύνης gebunden. In gewisser Weise bestünde dann eine Analogie zur Rettung des Amtsträgers durch die Lehre. Eine Christin würde durch die Aufzucht der Kinder im rechten Glauben das ihr zukommende Lehramt ausfüllen.[124] Zwei Argumente dafür ließen sich anführen: Ein beschränktes Lehramt für ältere Frauen gegenüber jüngeren ist in Tit 2,3–5 tatsächlich vorgesehen und in 2Tim 1,5 hat der Verfasser der Weitergabe des Glaubens innerhalb der Familie vermittelt durch die Mütter in den Personen von Lois und Eunike (Großmutter und Mutter des Timotheus) ein Denkmal gesetzt.

---

[122] Tendenzen zur Abmilderung, als sei gar nicht vor allem das Kindergebären gemeint, sondern dies mehr zufällig als ein Aspekt der Frauenrolle gewählt worden, sind daher nicht statthaft, sie finden sich z.B. bei D. J. Moo, Meaning, 72 (hier, um Widersprüche zu 1Kor 7 zu vermeiden); C. Spicq, 383f (hausfrauliche Tätigkeit und Mutterliebe seien eigentlich gemeint); G. Fee, 75 („being a model, godly woman, known for her good works"); N. Brox, 136; L. Oberlinner, XI, 2/1, 101 u.v.a. Die Tendenz ist alt: schon Augustin sah im Kindergebären ein Symbol für die guten Werke (En in Ps LXXXIII,4,7 [PL 37, 1061]) – bezeichnenderweise u.a. mit Hinweis auf die sich ansonsten ergebende Widersprüchlichkeit zwischen 1Tim 2,15 und 1Kor 7,40. Gegen die Ausweitung des Begriffs sprechen sich u.a. aus: D. R. Kimberley, Understanding, 483; H. Huizenga, Women, 17ff; S. E. Porter, What Does it Mean, 95f.

[123] So schon Johannes Chrysostomos, De Inani, 19, der 1Tim 2,15b als Beleg für die Belohnung (μισθός) anführt, die Eltern erhalten, wenn sie die Mühe der Kindererziehung auf sich nehmen. Ähnlich in De Anna 1,4 (PG 54, 638), auch Hieronymus, Ep 107,6 (CSEL 55, 297) vertritt diese Deutung, vgl. M. Gärtner, Familienerziehung, 25–27.249–252.

[124] So explizit bereits Johannes Chrysostomos in der Auslegung von Röm 16,6 (Hom in Röm 31,1, PG 60, 669), wo er zurecht die „Mühe" der Maria auf ihre missionarische und katechetische Arbeit im Dienst der Gemeinde bezieht und diskutiert, wie dies mit dem Lehrverbot (1Tim 2,12 wird zitiert) zu vereinen sei. Seine Antwort: Nur Lehre im Gottesdienst inmitten der versammelten Gemeinde werde verboten, wie sonst könnten Frauen ihren Verkündigungsauftrag nicht-christlichen Ehemännern gegenüber (Zitat 1Kor 7,16), ihren Kindern gegenüber (Zitat 1Tim 2,15) wahrnehmen, wie hätte Priska sonst Apollon bekehren können (Anspielung auf Apg 18,24)?

2. Wenn man die Frauen als Subjekt von V. 15b ansieht,[125] würde damit auf
der sprachlichen Ebene die Rückkehr zum Plural angezeigt, der die Regel in
2,8.9f beherrschte und der in V. 11–15a, wohl wegen der Beispiele aus der
Genesis, durch den generischen Singular abgelöst worden war. In diesem
Fall wird über das Kindergebären hinaus von den Frauen gefordert, dass sie
in Glaube, Liebe und Heiligung mit Besonnenheit bleiben. Insgesamt lässt
sich V. 15 dann als Fortführung der Genesisdeutung und als doppelte Schlussfolgerung verstehen: Die Frau muss zunächst (wie Eva) Kinder gebären und
zugleich anders als Eva bei der wahren Lehre und dem ihr entsprechenden
Verhalten bleiben. Für diese Deutung sprechen m.E. vor allem drei Argumente: Erstens die Wiederaufnahme von μετὰ σωφροσύνης aus V. 9, die
zu dem großen Interesse passt, das der Verfasser an einem diesem Ideal entsprechenden Lebenswandel der Frauen hat. Zweitens könnte in der direkten
Aufeinanderfolge von „Kindergebären" und „Bleiben in Glaube, Liebe, *Heiligung* und Besonnenheit" eine antiasketische Spitze gegen asketisch begründete Heiligkeitsansprüche der GegnerInnen liegen. Drittens erscheint mir das
Zugeständnis einer Rettung der Frauen durch die Lehre von Kindern dem
Verfasser nicht recht zuzutrauen zu sein. Wenn Evas Verführbarkeit einer
der Gründe für das Lehrverbot ist, dann ist das Lehren von Kindern potenziell genauso davon betroffen wie das Lehren von Erwachsenen. 1Tim 3,4
und Tit 1,6 jedenfalls messen den Bischof am Gehorsam seiner Kinder, der
Vater ist mithin die für die Erziehung maßgebliche Person. Die beiden unter
(1.) aufgeführten Argumente lassen sich als Ausnahmen von dieser Regel erklären: In Tit 2,3–5 geht es ganz speziell um Frauenbelange, die ein Vater
seine Tochter nach damaligen Verständnis nicht so gut lehren konnte wie
eine Frau.[126] Bei Timotheus scheint der Sonderfall vorausgesetzt zu sein,
dass es in seiner Familie keinen Vater / Großvater gab, der seiner Lehrver-
pflichtung nachkommen konnte (vgl. Apg 16,1.3). Nur in diesem Fall treten
die Frauen legitimerweise in die väterliche Rolle ein.[127]

[125] So z.B. D. J. Moo, Meaning, 72f; N. Brox, 137; J. Roloff, 142; L. Oberlinner, XI, 2,1, 104.

[126] Das zeigt sich u.a. daran, dass die neopythagoreischen Tugendspiegel für Frauen zu einem
großen Teil unter dem Pseudonym von Frauen stehen.

[127] Der Hinweis auf die Vormütter des Timotheus im Glauben in 2Tim 1,5 scheint mir ein neu
verwendeter, traditioneller Topos hellenistisch-jüdischer Apologetik zu sein, der im Tobitbuch, im
4Makk und bei Josephus nachzuweisen ist. Tobit erzählt, er sei als Waisenknabe von seiner Großmutter Debbora aufgezogen und im Gesetz unterwiesen worden (Tob 1,8) und dies so überzeugend
und gründlich, dass er allein nicht abfiel, als alle seine Stammesgenossen auf den Bergen opferten,
sondern nach Jerusalem pilgerte und die vorgeschriebenen Abgaben leistete (Tob 1,5ff). Erwachsen geworden führt Tobit ein vorbildliches Leben nach dem Gesetz, wozu u.a. die Endogamie (Tob
1,9) und die väterliche Unterweisung der Kinder gehört (Tob 4; 14, vgl. Philo, Hyp VIII,10–14).
Ein weiteres Beispiel für den Topos der vorbildlich unterweisenden Mutter bietet das 4. Makkabäerbuch. Dort erzählt die Mutter im Rückblick, dass ihr inzwischen längst verstorbener Mann sie
und die Kinder im Gesetz und den Propheten unterwies (4Makk 18,10ff). Als er zur Bewährung

Die Deutung von V. 15b auf die Frauen scheint mir daher die deutlich wahrscheinlichere zu sein. Auf jeden Fall aber verpflichtet V. 15a Frauen auf die Mutterschaft als heilsnotwendiges Werk und bietet damit eine soteriologische Alternative zum ihnen verbotenen Lehren im Gottesdienst, das männlichen Amtsträgern vorbehalten bleibt. Die hinter dieser Restriktion stehende Gemeindewirklichkeit soll nun in den Blick genommen werden.

10.1.4.3 Die aktuellen Hintergründe des Lehrverbotes

Meist werden hinter dem Lehrverbot akute die Lehre betreffende Konflikte vermutet, in denen Frauen eine wichtige Rolle spielten und die den Verfasser zu seinem strikten Verbot und dessen zweifelhafter Begründung veranlassten. Diese Konflikte werden sehr unterschiedlich rekonstruiert. Die wichtigsten Erklärungsmodelle sollen zunächst skizziert werden, sie nennen von außen einwirkende Faktoren, innerchristliche Streitfragen oder – meist – eine Kombination von beiden.

a) Jüdischer Einfluss?

Jüdischer Einfluss ist eine immer noch von vielen für opportun gehaltenen Standarderklärung für das Auftauchen der Schweigegebote in 1Kor 14,33bff und 1Tim 2,11–15.[128] So meint etwa J. Roloff, „daß der Topos der Unterordnung und des Gehorsams der Frau im Christentum der dritten Generation so massiv und in so überraschender Breite" auftrete, lasse sich „nur von der Annahme einer Beeinflussung durch jüdische Tradition her erklären".[129] Eine besonders ungerechte Variante dieses Erklärungsmusters sieht bereits im Gebot des Lernens in 1Tim 2,11 einen Fortschritt gegenüber dem angeblichen jüdischen Verbot des Lernens der Thora und kann so die christliche

---

gegen den Tyrannen kommt, bestärkt die Mutter ihre Söhne im Gehorsam gegen das Gesetz und die Söhne „gehorchten ihr bis zum Tod in der Beobachtung der Gesetze" (4Makk 15,10). Die Mutter erweist sich durch ihre Standhaftigkeit als stärker als ein Mann und besiegt den Tyrannen (4Makk 14,11–16,25). Sie trägt Ehrentitel wie „Rächerin des Gesetzes" (ἔδικε τοῦ νόμου, 15,29) und „Gesetzeswächterin" (νομοφύλαξ, 15,32). Nur in Abwesenheit des Vaters also übernimmt eine Frau die Unterweisung der Kinder im Gesetz, doch zeichnen sich jüdische Frauen dadurch aus, dass sie dazu, wenn es notwendig ist, in der Lage sind. Josephus macht in Ap 2,181 deutlich, dass dies ein regelrechter apologetischer Topos war, der die Überlegenheit der jüdischen Gesetzestreue gegenüber allen heidnischen Religionen erweist: „selbst aus dem Munde unserer Frauen und Sklaven" kann man die Grundsätze der jüdischen Religion erfahren. Josephus zeigt dabei zugleich, dass hier ein jüdisches Axiom (jüdisches Leben ist Gehorsam gegenüber dem Gesetz) ein anderes (nämlich die generelle Minderwertigkeit der Frau) außer Kraft setzt nach dem selbstbewussten Motto: Verglichen mit den Heiden sind jüdische Frauen allemal die besseren Männer.

[128] Vgl. den instruktiven Aufsatz von M. Crüsemann, Unrettbar frauenfeindlich. Der Kampf um das Wort von Frauen in 1Kor 14,(33b)34–35 im Spiegel antijudaistischer Elemente der Auslegung.
[129] Roloff, 137. Ähnlich z.B. G. Fitzer, Weib, 38f.

Überlegenheit trotz angenommenen „Rückfalls" in jüdische Verhaltensweisen aufrechterhalten.[130] Dieser Tendenz ist auch, was möglicherweise schlicht durch die Wahl des Themas seiner Untersuchung präjudiziert wurde,[131] Max Küchler zuzuordnen, der „drei neutestamentliche Vorschriften zur Verdrängung der Frauen auf dem Hintergrund einer frauenfeindlichen Exegese des Alten Testaments im antiken Judentum" untersucht und herausarbeitet, wie stark in den mit „Schweigen, Schmuck und Schleier" befassten neutestamentlichen Texten mit misogyner Absicht zugespitzte Schriftargumente verwendet werden, die in frühjüdischen und rabbinischen Texten ebenfalls begegnen. „Die normative Formulierung ist sozusagen" – traditionsgeschichtlich beurteilt – „die Folge eines *frühjüdischen Schubes* im Neuen Testament."[132] Nun ist die Tatsache, dass die Argumentation in 1Tim 2,13f auf frühjüdische Genesisauslegungen zurückgreift, spätestens seit Küchler nicht mehr zu bestreiten.[133] Doch bilden diese Verse, um mit einer hilfreichen Unterscheidung von L. Oberlinner[134] zu operieren, nicht lediglich eine „Untermauerung" für ein aus ihnen selbst nicht ableitbares, mit der Autorität des Paulus abgesichertes Schweigegebot, so dass die normative Formulierung unter Rückgriff auf misogyne Schriftbegründungen die Folge eines *autoritären Schubes* sein könnte, der mit direktem jüdischem Einfluss nichts zu tun hat, sondern ganz anders motiviert ist? Nachdenklich sollte jedenfalls stimmen, dass es aus dem jüdischen Bereich keine einzige echte Parallele zum Redeverbot für Frauen im Gottesdienst gibt,[135] und im hellenistischen Judentum der Einfluss von Frauen auf das synagogale Leben und Führungspositionen von Frauen inzwischen breit belegt sind.[136] Im Falle von 1Tim 2,13f sollte auch zu denken geben, dass es wiederverwertete *paulinische* Argumente sind, deren (unbestreitbar vorhandenes) misogynes Potenzial verschärft zur Geltung gebracht wurde (s.u. 333ff).[137] Schließlich ist zu bedenken, dass auch die

---

[130] So z.B. P. W. Barnett, Wives, 229 unter einseitiger Auswahl von Talmudstellen (ySot 8,10a; mBer 7,2) und Kontrastierung mit Lk 10,38–41; P. B. Payne, Response, 187; A. D. Besançan Spencer, Eve, 216ff; P. H. Towner, 76; C. Kroeger/R. Kroeger, I Suffer, 75.

[131] Ähnlich L. Schottroff, Schwestern, 115.

[132] Schweigen, 114 (Hervorhebung A.M.).

[133] Küchlers Ergebnisse werden ausführlich rezipiert u. S. 343 und 344ff.

[134] XI 2/1, 98f.

[135] So u.a. M. Crüsemann, Unrettbar, 210–213; pointiert zieht B. Brooten, Paul, 77 daraus den Schluß, das Schweigebot (von 1Kor 14,) sei „not derived from any extant biblical or post-biblical Jewish source and must be seen either as a Christian reading of the Thora or as a Christian innovation." (zit. nach Crüsemann, a.a.O., 213 Anm. 72).

[136] Vgl. u.a. B. Brooten, Women Leaders; R. S. Kraemer, Share, 106–127; P. R. Trebilco, Jewish Communities.

[137] Dies ist etwa gegen L. Oberlinner, XI 2/1, 94f festzuhalten, der den „Einfluß der jüdischen Praxis des synagogalen Gottesdienstes" mit den in 1Tim 2,13–15 aufgenommenen alttestamentlich-

misogyne Schriftauslegung des Judentums ja nicht im luftleeren Raum entstand. Sind also nicht vielmehr parallele Einflüsse auf Judentum und frühes Christentum zu veranschlagen[138] und die Einführung der Schweigegebote im Christentum daher zu erklären? In diese Richtung denken ExegetInnen, die vor allem einen Anpassungsdruck von Seiten der paganen Gesellschaft in Rechnung stellen, sei es in Form hellenistisch-römischer Ordnungsvorstellungen oder – sehr unwahrscheinlich – als Abgrenzung von bestimmten heidnischen Kulten.[139]

b) Einfluss hellenistisch-römischer Ordnungsvorstellungen?

Wie stark die Vorstellung von der durch zurückhaltendes Äußeres, guten Werken, Unterordnung und Schweigen geschmückten Frau sich hellenistisch-römischen Tugendidealen verdankt, ist durch die oben zahlreich zitierten Vergleichstexte aus Gnomik und Popularphilosophie bereits hinlänglich demonstriert worden. Da der Verfasser zweimal an zentralen Stellen das politische Ideal eines „ruhigen Lebens" als normativ für die Gemeinde beschreibt, und sich in seiner Ekklesiologie und Ethik durchgängig den Idealen der konservativen Oikonomik verpflichtet weiß, besteht m.E. keinerlei Zweifel daran, dass die geforderte untergeordnete Stellung der Frau in erster Linie eine Konsequenz seiner politischen Grundeinstellung ist. P. H. Towner gibt sicher die *Einstellung des Verfassers der Past* richtig wieder, wenn er schreibt:

> „*Hypotagē* in the present passage means participating in a structure that the society of that period defined in hierarchical terms. ... To allow this pattern of behavior [sc. Lehre von Frauen] to continue was to open the church up to severe criticism from outside, thus damaging its witness and threatening its mission."[140]

Problematisch ist allerdings, dass er eine objektiv gegebene Tatsache zu beschreiben vorgibt, anstatt herauszustellen, dass der Verf. der Past hier an der staatstragenden kyriarchalen Ideologie partizipiert, die die Sichtweise und Interessen der Herrschenden spiegelt und in Theorie und Praxis keineswegs

---

jüdischen Traditionen plausibel machen möchte und dabei nicht angemessen berücksichtigt, dass vom Verf. des 1Tim ohne Ausnahme bereits christlich angeeignete Argumente reproduziert werden.

138 So auch L. Schottroff, Schwestern, 116 gegen M. Küchler.

139 So meint etwa S. H. Gritz, Paul, 116 (wobei völlig offen bleibt, woher sie ihre Gewissheit nimmt!): „Undoubtedly, some of the new Christian converts had once been cultic priestesses [sc. of Artemis]." Die Ausführungen des Paulus zielen ihrer Meinung nach darauf, die in diesem Kontext gemachten Erfahrungen – sexualasketische wie unmoralische Verhaltensweisen (Kultprostitution), Nahrungsaskese, Vollzug von Mysterienriten, magische Praktiken, Erwartung finanzieller Einkünfte für Kultpersonal etc. – zu verbieten (ebd. 116f).

140 Goal, 214.

unangefochten war.[141] Gerade die in den frühchristlichen Gemeinden nachgewiesene aktive Partizipation von Frauen in allen Bereichen des Gemeindelebens ist ja zu bewerten als Teil einer gegenkulturellen Bewegung, die
von egalitären Werten und Utopien inspiriert war und die sich stützen konnte auf die faktisch in vielen gesellschaftlichen Bereichen längst alltäglich
gewordene Teilnahme von Frauen an Lebens- und Arbeitsbereichen, die nur
noch konservativer Moralphilosophie als männliche Domänen galten.[142] Die
Durchsetzung einer an die herrschende Ideologie (über-)angepassten Kirchenordnung durch die Past, die der traditionellen Partizipiation von Frauen
an der Lehre prinzipiell ein Ende setzen möchte, ist „als radikale Neuorientierung zu bewerten",[143] eine bewusste und keineswegs unreflektierte[144] Übernahme antiker Ordnungsvorstellungen. Wenn dem aber so ist, dann erweist
sich die bei vielen KommentatorInnen vorausgesetzte traditionelle Begründung für diese Neuorientierung mit den durch die Irrlehre gesetzten „Zwängen" im Ansatz als problematisch, wie im nächsten Abschnitt zu zeigen sein
wird.

c) Innerchristliche Fronten

Der Besprechung einzelner hinter 1Tim 2,11–15 stehender innerchristlicher
Auseinandersetzungen ist eine Grundsatzüberlegung vorauszuschicken. Fast
alle KommentatorInnen setzen immer noch voraus, dass das Lehrverbot in
irgendeiner Weise durch die bekämpften IrrlehrerInnen provoziert ist, meist
wird es als Teil der antignostischen Polemik und Argumentation der Past
angesehen. Weil die Irrlehrer Zulauf bei weiblichen Gemeindegliedern hatten und sie auch zur Lehre ermutigten, so wird argumentiert, sei das Lehrverbot ein in Hinblick auf die Wirkungsgeschichte bedauerlicher, aber doch
verständlicher Versuch des Verfassers der Past, die Irrlehre in ihrer Verbreitung einzuschränken.[145] Doch beruht diese Argumentation auf einer längst
obsoleten historischen Voraussetzung. Sie ist nämlich nur sinnvoll unter der
Bedingung, dass in den angeschriebenen Gemeinden Lehre von Frauen ungewöhnlich war und daher zu einem identifizierbaren Kennzeichen der Irrlehre avancieren konnte, was als überholte Position gelten muss.[146] Vielmehr ist davon auszugehen, dass in den paulinischen Gemeinden die Partizi-

---

[141] Vgl. aus der umfangreichen feministischen Literatur v.a. E. Schüssler–Fiorenza, Brot, Kap.
3; L. Schottroff, Schwestern, 34–70.104–119; A. Standhartinger, Frauenbild, 59–76.
[142] Vgl. zusammenfassend K. Thraede, Art. Frau, bes. 197–224.239–243, zu den von Frauen
ausgeübten Berufen bes. M. Eichenauer, Arbeitswelt.
[143] L. Oberlinner, XI 2/1, 98; ähnlich E. Schlarb, Lehre, 276f.
[144] So noch N. Brox, 134.
[145] Ausnahmen sind U. Eisen, Amtsträgerinnen, 109f; U. Wagener, Ordnung, 108; M. Wolter,
Paulustradition, 44 (mit Anm. 74). 260f (s.u. Anm. 157).
[146] Noch vertreten z.B. von N. Baumert, Antifeminismus, 291f; D. J. Moo, Meaning, 76.

pation von Frauen in der gemeindlichen Lehre eine lange Tradition hatte.[147] Allerdings hatte auch die Polemik dagegen zur Zeit der Abfassung der Pastoralbriefe wohl schon eine längere Geschichte, denn vermutlich lag 1Kor 14 dem Verfasser bereits in interpolierter Form vor (s.u. S. 334ff), und er selbst meinte ja, seine Ansicht, dass jegliche Lehre von Frauen unabhängig von ihrem Inhalt mit wahrem christlichen Glauben unvereinbar ist, weil sie als Autoritätsausübung über Männer gegen Sitte, Schöpfungs- und Erlösungsordnung verstößt, auf Paulus zurückführen zu können.

Aus dieser Ausgangslage ergibt sich folgende mögliche Konstellation des aktuellen Hintergrundes für 1Tim 2,11–15: *Entweder* bestand die „Irrlehre" der GegnerInnen genau darin, dass sie die Berechtigung der Lehre von Frauen gegen ihre Infragestellung verteidigten. Nur dann ist es angemessen, von einer innergemeindlichen Dynamik auszugehen, die den Verf. der Past dazu „zwang", sein Lehrverbot als Reaktion auf gegnerische Lehre zu formulieren. Interessant wäre in diesem Fall die Frage, wie die Verfechter der Lehrbefähigung von Frauen diese begründet haben. *Oder* die Lehre von Frauen war gar nicht der Hauptstreitpunkt. Dann ist es nicht angemessen, das Lehrverbot als *Reaktion* auf die Aktivitäten der gegnerischen LehrerInnen zu betrachten, vielmehr liegt in diesem Fall die *Initiative* beim Verfasser der Past, er bringt das Thema auf, weil er seine nicht allgemein geteilte Auffassung als normative paulinische Lehre festschreiben möchte und die Stellungnahme in dieser Frage zu einem Prüfstein der Rechtgläubigkeit machen will, die Grenzen von Rechtgläubigkeit damit neu festsetzen möchte. Ein auch unabhängig von der kritisierten gegnerischen Lehre praktiziertes Verhalten wird „auf den Index gesetzt", wird unter die angeblich von Paulus niemals gestatteten Verhaltensweisen eingereiht.

Natürlich ist es in beiden Fällen nicht ausgeschlossen, sondern vielmehr sogar gut denkbar, dass die Polemik in 1Tim 2,11–15 mit Argumenten bestückt ist, die sich auf die Argumentationen der Gegenseite beziehen. Unter diesem Vorzeichen ist daher die traditionelle Frage nach der in 1Tim 2,11–15 abgelehnten gegnerischen Lehre aufzunehmen.

d) (Proto-)gnostische Irrlehre?

Die wohl beliebteste Erklärung des situativen Hintergrunds von 1Tim 2,11–15 ist die Annahme, dass die als gnostisch oder doch protognostisch bestimmte Irrlehre unter den Frauen großen Zulauf fand und der Verfasser mit dem Text auch gnostische Theologoumena bekämpft. Dabei wird die Be-

---

[147] Ich nenne aus der Fülle der Literatur hier nur einige exemplarische Titel, E. Schüssler–Fiorenza, Gedächtnis, bes. 205–295; dies., Beitrag, 60–90; dies., Anfänge, 62–95; L. Schottroff, Nachfolge, 91–133; dies. Kritik, 94–111; G. Dautzenberg, Stellung, 182–224; B. Brooten, Frühchristliche Frauen, 62–93; K. Thraede, Ärger, 31–182; U. Eisen, Amtsträgerinnen.

zugnahme des Verf. auf Gen 2–3 durch die Schöpfungsfeindlichkeit der GegnerInnen erklärt und der Hauptbezugspunkt des Verfassers auf die gegnerische Lehre wird in V. 15a gesehen, mit dem σωθήσεται δὲ διὰ τῆς τεκνογονίας werde der gnostischen These eine Antithese gegenübergestellt.[148] Die soteriologische Funktion des Kindergebärens wird also erklärlich und angeblich auch „erträglich", „wenn man die weltverneinende und insbesondere Zeugung und Geburt als Quelle allen Übels verteufelnde Gnosis im Hintergrund sieht."[149] Nun ist sicher nicht zu bezweifeln, dass im späteren 2. und im 3. Jh. die meisten gnostischen Gruppen streng asketisch lebten und ihre Askese durch eine aggressiv-antikosmische Theologie begründen; dies belegen sowohl die gnostischen Originalschriften[150] als auch die antignostische Polemik eines Clemens, eines Hippolyt, eines Irenäus.

Aus der Vielzahl möglicher Belege seien einige relativ frühe und besonders pointierte Aussagen kurz angesprochen, die zeigen, wie ExegetInnen sich die Gegenfolie zu 1Tim 2,15a vorstellen (ich beschränke mich hier zunächst auf Belegstellen, die von VertreterInnen der antignostischen Ausrichtung von 1Tim 2,15 angeführt werden). Clemens Alexandrinus argumentiert im dritten Buch der Stromateis mehrfach gegen verschiedene Gruppen von Gnostikern,[151] die enthaltsam leben, weil sie – wie die Markioniten – das Gebot des Schöpfergottes unterlaufen wollen (Strom III,12,1–3) oder dem Tode keine Nahrung mehr zuführen wollen (Strom III,45,1) und sich dafür auf die im Ägypterevangelium überlieferten Worte Jesu an Salome berufen. Dort hieße es zum einen (Strom III,63,2), er sei gekommen, die Werke des Weiblichen aufzulösen (ἦλθον καταλῦσαι τὰ ἔργα τῆς θηλείας). Zum anderen antworte Jesus dort auf die Frage, wie lange der Tod Macht haben werde: „solange ihr Frauen gebärt" (Strom III,45,3).[152] Hierzu ist EvThom log 114 zu vergleichen, wo jeder Frau, die sich männlich macht, das Eingehen ins Reich Gottes verheißen wird. In Strom III,48,1 nennt Clemens als weitere Begründung derer, die die Ehe verwerfen, dass sie die Auferstehung schon erlangt hätten. Bei Irenäus v. Lyon findet sich Haer 1,24,2 der Hinweis, Saturnius (Satornil) habe gelehrt, Heiraten und Kinderzeugen sei „vom Satan",

---

[148] Klassisch z.B. N. Brox, 37f. 136f; weitere: A. T. Hanson, 73; D. R. Kimberley, Understanding, 481–486. S. H. Gritz, Paul, 108–116 (116: „a gnosticizing form of Jewish-Christianity which reflects affinities with the Artemis cult").

[149] H. Merkel, 28. Es ist auffällig, wie häufig polemisch auf das Diktum von O. Michel, reagiert wird, 1Tim 2,15 sei „in einer urchristlichen Schrift fast unerträglich" (Grundfragen, 93); vgl. z.B. N. Brox, 137, der festhält, es sei „keineswegs ... unerträglich".

[150] Vgl. hierzu K. Koschorke, Polemik, 110–127.

[151] Vgl. Strom III,40,2f: Clemens reduziert die Vielfalt häretischer Gruppen auf zwei Richtungen, die Libertinisten und die Verfechter der Enkrateia. Letzteren wirft er ohne Unterschied vor, die Enthaltsamkeit aus Hass gegenüber Gott und den Menschen zu fordern. In den folgenden Kapiteln bezieht er sich manchmal auf bestimmte Lehrmeinungen, ohne immer zu sagen, welche Gruppe er im Auge hat.

[152] Strom III,45,3: „μέχρι πότε θάνατος ἰσχύσει;" ... „μέχρις ἂν" εἶπεν „ὑμεῖς αἱ γυναῖκες τίκτητε". In Strom III,64,1 ist dasselbe Gespräch in leicht abweichender Form wiedergegeben, hier lautet die Frage, wie lange die Menschen sterben werden, und die Antwort ist nicht in direkter Anrede an Salome, sondern in der dritten Person formuliert („solange die Frauen gebären").

die Enthaltsamkeit seiner Anhänger bezöge sich auch auf Fleisch und Wein. Hippolyt berichtet von den Phrygern (d.h. den MontanistInnen), dass sie heftig gegen den Geschlechtsverkehr polemisierten und wahre Frucht nur bei denen fänden, die nicht gebären (Ref V,8,33.36).

Dass sexuelle Askese eine conditio sine qua non der Rettung für viele gnostische Strömungen war, ist also genauso wenig zu bestreiten wie die Richtigkeit der Aussage, dass es sich bei 1Tim 2,15a um einen „für gnostische Ohren schlechthin blasphemischen Satz" handelt.[153] Doch das beweist noch nicht, dass er für gnostische Ohren geschrieben wurde,[154] schon deshalb nicht, weil er, wie die Zusammenstellung zeigt, auch für andere Gruppen unzumutbar war. Zu bedenken sollte geben, dass die frühesten für die antikosmische Einstellung der Gnostiker angeführten Belege aus dem späteren 2. Jh. stammen. Es ist in der Haupteinleitung bereits gezeigt worden, dass für der GegnerInnen der Past, die mindestens 30–60 Jahre früher anzusetzen sind, wohl eine asketische, aber keine prinzipiell schöpfungsfeindliche Grundhaltung zu erweisen ist.[155] Auch 1Tim 2,15 kann die Beweislast für das Vorliegen einer solchen nicht tragen. Denn die gnostische Sexualaskese mit soteriologischer Funktion ist keineswegs die einzige „These", auf die 1Tim 2,15 als „Antithese" bezogen werden kann.[156] Hier ist vor allem daran zu erinnern, dass die intratextuelle Analyse eindeutig ergeben hat, dass das „Heil durch Kindergebären" eine von drei ausgeführten soteriologischen Sonderwegen für genau umrissene Personengruppen ist. Angesichts dieser Ausgangslage ist es m.E. methodisch höchst fragwürdig, eine (unter mehreren möglichen) dem Heil durch Kindergebären entgegengesetzte Position, die hypothetisch erschlossen und für die Zeit der Past historisch gar nicht nachgewiesen ist, zu bevorzugen *gegenüber einer im Text bezeugten soteriologischen Alternative zum Heil durch Kindergebären,* die zudem auch noch der Lehre zugeordnet wird, also dem Verhalten, das Frauen im unmittelbaren Argumentationszusammenhang untersagt wurde. Ist also das „Theologoumenon der Heilsbedeutung des Kindergebärens" lediglich „funktional für die Intention des Autors", wie U. Wagener meint?[157] Oder kann die gegnerische Position so rekonstruiert werden, dass sie der intratextuellen Antithese (soteriologische Rolle des Kindergebärens als Ersatz für die Lehrerrolle) auch gerecht wird? Dies könnte möglicherweise eine Variante der Gnosti-

---

[153] K. Koschorke, Polemik, 115.

[154] So auch M. Wolter, Paulustradition, 260f.

[155] S.o. S. 40–44 und S. 217ff.

[156] Vgl. die grundsätzlichen Warnungen vor kurzschlüssigen Identifikationen von Gegnerpositionen bei K. Berger, Gegner.

[157] Ordnung, 108. Auch M. Wolter, Paulustradition, 43f (mit Anm. 74). 260f meint, 1Tim 2,15 ließe sich allein aus dem unmittelbaren Textzusammenhang heraus erklären.

kerthese leisten, die den Bezugspunkt auf die gegnerische Lehre nicht allein
in V. 15 sondern bereits in V. 12–14 gegeben sieht.

e) Gnostische Genesisauslegungen als Hintergrund von 1Tim 2,12–15?

C. und R. Kroeger haben die ältere These der Bezugnahme auf gnostische
Lehre bei den GegnerInnen dahingehend zu erweitern versucht, dass sie
nicht nur 1Tim 2,15a als Reaktion auf schöpfungsfeindliche gnostische Tendenzen deuten, sondern darüber hinaus den Rekurs auf die Ersterschaffung
Adams und die Alleinverführung Evas in 1Tim 2,13f als Abwehr gnostischer Genesisauslegungen deuten, die Evas Ersterschaffung und spirituelle
Superiorität über Adam propagierten und den Sündenfall als Heilsereignis
betrachteten, weil durch das Essen der verbotenen Frucht den Menschen Erkenntnis zuteil wurde.[158] Die Gnostiker hätten aus dieser Auslegung der
Genesis auch geschlossen, dass den Evastöchtern in der Lehre eine privilegierte Rolle zukomme, was der tiefere Grund für das auf solche Falschlehre
bezogene eingeschränkte Lehrverbot von 1Tim 2,12 sei.[159]

Es ist im Rahmen dieser Arbeit nicht möglich, en détail auf die vielfältigen gnostischen Deutungen von Gen 2–3 einzugehen, die bei den Kirchenvätern und in den Nag-Hammadi-Schriften auf uns gekommen sind.[160] Die
Rolle Evas als Bringerin von Gnosis wird u.a. hervorgehoben in den Schriften Vom Ursprung der Welt (NHC II/5, 113,30–33), in der Hypostase der
Archonten (NHC II/4, bes. 89,4–90,19) im Apokryphon des Johannes (unter
dem Namen Epinoia, vgl. z.B. BG 59,6–61,7) und in der Apokalypse Adams
(NHC V/5, 64,5–19), nach dem Zeugnis des Epiphanius (Haer 26,2,6; 3,1)
war die Entdeckung der „Speise der Erkenntnis" durch Eva ein entscheidender inhaltlicher Topos im nicht erhaltenen „Evangelium der Eva".[161] Dort

---

[158] Siehe C. Kroeger/R. Kroeger, I Suffer, bes. 117–177. Eine Variante dieser Deutung begegnet bei S. H. Gritz, Paul, 137f. Nach ihr wird mit 1Tim 2,13 ein Verständnis des Femininen als Ur-
grund zurückgewiesen, das im Kontext des ephesinischen Artemiskultes und paganer Mythologie
nahegelegen hätte und von den Irrlehrern der Past aufgegriffen worden sei. Die Kroegers integrieren diese Deutung in ihr Konzept und meinen, dass Eva in gnostischer Mythologie und populären
Geschichten nach Analogie der Muttergottheiten gestaltet worden wäre.

[159] Zur Unmöglichkeit dieser Deutung von V. 12 nur auf eine Lehre, die das Weibliche als Urprinzip behauptet, ist oben Anm. 90 schon das Nötige gesagt worden. Wenn aber in V. 12 generell
das Lehren von Frauen verboten wird, dann ist die Wahrscheinlichkeit, dass in V. 13–15 eine Begründung für das Lehrverbot und nicht eine Abwehr der Begründungen für die Urprinzipslehre
vorlieg, erheblich höher.

[160] Vgl. dazu H. Jonas, Gnosis, I, 221ff; K. Rudolph, Gnosis, 76–98; E. Pagels, Exegesis, 257–
286; dies., Adam, 133–171.

[161] Zum Evangelium der Eva vgl. H.-C. Puech/B. Blatz in W. Schneemelcher, NTApo 1, 288–290.

scheint wie in manchen gnostischen Strömungen und Gruppen die Schlange als Offenbarungsmittlerin betrachtet worden zu sein.[162]

Dagegen, dass solche oder ähnliche Lehren, die die Offenbarung auf Eva und / oder die Schlange zurückführen, von den GegnerInnen der Past vertreten und in 1Tim 2,13–15 polemisch kommentiert werden, lassen sich (1.) chronologische und (2.) sachliche Argumente anführen.

1. Es ist nicht sicher, dass die in den (bekanntlich schwer zu datierenden[163]) Nag-Hammadi-Schriften und seit Irenäus bezeugten elaborierten gnostischen Genesisdeutungen, die den alttestamentlichen Text total gegen seine Intention auslegen, Eva und / oder die Schlange zur Erleuchterin erheben, den dort beschriebenen Gott als einen niederen Demiurgen betrachten etc., bereits um die Wende zum 2. Jh. kursierten (von den Lebzeiten des Paulus, in die die Kroegers die Past datieren, ganz zu schweigen). Um diese Annahme plausibel zu machen, berufen sich die Kroegers auf Philo, Cher 57–62, wo sie die später häufig bezeugte Rolle der Eva als Erleuchterin Adams entdeckt haben wollen.[164] Doch ihre Auslegung resultiert aus isolierter Herausnahme einzelner Verse und Formulierungen aus dem Text, wobei der philonische Gesamtrahmen völlig aus dem Blick gerät. Zwar bringt Eva als Symbol der Sinneswahrnehmung (αἴσθησις) dem Adam als Symbol des νοῦς die Erkenntnis der Sinnenwelt und dies wird auch als Erleuchtung beschrieben. Doch besteht bei Philo eine ganz klare Hierarchie zwischen νοῦς und αἴσθησις, die Sinneswahrnehmung muss vom Nous kontrolliert werden und nicht umgekehrt, der Sündenfall bestand gerade darin, dass das primäre Prinzip dem sekundären die Führung überließ (All 2,49f; 3,222; Op 165ff). Die Rolle der Eva als Sinneswahrnehmung wird also ganz in Analogie zu ihrer Rolle als Hilfe des Adam in Gen 2 konstruiert, nur wenn Eva / die Sinneswahrnehmung dient, gelingt das Leben.[165] Es ist daher absurd, Philo in der Annahme eines weiblichen Ur- und Erleuchtungsprinzips zum Vorläufer späterer gnostischer Strömungen zu machen. Nichts liegt ihm ferner als die „de-

---

[162] Zur Rolle der Schlange im Evangelium der Eva vgl. Haer 26,2,6: εἰς ὄνομα γὰρ αὐτῆς [Εὔας], δῆθεν ὡς εὑρούσης τὸ βρῶμα τῆς γνώσεως ἐξ ἀποκαλύψεως τοῦ λαλήσαντος αὐτῇ ὄφεως. Zu den Ophiten / Ophianern und Naassenern, die nach C. Kroeger / R. Kroeger, I Suffer, 161–170 als GegnerInnen der Past vermutet werden, vgl. Iren, Haer I,30,1–15; Hippolyt, Ref V,6–11; Orig Contra Celsum VI,24–38; Epiphanius Haer 37.

[163] Für die „Hypostase der Archonten" (auch „Book of Norea") sind je nach Beurteilung der Entstehungsgeschichte Datierungen zwischen der Mitte des 2. und dem Ende des 3. Jh. vorgeschlagen worden, vgl. K. L. King, Book of Norea, 80–82; „Vom Ursprung der Welt" ist nach H.-G. Bethge (NHS XXI), 13 nicht vor dem Ende des 3. Jh. entstanden; die Adam-Apokalypse wird manchmal ins 1. oder 2. Jh. datiert, aber sichere Hinweise für ein so frühes Entstehungsdatum gibt es nicht (G. W. McRae [NHS XI], 152).

[164] I Suffer, 146–148.

[165] Zur Konstruktion der Rolle Evas bei Philo vgl. D. Sly, Philo's Perception of Women 91–110.

monstrative Umkehrung von Sinn- und Wertverhältnissen", die nach H. Jonas ein charakteristisches Prinzip gnostischer Genesis-Allegorese ist.[166] Es gibt keine sicheren Indizien dafür, wann diese Art der Genesisauslegung unter Christen üblich wurde, doch spricht einiges dafür, dass dies eher in der Mitte des 2. Jh. geschah als zur Zeit der Abfassung der Pastoralbriefe um die Jahrhundertwende.[167]

Man muss jedoch die chronologische Frage auch noch in anderer Hinsicht präzisieren. Gegen die Kroegers ist nämlich zu beachten, dass die Korrelation zwischen der Verwendung weiblicher Metaphern für spirituelle oder göttliche Entitäten und einer hervorgehobenen Rolle von Frauen in Leitungspositionen gnostischer Gruppen keineswegs selbstverständlich ist.[168] Eine Erwähnung von Eva als Offenbarerin in einer gnostischen Schrift, selbst wenn sie für die Zeit der Past nachzuweisen wäre (was nicht der Fall ist!), müsste also keinesfalls notwendig zu einer offensiven (oder polemischen) Inanspruchnahme für die Lehrberechtigung von Frauen führen. Es ist nicht möglich, aus den erwähnten gnostischen Schriften diesbezügliche Rückschlüsse auf die Gemeindesituation zu ziehen. Wohl aber ist die Berufung auf Eva als Weisheitsbringerin im Zusammenhang mit der Frage der Zulassung von Frauen zu kirchlichen Ämtern belegt bei Epiphanius für die QuintillistInnen / PriszillistInnen (auch PepuzianerInnen und ArtotyritInnen genannt), die er für eine Subgruppe der PhrygianerInnen (=MontanistInnen) hält: „Sie danken Eva, weil sie als erste vom Baum der Einsicht gegessen hat (χάριν διδόντες τῇ Εὔᾳ, ὅτι πρώτη βέβρωκεν ἀπὸ τοῦ ξύλου τῆς φρονήσεως)" und „Evas wegen setzen sie Frauen ins Episkopen- und Presbyteramt ein (γυναῖκες παρ' αὐτοῖς εἰς ἐπισκοπὴν καὶ πρεσβυτέριον καθίστανται διὰ τὴν Εὔαν)" (Haer 49,2,2; 3,2).[169] Demnach würde sich

---

[166] H. Jonas, Gnosis I, 223.

[167] Datierbar sind die diesbezüglichen Aussagen, die Irenäus über Markion macht, vgl. Haer 1,27,3.

[168] Eine nur durch wenige Ausnahmen eingeschränkte positive Korrelation von zweigeschlechtlicher Gottesmetaphorik und egalitärer Praxis in der Gnosis und zwischen männlicher Gottesmetaphorik und patriarchaler Ideologie und Praxis in der Orthodoxie hat E. Pagels, The Gnostic Gospels, 48–69.163–166 (= Versuchung, 94–119) 1979 behauptet. Kritisch dagegen schon L. Schottroff, Eva, 46f mit Anm. 50. Inzwischen haben zahlreiche Untersuchungen gezeigt, dass die gnostische Verwendung weiblicher Metaphorik und weiblicher göttlicher Gestalten sehr vielgestaltig ist und dass im 2.–3. Jh. weder von einer uneingeschränkten Frauenfreundlichkeit der Gnosis noch von einer ungebrochenen Männerherrschaft in der Katholika (und auch nicht von klaren Grenzen zwischen beiden!) ausgegangen werden kann. Ich nenne nur exemplarisch einige Arbeiten: D. L. Hoffman, The Status of Women; U. Eisen, Amtsträgerinnen; J. Jacobson-Buckley, Female Fault and Fulfilment in Gnosticism.

[169] Gegen U. Eisen, Amtsträgerinnen, 115 Anm. 19 („Epiphanius präzisiert den Hinweis auf Eva nicht weiter") ist διὰ τὴν Εὔαν in 49,3,2 als summarischer Rückverweis auf die Ausführungen in 49,2,2 zu verstehen.

diese ämterbezogene Argumentation möglicherweise immerhin in die 2. Hälfte des 2. Jh. zurückverfolgen lassen.[170] Doch lassen sich deutliche Hinweise darauf finden, dass sie wohl erst späteren Datums ist.[171] A. Jensen hält die Ausführungen über die QuintillistInnen, die nur bei Epiphanius bezeugt sind, für ein Zeugnis über eine Untergruppe der Neuen Prophetie, die zu Zeiten des Bischofs von Salamis noch existierte, da der Name der Gründerin, Quintilla, in den frühen Quellen nicht vorkommt und die Gruppe sehr summarisch als Anhang zur ausführlich behandelten phrygischen Häresie des Montanus besprochen wird. Diese Gruppe hätte konsequenter als der Hauptstrom der Neuen Prophetie den egalitären Impetus der Frühphase umgesetzt und daher Frauen in allen kirchlichen Ämtern zugelassen.[172] Dieses Ergebnis lässt sich durch weitere Beobachtungen untermauern: Gegen einen Teil der von den QuintillistInnen nach Epiphanius angeführten Argumente war nämlich schon Origenes im Kommentar zu 1Kor 14,34 zu Felde gezogen. Er hatte das Schweigegebot zu einer Invektive gegen die falschen, da öffentlich prophezeienden montanistischen Prophetinnen Priszilla und Maximilla genutzt und sich dabei mit montanistischen Argumenten auseinandergesetzt, nämlich mit der Berufung auf Prophetinnen des alten und neuen Bundes, in deren Nachfolge sie sich sahen.[173] Dies spiegelt die Auseinandersetzung im Frühstadium der Bewegung, es ging – angesichts der Herausforderungen durch die montanistischen ProphetInnen – um die Legitimität der montanistischen Prophetie überhaupt und weiblicher Prophetie im besonderen,[174] die Origenes dadurch zu unterlaufen sucht, dass er nur solche Prophetinnen gelten lassen will, die nicht öffentlich in der Gemeinde lehren

---

[170] So werten die Kroegers, I Suffer, 164f diese Belege für die Frühzeit der montanistischen Bewegung aus.

[171] R. A. Lipsius, Quellenkritik des Ephiphanius, 230f meint, dass Epiphanius in Haer 49 von den Montanisten seiner Zeit spricht. Er hält Quintilla für eine Erfindung des Epiphanius, abgeleitet von dem zeitgenössischen Namen der Sekte Quintilloi. Darin, dass Haer 49 kein Bild der Frühzeit der montanistischen Bewegung zeichnet, ist Lipsius nach neueren Untersuchungen (vgl. A. Jensen, Töchter, 322–325; C. Trevett, Montanism, 167–170 et passim) Recht zu geben, gegen ihn lässt sich jedoch zeigen, dass es durchaus charakteristische Züge im QuinitillistInnenporträt gibt, die es erlauben, diese Gruppe von den Kataphrygern zu unterscheiden. Der Name dürfte damit Hinweis auf Differenzierungen innerhalb der monatinistischen Kirchen sein und Epiphanius wird nicht fehl gehen, wenn er ihn von einer leitenden Prophetin abgeleitet sieht.

[172] A. Jensen, Töchter, 322–325. C. Trevett, Montanism, 185.197.209ff et passim ist zuversichtlicher hinsichtlich eines weiblichen Klerus in der gesamten montanistischen Bewegung.

[173] Origenes bespricht im Korintherkommentar, § 74 (JThS 10, S. 41f) die Töchter des Philippus, Debora, Mirjam, Hulda und Hanna, davon erscheinen bei den QuintillistInnen erneut Mirjam und die Töchter des Philippus (Haer 49,2,2).

[174] Offenkundig gibt es die Debatte um die Berechtigung montanistischer Prophetie in einer geschlechtsunabhängigen (z.B. Eus, HistEccl V,17,3f) und in einer auf die weibliche Prophetie hin zugeschnittenen Variante (bezeugt bei Origenes, der „Diskussion" und Ephiphanius wie oben besprochen).

(1Kor 14,34) und keine Autorität über Männer beanspruchen (1Tim 2,12).
Auch in der ins 4. Jh. zu datierenden „Diskussion zwischen einem Orthodo-
xen und einem Montanisten"[175] geht es um diese Frage, nun erweitert um
die Berechtigung zum Schreiben von Büchern. Das Arsenal der ausge-
tauschten Schriftstellen beinhaltet nun über die schon von Origenes diskutierten hinaus[176] auch 1Kor 11,5 und die Mutter Jesu, Maria (wegen des von
ihr gesprochenen Magnifikat). Eva jedoch wird auch hier nicht genannt, sondern nur bei Epiphanius im unmittelbaren Zusammenhang der Ordination
von Frauen zu Bischöfinnen und Presbyterinnen durch die QuintillistInnen,
die sich darin vielleicht von der Mehrheit der MontanistInnen unterschieden.[177] Anscheinend hat der sich auf Quintilla zurückführende Teil der Bewegung sein Arsenal von Argumenten für die Einsetzung in den Klerus um
weitere Schriftbelege ergänzt, nach Epiphanius sind dies neben leider ungenannt bleibenden „zahlreichen Schriftzeugnissen, die keine Relevanz haben
(μαρτυρίας πολλὰς ματαίας)" (Haer 49,2,2), der in Haer 49,3,5 anzitierte
Vers Gal 3,28 und die Berufung auf Eva, die als erste vom Baum der Einsicht gegessen hat (Haer 49,2,2). Wie die Berufung auf Eva inhaltlich aus-
gestaltet war (Aufnahme gnostischer Genesis-Allegoresen?), ist aufgrund der
Kürze der Anspielung nicht sicher zu sagen.[178] Konsequenterweise fügt Epiphanius zur Widerlegung neben der auch schon von Origenes und der „Diskussion" zitierten Stelle 1Tim 2,12 nun zwei paulinische Texte hinzu, die
die Genesisauslegung betreffen, nämlich 1Kor 11,8 und 1Tim 2,14, außerdem wird Gen 3,16 direkt zitiert (Haer 49,3,2–3).

Es bleibt festzuhalten: Dass gnostische Genesis-Allegoresen, die Eva zur
Vermittlerin der Gnosis erhoben, schon zur Zeit der Past kursierten, muss
als unbewiesen und wohl eher unwahrscheinlich gelten. Die Berufung auf
die so charakterisierte Eva zur Untermauerung der Zulassung von Frauen in
Lehrämter ist für die Gnostiker mangels Quellen nicht zu belegen (aber selbstverständlich nicht undenkbar), für eine montanistische Splittergruppe, die
QuintillistInnen, ist sie bezeugt, wobei jedoch alles darauf hinweist, dass es
sich um eine Argumentation handelt, die nicht der Frühzeit der Neuen Prophetie zuzuweisen ist, sondern eher ins 4. Jh. zu passen scheint.

2. Da die Wahrscheinlichkeit, dass Eva zu Zeiten der Past in christlich-gnos-
tischen Gruppen als Weisheitsbringerin verehrt wurde *und* dies als Begrün-

---

[175] Vgl. dazu P. de Labriolle, Montanisme, 93–108 und A. Jensen, Töchter, 334–336.
[176] Es begegnen wieder die Töchter des Philippus, Debora, Mirjam.
[177] Mit A. Jensen, Töchter, 335f u.ö. ist davon auszugehen, dass die Amtsfrage in der Frühzeit
deshalb nicht interessierte, weil innerhalb der montanistischen Bewegung die Prophetie das wichtigste Charisma war, die Diadoche der ProphetInnen, nicht der anderen Amtsträger war hier zunächst die legitimatorische Bezugsgröße!
[178] Mehrere Möglichkeiten diskutiert C. Trevett, Montanism, 221–223.

dung für weibliche Vormachtstellung in der Lehre fungierte, nach dem oben Erarbeiteten nicht eben hoch ist, müssten die sachlichen Gründe, die eine solche Lehre auf Seiten der GegnerInnen der Past vermuten lassen, schon erheblich sein, um die These der Kroegers trotzdem plausibel erscheinen zu lassen. Dies ist jedoch mitnichten der Fall. Direkte Aussagen über eine diesbezügliche Lehre der GegnerInnen gibt es nicht. Die von den Kroegers dafür in Anspruch genommene Aussage über die Satansnachfolge der jungen Witwen etwa (1Tim 5,15) darf nicht als zutreffende Beschreibung des Glaubens der Gegnerinnen verstanden und als Hinweis auf einen gnostischen Satans- / Schlangenkult ausgewertet werden,[179] sondern ist bitterböse Polemik, die den Frauen Glaubensabfall und damit Selbstauslieferung an den Satan unterstellt. Was bleibt, ist ein problematischer Rückschluss aus 1Tim 2,13f auf die gegnerische Position, die mit Hilfe von deutlich später und nie im Zusammenhang bezeugten gnostischen Lehren illustriert wird. Dazu kommt: 1Tim 2,13f macht überhaupt nicht den Eindruck einer auf die erschlossene Lehre passenden refutatio, denn der Verf. scheint sich auf die Genesis als einer unumstrittenen und unbestreitbaren Argumentationsbasis zu beziehen. Die Selbstverständlichkeit, mit der er sich auf die in Gen 2–3 erzählten „Fakten" beruft und dies offensichtlich als hinreichende Begründung des Lehrverbotes verstehen kann, zeigt m.E., dass er noch nicht gegen eine Genesisauslegung polemisiert, die die Ersterschaffung Adams leugnet und den Sündenfall zu einer Heilstat uminterpretiert.[180] Bei genauer Betrachtung der Quellen wird schnell erkennbar, dass die Richtung der Polemik genau umgekehrt verläuft, wie es auch aus chronologischen Überlegungen heraus nahe liegt. M.E. setzen die gnostischen Lektüren von Gen 2–3 allesamt misogyne, auf die Unterordnung der Frau fixierte jüdisch-christlich Genesisauslegungen voraus und beziehen sich teilweise polemisch auf sie.

Man kann dies z.B. deutlich an einem Abschnitt aus der Schrift „Vom Ursprung der Welt" sehen, die die Kroegers als Beleg für die mit 1Tim 2,13f angeblich zurückgewiesenen Lehren anführen:[181] „But (δέ) let us not tell Adam because he is not from among us but (ἀλλά) let us bring a sleep upon him, and let us teach him in his sleep as (ὡς) if she came into being from his rib so that the woman may be subject (ὑποτάσσειν) and he may be lord over her." (NHC II/5, 116,20–25) Hier wird polemisiert gegen ei-

---

[179] Vgl. C. Kroeger / R. Kroeger, I Suffer, 163, auch Apk 2,9.24; 3,9 werden auf einen von Christen übernommenen jüdischen (!) Satanskult gedeutet und in Beziehung gesetzt zu kultischen Bildern und Objekten aus Kleinasien, die Schlangen zeigen (a.a.O., 161–170). Doch ist die polemische Funktion von Ausdrücken wie „Synagoge des Satans" kaum zu verkennen. Die schlechthin unhaltbare Deutung des Ephesus betreffenden archäologischen und literarischen Befundes durch die Kroegers hat R. Oster in seiner Besprechung in BA 56 (1993) 225–227 aufgewiesen.

[180] So auch G. Häfner, Schrift, 135.

[181] I Suffer, 122.

ne bereits fest etablierte Genesisdeutung, die die Erschaffung aus der Rippe mit der Inferiorität der Frau und der Verpflichtung zur Unterordnung verknüpft. Diese Art der Argumentation bezieht sich auf Texte wie 1 Tim 2,13 und nicht umgekehrt![182]

Eine gnostische Bezugnahme auf Eva als Weisheitsbringerin für Adam und weibliches Urprinzip läßt sich als gegnerische Folie für 1 Tim 2,13f also nicht wahrscheinlich machen. Wenn man trotzdem davon ausgehen möchte, dass die Bezugnahmen auf Schöpfung und Fall sich auf die Lehre der GegnerInnen beziehen, was denkbar bleibt, auch wenn es dafür keine deutlichen Hinweise gibt, dann sollte man eher nach Argumentationsmustern suchen, die die in 1 Tim 2,13f wiedergegebene Genesisauslegung im Grundansatz teilten, aber andere Konsequenzen daraus zogen.

Es lassen sich in der Literatur bis zur Wende zum dritten Jahrhundert (die also mindestens zeitgleich, wenn nicht früher als die von den Kroegers herangezogenen gnostischen Quellen ist) m.E. zwei Argumentationsformen nachweisen, die als gegnerische Folien zu 1 Tim 2,13–15 erheblich besser passen als die gnostischen Spekulationen über Eva als Bringerin der Gnosis: die Vorstellung von der Wiedererlangung des Paradieses durch Askese und die Idee von urchristlichen Lehrerinnen als Antitypen Evas.

f) Enkratitische Genesisauslegungen als Hintergrund von 1 Tim 2,13–15?

Dass AsketInnen durch vollkommene Enthaltsamkeit den prälapsarischen Zustand wiederherstellen können, ist eine in der asketischen Literatur der Alten Kirche und insbesondere bei den Mönchsvätern weitverbreitete Vorstellung.[183] Sie ist möglicherweise in den Theklaakten vorausgesetzt,[184] breit entfaltet wird sie in den um 150 entstandenen Andreasakten.[185] Der Apostel Andreas beschwört die von ihm bekehrte Maximilla, bei ihrem Entschluss zur sexuellen Enthaltsamkeit zu bleiben, mit den Worten:

---

[182] Ähliches könnte man zeigen an der Rezeption der Fluchpassage Gen 3,16 im Apokryphon des Johannes BG 61,8–15, wo die männliche Herrschaft über die Frau als Anordnung des Yaldabaoth beschrieben wird, die aus seiner Unwissenheit resultiert, was allerdings in der Fassung NHC II, 23,37–24,3 entschärft wird. Möglicherweise ist dies eine Zeugnis für innergnostische Einschränkung der Mitwirkungsmöglichkeiten von Frauen an Leitungsämtern, vgl. K. L. King, Sophia, 158–176. Auch in der älteren Fassung des Johannesapokryphons wird damit die etablierte misogyne Auslegung des Fluches polemisch kommentiert.

[183] Vgl. P. Nagel, Askese, 56–62; den nach den Andreasakten frühesten weiteren Beleg für diese Vorstellung bietet Tertullian, Über das Fasten, mit einer interessanten Variante der obengenannten Genesisauslegung: Durch *Fasten* muss der Mensch den paradiesischen Urzustand wiederherstellen, weil Adams Sünde darin bestand, dass er sich des Essens nicht enthalten konnte (De Iei 3)!

[184] So P. Nagel, a.a.O., 57 unter Berufung auf AcPlThe 17.

[185] Zur Datierung siehe K. Schäferdiek in W. Schneemelcher, NTApo 2, 107. Zur Auslegung der Adam-Eva/Andreas-Maximilla Typologie vgl. J.-M. Prieur, Acta Andreae, CChr.SA 5, 204–209; P. Nagel, Askese, 56f.; S. L. Davies, Revolt, 114ff; K. Aspegren, Male Woman, Kapitel 8.

„Ja, mit Recht sehe ich in dir die Eva Buße tun und in mir den Adam sich bekehren. Was nämlich jene unwissend erlitt, das richtest du, an deren Seele ich meine Worte richte, jetzt wieder her, indem du dich bekehrst. Und was der Geist (νοῦς), der mit jener herabgeführt sich selbst entfremdet ward, erlitt, das bringe ich jetzt wieder in Ordnung mit dir, die du erkennst, daß du emporgeführt wirst. ... Und worin jene ungehorsam war, darin warst du gehorsam, und worin jener einwilligte, das fliehe ich. Und worin jene sich täuschen ließen, das haben wir erkannt (καὶ ἃ ἐκεῖνοι ἐσφάλησαν, ἡμεῖς ἐγνωρίσαμεν). Denn es ist bestimmt, daß ein jeder seinen eigenen Fall wiedergutmache."[186]

Die Versuche des Aegeates, Maximilla als Sexualpartnerin zurückzugewinnen, werden in c. 8 als Schmeicheleien seines Vaters, der Schlange, bezeichnet. Im manichäischen Psalmbuch gilt Maximilla dann schlicht als „Beschämerin der Schlange".[187] Die Auffassung der Andreasakten, durch Askese müsse jeder Mensch den Sündenfall überwinden, führt in ein enkratitisches Milieu, das als Hintergrund der Pastoralbriefe m.E. erheblich plausibler ist als die ausgereiften gnostischen Genesisdeutungen aus den Nag Hammadi Schriften. Ordnet man die skizzierte Position probeweise der Argumentation von 1Tim 2,13–15 zu, dann ergibt sich eine gemeinsame Überzeugung von der Fatalität der Ursünde und eine ähnliche Gleichsetzung jedes Menschen mit Adam bzw. Eva. In den Andreasakten werden allerdings Adam und Eva als gleichermaßen schuldig angesehen, eine Vorordnung des Adam in der Schöpfung wird nicht berichtet. Der Weg zur Rettung ist daher auch für beide der gleiche, und er liegt, da der Sündenfall im Vollzug des Geschlechtsverkehres (wohl zunächst mit der Schlange, dann mit Adam) bestand, in der Askese. Demgegenüber sehen die Past zwar auch eine sexuelle Verfehlung Evas mit der Schlange als Ursünde an, nicht jedoch betrachten sie die menschliche Sexualität überhaupt als sündig. Im Gegenteil: Durch Kindergebären wird die Frau gerettet werden, d.h. durch ein normales Eheleben. Eine weitere Nähe zwischen der Argumentation der Acta Andreae und den GegnerInnen der Past könnte darin gesehen werden, dass die Bekehrung Adams und Evas auch als Erkenntnisvorgang geschildert wird (zweimal begegnet das Verbum γνωρίζειν in c. 5, die Bekehrung ist ein „Heraufführen"; der vorherige Zustand ist als Ergebnis eines Herabziehens und als Entfremdung gekennzeichnet). Falls also der Verf. der Past seine Argumente aus der Genesis als Reaktion auf Positionen der GegnerInnen wählte, dann könnten diese angesichts des asketischen (und frühgnostischen?) Charakters der gegnerischen Lehre auf eine Auslegung des Sündenfalls aus-

---

[186] c. 5 (=c. 37 J.-M. Prieur, Acta Andreae, CChr.SA 6), Übers. nach NTApo 2,118 vgl. auch c. 7, aus dem hervorgeht, dass der „Sündenfall" in der Ausübung des Geschlechtsverkehrs bestand.
[187] Herakleides 192,26–27, zit. nach P. Nagel, Apostelakten, 163, vgl. W. Schäferdiek in W. Schneemelcher, NTApo 2, 85.

gerichtet sein, wie sie in den Andreasakten vorliegt. Doch auch eine ganz andere Bezugnahme auf Eva auf Seiten der GegnerInnen ist denkbar.

g) Eine Eva-Maria Magdalena-Typologie als Hintergrund von 1Tim 2,12ff?

Eine der Häresie unverdächtige Bezugnahme auf Eva, die sich ebenfalls des Denkschemas der Wiedergutmachung des Sündenfalls bedient, ist im 25. (15.) Kapitel von Hippolyts Kommentar zum Hohenlied[188] überliefert. Was ihre Heranziehung als gegnerische Folie zu 1Tim 2,11–15 so reizvoll macht, ist die Tatsache, daß diese Wiedergutmachung durch die Verkündigung von Frauen geschieht. Die Frauen am Grab, denen Christus erschien, werden zu Antitypen Evas. Sie werden als „Apostel der Apostel" (XXV,6) bezeichnet, weil sie den Aposteln die Auferstehungsbotschaft bringen sollten. Christus selbst erschien ihnen und sandte sie

„damit auch Frauen Apostel Christi werden und den Mangel des Ungehorsams der ersten Eva durch den jetzigen zurechtbringenden Gehorsam offenbar machten. O wunderbarer Berater, Eva wird Apostel! Schon erkennend die Arglist der Schlange, und fortan verführt sie nicht der Baum der Erkenntnis, sondern den Baum der Verheissung empfangen habend, kostete sie. Von Christus der Ehre gewürdigt, begehrte sie eine Speise. Schon hungert und dürstet sie nicht wieder nach der menschlichen Verweslichkeit, nachdem sie Gemeinschaft der Unverweslichkeit empfangen hat. Jetzt wird Eva eine Gehilfin dem Adam. O der schönen Gehilfin durch das Evangelium! Daher („dadurch, dass"?) auch die Frauen Evangelium verkündigten." (XXV,6–8 (TU 8/2, 68f) = GCS 1,354f)

Der unmittelbar folgende Text ist in den drei verschiedenen erhaltenen Versionen recht unterschiedlich überliefert,[189] aber klar wird, dass die Ungläubigkeit der Jünger gegenüber der Botschaft der Frauen damit entschuldigt wird, dass Eva Irrtum verkündigt hatte. Dies aber, so wird deutlich, ist nicht der Fall bei den Frauen, die (Evas Tat aufhebend) die Wahrheit der Auferstehung verkündigten, was schließlich Christus selbst den Aposteln bestätigt. Sehr interessant mit Blick auf 1Tim 2,15 ist auch, daß kurz vor dem eben zitierten Textabschnitt Maria, die die Füße des Herrn umfasst (was als Umfassen des Kreuzes als des Lebensbaums im Gegensatz zum verbotenen Baum der Erkenntnis verstanden wird) aufgefordert wird: „Nimm an Eva, die nicht mit Schmerzen Gebärende! Denn ‚es entfloh Schmerz und Leid und Seufzen' [Apk 21,4]. Nimm wieder an Eva, die fest („kräftig") lebende

---

[188] Der Kommentar zum Hohenlied ist abgesehen von einem kurzen griechischen Fragment nur in Übersetzungen erhalten, zu dem 1897 in GCS 1 von G. N. Bonwetsch abgedruckten Text (deutsche Übersetzung des erhaltenen altslavischen, armenischen und syrischen Textbestandes) ist eine weitere umfangreiche grusinische Übersetzung hinzugekommen, die Bonwetsch 1902 in deutscher Übersetzung (die auf N. Marrs russische Übersetzung beruht) vorgelegt hat (in TU 8/2). Daraus resultieren die unterschiedlichen Kapitelangaben.

[189] Vgl. G. N. Bonwetsch, Hippolyts Kommentar zum Hohenlied (TU 8/2), 69f.

und fortan nicht nackende, noch mit Feigenblättern umgürtete, sondern mit dem heiligen Geist umgürtete und bedeckte, und mit einem guten Gewand angethane, das nicht verderbt werden kann [gemeint ist Christus als Gewand]...".[190] Klar ist, dass der Fluch von Gen 3,16 hier als außer Kraft gesetzt erscheint. Ob die Aufforderung irgendeinen realen Bezugspunkt für das Leben realer Frauen hat (Aufforderung zur Askese?), geht aus dem Text nicht klar hervor.

Hippolyt bietet also eine Eva-Typologie, in der Maria bzw. die Frauen am Grab als Typoi der neuen Eva erscheinen, die gehorsam ist und nicht mehr Evas Fluch unterliegt. Ihre nova oboedientia äußert sich als *Verkündigung der Wahrheit*. Die Strafe Evas, das Kindergebären mit Schmerzen wird als abgetan bezeichnet, wobei nicht klar ist, was genau damit gemeint ist. Kontrastieren wir diese Genesisauslegung probeweise mit 1Tim 2,11–15, dann teilen beide die Grundüberzeugung von Evas Verantwortung für den Sündenfall und die daraus resultierende Unfähigkeit zur Lehre, Hippolyt oder die von ihm rezipierte Tradition[191] jedoch sahen im Auftrag Christi an die Frauen am Grab einen Beweis dafür, dass die Eva auferlegten Beschränkungen für die Frauen, die „Christus angezogen" hatten, also getauft worden waren, nicht mehr gelten. Die neue Eva kann ihre gottgewollte Rolle als Helferin Adams jetzt ausüben – und zwar auch in der Lehre. Wäre dies die Position der GegnerInnen, dann hielte der Verf. der Past ihnen gegenüber daran fest, dass die Helferrolle der Frau, die aus ihrer Zweiterschaffung folgt, als eine untergeordnete Position zu verstehen ist, die eine mit Autoritätsausübung verbundene Rolle wie das Lehren ausschließt (1Tim 2,12f). Außerdem hält er daran fest, dass die beim Sündenfall offenbar gewordene größere Verführbarkeit der Frauen auch post Christum weiterhin fortbesteht und dass die Rettung der Frau an das in Gen 3,16 als Strafe genannte Kindergebären gebunden bleibt.

Ergebnis: Dass 1Tim 2,15a sich daraus erklärt, dass die GegnerInnen der Past aus einer gnostisch-antikosmischen Grundhaltung heraus Sexualaskese gefordert haben, muss m.E. als unbewiesen gelten. Unklar bleibt, ob sie sich überhaupt auf Gen 2–3 berufen haben. Falls sie letzteres taten, könnte dies m.E. eher in Form der These von der Wiedererlangung des Paradieses durch Askese oder der Wiedergutmachung von Evas Fall durch die Lehre der Chris-

---

[190] XXV, 5, zitiert nach G. N. Bonwetsch, Hippolyts Kommentar zum Hohenlied, 66 (entspricht GCS 1,353).

[191] Bei späteren Kirchenvätern (z.B. Gregor von Nyssa, Gregor von Nazianz, Augustin, Kyrill) und in der östlichen liturgischen Tradition ist die Eva-/Maria-Magdalena-Typologie weit verbreitet, vgl. dazu E.-M. Synek, Heilige Frauen, 40ff; A. Jensen, Maria, 33–50. Ob bereits Hippolyt auf einen diesbezüglichen Topos zurückgreift, kann mangels eindeutiger früherer Belege nicht sicher entschieden werden, doch die spätere weite Verbreitung lässt es als durchaus möglich erscheinen.

tinnen geschehen sein als in der von den Kroegers u.a. postulierten Form
der gnostischen Proklamation eines in Eva (und kleinasiatischen Muttergöt-
tinnen) symbolisierten weiblichen Urprinzips. Es sind sicher auch noch andere Möglichkeiten der (Re-?)Konstruktion der gegnerischen Lehre unter
Bezugnahme auf spätere altkirchliche Traditionen möglich.[192] Das zeigt nur,
auf welch unsicherem Boden alle diese Versuche stehen. Doch die als Alternative dazu vorgetragene Antwort einer nur aus auktorialer Intention zu er-
klärenden Entstehung von 1Tim 2,9–15, wie sie etwa U. Wagener und M.
Wolter vertreten,[193] vermag m.E. nicht zu befriedigen, da sie den immensen
rhetorischen Aufwand des Verfassers nicht erklären kann. Gerade die gegenüber 1Kor 14,33bff massiv verstärkten Schriftbegründungen, die noch genauer untersucht werden müssen, scheinen doch darauf hinzuweisen, dass
der Verfasser nicht nur gegen Frauen argumentiert, die lehren, sondern gegen solche, die ihr Recht auf Lehre auch argumentativ vertreten. Ich möchte
daher noch einmal versuchen, die mit 1Tim 2,12–15 abgewiesene gegnerische Position zu bestimmen und zwar in einer Weise, die sowohl der textimmanenten Funktion von 1Tim 2,15a gerecht wird, als frauenspezifische
Alternative zum Lehramt zu dienen, als auch zu erklären, warum die soteriologische Alternative des Verfassers der Past so pointiert die τεκνογονία herausstellt. Denn das scheint doch darauf hinzuweisen, dass Lehre und Kin-
derbekommen sich für die betroffenen Frauen (oder einen erheblichen Teil
von ihnen) ausschlossen. Auch die Aussage, dass die Gegner das Heiraten
„verbieten" (1Tim 4,3), weist ja trotz ihres hyperbolischen Charakters in
diese Richtung. Doch kann eine asketische Motivation viele andere Gründe
haben als – wie es die Gnostikerthese voraussetzt – Schöpfungsfeindlichkeit
und die Überzeugung, einen anderen Weg zur Rettung gäbe es nicht. In den
apokryphen Theklaakten ist eine dem Paulus zugeschriebene, nicht-gnosti-
sche Position bezeugt, die m.E. am präzisesten der Position entspricht, die
mit 1Tim 2,12–15 ausgeschlossen werden soll und die möglicherweise älter
ist als alle anderen bislang besprochenen Gegnerpositionen.

h) Die Paulustradition der Theklaakten (AcThe 5b–6) als Grundlage der von 1Tim 2,12–15 bekämpften ChristInnen

In der Einleitung war kurz die These D. R. MacDonalds referiert worden,
nach der die Pastoralbriefe u.a. mit ihrem konservativen Frauenbild, das Ehepflicht und Häuslichkeit ein- und Lehrautorität über Männer ausschließt,
gegen mündlich umlaufende Pauluslegenden, speziell gegen die Theklalegen-
den polemisieren sollen (deren ursprünglich mündliche Gestalt sich nach

---

[192] Zu denken wäre etwa noch an die in den Pseudoklementinen begegnende Warnung vor der
weiblichen Prophetie, als deren Ursprung und Verkörperung Eva gilt (vgl. PsClem Hom 3,22.24f).
[193] S.o. Anm. 157.

MacDonald durchgängig noch an der verschriftlichten Fassung nachweisen lässt, daher mit ihr weitgehend übereinstimmt). Aus chronologischen und anderen Gründen lässt sich diese Annahme m.E. nicht unmodifiziert halten.[194] Die Theklaakten[195] sind gerade in ihrer romanhaften Endgestalt ganz klar ein Produkt der 2. Hälfte des 2. Jh.[196] Das schließt natürlich nicht aus, dass in ihnen ältere Traditionen verarbeitet wurden, doch gibt es nicht den kleinsten Anhalt dafür, dass die Erzählungen von Theklas Bekehrung zur Askese, ihrem doppelten Martyrium, ihrer Selbsttaufe und Predigttätigkeit bis an den Anfang des 2. Jh. oder gar vor die Jahrhundertwende zurückreichen. Ich möchte im Folgenden eine andere Erklärung der von MacDonald richtig beobachteten dialektischen Beziehung zwischen den Pastoralbriefen und den Theklaakten vorlegen. Die Theklaakten bieten m.E. eine späte romanhafte Ausgestaltung von Paulustraditionen, die schon zu Beginn des 2. Jh. vertreten wurden und im Spiegel der Polemik der Pastoralbriefen andeutungsweise wahrnehmbar sind.[197] Der harte theologische und literarische Kern dieser älteren Paulustradition scheint mir in der folgenden Makarismenreihe aus

[194] S.o. 215–217. Zur mündlichen Gestalt vgl. D. R. MacDonald, Legend, Kapitel 1.

[195] Zur Terminologie: Ich verwende den Titel „Paulus- und Theklaakten" synonym zu „Acta Pauli"/„Paulusakten" (abgekürzt: AcPlThe), um damit der besonderen Rolle gerecht zu werden, die die Theklaerzählung in der Komposition und der Rezeptionsgeschichte der Akten spielt. Der Name „Theklaakten" (AcThe) bezieht sich auf den Theklakranz innerhalb der Paulusakten, der lange für eine eigenständige Schrift gehalten wurde, weil sie eine gesonderte und breite handschriftliche Überlieferungsgeschichte aufweist. Erst mit der Entdeckung des koptischen Heidelberger Papyrus Nr. 1 (ediert von C. Schmidt, Acta Pauli (1904; ²1905) wurden die Theklaakten als Teil der Paulusakten erkannt. Die hervorgehobene und ungewöhnliche Rolle, die Thekla in ihnen spielt, ist einzigartig in den apokryphen Apostelgeschichten und erfordert eine Erklärung. Große Teile der AcPlThe sind noch immer verloren bzw. liegen in höchst fragmentarischem Zustand vor. Ich benutze neben PHeid mangels Alternative den von R. A. Lipsius/M. Bonnet 1891 edierten griechischen Text für die AcThe und das Martyrium Pauli (MartPl), obwohl dieser aufgrund der neuen Handschriftenfunde korrigiert werden müsste, sowie den von C. Schmidt und W. Schubart 1936 edierten griechischen Text des Papyrus aus der Hamburger Staatsbibliothek (PH). Die von W. Rordorf für die CChrSA angekündigte kritische Gesamtausgabe ist ein dringendes Desiderat.

[196] Zur Datierung der Theklaakten bzw. der Acta Pauli vgl. die Ausführungen von A. v. Harnack, Chronologie, 493–505 (160–170 n.Chr.); C. Schmidt, Acta Pauli, 173–182 (± 180 n.Chr.); L. Vouaux, 104–112 (160–170 n.Chr.); ferner W. Schneemelcher, NTApo 2, 214 (185–195 n.Chr.). Den terminus ad quem der Entstehung liefert das Zeugnis Tertullians, Bapt 17,5, das etwa um 200 zu datieren ist. Ferner setzen die Acta Pauli vermutlich die Acta Petri voraus, die irgendwann in der zweiten Hälfte des 2. Jh. entstanden sind. Darauf lässt die Dublette zur Quo-vadis-Szene im MartPl schließen, die in den Acta Petri ihren ursprünglichen Ort haben wird (denn Petrus wird tatsächlich gekreuzigt), vor Beginn des Paulusmartyriums dagegen fehl am Platze ist, denn Paulus hat weder die Flucht ergriffen, noch stirbt er durch Kreuzigung, vgl. W. Schneemelcher, NTApo 2, 210. Anders dagegen D. R. MacDonald, Acts, 214–224 und R. F. Stoops, Peter, 225–233; auch R. Pervo, Novel, 691 hält die Paulusakten für älter als die ActPetr.

[197] Ich kann diese These hier nur in soweit entfalten, wie sie für 1Tim 2,11–15 relevant ist, sie umfassend zu begründen, erfordert umfangreiche traditions- und redaktionsgeschichtliche Untersuchungen zu den Theklaakten, die ich in einer eigenen Publikation vorlegen möchte.

AcThe 5b–6 vorzuliegen, deren Überschrift lautet: ... λόγος θεοῦ περὶ ἐγ-κρατείας καὶ ἀναστάσεως, λέγοντος τοῦ Παύλου:

1. a Μακάριοι οἱ καθαροὶ τῇ καρδίᾳ,
   b ὅτι αὐτοὶ τὸν θεὸν ὄψονται.
2. a μακάριοι οἱ ἁγνὴν τὴν σάρκα τηρήσαντες,
   b ὅτι αὐτοὶ ναὸς θεοῦ γενήσονται.
3. a μακάριοι οἱ ἐγκρατεῖς,
   b ὅτι αὐτοῖς λαλήσει ὁ θεός.
4. a μακάριοι οἱ ἀποταξάμενοι τῷ κόσμῳ τούτῳ,
   b ὅτι αὐτοὶ εὐαρεστήσουσιν τῷ θεῷ.
5. a μακάριοι οἱ ἔχοντες γυναῖκας ὡς μὴ ἔχοντες,
   b ὅτι αὐτοὶ κληρονομήσουσιν τὸν θεὸν.
6. a μακάριοι οἱ φόβον ἔχοντες θεοῦ,
   b ὅτι αὐτοὶ ἄγγελοι θεοῦ γενήσονται.
7. a Μακάριοι οἱ τρέμοντες τὰ λόγια τοῦ θεοῦ,
   b ὅτι αὐτοὶ παρακληθήσονται.
8. a μακάριοι οἱ σοφίαν λαβόντες Ἰησοῦ Χριστοῦ,
   b ὅτι αὐτοὶ υἱοὶ ὑψίστου κληθήσονται.
9. a μακάριοι οἱ τὸ βάπτισμα τηρήσαντες,
   b ὅτι αὐτοὶ ἀναπαύσονται πρὸς τὸν πατέρα καὶ τὸν υἱόν.
10. a μακάριοι οἱ σύνεσιν Ἰησοῦ Χριστοῦ χωρήσαντες,
    b ὅτι αὐτοὶ ἐν φωτὶ γενήσονται.
11. a μακάριοι οἱ δι' ἀγάπην θεοῦ ἐξελθόντες τοῦ σχήματος τοῦ κόσμου
       (τούτου)[198]
    b ὅτι αὐτοὶ ἀγγέλους κρινοῦσιν
    c καὶ ἐν δεξιᾷ τοῦ πατρὸς εὐλογηθήσονται
12. a μακάριοι οἱ ἐλεήμονες,
    b ὅτι αὐτοὶ ἐλεηθήσονται [12 a.b fehlt PHeid][199]

[198] Lipsius-Bonnet hielten τοῦ σχήματος τοῦ κοσμικοῦ für die richtige Lesart, verzeichnen aber mehrere abweichende Lesarten. So lesen die Handschriften F und G τοῦ σχήματος τοῦ κόσμου, was nach C. Schmidt, Acta Pauli, 29 auch der koptischen Übersetzung des Papyrus Heidelberg zugrunde liegt, vgl. ferner die lateinischen HSS d (huius mundi), c (huius saeculi), s (huius corporis). M bietet eine offensichtlich sekundär erweiterte Fassung des Makarismus (διὰ φιλίαν καὶ ἀγάπην θεοῦ ἐξελθόντες τοῦ κόσμου τούτου θορύβου καὶ σχήματος), die ebenfalls aus der Lesart τοῦ σχήματος τοῦ κόσμου [τούτου] hervorgegangen sein wird. Während τὸ σχῆμα (τοῦ) κόσμου (τούτου/τοῦδε) ein verbreiteter Ausdruck sowohl im Urchristentum (1Kor 7,31) als auch im profanen Griechisch ist (vgl. W.Bauer, s.v., 1590), wäre σχῆμα κοσμικόν analogielos. Die ausgeprägte intertextuelle Struktur des Textes, die u. S. 326ff noch genauer dargestellt wird, lässt vermuten, dass in 11 a eine Anspielung auf 1Kor 7,31 intendiert ist, weswegen man in diesem Fall m.E. nicht mit der lectio difficilior argumentieren darf. Es spricht daher alles für die Ursprünglichkeit der Lesart τοῦ σχήματος τοῦ κόσμου, sei es mit oder ohne Pronomen.

[199] 12 a.b fehlen im koptischen Papyrus Heidelberg (vgl. C. Schmidt, Acta Pauli, 30.194) und in den lateinischen Handschriften G und I; 11c folgt in diesen HSS als dritte Verheißung des vorangehenden Makarismus (12 c = 11 d). Ich halte den Ausfall dieser Verse durch Homoioteleuton (vgl. ΕΥΛΟΓΗΘΗΣΟΝΤΑΙ mit ΕΛΕΗΘΗΣΟΝΤΑΙ) für wahrscheinlicher als eine sekundäre Erweiterung des Textes, da es sich um ein wörtliches Zitat aus Mt 5,7 handelt, das keine besondere inhaltliche Nuance hinzubringt, die seine Zufügung erklären könnte, im ursprünglichen Zusammen-

c καὶ οὐκ ὄψονται ἡμέραν κρίσεως πικράν.
13. a μακάρια τὰ σώματα τῶν παρθένων,
    b ὅτι αὐτὰ εὐαρεστήσουσιν τῷ θεῷ
    c καὶ οὐκ ἀπολέσουσιν τὸν μισθὸν τῆς ἁγνείας αὐτῶν·
    b' ὅτι ὁ λόγος τοῦ πατρὸς ἔργον αὐτοῖς γενήσονται σωτηρίας
       εἰς ἡμέραν τοῦ υἱοῦ αὐτοῦ,
    c' καὶ ἀνάπαυσιν ἕξουσιν εἰς αἰῶνα αἰῶνος.

Dieses Lehrsummar des Paulus wird üblicherweise für eine Komposition des Verfassers bzw. der Erzählerinnen[200] der Theklaakten gehalten.[201] Dagegen spricht vor allem, dass es deutliche Inkongruenzen zwischen den Seligpreisungen des Paulus und ihrem erzählerischen Kontext gibt, die auf eine sekundäre Verwendung einer geprägten Tradition schließen lassen. Der deutlichste Hinweis ist die jeweils verschiedene vorausgesetzte Zuhörerschaft: Während der explizite Adressat eine gemischte Zuhörergruppe ist, unter der sich allerdings besonders *die Frauen* angesprochen fühlen (vgl. AcThe 7: Thekla und viele andere Frauen und Jungfrauen), sind die impliziten Adressaten der Makarismen eindeutig *männliche Asketen*. Subjekt und Prädikatsnomen der Makarismen stehen durchgängig im Maskulinum Plural. Dass dieser jedoch nicht – wie etwa bei den Makarismen der Bergpredigt – an-

hang jedoch, der durch häufige und gezielte Zitate aus den Seligpreisungen der Bergpredigt charakterisiert ist, sinnvoll erscheint. Der Text ist bei Annahme der Ursprünglichkeit von 12 a.b klar strukturiert: Auf 10 Makarismen mit einteiliger, durch ὅτι eingeleiteter Verheißung folgen zwei Makarismen mit zweiteiliger, durch ὅτι – καί strukturierter Apodosis (11 b–c; 12 b–c) und ein Makarismus mit vierteiliger, durch zweimaliges ὅτι – καί gegliederter Verheißung (13 b–c.b'–c'). Wäre 12 a.b dagegen sekundär hinzugekommen, so hätte der ursprüngliche Text eine willkürlich erscheinende Struktur gehabt: Auf die zehn Makarismen mit einfacher Verheißung wären ein Makarismus mit dreiteiliger Verheißung (gegliedert durch ὅτι – καί – καί, 11 b–d) und einer mit vierteiliger Verheißung (ὅτι – καί – ὅτι – καί, 12 (13) b–c.b'–c') gefolgt. Auch inhaltliche Überlegungen sprechen m.E. gegen die Zugehörigkeit von 12 c zu 11 a–c: Dass denen, die die Engel richten und zur Rechten des Vaters gesegnet werden, selbst das letzte Gericht erspart bleibt, versteht sich eigentlich von selber. Nach 11 a.b dagegen erscheint die Aussage von 11 c sinnvoller: Das Erbarmen, das den sich Erbarmenden zuteil wird, besteht darin, dass sie nicht gerichtet werden. Dagegen meint C. Schmidt, Acta Pauli, 194 Anm. 1, „die spätere Hinzufügung aus Matth. 5,7 ... unterbricht den ganzen Zusammenhang", ohne das aber näher zu erläutern.

[200] Der Verfasser, der die Theklaakten auf der Basis älterer mündlicher Traditionen verschriftlicht hat, könnte der kleinasiatische Presbyter sein, der nach Tertullians Zeugnis „amore Pauli" die Akten des Paulus hergestellt hat und zurücktreten musste, als dies bekannt wurde (Bapt 17,5). Natürlich könnte er die in sich geschlossenen Theklaakten auch schon vorgefunden haben, doch ist dies in meinen Augen eine unnötig komplizierte und damit weniger wahrscheinliche Hypothese. Die These eines männlichen Verfassers kann m.E. durchaus koexistieren mit der von S. L. Davies, Revolt; D. R. MacDonald, Legend, 34–53; V. Burrus, Autonomy, 67–80 u.v.a. begründeten Annahme, dass die Legenden über die Gefährdungen und Errettungen von Frauen, die sich wie Thekla dem asketischen Leben verschrieben hatten, besonders in den Kreisen urchristlicher Witwen entstanden und gepflegt wurden.

[201] Vgl. z.B. C. Schmidt, Acta Pauli, 193; L. Vouaux, 154f; W. Schneemelcher, Acta Pauli, 199.

drozentrisch-inklusiv zu verstehen ist, Frauen also mit einschließt, zeigt der fünfte Makarismus („Selig sind, die Frauen haben als hätten sie nicht"), der nicht anders als androzentrisch-exklusiv verstanden werden kann. Da die Überschrift deutlich macht, dass mit den einzelnen Seligpreisungen nicht etwa verschiedene Gruppen angesprochen werden, sondern jeweils Auswirkungen eines enthaltsamen Lebens und ihr eschatologischer Lohn in den Blick genommen werden und insofern immer wieder dieselben Menschen selig gepriesen werden, darf man von diesem eindeutigen Fall auf den Rest schließen. Auch die Verheißung, „Söhne des Höchsten" genannt zu werden (8b), hat offensichtlich männliche Verheißungsempfänger im Blick und die im letzten Makarismus genannten παρθένοι, die im jetzigen Zusammenhang natürlich unwillkürlich als „Jungfrauen" wahrgenommen werden, können im inneren Zusammenhang der Makarismenreihe wohl nur männliche Asketen meinen, vergleichbar den in Apk 14,4 genannten (οὗτοι εἰσιν οἳ μετὰ γυναικῶν οὐκ ἐμολύνθησαν, παρθένοι γάρ εἰσιν).²⁰² Damit soll nicht behauptet werden, dass der Text weibliche Asketen bewusst ausgegrenzt hätte. Vielmehr ist (damals wie heute) mit einer äußerst geringen Sensibilität gegenüber Frauen diskriminierenden Ausdrucksweisen zu rechnen. Was aber m.E. mit Recht behauptet werden kann, ist Folgendes: Die Makarismenreihe ist deutlich auf eine männlich dominierte Zuhörerschaft hin komponiert. Darum thematisiert sie die Auswirkungen der Enthaltsamkeit in einem männlichen Erfahrungszusammenhang („Frauen haben, als hätte man nicht") und formuliert auch das verheißene Gut so, dass es für Männer attraktiv ist („Söhne des Höchsten werden"). Kein einziger Makarismus lässt erkennen, dass der Verfasser Frauen als Adressaten vor Augen hat. Diese ausschließliche Ausrichtung an der männlichen Erfahrungswelt und männlichen Wertvorstellungen wäre m.E. kaum zustande gekommen, wenn die Paulusrede speziell für den Zusammenhang der Theklaerzählung geschaffen worden wäre, in der das Thema der Enthaltsamkeit von Frauen zentral ist.²⁰³ Die Diskrepanz zwischen impliziten und expliziten Adressaten der Pauluspredigt ist vielmehr ein deutlicher Beleg für die These, dass ein ursprünglich selbständiges Traditionsstück sekundär wiederverwendet worden ist.

Dieser Eindruck bestätigt sich, wenn man überprüft, welche der in der Makarismenreihe angesprochenen Themen in der weiteren Erzählung wieder

---

²⁰² So mit Recht A. Jensen, Thekla 22f Anm. 20. Sie zieht aus dieser Beobachtung allerdings keine quellenkritischen Schlüsse. Vgl. auch JosAs 4,7; 8,1 (Joseph als παρθένος).

²⁰³ Die Bedeutung der vom Verfasser imaginierten AdressatInnen lässt sich schön an 1Kor 7 studieren. Auch dieser Text beginnt mit einer ganz und gar androzentrischen Formulierung der zur Debatte stehenden Frage, nämlich ob es gut für einen Mann sei, keine Frau zu berühren (1Kor 7,1). Doch schon im nächsten Satz formuliert Paulus geschlechtsdifferenzierend und behält diese Redeweise dann überwiegend bei, was ohne jeden Zweifel durch die Situation in Korinth bedingt ist, in der sowohl Frauen als auch Männer Entscheidungen über ihre Lebensform treffen mussten.

aufgegriffen werden. Hier ist deutlich eine Auswahl getroffen worden. Nur auf die Aussagen, die sich mit den äußerlich sichtbaren, im täglichen Leben zu verwirklichenden Aspekten der Enkrateia befassen, wird nochmals Bezug genommen, d.h. auf die Sexual- und Speiseaskese sowie die durch Besitzverzicht zu demonstrierende Abkehr von der Welt.[204] Die theologisch zentralen und teilweise auch brisanten Aussagen, die sich auf die inneren Früchte eines enthaltsamen Lebens beziehen, werden dagegen nicht mehr erwähnt. Dabei handelt es sich um so wichtige Charismata wie das Empfangen von σοφία bzw. σύνεσις Jesu Christi (Mak. 8a; 10a), um das „Schauen Gottes" (1b) und den Empfang göttlicher Offenbarungen (3b), wobei das durch Askese empfangene „Wort des Vaters" im Endgericht gar zu einem ἔργον σωτηρίας wird (13b'). Die Makarismen lassen also auf ein asketisches Milieu schließen, in dem das enthaltsame Leben eng verbunden war mit besonderen Erleuchtungs- und Offenbarungserfahrungen, wovon in den Theklaakten sonst nichts mehr zu spüren ist. Auch die vielfältigen Aussagen über den eschatologischen Lohn, die ein eigentümliches Schillern zwischen einer festgehaltenen futurischen Eschatologie und einem schon gegenwärtig zu erlangenden Hoheits- und Heilsstatus der Asketen erkennen lassen,[205] spielen in der weiteren Erzählung keine Rolle mehr. Ein großer Teil der Makarismen bleibt also ohne erzählerische Aktualisierung. Auch dies erklärt sich unter der Annahme, dass ein aus asketischen Kreisen stammendes Summar der Lehre des Paulus übernommen wurde und nur die im Zusammenhang der Erzählung brauchbaren Stücke weiterverfolgt wurden. Eine solche Übernahme ist angesichts der strengen formalen Struktur dieser Paulusrede, die u.U. sogar eine mündliche Weitergabe über längere Zeiträume möglich erscheinen lässt, auch gut vorstellbar. Die sonstigen Reden des Paulus innerhalb der Acta Theclae et Pauli bieten keine Formparallelen.

---

[204] Die sprachliche Korrespondenz zwischen der Formulierung innerhalb der Makarismen und in der weiteren Erzählung ist dabei relativ ausgeprägt: Zum 2. Makarismus (μακάριοι οἱ ἁγνὴν τὴν σάρκα τηρήσαντες) vergleiche man AcThe 12, wo die Lehre des Paulus von seinen Gegnern zusammengefasst wird mit den Worten Ἄλλως ἀνάστασις ὑμῖν οὐκ ἔστιν, ἐὰν μὴ ἁγνοὶ μείνητε καὶ τὴν σάρκα μὴ μολύνητε ἀλλὰ τηρήσητε ἁγνήν (vgl. außerdem AcThe 7.9.11.27.31). Der 4. und 11. Makarismus (μακάριοι οἱ ἀποταξάμενοι τῷ κόσμῳ τούτῳ / μακάριοι οἱ ... ἐξελθόντες τοῦ σχήματος τοῦ κόσμου) wird kommentiert durch das Verhalten des Onesiphorus, von dem des in AcThe 23 heißt: κατέλιπεν γὰρ τὰ τοῦ κόσμου.

[205] Die Seligpreisungen setzen durchweg voraus, dass die Enthaltsamen eschatologischen Lohn erwarten dürfen und im Endgericht verschont bleiben. Insofern vertreten sie einerseits eine klassische futurische Eschatologie, wenn etwa verheißen wird, die der Welt entsagt haben, würden Engel richten und zur Rechten des Vaters gesegnet werden (Mak. 11). Andererseits hat das asketische Leben bereits in der Gegenwart heilvolle Folgen: Wenn den Seliggepriesenen zugesagt wird, sie würden Gott schauen, ein Tempel Gottes sein, Gott werde zu ihnen reden, sie würden Gott wohlgefallen und Söhne des Höchsten genannt werden, dann sind dies offensichtlich der Gegenwart zugehörige Heilsprädikate, die von einem nicht geringen charismatischen Selbstbewusstsein zeugen.

Aber handelt es sich tatsächlich um ein ursprünglich unter dem Namen des Paulus überliefertes Traditionsstück, das eine in Orientierung an Paulus entfaltete Theologie bietet? Nach A. Lindemann enthält die mit der Überschrift λόγος θεοῦ περὶ ἐγκρατείας καὶ ἀναστάσεως, λέγοντος τοῦ Παύλου eingeleitete Makarismenreihe „natürlich keine besondere Tradition und auch kein besonderes gerade Paulus betreffendes Anliegen ... Der apokryphe Paulus der ActPl weist, *wenn man von den Anspielungen auf die Briefe einmal absieht,* sehr wenige individuelle Züge auf."[206] In der kursivgesetzten Einschränkung offenbart sich die Schwäche des Arguments. Tatsächlich lässt sich nämlich zeigen, dass die Makarismenreihe ein hoch intertextuelles Gebilde darstellt, das durch die intensive Rückbindung an jesuanische und besonders paulinische Texte die Übereinstimmung der dargebotenen Aussagen mit dem als normativ geltenden Ursprung zu demonstrieren versucht. Formal ist die Predigt den Seligpreisungen der Bergpredigt nachgebildet, der erste Makarismus ist eine wörtliche Übernahme von Mt 5,8 und wurde offensichtlich deshalb gewählt, weil er mit dem „reinen Herzen" ein Stichwort enthält, das sich der Enkrateia zuordnen lässt. Der zwölfte Makarismus (a.b) zitiert Mt 5,7.[207] Vier weitere der Verheißungen sind wörtlich übernommen oder in Anlehnung an mt Vorbilder gestaltet.[208] Daneben fallen mehrere deutliche Berührungen mit dem 1. Korintherbrief auf, so ist die 5. Seligpreisung („Selig sind, die Frauen haben als hätten sie nicht") eine *sprachlich* nur leicht veränderte Wiedergabe von 1Kor 7,29;[209] der 11. Makarismus spielt zunächst auf 1Kor 7,31 an[210] und verheißt dann mit 1Kor 6,3, dass diejenigen, die dem weltlichen Wesen den Rücken gekehrt haben, einst Engel richten werden.[211] Auch die zweite Seligpreisung „Selig sind, die das Fleisch rein bewahrt haben, denn sie werden ein Tempel Gottes sein" geht auf pln Paränesen zurück (vgl. 1Kor 6,19; 3,16; 2Kor 6,16–18). Der 3. Makarismus zeigt inhaltlich (nicht sprachlich) eine Nähe zu 1Kor 7,5.

---

[206] A.Lindemann, Rezeption, 69.

[207] Zum textkritischen Problem der Ursprünglichkeit dieses Verses s.o. Anm. 199.

[208] Der Makarismus 5 b (ὅτι αὐτοὶ κληρονομήσουσιν τὸν θεὸν) entspricht weitgehend Mt 5,5 (ὅτι αὐτοὶ κληρονομήσουσιν τὴν γῆν); 7 b zitiert Mt 5,4 (ὅτι αὐτοὶ παρακληθήσονται); zu 8b (ὅτι αὐτοὶ υἱοὶ ὑψίστου κληθήσονται) vgl. Mt 5,9 (ὅτι αὐτοὶ υἱοὶ θεοῦ κληθήσονται); zu 13c (καὶ οὐκ ἀπολέσουσιν τὸν μισθὸν τῆς ἁγνείας αὐτῶν) vgl. Mt 5,12 (ὅτι ὁ μισθὸς ὑμῶν πολὺς ἐν τοῖς οὐρανοῖς) und 10,42 (οὐ μὴ ἀπολέσῃ τὸν μισθὸν αὐτοῦ).

[209] Vgl. 5 a (μακάριοι οἱ ἔχοντες γυναῖκας ὡς μὴ ἔχοντες) mit 1Kor 7,29 (οἱ ἔχοντες γυναῖκας ὡς μὴ ἔχοντες ὦσιν).

[210] Vgl. 11a (μακάριοι οἱ δι᾽ ἀγάπην θεοῦ ἐξελθόντες τοῦ σχήματος τοῦ κόσμου [zum Text s.o. Anm. 198]) mit 1Kor 7,31 (οἱ χρώμενοι τὸν κόσμον ὡς μὴ καταχρώμενοι· παράγει γὰρ τὸ σχῆμα τοῦ κόσμου τούτου).

[211] Vgl. 11 b (ὅτι αὐτοὶ ἀγγέλους κρινοῦσιν) mit 1Kor 6,3 (οὐκ οἴδατε ὅτι ἀγγέλους κρινοῦμεν).

Dem skizzierten Befund ist zunächst eindeutig zu entnehmen, dass es sich bei der als Pauluspredigt eingeführten Makarismenreihe um ein offensichtlich bewusst intertextuell komponiertes Stück handelt, das bekannte Jesusworte und Paulusworte, besonders aus den Seligpreisungen der Bergpredigt und aus 1Kor 6–7 zu einer neuen Einheit unter dem Thema „Enkrateia und Anastasis" zusammenfügt, wobei weitere Traditionen integriert werden. Wie aber kamen die VerfasserInnen darauf, Paulus eine Makarismenreihe zuzuschreiben? Ich vermute, selbst die Wahl dieser Form ist intertextuell bedingt, denn sie hat einen klaren Haftpunkt in 1Kor 7,40, wo Paulus sich zum Abschluss des Kapitels, indem er die korinthische Anfrage bezüglich dauerhafter sexueller Enthaltsamkeit beantwortet, zur Frage des angemessenen Verhaltens verwitweter Frauen äußert und feststellt: μακαριωτέρα δέ ἐστιν ἐὰν οὕτως μείνῃ κατὰ τὴν ἐμὴν γνώμην. Wie sollte man sich da nicht berechtigt fühlen, Paulus Seligpreisungen über die Enthaltsamkeit zuzuschreiben und sie nahe liegenderweise in Anlehnung an die bekannten Makarismen Jesu zu gestalten, wodurch auch treffend zum Ausdruck gebracht wurde, dass Paulus' Predigt mit der Lehre Christi identisch ist?! Die auf zahlreichen System- und Einzeltextreferenzen beruhende, für christliche AdressatInnen unübersehbare intertextuelle Struktur der Makarismenreihe lässt es als sicher erscheinen, dass sie von Anfang an als Pauluspredigt konzipiert wurde. Wann aber ist das geschehen und wie ist das *inhaltliche* Verhältnis der Makarismen zu ihren Prätexten zu charakterisieren?

Die in Form und Phraseologie so vertraut wirkende Predigt bietet bei näherem Hinsehen eine einseitige asketische Interpretation der anzitierten Worte, wobei es nahe Parallelen in urchristlichen Schriften aus dem späten ersten und frühen 2. Jh. gibt oder eine solche frühe asketische Paulusinterpretation aus anderen Gründen wahrscheinlich zu machen ist. Man könnte das durchgängig zeigen, ich beschränke mich hier auf die drei am engsten in Anlehnung an Paulus formulierten Beispiele. Wenn im 5. Makarismus 1Kor 7,29 reformuliert wird mit „Selig sind, die Frauen haben als hätten sie nicht", dann ist hier als Aufforderung zur Enthaltsamkeit in der Ehe interpretiert, was bei Paulus lediglich eine Mahnung war, die Ehe angesichts des vergehenden Äons als Adiaphoron zu betrachten. Die in diesem asketisch reformulierten Makarismus zum Ausdruck kommende Grundhaltung allerdings wurde möglicherweise bereits zu Paulus' Zeiten in Korinth vertreten (s.u. zu 1Kor 7,1!), der Terminus a quo dieses asketischen Missverständnisses der paulinischen Aussage ist jedenfalls mit der Ankunft des Briefes in Korinth gegeben.

Ganz deutlich ist die asketische Verschiebung auch im 2. Makarismus (μακάριοι οἱ ἁγνὴν τὴν σάρκα τηρήσαντες, ὅτι αὐτοὶ ναὸς θεοῦ γενήσονται). Paulus hatte das σῶμα des Christen als Tempel des heiligen

Geistes (1Kor 6,19) und die Gemeinde als Tempel Gottes bezeichnet (1Kor 3,16; 2Kor 6,16). Die daraus resultierende Heiligkeit des einzelnen wie der Gemeinschaft verpflichtet nach ihm dazu, einen „reinen" Lebenswandel zu führen, d.h. die πορνεία zu fliehen (1Kor 6,18–20) und den verunreinigenden Kontakt zu Ungläubigen und Götzendienern zu vermeiden (2Kor 6,16–18). Dabei fallen Aufforderungen, die sich leicht rigoristisch interpretieren lassen, wie etwa ἀκαθάρτου μὴ ἅπτεσθε (2Kor 6,17 zit. Jes 52,11) und: καθαρίσωμεν ἑαυτοὺς ἀπὸ παντὸς μολυσμοῦ σαρκὸς καὶ πνεύματος (2Kor 7,1). Keinesfalls ist bei Paulus die Verpflichtung zu gänzlicher sexueller Enthaltsamkeit gemeint. Doch wie mögen solche Formulierungen von korinthischen ChristInnen interpretiert worden sein, die es bei anderer Gelegenheit für nötig hielten, bei Paulus anzufragen, ob es gut für einen Mann sei, keine Frau zu berühren (περὶ δὲ ὧν ἐγράψατε, καλὸν ἀνθρώπῳ γυναικὸς μὴ ἅπτεσθαι, 1Kor 7,1)? Es ist nicht auszuschließen, dass bereits sehr früh eine asketische Interpretation der genannten Korintherbriefpassagen kursierte, die sexuelle Askese als Vorbedingung verstand, um des Prädikats „Tempel Gottes" würdig zu werden..

Es gibt zahlreiche Analogien für die sprachliche Gestalt und die Aussage dieses Makarismus bei frühen Apostolischen Vätern (1/2Klem; Ign). Die Wendung τὴν σάρκα τηρεῖν / φυλάσσειν in Verknüpfung mit der Metapher „Tempels Gottes" für einzelne oder die Gemeinde ist bei Ignatius und im sog. zweiten Klemensbrief belegt.[212] Der Ausdruck τὴν σάρκα ἁγνὴν τηρεῖν begegnet als Vorbedingung für den Empfang des ewigen Lebens in 2Klem 8,4.6, wobei umstritten ist, ob hier vollkommene sexuelle Enthaltsamkeit gefordert wird.[213] In 1Klem 38,2 begegnet die Formulierung ὁ ἁγνὸς ἐν σαρκί eindeutig als Bezeichnung für einen Asketen, Ignatius umschreibt einen solchen als einen, der um der Ehre des Fleisches des Herrn willen in der Keuschheit zu bleiben vermag (τις δύναται ἐν ἁγνείᾳ μένειν εἰς τιμὴν τῆς σαρκὸς τοῦ κυρίου IgnPol 5,2). Die beiden letzten Stellen stehen deutlich im Kontext innergemeindlicher Debatten um die *Höherwertigkeit* des asketischen Lebens.

---

212 τὴν σάρκα ὑμῶν ὡς ναὸν θεοῦ τηρεῖτε (IgnPhld 7,2); δεῖ οὖν ἡμᾶς ὡς ναὸν θεοῦ φυλάσσειν τὴν σάρκα (2Klem 9,3). Bei Ignatius wird wohl eine ekklesiologische Anwendung im Blick sein, obwohl er auch die individualethische Argumentation kennt (vgl. IgnEph 15,3 bei etwas anderer Formulierung); im 2Klem dagegen geht es eindeutig um das individuelle Leben. Die Frage, ob der Verf. des 2Klem sich bewusst auf 1Kor 6,19 bezieht, ist nach A. Lindemann, Rezeption, 265 nicht sicher zu klären. Allgemeiner begegnet die Mahnung, ein vollkommener Tempel Gottes zu werden, auch in Barn 4,11.

213 Vgl. auch 2Klem 14,1–15,1. Gegen die Forderung gänzlicher sexueller Enthaltsamkeit im 2Klem votiert K. Wengst, Didache 231f, dafür C. Stegemann, Herkunft, 127f.; H. Knopf, 171, A. Lindemann, 245 hält die Frage für unentscheidbar.

Eine asketische Umdeutung hat auch die paulinische Aussage οἱ χρώμενοι τὸν κόσμον ὡς μὴ καταχρώμενοι· παράγει γὰρ τὸ σχῆμα τοῦ κόσμου τούτου (1Kor 7,31) erfahren, die im 11. Makarismus verarbeitet wurde (μακάριοι οἱ δι' ἀγάπην θεοῦ ἐξελθόντες τοῦ σχήματος τοῦ κόσμου, ὅτι αὐτοὶ ἀγγέλους κρινοῦσιν), hier sichern das wörtliche Zitat von 1Kor 6,3 in der Apodosis und die Aufnahme des Ausdrucks σχῆμα τοῦ κόσμου in der Verheißung, dass eine intendierte intertextuelle Verknüpfung der von Paulus vorgetragenen Seligpreisung mit bekannten paulinischen Aussagen vorliegt.[214] Wiederum jedoch finden sich die sprachlich und inhaltlich nächstverwandten Aussagen zum 11. und dem verwandten 4. Makarismus im 2Klem.[215]

Wie die paulinisch klingenden, so bekommen auch die jesuanischen Makarismen im Rahmen der Pauluspredigt eine asketische Bedeutung bzw. werden in diesem Sinne umformuliert.[216] Insofern könnte man immer noch zweifeln, ob tatsächlich Paulus von Anfang an der Garant dieser enkratitischen Tradition gewesen ist. Dass auch die Überschrift λόγος θεοῦ περὶ ἐγκρατείας καὶ ἀναστάσεως, λέγοντος τοῦ Παύλου sehr alt sein kann, zeigt ihre enge Parallele in der ntl. Paulusüberlieferung.. Bereits in der kanonischen Apostelgeschichte finden wir eine „Enthaltsamkeitsgeschichte" in statu nascendi: Apg 24,24f. Paulus spricht dort vor dem Statthalter Felix und seiner jüdischen Frau Drusilla, u.z. περὶ δικαιοσύνης καὶ ἐγκρατείας καὶ τοῦ κρίματος τοῦ μέλλοντος. Felix erschrickt und schickt ihn

---

[214] Die Anlehnung an den pln Text ist weniger deutlich als im 5. Makarismus, doch deutlich genug, dass sie erkannt werden kann, nachdem der Zusammenhang der ὡς μή -Mahnungen durch das wörtliche Zitat von 1Kor 7,29 aufgerufen wurde. Die methodische Berechtigung, hier mit einem intendierten Zitat zu rechnen, das auch die AdressatInnen als solches erkennen sollten, gibt das hier zu veranschlagende Kriterium der Strukturalität.

[215] Vgl. 2Klem 5,1–6,9.

[216] Mt 5,8 („Selig sind die Reinen im Herzen...") wird *wörtlich* zitiert. Allein durch die Stellung zwischen der die Enkrateia als Thema benennenden Überschrift und den Seligpreisungen gewinnt der Satz einen völlig neuen Sinn. In der Bergpredigt wird das Subjekt οἱ καθαροὶ durch das Objekt τῇ καρδίᾳ spezifiziert, in der Pauluspredigt dagegen muss οἱ καθαροὶ τῇ καρδίᾳ als Parallelausdruck zu οἱ ἁγνὴν τὴν σάρκα τηρήσαντες / οἱ ἐγκρατεῖς / οἱ ἀποταξάμενοι τῷ κόσμῳ τούτῳ / οἱ ἔχοντες γυναῖκας ὡς μὴ ἔχοντες etc. verstanden werden und gewinnt dadurch notwendig einen auf körperliche Reinheit bezogenen Sinn. In anderen Fällen wird dem asketischen Verständnis entsprechend der Sinn durch kleine Änderungen am Wortlaut nachhaltig verändert. So wird im 5. Makarismus den in der Ehe enthaltsam lebenden Gläubigen verheißen, dass sie *Gott* beerben werden (ὅτι αὐτοὶ κληρονομήσουσιν *τὸν θεόν*), während die zugrundeliegende Verheißung Jesu ganz *der Erde* zugewandt war (ὅτι αὐτοὶ κληρονομήσουσιν *τὴν γῆν*, Mt 5,5), was natürlich Menschen, die dieser Welt entsagt haben (vgl. 4 a), kein verheißenswertes Gut sein kann. Die Formulierungen aus Mt 5,12 und 10,42, mit denen allen um Christi willen Verfolgten und Verleumdeten und denen, die sie unterstützen, Lohn verheißen wird, werden unverkennbar im 13. Makarismus aufgenommen, allerdings ist statt allgemein von Lohn (μισθός) vom μισθὸς τῆς ἀγνείας αὐτῶν [=τῶν παρθένων] die Rede.

weg. Die Parallele ist eindrücklich, auch wenn statt der zwei Glieder in AcThe 5 hier drei begegnen und an Stelle der Auferstehung das letzte Gericht verkündet wird, denn sie belegt, dass bereits um die Jahrhundertwende oder früher[217] ein Bild von Paulus als Prediger kursierte, dessen Lehre summarisch beschrieben u.a. die Topoi ἐγκράτεια und ewiges Heil bzw. Unheil (ἀνάστασις / τὸ κρίμα τὸ μέλλον) enthielt.[218]

Als Ergebnis lässt sich festhalten: Die These, dass in AcThe 5b–6 eine auf asketische PaulusanhängerInnen. zurückzuführende Makarismenreihe sekundär wiederverwendet wurde, die auf einer asketischen (Re)Lecture paulinischer und jesuanischer Traditionen beruht und die traditionsgeschichtlich im beginnenden 2. Jh. (oder sogar noch früher) zu verankern sein könnte, ist hinreichend begründet. Die Geschichten über Thekla und Paulus, die ja kulminieren in der Beauftragung der jungfräulichen Thekla zur Predigt des Wortes Gottes durch den Apostel (AcThe 41), werden erst im Verlaufe des fortgeschrittenen 2. Jh. entstanden sein, aber das dahinterstehende Bild von Paulus als Prediger „der Enthaltsamkeit und der Auferstehung", der den Empfang göttlicher Offenbarungen an die asketische Existenz band, scheint erheblich älter zu sein. Welche Folgerungen lassen sich daraus nun für 1Tim 2,11–15 ziehen, wo Frauen durch Paulus zum Schweigen und zum Kindergebären verpflichtet werden? Im dreizehnten und letzten Makarismus sagt ein von AsketInnen verehrter Paulus:

a μακάρια τὰ σώματα τῶν παρθένων,
b ὅτι αὐτὰ εὐαρεστήσουσιν τῷ θεῷ
c καὶ οὐκ ἀπολέσουσιν τὸν μισθὸν τῆς ἁγνείας αὐτῶν·
b' ὅτι ὁ λόγος τοῦ πατρὸς ἔργον αὐτοῖς γενήσεται σωτηρίας εἰς ἡμέραν τοῦ υἱοῦ αὐτοῦ,
c' καὶ ἀνάπαυσιν ἕξουσιν εἰς αἰῶνα αἰῶνος.

Das Wort des Vaters, das den Asketinnen und Asketen zum Werk der Rettung (ἔργον σωτηρίας) wird, kann wohl nur das von ihnen verkündigte Wort meinen, denn die Bezeichnung als ἔργον impliziert menschliche Aktivität. Mak 13 entspricht damit in zwei wesentlichen Punkten der Soteriologie der Pastoralbriefe für den Amtsträger (1Tim 4,16): in der kausalen Ver-

---

[217] Die Apg ist bekanntlich schwer zu datieren, setzt man die Verfasserschaft des Lk-Evangelisten voraus, sind die Jahrzehnte nach 70 am wahrscheinlichsten, so vermutet A. Weiser, 40 den Zeitraum von 80–90, P. Vielhauer, Geschichte, 407, datiert um 90, U. Schnelle, Einleitung, 276 zwischen 90 und 100 n.Chr. Eine Spätdatierung ist jedoch aufgrund der spärlichen äußeren Bezeugung von Apg und Lk nicht ganz auszuschließen, so vermutet H. Köster, Einführung, 749, die Apg sei nicht später als 135 verfasst worden.

[218] Die Formulierung ist nach H. Conzelmann, 143 lukanisch und soll nichts weiter besagen als „Ethik und künftiges Gericht"; ἐγκράτεια ist jedoch sicher mit Bedacht gewählt worden: die Ehe des Nichtjuden Felix mit der seinetwegen geschiedenen Jüdin Drusilla entsprach keinesfalls jüdischen Vorstellungen von einer „reinen" Beziehung (vgl. Jos Ant 20,141ff).

knüpfung von Lehre und eschatologischer Rettung für die Verkündiger und in der futurischen Eschatologie, die die Rettung als noch ausstehend erwartet. Der wesentliche Unterschied ist die jeweilige Beschränkung der Heilsaussage: 1Tim 4,16 denkt nur an Männer, Mak 13 nur an asketisch lebende Menschen, denen jeweils die Lehre zur Rettung gereicht.

Die Rolle von Teknogonia / Eusebeia (in den Past) und Askese (in den AcThe) im Heilsprozess ist analog gedacht. M.E. ist die Askese für sich genommen in der Makarismenreihe kein heilsnotwendiges Werk. Zwar könnte man den Text so verstehen, wenn man Mak 13a–c isoliert betrachtet. Dann wäre ausgesagt, dass die Asketen selig sind, weil sie Gott (als jungfräulicher Körper) wohlgefallen werden und den Lohn ihrer Keuschheit nicht verlieren werden. Doch gegen ein solches Verständnis spricht, dass der zweite ὅτι-Satz (13b'.c') dann ohne logische Verbindung zu dieser Aussage wäre und sozusagen über sie hinweg auf 13a zurückbezogen werden müsste. Sprachlich und auch sachlich naheliegender scheint mir daher ein Verständnis, das in dem zweiten Kausalsatz die Begründung für den unmittelbar voranstehenden Satzteil sieht: Die AsketInnen werden „den Lohn ihrer Keuschheit (deshalb) nicht verlieren, weil das Wort des Vaters [das sie wegen ihrer ἁγνεία empfingen und dann verkündigten] ihnen zum Rettungswerk werden wird". Der μισθὸς τῆς ἁγνείας αὐτῶν ist also der λόγος τοῦ πατρός, die Enthaltsamkeit ist ein Mittel zum Empfang des Wortes Gottes und auf diesem Wege *indirekt* heilswirksam. Dass dies keine bloßem Wunschdenken entspringende Deutung ist, zeigt mit aller wünschenswerten Deutlichkeit der 3. Makarismus: μακάριοι οἱ ἐγκρατεῖς, ὅτι αὐτοῖς λαλήσει ὁ θεός. Die Askese hat mithin heilvolle Auswirkungen auf Gegenwart und Zukunft. Der Rolle, die der ἐγκράτεια / ἁγνεία in der Makarismenreihe zukommt, entspricht in den Past die εὐσέβεια, wie aus 1Tim 4,6–8 eindeutig hervorgeht: Voraussetzung für einen guten Lehrer ist nicht fruchtlose σωματικὴ γυμνασία, sondern Übung in der εὐσέβεια, welche eine präsentische und eine eschatologische Lebensverheißung enthält (ἡ γὰρ σωματικὴ γυμνασία πρὸς ὀλίγον ἐστὶν ὠφέλιμος, ἡ δὲ εὐσέβεια πρὸς πάντα ὠφέλιμός ἐστιν ἐπαγγελίαν ἔχουσα ζωῆς τῆς νῦν καὶ τῆς μελλούσης, 1Tim 4,8). Für den Amtsträger wird diese allgemeine Verheißung dann in bezug auf seine Verpflichtung, über die Lehre zu wachen, konkretisiert (1Tim 4,16). Die Aussage, dass Frauen durch Kindergebären und ein Leben in Glaube, Liebe, Heiligung mit Besonnenheit gerettet werden, ist die frauenspezifische Anwendung derselben Struktur, denn 1Tim 2,15 umschreibt das Leben einer Frau, die sich zur θεοσέβεια (ein Synonym zu εὐσέβεια) bekennt und mit guten Werken schmückt, wie aus der oben aufgewiesenen Beziehung von 1Tim 2,10 zu 1Tim 2,15, aber auch aus 1Tim 5,10 und aus Tit 2,3–5 (im Zusammenhang mit 2,11–14) hervorgeht.

Wenn diese Analyse zutrifft, dann haben sich asketisch lebende Menschen, unter ihnen auch Frauen, aufgrund ihrer asketischen Existenz zur Lehre besonders befähigt und natürlich auch berechtigt gefühlt und sich dazu auf Paulus berufen, etwa in Form der oder analog zu den in AcThe 5b–6 vorliegenden Makarismen. Die soteriologische Verheißung, die mit der Beauftragung zur Lehre verbunden war, erklärt die hohe Motivation zur Lehre unter den asketisch lebenden Frauen und den erheblichen argumentativen Aufwand, den der Verf. zu ihrer Widerlegung auf sich nimmt. Ich meine, dass die hier gebotene Rekonstruktion der hinter 1Tim 2,9–15 stehenden gegnerischen Position den anderen besprochenen Positionen (Eva als Bringerin der Gnosis, Wiedererlangung des Paradieses durch Askese, Wiedergutmachung von Evas Fall durch Lehre) deutlich überlegen ist. Im Unterschied zu ihnen hat die in den Theklaakten überlieferte Paulustradition als einzige den Vorzug, die unmittelbare Verbindung von (auch weiblicher) Lehre und sexual-asketischer Ausrichtung zu thematisieren, die als Gegenüber zu 1Tim 2,12–15 zu vermuten nahe liegt: Als einzige der gebotenen Rekonstruktionen bestimmt sie die gegnerische Position so, dass sie in vollem Einklang steht mit dem intratextuell erhobenen Textsinn, indem sie der Rolle von V. 15a als Antithese zu 1Tim 4,16 (soteriologische Funktion des Kindergebärens als frauenspezifischer Ersatz für die soteriologische Verheißung an Lehrer) genauso gerecht wird wie der Rolle von V. 15a als Antithese zur gegnerischen Seligpreisung der jungfräulichen Körper.[219] Als einzige der bisher besprochenen Gegnerpositionen wird sie explizit auf Paulus zurückgeführt und bedarf daher der Korrektur aus der Feder eben dieses Apostels. Die kompositions- und traditionsgeschichtlichen Überlegungen sollten zeigen, dass die in den Paulusmakarismen vorgetragene Position zu Anfang des 2. Jh. entstanden sein kann. Dann wäre sie auch in chronologischer Hinsicht vorzuziehen. Es kommt hinzu, dass sie prinzipiell mit den unter f) und g) besprochenen Positionen (Wiedererlangung des Paradieses durch Askese und Wiedergutmachung des Falls durch richtige Lehre) kombinierbar ist.

Die Rolle, die die Askese für die GegnerInnen des Pastoralbriefverfassers spielt, könnte anhand der Witwenproblematik (1Tim 5,3ff) noch sehr viel detaillierter untersucht werden, doch muss das hier aus Raumgründen unterbleiben. Die intertextuelle Beziehung von 1Tim 2,11–15 auf das orthonyme Prätextcorpus aber sollte, da eine paulinische Begründung der Lehr-

---

[219] Beides hatte M. Wolter, Paulustradition, 261 zu Recht gegen die früheren Versuche, aus 1Tim 2,11–15 auf gegnerische Positionen zu schließen, eingewandt: 1. Der argumentative Zusammenhang des Textes dürfe nicht auf unterschiedliche Positionen von Gegnern bezogen werden, deren sachlicher Zusammenhang (hier Frauenemanzipation und Ablehnung der Ehe) nicht erwiesen ist. 2. Jede Aussage sei zunächst aus ihrem literarischen Kontext heraus zu erklären und dürfe nicht isoliert auf gegnerische Positionen bezogen werden, die aus ihr indirekt erschlossen wurden.

befähigung von Frauen (mindestens der asketisch lebenden) wahrscheinlich gemacht werden konnte, sorgfältig untersucht werden. Ziel der intertextuellen Analyse muss die Beantwortung der Frage sein, ob und gegebenenfalls wie die Bezugnahme auf paulinische Texte in 1Tim 2,9–15 eine neue Lesart der orthonymen Aussagen des Paulus inaugurieren möchte, die zukünftig eine Berufung von Frauen auf ihn erschweren oder unmöglich machen soll.

10.2 Intertextuelle Analyse: Der Text und seine Prätexte. Die Neuinterpretation paulinischer Genesisauslegungen und anderer Traditionen durch 1Tim 2,11–3,1a

Keine Interpretation von 1Tim 2,11–15 ist je ohne Analyse der zahlreichen Prätextbezüge dieses Abschnitts ausgekommen, auch wenn dieser Arbeitsschritt meist nicht als eigener reflektiert wird. Im Zentrum stehen natürlich die Bezugnahmen auf Gen 2–3, wobei ein forschungsgeschichtlich bedeutender Fortschritt in der zunehmenden Klarheit darüber besteht, dass der Verfasser auf den Bibeltext nicht unbeeinflusst durch die frühjüdische Rezeptionsgeschichte von Gen 2–3 zurückgreift. Sofern paulinische Prätexte, wie das Schweigegebot aus 1Kor 14,33bff, die Genesisinterpretationen aus 1Kor 11,2ff oder – was selten geschieht – 2Kor 11,3 in die Interpretation einbezogen werden, rangieren die Paulustexte entweder als traditionsgeschichtlich interessantes Material gleichberechtigt neben anderen frühchristlichen oder jüdischen Traditionen zur Unterordnung der Frau, zur Menschenschöpfung und zum Sündenfall oder sie werden mit den Aussagen aus 1Tim 2,11–15 verglichen, um herauszufinden, welche Veränderungen gegenüber Paulus zu verzeichnen sind, wie sich die Tradition weiterentwickelt hat etc. Dieses Vorgehen muss jedoch aus Sicht einer differenzierten Intertextualitätsforschung als unzureichend betrachtet werden, weil es unberücksichtigt lässt, dass der pseudopaulinische Verfasser der Past die der Pseudepigraphie eigentümlichen speziellen Möglichkeiten intertextueller Bezugnahmen auf (vorgeblich) eigene Texte zum selben Thema in Anspruch nehmen kann, wie anknüpfende Weiterführung, Präzisierung zwecks Ausschluss anderer Deutungen, Korrektur etc. (zur „fiktiven Selbstreferenz" s.o. S. 231ff). Insbesondere bei den Bezugnahmen auf die Genesis ist methodisch zu berücksichtigen, dass sie jedenfalls in 1Tim 2,13–14 im Gewand *fiktiver Wiederaufnahmen paulinischer Genesisinterpretationen* begegnen. Diese sind für die LeserInnen wegen der Bekanntheit der alttestamentlichen Texte und der damit gegebenen leichten Identifizierbarkeit der sie auslegenden Paulustexte notwendig auch als Wiederaufnahmen oder Parallelauslegungen erkennbar. Daher ist immer zu fragen, ob Rückwirkungen auf den jeweiligen Prätext intendiert sind und ob die intertextuelle Bezugnahme möglicherweise durch konkurrierende Deutungen des Prätextes (oder anderer Paulustexte) veranlasst sein könnte. So hat die folgende Untersuchung der atl. und paulinischen Prätexte von 1Tim 2,11–15 zwar viele Vorgänger, besonders was Gen 2–3 in zeitgenössischer Interpretation, 1Kor 14,33bff und 1Kor 11,2ff betrifft. Sie versucht aber erstmals konsequent eine Deutung, die die bewusste und z.T. auch für die LeserInnen unverkennbare Bezugnahme auf Materialien des imitierten Autors Paulus durch den pseudopaulinischen Verfasser einkalkuliert und nach ihren Intentionen fragt. Insbesondere bei der bisher nur selten untersuchten intertextuellen Beziehung zu 2Kor 11,3 ergeben sich daraus nach meiner Einschätzung wichtige Einsichten in den mit Mitteln der Intertextualität ausgetragenen Kampf um das Pauluserbe. Ganz ohne Vorgänger ist die sich angesichts der πιστὸς ὁ λόγος-Formel von 1Tim 3,1a ergebende Frage nach möglichen Prätexten für die Rettungsaussage von 1Tim 2,15, der im letzten Abschnitt nachgegangen wird, wobei Eph 5,23, 1Kor 7,5.14–16 und die Ehekonzeption des Tobitbuches in den Blick genommen werden.

10.2.1 1Tim 2,11ff: Das Schweigegebot aus 1Kor 14,(33b.)34ff als Prätext

Dass die große sprachliche und inhaltliche Nähe zwischen den Lehrverboten von 1Tim 2,11–15 und 1Kor 14,33–36 nur durch eine direkte literarische Beziehung zwischen beiden Texten oder eine gemeinsame Vorlage erklärt werden kann, steht außer Frage.[220] Anstelle der früher manchmal angenommenen Abhängigkeit der Regel in 1Kor 14,33b–36 von 1Tim 2,11–15[221] ha-

---

[220] Vgl. E. A. Barnett, Paul, 258, der die seltene Kategorie A vergibt. Anders W. Schrage, VII/3,486, der nur von gemeinsamen Topoi ausgeht, was aber kaum ausreicht.

[221] Z.B. W. Bousset, 146f; J. Weiß, 342; A. Oepke, γυνή, 788; G. Fitzer, Weib, 37ff. Die Hauptargumente: (a) das Passivum ἐπιτρέπεται weise auf eine bereits geltende Bestimmung zurück, wie sie in 1Tim 2,11f vorliege; (b) das Verbot, in der Gemeinde zu fragen (1Kor 14,35), präzisiere 1Tim 2,11 und (c) in 1Tim 2,13f finde sich die Erklärung für den unspezifischen Bezug auf das Gesetz in 1Kor 14,34c. Ad a: Dass der Anschein einer allgemein geltenden Bestimmung erweckt werden soll, ist richtig, aber es ist gut vorstellbar, dass zunächst der Verweis auf allgemeinen Brauch als wirkungsvoller galt als eine nur durch Paulus eingeführte Regel (so auch G. Dautzenberg, Prophetie, 160), um so mehr, als sich der Interpolator an 1Kor 11,2ff orientiert zu haben scheint, wo Paulus selbst die Gemeinden als Zeugen anruft (11,16), und dem, was sich ziemt bzw. was schändlich ist (11,6.12–15), einen hohen Rang einräumt. ad b: Der Topos vom Lernen wird argumentativ ganz verschieden verwendet (vgl. U. Wagener, Ordnung, 94–96). 1Tim 2,11f ist durch den Gegensatz Lernen – Lehren strukturiert, nur schweigendes Lernen ist Frauen erlaubt. 1Kor 14,34f ist durch den Gegensatz von öffentlichem und privatem Raum (ἐκκλησία – οἶκος) strukturiert, die Anweisung von 14,35 soll nur ausschließen, dass das Verbot im öffentlichen Rahmen zu reden, von Frauen unterlaufen wird, auf dem Lernen an sich liegt keine Betonung. Eine Präzisierung von 1Tim 2,11 liegt daher nicht vor. ad c: 1Kor 14,34c setzt nicht notwendig einen ausgearbeiteten Schriftbeweis voraus, wie die unspezifischen Verweise auf das Gesetz zur Belegung der

ben P. Trummer[222] und J. Roloff überzeugend gezeigt, dass alle Abweichungen von 1Kor 14,33ff in 1Tim 2,11ff plausibel als intentionale Änderungen zu erklären sind, so dass 1Tim 2,11–15 als „eine überarbeitete, präzisierte und situativ zugespitzte Neufassung von 1Kor 14,33b–36" anzusehen ist.[223] Demgegenüber können die Annahmen gleicher Verfasserschaft oder unabhängiger Aufnahme derselben (synagogalen) Gottesdienstregel[224] den Textbefund weniger genau erklären. Im Folgenden gehe ich daher von der These aus, dass dem Verfasser 1Kor 14,33b–36 im Rahmen des Korintherbriefes bekannt war. Ob 1Kor 14,(33b)34ff[225] eine nachpaulinische Interpolation[226] ist (was ich immer noch für die bessere Lösung halte angesichts der sprachlichen, sachlichen und kotextuellen Schwierigkeiten,[227] die

Unterordnung der Frau bei Philo, Hyp 7,3 und Josephus, Ap 2,201 beweisen. Eher ist 1Tim 2,13f eine nachgeschobene Präzisierung.

[222] P. Trummer, Paulustradition, 144–149. Trummer meint allerdings, darin ein Argument für die Authentizität von 1Kor 14,34f finden zu können, was aber nicht überzeugt. Die Past setzen (gerade nach Trummer!) ein schon recht umfangreiches Corpus Paulinum als Bezugsgröße voraus und demzufolge auch editorische Vorgänge, die Gelegenheit zur Interpolation boten.

[223] J. Roloff, 128–130, das Zitat 128; vgl. auch U. Wagener, Ordnung, 92–96.

[224] So G. Dautzenberg, Prophetie, 260f; H.-W. Bartsch, Anfänge, 69.

[225] Bereits die *Abgrenzung* der Texteinheit ist sehr umstritten. Dass sie mit V. 33b *beginnt* (so bereits J. Weiß, 342; H. Conzelmann, 298), ergibt sich m.E. primär aus inhaltlichen Überlegungen: Die Berufung auf „alle Gemeinden der Heiligen" passt weder als Unterstreichung der allgemeinen Sentenz V. 33a (Gott ist nicht ein Gott der Unordnung, sondern der Ordnung) noch als Abschluss der auf die spezifischen Bedingungen in Korinth zugeschnittenen Mahnung in den vorangegangenen Versen. Außerdem ist der Satz bei Bezug von 33b auf 33a stilistisch so hart, dass bereits früh ein διδάσκω bzw. doceo eingefügt wurde (vgl. W. Schrage VII/3, 457). Analoge Formulierungen kann Paulus sowohl abschließend (so 1Kor 4,17; 11,16) als auch (gegen A. C. Wire, Women Prophets, 230; W. Schrage, VII/3, 457) überleitend verwenden (1Kor 7,17). Zum *Abschluss* mit V. 38 vgl. die m.E. überzeugenden Argumente von G. Dautzenberg, Prophetie, 291–298. Doch auch andere Abgrenzungen sind plausibel zu machen, vgl. W. Schrage, VII/3, 481 mit Anm. 703–707. Da die Frage für die vorliegende Untersuchung nicht entscheidend ist, wird sie nicht weiterverfolgt.

[226] So z.B. H. Conzelmann, 289f; G. Dautzenberg, Prophetie, 257–273.

[227] Ein eigenes Problem stellt der *textkritische Befund* dar, denn die V. 34f begegnen in einigen Zeugen des sogenannten westlichen Textes (D, F, G, ar, b, im Abrosiaster und einem Vulgatamanuskript) nach V. 40, was ein Hinweis auf eine an verschiedenen Stellen eingefügte Interpolation sein könnte. Die von G. Fitzer, Weib, 6ff begründete These (die allerdings Vorgänger hat, siehe nur W. Bousset, 146f), die Interpolation bezöge sich nur auf diese beiden Verse, findet in der Gegenwart verstärkt Befürworter, vgl. P. B. Payne, Fuldensis, 240–262; J. M. Bassler, 328; M. Crüsemann, Unrettbar, 202f; G. Fee, 1Cor, 699ff; C. K. Barrett, 332f; W. Schrage, VII/3, 482. Dagegen lassen sich sowohl textkritische Überlegungen anführen (vgl. E. E. Ellis, Silenced Wives, 213–220; C. Niccum, Voice, 242–255; D. W. Bryce, Churches, 31–39), als auch inhaltliche (die Abgrenzung der Texteinheit, s.o. Anm. 225) und intertextuelle: Wenn 1Tim 2,8–15 bereits 1Kor 14,33bff voraussetzt, dann ist die „Interpolation" möglicherweise sachgemäßer als „Erweiterung im Zuge redaktioneller Bearbeitung der Paulusbriefe im Zuge ihrer Erstveröffentlichung" zu bezeichnen und jedenfalls zu einem so frühen Zeitpunkt entstanden, dass es relativ unwahrscheinlich ist, dass sie Spuren in der Textüberlieferung des Corpus Paulinum hinterlassen konnte.

der Abschnitt bietet) oder doch auf Paulus zurückgeführt werden kann,[228] ist dann im vorliegenden Zusammenhang zwar unerheblich, aber ein kurzer Blick auf die Problematik lässt zugleich erkennen, warum der Verfasser der Past es überhaupt für nötig hielt, Paulus ein zweites und stark bearbeitetes Lehrverbot in den Mund zu legen.

Die vielen Versuche, 1Kor 14,33bff als paulinisch zu retten, arbeiten sich alle daran ab, den Abschnitt mit dem engeren Ko-Text und thematisch verwandten Aussagen zu harmonisieren, insbesondere mit 1Kor 11,2ff, da dieser Abschnitt prophetische Rede von Frauen in der Gemeindeversammlung voraussetzt (besonders eindeutig 11,5).[229] Zwar haben die verschiedenen Erklärungsversuche unterschiedlich hohe Plausibilität.[230] Doch egal, ob man meint, Paulus wolle den Frauen nur das Dazwischenfragen oder das Schwatzen verbieten,[231] nur Ehefrauen im Unterschied zu heiligen Jungfrauen zum Schweigen bringen,[232] Frauen (oder: Ehefrauen) lediglich von der Teilnahme am Lehrgespräch[233] oder der „Unterscheidung der Geister" ausschließen[234] (um nur die wichtigsten Deutungen zu nennen[235]) – immer wird der Text als *begrenztes Rede-*

---

[228] So z.B. A. C. Wire, Women Prophets, 149–158.229–232; dies., Prophecy, 134–150; J. E. Crouch, Origin, 133–139; L. A. Jervis, Reconsideration, 51–74; N. Baumert, Antifeminismus, 109–142; P. Trummer, (s.o. Anm. 222); S. H. Gritz, Paul, 88–90.

[229] Anders A. C. Wire, Women Prophets, 231, die (unter Berufung auf H. Lietzmann) 1Kor 11,2ff „as an initial restriction of women's prophecy" versteht. Ähnlich meint J. E. Crouch, Origin, 133–139, in 1Kor 11,5 sei die Prophetin nur ihrer Prominenz in Korinth wegen genannt, es ginge Paulus, wie 11,13 zeige, um die normale Gottesdienstteilnehmerin, deren Beitrag im Beten bestehe und die nur verhüllt an der Gemeindeversammlung teilnehmen dürfe. Dass das Prophezeien für Frauen gar nicht zulässig sei, stelle dann 14,33bff sicher. Darf man Paulus tatsächlich so viel rhetorisches Ungeschick zutrauen, eine Praxis, die er komplett ablehnt, zunächst als nur in ihrer äußeren Präsentation fragwürdig darzustellen? Ich halte das für sehr unwahrscheinlich. Der gravierende Unterschied zwischen 1Kor 11,2ff und 1Kor 14,33bff besteht darin, dass Paulus zwar an unverhüllter weiblicher Präsenz im Gottesdienst Anstoß nimmt, diesen Anstoß aber mittels einer symbolischen Unterordnungsbezeugung als beseitigt ansieht, keinesfalls aber wie der Verf. von 1Kor 14,33bff an der totalen, auch akustischen Ausschaltung der Frauen aus dem Gottesdienstgeschehen interessiert ist.

[230] Vgl. dazu die ausgezeichnete Analyse von W. Schrage, VII/3, 482–492.

[231] E. Kähler, Frau, 74–83; C. Wolff, 143; H.-D. Wendland, 116; C. S. Keener, Paul, 70–132; L. A. Jervis, Reconsideration („Paul limits speech in the assembly when it consists of questions which detract from prophecy and its interpretation", 67) u.v.a.

[232] E. Schüssler-Fiorenza, Gedächtnis, 287–291.

[233] So z.B. P. Trummer, Paulustradition, 146.

[234] So S. H. Gritz, Paul, 89 (Ehefrauen); A. Rowe, Silence; B. Witherington, Women, 90–104; L. Fatum, Women, 74f; J. W. Kleinig, Heilige Schrift, 9–14 u.v.a.

[235] Gänzlich unwahrscheinlich ist die von R. Kroeger / C. Kroeger, Maenadism, 331–338 vertretene These, es solle nur ekstatisches Schreien von Frauen nach Analogie der in Korinth verbreiteten orgiastischen Kulte verboten werden, schon das Verbot, in der Öffentlichkeit Fragen zu stellen (1Kor 14,35) lässt sich mit dieser These nicht erklären. Ebenso hat die Ansicht, es handele sich beim Redeverbot um eine korinthische Position, die Paulus nur zitiere, um sie dann zurückzuweisen, keinerlei Plausibilität. Gegenargumente nennt W. Schrage, VII/3, 486f mit Anm. 738, vgl. über die dort genannten Vertreter dieser Position hinaus noch M. Gourgues, Qui est misogyne, 153–162. Weitere Positionen bespricht N. Baumert, Antifeminismus, 130. Unwahrscheinlich ist

verbot verstanden, immer bleibt ein „Hintertürchen" offen, das allen Frauen oder bestimmten Gruppen von Frauen manche oder alle Formen des Redens in der Gemeindeversammlung ermöglicht. Zwar lässt sich mit guten Gründen plausibel machen, dass ein alle Frauen betreffendes Redeverbot vom Verfasser (der dann kaum Paulus war) intendiert war, doch lässt die auf der grammatikalisch-syntaktischen Ebene vorausgesetzte Identität von αἱ γυναῖκες (V. 33b) bzw. generischem γυνή (V. 35b) und denen, die, wenn sie etwas lernen wollen, ihre eigenen Männer fragen sollen (V. 35a), eine Einschränkung der Regel auf (mit Christen) verheiratete Frauen eindeutig zu, von subtileren Argumentationen mit der Stellung des Abschnittes im Ko-Text oder der Bedeutung von λαλεῖν ganz abgesehen. Dass antike LeserInnen findig genug waren, mindestens das offensichtlichste „Schlupfloch" aufzuspüren, davon ist wohl auszugehen.[236] Origenes jedenfalls ist bereits heftig darum bemüht, zu erklären, τοὺς ἰδίους ἄνδρας sei οὐκ ἐπὶ τοὺς γαμετοὺς ἀναφέρεσθαι μόνον, sonst wären ja Jungfrauen und Witwen ausgeschlossen, vielmehr sei jedes männliche Familienmitglied gemeint.[237]

Wie dieser kurze Überblick zeigt, bedurfte insbesondere der in 1Kor 14,33bff anvisierte Adressatenkreis der Präzisierung. Die Gegenüberstellung von universal ausgerichteter Männerregel und Frauenregel in 1Tim 2,8.9ff lässt ebenso wie der Rückgriff auf das erste Menschenpaar in der Begründung des Lehrverbots nun keinerlei Zweifel mehr daran, dass ausnahmslos alle Frauen gemeint sind.[238] Neben der Adressatin wird auch der Geltungsbereich der Regel präzisiert, indem das unspezifische λαλεῖν durch διδάσκειν ersetzt wird.[239] Als dessen erwünschtes Gegenstück fungiert nun nicht mehr das σιγᾶν, sondern das μανθάνειν ἐν ἡσυχίᾳ, was aber nicht als Ausweitung der Frauen zugestandenen Aktivitäten beurteilt werden darf.[240] Die in allen

auch die von ihm selbst (a.a.O., 112–129) vertretene Ansicht, dass nur bestimmte Gemeindeversammlungen, in denen verhandelt und Entscheidungen getroffen wurden, gemeint seien.

[236] Vielleicht lässt sich die Beobachtung, dass es anscheinend asketisch lebende Frauen waren, die der Verfasser der Past vom Lehren abbringen und in das Leben in den üblichen Rollen als Ehefrau und Mutter einweisen zu müssen glaubte, auch damit erklären (obwohl sicher auch viele andere Gründe eine Rolle spielten).

[237] Comm in Cor, JThS 10 (1909) 42 Z. 29–34.

[238] Vereinzelt wird allerdings auch für 1Tim 2,11ff die Ansicht vertreten, es seien nur verheiratete Frauen angesprochen, und ihnen werde nur die Ausübung von Autorität über ihren Ehemann verboten, so z.B. P. W. Barnett, Wives, 220 (weitere Vertreter nennen J. Bassler, Adam, 62 Anm. 13 und D. J. Moo, Meaning, 63) mit Verweis auf das Kindergebären in V. 15. Doch zeigt dies nur, dass nach Meinung des Verfassers alle Frauen auch Ehefrauen werden sollen (vgl. 1Tim 5,14), keinesfalls aber, dass unverheiratete Frauen von den Restriktionen in V. 11f und der Begründung in V. 13f ausgenommen wären. Im Gegensatz zu 1Kor 14,35 gibt es in 1Tim 2,8.9ff auch nicht den leisesten Hinweis auf eine Beschränkung (etwa in Form eines Possessivpronomens zu den absolut gebrauchten Nomina γυνή/ἀνήρ). Adam und Eva repräsentieren die zweigeschlechtliche Menschheit, nicht das erste Ehepaar der Geschichte.

[239] Nach P. Trummer, Paulustradition, 146 soll dadurch der Widerspruch zu 1Kor 11,5 aufgelöst werden, ein Widerspruch, den Paulus selbst (nach Trummers Analyse) in Kauf genommen hatte, was nicht sehr plausibel erscheint.

[240] S. dazu o. S. 280–281.

anderen ntl. Kontexten auf eine konkrete Person oder Personengruppe bezogene Unterordnungsforderung wird als absolute übernommen, allerdings
nicht (wie in 1Kor 14,34b) dem Rede-/Lehrverbot zugeordnet, sondern der
Aufforderung zum Lernen. Außerdem hat der Verfasser anstelle der Unterordnungsforderung dem Lehrverbot durch οὐδὲ αὐθεντεῖν ἀνδρός via negativa ein rhetorisch noch wirkungsvolleres Pendant hinzugefügt.

Die autoritative Absicherung und Begründung des Lehrverbotes werden
verstärkt und auf die Person des Paulus sowie die Schriftbegründung konzentriert. Die in 1Kor 14,33b gewählte Berufung auf den Brauch der Gemeinden fällt weg, die Bezugnahme auf das, was sich schickt (bzw. nicht
schickt) in 14,35b ist im Vorfeld des eigentlichen Lehrverbotes mit dem
Verweis auf den Schmuck, der gottesfürchtigen Frauen zukommt (ὃ πρέπει
γυναιξίν κτλ.), abgegolten (1Tim 2,10). Dass der autoritativen Aussage
des Paulus entscheidende Bedeutung zukommt, zeigt die Formulierung in
der ersten Person Singular (οὐκ ἐπιτρέπω κτλ.), wo in der Vorlage ein
deutlich unbetonteres οὐ γὰρ ἐπιτρέπεται κτλ. stand. Der ganz unspezifische Verweis auf das Gesetz in 1Kor 14,34c (καθὼς καὶ ὁ νόμος λέγει)
schließlich wird in 1Tim 2,13–15 breit entfaltet, wobei auf Argumente zurückgegriffen wird, die Paulus in anderen Zusammenhängen bereits verwendet hat. Hier kommen also weitere paulinische dicta probantia ins Spiel,
die in den nächsten Abschnitten untersucht werden sollen. Bevor dies geschieht, ist auf den „Rezeptionsmechanismus" hinzuweisen, der hier literarisch etabliert wird. Die Aussage „wie auch das Gesetz sagt" ist ein expli-
ter intertextueller Verweis mit einem unbestimmten Referenztext.[241] Denn
es wird nicht gesagt, an welche Schriftstelle[242] gedacht ist, und dies ist auch
keinesfalls selbstevident. Hat der Verfasser an Gen 3,16 gedacht?[243] Oder
– analog zu 1Petr 3,5f – an die Patriarchenerzählungen?[244] An Dtn 27,9 oder
Ex 4,12 oder ähnliche Stellen, die etwa bei Philo im Zusammenhang mit
dem zum Hören des Wortes Gottes notwendigen Schweigen diskutiert wer-

---

[241] Dies ist übrigens ganz untypisch für Paulus und daher einer der zahlreichen Hinweise auf
den sekundären Charakter der Stelle.

[242] Dass auf griechische und römische Gesetze Bezug genommen wird, da aus dem jüdischen
Gesetz kein Schweigegebot bekannt sei, wie R. Kroeger/C. Kroeger, Maenadism, 336 meinen, ist
auszuschließen, vgl. W. Schrage, VII/3, 491; darüber hinaus sprechen m.E. vor allem die unspezifischen Schriftverweise zur Begründung der generellen weiblichen Inferiorität bei Josephus und
Philo dagegen (s.u. Anm. 248).

[243] So schon die meisten Kirchenväter (Belege bei W. Schrage, VII/3, 499 Anm. 809) und die
Mehrheit moderner ExegetInnen, u.a. mit Billerbeck III, 468; G. Dautzenberg, Stellung, 199; H.-J.
Klauck, 105 u.v.a. (weitere Belege bei W. Schrage, VII/3, 490f Anm. 756).

[244] Auch diese Deutung findet sich bereits bei etlichen Kirchenvätern und modernen AuslegerInnen; doch auch noch andere mögliche Bezugsstellen sind identifiziert worden (vgl. W. Schrage,
VII/3, 491 Anm. 757 und 499 Anm. 810–813).

den?[245] Hat der Verf. vielleicht ganz allgemein auf die Schrift[246] verweisen wollen,[247] wie Philo und Josephus es gerade auch zum Beweis der Unterlegenheit der Frau tun?[248] Die Vielzahl der möglichen Deutungen zeigt die Offenheit des intertextuellen Verweises.

Der Verfasser der Past hat sich diese Unbestimmtheitsstelle zunutze gemacht. Indem er den allgemeinen Verweis auf das Gesetz durch konkrete Schriftreferenzen und ihre argumentative Auswertung auf das Lehrverbot hin konkretisiert, fordert er direkt zu intertextueller Rezeption der beiden Briefe auf. Was Paulus den Korinthern mit dem Verweis auf die Schrift nur andeutete (zweifellos, weil sie es sowieso aus seinem eigenen Munde schon gehört hatten...), kann man im Brief an Timotheus nachlesen! Das dient zum einen natürlich dem Echtheitserweis. Es hat aber auch zur direkten Folge, dass nun das ganze Redeverbot aus dem 1Kor im Licht von 1Tim 2,11ff gelesen werden kann. So lässt sich etwa eine Einschränkung der Geltung nur auf Ehefrauen unter Berufung auf die „klareren" Ausführungen des Paulus in 1Tim 2,11ff abweisen. Dass in 1Tim 2,13f Schriftargumente verwendet werden, auf die Paulus bereits anderweitig (in 1Kor 11,3.8–9 und 2Kor 11,3) zurückgegriffen hatte, verstärkt sowohl den Echtheitscharakter als auch den angestrebten intertextuellen Rezeptionsprozess. Dies ist nun genauer zu untersuchen.

10.2.2 1Tim 2,13: Der über eine Eigentextreferenz (1Kor 11,2ff) legitimierte Rückgriff auf die Schöpfungsgeschichte

Eine sprachlich markierte intertextuelle Beziehung auf 1Kor 11,2ff liegt in 1Tim 2,13 nicht vor. Wenn trotzdem unisono ein Rückgriff auf diesen paulinischen Text konstatiert wird,[249] so liegt das erstens daran, dass die Bekanntschaft des Verf. mit dem 1Kor gesichert ist und dass zweitens an beiden Stellen unter Rückgriff auf denselben sehr bekannten atl. Text[250] ein Argu-

---

[245] Das vermutet L. A. Jervis, Reconsideration, 67 mit Anm. 63 korrespondierend zu ihrer These, verboten werde nur der Situation unangemessenes Reden (wieso dieses allerdings ausschließlich Frauen angelastet wird, ist nur eine der Fragen, auf die sie keine schlüssige Antwort zu geben vermag).

[246] Möglicherweise dachte der Verf. auch an die mit dem Naturgesetz identifizierte Thora, dies erwägt W. Schrage, VII/3, 491.

[247] So u.a. die bei W. Schrage, VII/3, 491 Anm. 758 genannten AutorInnen.

[248] Vgl. M. Küchler, Schweigen, 59, der aus Jos, Ap 2,201 und Philo, Hyp 7,3 mit Recht den Schluß zieht, „daß der Rekurs auf den selbstverständlichen Patriarchalismus der alttestamentlichen Texte für einen jüdischen Autor Beweischarakter besass."

[249] Vgl. J. Roloff, 129f; P. Trummer, Paulustradition, 147; A. T. Hanson, 73.

[250] Genesis 2–3 fungiert als Prätext von 1Tim 2,13–15, eventuell wird rückwirkend auch 2,12 mit einbezogen (s. dazu u. S. 362 Anm. 309). Keinesfalls jedoch ist von 1Tim 2,1 an die Schöpfungs- und Sündenfallgeschichte als Folie der Argumentation nachzuweisen, wie dies C. M. Pate,

ment für die Beschränkung der öffentlichen Wirksamkeit von Frauen im Gemeindegottesdienst gewonnen wird. Diese sachliche, intertextuell durch Verweis auf Gen gestützte Parallele führt im Verein mit der postulierten identischen Autorschaft dazu, dass beim Lesen von 1 Tim 2,13 über den Aufruf des Genesistextes von den intendierten LeserInnen zugleich 1 Kor 11 assoziiert wird und werden soll.[251]

In 1 Kor 11,2ff[252] argumentiert Paulus mit der in der Schöpfung verankerten Inferiorität der Frau gegenüber dem Mann, um entweder zu erweisen, dass die Frauen in Korinth beim Beten und Prophezeien ihren Kopf verhüllen müssen,[253] oder, dass sie ihre Haare nicht offen tragen dürfen.[254]

Glory, 318–327 versucht. Die von ihm als Signalworte identifizierten Ausdrücke genügen den Kriterien für intendierte explizite Intertextualität nicht, denn sie sind entweder nicht spezifisch und eindeutig genug (wie πᾶς, ἄνθρωπος, καλός, ὅσιοι χεῖρες (2,8) als m.E. keineswegs zwingende Opposition zu den Händen Kains, aus denen die Erde Blut empfing) oder setzen eine ganz bestimmte Genesisauslegung voraus, von der gar nicht sicher ist, ob der Verf. sie überhaupt kannte, ganz zu schweigen davon, dass er sie durch Anspielungen in seinen Ausführungen weiterverbreitete (wie die Herrschaft Adams als König über die Welt, die im Gebet für die Könige 1 Tim 2,1 assoziiert werde u.a.). Auch dass in 1 Tim 2,5 die pln Adam-Christus-Typologie die prägende Vorstellung sei, scheint mir fraglich.

[251] Ignoriert wird der Rückgriff auf 1 Kor 11 von G. Häfner, Schrift, 156 unter Hinweis auf die Gegensätzichkeit der möglichen Rekurse, wie sie etwa durch die Auslegung von D. J. Moo und M. D. Roberts (siehe dazu oben im Text mit Anm. 259.262-263) repräsentiert werden. Ich werde im Folgenden darlegen, dass der Verf. der Pastoralbriefe die Lektüre durchaus gezielt zu steuern beabsichtigt. Doch unabhängig davon, ob sich dies mit der wünschenswerten Eindeutigkeit nachweisen lässt, muss gegen Häfner eingewendet werden, dass in 1 Tim 2,13 eine für den Autor wie für die intendierten LeserInnen absolut eindeutige (fiktive) selbstbezügliche Referenz auf 1 Kor 11 vorliegt, welche die Frage nach der auktorialen Intention als eine für die Interpretation unverzichtbare erweist. Daher gehen Häfners Überlegungen an anderer Stelle (Schrift, 275f), warum der Verf. auf die doch so gut zu seinem Anliegen passenden Argumente aus 1 Kor 11,8f verzichtet habe, völlig an der vom Text geforderten Lesehaltung vorbei, die in der Tat eine verknüpfende Lektüre voraussetzt und wahrscheinlich sogar gezielt steuern möchte.

[252] Im Folgenden werden nur die exegetischen Probleme des sehr komplexen Textes behandelt, die von unmittelbarer Relevanz für die Erhebung der Hauptlinien der Argumentation und für die Rezeptionsgeschichte zu sein scheinen. Die Fülle der exegetischen Beiträge arbeitet auf W. Schrage, EKK VII/2, 487–541.

[253] Kulturgeschichtliche Untersuchungen haben erwiesen, dass Paulus mit der Verschleierung ein Verhalten von den Frauen fordert, das keineswegs als allgemeine Sitte vorausgesetzt werden kann. Verschleierung galt als Pflicht allenfalls im Osten des Reiches, keinesfalls aber in Korinth (vgl. G. Theißen, Aspekte, 161–180; C. L. Thompson, Hairstyles, 99–115). Der Schleier hat vielmehr für Pls nach Theißens überzeugender Analyse die Bedeutung eines überdeterminierten Symbols, das für ihn die Stabilität der Geschlechtsrollen in der Gemeinde garantiert und unerwünschte hetero- wie homosexuelle Impulse unterdrücken hilft. Vgl. dazu auch R. Scroggs, Eschatological Women, 283ff, bes. 297f, ders., Revisited, 534 und J. Murphy-O'Connor, Sex, bes. 485–490. Verschleierung als Grundproblem nehmen u.a. auch an L. Schottroff, Kritik, 104; B. Witherington, Women, 81f.

[254] So deutet E. Schüssler-Fiorenza, Gedächtnis, 283f (= Memory, 227f) das hinter 1 Kor 11,2ff stehende Problem: Frauen hätten in prophetischer Ekstase ihre Frisuren gelöst und die Haare offen

Grundlage der in 11,3 ausgesprochenen Überzeugung, dass der Mann das Haupt der Frau ist (wobei ihm Christus und dem wiederum Gott übergeordnet ist, 11,3) und der analogen Vorstellung, dass die Frau nur Abglanz des Mannes ist, der seinerseits (hier unter Auslassung Christi) als Bild und Abglanz Gottes gilt (11,7), ist die Priorität des Mannes bei der Schöpfung, die sich darin zeigt, dass die Frau *aus* dem Mann und *um* des Mannes *willen* geschaffen wurde (1Kor 11,8f unter Anspielung auf Gen 2,22f.18). Gegenläufig und mit dieser Argumentation nicht logisch zu vermitteln sind die Aussagen von 11,11, ἐν κυρίῳ sei weder die Frau ohne den Mann noch der Mann ohne die Frau, und von 11,12, wo ein Gleichgewicht in der abstammungsmäßigen Abhängigkeit von Mann und Frau behauptet wird (wie die Frau aus dem Mann sei auch der Mann durch die Frau geworden, 11,12ab) und der Verweis auf den gemeinsamen Schöpfer in 11,12c, der nun (gegen die hierarchischen Stufungen von 11,3.7) zur Relativierung jeglicher Hierarchien unter den Geschöpfen eingesetzt wird.[255] Damit entzieht Paulus der vorangegangenen Argumentation den Boden. Die dann noch folgenden Argumente rekurrieren bezeichnenderweise auf das allgemeine Sittlichkeitsempfinden (11,13), die Lehre der Natur[256] (11,14f) und die Friedfertigkeit der Heiligen (11,16). Die überzeugendste Lösung ist m.E. noch immer die, die Paulus in einem selbstgemachten und unauflösbaren Widerspruch gefangen sieht: „Die theologische Unausgeglichenheit der Argumentation lässt sich nicht harmonisieren. ... Nach 1Kor 11,11f ist eine Rückkehr zum Anfang des Abschnitts unmöglich geworden.“[257] Paulus' Versuch einer Quadratur des Kreises, die verhaltensnormierende Verpflichtungskraft überkommener patriarchalischer Ordnungsvorstellungen in Anspruch zu nehmen, ohne die charismatisch-eschatologische Erfahrung der Gleichheit der Geschlechter im Herrn preiszugeben, ist argumentativ missglückt. Es spricht für Paulus, dass *theologisch* die Gleichheitstradition das letzte Wort hat,[258] ebenso

---

fallen lassen, was in orientalischen Kulten, z.B. im Isiskult, üblich war, im Judentum aber als Zeichen von Unreinheit galt. Dieser Deutung schließt sich an N. Baumert, Antifeminismus, 53–108.

[255] Unbeschadet der genauen Deutung der präpositionalen Ausdrücke in 11,11f ist die Tendenz klar, „im Herrn" das Verhältnis der Geschlechter in gegenseitiger Abhängigkeit und prinzipieller Gleichwertigkeit zu verstehen. Die christologisch-mariologische Deutung von V. 12b, die N. Baumert, Antifeminismus, 90–95 zu begründen sucht, verlangt gegen die sonstige im Text verwendete Bedeutung die Gleichsetzung von ἀνήρ = Christus, die Paulus deutlich hätte anzeigen müssen, wenn er so hätte verstanden werden wollen.

[256] Im Gegensatz zur mythisch begründeten Argumentation in 1Kor 11,7–9 aus der Grundlegung der Schöpfung heraus ist hier anscheinend an ein der Natur jederzeit zu entnehmendes Zeugnis gedacht, das sich in der „natürlichen" Haartracht von Männern und Frauen zeigt.

[257] G. Dautzenberg, Stellung, 213. Ähnlich P. Trummer, Paulustradition, 147; H. Schüngel-Straumann, Frau, 44.50f.

[258] So auch R. Scroggs, Eschatological Woman, 302.

bezeichnend wie bedauerlich ist jedoch, dass er *in der Sache* am Schleier als dem sichtbaren Symbol weiblichen Untergeordnetseins festhält.

Für die nachpaulinische Rezeption schuf die Unausgeglichenheit der paulinischen Argumentation natürlich eine sehr offene Ausgangslage. Wie die ersten Adressatinnen und Adressaten reagiert haben, wissen wir leider nicht. Beide deuteropaulinischen Bezugnahmen auf den Text in Eph 5,23 und 1Tim 2,14 bedienen sich seiner jedoch zur Absicherung der männlichen Überlegenheit über die Frau mittels der κεφαλή-Metaphorik in Eph 5,23 und mittels des Prioritätstopos in 1Tim 2,13.[259] Während in Eph 5 allerdings wahrscheinlich durch die betonte Bezeichnung Christi als Haupt der Gemeinde (Eph 5,23b) die problematische hierarchische Stufung von 1Kor 11,3 stillschweigend korrigiert wird,[260] die konsequent zu Ende gedacht eine unmittelbare Christusbeziehung der Frau auszuschließen scheint, nimmt der Verf. der Past die Intention des Paulustextes voll auf und zieht weit über Paulus hinausgehende Konsequenzen, indem er die Schöpfungserzählung mit der Sündenfallgeschichte kombiniert. Das Schöpfungsargument bezieht seine Logik aus einem weitverbreiteten gemeinantiken Grundsatz, dass das

---

[259] Eine entgegensetzte Deutung der Bezugnahme auf 1Kor 11 in 1Tim 2,13–15 vertritt M. D. Roberts, Woman, 20f, der meint, in 1Tim 2,13.15 werde die auf Ausgleich (statt auf Hierarchisierung) zielende Argumentation von 1Kor 11,8f.11f durch Paulus selbst neu aufgenommen: „1 Timothy 2:15 clarifies what Paul leaves implicit in 1 Corinthians, namely that woman is actually saved from her subordinate condition in creation by bearing children." Diese durchaus kreative, aber exegetisch völlig unkontrollierte intertextuelle Rezeption kommt im Verein mit problematischen Vorannahmen und suspekten philologischen Entscheidungen (wie z.B. der pln Verfasserschaft der Past, dem Verständnis von σῴζειν im nicht-eschatologischen Sinne, dem Verständnis von οὐκ ἐπιτρέπω als Einleitung zu einem keinesfalls dauerhaft gültigen, sondern streng auf die Gegenwart bezogenem Verbot, der Auslegung von 1Tim 2,15a auf jede Frau und zugleich auf Maria) zu einer Lesung von 1Tim 2,9–15, die der offenkundigen Absicht des Textes in praktisch allen Punkten widerspricht. Das zeigt die zum Abschluss S. 22 gegebene Paraphrase überdeutlich: „Let a women learn in silence with all submissiveness (not with loud disputes as some Ephesian women do). For the time being I am not permitting any woman to teach or to have authority over a man, but to be in silence. For Adam was formed first, then Eve; and Adam was not deceived, but the woman was deceived and became a transgressor. Yet woman will be saved from that which demands her silence and will someday be able to teach. This is possible because through childbearing woman counterbalances the created priority of man, and produces the ‚seed' which bruises the sepent's head, namely Jesus Christ..."
An diesem Aufsatz kann man studieren, zu welch abenteuerlichen Eisegesen eine Auslegung führen kann, die zerrissen wird zwischen den Denkverboten einer fundamentalistischen Hermeneutik (die z.B. die Anerkenntnis pseudepigrapher Verfasserschaft ebenso wie Sachkritik an der Bibel ausschließt) und einem Gespür für die Unhaltbarkeit von kirchlichen Strukturen, die in traditionell patriarchaler Manier begründet werden. Methodisch werden die Fehlschlüsse möglich durch eine primär von Vorinteressen und intertextuellen Kombinationen gesteuerte Auslegung, die die intratextuellen Bezüge vernachlässigt, also v.a. die Leitvorstellungen des Verf. der Past von Lehre und Amt, wie sie sich aus den Past insgesamt ergeben.

[260] M. Walter, Leib-Metaphorik, 194.

Ältere dem Jüngeren überlegen ist.[261] Doch die Eigentextreferenz gebietet es in diesem Fall, auch die weiteren Aussagen zur Schöpfungspriorität aus 1Kor 11 heranzuziehen. Wie eine intertextuell „korrekte" Verknüpfung von 1Kor 11 und 1Tim 2,13 im Sinne des Verfassers der Past vor sich geht, kann man studieren an D. J. Moo. Er konstatiert, dass die Aussage 1Tim 2,13 zunächst nicht mehr als eine generelle Superiorität des Mannes aufgrund zeitlicher Priorität besage, fährt aber dann fort:

> „But if, as seems necessary in a statement so brief, elucidation of Paul's intention is sought from parallel texts, a different picture emerges. In 1 Cor 11:8–9, Paul substantiating his claim that ‚woman is the glory of man' (v 7) argues: ‚for man did not come from (ἐκ) woman, but woman from man; neither was man created for woman but woman for man.' These two assertions encompass both derivation and subordination; according to Genesis 2, woman was made by God from man's rib, and she was to be a ‚helper corresponding to him.' If this line of reasoning is assumed to lie behind Paul's statement in v 13, his point would appear to be that the role of women in the worship service should be in accord with the subordinate, helping role envisaged for them in creation."[262]

Die potenzielle Korrektivfunktion von 1Kor 11,11f wird bei einer solchen verknüpften Lektüre von 1Kor 11,3ff und 1Tim 2,13–15 zuverlässig neutralisiert, die logische Unausgeglichenheit des Paulus zwischen der Egalität der Neugeschaffenen (vgl. 1Kor 11,11: „im Herrn") und schöpfungsgemäßer Unterordnung der Frau wird beseitigt, indem in 1Tim 2,15 die Soteriologie des Paulus reformuliert wird: Auch in soteriologischer Hinsicht gibt es Unterschiede zwischen den Geschlechtern, die in der Zweiterschaffung der Frau grundgelegt erscheinen. Gelten die Pastoralbriefe als paulinisch, greifen die Gesetze intertextueller Rezeption thematisch verwandter Texte eines Autors und es erscheint als vermeintliches Faktum, „that Paul appeals to creation, as well as to the fall, for substantiation of women's subordination; according to him, there exists in this point a ‚harmony between the order of creation and the order of redemption.'"[263] Begründet wird in dieser Auslegung die besondere Soteriologie für die Frau mit der Urschuld Evas, wozu auf eine weitere paulinisch vermittelte Tradition der Genesisauslegung zurückgegriffen wird.

---

[261] Dies hat z.B. M. Küchler, Schweigen, 17–32 mit Bezug auf 1Tim 2,13 ausführlich nachgewiesen.
[262] D. J. Moo, Meaning, 68.
[263] D. J. Moo, Meaning, 80.

10.2.3 1Tim 2,14: Der über eine Eigentextreferenz (2Kor 11,[2–]3)
legitimierte Rückgriff auf die Sündenfallgeschichte

1Tim 2,14 ist noch stärker als die vorangehenden Verse ein Beispiel für eine Aussage, die nur voll zu verstehen ist, wenn die intertextuell assoziierten Obertöne mit in die Auslegung einbezogen werden. Dies ist allgemein anerkannt, soweit es die frühjüdische Auslegungstradition von Gen 3 betrifft, die einen zum Verstehen unverzichtbaren Rezeptionsrahmen bildet. Ich hoffe, im folgenden Kapitel zeigen zu können, dass außerdem 2Kor 11,2f einen Prätext bildet, dessen intertextuelle Rezeption durch den Verf. der Past bewusst erfolgte. Daher kann die Untersuchung der intertextuellen Beziehung zwischen 2Kor 11,3 und 1Tim 2,14 helfen, noch nicht endgültig geklärte Fragen nach der argumentativen Funktion des Verses im Textzusammenhang zu beantworten. Zweitens möchte ich die These entfalten, dass die Aufnahme der Eva-Typologie im Anschluss an 2Kor 11,2f auch den Zweck hatte, den bekämpften asketischen LehrerInnen einen wichtigen paulinischen Bezugstext zu entziehen. Im Folgenden stelle ich zunächst (1.) in groben Zügen dar, wie 1Tim 2,14 sich einreiht in zeitgenössische Auslegungen der Sündenfallerzählung. Dann bespreche ich (2.), in welcher Weise und zu welchem Zweck Paulus in 2Kor 11,2-3 sich auf eben diese Tradition bezieht. Danach stelle ich (3.) dar, warum man eindeutig von einer intendierten intertextuellen Bezugnahme auf diesen Paulustext in 1Tim 2,14 ausgehen kann und welchen argumentativen Gewinn der Verfasser dadurch hat. Schließlich untersuche ich (4.) die Frage, ob seine intertextuelle Bezugnahme auf den Text mitzuerklären ist durch eine andersgelagerte gegnerische Auslegung desselben Paulustextes. Dabei wird auch Eph 5,22ff in die Diskussion einbezogen werden, denn dieser Text bezeugt m.E. einen parallelen Umgang mit demselben pln Prätext aus einer ähnlich strukturierten Gemeindesituation heraus.

1. 1Tim 2,14 gibt eine Kurzzusammenfassung der Sündenfallerzählung, deren Pointe die Alleinverantwortung Evas ist: Sie allein „wurde verführt und geriet in die Übertretung". So problematisch diese Deutung einer heutigen laienhaften wie wissenschaftlichen Auslegung von Gen 3 erscheint, so plausibel wird sie den RezipientInnen der Past vorgekommen sein, denn sie bezieht sich auf eine damals weitverbreitete sexualisierte und misogyne frühjüdische Auslegungstradition von Gen 3, die besonders von M. Küchler und vor ihm bereits von A. T. Hanson als traditionsgeschichtlicher Hintergrund von 1Tim 2,14 erwiesen wurde.[264] Dass die Frau verführt wurde, nicht aber

---

[264] M. Küchler, Schweigen, 41–50; A. T. Hanson, Eve's Transgression, in: ders., Studies, 65–77.129f. Küchler hat Hanson, der 1968 erschien, offenbar nicht zur Kenntnis genommen, um so überzeugender ist die weitgehende Konvergenz der Ergebnisse beider Untersuchungen.

Adam (καὶ Ἀδὰμ οὐκ ἠπατήθη, ἡ δὲ γυνὴ ἐξαπατηθεῖσα κτλ.), kann nur auf der Auslegung von Evas Geständnis in Gen 3,13 beruhen: ὁ ὄφις ἠπάτησέν με, was in Einklang mit der Tradition und begünstigt durch die Wortwahl der LXX[265] als sexuelle Verführung der Eva durch die den Satan verkörpernde Schlange verstanden wurde, von der Adam natürlich nicht betroffen war.[266] Schon vor oder im Verein mit dieser Auslegung des Sündenfalls als sexuelle Verführung etablierte sich die Vorstellung von der Alleinschuld Evas am Sündenfall und dessen Folge, dem menschlichen Todesschicksal, deren frühester Beleg Sir 25,24 ist („Von einer Frau nahm die Sünde ihren Anfang, ihretwegen müssen wir alle sterben").[267] Es soll nun nicht erneut ein Überblick über die im Einzelnen sehr verschiedenen, teilweise extrem frauenfeindlichen Ausmalungen und Anwendungen des Topos von Evas Verführung in frühjüdischer Literatur,[268] in frühchristlichen und altkirchlichen Texten[269] und im rabbinischen Judentum[270] gegeben werden, da hierzu vorzügliche Untersuchungen vorliegen, die über den hier interessierenden Motivkomplex hinaus weitere Aspekte frühjüdischer Genesisauslegungen einbeziehen.[271] Entscheidend mit Blick auf 1Tim 2,14 scheinen mir folgende Ergebnisse zu sein: Es kann von einer weiten Verbreitung der Vorstellung ausgegangen werden, dass Eva im Paradies durch die Schlange sexuell verführt wurde. Die so verstandene Erzählung diente als Ätiologie für die Entstehung sexueller Lust. Dabei gab es eine weitverbreitete Tendenz, (unter anderem) mit Bezugnahme auf Gen 3 in projektiver Weise die Frauen als das allein oder jedenfalls stärker der Begierde verfallene Geschlecht zu verunglimpfen, sie allein für die Mühsal des menschlichen Lebens verant-

---

[265] Zur erotischen Konnotation von ἀπάτη/ἀπατᾶν vgl. M. Küchler, Schweigen, 36–39, A. Oepke, ἀπατάω, 383f. Es ist allerdings kaum möglich, die Entstehung und Plausibilität der Vorstellung allein am griechischen Verbum festzumachen, schließlich ist die „Eingießung der Lust" in Eva durch die Schlange auch in rabbinischer Tradition bezeugt.

[266] Das übersieht P. Trummer, Paulustradition, 148f, der meint, der Verf. habe nur das „Motiv der Täuschung" aufgenommen, „ohne näher bestimmen zu wollen, worin die Übertretung bestand." Auch J. Bassler, Adam, 50 meint, unter Hinweis auf Evas Geständnis, dass Adam entlaste, die sexuelle Komponente ausschließen zu können, doch lässt sie die jüdische Auslegungstradition wie auch die intertextuelle Beziehung zu 2Kor 11,2f (wo die Gefährdung der reinen Braut explizit Thema ist) unberücksichtigt.

[267] Vgl. dazu und zu weiteren Belegen für diese Vorstellung E. Brandenburger, Adam, 48ff. Eine hervorragende Analyse des misogynen Frauenbildes im Buch Sirach bietet C. V. Camp, Understanding a Patriarchy, 1–39; siehe außerdem W. C. Trenchard, Ben Sira's View of Women, bes. 81f.

[268] Vgl. Philo, All III,61ff; Op 152–167; QuaestGen 33ff; 4Makk 18,7–9a; äthHen 69,6; slavHen 31,6; ApkAbr 23; VitAd 9ff.18, vgl. auch syrBar 56,6.

[269] Vgl. 2Kor 11,3; Protev 13,1; Diogn 12,8; Just Dial 100; Tertullian, CultFem 1,1,1f u.ö., vgl. K. Thraede, Frau, 256f.

[270] Vgl. bYev 103b [par. AZ 22b; bShab 146a] u.ö.

[271] Vgl. neben den Anm. 264 genannten Arbeiten L. Schottroff, Eva, 37–55; H. Schüngel-Straumann, Frau, bes. 70–78.

wortlich zu machen und ihre Disziplinierung durch die angeblich weniger den körperlichen Begierden ausgelieferten Männer zu fordern. Dies sind Grundlinien des misogynen Diskurses über Gen 3, der als „Hintergrundmusik" zu 1Tim 2,14 mitzuhören ist. Der Verf. der Past greift allerdings m.E. nicht unvermittelt auf zeitgenössische Auslegungen von Gen 3 zurück, sondern nimmt sie in Gestalt eines schon als paulinisch ausgewiesenen Argumentes in seinen Text auf. Daher ist zunächst ein Blick darauf zu werfen, wie Paulus den Topos von Evas Verführung durch die Schlange argumentativ einsetzt.

2. Paulus kommt auf die Tradition von Evas Verführung im Rahmen der Verteidigung seines Apostolates gegen die Angriffe konkurrierender Apostel und ihrer Lehren zu sprechen.[272] Er stellt sein Verhältnis zur Korinthischen Gemeinde in Form eines Doppelbildes dar, das in V. 2 den gegenwärtigen Zustand und in V. 3 die Befürchtungen des Paulus beschreibt, um in V. 4 diese zu konkretisieren:

> 1 Wolltet ihr doch ein wenig Unverstand von mir ertragen! Aber ihr ertragt mich ja. 2 Denn ich bemühe mich eifersüchtig um euch mit göttlichem Eifer,[273] denn ich habe euch einem einzigen Mann verlobt, damit ich (dem) Christus (euch als) eine reine Jungfrau zuführe. 3 Ich fürchte aber, dass wie die Schlange Eva verführte mit ihrer List, so auch eure Gedanken abgewendet werden von der auf Christus gerichteten Einfalt und Reinheit.[274] 4 Denn wenn einer zu euch kommt und einen

---

[272] Zu 2Kor 11,2f vgl. neben den Kommentaren v.a. R. Zimmermann, Geschlechtermetaphorik, 160–180.

[273] Die Übersetzung kann die verschiedenen Möglichkeiten, den Genitiv θεοῦ ζῆλος zu verstehen (wie R. Bultmann, 202 als Genitivus qualitatis oder als Genitivus auctoris), die sich keinesfalls ausschließen müssen, nicht durch eine entsprechend offene Formulierung wiedergeben. Zum traditionsgeschichtlichen Hintergrund des Motivkomplexes vom eifersüchtigen Gott vgl. R. Zimmermann, Geschlechtermetaphorik, 166–169.

[274] Die Worte καὶ τῆς ἀγνότητος werden im NTG[27] durch eckige Klammern als nicht ganz gesichert gekennzeichnet, da sie im größten Teil der handschriftlichen Überlieferung fehlen: Als frühester Beleg sind Zitate bei Clemens von Alexandrien zu nennen, daneben fehlt die Phrase unter anderem im Mehrheitstext, sowie in der 2. Korrektur des Sinaiticus, den Codizes 015, 044, 0121, 0243, den Minuskeln 1739, 1881, der Vulgata und der Peschitta. Trotzdem spricht die äußere Bezeugung m.E. klar für die längere Textfassung, da diese neben weniger wichtigen von sämtlichen qualitativ hochwertigen Zeugen gelesen wird: Vom frühesten Papyrus (P[46] wohl um 200) angefangen über die Codices Sinaiticus und Vaticanus bis zum Claromontanus. Als Entsprechung und Rückbezug auf den in 11,2 erwähnten Zustand der Gemeinde als παρθένος ἁγνής ist der Appell an die ἁγνότης εἰς τὸν Χριστόν auch sachlich gerechtfertigt. Der Ausfall erklärt sich durch Homoioteleuton oder durch Auslassung aufgrund antiasketischer Frontstellung. Dies lässt die früheste Bezeugung der kürzeren Textfassung bei Clemens von Alexandrien in Strom III,74,3; 94,1 (hier in seinem Zitat des Julius Cassianus) vermuten. Angesichts der Anstrengungen des Clemens, den rigoristisch-asketische Auslegung des Verses zu falsifizieren (s.u. S. 354), sollte man m.E. damit rechnen, dass er bewusst verkürzt hat und daher kein verlässlicher Zeuge ist. Insgesamt scheint daher die längere Variante die erheblich besseren Argumente für sich verbuchen zu können. Kommentatoren, die anders entscheiden, tun das z.T. unter Zugrundelegung falscher Daten, indem sie

anderen Jesus verkündigt, den wir nicht verkündigt haben, oder ihr einen anderen Geist empfangt, den ihr nicht empfangen habt oder ein anderes Evangelium, das ihr nicht angenommen habt, ertragt ihr es gern.

V. 2 stammt aus dem Bild-Bereich der Brautwerbung. Der Brautführer oder Brautvater Paulus hat eine Verlobung zwischen Christus und der Korinthischen Gemeinde geschlossen und ist eifersüchtig[275] darauf bedacht, die jungfräuliche Braut bei der Hochzeit, d.h. der Parusie, dem Bräutigam unverdorben zuzuführen.[276] Hinter diesem Bild stehen altvertraute prophetische Metaphern von Gott als dem Liebhaber und Ehemann seiner notorisch untreuen Braut, dem Volk Israel,[277] wobei das Eintreten des Messiasbräutigams in die Rolle Gottes möglicherweise bereits jüdisch vorgeprägt ist.[278] V. 3 thematisiert die Gefahr der Untreue der Gemeinde im Bild der urgeschichtlichen sexuellen Verführung Evas durch die Schlange, wobei die „Anwendung" überdeutlich herausgearbeitet wird. Die dem Sündenfall entsprechende, von Paulus befürchtete endzeitliche Untreue der Gemeinde besteht darin, einen anderen Jesus, einen anderen Geist, ein anderes Evangelium zu akzeptieren als die paulinische Verkündigung vermittelt hatte. Die Rolle der Schlange wird von den Überaposteln (11,5), den Konkurrenten des Paulus besetzt, die dementsprechend wenig später auch als Satansdiener angegriffen werden (2Kor 11,14f).[279]

die Bezeugung für den längeren und den kürzeren Text verwechseln, so R. Zimmermann, Geschlechtermetaphorik, 161 Anm. 11 und 176 Anm. 86.

[275] R. Zimmermann, Geschlechtermetaphorik, 166–169.172–176 arbeitet überzeugend heraus, dass Paulus sich des Eifersuchtstopos in doppelter Weise bedient: Einerseits transportiert er auf emotionaler Ebene seinen leidenschaftlichen Kampf gegen die „Eindringlinge", andererseits wird der theologische Alleinverehrungsanspruch Jahwes gegenüber seinem Volk auf die Christusbeziehung der Gemeinde übertragen.

[276] Ob Paulus als Brautführer oder Brautvater auftritt, wird diskutiert. Für die Rolle des Brautführers/-werbers plädieren H. Lietzmann/W. G. Kümmel, 144; H.-J. Klauck, 82; B. Witherington, 445, als Brautvater sehen Paulus m.E. mit etwas stärkeren Argumenten H. Windisch, 319f (eher); J. Schmid, Brautschaft, heilige, 546 und R. Zimmermann, Geschlechtermetaphorik, 162–166.170. 173f. Wichtiger als die Klärung dieser Frage ist der Blick auf die übernommene Aufgabe: Paulus fühlt sich dem Bräutigam gegenüber für die Erhaltung der Virginität der Braut verantwortlich. Zur Bedeutung der Jungfräulichkeit und den Realien im Zusammenhang mit Brautwerbung, Verlobung und Hochzeit vgl. R. Zimmermann, a.a.O.; L. J. Archer, Price, 123–206.

[277] Vgl. Hos 1–3; Ez 16; 23; Jes 50,1f; 54,1ff; 62,5 und R. Zimmermann, Geschlechtermetaphorik, 72–108.

[278] So R. Zimmermann, Geschlechtermetaphorik, 170f.

[279] Die oben wiedergegebene Paraphrase von 2Kor 11,2–4 setzt voraus, dass 11,4 als Begründung und Weiterführung von 11,3 zu verstehen ist (so auch J. Munck, Paulus, 170). Diese nahliegende Vermutung (V. 4 wird mit εἰ μὲν γάρ angeschlossen) wird oft zunächst erwogen, dann aber zugunsten eines Rückbezugs auf 11,1 verworfen (besonders wegen der deutlichen Ringkomposition mit ἀνέχεσθε), so etwa R. Bultmann, 203f; H. Windisch, 325. Windisch nennt immerhin die erste Möglichkeit „verführerisch" und möchte eine sekundäre Beziehung zu V. 3 nicht ausschließen. Betrachtet man aber den Gesamtduktus, so muss man m.E. V. 4 *zunächst* auf V. 3 beziehen.

So stimmig das „kleine Drama"[280] auf den ersten Blick zu sein scheint, so inkohärent erweist es sich bei näherem Hinsehen. Paulus hat zwei traditionell vorgeprägte Bilder, die je in einem bestimmten Erzähl- und Metapherngefüge verankert sind, verknüpft, wobei die aktualisierten Metaphern aufeinander abgestimmt wurden, die jeweils mitassoziierten Bilder jedoch nicht voll miteinander zu harmonisieren sind. Da von Paulus eine Urzeit – Endzeit – Entsprechung bezüglich der Gefährdung der Braut behauptet wird, könnte man z.b. versucht sein, auch die in V. 2 beschriebene endzeitliche Verlobung urgeschichtlich vorgebildet zu sehen (etwa in Gen 2,24), wie es einige Kommentatoren tatsächlich tun.[281] Doch lässt sich die Rückeintragung der Metaphern aus V. 3 in V. 2 nicht stringent durchführen. In Paulus' Darstellung V. 3 repräsentiert die „erste Eva" die gesamte gefallene Menschheit. Entsprechend könnte man die in V. 2 als „reine Jungfrau" bezeichnete Gemeinde noch stringent als eine Art „zweiter Eva" identifizieren. Dazu passt, dass der Bräutigam in V. 2 Christus ist, der auch sonst bei Paulus als zweiter Adam vorgestellt wird (vgl. Röm 5,12ff; 1 Kor 15,44). Wer aber sollte dann (in V. 3) die Rolle des ersten Adam ausfüllen, dem Eva, Repräsentantin der gefallenen Menschheit und Prototyp der endzeitlichen Braut, zur Ehefrau bestimmt war und untreu wurde? Die Rolle ist nicht zu besetzen, es sei denn mit Gott oder dem Messias, was aber durch die vorgegebene Erzählstruktur ausgeschlossen wird. Der Grund für die Unstimmigkeit des Bildes liegt darin, dass der traditionsgeschichtliche Hintergrund der Braut-Metapher, die in der Ehe Gottes mit seinem Volk Israel wurzelt und die den Abfall von Gott als kollektive Unzucht brandmarkt, kollidiert mit der urgeschichtlichen Erzählkonstellation, in der die sexuell betrogene Person (Adam) und Gott, dessen Gebot übertreten wurde, nicht identisch sind.

Die Inkonsistenz im Zusammenspiel der aktualisierten und virtuell vorhandenen, assoziierbaren Metaphern fällt aber m.E. kaum ins Gewicht gegenüber dem argumentativen Gewinn der kreativen Zusammenfügung dieser Traditionen durch Paulus, die unter Voraussetzung damaliger Mentalität eine ungemeine Faszination und Stärke des Arguments ergibt. Paulus kombiniert nämlich zwei je für sich schon gewichtige und stark emotional beladene Traditionen in einer Weise, dass sie sich gegenseitig potenzieren. Das Tertium Comparationis ist die misogyne Grundüberzeugung von der weiblichen Triebhaftigkeit und Zügellosigkeit, wie sie die Tradition in der Urmutter der Menschheit und in der Tochter Zion warnend dargestellt hatte.

ἀνέχεσθε ist das *letzte* Wort des Satzes, erst hier enthüllt sich dem Leser der Rückbezug auf 11,1. Paulus sieht also die „Pseudapostel" tatsächlich in der Rolle der Schlange, die seine Gemeinde verführen will. Da die Gemeinde diese „gern erträgt", soll sie erst recht seiner „Narrenrede" Gehör schenken, zumal er den Überaposteln in nichts nachsteht (11,5ff). V. 4 hat also Scharnierfunktion, einerseits konkretisiert der Vers das Bild von der Schlange und ihrer List, andererseits nimmt es dem Wunsch aus V. 1, Paulus Verteidigung anzuhören, auf und führt in die direkte Konfrontation des Apostels mit den konkurrierenden Aposteln hinein.

[280] Vgl. H. Windisch, 318.

[281] Vor allem H. Windisch, 321f.324 und K. Niederwimmer, Ecclesia sponsa Christi, 219, der allerdings hier schon Ansätze gnostischer Syzygienspekulationen vermutet, was m.E. eher unwahrscheinlich ist; außerdem M. Küchler, Schweigen, 41f, der aber das Problem des Bruchs in der Bildlogik nicht thematisiert.

Was seiner Gemeinde von den Pseudoaposteln droht, ist nichts weniger als der in der Geschichte Israels immer wieder geschehene (bekanntlich mit furchtbaren Strafen geahndete) Abfall vom einen Gott, wobei letztlich das urgeschichtlich absolut Böse am Werk ist und nun auch der endzeitlichen Gemeinde droht, die doch – vermittelt durch des Paulus Verkündigung – aus dem menschlichen Todesgeschick und der menschlichen Un-Heilsgeschichte durch Christus errettet wurde.

Evas Übertretung als Typos der Sünde der Korinther wird unter dem Bild der sexuellen Verfehlung dargeboten, obwohl sie den Abfall vom wahren Glauben darstellen soll. Die Kombination von Hurerei und Abfall ist seit der Brandmarkung des Götzendienstes der Israeliten als Hurerei durch Hosea in der gesamten alttestamentlich geprägten Tradition fest etabliert und wird im 1. Jh. geradezu stereotyp verwendet. Sie schlägt sich auch darin nieder, dass das Verbum (ἐξ)απατᾶν neben seiner dominanten sexuellen Konnotation[282] in LXX und frühchristlicher Literatur auch mehrmals eindeutig die Verführung zur Irrlehre meint.[283] Die auf misogynen Stereotypen basierende Deutung des Sündenfalls als sexuelle Verführung Evas durch die Schlange, die Satan, den Ursprung aller Häresien, verkörpert, wird von Paulus vorausgesetzt, von ihm allerdings nicht in direkt frauendiskriminierender Weise verwendet. Denn erstens ist die mythologische Eva Antitypos der metaphorisch als „reine Jungfrau" bezeichneten ganzen Korinthischen Gemeinde[284] und zweitens sieht Paulus sie in der Gefahr, untreu nur im übertragenen Sinne zu werden, nämlich zu falschen Lehrern und falscher Lehre abzufallen. Evas Verführung kommt bei Paulus also gewissermaßen in doppelt gebrochener Bedeutung zum Tragen: als Anfälligkeit für falsche Lehre und in ekklesiologischer Anwendung, wobei die Gemeinde dazu aufgefordert wird, sich gerade nicht mit der gefallenen Eva zu identifizieren, sondern den Status der „reinen Jungfrau" sich zu erhalten. Diese Argumentation ist, gerade weil individuelle sexualethische Konsequenzen nicht im Blick sind, rhetorisch sinnvoll nur dann, wenn der Apostel ein starkes Reinheits-

---

[282] S.o. Anm. 265.

[283] Vgl. Hi 31,27; Röm 16,18; 2Thess 2,3; Eph 5,6.

[284] Dieser Bildgebrauch scheint typisch für Paulus zu sein. Wenn er geschlechtsstereotype Symbolik verwendet, geschieht dies nicht mit der bewussten Absicht, geschlechtsspezifische Verhaltensweisen zu festigen und vor allem nicht in geschlechtselektiver Weise. Es sind jeweils alle ChristInnen, die sich in Eva (2Kor 11,3), in Adam (Röm 5) oder in einer verwitweten Frau (Röm 7,1ff) wiedererkennen sollen. Sich selbst kann Paulus als strengen Vater (1Kor 4,21) und als mit Schmerzen gebärende Mutter (Gal 4,19) charakterisieren. Dass jede Verwendung geschlechtsspezifischer Symbolik indirekt die geschlechtsstereotype Wahrnehmung und geschlechterdichotome Wirklichkeitskonstruktion verfestigt, soll natürlich damit nicht bestritten sein. Es besteht m.E. aber doch ein gradueller Unterschied zwischen einer direkt misogynen Verwendung von Traditionen und dem indirekten rhetorischen Gewinn, den Paulus hier aus einer misogynen Tradition zieht.

ideal bei seiner Gemeinde voraussetzen kann, wofür etliche Passagen in der korinthischen Korrespondenz sprechen (vgl. 2Kor 6,14–7,1; 1Kor 3,16f; 6,12–19; 7,32–34). Ekklesiologische Metaphern wie „Leib Christi" oder „Tempel Gottes" implizieren eine Verpflichtung zur Bewahrung der durch sie ausgesagten Heiligkeit durch die Gemeindeglieder, die die Ekklesia konstituieren. Deshalb argumentiert Paulus in individualethischen Fragen häufig dominant ekklesiologisch (vgl. z.B. 1Kor 5–6) und deshalb korrespondieren individuelle und ekklesiologische Metaphern. Dies ist allgemein anerkannt für die Metapher vom „Leib Christi", an dem die ChristInnen „Glieder" sind und für die Gemeindemetapher „Tempel Gottes", der Paulus die individuelle Metapher vom Christen als „Tempel des Heiligen Geistes" an die Seite stellt. Dass die ekklesiologische Metapher παρθένος ἁγνή in analoger Weise in Beziehung gesetzt werden müsste zu den metaphorischen Aussagen über das Liebesverhältnis des bzw. der Einzelnen zu Christus in 1Kor 6,(16–)17 und 1Kor 7,32–34, hat man indes noch kaum diskutiert. Die sich hier andeutenden Möglichkeiten zum Rückschluss von ekklesiologischer Jungfräulichkeitsmetaphorik auf individuelle asketische Lebensformen sollen jedoch zunächst zurückgestellt werden. Im Zusammenhang der pln Argumentation von 2Kor 11,2f ist wichtig festzuhalten, dass Paulus der korinthischen Gemeinde die παρθένος ἁγνή als positives Selbstbild anbietet, wogegen Eva, die sich von der Schlange verführen ließ, nur als negatives Paradigma fungiert, das die Gemeinde von den konkurrierenden Aposteln weg Paulus und dem von ihm verkündeten Christus „in die Arme treiben" soll.

3. Dass 2Kor 11,(2–)3 als Bezugstext von 1Tim 2,14 gelten muss, hat man bisher noch selten anerkannt und für die Auslegung m.E. noch nicht ausreichend fruchtbar gemacht.[285] Dies liegt wahrscheinlich daran, dass der Topos von Evas Verführung als Urbild des befürchteten Abfalls der Korinthischen Gemeinde in 2Kor 11,2f in einem ekklesiologischen Zusammenhang begegnet, der auf den ersten Blick mit der geschlechtsspezifischen anthropologischen Aussage über die urgeschichtlich verbürgte größere Sündhaftigkeit der Frau gegenüber dem Mann, die 1Tim 2,14 behauptet, nichts zu tun zu haben scheint. Weil aber die Übereinstimmung im Schriftbezug einhergeht mit der auffälligen, vom Wortlaut der LXX (s.o.) abweichenden Ver-

---

285 Unter der Annahme pln Verfasserschaft wird die Stelle gelegentlich herangezogen und dient dann der verharmlosenden Interpretation von 1Tim 2,14 als „gut paulinisch", vgl. etwa N. Baumert, Antifeminimus, 292–295: Da Paulus trotz 2Kor 11,2f ausweislich von Röm 5 nicht die Alleinschuld der Frau am Sündenfall lehrt, könne er auch in 1Tim 2,14 „auf keinen Fall ... sagen" wollen, „daß Adam unschuldig sei" (293). Genau das aber steht in 1Tim 2,14: καὶ Ἀδὰμ οὐκ ἠπατήθη, ἡ δὲ γυνὴ ἐξαπατηθεῖσα.

wendung des Kompositums ἐξαπατᾶν,[286] wird man eine intendierte Wiederaufnahme des Arguments durch den Verfasser der Past voraussetzen müssen.[287] Angesichts der auffälligen inhaltlichen Verschiebungen stellt sich dann die Frage, ob er lediglich das Bildmaterial aufgriff und gänzlich neu verwendete oder ob sich in der intertextuellen Bezugnahme bestimmte inhaltliche Absichten erkennen lassen.

Die auffälligste Änderung in der Verwendung des Topos von Evas Verführung durch den Verf. der Past ist, dass er ein in der Grundsubstanz misogynes, aber nicht geschlechtsspezifisch zugespitztes, als paulinisch ausgewiesenes Argument heranzieht, um eine pejorative Aussage über das Wesen aller Frauen im Gegenüber zu den Männern zu machen.[288] Damit zwingt er die Frauen, sich mit einer bei Paulus nur als Antitypos begegnenden, nicht zur Identifikation vorgesehenen Negativ-Imago zu identifizieren. Dabei verfolgt er mindestens zwei, wahrscheinlich drei Ziele: Er unterstellt erstens Frauen größere Anfälligkeit für Irrlehren (a), betont zweitens ihre besondere Erlösungsbedürftigkeit aufgrund ihrer sexuellen Disposition (b) und etabliert drittens ein normativ paulinisches Verständnis des Sündenfalls, das eine asketische Lektüre von 2Kor 11,2f als unpaulinisch erweisen soll (s.u. 4.).

a) Berücksichtigt man 2Kor 11,3 als Prätext von 1Tim 2,14, ergibt sich, dass die häretischen Konnotationen von (ἐξ)απατᾶν unbedingt mitzuhören sind, da es an beiden Stellen um die Frage geht, welche Personen als vertrauenswürdige Lehrer gelten dürfen.[289] Behauptet wird also durch die Anspielung auf 2Kor 11,3f, dass die Frau (in 1Tim 2,14b steht kaum zufällig γυνή statt Εὖα!) besonders anfällig für die Verführung zu falschen Lehren ist, worin die eigentliche inhaltliche Begründung für das Lehrverbot in 1Tim 2,12 liegt.[290] Die schon aufgrund der intratextuellen Analyse gewonnene Vermutung, dass 1Tim 2,14 die Frauen aufgrund geschlechtsspezifisch bedingter größerer Häresieanfälligkeit von der Lehre ausgeschlossen werden

---

[286] Das Kompositum ist in den griechischen Übersetzungen der Genesis nirgendwo verwendet. Gegen P. Trummer, Paulustradition, 148 Anm. 179 liest auch die Version des Theodoret nicht das Kompositum, denn Theodoret bietet an der fraglichen Stelle eine Auslegung von 1Tim 2,14, vgl. PG 82, 801. Im Nebeneinander von Simplex und Kompositum in 1Tim 2,14a.b zeigt sich die Orientierung des Verfassers an der LXX und an Paulus.

[287] So auch A. T. Hanson, 71–73; P. Trummer, Paulustradition, 148; vgl. E. A. Barnett, Paul, 258.

[288] Die grundlegend verschiedene Verwendung der Eva-Typologie betonen auch M. Hayter, New Eve, 133; J. M. Bassler, 331.

[289] Die Gegner werden in den Past durchgängig als Verführer charakterisiert, vgl. 1Tim 4,1; 2Tim 3,13, in Tit 1,10 (φρεναπάται) begegnet dieselbe Wurzel wie in 1Tim 2,14.

[290] Das wird häufig bestritten, z.B. M. Krieser, Frau, 154. P. W. Barnett, Wives, 234 meint, das Argument liege lediglich in der Priorität Adams, die Aussagen über Eva seien unnötig („gratuitious and parenthetical") – es ist allerdings schwer einsehbar, warum die angeblich überflüssigen Aussagen soviel Raum einnehmen. Außerdem ist V. 15 ohne bedeutungstragende Beziehung auf den Sündenfall der Frau nicht verständlich zu machen.

sollen, hat also ihre stärkstes und m.E. entscheidendes Argument in der intertextuellen Dimension des Verses. Mit der Anspielung auf 2Kor 11,3 nimmt „Paulus" den dort geäußerten Gedanken wieder auf, dass in der Anfälligkeit Evas gegenüber der Schlange eine Gefahr für die Gemeinde zu sehen ist.

Die intertextuelle Verkoppelung der beiden Texte unter vorgespiegelter Verfasseridentität kann vielleicht sogar ein verändertes Verständnis von 2Kor 11,3 zur Folge haben. Denn dadurch, dass der fiktive Paulus in 1Tim 2,14 – gegen den von Paulus in 2Kor 11,3 intendierten Sinn, aber im Einklang mit der dominanten Rezeptionsgeschichte von Gen 2–3 – Eva als Kollektivsymbol für die weibliche Menschheit versteht, könnte sich die Schlussfolgerung nahe legen, dass die in 2Kor 11,3f ausgesprochene Befürchtung des Paulus auf Irrlehren zielt, die durch Frauen vermittelt werden: „Ich fürchte, dass womöglich wie die Schlange Eva verführte mit ihrer List, so auch eure Gedanken verdorben werden könnten....(scil. durch wiederum verführte Töchter Evas)." Das Lehrverbot aus 1Tim 2,12 samt Begründung in V. 13f stellte sich dann dar als verdeutlichende Wiederaufnahme und kirchenrechtliche Umsetzung der in 2Kor 11,3 geäußerten Befürchtung.

b) Bei der fiktiven intertextuellen „Wiederaufnahme" des Topos von Evas sexueller Verführung durch die Schlange in 1Tim 2,14 rücken zwei Aspekte der frühjüdischen Genesisrezeption in den Vordergrund, die im Rahmen der paulinischen Argumentation nicht entscheidend waren. Zum ersten die Betonung von Evas größerer Schuld im Vergleich mit Adam, die bei Paulus keine Rolle spielt und pln Aussagen sogar direkt widerspricht.[291] Zweitens wird der sexuelle Charakter der Sünde betont, der bei Paulus zwar vorausgesetzt ist, aber bei ihm nur in übertragener Bedeutung Verwendung fand. Mit beidem wird die Grundlage gelegt für eine dieser speziellen Schuldverhaftetheit der Frauen entsprechende kompensatorische geschlechtsspezifische Soteriologie, die in V. 15 entfaltet wird. Die sexuelle Komponente von Evas Sünde wird also m.E. nicht deshalb als Argument angeführt, weil das Lehren von Frauen als ein verführerischer Akt präsentiert werden soll, wie vor allem M. Küchler und U. Wagener meinen,[292] sondern weil sie eine argumentative Möglichkeit eröffnet, eine frauenspezifische Alternative für das mit soteriologischer Sonderverheißung ausgestattete, aber nur Männern zukommende Lehramt zu finden.

4. Ich vermute, dass es noch einen dritten Grund für die Aufnahme von 2Kor 11,3 in 1Tim 2,14 gibt. Es ist bei der Besprechung der Gemeindesituation bereits diskutiert worden, ob auf Seiten der bekämpften GegnerInnen Genesisinterpretationen im Schwange waren, denen der Verf. der Past entgegentritt. Ein auch nur halbwegs sicheres abschließendes Urteil war nicht möglich, da Rückschlüsse ohne zeitgenössische Belege immer proble-

---

[291] Vgl. Röm 5,12ff; 7,11.
[292] S.o. S. 273 mit Anm. 21.

matisch sind. Wenn aber die asketischen LehrerInnen, gegen die der Verf. der Past argumentiert, sich ihrerseits auf 2Kor 11,2f berufen hätten und sich die Argumentation in 1Tim 2,14(–15) als gegen ein asketisches Verständnis dieses Paulustextes gerichtet verstehen lässt, dann könnte diese Annahme als erheblich besser begründet gelten. In der Tat lässt sich 2Kor 11,2f als paulinische Anweisung zu einem enthaltsamen Leben verstehen, setzt man eine von Enthaltsamkeitsbegeisterung gelenkte Rezeptionshaltung gegenüber den pln Briefen voraus. Sprachlich ist es ohne weiteres möglich, den Text zugleich als ekklesiologische und als auf Individuen bezogene Aussage zu verstehen. Man muss lediglich voraussetzen – was die meisten Übersetzungen ohnehin tun –, dass ὑμᾶς in 11,2bβ aus stilistischen Gründen nicht wiederholt wurde und zu ergänzen ist: ἡρμοσάμην γὰρ ὑμᾶς ἑνὶ ἀνδρὶ παρθένον ἁγνὴν [sc. ὑμᾶς] παραστῆσαι τῷ Χριστῷ· (denn ich habe euch [d.h. alle und auch jede/n Einzelne/n] einem einzigen Mann verlobt, um euch [d.h. alle und auch jede/n Einzelne/n von euch] als reine Jungfrau Christus zuzuführen).[293] Auch die in 11,3 geäußerte Befürchtung kann auf die Gemeinde als kollektive Größe und auf jede einzelne zu ihr gehörende Person bezogen werden. Dass ekklesiologisches und individuelles Verständnis des Verses nebeneinander bestehen konnten, bestätigt die von 2Kor 11,2 aus sich entfaltende altkirchliche Wirkungsgeschichte individueller wie ekklesiologischer Brautmetaphorik.[294] Die Selbstbezeichnung als „Braut Christi" setzte dabei nicht notwendig eine sexualasketische Lebensweise voraus, aber es liegt auf der Hand, dass sich asketische Existenz über ein solches Selbstverständnis entscheidend legitimieren konnte. Dass dies in pln Kreisen schon im 1. Jh. geschah, ist nur indirekt zu erschließen (s.u.). Im 2. Jh. jedoch haben wir direkte Belege dafür, dass 2Kor 11,2f in enkratitischen Kreisen als entscheidender Beweistext für die generelle Verpflichtung zur Enthaltsamkeit galt. Clemens von Alexandrien bezeugt im 3. Buch der Stromateis gleich in drei verschiedenen Zusammenhängen asketische Interpretationen dieser Paulusverse.[295]

---

[293] Eine solche Konstruktion von παριστάνω mit Dativ, Akkusativ-Objekt sowie prädikativem Akkusativ ist möglich, vgl. Apg 1,3: οἷς καὶ παρέστησεν ἑαυτὸν ζῶντα. Mit doppeltem Akkusativ übersetzen z.B. H.-J. Klauck, 82; V. P. Furnish, 484; H. Lietzmann / W. G. Kümmel, 144; R. Bultmann, 200 (der das Pronomen allerdings in Klammern setzt); ohne Ergänzung des Pronomen übersetzen H. Windisch, 320; A. Plummer, 294 („To present a pure virgin to the Christ").

[294] Vgl. J. Schmid, Art. Brautschaft, heilige, 528–564.

[295] Dem kann als etwa gleich alter Beleg wahrscheinlich noch Diogn 12,8 hinzugefügt werden. Der eindeutig 2Kor 11,2f aufnehmende Text οὐδὲ Εὕα φθείρεται, ἀλλὰ παρθένος πιστεύεται ist aller Wahrscheinlichkeit nach nicht ekklesiologisch, sondern individuell zu verstehen, da es bereits in 12,6 hieß, wer sich in falscher Sicherheit wiege, die Gnosis zu haben, werde von der Schlange getäuscht. Diogn 11–12 sind wahrscheinlich ein sekundärer Nachtrag zum Diognetbrief und gehören zeitlich und theologiegeschichtlich in die Nähe von Melito und Hippolyt (vgl. K. Wengst, Didache, 287f). In diesen Kreisen wurde die individuelle Brautmetaphorik intensiv gepflegt (vgl.

In Strom III,74,1 führt Clemens zunächst selbst in unmittelbarer Folge 2Kor 7,1 und 2Kor 11,2 als Schriftbelege für die Verpflichtung zu einem enthaltsamen Leben gegen libertinistische Ansichten an. Er fügt dann aber, sich nun offensichtlich an die andere Front radikaler Asketen wendend[296] hinzu: ἐκκλησία δὲ ἄλλον οὐ γαμεῖ τὸν νυμφίον κεκτημένη, ἀλλ᾽ ὁ καθ᾽ ἕκαστον ἡμῶν ἣν ἂν βούληται κατὰ τὸν νόμον γαμεῖν, τὸν πρῶτον λέγω γάμον, ἔχει τὴν ἐξουσίαν. Ganz offensichtlich haben enkratitische LehrerInnen aus 2Kor 11,2 abgeleitet, dass die „Christusbrautschaft" der einzelnen Gläubigen eine irdische Ehe ausschließt, Clemens hält demgegenüber fest, dass die Ausschließlichkeit nur für die Kirche gilt. In Strom III,80,2 scheint Clemens ebenfalls gegen Tatian dafür zu plädieren, dass sich die Reinheitsforderung von 2Kor 11,2 auf die Kirche (und nicht auf Einzelne) bezieht und betont, dass die Verführung (2Kor 11,3 wird zitiert) in Form häretischer Lehren drohe.[297] Schließlich ist Strom III,94,1 zu erwähnen, wo Clemens sich mit der Lehre des Julius Cassianus auseinandersetzt und ihm vorwirft, er täte Paulus Gewalt an, wenn er aus 2Kor 11,3 den Schluss ziehe, dass die menschliche Fortpflanzung aus Betrug (nämlich der Eva durch die Schlange) entstanden sei: Αὐτίκα βιάζεται τὸν Παῦλον ἐκ τῆς ἀπάτης τὴν γένεσιν συνεστάναι λέγειν διὰ τούτων· „φοβοῦμαι δὲ μή, ὡς ὁ ὄφις Εὔαν ἐξηπάτησεν, φθαρῇ τὰ νοήματα ὑμῶν κτλ.". Es ist im vorliegenden Zusammenhang nicht nötig, die Argumentation des Clemens gegen J. Cassianus im Einzelnen nachzuzeichnen, auf jeden Fall avanciert 2Kor 11,2f in dessen Lehrsystem zu einer apostolischen Belegstelle für die Verpflichtung der Wiedergeborenen, durch Askese den prälapsarischen asexuellen Zustand wiederherzustellen. Demgegenüber beharrt Clemens darauf, dass die Fortpflanzung zu den menschlichen Lebensvollzügen gehört, die auch im Paradies stattfinden sollten, die Sünde des Erstgeschaffenen habe allenfalls darin bestanden, dass er aus Begierde heraus zu früh und zu leidenschaftlich genoss, was er in der Haltung leidenschaftsloser Erhabenheit allein zum Zwecke der Kindererzeugung hätte vollziehen sollen.

Dafür, dass schon in der ersten Generation nach Paulus 2Kor 11,2f von asketisch lebenden ChristInnen als paulinische Begründung angeführt wurde, sprechen m.E. zwei Beobachtungen: (a) die innere Logik des pln Metapherngebrauchs, die ein solches Verständnis geradezu herausforderte und (b) der intertextuelle Befund, dass *beide* pseudopaulinischen Rezeptionen dieses Textes (Eph 5,22ff; 1Tim 2,14f), obwohl sie sehr verschiedene Aspekte des pln Gedankens aufgreifen, darauf hinzielen, den RezipientInnen eine positive Bewertung der sexuellen Beziehung von Frau und Mann anzuempfehlen.

O. Perler, Hymnus), Melito ist für seine asketische Grundhaltung einschlägig berühmt gewesen, wie der durch Polykrates von Ephesus überlieferte Spitzname „Melito, der Eunuch" hinlänglich beweist (Eus HistEccl V,24,5).

[296] Zum Zweifrontenkrieg des Clemens als rhetorischer Strategie s.o. S. 308 Anm. 151.

[297] Die Aussage, dass die Kirche zu Anfang Jungfrau genannt wurde, weil sie vor dem Auftreten der Häresien einmütig an Christus hing, begegnet im 2./3. Jh. oft (vgl. Hegesipp bei Euseb, HistEccl III,32,7; IV,22,4–6; weitere Belege bei J. Schmid, Brautschaft, heilige, 556). Aufgrund des gegen enkratitische Überzeugungen gerichteten polemischen Kontextes in Strom III kann man vermuten, dass auch an den anderen Stellen ein asketisches Verständnis des ekklesiologischen Jungfräulichkeitsideals ausgeschlossen werden soll.

a) Es war oben unter (2.) dargestellt worden, dass Paulus in 2Kor 11,2 der Gemeinde als positives Selbstbild die ekklesiologische Metapher der mit Christus verlobten „reinen Jungfrau" angeboten hatte. In 1Kor 7,32–34 umschreibt Paulus in korrespondierender Weise das individuelle Christusverhältnis als eine intime, aber asexuelle Beziehung mit eheähnlichem Verpflichtungsgehalt, also als eine Art Verlobung. Dadurch geraten verheiratete ChristInnen in eine Konkurrenzsituation, denn um die Sache des Herrn muss man sich sorgen (μεριμνᾶν τὰ τοῦ κυρίου, 32.34) und ihm muss man zu gefallen suchen (ἀρέσκειν τῷ κυρίῳ, V. 32) ganz analog zu den irdischen Verpflichtungen, die man dem Ehepartner gegenüber hat (μεριμνᾶν τὰ τοῦ κόσμου, ἀρέσκειν τῇ γυναικί / τῷ ἀνδρί, V. 33.34). Während der Zustand der Verheirateten als „geteilt" (μεμέρισται, V. 34) charakterisiert wird, sind die Unverheirateten von Sorgen frei (ἀμερίμνους, V. 32). An der unverheirateten Frau und der Jungfrau konkretisiert Paulus, wie sich das ungeteilte Sorgen um die Sache des Herrn äußert, wobei er wahrscheinlich das Selbstverständnis der korinthischen Asketinnen wiedergibt: „dass sie heilig sei am Leib und am Geist" (V. 34). Auch wenn Paulus selber nicht so weit geht, explizit in der sexuellen Beziehung ein Hindernis für die ungeteilte Christushingabe zu behaupten, legt sich dieser Schluss vom Selbstverständnis der Asketinnen her mehr als nahe, denn dass die Heiligkeit an Körper und Geist ursächlich (mindestens auch) mit dem Verzicht auf Sexualität zusammenhängt, ist evident. In 1Kor 6,16f argumentiert Paulus in einer Weise, die individuelle Christusbindung und Ausübung von Geschlechtsverkehr zugleich als parallele, vergleichbare Verhaltensweisen und als miteinander unvereinbar darstellt: „Wisst ihr nicht, dass wer sich an die Porne hängt (zu κολλᾶσθαι vgl. προσκολλᾶσθαι in Gen 2,24), ist ein Leib (mit ihr); denn es werden, heißt es, die zwei ein Fleisch sein (Gen 2,24). Wer sich aber an den Kyrios hängt, ist ein Geist (mit ihm)." Zwar ist es nur der Geschlechtsverkehr mit der πόρνη, der hier ausgeschlossen werden soll. Doch wird dieser mit den Worten aus Gen 2,24 beschrieben, die im Judentum normalerweise auf die eheliche Unio angewendet werden. Da die Christusbeziehung analog als κολλᾶσθαι τῷ κυρίῳ und ἓν πνεῦμα εἶναι bezeichnet wird, ist die Frage, ob nicht auch eheliche Sexualität diese Einheit gefährden müsste, durchaus berechtigt. In 1Kor 6,15 wird unter dem Bild des Leibes Christi auch die ekklesiologische Dimension des individuellen sexuellen Verhaltens thematisiert: Wenn die Glieder Christi zu Hurengliedern werden, ist dies ein Sakrileg, weil es den Leib Christi entheiligt und verunreinigt.

Aus diesem kurzen Überblick ergibt sich, dass es durchaus naheliegend ist, die paulinische Metapher von der Kirche als „reiner Jungfrau" nicht isoliert von der individuellen Christusbeziehung zu betrachten, die in 1Kor

7,32–34; 6,(16–)17 metaphorisch mit Verlobungs- und Eheterminologie beschrieben wird, auch wenn bei Paulus die später gängige Metapher von dem bzw. der Einzelnen als „Braut Christi" noch nicht begegnet. Es scheint mir vielmehr außerordentlich plausibel zu sein, anzunehmen, dass gerade die asketisch lebenden ChristInnen das Bild von der Ekklesia als παρθένος ἁγνή ebenso hochhielten wie die Warnung des Paulus, die Jungfrau Kirche könne an der Ursünde Evas zu Fall kommen. Ganz in Analogie zur Leib Christi- oder auch der Tempel-Metaphorik war dabei die Reinheit der Virgo Ekklesia auch durch sexuelles Fehlverhalten der Einzelnen gefährdet. Die Diskussion darüber, ob nicht sexuelle Enthaltsamkeit für alle Getauften zu fordern sei und sogar eheliche Sexualität als sündig zu gelten habe, war schon zu Paulus' Zeiten in Korinth in vollem Gang (vgl. 1Kor 7,1.28.36). Die oben besprochenen Texte von Clemens von Alexandrien zeigen, dass im zweiten Jahrhundert 2Kor 11,2f einer der in diesem Zusammenhang umstrittenen Paulustexte war. Hinweise darauf, dass dies bereits im späten ersten Jahrhundert der Fall war, geben die intertextuellen Bezugnahmen auf 2Kor 11,2f in Eph 5,22–33 und 1Tim 2,14.

b) Dass die Eheparänese des Epheserbriefes eine klare antiasketische Zielrichtung hat, habe ich an anderer Stelle ausführlich zu begründen versucht, so dass ich nur die hier interessierenden Aspekte wiederhole.[298] Während die bisherige Forschung aus der (unbestrittenen) Wiederaufnahme der Brautmetaphorik aus 2Kor 11,2 in Eph 5,26f keinerlei Rückschlüsse auf die Textpragmatik zog, scheinen mir die charakteristischen Veränderungen, die der Verf. des Eph vornimmt, darauf zu zielen, eine ursprünglich askesefreundliche Metaphorik mit dem Mittel der fiktiven Selbstreferenz zu entschärfen. Die Ekklesia steht Christus nicht mehr als unberührte Jungfrau gegenüber, sondern als Ehefrau, die Ehe-Beziehung zwischen Christus und seiner Gemeinde wird zum Ur- und Vorbild menschlicher Ehen. Legte die paulinische Verwendung der ekklesiologischen wie individuellen Jungfrauenmetaphorik eindeutig den Schluss nahe, dass niemand die enge Beziehung zwischen Christus und seiner Ekklesia-Braut in seinem Leben angemessener spiegeln kann als die Unverheirateten und Jungfrauen, die – heilig an Körper und Geist – sich ungeteilt dem Herrn widmen können und ohne Ablenkung durch irdisch-sarkische Bindungen „ein Geist" mit ihm sind (vgl. 1Kor 7,32ff; 6,17), so ergibt sich aus Eph 5,22–33 der genau umgekehrte Schluss, dass nämlich *einzig* die patriarchal konstruierte Ehe (mit dem Mann als Haupt, der Frau als soma bzw. sarx) die Beziehung Christi zu seinem „Ehefrauenleib" vollkommen abbilden kann. Selbst die (sexuelle) mia-sarx-

---

[298] Vgl. A. Merz, Bride, 131–147. Überlegungen zum antiasketischen Charakter der Eheparänese stellen an U. Luz, 171, A. T. Lincoln, 363f.382f; M. Walter, Leib-Metaphorik, 192–199.

Unio aus Gen 2,24, von Paulus allein dem menschlichen Bereich vorbehalten, wird Eph 5,31f auf die Beziehung Christi zur Ekklesia übertragen, vermutlich u.a. deshalb, um ehefeindliche Schlussfolgerungen aus 1Kor 6,16–17 zu verunmöglichen. Es ließe sich im Einzelnen analysieren, wie wichtige Aspekte des asketischen Selbst- und Taufverständnisses in Eph 5,26f auf den Ehestand übertragen werden, doch führt das im vorliegenden Zusammenhang zu weit. Zur Beurteilung von 1Tim 2,14 genügt die Erkenntnis, dass in Eph 5,22–33 die ekklesiologische Metapher der „reinen Jungfrau" aus 2Kor 11,2, die ein individuell asketisches Leben besser als jede andere begründen konnte, durch „metaphorische Entjungferung" intertextuell entschärft wurde und das wohl kaum nur prophylaktisch.

Bei vergleichbarer antiasketischer Frontstellung, die ja in 1Tim 2,14f sehr viel deutlicher zu erkennen ist als im Epheserbrief, legt der Verf. der Past seine fiktive Selbstbezugnahme auf 2Kor 11,2f völlig anders an, indem er sich auf Eva bezieht, die sich (von der Schlange) verführen ließ. Diesen Topos fasst er im Einklang mit der frühjüdischen Tradition als eine anthropologische Aussage über das Wesen der Frau: Sie ließ sich (sexuell) verführen, der Zustand der Übertretung, in den sie dadurch geriet, dauert an (γέγονεν!) und erfordert laut V. 15a einen spezifisch darauf abgestimmten Rettungsweg, nämlich das Kindergebären. Damit wird unverkennbar auf Gen 3,16 angespielt und festgehalten, dass die dortige Bestimmung der Frau zum Kindergebären auch post Christum ihre Gültigkeit behält. Es lässt sich leider nicht mit Sicherheit feststellen, welche sich im Anschluss an 2Kor 11,3 artikulierenden asketischen Lehren genau damit zurückgewiesen werden sollten. Sicher darf man davon ausgehen, dass den AsketInnen die „reine Jungfrau" als positive Identifikationsfigur galt, Eva dagegen als überwundenes Ego, dem man sich nicht wieder überlassen wollte und durfte. Damit musste nicht notwendig die Forderung nach absoluter Sexualaskese für alle verbunden sein, es konnte auch ganz im Sinne der paulinischen Argumentation die dem eigenen Charisma entsprechende Form der Enthaltung von porneia darunter verstanden werden. Möglicherweise vertraten die AsketInnen also schlicht die Meinung, dass die Neuschaffung in Christus den Getauften die Freiheit gibt, den Versuchungen der Schlange zu widerstehen (wie es die Argumentation bei Paulus voraussetzt). Dann bestand die „Häresie" der bekämpften AsketInnen lediglich darin, die freie Entscheidung der Einzelnen für oder gegen die Ehe festzuhalten und die misogyne Anthropologie des Verfassers der Past nicht zu teilen. Oder hatten sich bereits Genesisdeutungen wie die der Andreasakten und des Julius Cassian (s.o. S. 316f.354) durchgesetzt, nach denen die Sünde Evas im Geschlechtsverkehr selber bestand und daher die Warnung des Paulus in 2Kor 11,2f darauf zielte, dass die Braut Christi sich von jeglicher Sexualität reinhalten muss?

Dass jedenfalls die intertextuelle Verknüpfung von 1Tim 2,14f mit 2Kor 11,3 erfolgte, um asketischen Paulinern einen wichtigen Bezugstext mittels fiktiver Neuinterpretation zu entwinden, scheint mir relativ wahrscheinlich zu sein. Die übelste Zumutung dabei besteht darin, die in Christus neugeschaffene Eva dauerhaft mit der gefallenen Eva zu identifizieren und die Leserinnen damit zu nötigen, ein solches negatives Selbstbild zu akzeptieren.

10.2.4   1Tim 2,15: Intertextuelle Begründungen der frauenspezifischen Soteriologie?

Bevor nach dem spezifischen Beitrag der intertextuellen Analyse zum Verständnis von 1Tim 2,15 gefragt wird, soll kurz zusammengefasst werden, was die bisherige Analyse an Ergebnissen brachte. Die intratextuelle Analyse ergab, dass die Teknogonia als frauenspezifischstes der von den Christinnen in 1Tim 2,9f geforderten guten Werke zu gelten hat und daher die Argumentation für gute und gegen unangemessene Werke von Frauen hier an ihr Ziel kommt. Das „Heil durch Kindergebären" ist als pointierte Alternative zum „Heil durch Lehre", wie es Amtsträger erwerben können, konzipiert. Die Untersuchung der Gemeindesituation und der intertextuellen Beziehung zu 2Kor 11,3 (unter 10.1.4.3 h) und 10.2.3) ergab, dass es mindestens zum Teil asketisch lebende Frauen waren, die ihr Heil in der Verkündigung des Wortes des Vaters suchten und sich dazu in wahrscheinlich doppelter Weise auf Paulus beriefen. Einerseits begründeten sie ihr sexual-asketisches Leben unter Berufung auf des Paulus heiligen Eifer, dem Bräutigam Christus die Gläubigen als reine Bräute zuzuführen (2Kor 11,2f), andererseits beriefen sie sich auf eine pln Seligpreisung asketischer VerkündigerInnen des Wortes (AcPlThe 6, Mak 13). Das „Heil durch Kindergebären" kann demgegenüber als pointierter Gegenentwurf zu Makarismen verstanden werden, die jungfräuliche Körper selig preisen, und als alternative Lösung des durch Evas Sündenfall gegebenen Problems: Eine mit Keuschheit (σωφροσύνη) in Glauben, Liebe und Heiligung gelebte Mutterschaft rettet die Töchter Evas, nicht die totale Enthaltung vom Geschlechtsverkehr.

Dies alles sind Erklärungen aus der auktorialen Intention und insbesondere aus der polemischen Situation heraus, nicht abgesichert durch irgendeine als autoritativ geltende Tradition (wie etwa Schrift bzw. traditionelle Schriftauslegung, Apostelwort, liturgisch vermittelter Text). Wie aber rechtfertigte der Verf. der Past es vor sich selbst, dass er 1Tim 2,15 als „zuverlässiges Wort" (1Tim 3,1a), d.h. als in der Tradition festverankerte soteriologische Aussage bezeichnet? Intertextualitätstheoretisch liegt hier eindeutig markierte Intertextualität unter den Gesichtspunkten der Referenzialität und Kommunikativität vor: Eine Tradition wird als solche benannt und die LeserInnen werden auf ihre Zuverlässigkeit hingewiesen. Uns allerdings ist der Bezugs(kon-)text mangels eindeutiger wörtlicher Übereinstimmungen mit bekannten Texten nicht unmittelbar evident. Das damit gestellte Problem wird in der Literatur erstaunlich wenig bedacht, die Forschung begnügt sich mit der Feststellung, die Rettungsaussage habe „in den verarbeiteten Traditionen kein Vorbild."[299] Gerade angesichts der theologischen Sprödigkeit der Aussage aber scheint mir hier ein (tabuisiertes?) Problem zu liegen. Die explizite oder stillschweigende Anerkenntnis einer theologischen creatio ex nihilo durch den Verf. der Past aus antihäretischer Frontstellung heraus scheint mir so gar nicht zu seiner sonst gern beschworenen „relative[n] Unselbständigkeit"[300], seiner kompilatorischen und repetitiven Art, seinem Hängen an in Formeln gefassten Lehrinhalten etc. zu passen, zumal die anderen durch πιστὸς ὁ λόγος ein- bzw. ausgeleiteten Passagen zumeist eindeutig traditionelles Material bieten. Ich möchte daher versuchen, durch probeweise intertextuelle Kombinationen zu erklären, welche Traditionsgrundlage dem Verf. der Past vorgeschwebt haben könnte, als er mit 1Tim 2,15 den Frauen die Teknogonia als Heilsweg verordnete. Ich bespreche zuerst die eindeutig als Prätext zu identifizierende Stelle Gen 3,16, die allerdings für den entscheidenden Punkt, nämlich die Heilsfunktion des Kindergebärens, keinen Anhalt bietet. Anschließend diskutiere ich alle im Sinne des Verfassers als „zuverlässiges Wort" infrage kommenden Belege, an denen das Verbum σῴζειν oder Worte vom gleichen Stamm im Zusammenhang mit ehelicher Sexualität und / oder Kindergebären begegnen. Dies sind zwei (pseudo-)paulinische Passagen (1Kor 7,14–16; Eph 5,22ff) sowie Tobit 6,18. Da – von Gen 3,16 abgesehen – keine dieser Passagen durch eine *eindeutige* explizite Markierung als Prätext erwiesen wird, sind die Ausführungen notwendig stark hypothetisch. Ich halte sie trotzdem für nötig, wenn anders man dem Verf. der Past nicht unterstellen möchte, eine von der Tradition, wie er sie verstand, nicht gedeckte Soteriologie kurzerhand erfunden und zur Verschleierung mit der πιστὸς ὁ λόγος-Formel einen Traditionsmarker angefügt zu haben. Natürlich ist das Vorliegen eines solchen pseudointertextuellen Verweises als letzte Erklärungsmöglichkeit nicht auszuschließen.

---

[299] U. Wagener, Ordnung, 108. Dass damit eine verbreitete Ansicht wiedergegeben wird, spiegelt sich z.B. auch in der Tatsache, dass weder Strack-Billerbeck noch der neue Wettstein zu 1Tim 2,15 einen Eintrag verzeichnen.
[300] J. Roloff, 39.

10.2.4.1 Vom Fluch (Gen 3,16) zum Segen (1Tim 2,15): Kindergebären als Symbol weiblicher Unterordnung

Auch wenn manchmal bestritten wird, dass in 1Tim 2,15 auf Gen 3,16 Bezug genommen wird, [301] ist es nach den Regeln intertextueller Rezeption[302] geradezu unausweichlich, dass nach den expliziten Verweisen auf die Erschaffung des ersten Menschenpaares (Gen 2) und die Sünde der Urmutter (Gen 3) das Stichwort τεκνογονία als klare Markierung eines Verweises auf den Fluch über die Frau von Gen 3,16 verstanden wird, wo es heißt: Πληθύνων πληθυνῶ τὰς λύπας σου καὶ τὸν στεναγμόν σου, ἐν λύπαις τέξῃ τέκνα ...

In der Forschung gibt es hauptsächlich zwei konkurrierende Deutungen, wie der Verweis auf Gen 3,16 in 1Tim 2,15 verstanden sein will. Entweder wird angenommen, die Frau werde durch eine Handlung im Bereich der Se-

---

[301] Vor allem durch ExegetInnen, die in 1Tim 2,15 einen Verweis auf Gen 3,15 in christologisch-messianischer Interpretation sehen. Doch liegt dies weder vom Wortlaut noch dem Argumentationsgefälle her nahe (s.o. S. 297f). Dass die Ausleger zur christologischen Deutung gegriffen haben, erklärt sich entweder aus speziellen Interessenslagen innerhalb der späteren christologischen Debatten oder aus der Anstößigkeit der mit diesem Vers forcierten soteriologischen Konzeption, die ernst genommen eine lebenslänglich asketische Lebensweise für Frauen generell verboten hätte.

Eine Variante dieser Deutung bietet A. Padgett, Wealthy Women, 27–29. Er meint, in V. 15 stehe Eva typologisch für die von Falschlehrern verführten Frauen von Ephesus. Daher sei die Rettung durch τεκνογονία auf den in Gen 3,15 genannten Samen zu beziehen, „Eve... (and all her children) were rescued from Satan by her seed, that is, by the covenant-line that extends by geneaology from Seth to Abraham and eventually to Moses and David." (28) Für die Frauen von Ephesus dagegen sei die Rückkehr zu Ehe und Kindergebären gemeint, Rettung käme für sie nur durch Bleiben im wahren Glauben, Liebe und Heiligkeit (28f mit Verweis auf V. 15b). Eine solche Doppelbotschaft von V. 15 ist m.E. extrem unwahrscheinlich, da sie ein jeweils verschiedenes Verständnis von Rettung durch Kindergebären voraussetzt, für Eva heilsgeschichtlich konzipiert, für die Frauen von Ephesus als Vorbedingung für ein gläubiges Leben. Aber auch die Voraussetzungen zum Erkennen der Anspielung auf Gen 3,15 sind gegen Padgett nicht gegeben. Er meint S. 29, Paulus biete bereits in Röm 16,20 und Gal 3,16.19 eine messianische Interpretation von Gen 3,15. Doch dies ist im Falle von Röm 16,20 eine freie intertextuelle Assoziation seinerseits, die keinerlei sprachliche Markierung besitzt. Textliche Marker bestehen dagegen zu Ps 8,7LXX und 109,1LXX, Stellen, die zudem von Paulus andernorts eschatologisch ausgelegt werden, vgl. 1Kor 15,25.27. Noch weniger lassen sich Gal 3,16.19 für eine messianische Deutung von Gen 3,15 durch Paulus in Anspruch nehmen, denn hier zitiert Paulus eindeutig die Verheißung an Abraham und seinen Samen (Gen 13,15; 17,8; 24,7).

[302] Vgl. das Kriterium der Strukturalität (s.o. S. 107). G. Häfner, Schrift 125f führt als Argument gegen eine intendierte biblische Referenz in 1Tim 2,15 die konkurrierende Identifikation von Gen 3,15 und Gen 3,16 an, was jedoch keinesfalls überzeugt. Angesichts der inhaltlich problematischen Bindung des ewigen Heils an das Kindergebären wird man die ersatzweise Identifikation von Gen 3,15 als Bezugstext als theologisch kreativen Akt der Interpretation bewerten müssen (siehe vorige Anmerkung sowie S. 297f). Dass jedoch nach dem Rekurs auf Schöpfung und Sündenfall in 1Tim 2,13f das Stichwort τεκνογονία in 2,15 ebenfalls als Hinweis auf den in der Urgeschichte fixierten Willen des Schöpfers zu verstehen ist, davon gehen beide Auslegungsrichtungen völlig zu Recht aus.

xualität, in dem sie gesündigt hat, nun auch gerettet.[303] Der Fluch von Gen 3,16 wird dann, so muss man postulieren, als Fluch aufgehoben, aber durch eine ihm in der Sache vollkommen gleichende Verheißung ersetzt.[304] Das Kindergebären, das nicht weniger schmerzhaft und gefahrvoll für Frauen ist als zuvor, wird nun anders bewertet, nämlich als Teil eines heilvollen Geschehens, das seine Vollendung in Glauben und tugendhaftem Verhalten findet, sei es der Frau oder der Kinder (V. 15b). Dagegen meinen andere, es handele sich beim Kindergebären um die *Strafe*, mit der jede Frau die Sünde Evas büßt, bevor dann sie selbst oder ihre Kinder den Weg zum Heil gehen können.[305] Strafmittel und Rettungsweg sind in diesem Fall (teil-)identisch. Gen 3,16 bleibt als Teil der Schöpfungsordnung (nach dem Fall) in Kraft und wird zugleich als Station des Heilsweges integriert.

Mir scheint unentscheidbar, welche Deutung mehr im Sinne des Verf. der Past ist.[306] Die Unterschiede sind allerdings m.E. nicht gravierend. In beiden Fällen bildet Gen 3,16 das Fundament, auf dessen Grundmauern die Bedingungen der Rettung der Frau festgelegt werden, sei es in Umkehrung (was Fluch war, wird Verheißung) oder in Übernahme (zum Fluch kommt die Verheißung hinzu). Bedingung der Rettung aber ist in jedem Fall das Kindergebären.[307] Warum insistiert der Verfasser gerade darauf? Man kann dem noch etwas genauer auf die Spur kommen, wenn man die intertextuell assoziierten „Obertöne" beachtet. Vollständig lauten die Worte Gottes an die Frau in Gen 3,16: Πληθύνων πληθυνῶ τὰς λύπας σου καὶ τὸν στεναγ-

---

303 Z.B. H. Schüngel-Straumann, Frau, 38.

304 In den meisten Auslegungen ist dies lediglich zu erschließen, explizit formuliert wird es selten, z.B. bei C. M. Pate, Glory, 325 "Such obedience [der Frau gegenüber dem göttlichen Gebot zur Mutterschaft] transforms the curse of Gen 3:16 into a blessing – it brings salvation (1Tim 2:15)." Bei J. Bassler, Adam, 55f, ist diese Deutung direkt mit der verbreiteten antignostischen Einordnung der Argumentation verbunden; die Umwendung des Fluchinhaltes in ein Heilsmittel sei Reaktion auf die Lehre der gnostischen GegnerInnen, die mit Berufung auf Gen 3,16 (Kindergebären als Fluch) ihre sexual-asketische Haltung begründet hätten. Doch das ist reines Postulat ohne Anhalt an zeitgenössischen Quellen und steht daher unter dem Verdacht, eine postulierte gegnerische Häresie zum Entschuldigungsgrund für die – gemessen an Paulus – manifeste Heterodoxie des Verfassers von 1Tim 2,15 zu machen.

305 So schon die Kirchenväter, z.B. Tertullian, CultFem, 1,1,1, Johannes Chrysostomos, Hom in Gen, 17; unter den modernen Kommentatoren G. Holtz, 71, der zu übersetzen vorschlägt „durch die wegen der παράβασις schmerzgetränkte Geburt hindurch, trotz der Folgen der παράβασις", und ausdrücklich für modales διά plädiert. Nicht in Übereinstimmung damit ist jedoch die von ihm selbst S. 65 gebotene Übersetzung: „Sie wird aber durch die Schmerzen der Geburt gerettet werden", hier scheint Holtz instrumentales διά vorauszusetzen. In beiden Fällen aber versteht er das Kindergebären als Strafe.

306 Andere ExegetInnen lassen die Entscheidung ebenfalls offen, z.B. M. Küchler, Schweigen, 40.50f; L. Schottroff, Eva, 38f.

307 Diese m.E. unbestreitbare bleibende Bindung an Gen 3,16 und die damit einhergehende Verpflichtung zur τεκνογονία wird von L. Oberlinner, XI, 2/1, doch etwas zu schönfärberisch zu einer „Korrektur" (100) des negativen Frauenbilds der vorangehenden Verse uminterpretiert.

μόν σου, ἐν λύπαις τέξῃ τέκνα· <u>καὶ πρὸς τὸν ἄνδρα σου ἡ ἀποστρο-
φή σου, καὶ αὐτός σου κυριεύσει.</u> Zweierlei wird der Frau als Strafe
auferlegt: Sie wird ihre Kinder unter Schmerzen und Gefahren für ihr Leben
bekommen müssen *und* das dem vorangehende Verhältnis zu ihrem Mann
wird von Verlangen ihrerseits und Herrschaft seinerseits bestimmt sein.
Auch wenn Gen 3,16b auf die ganz allgemeine Überordnung des Mannes
zielt (und auch so rezipiert worden ist), im Kontext werden zunächst einmal
Kindergebären, sexuelles Verlangen und Unterordnung aufs engste miteinander verknüpft, vor allem anderen ist das sexuelle Verhältnis zwischen
Mann und Frau als ein Herrschaftsverhältnis mit klarem Gefälle definiert. In
einem so konstruierten symbolischen Universum erbringt eine Frau, die
Kinder bekommt, damit den sichtbaren Nachweis ihrer Unterordnung unter
einen Mann.[308] Das τεκνογονεῖν kann somit gerade im Spiel der aufgerufenen Intertexte zum Schibboleth für totale Unterordnung werden.[309]

Mehr noch als das „Lernen in vollem Gehorsam" gegenüber einem männlichen Lehrer (1 Tim 2,11) ist das Kindergebären zudem ein „gutes Werk",
das Frauen nicht alleine vollbringen können. Das σωθῆναι διὰ τῆς τεκνογονίας setzt ja eine Beteiligung des Mannes bei dem der Rettung der Frau
dienenden Vorgang voraus, denn dass kein Kind ohne Zutun eines Mannes

---

[308] Ungewöhnlich klarsichtig (oder einfach patriarchal unreflektiert?) kommt G. Fitzer, allerdings ohne Einbeziehung der intertextuellen Dimension, zu dem Ergebnis: Die Frau wird „dadurch
das Heil erlangen, daß sie *als Geschlechtswesen dem Manne zur Verfügung steht* und Kinder zur
Welt bringt." (Weib, 38, Hervorhebung A.M.)

[309] Eine etwas anders gelagerte intertextuelle Deutung unter Einbeziehung von Gen 3,16b und
3,17 hat J. Bassler, Adam, 51f vorgelegt. Nach ihr ist Gen 3,16b als Intertext insofern leitend, als
die ganze Argumentation, bes. 1 Tim 2,11f, die Notwendigkeit der Unterordnung der Frau betont.
Dass in V. 12 sogar explizit eine Umkehrung des Verhältnisses (αὐθεντεῖν ἀνδρός) perhorres-
ziert, hängt damit zusammen, dass auch Gen 3,17 im Hintergrund der Argumentation gegen das
Recht der Frau zu lehren steht. Dieser mögliche Intertext liegt thematisch nahe und könnte daher
bei der vorauszusetzenden Bekanntheit der Geneserzählung durchaus assoziiert worden sein.
Dort wird der Mann von Gott zuerst dafür getadelt, dass er auf die Stimme seiner Frau gehört habe.
Diese ansprechende Deutung impliziert, dass sich das volle Verständnis von V. 11f erst von der gesamten Argumentation V. 13–15 und den hier aufgerufenen Intertexten her erschlösse, was die syntaktische Struktur ja durchaus nahe legt (γάρ in V. 13 leitet die Begründung für V. 12 ein, die aufeinander aufbauenden Einzelargumente werden dann adjunktiv oder adversativ daran geknüpft).
Skeptisch könnte stimmen, dass es nach dieser Deutung *vor allem* nicht direkt zitierte / alludierte
Texte (Gen 3,16b.17) sind, die ein Licht auf die Ausdrücke αὐθεντεῖν ἀνδρός, διδάσκειν und ἐν
ἡσυχίᾳ (μανθάνειν/εἶναι) werfen. Daher scheint mir ein schlüssiger Nachweis, dass der Verf.
diese Lesart von 1 Tim 2,11f von Gen 3,16b.17 her intendierte und evozieren wollte, nicht möglich.
Da aber diese sich rückblickend erschließende Interpretation von 1 Tim 2,11f im vollen Einklang
mit dem intratextuell erhobenen Sinn des Satzes steht und diese Deutung lediglich vertieft, könnte
sie durchaus einen vom Verf. gewollten Sinn des intertextuellen Spiels mit Gen 3 zutreffend beschreiben. Als zusätzliches Argument dafür könnte man anführen, dass Philo, All 3,222 ebenfalls
Gen 3,17 zum Anlass nimmt, generelle Überlegungen über angemessenes Herrschen und Be-
herrschtwerden anzustellen.

entsteht, wusste die Antike sehr wohl, wie z.B. die oben S. 287 bereits diskutierte Stelle bei Plutarch (PraecConiug 48) zeigt, wo ebenfalls die Aktivität des Mannes bei der Zeugung von Kindern und in der charakterlichen Bildung der Frau parallelisiert werden. Wenn ihr Gerettetwerden durch Kindergebären geschieht, wird die eschatologische Rettung für jede Frau vermittelt durch die sexuelle Bindung an (und im Sinne des Textes auch Unterwerfung unter) einen Mann. Pointiert gesagt: Der Mann wird zum Erlöser seiner Frau, Christus kommt bei Frauen nur zum eschatologischen Ziel vermittelt über die körperliche Besitzergreifung ihres Mannes. Eine solche Soteriologie liegt durchaus in der letzten Konsequenz dessen, was in 1Kor 11,3 von Paulus formuliert worden war: παντὸς ἀνδρὸς ἡ κεφαλὴ ὁ Χριστός ἐστιν, κεφαλὴ δὲ γυναικὸς ὁ ἀνήρ, κεφαλὴ δὲ τοῦ Χριστοῦ ὁ θεός.[310] 1Kor 11,3 kann allerdings nur für das *soteriologische Prinzip* der Heilsvermittlung über den Mann Pate gestanden haben. Dass die Heilsvermittlung nach 1Tim 2,15 an *den körperlichen Vorgang des Mutterwerdens* gekoppelt wird, als Heilsmittel ausgerechnet die Teknogonia fungiert, liegt vielleicht nicht nur an Gen 3,16 und den „Zwängen", denen sich der Verfasser durch die von ihm bekämpften Asketinnen ausgesetzt sah. Möglicherweise ist er dazu von einem Paulustext angeregt worden, der seinerseits ebenfalls 1Kor 11,3 aufnimmt, die Urgeschichte (Gen 2,24) zitiert und, wie bereits besprochen, die in 2Kor 11,2f an den Topos von Evas Verführung gekoppelte Vorstellung von der Kirche als Braut Christi aufnimmt.[311] Im folgenden Abschnitt soll die Möglichkeit ausgelotet werden, dass in 1Tim 2,15 eine Weiterführung der Vorstellung vom Mann als „Retter des Leibes" der Frau vorliegt, die der Verfasser der Pastoralbriefe in Eph 5,23 lesen zu können meinte.

10.2.4.2 Eph 5,22ff als Prätext von 1Tim 2,11–15?

Eine Aufnahme von Eph 5,22ff als Prätext ist insbesondere dann gut vorstellbar, wenn die ausgedehnte Eheparänese des Epheserbriefes, wie oben bereits vermutet, eine antiasketische Zielrichtung hat. Die in Eph 5,22 geforderte Unterordnung der Frauen unter ihre Männer wie unter den Kyrios wird in Eph 5,23 unter klarer Bezugnahme auf 1Kor 11,3 folgendermaßen begründet: „Denn der Mann ist das Haupt der Frau wie auch Christus das Haupt der Gemeinde ist, er der Retter des Leibes (αὐτὸς σωτὴρ τοῦ σώματος)." Dazu bemerkt M. Küchler mit Recht, dass „die Ueberordnung des Mannes über die Frau durch die gedankliche Verbindung zu Christus als ‚Retter des Leibes' (Vers 23c) in beinah soteriologische Dimensionen er-

---

[310] Damit soll selbstverständlich nicht gesagt sein, Paulus hätte diese Schlussfolgerungen gutgeheißen, sie wird vielmehr durch die Selbstkorrektur in 1Kor 11,11 ausgeschlossen.
[311] Zur Aufnahme von 1Kor 11,2ff und 2Kor 11,2–3 in Eph 5 vgl. J. P. Sampley, One Flesh, 80–84.

höht" wird.[312] Soteriologische Folgerungen werden zwar nicht explizit gezogen, bzw. sollen möglicherweise durch das betonte αὐτός sogar ausgeschlossen werden,[313] doch aktualisiert die Ausdehnung der κεφαλή-Analo-
gie auf das σωτήρ-Prädikat, wie sie etliche Kirchenväter[314] und auch moderne Kommentatoren vornehmen,[315] ohne jeden Zweifel eine vom Text durch
eine Leerstelle geschaffene Auslegungsmöglichkeit. Denn die Analogie bezüglich des κεφαλή-Seins und des ἀγαπᾶν wird ausdrücklich gezogen (V.
23.28f) und ein *eindeutiges* Textsignal, das es verbieten würde, das σωτήρ-
Prädikat und die soteriologischen Aussagen von V. 25–27 auf den Mann zu
übertragen, fehlt. Vom Ko-Text her ergeben sich als Konkretionen der Ret-
tungstätigkeit erhaltende, lenkende, liebende und fürsorgliche Maßnahmen.
Doch ganz fern liegt auch die Konkretion der Rettung durch Kindergebären
nicht angesichts der gewichtigen Schlussstellung, die das Zitat von Gen
2,24 in Eph 5,30f innehat. Liegt eine Weiterführung dieser Vorstellung in
1Tim 2,15 vor?[316]

Das könnte vor allem dann der Fall sein, wenn M. Walters Vermutung
stimmt, dass die Konzeption von Christus als „Retter des Leibes (sc. der
Kirche)" eine ekklesiologische Adaptation der Vorstellung von Asketinnen
war, Christus sei der Retter ihres Leibes (vgl. AcPlThe 6 Mak 13).[317] Dann
hätte sich der Verfasser des Epheserbriefes wie der Verfasser der Past in
charakteristisch unterschiedener Form auf die Vorstellung von Asketinnen
bezogen, wobei beiden daran lag, die „soteriologische Autonomie" der Frau-
en zu relativieren. In Eph geschieht dies via Integration in eine ekklesiologi-

---

[312] Schweigen, 118.

[313] So z.B. T. K. Abbott, 166; M. Dibelius, 93; J. Gnilka, 277; R. Schnackenburg, 252 Anm.
627; S. F. Miletic, One Flesh, 40 (Anm. 44). 45 u.ö.; H. Schlier, 234; M. Barth, 614–617; F. Mußner, 157.

[314] So Johannes Chrysostomos; Theophylakt, Oecumenius unter den griechischen Kirchenvätern, Calvin und Bucer unter den Reformatoren, vgl. M. Barth, 615 Anm. 25.

[315] So J. J. von Allmen, Maris, 29, L. S. Thornton, Life, 222; ähnlich E. F. Scott, 238, der allerdings in 23c σωτήρ nicht als christologischen Titel gelten lassen will, was kaum überzeugt.

[316] Auch H. Baltensweiler, Ehe, 225 mit Anm. 19 vermerkt die Nähe von Eph 5,23 und 1Tim
2,15, wenn man in Eph 5,23 eine Rettung des Leibes der Frau durch den Mann impliziert sieht,
weist diese Deutung dann aber für Eph ab, hält sie für 1Tim 2,15 jedoch für möglich. Den naheliegenden Schluss, der Verf. der Past könne durch den Epheserbrief zu seiner Schlussfolgerung gelangt sein, zieht er jedoch nicht. Ähnlich referiert M. Barth, 615 Anm. 27 eine theoretisch mögliche
Auslegung unter Bezugnahme auf 1Tim 2,15: „Inasmuch as the husband in his marital relation
contributes to his wife's ,salvation through motherhood,' he is aptly called her ,savior' (Eph 5:23)."
Barth weist diese Deutung u.a. mit dem Argument zurück, beide Texte gehörten nicht in denselben
literarischen Kontext. Für den Verf. des Tim, sofern er Eph vorliegen hatte, ist dieses Argument
aber hinfällig.

[317] Diese Umformulierung diente nach M. Walter dem Ziel, christlichen Frauen die patriarchale
Ehe als Lebensform und Abbild wahrer Christusgemeinschaft nachdrücklich zu empfehlen (Leib-
Metaphorik, 194–198).

sche Konzeption, der die oikonomischen Beziehungen analogisch untergeordnet werden, wobei die Exklusivität der soteriologischen Rolle Christi gewahrt bleibt. In den Past dagegen ist die Ekklesiologie gänzlich nach dem Bilde der Oikonomik umgestaltet worden. Die Aufrechterhaltung der häuslichen Ordnung ist dabei mit einem solchen religiösen Gewicht versehen worden, dass es dem Verf. plausibel erscheint, die eschatologische Rettung der Frauen an die Erfüllung ihrer Rolle im Haus zu binden und dabei dem Ehemann gewissermaßen einen Teil der soteriologischen Funktion Christi zu übertragen. Bezeichnenderweise wechselt er dabei gegenüber Eph 5,28f. 31f, wo das „ein Fleisch werden" aus Gen 2,24 Vergleichspunkt der engen Verbindung Christis mit Kirche bzw. der Eheleute untereinander ist, den Bezugstext aus der Gen aus. Dass und in welcher Weise der Mann „Retter des Leibes" seiner Frau wird, wird nunmehr begründet durch die Sündenfalltradition, welche die Vorstellungen von einer besonderen Erlösungsbedürftigkeit der Frau wegen ihrer angeblichen Verfallenheit an die sexuelle Begierde hoffähig gemacht hatte. Die Rettung geschieht in einem fruchtbaren (15a) und keuschen (15b) Eheleben.

Alternativ zu Eph 5,23 könnte dem Verf. der Past allerdings auch ein anderer pln Zusammenhang als Traditionsgrundlage vor Augen gestanden haben.

10.2.4.3 1Kor 7,5.14–16 als Prätext von 1Tim 2,15?

Die Vorstellung, dass die Frau durch Kindergebären gerettet wird, könnte möglicherweise auch eine idiosynkratische Rezeption der Gedanken des Paulus sein, die in 1Kor 7,14–16 niedergelegt sind. Immerhin begegnet dort *die Frage der eschatologischen Rettung im Zusammenhang mit der Ausübung ehelicher Sexualität unter Einbeziehung der daraus entstehenden Kinder* (τέκνα), wobei die Handlung des gläubigen Ehepartners in V. 16 mit dem Verbum σῴζειν bezeichnet wird (τί οἶδας, ἄνερ, εἰ τὴν γυναῖκα σώσεις), es insofern legitim wäre, auf Seiten des empfangenden Partners von σωθῆναι zu reden.

Natürlich läge, wenn 1Kor 7,14ff als Prätext fungiert hätte, eine gravierende Umdeutung des dortigen Gedankens vor. An die Stelle der bei Paulus geschlechtssymmetrisch entfalteten Rettung eines bzw. einer Ungläubigen durch den gläubigen Partner bzw. die gläubige Partnerin ist in 1Tim 2,13–15 die hierarchisch begründete und daher nicht umkehrbare Notwendigkeit zur Rettung der gläubigen Frau durch ihren Ehemann getreten (dessen Zugehörigkeit zur Gemeinde unproblematisiert vorausgesetzt wird). Mittel der Rettung ist bei Paulus doch wohl die *Bekehrung* des/der Ungläubigen durch den/die Gläubige/n,[318] wobei der Geschlechtsverkehr nur als Begleiterschei-

---

[318] Vgl. den pln Sprachgebrauch: Röm 11,14; 1Kor 1,21; 9,23; 10,33; 1Thess 2,16.

nung der ehelichen Beziehung in den Blick gerät. In 1Tim 2,15 dagegen rettet der Vollzug der Ehe selber bzw. die daraus entstehenden Kinder. Zu dieser Deutung könnte der Verfasser allerdings angeregt worden sein durch die paulinische Aussage, der ungläubige Partner werde „geheiligt" durch den Gläubigen, weswegen auch die Kinder „heilig" und nicht „unrein" seien (1Kor 7,14). Dies ist im pln Zusammenhang zu verstehen als eine Argumentation, die wohl aus jüdischer Tradition stammende Befürchtungen, ein gläubiger Partner werde durch Geschlechtsverkehr mit einem/einer Ungläubigen befleckt, entkräften soll. Es verhält sich nach Paulus gerade umgekehrt: Die Reinheit des christlichen Partners steckt an, nicht die Unreinheit des nicht-christlichen. Unbezweifelbar aber wird durch dies paulinische Argument der Gedanke an eine „reinigende" oder „heiligende" Kraft, die beim Vollzug des Geschlechtsverkehres wirksam ist und sich auf die Kinder auswirkt, nahegelegt. In der vergröberten Adaptation dieses Gedankens durch den Verfasser der Past wird der Vollzug der Ehe per se zu einem (die Frau) rettenden Geschehen. Nicht die Angst vor Befleckung durch einen Ungläubigen, sondern die gegnerische Abwertung von Geschlechtsverkehr überhaupt als eines verunreinigenden, einen heiligen Lebenswandel erschwerenden Geschehens steht im Hintergrund dieser Argumentation.[319]

Auch für die Idee, dass die Rettung der Frau durch Kindergebären eine angesichts der urgeschichtlichen sexuellen Verfehlung der Frau nötige Maßnahme ist, könnte der Verf. in 1Kor 7 Unterstützung gesehen haben: In 1Kor 7,5 warnt Paulus vor der dauerhaften Enthaltsamkeit von Eheleuten mit der Begründung ἵνα μὴ πειράζῃ ὑμᾶς ὁ Σατανᾶς διὰ τὴν ἀκρασίαν ὑμῶν. Das könnte man auf dem Hintergrund der skizzierten zeitgenössischen Genesisrezeption so verstehen, dass in jeder sexuellen Versuchung sich das urgeschichtliche Drama der Versuchung Evas durch die Satansschlange wiederholt, wovor allein ein geregeltes Eheleben schützen kann. Auch hier hätte der Verf. der Past allerdings wieder einen bei Paulus auf beide Geschlechter bezogenen Gedanken einseitig misogyn rezipiert: Aus dem remedium concupiscentiae wurde ein remedium concupiscentiae feminarum. Zugleich hätte der Verf. eine bei Paulus hinsichtlich des Heils als Adiaphoron geltende Institution zum Ort erklärt, an dem allein Frauen ihr Heil gewinnen können.

Mehr als eine unter anderen nachvollziehbaren Möglichkeiten ist diese vermutete Abhängigkeit von 1Kor 7,5.14–16 angesichts der zu postulierenden gravierenden Umdeutungen des Prätextes und der vergleichsweise geringen Prägnanz der intertextuellen Beziehung nicht. Ich halte sie trotzdem für bedenkenswert, weil sie eine plausible Erklärung dafür liefern kann,

---

[319] Ganz analog argumentiert Clemens von Alexandrien in Strom III,46,5–47,1 mit 1Kor 7,14 gegen Enkratiten, die sagen, Geschlechtsverkehr sei etwas Unreines (μιαρὰν δὲ εἶναι τὴν συνουσίαν λέγοντες).

wieso der Verf. der Past die Aussage, die Frau werde durch Kindergebären gerettet, in 3,1a als ein „zuverlässiges Wort" apostrophieren konnte. Eine weitere Möglichkeit besteht darin, dass der Verf. sein Traditionsbewusstsein bezüglich der rettenden Kraft von Kindergebären und keuscher Eheführung aus einem wohl verbreiteteren Verständnis der Funktion der Ehe bezieht, die sich literarisch zuerst fassbar im Buch Tobit niedergeschlagen hat.

10.2.4.4 Rettung durch Kindergebären und keusche Eheführung – eine Neukombination frühjüdischer Genesisauslegungen unter Aufnahme der Ehevorstellung des Tobitbuches?

1Tim 2,15 bindet die eschatologische Rettung der Frauen an Kindergebären und ein „Bleiben" der Frauen in einer moderaten zurückgezogenen Lebensführung, was logisch abgeleitet wird aus der Erzählung von der Erschaffung der Frau aus Adams Rippe und dem Sündenfall Evas. Eine teilweise ähnliche und m.W. noch nicht diskutierte Verbindung zwischen einer Auslegung der Schöpfungsgeschichte und der Vorstellung, dass eine Frau durch den Vollzug der Ehe und die darauf folgende Geburt von Kindern *gerettet wird*, begegnet im Tobitbuch.

Bereits vor dem Aufbruch des Tobias verpflichtet ihn sein Vater zur Ehe mit einer Frau „aus dem Samen deiner Väter", wie dies die Erzväter praktiziert hatten. Einer solchen Ehe gilt eine innerweltlich eschatologische Verheißung: „Und sie wurden gesegnet durch ihre Kinder, und ihr Same wird die Erde erben." (4,12) Auf der Reise eröffnet der Engel Raffael Tobias, dass er Sarah heiraten muss und gibt ihm folgenden Rat für die Hochzeitsnacht: „steht beide auf und betet und bittet den Vater des Himmels, dass er euch Erbarmen und Rettung gewähre. Und fürchte dich nicht, denn sie ist dir zugeteilt[320] von Ewigkeit her und *du wirst sie retten* (καὶ σὺ αὐτὴν σώσεις) und sie wird mit dir ziehen und ich glaube, dass dir aus ihr Kinder entstehen werden (Tob 6,18).[321] Tobias befolgt den Rat und bezieht sich im Gebet in der Hochzeitsnacht auf die Schöpfungsgeschichte, wobei bezeichnenderweise die beiden mit der Erschaffung der Frau assoziierten Funktionen die ihrer untergeordneten Rolle als Hilfe des Mannes und als zur Fortpflanzung nötige Partnerin sind: σὺ ἐποίησας τὸν Αδαμ καὶ ἐποίησας

---

[320] Von Ewigkeit her ist die Frau für ihren Mann verplant (und nicht etwa umgekehrt) – Die androzentrische Sichtweise des Textes ist hier, wie durchgängig im Tobitbuch, mit Händen zu greifen, vgl. H. Schüngel-Straumann, 401–408; B. Bow/G. W. E. Nickelsburg, Patriarchy, 127–143.

[321] Zitiert wird die vom Sinaiticus und der altlateinischen Überlieferung gebotene Textfassung, da diese – entgegen früheren Annahmen – wohl direkt auf eine semitische Vorlage zurückgeht, wohingegen der von Vaticanus/Alexandrinus gebotene Text eine Überarbeitung einer griechischen Vorlage darstellt, vgl. R. Hanhart, Text, 11–48; C. A. Moore, 53–60. Zu 6,18 (und 3,15) gibt es auch ein aramäisches Fragment, aber die in 6,18 als Pendent zu καὶ σὺ αὐτὴν σώσεις interessierende Formulierung fällt dort in eine Lücke, vgl. K. Beyer, Die aramäischen Texte, 134–147.

αὐτῷ βοηθὸν στήριγμα Ευαν τὴν γυναῖκα αὐτοῦ· καὶ ἐξ ἀμφοτέρων ἐγενήθη τὸ σπέρμα τῶν ἀνθρώπων (Tob 8,6). Die enge Verknüpfung der Erschaffung der Frau mit der Bestimmung zur Fortpflanzung geschieht gegen die biblische Vorlage, worin eine gezielte Interpretation der Genesiserzählung zu sehen ist.[322] Charakteristisch für das ganz im Licht der Schrift gewonnene Eheverständnis[323] ist auch, wie der Beschluss Gottes zur Erschaffung der Frau von Tobias wiedergegeben wird. Man gewinnt nämlich den Eindruck, dass die Ehe „damit zu einem expliziten Gottesgebot" gemacht wird:[324] σὺ εἶπας ὅτι Οὐ καλὸν εἶναι τὸν ἄνθρωπον μόνον, ποιήσωμεν αὐτῷ βοηθὸν ὅμοιον αὐτῷ (Tob 8,6). Bevor die Ehe vollzogen wird, versichert Tobias Gott, dass er vollkommen reine Absichten hat (wie es zuvor auch schon Sarah in 3,15 in ähnlicher Weise getan hatte): οὐχὶ διὰ πορνείαν ἐγὼ λαμβάνω τὴν ἀδελφήν μου ταύτην, ἀλλ᾽ ἐπ᾽ ἀληθείας· (Tob 8,7). Ich halte es für denkbar, dass mit der Antithese οὐχὶ διὰ πορνείαν – ἀλλ᾽ ἐπ᾽ ἀληθείας, die vielfältige Deutungsversuche hervorgerufen hat,[325] Unzuchtsvermutungen gegenüber der Ehe zurückgewiesen werden sollten, die in asketischen Milieus des Judentums durchaus verbreitet gewesen zu sein scheinen.[326] Das Buch Tobit drückt durch die dramatische Gegenüberstellung der sieben in der Hochzeitsnacht gestorbenen Männer und des Tobias, dem einzigen männlichen Verwandten aus dem Stamme des Raguel, aus, dass Geschlechtsverkehr nur dann, wenn er in einer vollkommen mit dem Gesetz des Mose übereinstimmenden Ehe vollzogen wird,[327]

---

[322] Vgl. dazu H. Schüngel-Straumann, 408. Auf die Betonung der Hilfsfunktion der Frau durch Hinzufügung von στήριγμα zu βοηθόν weisen hin B. Bow/G. W. E. Nickelsburg, Patriarchy, 138.

[323] Eine weitere Anspielung auf die Schöpfungserzählung begegnet in Tob 6,19, wo Gen 2,24 anklingt.

[324] M. Rabenau, Studien, 142.

[325] Nach C. A. Moore, 238 meint ἀλλ᾽ ἐπ᾽ ἀληθείας „with noble intent" und bezieht sich auf die Erfüllung der Rolle des Levir durch Tobias. Nach P. Deselaers, Buch, 386 Anm. 26 meint διὰ πορνείαν nicht Unzucht, sondern wie in 4,12 unrechtmäßige Heirat, die das Endogamiegebot missachtet. An die „reine Gesinnung" des Tobit im Gegensatz zu der sexuellen Begierde des Dämons denken B. Bow/G. W. E. Nickelsburg, Patriarchy, 139 unter Hinweis darauf, dass auch sonst im Tobitbuch die Ehepartner einander als Geschwister anreden. M.E. schließen sich die Deutungen nicht aus, denn sie betonen alle, dass es um die Ausrichtung der menschlichen Sexualität an den Geboten der Thora geht, so auch M. Rabenau, Studien, 142. Vielleicht aber ist die überstrenge Thorabindung vor allem Ausdruck einer akuten Legitimationskrise der Ehe.

[326] Vgl. die Aussagen des Josephus über die Essener (s.u. Anm. 327), des Philo über die TherapeutInnen (Cont), sowie Ap 2,199.

[327] Gesetzeskonformität äußert sich nach der Deutung des Tobitbuches zentral in einer Bindung an ein eng ausgelegtes Endogamiegebot, vgl. Tob 1,9; 4,12f u.ö., möglicherweise auch in der exklusiven Ausrichtung der Ehe auf die Fortpflanzung, die (u.a.) nach A. Dupont-Sommer, L'Essénisme, für die essenische Herkunft des Tobitbuches spricht, jedenfalls aber die Rezeption durch die Essener erklärt, die nach dem Bericht des Josephus die Ehe nur der Kinder wegen pflegten, sofern sie nicht völlig enthaltsam lebten (vgl. Jos Bell 2,120f.160f).

eine gottgefällige und segensträchtige Angelegenheit ist.[328] Kinder bekommt Sarah nur von dem ihr von Gott vorherbestimmten Ehemann,[329] durch den Vollzug der Ehe „rettet" er sie (s.o. Tob 6,18). Im Falle von Sara ist keine eschatologische Rettung im vollen Sinne im Blick, Tobias rettet sie vielmehr vor der Schmach der Kinderlosigkeit – die allerdings das Verlöschen der Familie ihres Vaters bedeuten würde, was man gerade auch im Lichte der Verheißung von 4,12 („ihr Same wird die Erde erben") als „immanente Eschatologie" bezeichnen könnte. In 1Tim 2,15 geht es eindeutig um eschatologische Rettung, die aber mit demselben Verbum beschrieben wird.

An dieser Stelle scheint eine kurze Zwischenüberlegung angebracht. Man kann durchaus fragen, ob es überhaupt sinnvoll ist, das Tobitbuch als möglichen Bezugstext von 1Tim 2,13–15 zu identifizieren. Ist es nicht vielmehr die in Tobit erstmals greifbare und auch 1Tim 2,15 zugrundeliegende weitverbreitete Auffassung von der urgeschichtlichen Bestimmung von Mann und Frau zur patriarchal geprägten, auf Kinderreichtum ausgerichteten Ehe, die in beiden Fällen zu ähnlich klingenden soteriologischen Formulierungen führte? Ohne Zweifel ist die Vorstellung, dass der Ehemann einen unverzichtbaren Part bei der „Rettung" seiner Frau übernehmen kann oder sogar muss, logische Konsequenz einer geschlechtsdifferenzierenden Anthropologie, die der Frau keine wirklich eigenständige personale Identität zugesteht, sondern sie immer nur auf den Mann bezogen wahrnimmt. Diese Anthropologie wurde im Judentum nicht nur, wie gezeigt, im Tobitbuch, sondern vielfältig belegt auch im rabbinischen Judentum in Auslegung der Urgeschichte gewonnen, indem die Bestimmung der Frau einseitig in ihrer Funktion als „Hilfe" des Mannes und besonders als unentbehrliches „Gefäß"[330] bei der in der Thora (Gen 1,28) dem Mann (!) gebotenen Kindererzeugung[331] gesehen wurde.

---

[328] Dies haben die späteren Interpretationen des Tobitbuches massiv verstärkt – vgl. die Erweiterungen der Vulgata (durch Hieronymus?) zu 3,16–18; 6,16b–22; 8,4–5 und C. A. Moore, 242–245 – ist aber durch die Struktur der Erzählung bereits in der frühesten Textfassung grundgelegt. Es drückt sich auch darin aus, dass sowohl Sarah als auch Tobias sich von einer Eheauffassung distanzieren, die der πορνεία Raum gibt (3,14f; 8,7) und dass in 3,17 möglicherweise die Motive der früheren Ehemänner Sarahs in ein schlechtes Licht gerückt werden (πάντας τοὺς θέλοντας λαβεῖν αὐτήν), vgl. C. A. Moore, 158.

[329] Die Kinder der beiden Einzelkinder Sarah und Tobias ziehen sich als meist implizites Thema durch die Erzählung: Der Fluch der Magd in Tob 3,9 bezieht sich auf Sarahs Kinderlosigkeit, die auch 3,15 beklagt. 4,12 stellt fest, dass Segen durch Kinder kommt, die endogamen Ehen entstammen; beim Abschied in 10,11f bitten die Eltern von Sarah, die Kinder des Paares vor ihrem Tod noch zu sehen; in 14,3 („führe deine Kinder weg") und 14,8/9 schließlich ist vorausgesetzt, dass die beiden inzwischen Kinder haben, obwohl deren Geburt nirgendwo explizit berichtet wird.

[330] Vgl. C. Maurer, Art. σκεῦος, bes. 361f.

[331] Der rabbinische Mehrheitsdiskurs sah nur den Mann zur Fortpflanzung verpflichtet, nicht die Frau, aber es gab auch abweichende Stimmen. Vgl. D. Daube, The Duty of Procreation; J.

So gibt es denn auch im rabbinischen Judentum Aussagen, die eine durch Kinderzeugung und damit nur über den Mann vermittelte Anteilhabe am Heil für die Frauen behaupten. Besonders interessant ist die m.W. als Parallele zu 1Tim 2,15 m.W. noch nicht diskutierte Anekdote von Yalta und Ulla (bBer 51a–b),[332] die zugleich zeigt, dass es immer Frauen (und Männer) gegeben hat, die sich der Reduktion von Frauen auf ihre Gebärmutter energisch widersetzt haben. Die Anekdote nimmt Bezug auf eine baraita, die festlegt, dass ein von einem Weisen gesegneter Kelch an die Mitglieder des Hauses geschickt werden kann, die dadurch Anteil am Segen erhalten. Als der Wanderrabbi Ulla bei Rav Nahman zu Besuch war, bat dieser ihn, einen gesegneten Kelch zu der hochgebildeten Rabbinertochter Yalta zu schicken, von der nicht klar ist, ob sie die Ehefrau oder eine geschätzte Gesprächspartnerin Rav Nahmans ist.[333] Ulla weigert sich zunächst mit den Worten: „The fruit of a woman's womb (literally stomach) is blessed only through the fruit of the man's stomach..." Als Yalta davon hört, zerschlägt sie im Weinkeller vierhundert Weinkrüge – was man mit Rachel Adler[334] getrost als symbolische Kastration von gigantischem Ausmaß deuten darf. Erneut gedrängt schickt Ulla einen Kelch, jedoch versehen mit einem despektierlichen Kommentar. Diesen kommentiert Yalta unter Anspielung auf einen ursprünglich frauenfeindlichen Spruch des Jesus Sirach (Sir 42,13[335]): „Rumors come from peddlers and lice from rags", den sie nun auf den verlausten Wanderrabbi anwendet.[336] Mag Yalta in dieser Episode über einen selbstgefälligen Herrn der Schöpfung rhetorisch obsiegt haben, kann das doch nicht darüber hinwegtäuschen, dass die in Ullas Diktum zum Ausdruck kommende Gesinnung wohl weit verbreitet war.

Man wird demnach nicht ausschließen können, dass der Verfasser der Past sich mit 1Tim 2,15; 3,1a einfach auf gängige, aus der Urgeschichte abgeleitete anthropologische Grundüberzeugungen bezog. Doch gibt es auch Indizien, die Tobit als Prätext favorisieren. Generell ist in Rechnung zu stellen, dass dem Verfasser jüdische Schriften und Traditionen geläufig sind; er zitiert nicht nur mehrfach Thora, Propheten und Ketubim, sondern verweist einmal auf eine weit apokryphere Tradition als das verbreitete Tobitbuch, die Erzählung, die sich um Jannes und Jambres rankte (2Tim 3,8). Wenn er in 2Tim 3,15 Timotheus als paradigmatischem Amtsträger anweist, sich der von Jugend an vertrauten Heiligen Schriften (ἱερὰ γράμματα) zu bedienen, τὰ δυνάμενά σε σοφίσαι εἰς σωτηρίαν διὰ πίστεως τῆς ἐν Χριστῷ Ἰησοῦ, dann wird man in 1Tim 2,13–15 ein Paradebeispiel für solche aus der Schrift gewonnene Belehrung zum Heil sehen können, wobei möglicherweise nicht nur die im Lichte paulinischer Texte gelesene Genesis, son-

---

Hauptman, Maternal Dissent, 81f.94f; T. Ilan, Jewish Women, 105–107; J. Cohen, „Be Fertile", 67–165.

[332] Den Hinweis auf diesen Text verdanke ich V. Balabanski.

[333] Vgl. dazu T. Ilan, Mine and Yours, 121–129.

[334] Folktales, 50–52.

[335] „Denn aus dem Kleid kommt die Motte, aus der einen Frau die Schlechtigkeit der anderen."

[336] Die geschickte Bezugnahme auf Sir 42,13 hat Tal Ilan überzeugend erkannt und ausgedeutet, vgl. Mine and Yours, 121–125; dies., Integrating Women, 171–174.

dern auch die durch Tobit auf die Ehe hin ausgelegte Genesis zu Rate gezogen wurde. Neben den offenkundigen Übereinstimmungen in der soteriologischen Terminologie und der Ableitung der Bestimmung von Frau und Mann aus der Schöpfungsgeschichte könnte auch die in Tobit leitende Gegenüberstellung von „sündiger", tötender und „legitimer", rettender Sexualität Vorbild für die logische Verknüpfung zwischen 1Tim 2,14 und 2,15 gewesen sein. An die Stelle des männermordenden Dämons, der Sarah ihrer schöpfungsgemäßen Bestimmung zum Kindergebären beraubt, tritt in 1Tim 2,14f Satan in Gestalt der Paradiesesschlange, dem die Frau qua Natur zwar verfallen ist (ἐν παραβάσει γέγονεν), vor dem sie aber durch eine kinderreiche und keusche Eheführung gerettet werden kann (1Tim 2,15a.b). Die sexualisierte Auslegungstradition für Gen 3 in 1Tim 2,14 vorausgesetzt, könnte die vom Mann vermittelte „Rettung" der Frau durch Kindergebären in einem doppelten Sinne als angemessene Reaktion auf den sexuellen Sündenfall Evas verstanden worden sein: Als die logische Alternative zur Lehre von „verführten" Frauen, wobei die sexuelle Verführbarkeit Evas metaphorisch für die Verführbarkeit von Frauen zu satanischen Lehren bzw. durch satanische Lehrer verstanden würde. Aber auch im wörtlichen Sinne fungiert die Rettung durch Kindergebären im Rahmen einer legitimen Ehe als Alternative zu der asketisch lebenden Frauen jederzeit drohenden Verführung, woran erinnert wird durch die Anspielung auf die urgeschichtlich erwiesene sexuelle Unkontrollierbarkeit der weiblichen Natur (dafür spräche v.a. 1Tim 5,6.11f.14).

Ob Tobit eine direkte Quelle des Verf. der Past war, ist mangels eindeutiger Zitate aus dieser Schrift[337] nicht zu klären. Auf jeden Fall ist die in Tob begegnende Auffassung der Rettung der Ehefrau durch den Vollzug der Ehe mit ihrem Mann im Zusammenhang mit einem Eheverständnis, das sich aus einer moderat patriarchalen Auslegung von Gen 2 speist, hier zu einem so frühen Zeitpunkt belegt, dass sie direkt oder indirekt eine der traditionsgeschichtlichen Wurzeln bilden konnte, aus der der Verf. der Past seine Ehe-Soteriologie für Frauen schöpfen konnte. Seine charakteristischste Änderung ihr gegenüber bestand darin, die Notwendigkeit nicht allein in der Anordnung des Schöpfers, sondern darüber hinaus vor allem im Wesen der Frau, wie es sich ihm aus der Sündenfalltradition ergab, begründet zu sehen.[338]

---

[337] Man kann eventuell in 1Tim 6,19 (ἀποθησαυρίζοντας ἑαυτοῖς θεμέλιον καλὸν εἰς τὸ μέλλον) eine Aufnahme von Tob 4,9 sehen (θέμα γὰρ ἀγαθὸν θησαυρίζεις σεαυτῷ εἰς ἡμέραν ἀνάγκης·), zu Tob 4,13 ist 1Tim 6,10, zu Tob 4,14 1Tim 4,15f, zu 1Tim 1,17 schließlich Tob 13,7.11 zu vergleichen. Da es sich aber bei den ersten beiden Stellen um gnomische Paränese, bei der dritten um typischen Stil der Ermahnung und der letzten um liturgische Sprache handelt, beweisen die Parallelen nichts Sicheres.
[338] Eine analoge Verknüpfung der Tobiterzählung mit der Sündenfallerzählung in ihrer sexualisierten Deutung könnte m.E. hinter der von C. A. Moore, 47f (dort mit falscher Stellenangabe!)

10.2.4.5 *Gerettet werden durch Kindergebären – ein zuverlässiges Wort*

Die Untersuchungen der letzten drei Abschnitte konnten nicht abschließend klären, ob 1Kor 7,14–16; Eph 5,23c oder die Aussagen über die Ehe im Tobitbuch als Prätext(e) gelten können, auf den bzw. die der Verfasser der Past sich bewusst bezog, als er seinen Adressaten gegenüber die soteriologische Aussage von 1Tim 2,15 explizit als zuverlässiges Wort kennzeichnete (1Tim 3,1). Doch zumindest ist deutlich geworden: es gab Aussagen in der paulinischen Tradition und im maßgeblichen jüdischen Schrifttum, die als Begründungsbasis für die gewagte soteriologische Sentenz hätten dienen können. Es wird kaum Zufall sein, dass alle drei untersuchten Texte ein Plädoyer für die (mit Kindern gesegnete) Ehe halten, wobei im Hintergrund jeweils verschieden ausgeprägte Einwände gegen die Ehe als Institution ausgemacht werden konnten. Dass in 1Kor 7,14–16 und Eph 5,23c tatsächlich eine Rettung der Frau durch den Vollzug der Ehe mit ihrem Mann intendiert war, kann für 1Kor sicher, für Eph 5,23 fast sicher ausgeschlossen werden. Doch konnten die Überlegungen zur Ehekonzeption des Buches Tobit, die im Lichte rabbinischer Theologie als charakteristisch für eine breite Strömung im Judentum gelten kann, zeigen, wie der Verfasser der Past von seiner Genesisdeutung zu einer frauenspezifischen Soteriologie durch Kindergebären gelangen konnte. Im Lichte einer solchen zuverlässigen Tradition betrachtet, konnte er dann auch gegebenenfalls auch 1Kor 7,14–16 und Eph 5,23c als paulinische Unterstützung dieser Position verstehen.

10.3 Zusammenfassung

Die *intratextuelle Analyse* von 1Tim 2,9–15 ergab, dass es sich um einen überaus kohärenten Text handelt, der eine einzige zentrale Ermahnung einschärfen und argumentativ absichern möchte, dass nämlich Frauen im Gottesdienst sich schmücken sollen mit guten Werken. Worin diese bestehen, definiert der Text unter Rückgriff auf vertraute, z.T. schon christlich angeeignete popularphilosophische und hellenistisch-jüdische Traditionen. Zugleich tritt er alternativen Visionen davon, was gute Werke von Frauen im gottesdienstlichen Kontext sind, entgegen, die in den Gemeinden verbreitet waren. Konkret fordert er (2,9f) im Stil weitverbreiteter philosophischer

---

als Wirkungsgeschichte des Tobitbuches identifizierten Anweisung aus bShab 110a stehen: „Wenn eine Schlange in den Leib einer Frau gekommen ist, so setze man sie mit auseinandergespreizten Beinen auf zwei Fässer; darauf hole man fettes, auf Kohlen gebratenes Fleisch, einen Korb mit Kresse und wolriechenden Wein, mische Alles zusammen und setze es unter sie; alsdann warte man mit einer Zange in der Hand, und wenn sie den Duft riecht und herauskommt; fasse man sie und verbrenne sie im Feuer, denn sonst kommt sie wieder hinein.“

Polemik den Verzicht auf aufwendige Kleidung und Schmuck als Erweis einer tugendhaften Gesinnung. Damit verstellt er reichen Frauen einen im Rahmen antiker Wohltätermentalität obligaten Weg, ihre finanziellen Potenzen als Empfehlung für gemeindliche Führungsämter ins Spiel zu bringen. In V. 11 fordert der Verfasser, dass Frauen in Stille und totaler Unterordnung lernen sollen. Dass hiermit die Forderung nach dem Schmuck guter Werke konkretisiert wird, wurde gezeigt, indem zahlreiche christliche, jüdische und pagane Traditionen ausgewertet wurden, die das Stillsein der Frauen geradezu sprichwörtlich als Schmuck bezeichnen, die Unterordnung als Schmuck und gutes Werk bewerten und die das Lernen in Unterordnung unter männliche Lehrer und die rechte Lehre als Voraussetzung des Heils und wahren Schmuck einer Frau charakterisieren. Das in V. 12 ausgesprochene Lehrverbot muss als Abweisung eines für Frauen attraktiven guten Werks im gottesdienstlichen Kontext verstanden werden. Denn den männlichen Inhabern der ἐπισκοπή wird dieses primär durch Lehre charakterisierte Amt als gutes Werk empfohlen (1Tim 3,1) und ihre Lehrtätigkeit begleitet die Verheißung, dadurch neben den Belehrten auch sich selbst eschatologische Rettung zu erwirken (1Tim 4,16). Das Verbot des potenziell heilswirksamen guten Werkes der Lehre wird in V. 13–14 mit einer misogynen Auslegung von Schöpfung und Fall begründet, in V. 15 wird den Frauen eine geschlechtsspezifische Alternative, nämlich das Kindergebären und Bleiben in einer zurückhaltenden tugendhaften Gläubigkeit, als Heilsweg zugewiesen. Als pragmatischer Hintergrund der Einführung des Lehrverbotes ist zunächst vor allem politische Opportunität des Verfassers in Rechnung zu stellen. Die in der Forschung weitverbreitete Überzeugung, er wollte durch das Lehrverbot und den Gebärzwang für Frauen einer schöpfungsfeindlichen, gnostischen Gegnerfront entgegentreten, ließ sich als unwahrscheinlich erweisen. Sehr viel wahrscheinlicher ist, dass es sich bei den bekämpften LehrerInnen um asketische Pauliner handelt, die bezüglich der Heilswirksamkeit der Lehre genau derselben Meinung waren wie der Verf. der Past (vgl. AcPlThe 6 Mak 13), nur dass sie diese nicht auf Männer beschränkten und nicht εὐσέβεια (1Tim 4,8), sondern ἐγκράτεια zur wichtigsten Eigenschaft eines Lehrers bzw. einer Lehrerin erhoben. Sollten – was nicht sicher ist – bei den GegnerInnen mit 1Tim 2,13–15 konkurrierende Genesisauslegungen verbreitet gewesen sein, dann waren dies kaum gnostische Allegoresen, die in der Schöpfung ein Unglück, im Fall eine Heilstat, in Eva eine Weisheitsbringerin etc. sahen. Infrage kommen vielmehr die bei Hippolyt bezeugte Vorstellung, christliche Lehrerinnen machten durch die von ihnen vertretene wahre Lehre den Fall der Urmutter rückgängig, den Fluch über sie gegenstandslos, oder die enkratitische Lehre von der Rückerlangung des Paradieses durch Askese.

Dass asketische PaulusanhängerInnen als wichtigste Gegnerfront vorauszusetzen sind, bestätigt die *intertextuelle Analyse* von 1Tim 2,11–3,1a. Von
V. 11 an besteht der Text praktisch nur noch aus neuverwendeten paulinischen Aussagen und Argumenten, lediglich in 2,15 ist die Traditionsgrundlage unklar, doch wird durch den Traditionsmarker 3,1a („dies ist ein zuverlässiges Wort") mindestens suggeriert, auch die Rettungsaussage sei altbe-
kannte paulinische Lehre. Durch die gehäuften Eigentextreferenzen werden
die LeserInnen zu einer intensiven intertextuellen Rezeption mit erkennbaren Rückwirkungen auf das Verständnis der Prätexte angeregt. So enthüllt
1Tim 2,13ff, was Paulus' Berufung auf das Gesetz in 1Kor 14,34c sagen
wollte. Die in 1Kor 11,3.8f ebenfalls thematisierte Zweiterschaffung der
Frau impliziert nach 1Tim 2,12–13 ihre dauerhafte Unterordnung unter den
Mann und schließt daher den Herrschaftsakt des Lehrens von Männern aus.
Damit „erledigt" sich das mögliche „Missverständnis", aus 1Kor 11,11f sei
zu schließen, „im Herrn" bestünde diese Hierarchie nicht mehr, weswegen
auch ein geschlechtsspezifischer Heilsweg (Rettung durch Kindergebären)
für den Verfasser keinen Bruch mit der Tradition bedeutet. Besonders interessante Perspektiven auf die Gegnerfront ermöglicht die bisher kaum berücksichtigte, aber eindeutige Bezugnahme auf 2Kor 11,3 in 1Tim 2,14.
Zum einen erweist sie klar, dass die nach Ansicht des Verfassers auf Eva
zurückzuführende sexuelle Verführbarkeit der Frauen ihre größere Gefährdung zur Irrlehre ein- und damit ein Lehramt ausschließt. Es geht also nicht,
wie vielfach vorausgesetzt wird, in 1Tim 2,14 „nur" um die leichtere Täusch-
barkeit von Frauen oder ihren Hang, Männer verführen (statt belehren) zu
wollen. Zum anderen spricht viel dafür, dass die Erinnerung an Evas sexuelle Ursünde und das als Heilmittel dazu verpflichtend gemachte Kindergebären eine Gegenlektüre zu einer asketischen Auslegung von 2Kor 11,2f etablieren soll. Denn Paulus' Appell an die KorintherInnen, sich Christus als
„reine Jungfrau" zuführen zu lassen (2Kor 11,2) und nicht wie einst Eva
dem Satan anheim zu fallen, forderte eine individualistisch sexualasketische
Rezeption geradezu heraus. Eine solche ist im 2. Jh. gut bezeugt, es ließ
sich aber zeigen, dass sie in der paulinischen Argumentation und Metaphorik angelegt ist und wohl bereits in Eph 5,22–33 zurückgewiesen wurde.
Auch 1Tim 2,14f reagiert sehr wahrscheinlich auf asketische Deutungen
von 2Kor 11,(2–)3, über deren genaue Gestalt allerdings nur Vermutungen
möglich sind. Jedenfalls hält es der Verfasser für angebracht, zu betonen,
dass alle Frauen unentrinnbar in die Schuldgeschichte Evas verstrickt sind
und dass ein mit Kindern gesegnetes, keusches Eheleben die einzige heil-
versprechende Reaktion auf die bleibende Triebverfallenheit der Evastöchter darstellt.

Ob 1Tim 2,15 vom Verfasser unter Anspielung auf Gen 3,16 frei formuliert wurde oder ob er dazu durch weitere Schriftstellen oder paulinische Aussagen angeregt wurde, konnte nicht sicher geklärt werden. Diskutiert wurden drei mögliche Traditionsgrundlagen. Erstens, dass das Prädikat Christi als „Retter des Leibes" (sc. der Kirche) aus Eph 5,23 auf den Ehemann übertragen wurde. Zweitens ist denkbar, dass 1Kor 7,16 („Mann, weißt du, ob du die Frau retten wirst?") vom Verfasser als Rettung durch ehelichen Geschlechtsverkehr interpretiert wurde, und zwar aufgrund von 7,14 (Heiligkeit der Kinder). Eine dritte Möglichkeit eröffnet schließlich die Ehetheologie des Tobitbuches, die zwei Formen von Sexualität kontrastiert: die todbringende gegen die Endogamiegebote der Thora geschlossene, als porneia geltende Ehe, die Sarahs erste sieben Ehemänner umbringt, und die mit Kindern gesegnete, am Schöpferwillen (Gen 2) und Endogamiegebot orientierte Ehe, durch die allein Tobias Sarah retten kann (Tob 6,18). Ähnlich könnte die Notwendigkeit der Rettung durch Kindergebären in 1Tim 2,15 als Reaktion auf die ständig drohende satanische Verführung der Evastöchter begründet worden sein. Es bleibt die Möglichkeit, dass der Verfasser die soteriologische Aussage 1Tim 2,15 ohne fixierbare Traditionsgrundlage schuf und durch 3,1a in den Rang einer durch Paulus als hervorragend und zuverlässig eingestuften Tradition erhob, wobei er sicher der Überzeugung war, sich berechtigterweise auf die in der Genesis niedergelegte Bestimmung der Frau zu beziehen. Auf jeden Fall enthält 1Tim 2,15 nichts Geringeres als die Aufhebung der soteriologischen Gleichheit der Geschlechter, die zutiefst unpaulinische Überzeugung von der bleibenden Inferiorität der Zweiterschaffenen in der Gemeinde der Neugeschaffenen, die einen besonderen Heilsweg für Frauen nötig macht und ein asketisches Leben prinzipiell ausschließt, da es ihre Rettung an die Ehe und damit an die Vermittlung durch einen Ehemann bindet. Die Absicherung dieser Position als paulinisch geschieht unter verstärkter Rückbindung und Anknüpfung an authentisch paulinische Aussagen und erweist damit eindrücklich, welch ein wirksames Mittel Intertextualität unter den Bedingungen glaubhaft gemachter und geglaubter Pseudepigraphie ist.

IV. Ergebnisse und Ausblick

11. Der intertextuelle und historische Ort der Pastoralbriefe

11.1 Zur allgemeinen theoretischen Grundlegung

Der Schwerpunkt des einleitenden theoretischen Kapitels lag nach texttheoretischen Überlegungen zur Intertextualität als Bedingung von Textualität und einem Einblick in das literatur- und kulturkritische Potenzial des Intertextualitätskonzepts im Rahmen poststrukturalistischer Ansätze auf der Entwicklung eines *textanalytischen Instrumentariums*, das zur Beschreibung der vielfältigen Formen und Funktionen von Intertextualität jüdisch-christlicher Texte der Antike geeignet ist. Im Anschluss an die textanalytisch ausgerichtete literaturwissenschaftliche Intertextualitätsforschung wurden Definitionen und Analysekategorien entwickelt (die hier nicht im Einzelnen aufgeführt werden sollen), die letztlich alle dem Ziel dienen, die Rolle von Prä- oder Referenztexten bei der Sinnkonstitution genauer zu erfassen. Dabei wurde der Schwerpunkt auf explizit intertextuell strukturierte Texte gelegt, bei denen für die LeserInnen erkennbare intertextuelle Einschreibungen / Verweise dazu führen, dass zu den *intra*textuellen Deutungsvorgaben durch Aufruf weiterer Texte zusätzliches Sinnpotenzial aktiviert und in den Deutungsvorgang einbezogen wird. Aus der Vielzahl der im Einleitungskapitel im Zuge der Kategorienentwicklung diskutierten Fragen hebe ich hier nur wenige zentrale Einsichten hervor, die für die Anlage der Untersuchung wichtig sind und auch Perspektiven für weitere exegetische Anwendungen der Intertextualitätstheorie(n) enthalten.

1. Die Erforschung der intertextuellen Dimension urchristlicher Schriften ist nicht zu verwechseln mit einer Quellen- und Einflussforschung, die der Vorstellung einer linear-kausalen Entstehung von Literatur aus Vorstufen, Quellen etc. verhaftet ist. Vielmehr steht in aller Regel der bewusst gestaltende Umgang von Texten mit Prätexten in Anknüpfung und Distanznahme, die intendierte intertextuelle Bezugnahme im Mittelpunkt der Untersuchungen. Hierzu können die klassischen exegetischen Methoden weiterhin wichtige Beiträge leisten, allerdings haben sie eine historisch gewachsene natürliche Nähe zur sogenannten *Produktionsintertextualität*, d.h. sie fragen in aller Regel nach den Quellen, die ein Autor redaktionell bearbeitet hat, oder werten Zitate und Anspielungen als Hinweise auf die Autorenintention aus. Im Gegensatz dazu verstehen viele der neueren Ansätze in der Exegese, die die Intertextualitätsforschung explizit aufnehmen, diese als ein rein leserIn-

nenorientiertes Konzept, halten also die bei der *Rezeption wirksame Intertextualität* für entscheidend. Beide Zugänge sind je für sich genommen zu einseitig und auch theoretisch defizitär. Denn jede Textproduktion beruht zu einem entscheidenden Teil auf der Rezeption von früheren Texten und jede Textrezeption ist gewissermaßen die Produktion eines neuen Textes über einen Text. Daher erfordert eine an der potenzialadäquaten Interpretation von Texten interessierte Herangehensweise eine gleichberechtigte Berücksichtigung von produktions- und rezeptionsästhetischen Gesichtspunkten. Der nachweislich auktorial intendierten Intertextualität kommt immer eine Schlüsselrolle bei der Interpretation zu. Doch muss sie in Beziehung gesetzt werden zur RezipientInnenperspektive, indem z.B. gezielt die Strategien des Autors oder der Autorin zur „Markierung" von intertextuellen Verweisen untersucht werden, mit deren Hilfe ein von AutorIn und RezipientInnen geteiltes *Intertextualitätsbewusstsein* erzeugt werden kann, oder indem die generelle *intertextuelle Präsuppositionsstruktur* eines Textes bestimmt wird, d.h. das Corpus der Texte, das in der Struktur des impliziten Lesers als sinnkonstitutiv notwendiges textuelles (Vor-)Wissen vorausgesetzt wird.

2. Ein solcher Zugang impliziert (gegen bestimmte Spitzenannahmen poststrukturalistischer Hermeneutik), dass die Interpretation von Texten sinnvoll und möglich ist, dass es ein Spektrum potenzialadäquater Deutungen gibt. Wie breit oder schmal dieses Spektrum der „legitimierbaren Deutungen" (U. Eco) ist, wird zu einem erheblichen Teil durch das Zusammenspiel eines Textes mit den als interpretationsrelevant betrachteten Referenztexten bestimmt. Dabei ist es eine analysepragmatische Frage von erheblicher hermeneutischer Tragweite, ob man sich prinzipiell und soweit möglich (die Unentrinnbarkeit bestimmter wirkungsgeschichtlich etablierter Vorverständnisse eingedenk) auf die intertextuellen Verwobenheiten konzentriert, die das Bedeutungsspektrum eines Textes zum Zeitpunkt seiner Entstehung konstituierten, oder ob man in der Wirkungsgeschichte durch intertextuelle Verknüpfungen akkumuliertes Sinnpotenzial bewusst einbezieht. In dieser Untersuchung habe ich mich auf *die zum Entstehungszeitpunkt aktuelle intertextuelle Konstellation* konzentriert, die in einem doppelten Sinne den *„intertextuellen Ort"* eines Textes markiert: Erstens ist der „intertextuelle Ort" eines Textes im historischen Nacheinander von Texten zu suchen, die sich in endlosen Prätextketten aufeinander beziehen und auseinander hervorgehen. Zweitens ist er als imaginärer Schnittbereich von latenten und intendierten Bezügen auf das mit dem Text synchrone Universum der Texte zu bestimmen. Der Ort eines Textes in der chronologischen Abfolge von aufeinanderbezogenen Texten mag zwar aufgrund von „intertextueller Erosion", d.h. durch den Verlust von wichtigen Referenz(kon)texten, heute umstritten sein, er ist aber prinzipiell für jeden Text eindeutig bestimmbar. Die chronologi-

sche Reihenfolge von Prä- und Folgetext ist nicht umkehrbar und damit ist ihre Feststellung ein nicht zu unterschätzender Schlüssel zur Interpretation der intendierten Intertextualität eines Textes.[1] Dagegen ist der intertextuelle Ort im Sinne des Schnittfeldes aller seiner interpretationsrelevanten intertextuellen Bezüge niemals genau zu fixieren, nicht einmal der Autor selber würde bei zweimaliger Lektüre seines eigenen Textes jedes Mal genau dieselben Prätexte in exakt der gleichen Weise aktualisieren. Vielmehr handelt es sich um ein oszillierendes Feld mit Abschnitten verschieden hoher Aktualisierungswahrscheinlichkeit. Dabei hängt es sehr stark von der werkspezifischen Ausprägung der Intertextualität ab (also z.B. von der intertextuellen Präsuppositionsstruktur und den Markierungsstrategien des Verfassers), wie eindeutig die interpretationsrelevanten *inter*textuellen Bezüge zweifelsfrei zu bestimmen sind und ob sie eher der Unterstreichung und Vertiefung von *intra*textuell angelegten Sinnlinien dienen oder aufgrund ihrer Fähigkeit zur Mehrfachkodierung von Textelementen zur Sinnkomplexion beitragen und damit eher die Polyvalenz eines Textes unterstreichen.

3. Jede *inter*textuelle Beziehung affiziert, wie schon der Ausdruck nahe legt, beide in die Beziehung involvierten Texte. Meist konzentriert sich die Analyse auf die oft dominante sogenannte *textorientierte Funktion* von Intertextualtiät, also darauf, was der zitierende / alludierende Text an zusätzlichem Deutungspotenzial gewinnt, indem er sich auf einen oder mehrere Referenztext(e) bezieht. Aber die intertextuelle Bezugnahme hat oft auch eine *referenztextorientierte Funktion*. Intertextuelle Verweise können das Bedeutungsspektrum des Textes, auf den sie sich beziehen, bewusst oder unbewusst in fast jeder erdenklichen Hinsicht verändern. Jede Form kommentierender, kritisierender, aktualisierender Bezugnahme auf frühere Texte ist teilweise oder dominant referenztextorientiert, will eine ganz bestimmte Wahrnehmung des Prätextes (oder der Prätexte) evozieren oder stabilisieren. Die m.E. textinterpretatorisch wichtigsten Ergebnisse dieser Arbeit folgen aus der Beobachtung, dass die neutestamentliche Exegese die referenztextorientierten Intentionen der paulinischen Pseudepigraphie in Bezug auf ihr textkonstitutives Prätextcorpus noch nicht in ihrem vollen Ausmaß erkannt und für die Interpretation nutzbar gemacht hat.

Die Pastoralbriefe boten sich für eine Untersuchung an, denn ihr „intertextueller Ort" im beschriebenen doppelten Sinne des Ausdrucks ist bislang unzureichend bestimmt. Die beiden Hauptteile der Arbeit beabsichtigten,

---

[1] Eine Aussage wie die obige sieht sich von poststrukturalistischer Seite sofort dem Vorwurf ausgesetzt, sie huldige einem linearen Kausalitätsprinzip der literarischen Entwicklung. Das tut sie nur, sofern man darunter auch das Festhalten an einem autonomen und intentional arbeitenden Autorensubjekt versteht, dessen individuelle Wirkungen sich in textuellen Spuren erkennen lassen und bei der Interpretation zu berücksichtigen sind. Zu dieser „Häresie" bekenne ich mich freimütig.

durch Anwendung der Erkenntnisse und Analysemethoden, die im Anschluss an die literaturwissenschaftliche Intertextualitätsforschung entwickelt wurden, hier zu weiterführenden Ergebnissen zu kommen.

11.2 Die Pastoralbriefe als Prätexte in ihrer frühesten Rezeptionsgeschichte

Der Ort der Pastoralbriefe in den chronologisch gegliederten Ketten aufeinander bezogener urchristlicher Literatur gilt als notorisch umstritten, was sich in der anhaltenden Ungewissheit über ihre Abfassungszeit niederschlägt und im Gefolge gravierende Unsicherheiten bei der Rekonstruktion vieler wichtiger Entwicklungslinien der Kirchengeschichte des 2. Jh. nach sich zieht (z.B. Entwicklung des Amtes). Die Grundüberlegung lautete daher: Könnte man aufgrund literarischer Einsichten in die Gesetzmäßigkeiten intertextueller Sinnkonstitution zuverlässig herausfinden, welche Texte als erste die Pastoralbriefe als Prätexte benutzen, wäre über den intertextuellen Ort ein Schluss auf den historischen Ort bzw. die Abfassungszeit möglich. Als aussichtsreichste Kandidaten kamen vor allem die Briefe des Ignatius von Antiochien und der Brief des Polykarp von Smyrna in Frage, da bei anerkannter großer partieller Nähe die bisherigen Untersuchungen zur literarischen Abhängigkeit zu keinem allgemein anerkannten Ergebnis bezüglich der Reihenfolge der Entstehung kamen. In einem methodischen Abschnitt wurde daher ein Set von größtenteils unabhängigen Kriterien vorgestellt, das die Einsichten traditioneller exegetischer Untersuchungen zur literarischen Abhängigkeit (in Rahmen der Untersuchungen des synoptischen Problems u.a.) in Beziehung setzt zu den Erkenntnissen der modernen Intertextualitätsforschung und es ermöglicht, die Intensität und Intentionalität von intertextuellen Beziehungen erheblich präziser zu erfassen als bisher. Die Anwendung der einzelnen Kriterien zur Skalierung der Intensität intertextueller Bezüge (Referenzialität, Kommunikativität, Autoreflexivität, Strukturalität, Selektivität, Dialogizität) erforderte, was einen entscheidenden Unterschied zu früheren Untersuchungen des literarischen Verhältnisses zwischen den Pastoralbriefen und Ign/Polyc markiert, die Analyse im Rahmen einer umfassenden Theorie der Sinnkonstitution durch intertextuelle Bezugnahmen. Es wurden nicht isoliert einzelne mögliche „Zitate", „Anspielungen", „Echos" etc. untersucht, sondern zunächst wurde nach der *schriftstellerischen Konzeption* gefragt, die in der zu untersuchenden Schrift bzw. Schriftengruppe die Prätextintegration als Ganze regiert. Dabei war zu berücksichtigen, dass die Pastoralbriefe, wenn sie überhaupt von Ignatius und Polykarp rezipiert wurden, als Paulusbriefe aufgenommen wurden. Es war also danach zu fragen, ob die schon oft diskutierten möglichen intertextuellen Bezugnahmen auf die Pastoralbriefe durch Ign bzw. Polyc im Gesamtkonzept ihres Umgangs mit paulinischen Referenztexten als intendierte Prätextbezüge wahrscheinlich gemacht werden können. Das Ergebnis war in beiden Fällen positiv.

Die literarische Strategie des *Ignatius* im Umgang mit den Paulusbriefen, die er in zentralen autoreflexiven Passagen thematisiert, besteht darin, dass er sich selbst durch imitierende Bezugnahme auf pln Texte als Paulusnachfolger stilisiert. Dabei koexistiert die Übernahme paulinischer Niedrigkeitsprädikationen wie „Letzter", „Abschaum", „Fehlgeburt", mit der Inanspruchnahme quasi-apostolischer Vollmacht zur Lehre, die allerdings noch unter dem Vorbehalt der Besiegelung durch den herbeigesehnten Märtyrertod steht. Die Selbststilisierung des Ignatius als Paulusnachfolger geschieht neben der besonders eindrücklichen Übernahme der pln Selbstreferenzen mittels zahlreicher intertextueller Verweise, die teilweise autoreflexiv und damit von hoher kommunikativer Relevanz sind (wie das Bekenntnis, er wolle „in den Spuren des Paulus" erfunden werden, er schreibe „in apostolischer Weise"), teilweise als neuverwendete pln Formulierungen oder Argumentationsformen nur implizit oder gar nicht markiert sind, also von den AdressatInnen nur aufgrund eigener Kenntnis der Paulinen in ihrer gleichwohl zum adäquaten Textverständnis wichtigen Funktion erkannt werden können. Es ließen sich mehrere thematische Bereiche herausschälen, in denen Ignatius sich durch eindeutige intertextuelle Verweise auf Paulusbriefe (meist auf 1Kor) als Paulusnachfolger literarisch stilisiert. In solche klaren strukturellen Muster der Prätextverarbeitung konnten dann auch die möglichen Bezüge auf die Pastoralbriefe eingeordnet werden, die Ignatius dazu dienen, seine „Rolle" auszugestalten. Das Ergebnis war eindeutig: Zahlreiche aus den Pastoralbriefen entliehene bzw. auf sie verweisende paulinisierende Äußerungen („*Einzeltextreferenzen*"), die hier nicht im Einzelnen aufgezählt werden sollen, finden Verwendung in der Art, wie Ignatius sich in Nachahmung des Paulus als Ketzerbekämpfer betätigt, wie er seinen Einsatz um das kirchliche Amt literarisch realisiert und wie er sein angehendes Märtyrerschicksal thematisiert. Schließlich geschieht auch das Ermahnen und Lehren des Ignatius in Briefen ganz explizit in Anknüpfung an die Briefe des Paulus und es ist daher sicher kein Zufall, dass er neben den Briefen an Gemeinden, in denen er sich besondern in den Präskripten an pln Gemeindebriefe anlehnt, auch einen angesichts des Gemeindebriefes an die Smyrnäer überzähligen „Pastoralbrief an Polykarp" verfasst hat. In diesem finden sich nicht nur mehrere deutliche Einzeltextreferenzen auf die Pastoralbriefe, sondern auch eine gezielte Nachahmung von formalen Elementen, wie verschiedener Formen der vermittelten Paränese, die einerseits unter den Paulusbriefen ausschließlich für 1Tim / Tit typisch sind und andererseits dem tatsächlichen Kommunikationsverhältnis zwischen Ignatius und Polykarp gar nicht entsprechen, so dass man von einer bewussten *Systemreferenz* in der Übernahme der zweiten für Paulus typischen Briefgattung durch Ignatius ausgehen muss. Aus der Gesamtschau aller untersuchten Bezüge ergibt sich klar folgendes Ergebnis: Ignatius orientiert sich eindeutig an einer Paulusbriefsammlung, die bereits die Pastoralbriefe enthielt, und bezieht sich in einer Weise auf sie, die ihre Kenntnis auch bei den AdressatInnen erfordert. Sein Bild von dem verehrten Apostel, dem er auf seiner letzten Fahrt so ähnlich wie möglich zu werden versucht, ist nicht unwesentlich durch die Pastoralbriefe geprägt worden.

Im Falle des *Polykarpbriefes an die Philipper* war der Nachweis der bewussten intertextuellen Bezugnahme auf die Pastoralbriefe nicht ganz so aufwendig wie bei Ignatius. Denn während dieser sich in sehr freier Weise auf alle seine Prätexte bezieht, ist Polykarps Brief fast ein urchristlicher Cento. In der intertextuellen Struktur seines Schreibens drückt sich sein ausgeprägtes Traditionsverständnis aus, das ihn dazu führt, alle seine Aussagen in enger wörtlicher Anlehnung an Herrenworte, Äußerungen des Paulus sowie andere urchristliche Schriften zu gestalten. Wesentlich öfter als bei Ignatius gibt es daher bei Polykarp intertextuelle Beziehungen zu den Pastoralbriefen, die sich durch hohe Wörtlichkeit und Verwendung sehr prägnanter Formulierungen (Intensitätskriterien der „Strukturalität" und „Selektivität") auszeichnen. Hier kam es darauf an zu zeigen, dass nicht etwa anonyme Traditionen von Polykarp rezipiert wurden, sondern dass er gezielt auf Paulus zurückgreift. Dieser Nachweis, der wiederum hier nicht im Einzelnen wiederholt werden soll, führte im Ergebnis zu dem Gesamtbild, dass Polykarp mehrfach gezielt Aussagen der Pastoralbriefe mit anderen (nach heutigem Verständnis „authentischen") Äußerungen der Paulus verschmilzt. Dies geschieht zum Beispiel, um seine Argumentation „über die Gerechtigkeit" (mit Blick auf den Fall des Valens) gänzlich auf *erkennbar* paulinische Grundsätze zurückzuführen (vgl. die Einleitung zu Polyc 3,2–4,1 in 3,1–2). Dabei gerät eine angesichts des zu verhandelnden Falles hochgezielt ausgewählte sprichwortartige Mahnung aus den Pastoralbriefen („Der Anfang alles Schlimmen ist die Geldgier usw.") unversehens in den Rang einer theologischen Fundamentalaussage, die gleichwertig neben die in Anlehnung an Paulus gestalteten Ausführungen über die Liebe als Erfüllung des Gesetzes gestellt wird. Bekanntlich hatte H. v. Campenhausen die Nähe zwischen Polykarp von Smyrna und den Pastoralbriefen als so eindrücklich empfunden, dass er erwog, in Polykarp den Verfasser der Pastoralen zu sehen. Nach den hier vorgelegten Untersuchungen ergibt sich eine andere Bewertung dieser Nähe: Die Pastoralbriefe gehören für Polykarp zu den bevorzugten

Schriften des Paulus. Er kennt sie gut und weithin steuern sie sogar seine Paulusrezeption (vgl. etwa das Verständnis von δικαιοσύνη).

Insgesamt haben die Untersuchungen des ersten Hauptteils gezeigt, dass die Pastoralbriefe zu den paulinischen Prätexten gehören, auf die Ignatius und Polykarp sich in ihren Schriften bewusst beziehen und deren Kenntnis sie bei ihren AdressatInnen voraussetzen. Daraus ergibt sich ein klares Ergebnis für ihren Ort in der chronologisch angeordneten intertextuellen Kette urchristlicher Literatur, die einen Rückschluss auf die Entstehungszeit erlaubt. Da Verweise auf sie in den Jahren 110–120/135 n.Chr. von Antiochia in Syrien über Kleinasien und Mazedonien bis Rom als Verweise auf pln Briefe verstanden werden konnten, sind sie vermutlich noch vor der Jahrhundertwende, allerspätestens kurz nach ihr entstanden.

11.3 Die Pastoralbriefe und ihre Prätexte: die fiktive Selbstauslegung des Paulus

Im zweiten Hauptteil wurde der intertextuelle Ort der Pastoralbriefe im Universum der für sie zum Entstehungszeitpunkt primär interpretationsrelevanten Texte untersucht, d.h. vor allem ihre Positionierung im Rahmen der zeitgenössischen Paulustraditionen und insbesondere ihre Inbezugsetzung zu den anerkannten Paulusbriefen, in deren Kreis sie sich selbst durch das Verfasserpseudonym und eine ausgeprägte Echtheitssuggestion hineinstellen. Nach einer forschungsgeschichtlichen Hinführung wurde zunächst in einem ausführlichen methodischen Teil die der Gattung pseudonymer Paulusbrief eigene intertextuelle Struktur herausgearbeitet. Als vorgebliche Briefe eines bekannten Autors („Paulus, Apostel Jesu Christi") haben die Pastoralbriefe eine ganz besondere intertextuelle Präsuppositionsstruktur, sie verweisen mit jeder ihrer Aussagen immer auf das Corpus der orthonymen Paulusbriefe und die sonstige den RezipientInnen bekannte Paulustradition. In Weiterführung von Untersuchungen P. Trummers ließ sich zeigen, dass die als Dreiercorpus konzipierten Pastoralen nicht nur einzelne Paulinen, sondern bereits eine Sammlung von Paulusbriefen voraussetzen und diese abschließend interpretieren wollen. Die verschiedenen dazu verwendeten Formen intertextueller Verweise wurden im Einzelnen beschrieben: verschleierte onomastische Referenzen (Autoren-/ Adressatenpseudonym, sonstige Namensnennungen, die teils als intertextuelle, teils als pseudointertextuelle Verweise zu bestimmen waren), die in der Übernahme der Briefgattung sich aussprechende Systemreferenz, verschiedene Formen allusiver Intertextualität, insbesondere die fiktive Eigentextreferenz oder Selbstreferenz. Entscheidend ist durchgängig, dass die Prätextbezüge (wie auch sonst bei literarischen Fälschungen) als dem Autor bewusste zu bestimmen sind, die den RezipientInnen gegenüber aber nicht als Fremdtextverweise offengelegt werden. Trotzdem gibt es auch unter der Bedingung der Pseudepigraphie eine wichtige Form des markierten intertextuellen Verweises auf das Prätextcorpus, nämlich in Gestalt „fiktiver Selbstreferenzen", mit denen der Verfasser bewusst und für die RezipientInnen ersichtlich an paulinische Texte anknüpft und dadurch seine Aussage gewissermaßen als fiktives Selbstgespräch des Paulus präsentiert. Hierbei kommen die referenztextorientierten Möglichkeiten intertextueller Verweise ins Spiel, die fiktive Selbstreferenz ermöglicht eine Perspektivierung, Modifizierung, Korrektur früherer Aussagen des vorgeblich selben Verfassers. Gründe dafür können in einer veränderten historischen Situation oder in Auslegungen pln Texte durch konkurrierende PaulusanhängerInnen zu suchen sein, denen damit die Berufung auf den Apostel unmöglich gemacht werden soll. Zur Klärung der Intention fiktiver Selbstreferenzen sind daher oft ergänzende Untersuchungen zum Kontext der Briefe nötig, also zu den Gemeindeverhältnissen, zur Traditionsgeschichte, zur Lehre der GegnerInnen etc.

Die nach dieser allgemeinen Einführung folgenden Textstudien des zweiten Teils zur SklavInnenparänese (1Tim 6,1–5) und zum Lehrverbot für Frauen (1Tim 2,8–3,1) sind als exemplarische Ausarbeitungen zum Einsatz fiktiver Selbstreferenzen als der Pseudepigraphie eigenem Mittel der Paulusauslegung durch fiktive Selbstauslegung zu verstehen, die langfristig durch weitere Untersuchungen auf eine breitere Basis gestellt werden sollten. Letztlich setzt der hier entwickelte Ansatz einer konsequent von der intertextuellen Grundstruktur der Briefe her konzipierten Auslegung der Pastoralbriefe im literarischen Gesamtkontext des Corpus Paulinum und der zeitgenössischen Paulustraditionen fast alle Passagen der Briefe in ein verändertes Licht. Er müsste daher konsequenterweise in Gestalt eines Kommentars ganz neuer Art durchgeführt werden. Ich möchte die Ergebnisse der Textstudien in dieser Zusammenfassung nicht erneut präsentieren, sondern verweise dafür auf die Zusammenfassungen S. 266–267 und 372–375. Hier möchte ich mich darauf konzentrieren, die theologische Frage, die sich aus ihnen in gegenüber früheren Untersuchungen verschärfter Weise ergibt, zu profilieren und Möglichkeiten zu ihrer Beantwortung auszuloten. Es ist die Frage nach dem theologisch angemessenen Umgang mit der Form paulinischer Pseudepigraphie, die die Pastoralbriefe verkörpern. Sie verdanken ihre Existenz und Wirkungsmöglichkeiten einem autoritativen Prätextcorpus. Durch verschiedene Strategien der bewussten Täuschung der LeserInnen gliedern sie sich selbst in die Reihe der Paulusbriefe ein und beanspruchen durch die besondere Art ihrer Fiktion (Testamentscharakter, die doppelte Pseudonymität als Weg der Vermittlung allgemein kirchenleitender Anweisungen an die designierten Nachfolger etc.) sogar, die abschließende Interpretation des paulinischen Erbes zu leisten. Dieser Anspruch erwächst aus dem Bewusstsein, in einer ungebrochenen Traditionskontinuität zu Paulus zu stehen, ein Anspruch, der sich allerdings heutiger Betrachtung als recht brüchig darstellt, weil die von den Pastoralbriefen vertretene Theologie nur mit erheblichen Abstrichen als paulinisch zu bezeichnen ist. Die Pseudepigraphie als Form der Paulusauslegung stellt sich nach der Analyse der durch die intertextuelle Struktur der Briefe zwingend vorgegebenen Rezeption im Gesamtrahmen des Corpus Paulinum besonders deshalb als problematisch dar, weil sie des öfteren darauf zielt, auch Aussagen des orthonymen Prätextcorpus zu modifizieren, sich also die referenztextorientierten Funktionen von Intertextualität unter den besonderen Bedingungen der vorgespiegelten Verfasseridentität zunutze macht. Die fiktive Selbstreferenz als der literarischen Fälschung eigenes Mittel intertextueller Sinnkonstitution ließ sich bei beiden untersuchten Problembereichen (Verhalten der SklavInnen; Lehrerlaubnis für Frauen) als probates Mittel erweisen, die Berufung konkurrierender PaulusanhängerInnen auf den Apostel zu unterbinden. Natürlich wird man dem Verfasser der Pastoralbriefe nicht unterstellen, dass er eine bewusste *Verfälschung* der paulinischen Aussagen vorgenommen hat. Er *täuscht* vielmehr seine LeserInnen in der sicheren Überzeugung, damit der ureigenen Intention des Paulus, die die GegnerInnen *verfälschen*, gerecht zu werden. Betrachtet man allerdings die beiden im zweiten Hauptteil untersuchten Beispiele, dann wird man nicht umhin kommen, anzuerkennen, dass er zumindest in diesen beiden Fällen einer *Selbsttäuschung* zum Opfer gefallen ist. Der Verfasser *täuschte* sich über die Perspektivität seines eigenen Standpunktes. Inwiefern die Position seiner GegnerInnen sich mit gleichem oder sogar größerem Recht auf Paulus zurückführen ließ, lässt sich heute abschließend kaum mehr beantworten, da aufgrund der Lückenhaftigkeit und Einseitigkeit der Quellen ihre Position nur fragmentarisch rekonstruiert werden konnte. Eindeutig aber ließ sich zeigen, dass die fiktiven Selbstreferenzen auf frühere Aussagen des Paulus diese z.T. in gravierender Weise in ihrer ursprünglichen Aussagekraft beschneiden. Wie soll man nun mit diesem Befund theologisch umgehen?

Eine Möglichkeit besteht darin, in einer Art nachkritischer Naivität den „kanonischen Paulus" als maßgebliche Größe anzuerkennen. Dies wird z.B. von B. S. Childs programmatisch gefordert. Er lehnt, obwohl er davon überzeugt ist, dass die Pastoralbriefe deutlich nachpaulinisch zu verorten sind, ihre Bezeichnung und Untersuchung als Pseudepigrapha ab, weil dies immer schon eine Wertung enthalte:

> „The material remains ,pseudo', and even when a fraudulent intention is removed, the interpretation is strongly affected by this initial judgment. The form-critical

claim that the name merely designates a genre classification is not sustained by the actual exegesis according to the pseudepigraphical model."[2]

Eine angemessene Auslegung sei vielmehr gehalten, „to interpret the Pastoral letters in terms of a canonical shaping" „by which a new dimension of the Pauline witness is realized".[3] Childs sieht klar, dass davon auch die Interpretation der authentischen Paulinen tangiert wird:

> „His [Paul's] teaching was comprised in the form of authoritative doctrine which served as a guide to successive generations of Christians on how the entire Pauline corpus was to function."[4]

Ein solcher Ansatz fordert also, dass die Leseposition des intendierten Lesers der Pastoralbriefe übernommen und mit ihr der Anspruch der Pastoralen akzeptiert wird, das letzte Wort zum Verständnis der pln Briefe zu sagen zu haben. Dies ist im Übrigen auch die Konsequenz, die sich aus U. H. J. Körtners Hermeneutik ergeben würde, wendete man sie, was er selbst nicht tut, auf die paulinischen Pseudepigrapha an. Denn der „inspirierte Leser", der aufgrund der Einsichten der Rezeptionsästhetik als unverzichtbare Größe im Rezeptionsakt zu postulieren ist, wird von ihm ausdrücklich so bestimmt, dass durch ihn „sich der Text in dem von ihm selbst intendierten und provozierten Sinne" vervollständigt.[5] Dieser Ansatz ist, von der literarischen Anlage der Briefe her gedacht, der schlüssigst mögliche überhaupt. Aber ist er auch theologisch angemessen? Man sollte sich klar vor Augen führen, was seine Anwendung in der konkreten Textauslegung wirklich bedeutete – nämlich im Grunde eine Rückkehr zur vorkritischen Rezeption der Pseudepigrapha als Orthonymika. Man sanktioniert damit, dass die Pastoralbriefe, die als Pseudepigraphen eine abgeleitete Form der Literatur darstellen, die ihre Existenz allein der Reputation verdanken, die die Paulusbriefe – die schriftgewordenen Früchte der theologischen und kirchenbegründenden Arbeit des Apostels – in der Kirche gewonnen hatten, sich zwei Generationen später zum Alleinverwalter des theologischen Gutes erheben, dem sie ihre Existenz verdanken. Man würde auch akzeptieren, dass eine Momentaufnahme des nachpaulinischen Diskussionsprozesses um die richtige Auslegung des Paulus nicht nur als ein wichtiger (einer Streitpartei zugehöriger) Diskussionsbeitrag gewürdigt wird, sondern als unhinterfragbare Rezeptionsvorgabe für jede weitere Diskussion fungiert. Es ist, um dies am Beispiel der beiden im zweiten Hauptteil untersuchten Themenkomplexe zu verdeutlichen, dies die „gesunde" paulinische Lehre, die mit 1Tim 6,2 klar-

---

[2] B. S. Childs, Canon, 386.
[3] B. S. Childs, Canon, 395.384.
[4] B. S. Childs, Canon, 395.
[5] U. H. J. Körtner, Der inspirierte Leser, 111.

stellte, dass das in Phlm 16 von Paulus angemahnte brüderliche Verhältnis zwischen christlichem Herrn und christlichem Sklaven καὶ ἐν σαρκὶ καὶ ἐν κυρίῳ ein um so sklavenhafteres Verhalten auf Seiten der Sklaven intendierte und dass aus dem Bruderstatus keinesfalls irgendwelche Erwartungen an die Herren abgeleitet werden dürften, die das in der Gesellschaft allgemein geltende streng hierarchische Verhältnis tangierten.[6] Es ist dies die Gestalt der paulinischen Soteriologie, die die Gleichheit aller ἐν Χριστῷ hinter sich gelassen hat und für Frauen einen in ihrer schöpfungsgemäßen Zweitrangigkeit (1Tim 2,13) und (in Christus nicht aufgehobenen) hamartiologischen Vorrangigkeit (1Tim 2,14) begründeten soteriologischen Sonderweg vorsieht: σωθήσεται δὲ διὰ τῆς τεκνογονίας κτλ. (1Tim 2,15), wobei durch die Art der intertextuellen Verknüpfung mit 1Kor 11,8f; 14,34f und 2Kor 11,3 sichergestellt wird, dass auch Texte der authentischen Paulinen künftig im Licht dieser Aussagen gelesen werden. Ist in diesen Fällen tatsächlich *der* Leser und *die* Leserin inspiriert, die durch ihre Lektüre dafür sorgen, dass „sich der Text in dem von ihm selbst intendierten und provozierten Sinne" vervollständigt? Sollte man nicht vielmehr die Pastoralbriefe zwar bei ihrem Anspruch behaften, eine dem Paulus treu bleibende Paulusauslegung für ihre Zeit bieten zu wollen, aber damit rechnen, dass menschlich allzumenschliche Interessenlagen und Begrenztheiten der Einlösung dieses Anspruchs Grenzen gesetzt haben?! Sollte man sich nicht grundsätzlich dagegen aussprechen, dass die Pastoralbriefe als Vertreter einer von „Manipulation" lebenden „Trivialform der Literatur", wie ausgerechnet N. Brox trotz seiner allseits anerkannten Bemühungen um eine von Wertschätzung geprägte Auslegung der Pastoralbriefe die Pseudepigraphie genannt hat,[7] die von ihnen selbst reklamierte Interpretationshoheit über das Corpus Paulinum behalten, das sie jahrhundertelang in vielen Fragen innehatten?!

Ich meine, gerade die durch die Analyse der intertextuellen Struktur der pln Pseudepigraphie geschärfte Einsicht in die Funktionsweise einer *Paulusauslegung*, die sich als para- oder intratextuelle *Selbst*auslegung bis hin zur Selbstkorrektur tarnt, faktisch aber in intertextuellen Kämpfen konkurrierender Fraktionen um das Pauluserbe zu verorten ist, erfordert ein klares Votum für eine kritische Rezeption der Pastoralbriefe, die sich deren Rezeptionsvorgaben in zweierlei grundsätzlicher Hinsicht entzieht. Sie sind erstens als Pseudepigrapha und nicht als Orthonymika zu rezipieren. Zweitens sind sie als polemische Äußerungen eines Flügels der Paulusschule wahrzunehmen und auszulegen. Sie sind zu re-integrieren in den intertextuellen Dialog

---

[6] Genau dies Verständnis erlangte übrigens Ignatius (IgnPol 4,3) aufgrund seiner durch den Rezeptionsfilter der Pastoralbriefe (1Tim 6,2) hindurchgegangenen Wahrnehmung von 1Kor 7,22, s.o. S. 186–187.

[7] N. Brox, Problemstand, 334.

über die richtige Paulusauslegung, von dem sie vorgeben, dass sie ihn ihm Namen des Paulus autoritativ entscheiden dürften, wobei sie sich und ihre LeserInnen über ihre eigene Standortgebundenheit hinwegtäuschen.

Das erste Postulat, die Pastoralbriefe als Pseudepigrapha auszulegen, bedeutet, dass sie als auslegende Literatur kritisch an Paulus als ihrer selbstgewählten Norm gemessen werden dürfen und müssen. Dies entspricht weithin der exegetischen Praxis im Umgang mit den pln Pseudepigraphen und dürfte daher vermutlich auf relativ breite Zustimmung stoßen. Natürlich ist „Paulusnähe" nicht das einzige Kriterium der Bewertung ihrer Theologie, aber die präzise Erfassung von Weiterentwicklungen, Revisionen, Verflachungen etc. ist gerade um Paulus willen unverzichtbar. Denn die Wahrnehmung seiner theologischen Individualität ist allzu lange durch die deuteropaulinischen Rezeptionsfilter behindert worden. Ich hoffe, mit meiner Untersuchung einen Beitrag zur Klärung der Frage geleistet zu haben, wie diese Rezeptionsfilter literarisch etabliert wurden (durch verschleierte onomastische Referenzen, fiktive Eigentextreferenzen etc.). Ein weiterer neuer Akzent, den die vorliegende Untersuchung setzt, betrifft die Verweigerung gegenüber dem Anspruch der Pastoralbriefe, die *unstrittige* Selbstauslegung des Paulus gegenüber seinen *legitimen* Schülern zu sein. Mit dem Postulat, sie als parteiische Pseudepigrapha zu rezipieren, wird an eine Auslegungstradition angeknüpft, die seit W. Bauer besonders unter protestantischen ExegetInnen verbreitet ist, für die Namen wie J. M. Robinson, H. Conzelmann, K. Berger, D. R. MacDonald und E. Schlarb stehen und die die Pastoralbriefe in einem zwischen verschiedenen Flügeln der Paulusschule ausgetragenen Richtungsstreit verorten. Dieser Auslegungstradition wird ein neues methodisches Instrumentarium an die Hand gegeben, um die unter Rückgriff auf pln Texte ausgetragenen Auslegungsdifferenzen präziser rekonstruieren zu können. Denn aus der an etlichen Fällen nachgewiesenen Absicht des Verfassers, durch fiktive Selbstreferenzen bestimmte Deutungen pln Texte auszuschließen, die bei anderen PaulinerInnen vorauszusetzen sind, ergibt sich der generelle *hermeneutische Verdacht*, dass an etlichen weiteren Stellen, an denen die Pastoralbriefe (analog auch z.T. Eph; Kol; 2Thess) erkennbar spannungsvoll an Paulus anknüpfen, sie tatsächlich in einer Auslegungsdebatte Position beziehen. Hierzu sind weitere Untersuchungen erforderlich. Ziel dieser historischen Aufarbeitungen ist es letztlich, der heutigen theologischen Reflexion die Möglichkeit zu geben, in umstrittenen theologischen und ethischen Fragen die paulinische Position mit den verschiedenen (auch außerkanonisch bezeugten oder nur durch Rückschlüsse zu erhebenden) deutero- und tritopaulinischen Weiterentwicklungen in einen Dialog zu bringen, der allein durch theologische Sachargumente und nicht durch Autoritätsbehauptungen entschieden werden kann.

12. Abkürzungsverzeichnis

Zugrunde liegen die Abkürzungen aus: Siegfried Schwertner, Internationales Abkürzungsverzeichnis für Theologie und Grenzgebiete, 2. überarb. und erw. Aufl., Berlin/ New York 1992.
Quellen wurden zumeist in Übereinstimmung mit dem EWNT und dem ThWNT abgekürzt. Darüber hinaus wurden folgende abweichende Abkürzungen verwendet:

AcPlThe / AcThe Acta Pauli (et Theclae) / Acta Theclae

AF Apostolic Fathers

AV Apostolische Väter

Bauer-Paulsen Walter Bauer / Henning Paulsen, Die Briefe des Ignatius von Antiochia und der Brief des Polykarp von Smyrna (HNT 18), ²1985.

BDR F. Blaß / A. Debrunner / F. Rehkopf, Grammatik des neutestamentlichen Griechisch, Göttingen ¹⁶1984

Dib-Co Dibelius, Martin / Conzelmann, Hans, Die Pastoralbriefe (HNT 13), Tübingen ³1955

ign (pln, dtpln, joh ...) ignatianisch (paulinisch, deuteropaulinisch, johanneisch ...)

NTAF New Testament in the Apostolic Fathers, by a Committee of the Oxford Society, Oxford 1905

PHeid Carl Schmidt (Hg.), Acta Pauli aus der Heidelberger koptischen Papyrushandschrift Nr. 1. Übersetzung, Untersuchungen und koptischer Text, ²1905

13. Literaturverzeichnis[1]

Primärquellen

Sammelausgaben

Berger, Klaus/ Nord, Christiane: Das Neue Testament und frühchristliche Schriften, Frankfurt am Main/Leipzig 1999 (K. Berger, *NT*).

Charlesworth, James H. (ed.): The Old Testament Pseudepigrapha, I–II, New York et. al. 1983; 1985.

Hennecke, Edgar/ Schneemelcher, Wilhelm (Hg.): Neutestamentliche Apokryphen in deutscher Übersetzung. I: Evangelien, Tübingen [6]1990; II: Apostolisches, Apokalypsen und Verwandtes, Tübingen [5]1989 (*NTApo 1/2*).

Kautzsch, E. (Hg.): Die Apokryphen und Pseudepigraphen des Alten Testamentes. I–II, Tübingen 1900.

Michaelis, Wilhelm (Hg.): Die Apokryphen Schriften zum Neuen Testament, Bremen 1956.

Neuer Wettstein. Texte zum Neuen Testament aus Griechentum und Hellenismus. Bd. II: Texte zur Briefliteratur und zur Johannesapokapypse, hg. v. Georg Strecker u. Udo Schnelle u. Mitarb. v. Gerald Seelig, Berlin/New York 1996.

Rießler, Paul (Hg.): Altjüdisches Schrifttum außerhalb der Bibel, Darmstadt [2]1966.

Sylloge Inscriptionum Graecarum, ed. W. Dittenberger, [3]1917.

Thesaurus Linguae Graecae, University of California, New York 1990.

Einzelausgaben

Apokalypsen, jüdische

Philonenko-Sayar, Belkis/ Philonenko, Marc: Die Apokaplypse Abrahams (JSHRZ V/5), Gütersloh 1982.

Uhlig, Siegbert: Das Äthiopische Henochbuch (JSHRZ V/6), Gütersloh 1984.

Apokryphe Apostelakten

Acta Xanthippae et Polyxenae: Montague Rhodes James (ed.): Apocrypha anécdota 1 (Text and Studies II,3), Cambridge 1893, 43–85.

Craigie, William A. (ed.): The Acts of Xanthippe and Polyxena, ANFa X (1980) 205–217.

---

[1] Die in den Fußnoten verwendeten Kurztitel sind im Literaturverzeichnis kursiv gesetzt. Vornamen werden, soweit bekannt, ausgeschrieben. Wo die Vornamen nicht zu eruieren waren, wurde die formale Inkonsequenz im Interesse des Informationsgewinns (u.a. ist das Geschlecht der VerfasserInnen ersichtlich) in Kauf genommen.

Lipsius, Ricardus Adelbertus/Bonnet, Maximilianus (Hg.): Acta Apostolorum Apocrypha, 3 Bde. 1891/1898/1903 (repr. Darmstadt 1959)-(*AAA*).

Prieur, Jean-Marc: *Acta Andreae* (CChr.SA 5–6), Turnhout 1989.

Schmidt, Carl (Hg.): *Acta Pauli* aus der Heidelberger koptischen Papyrushandschrift Nr. 1. Übersetzung, Untersuchungen und koptischer Text, ²1905.

–/ Schubart, Wilhelm (Hg.): *ΠΡΑΞΕΙΣ ΠΑΥΛΟΥ*. Acta Pauli nach dem Papyrus der Hamburger Staats- und Universitätsbibliothek, Glückstadt/Hamburg 1936.

Pervo, Richard I.: The „Acts of Titus“: a Priliminary Translation with an Introduction, Notes, and Appendices, SBL.SP 132 (1996) 455–482.

Apologeten

Des Hl. Philosophen und Märtyrers Justinus Dialog mit dem Juden Tryphon, übers. v. Philipp Haeuser (BKV 33), Kempten & München 1917.

Die ältesten Apologeten. Texte mit kurzen Einleitungen, hg. v. Edgar J. Goodspeed, Göttingen 1914 (Nachdruck 1984).

Frühchristliche Apologeten und Märtyrerakten, übers. v. G. Rauschen u.a., 2 Bde. (BKV 12/14), Kempten & München 1913.

Apostolische Väter

The Apostolic Fathers. A New Translation and Commentary, Vol. 1: An Introduction by Robert M. Grant, London/Toronto 1964 (R. M. Grant, *AF I*).

Die Apostolischen Väter. Griechisch-deutsche Parallelausgabe auf der Grundlage der Ausgaben von Franz Xaver Funk/, Karl Bihlmeyer u. Molly Whittaker, mit Übersetzungen von Martin Dibelius und Dietrich-Alex Koch neu übers. und hg. v. Andreas Lindemann und Henning Paulsen, Tübingen 1992.

Die Apostolischen Väter. Clemens von Rom. Ignatius von Antiochien. Polykarp von Smyrna, neu übers. u. eingel. v. Hans Urs von Balthasar (CMe 24), Einsiedeln 1984.

Bihlmeyer, Karl: Die Apostolischen Väter. Neubearbeitung der Funkschen Ausgabe, 2. Aufl. mit einem Nachtrag von Wilhelm Schneemelcher. Erster Teil (Didache, Barnabas, Klemens I und II, Ignatius, Polykarp, Papis, Qudratus, Diognetbrief), Tübingen 1956. (K. Bihlmeyer, *AV*)

Fischer, Joseph A. (Hg.): Die apostolischen Väter (SUC I), Darmstadt ⁸1981 (J. A. Fischer, *AV*).

Lake, Kirsopp: The Apostolic Fathers, 2 Vols., London 1919.

Körtner, Ulrich J./Leutzsch, Martin (Hg.): Papiasfragmente. Hirt des Hermas (SCU III), Darmstadt 1998.

Wengst, Klaus (Hg.): *Didache* (Apostellehre). Barnabasbrief. Zweiter Klemensbrief. Schrift an Diognet (SUC II), Darmstadt 1984.

Aristoteles

Aristotelis Opera. Ex Recensione Immanuelis Bekkeri, Vol. I–V, ed. Academia Regia Borussica 1831–1870 (Nachdruck 1960/61).

Aristoteles: Rhetorik. Übersetzt, mit einer Bibliographie, Erläuterungen und einem Nachwort v. Franz G. Sieveke, München 1980.

Athenagoras von Athen
s. Apologeten (Goodspeed; BKV 12)

Augustin
Ennarationes in Psalmos: PL 36 (1861) 67–1028; 37 (1841) 1033–1968.

Clemens von Alexandrien
Clemens Alexandrinus. Zweiter Band: Stromata Buch I–VI, hg. v. Otto Stählin (GCS 15), Leipzig 1906; Berlin ³1960.
Des Clemens von Alexandreia Teppiche ... (Stromateis), Buch I–III. Buch IV–VI übers. v. Otto Stählin (BKV), München 1936/1937.

Commodianus
Commodianus. Carmina (ed. Ioseph Martin); Claudius Marius Victorius. Alethia (ed. P. F. Hovingh), CChr.SL 128, Turnholt 1960.

Dio Cassius
Dio's Roman History, with an English Translation by Earnest Cary, Vol I–IX (LCL), Cambridge, MA/London 1914–1927 (Reprinted).

Epiphanius
Epiphanius (Ancoratus und Panarion). 1. Band: Ancoratus und Panarion Haer. 1–33, hg. v. Karl Holl (GCS 25), Leipzig 1915.
2. Band: Panarion haer. 34–64, 2. bearb. Aufl. hg. v. Jürgen Dummer (GCS 31), Berlin 1980.
The Panarion of Epiphanius of Salamis, transl. by Frank Williams. Book I (Sects 1–46) (NHS 35), Leiden u.a. 1987; Books II and III (Sects 47–80, *De Fide*) (NHS 36), Leiden u.a. 1994.

Euripides
Euripides, Tragödien. Griechisch und Deutsch von Dietrich Ebener (Schriften und Quellen der alten Welt 30), Berlin 1972ff.
Dritter Teil: Herakles. Die Kinder des Herakles. Die Hilfeflehenden, 1976; ²1990.
Fünfter Teil: Die Troerinnen. Die Phoinikerinnen. Orestes, 1979.

Euseb von Cäsarea
Eusebius Werke. Die Kirchengeschichte, hg. v. Eduard Schwarz, die lateinische Übersetzung des Rufinus bearbeitet v. Theodor Mommsen (GCS Eusebius II/1–3), Leipzig 1903–1909.
Eusebius Werke. Die Praeperatio Evangelica, hg. v. Karl Mras (GCS Eusebius VI-II/1), Berlin 1954.
Eusebius von Caesarea, Kirchengeschichte, hg. u. eingel. v. Heinrich Kraft. Übers. v. Philipp Haeuser. Durchges. v. Hans Armin Gärtner, München ³1989.

Heliodor
Heliodorus, Aethiopicorum Libri Decem, ed. Immanuel Bekker, Leipzig 1855.

Heliodor, Aithiopika. Die Abenteuer der schönen Chariklea. Ein griechischer Liebes-roman, übertr. v. Rudolf Reymer (BAW), Zürich 1950.

Hieronymus
S. Eusebii Hieronymi Commentariorum in Epistolam ad Titum, PL 26 (1884) 589–636.
S. Eusebii Hieronymi Epistulae. Pars II: Epistulae LXXI–CXX, rec. I. Hilberg (CSEL 55), Wien/ Leipzig 1912.
Liber de viris inlustribus [...], hg. v. Ernest Cushing Richardson (TU 14,1), Leipzig 1896.

Hippolyt
Hippolyts Kommentar zum Hohenlied auf Grund von N. Marrs Ausgabe des grusini-schen Textes herausgegeben v. G. Nathanael Bonwetsch (TU 8/2), Leipzig 1902.
Des Heiligen Hippolytus von Rom Widerlegung aller Häresien, übers. v. Konrad Preysing (BKV 40), München 1922.
Hippolytus, Erster Band: Exegetische und Homiletische Schriften, hg. v. G. Nathana-el Bonwetsch/Hans Achelis (GCS 1), Leipzig 1897.
Refutatio omnium haeresium, ed. Miroslav Markovitch (PTS 25), 1986.

Ignatius von Antiochien und Polykarp von Smyrna
Camelot, Pierre-Thomas: Ignace d'Antioche, Polycarpe de Smyrne, Lettres. Martyre de Polycarpe (SC 10), Paris ³1958.
Lightfoot, Joseph Barber: The Apostolic Fathers, Part II: S. Ignatius, S. Polycarp, 3 vols., London 1885, ²1889, Nachdruck Hildesheim/New York 1973) (*AF II/1–3*).
The Apostolic Fathers. A New Translation and Commentary, Vol. V: Polycarp, Mar-tyrdom of Polycarp, Fragments of Papias by William R. Schoedel, Camden, NJ, 1967 (W. R. Schoedel, *AF V*).
Zahn, Theodor: Ignatii et Polycarpi Epistolae Martyria Fragmenta, in: Patrum Apos-tolicorum Opera, Vol. II., Leipzig 1876.
s. a. Apostolische Väter!

Irenäus von Lyon
Irenäus von Lyon, Epideixis. Adversus Haereses. Darlegung der Apostolischen Ver-kündigung. Gegen die Häresien, übers. u. eingel. v. Norbert Brox (FC 8,1–4), Freiburg u.a. 1993 (I–II), 1995 (III), 1997 (IV).
Contre les hérésies, 10 Bde. hg. u. übers. v. A. Rousseau/L. Doutreleau/C. Mercier et al. (SCh 263.264 (I); 293.294 (II); 210.211 (III); 100/1–2 (IV); 152.153 (V)), Paris 1979.1982.1974.1965.1969.

Johannes Chrysostomos
S. Johannis Chrysostomi Sermones V de Anna, PG 54 (1862) 631–676.

Josephus Flavius
Niese, Benedictus (Hg.): Flavii Iosphi Opera, Vol. 5, Berlin 1889.

Joseph und Aseneth
Burchard, Christoph: Joseph und Aseneth (JSHRZ II), Gütersloh 1983.

Komödien, antike
Edmonds, John Maxwell: The Fragments of Attic Comedy after Meineke, Bergk, and Kock Augmented, Newly Edited with their Contexts, Annotated, and Completely Translated into English Verse, Vol III A (New Comedy, except Menander; Anonymous Fragments of the Middle and New Comedies), Leiden 1961.
Ludwig, Walther (Hg.): Antike Komödien I–III (Winkler Weltliteratur), München 1982. Bd. II: Plautus; Bd. III: Plautus/Terenz.
T. Macci Plavti Comoediae, recognovit brevique adnotatione critica instruxit W. M. Lindsay, I–II, Oxford 1904.1905 (= 1959).

Kynikerbriefe
Malherbe, Abraham J.: The Cynic Epistles. A Study Edition (SBL. Sources for Biblical Study 12), Missoula, Mont. 1977.

Hyginius
Marshall, Peter K. (Hg.): Hygini fabulae (BiTeu), Stuttgart/Leipzig 1993.

Lukian v. Samosata
Lucian, with an English Translation by A. M. Harmon/K. Kilburn/M. D. Macleod, Vol I–VIII (LCL), Cambridge, MA/London 1913–1967 (Reprinted 1979).
Die Hauptwerke des Lukian. Griechisch und deutsch, hg. u. übers. v. Karl Mras, 1954.

Märtyrerakten
Musurillo, Herbert: The *Acts* of the Christian Martyrs. Introduction, Texts and Translations, Oxford 1972.

Menander/syrischer Menander
Jaekel, Siegfried (Hg.): Menandri Sententiae. Comparatio Menandri et Philistionis (BiTeu), Leipzig 1964.
Schulthess, Friedrich: Die Sprüche des Menander, aus dem Syrischen übersetzt, ZAW 32 (1912) 199–224.

Montanistische Quellen
Labriolle, Pierre de: Les sources de l'histoire du *Montanisme*, Fribourg 1913.

Nag Hammadi Schriften
Bethge, Hedda: „Die Exegese über die Seele". Die sechste Schrift aus Nag-Hammadi-Codex II, eingeleitet und übersetzt vom Berliner Arbeitskreis für koptisch-gnostische Schriften, ThLZ 101 (1976) 93–104.
Funk, Wolf-Peter: „Die Lehren des Silvanus". Die vierte Schrift aus Nag-Hammadi-Codex VII, eingeleitet und übersetzt vom Berliner Arbeitskreis für koptisch-gnostische Schriften, ThLZ 100 (1975) 7–23.
Layton, Bernhard (ed.): Nag Hammadi Codex II,2–7. Volume I–II (NHS XX/XXI), Leiden u.a. 1989.
Parrott, Douglas M. (ed.): Nag Hammadi Codices V,2–5 and VI with Papyrus Berolinensis 8502,1 and 4 (NHS XI), Leiden 1979.

Peel, Malcom Lee: Gnosis und Auferstehung. Der Brief an Rheginus von Nag Hammadi, Neukirchen-Vluyn 1974.

Till, Walter C./ Schenke, Hans-Martin: Die gnostischen Schriften des koptischen Papyrus Berolinensis 8502 (TU 60), Berlin 2., bearb. u. erg. Aufl. 1972.

Zandee, Jan (ed.): The Teachings of Sylvanus (Nag Hammadi Codex VII,4). Text, Translation, Commentary (Egyptologische Uitgaven 6), Leiden 1991.

Neues Testament

Nestle, Eduard/Aland, Kurt u.a. (Hg.): Novum Testamentum Graece, Stuttgart [27]1993.

Origenes

Jenkins, Claude (ed.): Origen on I Corinthians, JThS 9 (1908) 231–247.353–372. 500–514; 10 (1909) 29–51.

Field, Frederick: Origenis Hexaplorum quae supersunt; sive veterum interpretum graecorum in totius vetus testamentum fragmenta, 2 Bde., Oxford 1875 (= Hildesheim 1964).

Origenes, Der Kommentar zum Evangelium nach Matthäus I–II; III: Die Commentariorum Series, hg. v. Hermann-Josef Vogt (BGL 18.30.38), Stuttgart 1983/ 1990/ 1993.

Origenes, In Lucam Homiliae. Homilien zum Lukasevangelium, übers. u. eingel. v. Hermann-Josef Sieben (FC 4/1–2), Freiburg/Basel/Wien 1991/1992.

Origenes Werke, Homilien zu Samuel I, zum Hohenlied und zu den Propheten, Kommentar zum Hohenlied, hg. v. W. A. Baehrens (GCS Origenes VIII), Leipzig 1925.

Origenes Werke, Origenes Matthäuserklärung II. Die lateinische Übersetzung der Commentariorum Series, hg. v. E. Klostermann (GCS Origenes XI), Leipzig 1933.

Philo von Alexandrien

Cohn, Leonard/Wendland, Paul (Hg.): Philonis Alexandrini Opera quae supersunt. I– VII, Berlin 1896–1930.

Mercier, Charles (ed.): Philon D'Alexandrie. Quaestiones et Solutiones in Genesim I et II e versione armeniaca (Les OEuvres de Philon D'Alexandrie 34A), Paris 1979.

Petit, Françoise: Quaestiones in Genesim et in Exodum fragmenta graeca (Les OEuvres de Philon D'Alexandrie 33), Paris 1978.

Plautus

siehe Antike Komödien

Plinius der Jüngere

C. Plini Caecilii Secundi Epistolarum Libri Decem. Gaius Plinius Caecilius Secundus Briefe. Lateinisch- deutsch ed. Helmut Kasten (Sammlung Tusculum), 5., durchges. Aufl., München/Zürich 1984.

Melmoth, W./Hutchinson, W. M. L. (eds.): Pliny Letters with an English Translation, 2 Vol. (LCL), London/Cambridge, MA 1915 (Reprints 1957/1958).

Plutarch
Plutarch, Grosse Griechen und Römer I–VI, eingel. und übers. v. Konrat Ziegler (Bibliothek der alten Welt. Griechische), Zürich/Stuttgart 1954–1965.
Plutarch's Moralia in Sixteen Volumes, With an English Translation by Frank Cole Babbitt et al. (LCL), Cambridge/London 1927–1976.
Plutarchus, Vitae Parallelae I–IV, recognoverunt C. L. Lindskog/K. Ziegler, ed. Konrat Ziegler [Vol IV: K. Ziegler/H. Gärtner] (BiTeu), Leipzig 1957–1980.

Pythagoreische Schriften
Thesleff, Holger (ed.): The Pythagorean Texts of the Hellenistic Period (AAAbo, Ser. A 30), Åbo 1968.

Pseudo-Phokylides
Young, Douglas (Hg.): Theognis. Ps.-Pythagoras. Ps.-Phocylides. Chares. Anonymi Aulodia. Fragmentum Teliambicum (BiTeu), Leipzig 1971.

Qumranschriften
Beyer, Klaus: *Die aramäischen Texte* vom Toten Meer samt den Inschriften aus Palästina, dem Testament Levis aus der Kairoer Genisa, der Fastenrolle und den alten talmudischen Zitaten. Ergänzungsband, Göttingen 1994.
Lohse, Eduard (Hg.): Die Texte aus Qumran. Hebräisch und Deutsch, Darmstadt ²1971.

Seneca (der Ältere)
Håkanson, Lennart (Hg.): L. Annaeus Seneca Maior. Oratorum et rhetorum sententiae, divisiones, colores (BiTeu), Leipzig 1989.

Seneca (der Jüngere)
Rosenbach, Manfred (Hg.): L. Annaeus Seneca. Philosophische Schriften. Lateinisch und Deutsch, Bd. 5: De Clementia. De Beneficiis, Darmstadt 1989.

Septuaginta
Septuaginta: Vetus Testamentum Graecum. Auctoritate Acad. Scientiarum Gottingensis ed., – 8/5 (Tobit), ed. Robert Hanhart, Göttingen 1983.
Rahlfs, Alfred (Hg.): Septuaginta. Id est Vetus Testamentum graece iuxta LXX interpretes. I–II, Stuttgart ⁷1962.
Anderson, H.: 3 Maccabees. A New Translation and Introduction, in: James H. Charlesworth, The Old Testament Pseudepigrapha 2, 509–529.
Klauck, Hans-Josef: 4. Makkabäerbuch (JSHRZ (III/6), Gütersloh 1989.

Sophokles
Sophocles, with an English Translation by F. Storr. II: Ajax, Electra, Trachiniae, Philoctetes (LCL), London/Cambridge 1913, Reprint 1961.

Tertullian
Quinti Septimi Florentis Tertulliani Opera. Pars I: Opera Catholica. Adversus Marcionem (CChr.SL I), Turnholt 1954.

Quinti Septimi Florentis Tertulliani Opera. Pars II: Opera Montanistica (CChr.SL II), Turnholt 1954.

Tertullians private und katechetische Schriften, übers. v. Karl Adam Heinrich Kellner (BKV 7), Kempten/München 1912.

Tertullians apologetische/ dogmatische und montanistische Schriften, übers. v. Karl Adam Heinrich Kellner (BKV 24), Kempten/München 1915.

Tertullien, La toilette des femmes (De cultu feminarum), introduction, texte critique, traduction et commentaire de Marie Turcan (SC 173), Paris 1971.

Tertullien, Traité de la prescription contre les hérétiques, introduction, texte critique, et notes de R. F. Refoulé, traduction de Pierre de Labriolle (SC 46), Paris 1957.

Testamentliteratur

Jonge, Marinus de (Hg.): Testamenta XII Patriarcharum, Leiden 1964.

Brock, Sebastian P./ Picard, Jean-Claude (Hg.): Testamentum Iobi. Apocalypsis Baruchi Graece, Leiden 1967.

Theophilus von Antiochien

Theophili Antiocheni ad Autolycum, hg. v. Miroslav Marcovich (Patristische Texte und Studien 44), Berlin/New York 1995.

s.a. Apologeten (BKV 14).

Thukydides

Thukydides, Geschichte des Peloponnesischen Krieges. 1. Teil: Buch I–IV; 2. Teil: Buch V–VIII; griechisch-deutsch, übersetzt und mit einer Einführung und Erläuterung versehen von Georg Peter Landmann (Sammlung Tusculum), München 1993.

Valerius Maximus

Valerius Maximus, Facta et Dicta Memorabilia, Vol. I: Libri I–VI; Vol. II: Libri VII–IX, ed. John Briscoe (BiTeu); Stuttgart/Leipzig 1998.

Valerius Maximus, Sammlung merkwürdiger Reden und Thaten, übersetzt von Friedrich Hoffmann, Stuttgart 1828.

Vorsokratiker

Diels, Hermann: Die Fragmente der Vorsokratiker. Griechisch und Deutsch, 9. Aufl. hg. von Walther Kranz, zweiter Band, Berlin 1959.

Hilfsmittel

Aland, Kurt: Vollständige Konkordanz zum griechischen Neuen Testament, Berlin 1983.

Bauer, Walter Griechisch-deutsches Wörterbuch zu den Schriften des Neuen Testaments und der frühchristlichen Literatur, 6., völlig neu bearb. Aufl. hg. v. Kurt Aland u. Barbara Aland, Berlin/New York 1988 (*Bauer, WB*).

Biblia Patristica. Index des citations et allusions Bibliques dans la littérature patristique, ed. Centre d'Analyse et de Documentation Patristiques.
Vol. I: Des origines à Clément d'Alexandrie et Tertullien, Paris 1975 (Nachdruck 1986).
Vol. II: Le troisième siècle (Origène excepté); Paris 1977.
Vol. III: Origène, Paris 1980.
Vol. IV: Eusèbe de Césarée, Cyrille de Jérusalem, Épiphane de Salamine, Paris 1987.
Supplément: Philon D'Alexandrie, Paris 1982.
Blaß, Friedrich/ Debrunner, Albert/ Rehkopf, Friedrich: Grammatik des neutestamentlichen Griechisch, Göttingen [16]1984. (*BDR*)
Denis, Albert-Marie, O.P.: Concordance Grecque des Pseudépigraphes d'Ancien Testament, Louvain-la-Neuve 1987.
Lampe, Geoffrey W. H.: A Patristic Greek Lexicon, Oxford 1961.
Liddell, Henry George/ Scott, Robert: A Greek-English Lexicon. Rev. and aug. throughout by Henry Stuart Jones. With a Revised Supplement 1996, Oxford 1996.
Pape, Wilhelm/ Benseler, Gustav Eduard: Wörterbuch der griechischen *Eigennamen*, Braunschweig [3]1863.
Sieben, Hermann Josef: Exegesis Patrum. Saggio bibliografico sull'exegesi biblica dei Padri della Chiesa (SuPa 2), Roma 1983.
–: Kirchenväterhomilien zum Neuen Testament. Ein Repertorium der Textausgaben und Übersetzungen (IP 22), Steenbrugge 1991.

Kommentare zu den Pastoralbriefen

(Kommentare werden nur mit Verfassername und Seitenzahl zitiert, sofern kein kursivierter Kurztitel angegeben ist)

Barrett, Charles K.: The Pastoral Epistles (NCB), Oxford 1963.
Borse, Udo: 1. und 2. Timotheusbrief/Titusbrief (SKK NT 13), Stuttgart [2]1986.
Brox, Norbert: Die Pastoralbriefe. 1 Timotheus. 2 Timotheus. Titus (RNT), Regensburg [5]1989.
Dewey, Joanna: 1 Timothy. 2 Timothy. Titus, in: Carol A. Newsom/ Sharon H. Ringe (eds.): The Women's Bible Commentary, London/Louisville 1992, 353–361.
Dibelius, Martin/ Conzelmann, Hans: Die Pastoralbriefe (HNT 13), Tübingen [3]1955. (*Dib-Co*)
Easton, Burton Scott: The Pastoral Epistles. Introduction, Translation, Commentary and Word Studies, London 1948.
Ensey, J. R.: The Pastoral Epistles. A Commentary on I and II Timothy and Titus, Hazelwood 1990.
Fee, Gordon D.: 1 and 2 Timothy, Titus (NIBC), Peabody, Mass. 1988.

Hanson, Anthony Tyrrell: The Pastoral Epistles (NCeBC), Grands Rapids/ London 1982.

Hasler, Victor: Die Briefe an Timotheus und Titus. Pastoralbriefe (ZBK NT 12), Zürich 1978.

Holtzmann, Heinrich Julius: Die *Pastoralbriefe*. Kritisch und exegetisch behandelt, Leipzig 1880.

Holtz, Gottfried: Die Pastoralbriefe (ThHK 13), Berlin [4]1986.

Hultgren, Arland J.: I–II Timothy, Titus (ACNT), Minneapolis 1984.

Jeremias, Joachim: Die Briefe an Timotheus und Titus (NTD 9), Göttingen [12]1981.

Johnson, Luke T.: 1 Timothy, 2 Timothy, Titus (Knox Preaching Guides), Atlanta 1987.

–: The First and Second Letters to Timothy (AnB 35A); New York et al. 2001.

Kelly, John N. D.: A Commentary on the Pastoral Epistles (BNTC), London 1963 (=1983).

Knight, George W.: The Pastoral Epistles (NIGTC), Grand Rapids 1992.

Knoch, Otto: 1. und 2. Timotheusbrief. Titusbrief (NEB 14), Würzburg 1988.

Lock, Walter: A Critical and Exegetical Commentary on the Pastoral Epistles (I & II Timothy and Titus) (ICC 13), Edinburgh 1924, [3]1952.

Maloney, Linda M.: The Pastoral Epistles, in: E. Schüssler Fiorenza (ed.), Searching the Scriptures, Vol. II: A Feminist Commentary, New York 1994, 361–380.

Merkel, Hans: Die Pastoralbriefe (NTD 9/1), Göttingen 1991.

Oberlinner, Lorenz: Die Pastoralbriefe. Erste Folge: Kommentar zum Ersten Timotheusbrief (HThK XI 2/1), Freiburg/Basel/Wien 1994.

–: Die Pastoralbriefe. Zweite Folge: Kommentar zum Zweiten Timotheusbrief (HThK XI 2/2), Freiburg/Basel/Wien 1995.

–: Die Pastoralbriefe. Dritte Folge: Kommentar zum Titusbrief (HThK XI 2/3), Freiburg/Basel/Wien 1996.

Quinn, Jerome D.: The Letter to Titus. A New Translation with Notes and Commentary and an Introduction to Titus, I and II Timothy, The Pastoral Epistles (AncB 35), New York u. a. 1990.

Roloff, Jürgen: Der erste Brief an Timotheus (EKK 15), Zürich/ Neukirchen-Vluyn 1988.

Spicq, Ceslas: Les Epîtres pastorales (EtB), Paris [4]1969.

Schlatter, Adolf: Die Kirche der Griechen im Urteil des Paulus. Eine Auslegung seiner Briefe an Timotheus und Titus, Stuttgart [2]1958.

Towner, Philip H.: 1–2 Timothy & Titus (The IVP New Testament Commentary Series), Downers Grove/Leicester 1994.

Wagener, Ulrike: Die Pastoralbriefe. Gezähmter Paulus – domestizierte Frauen, in: Kompendium Feministische Bibelauslegung, hg. v. Luise Schottrott/Marie-Theres Wacker, Gütersloh 1998, 661–675.

Wohlenberg, D. G.: Die Pastoralbriefe (KNT XIII), 2., verb. und verm. Aufl. Leipzig 1911.

Sonstige Kommentare

(Kommentare werden nur mit Verfassername und Seitenzahl zitiert, sofern kein kursivierter Kurztitel angegeben ist)

Abbott, Thomas Kingsmill: A Critical and Exegetical Commentary on the Epistles to the Ephesians and to the Colossians (ICC), Edinburgh 1897, Reprint 1953.

Allo, Ernest B.: Saint Paul. Seconde Èpître aux Corinthiens (EB), Paris ²1956.

Barrett, Charles K.: The First Epistle to the Corinthians (BNTC), London ²1971.

Bassler, Jouette M.: 1 Corinthians. 2 Corinthians, in: Carol A. Newsom/ Sharon H. Ringe (eds.): The Women's Bible Commentary, London/Louisville 1992, 321–332.

Barth, Markus: Ephesians (AncB 34/34A), New York et al.1974.

Bauer, Walter: Die Briefe des Ignatius von Antiochia und der Polykarpbrief (HNT Erg. 2), Tübingen 1920.

Bauer, Walter/Paulsen, Henning: Die Briefe des Ignatius von Antiochia und der Brief des Polykarp von Smyrna (HNT 18), ²1985 (*Bauer-Paulsen*).

Bauer, Johannes B.: Die Polykarpbriefe (KAV 5), Göttingen 1995.

Betz, Hans-Dieter: Der Galaterbrief. Ein Kommentar zum Brief des Apostels Paulus an die Gemeinde in Galatien, München 1988.

Bieberstein, Sabine: Der Brief an Philemon. Brieflektüre unter den kritischen Augen Aphias, in: Kompendium Feministische Bibelauslegung, hg. v. Luise Schottrott/ Marie-Theres Wacker, Gütersloh 1998, 676–682.

Bousset, Wilhelm: Der erste Brief an die Korinther, in: Die Schriften des Neuen Testaments neu übersetzt und für die Gegenwart erklärt von Otto Baumgarten, Wilhelm Boussett u.a., 3., verb. und verm. Aufl. 1917, Zweiter Band, 74–167.

Brox, Norbert: Der erste Petrusbrief (EKK XXI), Zürich/Neukirchen-Vluyn ²1986.

–: Der Hirt des Hermas (KAV 7), Göttingen 1991.

Bultmann, Rudolf: Der zweite Brief an die Korinther (KEK Sonderband), Göttingen 1976.

Buschmann, Gerd: Das Martyrium des Polykarp (KAV 6), Göttingen 1998.

Conzelmann, Hans: Der erste Brief an die Korinther (KEK 5), Göttingen 1969.

–: Die Apostelgeschichte (HNT 7), Tübingen 2., verb. Aufl. 1972.

Dibelius, Martin/ Greeven, Heinrich: An die Kolosser, Epheser, an Philemon (HNT 12), Tübingen ³1953.

Ernst, Joseph: Die Briefe an die Philipper, an Philemon, an die Kolosser, an die Epheser (RNT), Regensburg, 6. Auflage (Neubearbeitung) 1974.

Fee, Gordon D.: The First Epistle to the Corinthians, Grand Rapids 1987.

Furnish, Victor Paul: II Corinthians (AncB), New York et al.1984.

Gnilka, Joachim: Der Epheserbrief (HThK X/2), Freiburg u.a. 1971.

Gräßer, Erich: An die Hebräer (EKK XVII/1–3), Zürich/ Neukirchen-Vluyn, 1990/ 1993/1997.

Goppelt, Leonhard: Der Erste Petrusbrief (KEK 12/1), Göttingen 1978.

Haenchen, Ernst: Die Apostelgeschichte (KEK), Göttingen ⁵1965.

Hübner, Hans: An *Philemon*. An die Kolosser. An die Epheser (HNT 12), Tübingen 1997.

Käsemann, Ernst: An die Römer (HNT 8a), Tübingen [3]1974.

King, Karen L.: *Book of Norea*, in: Elisabeth Schüssler Fiorenza (ed.): Searching the Scriptures, Vol. II, 66–85.

Klauck, Hans-Josef: 1. Korintherbrief (NEB 7), Würzburg 1984.

–: 2. Korintherbrief (NEB 8), Würzburg 1986.

Knopf, Rudolf: Die Lehre der zwölf Apostel. Die zwei Clemensbriefe (HNT Erg.-Bd. Die Apostolischen Väter I), Tübingen 1920.

Kraemer, Ross S.: The Book of Aseneth, in: Elisabeth Schüssler Fiorenza (ed.): Searching the Scriptures, Vol. II, 859–888.

Lampe, Peter: Der Brief an Philemon, in: Nikolaus Walter/ Eckart Reinmuth/ Peter Lampe, Die Briefe an die Philipper, Thessalonicher und an Philemon (NTD 8/2), Göttingen [18]1998 (1. Aufl. dieser neuen Bearb.), 203–232.

Lang, Friedrich: Die Briefe an die Korinther (NTD 7), Göttingen [16]1986 (1. Aufl. dieser neuen Bearb.).

Lietzmann, Hans/ Kümmel, Werner Georg: An die Korinther. I–II (HNT 9), Tübingen [5]1969.

Lincoln, Andrew T.: Ephesians (WBC 42), Dallas 1990.

Lindemann, Andreas: Die Clemensbriefe (HNT 17), Tübingen 1992.

Lohse, Eduard: Die Briefe an die Kolosser und an Philemon (KEK 9/2), Göttingen [2]1977.

Luz, Ulrich: Das Evangelium nach Matthäus (Mt 1–7), EKK I/1, Zürich u.a. [2]1989.

–: Der Brief an die Epheser. Der Brief an die Kolosser, in: J. Becker/ U. Luz, Die Briefe an die Galater, Epheser und Kolosser (NTD 8/1), Göttingen [18]1998 (1. Auflage dieser Ausg.), 104–180.181–244.

McGinn, Sheila: The Acts of Thecla, in: Elisabeth Schüssler Fiorenza (ed.), Searching the Scriptures, Vol. II, 800–828.

Moore, Carey A.: Tobit. A New Translation with Introduction and Commentary (AncB 40A), New York et al. 1996.

Mußner, Franz: Der Brief an die Epheser (ÖTK 10), Gütersloh 1982.

Pesch, Rudolf: Römerbrief (NEB 6), Würzburg 1983.

–: Die Apostelgeschichte (EKK V/1–2), Zürich/Neukirchen-Vluyn 1986.

Pietersma, A./ Lutz, R.T., Jannes and Jambres, in: James H. Charlesworth (ed.): The Old Testament Pseudepigrapha 2, 427–442.

Plummer, Alfred: Second Epistle of St Paul to the Corinthians (ICC 9), Edinburgh 1915 (reprint 1951).

Prostmeier, Ferdinand R: Der Barnabasbrief (KAV 8), Göttingen 1999.

Schlatter, Adolf: Paulus der *Bote* Jesu. Eine Deutung seiner Briefe an die Korinther, Stuttgart [2]1956.

Schlier, Heinrich: Der Brief an die Epheser, Düsseldorf 1957.

Schoedel, William R.: Die Briefe des Ignatius von Antiochien (übers. v. G. Koester), München 1990.

Schnackenburg, Rudolf: Der Brief an die Epheser (EKK X), Zürich u.a. 1982.

Schrage, Wolfgang: Der erste Brief an die Korinther (EKK VII/1–3), Zürich/Braun-schweig/Neukirchen-Vluyn 1991; 1995; 1999.

Schüngel-Straumann, Helen: Das Buch Tobit. Ein Lehrstück zu Ehe und Familie in der Diaspora, in: Kompendium Feministische Bibelauslegung, hg. v. Luise Schott-roff/Marie-Theres Wacker, Gütersloh 1998, 401–409.

Schüssler Fiorenza, Elisabeth (ed.): Searching the Scriptures, Vol. II: A Feminist Commentary, New York 1994.

Schweizer, Eduard: Der Brief an die Kolosser (EKK XII), Zürich/Neukirchen-Vluyn 1976, [2]1980.

Scott, Ernest Findlay: The Epistles of Paul to the Colossians, to Philemon and to the Ephesians (MNTC), London 1930, [9]1958.

Standhartinger, Angela: Der *Brief* an die Gemeinde in Kolossä und die Erfindung der „Haustafel", in: Kompendium Feministische Bibelauslegung, hg. v. Luise Schot-trott/Marie-Theres Wacker, Gütersloh 1998, 635–645.

Strobel, August: Der Brief an die Hebräer (NTD 9/2), Göttingen/Zürich [4]1991.

Stuhlmacher, Peter: Der Brief an Philemon (EKK 18), Zürich/Einsiedeln/Köln/Neu-kirchen 1975.

Thrall, Margaret E.: The Second Epistle to the Corinthians. Vol. I (ICC 9), Edinburgh 1994.

Vouaux, Léon: Les Actes de Paul et ses Lettres Apocryphes, Paris 1913.

Wagener, Ulrike: Die Pastoralbriefe. Gezähmter Paulus – domestizierte Frauen, in: Kompendium Feministische Bibelauslegung, hg. v. Luise Schottrott/Marie-Theres Wacker, Gütersloh 1998, 661–675.

Weiß, Hans-Friedrich: Der Brief an die Hebräer (KEK 13), Göttingen [15]1991.

Weiß, Johannes: Der erste Korintherbrief (KEK 5), Göttingen 1910.

Weiser, Alfons: Die Apostelgeschichte (ÖTK 5/1–2), Gütersloh 1981; 1985.

Wire, Antoinette C.: 1 Corinthians, in: E. Schüssler Fiorenza (ed.), Searching the Scriptures, Vol. II, 153–195.

Windisch, Hans: Der zweite Korintherbrief, Neudruck der 9. Aufl. 1924 (KEK), Göt-tingen 1970.

Wolff, Christian: Der erste Brief des Paulus an die Korinther, 2. Teil (HThK 7/2), Berlin [2]1982.

Wolter, Michael: Der Brief an die Kolosser. Der Brief an Philemon (ÖTK 12), Gü-tersloh 1993.

Sonstige Sekundärliteratur

Ade, Annegret: *Sklaverei* und Freiheit bei Philo von Alexandria als Hintergrund der paulinischen Aussagen zur Sklaverei (Diss. masch.), Heidelberg 1996.

Adler, Rachel: Feminist *Folktales* of Justice: Robert Cover as a Resource for the Re-newal of Halakhah, Consevative Judaism 45/3 (1993) 40–55.

Aland, Barbara: Art. *Marcion*/Marcioniten, TRE 22 (1992) 89–101.

Aland, Kurt: Das Problem der *Anonymität* und Pseudonymität in der christlichen Literatur der ersten beiden Jahrhunderte (1961), in: Studien zur Überlieferunge des Neuen Testaments und seines Textes (ANNT 2), Berlin 1967, 24–34.

–: Falsche *Verfasserangaben*? Zur Pseudonymität im frühchristlichen Schrifttum, ThRev 75 (1979) 1–10.

–: *Noch einmal*: Das Problem der Anonymität und Pseudonymität in der christlichen Literatur der ersten beiden Jahrhunderte (1980), in: Supplementa zu den Neutestamentlichen und den Kirchengeschichtlichen Entwürfen, hg. v. Beate Köster u.a., Berlin/New York 1990, 158–176.

–: *Methodische Bemerkungen* zum Corpus Paulinum bei den Kirchenvätern des zweiten Jahrhunderts, in: Adolf Martin Ritter (Hg.): Kerygma und Logos (FS C. Andresen), Göttingen 1979, 29–48.

Allmen, Jean-Jaques von: *Maris* et femmes d'après saint Paul (CTh 29), Neuchatel/Paris 1951.

Almqvist, Helge: *Plutarch* und das Neue Testament (ASNU 15), Uppsala 1946.

Andresen, Carl/Ritter, Adolf Martin u.a.: Die *Lehrentwicklung* im Rahmen der Katholizität, 2., überarb. u. erg. Aufl. Göttingen 1999.

Der antike Roman. Untersuchungen zur literarischen Kommunikation und Gattungsgeschichte. Von einem Autorenkollektiv unter Leitung von Heinrich Kuch, Berlin 1989.

Aono, Tashio: Die *Entwicklung* des paulinischen Gerichtsgedankens bei den Apostolischen Vätern, Bern/Frankfurt/Las Vegas 1979.

Arbesmann, Rudolphus: Art. *Fasten*, RAC 7 (1969) 447–493.

Archer, Léonie: Her *Price* is Beyond Rubies: The Jewish Women in Greco-Roman Palestine (JSOT.SS 60), Sheffield 1990.

Aspegren, Kerstin: The *Male Woman*. A Feminine Ideal in the Early Church (AUU Uppsala Women's Studies, A. Women in Religion 4), Uppsala 1990.

Babcock, William S. (ed.): Paul and the Legacies of Paul, Dallas 1990.

Bachtin, Michael: Probleme der *Poetik* Dostoevskijs, München 1971.

–: Die Ästhetik des Wortes, hg. v. R. Grübel, Frankfurt/M. 1979.

–: *Literatur und Karneval*. Zur Romantheorie und Lachkultur, Frankfurt 1990.

Bail, Ulrike: Gegen das *Schweigen* klagen. Eine intertextuelle Studie zu den Klagepsalmen Ps 6 und Ps 55 und der Erzählung von der Vergewaltigung Tamars, Gütersloh 1998.

Bal, Mieke: Introduction, in: dies. (ed.): Anti-Covenant: Counter-Reading Women's Lives in the Hebrew Bible, Sheffield 1989, 11–24.

–/van Dijk Hemmes, Fokkelien/van Ginneken, Grietje: Und *Sara* lachte ... Patriarchat und Widerstand in biblischen Geschichten, Münster 1988.

Balch, David L.: Let *Wives* Be Submissive. The Domestic Code in 1 Peter (SBL.MS 26), Chico 1981.

–: Household Codes, in: D. L. Aune (ed.): Greco-Roman Literature and the New Testament (=SBL Sources for Biblical Study 21), Atlante, Georgia 1988, 25–50.

–: *Neopythagorean Moralists* and the New Testament Household Codes, ANRW II 26.1 (1992) 380–411.

Baldwin, H. Scott: A *Difficult Word:* αὐθεντέω in 1 Timothy 2:12, in: Andreas Köstenberger/ Thomas R. Schreiner/ H. Scott Baldwin (eds.): Women, 65–80; ders., Appendix 2: αὐθεντέω in Ancient Greek Literature, a.a.O., 269–305.

Baltensweiler, Heinrich: Die *Ehe* im Neuen Testament. Exegetische Untersuchungen über Ehe, Ehelosigkeit und Ehescheidung (AThANT 52), Zürich 1967.

Balz, Horst: Art. μῦθος, EWNT II (²1992) 1094–1095.

–: Art. προσεύχομαι, EWNT III (²1992) 396–409.

Barclay, John M. G.: *Paul*, Philemon and the Dilemma of Christian Slave-Ownership, NTS 37 (1991) 161–186.

Barnard, Leslie W.: The *Problem* of St. Polycarp's Epistle to the Philippians, in: ders., Studies in the Apostolic Fathers and Their Backgrounds, Oxford 1966, 31–39.

Barnett, A. E.: *Paul* Becomes a Literary Influence, Chicago 1941.

Barnett, Paul W.: *Wives* and Women's Ministry (1 Timothy 2:11–15), EvQ 61 (1989) 225–238.

Barrett, Charles K.: *Jews* and Judaizers in the Epistles of Ignatius, in: Robert Hamerton-Kelly/Robin Scroggs (eds.): Jews, Greeks and Christians, 220–244.

–: Pauline Controversies in the Post-Pauline Period, NTS 20 (1973/74) 229–45.

Barthes, Roland: La mort de l'auteur, Manteia 5 (1968) 12–17.

–: S/Z, Paris 1970 (dt: S/Z. Aus dem Französischen von Jürgen Hoch, Frankfurt 1976).

–: le plaisir du texte, Paris 1973 (dt.: Die Lust am Text, Frankfurt 1974).

–: Roland Barthes par Roland Barthes, Paris 1975.

–: Théorie du *Texte*, EncU 15 (1978) 1013–1017.

Bartsch, Hans-Werner: Die *Anfänge* urchristlicher Rechtsbildungen. Studien zu den Pastoralbriefen (ThF 34), Hamburg 1965.

–: *Gnostisches Gut* und Gemeindetradition bei Ignatius von Antiochien, Gütersloh 1940.

Bassler, Jouette M.: *The Widows' Tale*: A Fresh Look at 1 Tim 5:3–16, JBL 103 (1984) 23–41.

–: *Adam*, Eve, and the Pastor. The Use of Genesis 2–3 in the Pastoral Epistles, in: Gregory A. Robbins (ed.): Genesis 1–3 in the History of Exegesis. Intrigue in the Garden, New York 1988, 43–65.

Bauernfeind, Otto: Art. τρέχω, δρόμος, πρόδρομος, ThWNT 8 (1966) 225–235.

Bauckham, Richard: *Pseudo-apostolic Letters*, JBL 107 (1988) 469–494.

Bauer, Walter: *Rechtgläubigkeit* und Ketzerei im ältesten Christentum (BHTh 10), Tübingen 1934.

Baumeister, Theofried: Die *Anfänge* der Theologie des Martyriums (MBTh 45), Münster 1980.

–: Genese und Entfaltung der altkirchlichen Theologie des Martyriums (TC 8), Zürich 1991.

Baumert, Norbert: *Antifeminismus* bei Paulus? Einzelstudien (fzb 68), Würzburg 1992.

Baur, Ferdinand Christian: Die sogenannten *Pastoralbriefe* des Apostels Paulus aufs neue kritisch untersucht, Stuttgart/Tübingen 1835.

–: Paulus, der Apostel Jesu Christi. Sein Leben und Wirken, seine Briefe und seine Lehre 2 Bde., 2. Aufl. nach dem Tode des Verf. besorgt v. E. Zeller, Leipzig 1866; 1867.

Beal, Timothy K.: Glossary, in: Danna Nolan Fewell (ed.): *Reading Between Texts*, 21–24.

–: Ideology and Intertextuality: *Surplus of Meaning* and Controlling the Means of Production, in: Danna Nolan Fewell (ed.): *Reading Between Texts*, 27–39.

Beker, J. Christiaan: *Heirs* of Paul. Paul's Legacy in the New Testament and in the Church Today, Edinburgh 1992.

Bellinzoni, Arthur J.: The *Gospel* of Matthew in the Second Century, SecCen 9 (1992) 197–258.

Ben-Porat, Ziva: The Poetics of Literary Allusion, PTL 1 (1976) 105–128.

Berding, Kenneth: *Polycarp* of Smyrna's View of the Authorship of 1 and 2 Timothy, VigChr 53 (1999) 349–360.

Berger, Klaus: *Apostelbrief* und apostolische Rede. Zum Formular frühchristlicher Briefe, ZNW 65 (1974) 190–231.

–: Die impliziten *Gegner*. Zur Methode des Erschließens von „Gegnern" in neutestamentlichen Texten, in: Dieter Lührmann/Georg Strecker (Hg.): Kirche (FS Günther Bornkamm), Tübingen 1980, 373–400.

–: Art. χάρις, EWNT III (^{2}1992) 1095–1102.

–: *Hellenistische Gattungen* im Neuen Testament, ANRW II 25.2. (1984) 1031–1432.1831–1885.

–: *Formgeschichte* des Neuen Testaments, Heidelberg 1984.

–: Jesus als *Pharisäer* und frühe Christen als Pharisäer, NT 30 (1988) 231–262.

–: *Theologiegeschichte* des Urchristentums, 2., überarb. u. erw. Aufl., Tübingen/Basel 1995.

Beyer, Hermann Wolfgang: Art. ἐπισκέπτομαι κτλ., ThWNT II (1935) 595–619.

Binder, Hermann: Die historische *Situation* der Pastoralbriefe, in: F. C. Fry (Hg.), Geschichtswirklichkeit und Glaubensbewährung (FS F. Müller), Stuttgart 1967, 70–83.

Bjerkelund, Carl J.: *Parakalô*. Form, Funktion und Sinn der parakalô-Sätze in den paulinischen Briefen, BTN 1 (1967) 118–124.

Bloom, Harold: A *Map* of Misreading, New York 1975.

de Boer, Martinus C.: *Images* of Paul in the Post-Apostolic Period, CBQ 42 (1980) 359–380.

–: Comment: Which Paul? in: William S. Babcock (ed.), Paul and the Legacies of Paul, 45–54.328–330.

Bommes, Karin: Weizen Gottes. Untersuchungen zur Theologie des Martyriums bei Ignatius von Antiochien (Theoph. 27), Köln/Bonn 1976.

Bovon-Thurneysen, A.: *Ethik und Eschatologie* im Philipperbrief des Polycarp von Smyrna, ThZ 29 (1973) 241–256.

Bow, Beverly/Nickelsburg, George W. E.: *Patriarchy* with a Twist: Men and Women in Tobit, in: Amy-Jill Levine (ed.), „Women Like This", 127–143.

Brandenburger, Egon: *Adam* und Christus (WMANT 7), Neukirchen 1962.

Brent, Allen: The Ignatian *Epistles* and the Threefold Ecclesiastical Order, JRH 17 (1992) 18–32.

Broer, Ingo: *Einleitung* in das Neue Testament, Bd. 2: Die Briefliteratur, die Offenbarung des Johannes und die Bildung des Kanons, Würzburg 2001.

Broich, Ulrich: Formen der *Markierung* von Intertextualität, in: Ulrich Broich/ Manfred Pfister (Hg.): Intertextualität, 31–47.

–: Zur *Einzeltextreferenz*, in: Ulrich Broich/ Manfred Pfister (Hg.): Intertextualität, 48–52.

–/Pfister, Manfred (Hg.): Intertextualität. Formen, Funktionen, anglistische Fallstudien (Konzepte der Sprach- und Literaturwissenschaft 35), Tübingen 1985.

Brooten, Bernadette J.: *Women Leaders* in the Ancient Synagogue (BJSt 36), Chico 1982.

–: *Methodenfragen* zur Rekonstruktion der frühchristlichen Frauengeschichte, BiKi 39 (1984) 157–164.

–: *Frühchristliche Frauen* und ihr kultureller Kontext. Überlegungen zur Methode historischer Rekonstruktion, Einwürfe 2 (1985) 62–93.

Brown, Lucinda A.: *Asceticism* and Ideology: The Language of Power in the Pastoral Epistles, Semeia 57 (1992) 77–94.

Brown, Peter: Die *Keuschheit* der Engel. Sexuelle Entsagung, Askese und Körperlichkeit am Anfang des Christentums (aus dem Englischen von M. Pfeiffer), München/Wien 1991.

Brox, Norbert: Zu den persönlichen *Notizen* der Pastoralbriefe, BZ 13 (1969) 76–94 (zitiert nach ders. (Hg.): Pseudepigraphie, 272–294).

–: *Lukas* als Verfasser der Pastoralbriefe? JAC 13 (1970) 62–77.

–: Zum *Problemstand* in der Erforschung der altchristlichen Pseudepigraphie, Kairos 15 (1973) 10–23 (zitiert nach ders. (Hg.): Pseudepigraphie, 311–334).

–: *Falsche Verfasserangaben*. Zur Erklärung der frühchristlichen Pseudepigraphie (SBS 79), Stuttgart 1975.

–: Zur pseudepigraphischen *Rahmung* des ersten Petrusbriefes, BZ 19 (1975) 78–96.

–: *Pseudo-Paulus* und Pseudo-Ignatius. Einige Topoi altchristlicher Pseudepigraphie, VigChr 30 (1976) 181–188.

–: *Tendenz* und Pseudepigraphie im ersten Petrusbrief, Kairos 20 (1978) 110–120.

–: *Methodenfragen* der Pseudepigraphie-Forschung, ThRv 75 (1979) 275–278.

– (Hg.): *Pseudepigraphie* in der heidnischen und jüdisch-christlichen Antike (WdF 484), Darmstadt 1977.

Bruce, Don: *Bibliographie annotée*. Ecrits sur l'intertextualité, texte 2 (1983) 217–258.

Bryce, David W.: „As in All *Churches* of the Saints" A Text-Critical Study of 1 Corinthians 14:14.35, Lutheran Theological Journal 31 (1997) 31–39.

Bultmann, Rudolf: *Ignatius* und Paulus, in: Exegetica, Tübingen 1967, 400–411.

Burrus, Virginia: Chastity as *Autonomy*. Women in the Stories of the Apocryphal Acts (Studies in Women and Religion 23), Lewiston, N.Y./Queenston, Ontario 1987.

Busse, Ulrich: Johannes und Lukas: Die *Lazarusperikope*, Frucht eines Kommunikationsprozesses, in: Adelbert Denaux (ed.), John and the Synoptics, 281–306.

Butterweck, Christl: *,Martyriumssucht* in der alten Kirche. Zur Darstellung und Deutung frühchristlicher Martyrien, Tübingen 1995.

Callahan, Allen Dwight: Paul's *Epistle* to Philemon: Toward an Alternative *Argumentum*, HThR 86 (1993) 357–376.

–: *Embassy* of Onesimus: the Letter of Paul to Philemon, Valley Forge, PA 1997.

Camp, Claudia V.: *Understanding a Patriarchy*: Women in Second Century Jerusalem Through the Eyes of Ben Sira, in: Amy-Jill Levine (ed.), „Women Like This", 1–39.

Campbell, Robert A.: Identifying the *Faithful Sayings* in the Pastoral Epistles, JSNT 54 (1994) 73–86.

Campenhausen, Hans Frh. v.: *Kirchliches Amt* und geistliche Vollmacht in den ersten drei Jahrhunderten (BHTh 14), Tübingen ²1963.

–: Die *Idee* des Martyriums in der Alten Kirche, Göttingen ²1964.

–: *Polykarp* von Smyrna und die Pastoralbriefe, in: ders.: Aus der Frühzeit des Christentums. Studien zur Kirchengeschichte des ersten und zweiten Jahrhunderts, Tübingen 1963, 197–252.

Carroll, Kenneth L.: The *Expansion* of the Pauline Corpus, JBL 72 (1953) 230–237.

Chadwick, Henry: Art. *Enkrateia*, RAC 5 (1962) 243–366.

Childs, Brevard S.: The New Testament as *Canon*: An Introduction, Valley Forge PA (1984) ²1994.

Clark, Elizabeth A.: *Ascetic Renunciation* and Feminine Advancement: A Paradox of Late Ancient Christianity, ATR 63 (1981) 240–257.

–: Reading *Asceticism*: Exegetical Strategies in the Early Christian Rhetoric of Renunciation, BibInt 5 (1997) 82–105.

Clarke, Andrew D.: „Refresh the Hearts of the Saints": A Unique Pauline Context?, TynB 47 (1996) 277–300.

Cohen, Jeremy: „*Be Fertile* and Increase, Fill the Earth and Master It". The Ancient and Medieval Career of a Biblical Text, Ithaca/London 1989.

Collins, Raymond F.: The *Image* of Paul in the Pastorals, LTP 31 (1975) 147–173.

–: *Letters* That Paul Did Not Write. The Epistle to the Hebrews and the Pauline Pseudepigrapha (Good News Studies 28), Wilmington 1988.

Colpe, Carsten: Art. Gnosis, RAC 11 (1981) 446–659.

Conzelmann, Hans: Die *Schule* des Paulus, in: Theologia Crucis – Signum Crucis (FS Erich Dinkler), Tübingen 1979, 85–96.

Cook, D.: *2 Timothy IV. 6–8* and the Epistle to the Philippians, JThS 33 (1982) 168–171.

–: The Pastoral Fragments Reconsidered, JThS 35 (1984) 120–131.

Corrington, Gail Paterson: *Salvation*, Celibacy, and Power: „Divine Women" in Late Antiquity, SBL.SP 24 (1985) 321–325.

–: The „*Divine Women*"? Propaganda and the Power of Chastity in the New Testament Apocrypha, Helios 13 (1986) 151–162.

–: The *Defense* of the Body and the Discourse of Appetite: Continence and Control in the Greco-Roman World, Semeia 57 (1992) 65–74.

Cotter, Wendy: Women's *Authority Roles* in Paul's Churches: Countercultural or Conventional? NT 36 (1994) 350–372.

Countryman, Louis William: *Patrons* and Officers in Club and Church, in: Paul J. Achtmeier (ed.): SBL.SP 1977, 125–143.

–: The *Rich Christian* in the Church of the Early Empire. Contradictions and Accomodation, New York/Toronto 1980.

Crouch, James E.: The *Origin* and Intention of the Colossian Haustafel (FRLANT 109), Göttingen 1972.

Crüsemann, Marlene: *Unrettbar* frauenfeindlich. Der Kampf um das Wort von Frauen in 1 Kor 14,(33b)34–35 im Spiegel antijudaistischer Elemente der Auslegung, in: Luise Schottroff/Marie-Theres Wacker (Hg.): Von der Wurzel getragen, Leiden u.a. 1995, 199–223.

Culler, Jonathan: Presupposition and Intertextuality, in: The Pursuit of Signs, Londen 1981, 100–118.

Dällenbach, Lucien: Intertexte et autotexte, Poétique 27 (1976) 282–296.

Dahl, Nils A.: *Der Erstgeborene Satans* und der Vater des Teufels (Polyk. 7,1 und Joh. 8,44), in: Walther Eltester (Hg.): Apophoreta (FS Ernst Haenchen), BZNW 30, Berlin 1964, 70–84.

Danker, Frederick W.: *Benefactor*. Epigraphic Study of a Graeco-Roman and New Testament Semantic Field, St. Louis, Miss. 1982.

Dassmann, Ernst: Zur *Entstehung* des Monepiskopats, JAC 17 (1974) 74–90.

–: Der *Stachel* im Fleisch. Paulus in der frühchristlichen Literatur bis Irenäus, Münster 1979.

–: *Hausgemeinde* und Bischofsamt, in: Ernst Dassmann/Klaus Thraede (Hg.): Vivarium (FS Theodor Klauser), JAC Ergänzungsband 11, Münster 1984, 82–97.

Daube, David: The Duty of Procreation, Edinburgh 1977.

Dautzenberg, Gerhard: Urchristliche *Prophetie*. Ihre Erforschung, ihre Voraussetzungen im Judentum und ihre Struktur im ersten Korintherbrief (BWANT 104), Stuttgart 1975.

–: Zur *Stellung* der Frauen in den paulinischen Gemeinden, in: ders. u.a. (Hg.): Die Frau im Urchristentum, Freiburg 1983, 182–224.

Davies, Stevan L.: The Predicament of Ignatius of Antioch, VigChr 30 (1976) 175–180.

–: The *Revolt* of the Widows: The Social World of the Apocryphal Acts, Illinois 1980.

Dehandschutter, Boudewijn: *Polycarp's Epistle* to the Philippians. An Early Example of „Reception", in: Jean-Marie Sevrin, The New Testament, 275–291.

–: The *Martyrium* Polycarpi: a Century of Research, ANRW II 27.1 (1993) 485–522.

–: *Example* and Discipleship. Some Comments on the Biblical Background of the Early Christian Theology of Martyrdom, in: J. Den Boeft/M. L. Van Poll-Van de Lisdonk (eds.): The Impact of Scripture in Early Christianity (Suppl. VigChr XLIV), Leiden u.a. 1999, 20–26.

Denaux, Adelbert (ed.): John and the Synoptics (BETL 101), Leuven 1992.

Derrida, Jacques: De La *Grammatologie*, Paris 1967.

Deselaers, Paul: Das *Buch* Tobit. Studien zu seiner Entstehung, Komposition und Theologie (OBO 43), Freiburg, Schweiz/Göttingen 1982.

Dibelius, Martin: ἘΠΙΓΝΩΣΙΣ ᾽ΑΛΗΘΕΙΑΣ. in: Botschaft und Geschichte. Gesammelte Aufsätze Bd. 2, Tübingen 1956, 1–13.

Dobschütz, Ernst von: *Die urchristlichen Gemeinden*. Sittengeschichtliche Bilder, Leipzig 1902.

Donahue, Paul J.: *Jewish Christianity* in the Letters of Ignatius of Antioch, VigChr 32 (1978) 81–93.

Donelson, Lewis R.: *Pseudepigraphy* and Ethical Argument in the Pastoral Epistles (HUTh 22), Tübingen 1986.

Draisma, Sipke (ed.): Intertextuality in Biblical Writings (Essays in Honour of Bas van Iersel), Kampen 1989.

Dschulnigg, Peter: *Warnung* vor Reichtum und Ermahnung der Reichen. 1Tim 6,6–10.17–19 im Rahmen des Schlußteils 6,3–21, BZ 37 (1993) 60–77.

Dunn, Peter W.: The *Influence* of 1 Corinthians on the „Acts of Paul", SBL.SP 132 (1996) 438–454.

Dupont-Sommer, M. André: *L'Essénisme* à la lumière des manuscrits de la mer morte: angélologie et démonologie; le livre de Tobie, Annuaire du Collège de France, Paris 1968, 411–426.

Eagleton, Terry: Einführung in die *Literaturtheorie* (Sammlung Metzler 246), Stuttgart 1988.

Ebach, Jürgen: Das Zitat als Kommunikationsform. Beobachtungen, Anmerkungen und Fragestellungen am Beispiel biblischen und rabbinischen Zitierens, in: Gerhard Binder/Konrad Ehlich (Hg.): Religiöse Kommunikation – Formen und Praxis vor der Neuzeit. Stätten und Formen der Kommunikation im Altertum VI (BAC 26), Trier 1996, 35–101.

Eco, Umberto: *Zwischen Autor und Text*. Interpretation und Überinterpretation. Mit Einwürfen von Richard Rorty, Jonathan Culler, Christine Brooke-Rose und Stafan Collini (aus dem Englischen von Hans Günter Holl), München Wien 1994 (Orig. Interpretation and Overinterpretation, Cambridge 1992).

–: Die *Grenzen* der Interpretation (Aus dem Italienischen von G. Memmert), München/Wien 1992 (Orig. I limiti dell'interpretazione, Mailand 1990).

–: *Lector* in fabula. Die Mitarbeit der Interpretation in erzählenden Texten (Aus dem Italienischen von Heinz-Georg Held), München/Wien 1987 (Orig.: Lector in fabula. La cooperazione interpretativa nei testi narrativi, Mailand 1979).

–: *Nachschrift* zum „Namen der Rose" (Deutsch von Burkhart Kroeber), München 1986.

Edwards, Mark J.: Ignatius and the Second Century: An Answer to R. Hübner, ZAC 2 (1998) 214–226.

Eichenauer, Monika: Untersuchungen zur *Arbeitswelt* der Frau in der römischen Antike (EHS III/360), Frankfurt u.a. 1988.

Eisen, Ute E.: *Amtsträgerinnen* im frühen Christentum. Epigraphische und literarische Studien (FKDG 61), Göttingen 1996.

Ellis, E. Earle: The *Authorship* of the Pastorals: A Résumé and Assessment of Current Trends, EvQ 32 (1960) 151–161.

–: The *Silenced Wives* of Corinth (1 Cor. 14: 34–5), in: Eldon J. Epp (ed.): New Testament Textual Criticism, Oxford 1981, 213–220.

–: *Traditions* in the Pastoral Epistles, in: Craig A. Evans/ William F. Stinespring (eds.): Early Jewish and Christian Exegesis. Studies in Memory of William H. Brownlee, Decatur 1987, 237–253.

–: The *Old Testament* in Early Christianity. Canon and Interpretation in the Light of Modern Research (WUNT 54), Tübingen 1991.

–: *Pseudonymity* and Canonicity of New Testament Documents, in: Michael J. Wilkins/ Terence Paige (eds.): Worship, Theology and Ministry in the Early Church. Essays in Honor of Ralph P. Martin (JSNT.S 87), Sheffield 1992, 212–224.

Ernst, Josef: Die *Witwenregel* des ersten Timotheusbriefes – ein Hinweis auf die biblischen Ursprünge des weiblichen Ordenswesens? ThGl 59 (1969) 434–445.

Essig, Klaus-Gunther: Mutmassungen über den Anlaß des Martyriums von Ignatius von Antiochien, VigChr 40 (1986) 105–117.

Ette, Ottmar: *Intertextualität*: Ein Forschungsbericht mit literatursoziologischen Anmerkungen, Romanistische Zeitschrift für Literaturgeschichte 9 (1985) 497–522.

Evans, Craig A./ Sanders, James A. (eds.): *Paul* and the Scriptures of Israel (JSNT.S 83), Sheffield 1993.

–/ Sanders, James A. (eds.): Early Christian Interpretation of the *Scriptures* of Israel. Investigations and Proposals (JSNT.S 148), Sheffield 1997.

–/ Talmon, Shemaryahu (eds.): The Quest for Context and Meaning. Studies in Biblical Intertextuality in Honor of James A. Sanders (Biblical Interpretation Series 28), Leiden/New York/Köln 1997.

Falconer, Sir Robert: 1 Timothy 2 14, 15. Interpretative *Notes*, JBL 60 (1941), 375–379.

Fallon, Francis T./ Cameron, Ron: The Gospel of Thomas: A Forschungsbericht and Analysis, ANRW II 25.6. (1988) 4195–4251.

Fatum, Lone: *Women*, Symbolic Universe and Structures of Silence: Challenges and Possibiblities in Androcentric Texts, StTh 43 (1989) 61–80.

Fee, Gordon D.: Reflections on Church Order in the Pastoral Epistles, with Further Reflections on the Hermeneutics of *ad hoc* Documents, JETS 28 (1985) 141–151.

Des Femmes aussi fasisaient route avec Lui. Perspectives féministes sur la Bible, Montreal/Paris 1995.

Ferguson, Everett: Τόπος in 1 Timothy 2:8, RestorQ 33 (1991) 65–73.

Fewell, Danna Nolan (ed.): *Reading Between Texts*. Intertextuality and the Hebrew Bible, Louisville, Kentucky 1992.

–: *Introduction*: Writing, Reading, and Relating, in: Danna Nolan Fewell (ed.): *Reading Between Texts,* 11–20.

Fiedler, P.: Art. Haustafel, RAC 13 (1986) 1063–1073.

Fiore, Benjamin: The Function of *Personal Example* in the Socratic and Pastoral Epistles (AnBib 105), Rom 1986.

Fischer, Karl Martin: *Anmerkungen* zur Pseudepigraphie im Neuen Testament, NTS 23 (1977) 76–81.

Fish, Stanley: Literature in the Reader: Affective Stylistics, New Literary History 2 (1970) 123–162, dt. Übers.: Literatur im Leser: Affektive Stilistik, in: Rainer Warning (Hg.): Rezeptionsästhetik, 196–227.

Fitzer, Gottfried: „Das *Weib* schweige in der Gemeinde". Über den unpaulinischen Charakter der mulier-taceat-Verse in 1. Korinther 14 (TEH 110), München 1963.

Foucault, Michel: Qu'est-ce qu'un auteur?, Bulletin de la Société française de Philosophie, 1969, 73–104 (zit. wird die dt. Fassung: Was ist ein Autor?, in: M. Foucault: Schriften zur Literatur, Frankfurt 1991, 7–31).

Friedman, Susan Stanford: *Weavings*: Intertextuality and the (Re)Birth of the Author, in: Jay Clayton/Eric Rothstein (eds.): Influence and Intertextuality in Literary History, Madison/London 1991, 146–180.

Füger, Wilhelm: *Intertextualia Orwelliania*. Untersuchungen zur Theorie und Praxis der Markierung von Intertextualität, Poetica 21 (1989) 179–200.

Fürst, Alfons: Hieronymus über die heilsame Täuschung, ZAC 2 (1998) 97–112.

Funk, Robert W.: The Apostolic *Parousia*: Form and Significance, in: William R. Farmer et al. (eds.): Christian History and Interpretation: Studies presented to John Knox, Cambridge 1967, 249–268.

Gadamer, Hans-Georg: Wahrheit und Methode. Grundzüge einer philosophischen Hermeneutik (Gesammelte Werke Bd. 1). Ergänzungen (Gesammelte Werke Bd. 2), Tübingen 1986.

Gärtner, Michael: Die *Familienerziehung* in der Alten Kirche (KVRG 7), Köln/Wien 1985.

Gayer, Roland: Die *Stellung* des Sklaven in den paulinischen Gemeinden und bei Paulus. Zugleich ein sozialgeschichtlich vergleichender Beitrag zur Wertung des Sklaven in der Antike (EHS XXIII/78), Bern/Frankfurt 1976.

Geier, Manfred: Die Schrift und die Tradition. Studien zur Intertextualität, München 1985.

Genette, Gérard: Palimpsestes. La littérature au second degré, Paris 1982 (zit. wird die dt. Übers.: *Palimpseste*. Die Literatur auf zweiter Stufe. Aus dem Französischen von W. Bayer u. D. Hornig [edition suhrkamp 1683], Frankfurt 1993).

Gielen, Marlis: Tradition und Theologie neutestamentlicher *Haustafelethik* (BBB 75), Bonn 1990.

Glenny, W. Edward: 1 Corinthians 7:29–31 and the Teaching of Continence in *the Acts of Paul and Thecla*, GTJ 11 (1991) 53–70.

Goltz, Eduard Freiherr von der: *Ignatius* von Antiochien als Christ und Theologe (TU 12,3), Leipzig 1894.

Goulder, Michael: The Pastor's Wolves. Jewish Christian Visionaries behind the Pastoral Epistles, NT 38 (1996) 242–256.

–: Ignatius' „Docetists", VigChr 53 (1999) 16–30.

Gourgues, Michel: *Qui est misogyne*: Paul ou certains Corinthiens? Note sur 1 Cor 14,33b–36, in: Des femmes aussi faisaeint route avec Lui, 153–162.

Grafton, Anthony: Fälscher und Kritiker. Der Betrug in der Wissenschaft (aus dem Englischen von E. D. Drolshagen), Berlin 1991.

Grant, Robert McQueen: *Tatian* and the Bible, Studia Patristica I (TU 63), Berlin 1957, 297–306.

–: *Scripture and Tradition* in St. Ignatius of Antioch, CBQ 25 (1963) 322–335.

–: Jewish Christianity at Antioch in the Second Century, in: Birger Gerhardsson et al. (eds.): Judéo-Christianisme (Volume offert au Cardinal Jean Daniélou), Paris 1972, 97–108.

–: Heresy and Criticism. The Search for Authenticity in Early Christian Literature, Louisville, Kentucky 1993.

Grimm, Gunter: *Rezeptionsgeschichte*: Grundlegung einer Theorie (UTB 691), München 1977.

Grivel, Charles: *Thèses* préparatoires sur les intertextes, in: Renate Lachmann (Hg.): Dialogizität, 237–248.

–: *Serien* Textueller Perzeption. Eine Skizze, in: Wolf Schmid/ Wolf-Dieter Stempel (Hg.): Dialog der Texte, 53–83.

Gritz, Sharon Hodgen: *Paul*, Women Teachers, and the Mother Goddess of Ephesus. A Study of 1 Timothy 2:9–15 in Light of the Religious and Cultural Milieu of the First Century, Lanham/London 1991.

Groningen Colloquia on the Novel, Volume I, Groningen 1988; Volume III, Groningen 1990.

Grübel, Rainer: Die *Geburt* des Textes aus dem Tod der Texte, in: Wolf Schmid/ Wolf-Dieter Stempel (Hg.): Dialog der Texte, 205–271.

Gülzow, Henneke: *Christentum* und Sklaverei in den ersten drei Jahrhunderten, Bonn 1969, unveränderter Nachdruck mit einem Nachwort v. Gerd Theißen (Hamburger theologische Studien 16), Münster/Hamburg/London 1999.

Günther, Matthias: Die Frühgeschichte des Christentums in Ephesus (Arbeiten zur Religion und Geschichte des Urchristentums 1), Frankfurt u.a. 1995.

Gundry-Volf, Judith M.: Male and Female in Creation and New Creation: Interpretations of Gal 3.28c in 1 Corinthians 7, in: Thomas E. Schmidt/Moisés Silva (eds.): To Tell the Mystery: Essays on New Testament Eschatology in Honor of Robert H. Gundry (JSNT.S 100), Sheffield 1994, 95–121.

–: Controlling the Bodies: A Theological Profile of the Corinthian Sexual Ascetics, in: Reimund Bieringer (ed.): The Corinthian Correspondence (BEThL 125), Louvain 1996, 519–541.

–: Gender and Creation in 1 Corinthians 11:2–16. A Study in Paul's Theological Method, in: Jostein Ådna (Hg.): Evangelium – Schriftauslegung – Kirche. FS für P. Stuhlmacher zum 65. Geburtstag, Göttingen 1997, 151–171.

Häfner, Gerd: „Nützlich zur Belehrung" (2Tim 3,16). Die Rolle der *Schrift* in den Pastoralbriefen im Rahmen der Paulusrezeption (HBS 25), Freiburg u.a. 2000.

Hagner, Donald A.: The *Use* of the Old and New Testament in Clement of Rome (NT.S 34), Leiden 1973.

Hahn, Ferdinand: Der urchristliche *Gottesdienst* (SBS 41), Stuttgart 1970.

Hamerton-Kelly, Robert/ Scroggs, Robin (eds.): Jews, Greeks and Christians. Religious Cultures in Late Antiquity (Essays in Honor of Willian David Davies), Leiden 1976.

Hanhart, Robert: *Text* und Textgeschichte des Buches Tobit (Abhandlungen der Akademie der Wissenschaften in Göttingen. Philologisch-historische Klasse. Dritte Folge Nr. 139/MSU XVII), Göttingen 1984.

Hann, Robert R.: *Judaism* and Jewish Christianity in Antioch: Charisma and Conflict in the First Century, JRH 14 (1987) 341–360.

Hanson, Anthony Tyrell: *Studies* in the Pastoral Epistles, London 1968.

–: The Domestication of Paul: A Study in the Development of Early Christian Theology, BJRL 63 (1980/81) 402–418.

–: The *Use* of the Old Testament in the Pastoral Epistles, IBS 3 (1981) 203–219.

–: The *Theology* of Suffering in the Pastoral Epistles and Ignatius of Antioch, StPatr 17/2 (1982) 694–696.

Hanssen, Olav: Heilig. Die Auseinandersetzung zwischen Paulus und den Korinthern um die ethischen Konsequenzen christlicher Heiligkeit, 2 Bde., Diss. masch. Heidelberg 1984.

Harnack, Adolf von: Die Geschichte der Altchristlichen Litteratur bis Eusebius, Zweiter Theil: Die *Chronologie*. Erster Band: Die Chronologie der Litteratur bis Irenaeus, Leipzig 1897.

–: Patristische *Miszellen* (TU 20/3), Berlin 1899, 70–148.

–: *Marcion*. Das Evangelium vom fremden Gott. Eine Monographie zur Geschichte der Grundlegung der katholischen Kirche. Neue Studien zu Marcion, Nachdruck der 2., verb. u. verm. Aufl. Leipzig 1924 mit Anhang, Darmstadt 1960.

Harrill, J. Albert: The *Manumission* of Slaves in Early Christianity (HUT 32), Tübingen 1995.

–: The Vice of Slave Dealers in Graeco-Roman Society: The Use of a Topos in 1 Timothy 1:10, JBL 118 (1999) 97–122.

Harris, Timothy J.: Why Did Paul Mention Eve's Deception? A Critique of P. W. Barnett's Interpretation of 1 Timothy 2, EQ 62 (1990) 335–352.

Harrison, Percy N.: The *Problem* of the Pastoral Epistles, Oxford 1921.

–: *Polycarp's Two Epistles* to the Philippians, Cambridge 1936.

Hartwig, Charlotte: Die korinthische Gemeinde als Nebenadressat des Römerbriefes. Eine Untersuchung zur Wiederaufnahme paulinischer Themen aus dem ersten Korintherbrief im Römerbrief, Diss. Heidelberg 2001

Hatina, Thomas R.: *Intertextuality* and Historical Criticism in New Testament Studies: Is There a Relationship? BibInt 7 (1999) 28–43.

Haufe, Günter: Gnostische Irrlehre und ihre Abwehr in den Pastoralbriefen, in: Karl-Wolfgang (Hg.): Gnosis und Neues Testament. Studien aus Religionswissenschaft und Theologie, Gütersloh/Berlin 1973, 325–339.

Hauptman, Judith: *Maternal Dissent*: Women and Procreation in the Mishna, Tikkun 6/6 (1991) 80–81.94–95.

Hawthorn, Jeremy: *Grundbegriffe* moderner Literaturtheorie: ein Handbuch, Tübingen/Basel 1994.

Hays, Richard B.: *Echoes* of Scripture in the Letters of Paul, New Haven 1989.

Hayter, Mary, The *New Eve* in Christ. The Use and Abuse of the Bible in the Debate about Women in the Church, London 1987.

Hebel, Udo J.: Intertextuality, Allusion, and Quotation. An International Bibliography of Critical Studies, New York/Westport/London 1989.

–: Romaninterpretation als *Textarchäologie*. Untersuchungen zur Intertextualität am Beispiel von F. Scott Fitzgeralds This side of paradise (Mainzer Studien zur Anglistik 23), Frankfurt 1989.

–: Towards a Descriptive *Poetics* of Allusion, in: Heinrich F. Plett (ed.): Intertextuality, 135–164.

Hegermann, Harald: Der geschichtliche *Ort* der Pastoralbriefe, in: Joachim Rogge/Gottfried Schille (Hg.): Theologische Versuche II, Berlin 1970, 47–64.

Heiligental, Roman: Werke als Zeichen. Untersuchungen zur Bedeutung der menschlichen Taten im Frühjudentum, Neuen Testament und Frühchristentum (WUNT 2/9), Tübingen 1983.

Helbig, Jörg: Intertextualität und *Markierung*. Untersuchungen zur Systematik und Funktion der Signalisierung von Intertextualität (Beiträge zur neueren Literaturgeschichte, Folge 3, Bd. 141), Heidelberg 1996.

Hempfer, Klaus W.: Überlegungen zu einem *Gültigkeitskriterium* für Interpretationen und ein komplexer Fall: Die italienische Ritterepik der Renaissance, in: Klaus W. Hempfer/Gerhard Regn (Hg.): Interpretation. Das Paradigma der europäischen Renaissance Literatur (FS Alfred Noyer-Weidner), Wiebaden 1983, 1–31.

Hendricks, W. L.: *Imagination* and Creativity as Integral to Hermeneutics, in: B. E. Patterson (ed.): Science, Faith and Revelation. An Approach to Christian Philosophy, Nashville, Tennessee 1979, 261–282.

Hengel, Martin: *Anonymität*, Pseudepigraphie und „Literarische Fälschung" in der jüdisch-hellenistischen Literatur, in: Pseudepigrapha I, ed. K. von Fritz, Genève 1972, 231–329.

–: Die Ursprünge der Gnosis und das Urchristentum, in: Jostein Ådna et. al. (Hg.): Evangelium – Schriftauslegung – Kirche: Festschrift für Peter Stuhlmacher zum 65. Geburtstag, Göttingen 1997, 190–223.

Hitchcock, F. R. Montgomery: Philo and the Pastorals, Hermathena 56 (1940) 113–135.

Hock, Ronald F.: A Support for His Old Age: Paul's Plea on Behalf of Onesimus, in: L. Michael White (ed.): The Social World of the First Christians (FS Wayne A. Meeks), Minneapolis 1995, 67–81.

Hoffman, D.: The Authority of Scripture and Apostolic Doctrine in Ignatius of Antioch, JETS 28 (1985) 71–79.

Hoffman, Daniel L.: *The Status of Women* and Gnosticism in Irenaeus and Tertullian (Studies in Women and Religion 36), Lewiston et al. 1995.

Hoffmann, R. Joseph: De statu Feminarum: The Correlation between Gnostic Theory and Social Practice, EeT 14 (1983) 293–304.

–: Marcion: On the Restitution of Christianity. An Essay on the Development of Radical Paulinist Theology in the Second Century (AAR.AS 46), Chico, CA 1984.

Hofrichter, Peter: Strukturdebatte im Namen des Apostels. Zur Abhängigkeit der Pastoralbriefe untereinander und vom ersten Petrusbrief, in: Norbert Brox u.a. (Hg.): Anfänge der Theologie (FS Johannes B. Bauer), Graz 1987, 101–116.

Holmes, Michael W.: A Note of the Text of Polycarp *Philippians* 11.3, VigChr 51 (1997) 207–210.

Holter, Karin: Simon Citing Simon: A Few Examples of Limited Intertextuality, in: R. Birn/ K. Gould, Orion Blinded. Essays on Claude Simon, Lewisburg/ London/ Toronto 1981, 133–147.

Holthuis, Susanne: Intertextualität. Aspekte einer rezeptionsorientierten Konzeption, Tübingen 1993.

Holtzmann, Heinrich Julius: Die *Pastoralbriefe*. Kritisch und exegetisch behandelt, Leipzig 1880.

–: Lehrbuch der historisch-kritischen *Einleitung* in das Neue Testament, Freiburg ³1892.

–: Das schriftstellerische *Verhältniss* des Johannes zu den Synoptikern, ZwTh 12 (1869) 62–85.155–178.446–456.

–: Die synoptischen Evangelien. Ihr Ursprung und geschichtlicher Charakter, Leipzig 1863.

Hommes, N. J.: Let Women Be Silent in Church: A Message Concerning the Worship Service and the Decorum to Be Observed by Women, CTJ 4 (1969) 5–22.

Hoover, Karen: Creative *Tension* in 1 Timothy 2:11–15, BLT 22 (1977) 163–166.

Hoppe, Rudolf: *Paulus* in nachpaulinischen Schriften, in: Anselm Bilgri/ Bernhard Kirchgessner (Hg.): Liturgia semper reformanda. Für Karl Schlemmer, Freiburg/ Basel/Wien 1997, 36–47.

Horrell, David: Converging Ideologies: Berger and Luckmann and the Pastoral Epistles, JSNT 50 (1993) 85–103.

Horst, Pieter W. van der: *Aelius Aristides* and the New Testament (Studia ad corpus hellenisticum novi testamenti 6), Leiden 1980.

–: The *Role* of Women in the Testament of Job, in: ders.: Essays on the Jewish World of Early Christianity (NTOA 14), Freiburg, Schweiz/Göttingen 1990, 94–110.

–: *Sex*, Birth, Purity and Asceticism in the *Protevangelium Jacobi*, Neotestamentica 28 (1994) 205–218.

Howe, E. Margaret: Interpretations of Paul in the Acts of Paul and Thecla, in: Donald A. Hagner et al. (eds.): Pauline Studies. Essays presented to Professor Frederick F. Bruce on his 70 th Birthday, Grand Rapids, MI 1980, 33–49.

Hübner, Hans: *Intertextualität* – die hermeneutische Strategie des Paulus. Zu einem neuen Versuch der theologischen Rezeption des Alten Testaments im Neuen, ThLZ 119 (1991) 882–898.

–: Vetus Testamentum in novo, Bd. 2. Corpus Paulinum, Göttingen 1997.

Hübner, Reinhard M.: *Thesen* zur Echtheit und Datierung der sieben Briefe des Ignatius von Antiochien, ZAC 1 (1997) 44–72.

–: *Der paradox Eine*. Antignostischer Monarchianismus im zweiten Jahrhundert. Mit einem Beitrag von Markus Vinzent (VigChr Supplements 50), Leiden u.a. 1999.

Hugenberger, Gordon P.: Women in Church Office: Hermeneutics or Exegesis? A Survey of Approaches to 1 Tim 2:8–15, JETS 35 (1992) 341–360.

Huizenga, Hilde: *Women*, Salvation and the Birth of Christ: A Reexamination of 1 Timothy 2:15, SBTh 12 (1982) 17–26.

Ilan, Tal: *Jewish Women* in Greco-Roman Palestine (TSAJ 44), Tübingen 1995.

–: *Mine and Yours* Are Hers. Retrieving Women's History from Rabbinic Literature (AGAJU XLI), Leiden u.a. 1997.

–: *Integrating Women* into Second Temple History (Texts and Studies in Ancient Judaism 76), Tübingen 1999.

Isebaert, Joesph: Die *Amtsterminologie* im Neuen Testament und in der Alten Kirche. Eine lexikographische Untersuchung, Breda 1994.

Iser, Wolfgang: Die Appellstruktur der Texte, in: R. Warning, Rezeptionsästhetik, 228–252.

–: Der Lesevorgang, in: Rainer Warning (Hg.): Rezeptionsästhetik, 253–276.

–: Die Wirklichkeit der Fiktion – Elemente eines funktionsgeschichtlichen Textmodells, in: Rainer Warning (Hg.): Rezeptionsästhetik, 277–324.

–: Im Lichte der Kritik, in: Rainer Warning (Hg.): Rezeptionsästhetik, 325–342.

–: Der *Akt* des Lesens: Theorie ästhetischer Wirkung, München 1976; 2., durchg. u. verb. Aufl. 1984, [4]1994.

Jacobson-Buckley, Jorunn: Female Fault and Fulfilment in Gnosticism, Chapel Hill/London 1986.

Jagt, K. van der: *Women* Are Saved Through Bearing Children (1 Timothy 2:11–15), BiTr 39 (1988) 201–208.

Jakobs, Eva-Maria: „Das kommt mir so bekannt vor...". Plagiate als verdeckte Intertextualität, Zeitschrift für Germanistik 2 (1993) 377–390.

Jauß, Hans R.: Literaturgeschichte als Provokation, Frankfurt 1970.

Jay, Eric G.: From Presbyter-Bishops to Bishops and Presbyters. Christian Ministry in the Second Century: a Survey, SecCen 1 (1981) 125–162.

Jebb, S., A Suggested Interpretation of 1 Ti 2[15], ET 81 (1969/70) 221–222.

Jenny, Laurent: La stratégie de la forme, Poétique 25 (1976) 257–281.

Jensen, Anne: *Maria* von Magdala – Traditionen der frühen Christenheit, in: Dietmar Bader (Hg.): Maria Magdalena – Zu einem Bild der Frau in der christlichen Verkündigung, Zürich 1990, 33–50.

–: Gottes selbstbewußte *Töchter*. Frauenemanzipation im frühen Christentum?, Freiburg/Basel/Wien 1992.

–: *Thekla* – die Apostolin. Ein apokrypher Text neu entdeckt, Freiburg/Basel/Wien 1995.

Jervis, L. Ann: „But I Want You to Know ...": Paul's Midrashic Intertextual Response to the Corinthian Worshippers (1Cor 11:2–16), JBL 112 (1993) 231–246.

–: 1 Corinthians 14.34–35: A *Reconsideration* of Paul's Limitation of the Free Speech of Some Corinthian Women, JSNT 58 (1995) 51–74.

–: / Richardson, Peter (eds.): *Gospel in Paul*: Studies on Corinthians, Galatians and Romans for Richard N. Longenecker (JSNT.S 108), Sheffield 1994.

Johnson, Luke T.: II Timothy and Polemic Against False Teachers. A Re-examination, JRSt 6/7f (1978/79) 1–26.

–: The New Testament's Anti-Jewish Slander and the Conventions of Ancient Polemic, JBL 108 (1989) 419–441.

Joly, Robert: Le dossier d'Ignace d'Antioche, Bruxelles 1979 (*Dossier*).

Jonas, Hans: *Gnosis* und spätantiker Geist, Teil I: Die mythologische Gnosis (FRLANT 51), Göttingen [3]1964.

Jülicher, Adolf: *Einleitung* in das Neue Testament, 7. Auflage neubearbeitet in Verbindung mit Erich Fascher, Tübingen 1931.

Kähler, Else: Die *Frau* in den paulinischen Briefen. Unter besonderer Berücksichtigung des Begriffs der Unterordnung, zürich 1960.

Kaestli, Jean Daniel: Les principales orientations de la recherche sur les Actes apocryphes des Apôtres, in: F. Bovon u.a., Les Actes Apocryphes, 49–67.

–: Response, Semeia 38 (1986) 119–131.

–: Les Actes Apocryphes et la Reconstitution de l'Histoire des Femmes dans le Christianisme ancien, FV 88 (1989) 71–79.

–: Fiction littéraire et réalite sociale: Que peut-on savoir de la Place des Femmes dans le Milieu de Production des Actes Apocryphes des Apôtres?, Apocrypha. Le Champ des Apocryphes 1 (1990). La Fable Apocryphes, 279–302.

–: *Luke-Acts* and the Pastoral Epistles: The Thesis of a Common Authorship, in: Christopher M. Tuckett (ed.): Luke's Literary Achievement. Collected Essays (JSNT.S 116), Sheffield 1995, 110–126.

Kamlah, Ehrhard: ΥΠΟΤΑΣΣΕΣΘΑΙ in den neutestamentlichen „Haustafeln", Otto Böcher/Klaus Haacker (Hg.): Verborum Veritas (FS Gustav Stählin), Wuppertal 1979, 237–243.

Karrer, Martin: Das urchristliche Ältestenamt, NT 32 (1990) 152–188.

Karrer, Wolfgang: Titles and Mottoes as Intertextual Devices, in: Heinrich F. Plett (ed.): Intertextuality, 122–134

Karris, Robert J.: The Background and Significance of the *Polemic* of the Pastoral Epistles, JBL 92 (1973) 549–564.

Kaser, Max: Das Römische Privatrecht. Erster Abschnitt (I. v. Müller u.a. (Hg.), Handbuch der Altertumswissenschaft), München 1955.

Kea, Perry V.: Paul's Letter to Philemon: A Short Analysis of its Values, PRSt 23 (1996) 223–232.

Kearsley, Rosalinde A.: Asiarchs, *Archiereis*, and the *Archiereiai* of Asia, Greek, Roman and Byzantine Studies 27 (1986) 183–192.

Keener, Craig S.: *Paul*, Women and Wives. Marriage and Women's Ministry in the Letters of Paul, Peabody, Massachusetts 1992.

Kidd, Reggie M.: *Wealth* and Beneficence in the Pastoral Epistles (SBL.DS 122), Atlanta 1990.

Kimberley, David R.: 1 Tim 2:15: A Possible *Understanding* of a Difficult Text, JETS 35 (1992) 481–486.

King, Karen L. (ed.): Images of the Feminine in Gnosticism, Philadelphia 1988.

–: *Sophia* and Christ in the *Apocryphon of John*, in: dies. (ed.): Images of the Feminine in Gnosticism, 158–176.

Kirkland, Alastair: The *Beginnings* of Christianity in the Lycus Valley, Neotest. 29 (1995) 109–124.

Kittel, Gerhard: Die γενεαλογίαι der Pastoralbriefe, ZNW 20 (1921) 49–69.

Kitzberger, Ingrid Rosa: Love and Footwashing: John 13:1–20 and Luke 7:36–50 Read Intertextually, BibInt 2 (1994) 190–206.

–: „*Wasser* und Bäume des Lebens" – eine feministisch-intertextuelle Interpretation von Apk 21/22, in: Hans-Josef Klauck (Hg.): Weltgericht und Weltvollendung. Zukunftsbilder im Neuen Testament (QD 150), Freiburg/ Basel/ Wien 1994, 206–224.

Klauck, Hans-Josef: *Hausgemeinde* und Hauskirche im frühen Christentum (SBS 103), Stuttgart 1981.

–: Vom Reden und Schweigen der Frauen in der Urkirche, in: ders.: *Gemeinde* – Amt – Sakrament. Neutestamentliche Perspektiven, Würzburg 1989, 232–245.

Kleinig, John W.: Scripture and the Exclusion of Women from the Pastorate, LTJ 29 (1995) 74–81.123–129 (dt: Die *Heilige Schrift* und der Ausschluß der Frauen vom Hirtenamt, LuthBei 2 (1997) 5–20).

Kloepfer, Rolf: *Grundlagen* des „dialogischen Prinzips" in der Literatur, in: Renate Lachmann (Hg.): Dialogizität, 85–106.

Knight, George W. III: The *Faithful Sayings* in the Pastoral Letters, Kampen 1968.

–: *AYΘENTEΩ* in Reference to Women in 1 Timothy 2.12, NTS 30 (1984) 143–157.

Knoch, Otto: Die „Testamente" des Petrus und Paulus. Die Sicherung der apostolischen Überlieferung in spätneutestamentlicher Zeit (SBS 62), Stuttgart 1973.

Knox, John: *Philemon* Among the Letters of Paul: A New View of its Place and Importance, Chicago 1935; rev. ed. New York/Nashville 1959.

Koch, Dietrich-Alex: Die *Schrift* als Zeuge des Evangeliums (BHTh 69), Tübingen 1986.

Körtner, Ulrich H. J.: *Der inspirierte Leser*. Zentrale Aspekte biblischer Hermeneutik, Göttingen 1994.

Köstenberger, Andreas J.: Syntactical Background *Studies* to 1 Timothy 2.12 in the New Testament and Extrabiblical Greek Literature, in: Stanley E. Porter/ Donald A. Carson (eds.): Discourse Analysis and Other Topics in Biblical Greek (JSNT.S 113), Sheffield 1995, 156–179.

–/ Schreiner, Thomas R./ Baldwin, H. Scott (eds.): *Women* in the Church. A Fresh Analysis of 1 Timothy 2:9–15, Grand Rapids, 1995 (dt. Frauen in der Kirche [BWM 6], Giessen/ Basel 1999); darin: Andreas Köstenberger: A Complex *Sentence Structure* in 1 Timothy 2:12, 81–103.

Köster, Helmut: Synoptische *Überlieferung* bei den Apostolischen Vätern (TU 65), Berlin 1957.

–: *Einführung* in das Neue Testament im Rahmen der Religionsgeschichte und Kulturgeschichte der hellenistischen und römischen Zeit, Berlin/New York 1980.

–/ Robinson, James M.: *Entwicklungslinien* durch die Welt des frühen Christentums, Tübingen 1971.

Konstantinovic, Zoran: Vergleichende *Literaturwissenschaft*. Bestandsaufnahme und Ausblicke (Germanistische Lehrbuchsammlung 81), Bern 1988.

Koschorke, Klaus: *„Suchen und Finden"* in der Auseinandersetzung zwischen gnostischem und kirchlichem Christentum, WuD 14 (1977) 51–65.

–: Eine neugefundene gnostische Gemeindeordnung, ZThK 76 (1979) 30–60.

–: Paulus in den Nag-Hammadi-Texten. Ein Beitrag zur Geschichte der Paulusrezeption im frühen Christentum, ZThK 78 (1981) 177–205.

–: die *Polemik* der Gnostiker gegen das kirchliche Christentum unter besonderer Berücksichtigung der Nag-Hammadi-Traktate „Apokalypse des Petrus" (NHC VII,3) und „Testimonium Veritatis" (NHC IX,3) (NHS 12); Leiden 1978.

Koskenniemi, Heikki: Studien zur Idee und Phraseologie des griechischen Briefes bis 400 n.Chr. (AASF.B 102/2), Helsinki 1956.

Kowalski, Beate: Zur *Funktion* und Bedeutung der alttestamentlichen Zitate und Anspielungen in den Pastoralbriefen, SNTU 19 (1994) 45–68.

Kraemer, Ross S.: The Conversion of Women to Ascetic Forms of Christianity, Signs 6 (1980) 298–307.

–: Monastic Jewish Women in Greco-Roman Egypt: Philo Judaeus on the Therapeutrides, Signs 14 (1989) 342–370.

–: A New Inscription from Malta and the Question of Women Elders in the Diaspora Jewish Communities, HThR 78 (1985) 431–438.

–: Her *Share* of the Blessings. Women's Religions among Pagans, Jews, and Christians in the Greco-Roman World, New York/ Oxford 1992.

–: Women's Authorship of Jewish and Christian Literature in the Greco-Roman Period, in: Amy-Jill Levine (ed.): „Women Like This", 221–242.

Kretschmer, Paul, Griechisches: 6. αὐθέντης, Glotta III (1912) 289–293.

Krieser, Matthias: „Einer *Frau* gestatte ich nicht, daß sie lehre". Eine hermeneutische Studie über I Tim 2,12, LuThK 19 (1995) 148–155.

Kristeva, Julia: Bakhtin, le mot, le dialogue et le roman, in: *Sémeiotiké*: Recherches pour une sémanalyse, Paris 1969, 143–173 (dt.: Bachtin, das Wort, der Dialog und der Roman übers. M. Korinman/H. Stück in: J. Ihwe (Hg.), Literaturwissenschaft und Linguistik. Ergebnisse und Perspektiven, Bd. 3: Zur linguistischen Basis der Literaturwissenschaft, II [Ars Poetica, Texte, Bd. 8], Frankfurt/M. 1972, 345–375).

–: La *révolution* du language poétique, Paris 1974 (dt. [Teilausgabe]: Die Revolution der poetischen Sprache [übers. Reinold Werner], Frankfurt 1978).

Kroeger, Catherine C.: *Ancient Heresies* and a Strange Greek Verb, RefJ 29 (1979) 12–15.

Kroeger, Richard/Kroeger, Catherine: An Inquiry into Evidence of *Maenadism* in the Corinthian Congregation, SBL.SP 114 (1978) 331–338.

–: *I Suffer* Not a Woman: Rethinking 1 Timothy 2:11–15 in Light of Ancient Evidence, Grand Rapids 1992.

Küchler, Max: *Schweigen*, Schmuck und Schleier. Drei neutestamentliche Vorschriften zur Verdrängung der Frauen auf dem Hintergrund einer frauenfeindlichen Exegese des Alten Testaments im antiken Judentum (NTOA 1), Freiburg, Schweiz/Göttingen 1986.

Kügler, Ulf-Rainer: Die *Paränese* an die Sklaven als Modell urchristlicher Sozialethik, Diss. masch. Erlangen 1977.

Kümmel, Werner Georg: Art. Paulusbriefe, RGG³ 5 (1961) 195–198.

–: *Einleitung* in das Neue Testament, Heidelberg ²¹1973.

Kurz, William S.: Intertextual Permutations of the Genesis Word in the Johannine Prologues, in: Craig A. Evans/James A. Sanders (eds.): Scriptures, 179-190.

Lachmann, Carl: De ordine narrationum in evangeliis synopticis (ThStKr 8), 1835.

Lachmann, Renate (Hg.): Dialogizität (Theorie und Geschichte der Literatur und der schönen Künste A/1), München 1982; darin: dies.: Dialogizität und poetische Sprache, 51–62.

–: Intertextualität als Sinnkonstitution, Poetica 15 (1983) 66–107.

–: *Ebenen* des Intertextualitätsbegriffs, in: Karlheinz Stierle/Rainer Warning (Hg.): Das Gespräch, München 1984.

Läger, Karoline: Die *Christologie* der Pastoralbriefe (Hamburger Theologische Studien 12), Münster 1996.

Lampe, Peter: Zur gesellschaftlichen und kirchlichen Funktion der „Familie" in neutestamentlicher Zeit. Streiflichter, Reformatio 31 (1982) 533–542.

–: Keine „*Sklavenflucht*" des Onesimus, ZNW 76 (1985) 135–137.

–: Die stadtrömischen *Christen* in den ersten beiden Jahrhunderten (WUNT 2/18), Tübingen 1987, 2. überarb. und erg. Aufl. 1989.

–/ Luz, Ulrich: *Nachpaulinisches Christentum* und pagane Gesellschaft, in: Jürgen Becker (Hg.): Die Anfänge des Christentums. Alte Welt und neue Hoffnung, Stuttgart/Berlin/Köln/Mainz 1987, 185–216.

Lane, William L.: I Tim. iv.1–3. An Early Instance of Over-realized Eschatology? NTS 11 (1964/65) 164–167.

Lane Fox, Robin: Pagans and Christians, London 1986.

Lategan, Bernard: Intertextuality and Social Transformation: Some Implications of the Family Concept in New Testament Texts, in: Sibke Draisma, (ed.): Intertextuality in Biblical Writings, 105–116.

Lau, Andrew Y.: Manifest in *Flesh*. The Epiphany Christology of the Pastoral Epistles (WUNT 2/86), Tübingen 1996.

Laub, Franz: Falsche Verfasserangaben in neutestamentlichen Schriften, TThZ 89 (1980) 228–242.

–: Die *Begegnung* des frühen Christentums mit der antiken Sklaverei (SBS 107), Stuttgart 1982.

–: Sozialgeschichtlicher *Hintergrund* und ekklesiologische Relevanz der neutestamentlich-frühchristlichen Haus- und Gemeindeleiterparänese – ein Beitrag zur Soziologie des Frühchristentums, MThZ 37 (1986) 249–271.

Lechner, Thomas: *Ignatius* adversus Valentinianos? Chronologische und theologiegeschichtliche Studien zu den Briefen des Ignatius von Antiochien (VigChr Supplements 47), Leiden/Boston/Köln 1999.

Lefkowitz, Mary R.: Did Ancient Women Write Novels?, in: Amy-Jill Levine (ed.): „Women Like This“, 199–219.

Leisch-Kiesl, Monika: Eva als andere: eine exemplarische Untersuchung zu Frühchristentum und Mittelalter, Köln u.a. 1992.

Leitch, Vincent B.: *Deconstructive Criticism*: An Advanced Introduction, London 1983.

Levine, Amy-Jill (ed.): „*Women Like This*“. New Perspectives on Jewish Women in the Greco-Roman World, Atlanta, Georgia 1991.

Lietzmann, Hans: *Geschichte der Alten Kirche*, 4 Bde., Berlin [3/4]1961 (=4./5. Aufl. in einem Band 1975).

Lindemann, Andreas: Der *Apostel* Paulus im 2. Jahrhundert, in: J. M.Sevrin, The New Testament, 39–67.

–: Die *Aufhebung* der Zeit. Geschichtsverständnis und Eschatologie im Epheserbrief (StNT 5), Gütersloh 1975.

–: Zum *Abfassungszweck* des Zweiten Thessalonicherbriefes, ZNW 68 (1977) 35–47.

–: Paulus im ältesten Christentum. Das Bild des Apostels und die *Rezeption* der paulinischen Theologie in der frühchristlichen Literatur bis Marcion (BHTh 58), Tübingen 1979.

–: *Paul* in the Writings of the Apostolic Fathers, in: William S. Babcock (ed.): Paul and the Legacies of Paul, 25–45.324–328.

–: Antwort auf die „Thesen zur Echtheit und Datierung der sieben Briefe des Ignatius von Antiochien“, ZAC 1 (1997) 185–194.

Lindner, Monika: *Integrationsformen* der Intertextualität, in: Ulrich Broich/ Manfred Pfister (Hg.): Intertextualität, 116–135.

Lippert, Peter: Leben als *Zeugnis*. Die werbende Kraft christlicher Lebensführung nach dem Kirchenverständnis neutestamentlicher Briefe (SBM 4), Stuttgart 1968.

Lips, Hermann von: *Glaube* – Gemeinde – Amt. Zum Verständnis der Ordination in den Pastoralbriefen (FRLANT 122), Göttingen 1979.

–: *Paulus* und die Tradition. Zitierung von Schriftworten, Herrenworten und urchristlichen Traditionen, VF 36 (1991) 27–49.

–: Die *Haustafel* als „Topos" im Rahmen der urchristlichen Paränese: Beobachtungen anhand des 1. Petrusbriefes und des Titusbriefes, NTS 40/2 (1994) 261–280.

–: Von den „Pastoralbriefen" zum „Corpus Pastorale". Eine Hallische Sprachschöpfung und ihr modernes Pendant als Funktionsbestimmung dreier neutestamentlicher Briefe, in: Udo Schnelle (Hg.): Reformation und Neuzeit. 300 Jahre Theologie in Halle, Berlin/New York 1994, 49–71.

Lipsius, Richard Adelbert: Zur Quellenkritik des Epiphanius, Wien 1865.

–: Die apokryphen Apstelgeschichten und Apostellegenden. Ein Beitrag zur altchristlichen Literaturgeschichte, I, II/1–2; Ergänzungsheft, Braunschweig 1883/ 1884/ 1887/1890.

Litwak, Kenneth D.: *Echoes* of Scripture? A Critical Survey of Recent Works on Paul's Use of the Old Testament, CR.BS 6 (1998) 260–288.

Lobsien, Eckhard: Rezension Wolf Schmid/ Wolf-Dieter Stempel (Hg.): Dialog der Texte, Poetica 17 (1985) 372–76.

Lodge, David: Adamstag (aus dem Englischen von Renate Orth-Guttmann), Frankfurt/M/Berlin 1996 (Orig.: The British Museum Is Falling Down, 1981).

–: Saubere Arbeit (aus dem Englischen von Renate Orth-Guttmann), München 1996 (Orig.: Nice Work, 1988).

Löning, Karl: *Epiphanie* der Menschenfreundlichkeit. Zur Rede von Gott im Kontext städtischer Öffentlichkeit nach den Pastoralbriefen, in: Matthias Lutz-Bachmann (Hg.): Und dennoch ist von Gott zu reden (FS Herbert Vorgrimler), Freiburg i. Br. 1994, 107–124.

–: „Gerechtfertigt durch seine *Gnade*" (Tit 3,7). Zum Problem der Paulusrezeption in der Soteriologie der Pastoralbriefe, in: Thomas Söding (Hg.): Der lebendige Gott. Studien zur Theologie des Neuen Testaments (FS Wilhelm Thüsing), (NTA 31), Münster 1996, 241–257.

–: „Säule und Fundament der Wahrheit" (1 Tim 3,15). Zur Ekklesiologie der Pastoralbriefe, in: Rainer Kampling/ Thomas Söding (Hg.): Ekklesiologie des Neuen Testaments (FS Karl Kertelge), Freiburg u.a. 1996.

Lohfink, Gerhard: *Paulinische Theologie* in der Rezeption der Pastoralbriefe, in: Karl Kertelge (Hg.): Paulus in den neutestamentlichen Spätschriften. Zur Paulusrezeption im Neuen Testament (QD 89), Freiburg/Basel/Wien 1981, 70–121.

–: Die *Vermittlung* des Paulinismus zu den Pastoralbriefen, BZ 32 (1988) 169–188.

–: Weibliche Diakone im Neuen Testament, in: Gerhard Dautzenberg u.a. (Hg.): Die Frau im Urchristentum, Freiburg 1983, 320–338.

–: Die Normativität der Amtsvorstellungen in den Pastoralbriefen, ThQ 157 (1977) 93–106.

Lohse, Eduard: Die Ordination im Spätjudentum und im Neuen Testament, Göttingen 1951.

–: Die Entstehung des Bischofsamtes in der frühen Christenheit, ZNW 71 (1980) 58–73.

–: Das apostolische Vermächtnis. Zum paulinischen Charakter der Pastoralbriefe, in: Wolfgang Schrage (Hg.): Studien zum Text und zur Ethik des Neuen Testaments (FS Heinrich Greeven), Berlin/New York 1986, 266–281.

Loofs, Friedrich: Die urchristliche *Gemeindeverfassung* mit spezieller Beziehung auf Loening und Harnack, ThStKr 63 (1890) 619–658.

Love, Stuart L.: *Women's Roles* in Certain Second Testament Passages: A Macrosociological View, BTB 12 (1987) 50–59.

Low, Maggie: Can Women Teach? A Consideration of Arguments from Tim. [sic!] 2:11–15, Trinity Theological Journal 3 (1994) 99–123.

Lüdemann, Gerd: Paulus der Heidenapostel, Bd. 2: Antipaulinismus im frühen Christentum (FRLANT 130), Göttingen 1983.

Lührmann, Dieter: Wo man nicht mehr Sklave oder Freier ist. Überlegungen zur Struktur frühchristlicher Gemeinden, WuD 13 (1975) 53–83.

–: Neutestamentliche Haustafeln und antike Ökonomie, NTS 27 (1981) 83–97.

Lütgert, Wilhelm: Die Irrlehrer der Pastoralbriefe (BFChTh 13/3), Gütersloh 1909.

Luz, Ulrich: Erwägungen zur Entstehung des „*Frühkatholizismus*". Eine Skizze, ZNW 15 (1974) 88–111.

–: *Rechtfertigung* bei den Paulusschülern, in: J. F. W. Pöhlmann/ Peter Stuhlmacher (Hg.): Rechtfertigung (FS Ernst Käsemann), Tübingen/Göttingen 1976, 365–383.

MacDonald, Dennis Ronald: Virgins, Widows, and Paul in Second Century Asia Minor, in: Paul J. Achtemeier (ed.): SBL.SP 18 (1979) Bd. 1, Missoula, MT 1979, 169–184.

–: A Conjectural Emendation of 1 Cor 15:31–32: Or the Case of the Misplaced Lion Fight, HThR 73 (1980) 265–288.

–: The *Legend* and the Apostle. The Battle for Paul in Story and Canon, Philadelphia 1983.

–: The Role of Women in the Production of the Apocryphal Acts of Apostles, IliffRev 40 (1984) 21–38.

–: From Audita to Legenda: Oral and Written Miracle Stories, Forum 2 (1986) 15–26.

–: Apocryphal and Canonical Narratives about Paul, in: William S. Babcock (ed.): Paul and the Legacies of Paul, 55–70.330–337 (dazu ein Comment: Stanley K. Stowers: What does Unpauline Mean?, 70–77.337).

–: *The* Acts *of Paul* and *The Acts of Peter*: Which Came First? SBL.SP (1992) 214–224.

– (ed.): The Apocryphal Acts of Apostles (Semeia 38), 1986.

MacDonald, Margaret Y.: The Pauline Churches. A Socio-historical Study of Institutionalization in the Pauline and Deutero-Pauline Writings (MSSNTS 60) Cambridge 1988.

–: Women Holy in Body and Spirit: The Social Setting of 1 Corinthians 7, NTS 36 (1990) 161–181.

MacGinn, Sheila E.: ἐξουσίαν ἔχειν ἐπὶ τῆς κεφαλῆς: 1 Cor 11:10 and the Ecclesial *Authority* of Women, Listening 31 (1996) 91–104.

MacMullen, Ramsey: *Women in Public* in the Roman Empire, Histora 29 (1980) 208–218.

Maehlum, Helge: Die Vollmacht des Timotheus nach den Pastoralbriefen, Basel 1969.

Mai, Hans-Peter: *Bypassing Intertextuality*. Hermeneutics, Textual Practice, Hypertext, in: Heinrich F. Plett (ed.): Intertextuality, 30–59.

–: Intertextual Theory – A Bibliography, in: Heinrich F. Plett (ed.): Intertextuality, 237–250.

Maier, Harry O.: The Charismatic Authority of Ignatius of Antioch: A Sociological Analysis, SR 18 (1989) 185–199.

–: The Social *Setting* of the Ministry as Reflected in the Writings of Hermas, Clement and Ignatius, Waterloo, Ontario 1991.

–: Purity and Danger in Polycarp's Epistle to the Philippians. The sin of Valens in Social Perspective, Journal of Early Christian Studies 1 (1993) 229–247.

Malherbe, Abraham J.: The *Beasts* at Ephesus, JBL 87 (1968) 71–80.

–: Medical Imagery in the Pastoral Epistles, in: W. E. March (ed.): Texts and Testaments: Critical Essays on the Bible and Early Church Fathers, San Antonio 1980, 19–35.

–: A Physical Description of Paul, in: George W. E. Nickelsburg/George W. MacRae (eds.): Christians Among Jews and Gentiles (FS Krister Stendahl), Philadelphia 1986, 170–175.

–: Hellenistic Moralists and the New Testament, ANRW II 26.1 (1992) 267–333.

–: Paulus senex, RestQ 36 (1994) 197–207.

Malingrey, Anne-Marie: Note sur l'exégèse de 1 Tim 2,15, in: Elizabeth A. Livingstone (ed.): StPatr XII, Berlin 1975, 334–339.

Markschies, Christoph: Zwischen den *Welten* wandern. Strukturen des antiken Christentums, Frankfurt 1997.

Marguerat, Daniel: *L'héritage* de Paul en débat: Actes des Apôtres et Actes de Paul, FV 94 (1995) 87–97.

Marshall, I. Howard: Universal Grace and Atonement in the Pastoral Epistles, in: C. Pinnock (ed.): The Grace of God, the Will of Man, Grand Rapids, MI 1989, 51–69.

–: The Christology of Acts and the Pastoral Epistles, in: Stanley E. Porter et al. (eds.): Crossing the Boundaries, Leiden 1994, 167–182.

–: Titus 2:11–3,8, EuroJT 4 (1995) 11–17.

–: Salvation, Grace and Works in the Later Writings in the Pauline Corpus, NTS 42 (1996) 339–358.

–: Salvation in the Pastoral Epistles, in: Hubert Cancik u.a. (Hg.): Geschichte – Tradition – Reflexion (FS M. Hengel), Band III, Tübingen 1996, 449–469.

Martens, John W.: *Ignatius* and Onesimus: John Knox Reconsidered, SecCen 9 (1992) 73–86.

Martin, Seán Charles: *Pauli Testamentum*. 2 Timothy and the Last Words of Moses (Test Gregoriana. Serie Teologia 18), Rom 1997.

Marucci, Corrado: Origine e portata della seduzione di Eva nel Corpus Paulinum (2Cor 11,3; 1Tm 2,14), Richerche sorico-bibliche 6 (1994) 241–254.

Maurer, Christian: Art. σκεῦος,ThWNT VII (1964) 359–368.

Mayer, Hans Helmut: Über die *Pastoralbriefe* (FRLANT 20), Göttingen 1913.

Mayer-Schärtel, Bärbel: Das Frauenbild des Josephus. Eine sozialgeschichtliche und kulturanthropologische Untersuchung, Stuttgart u.a. 1995.

Mayordomo Marín, Moisés: Den Anfang hören. Leserorientierte Evangelienexegese am Beispiel von Matthäus 1-2 (FRLANT 180), Göttingen 1998.

McNamara, Jo Ann: Wives and Widows in Early Christian Thought, International Journal of Women's Studies 2 (1977) 575–92.

–: A New Song: Celibate Women in the First Three Christian Centuries, New York 1983.

Meade, David G.: *Pseudonymity* and Canon: An Investigation into the Relationship of Authorship and Authority in Jewish and Earliest Christian Tradition, Grand Rapids 1986.

Meeks, Wayne A.: The *Image* of the Androgyne. Some Uses of a Symbol in Earliest Christianity, HR 13 (1974) 165–208.

Meier, John P.: *Presbyteros* in the Pastoral Epistles, CBQ 35 (1973) 323–345.

–: On the Veiling of Hermeneutics (1 Cor 11,2–16), CBQ 40 (1980) 212–226.

Meinhold, Peter: *Studien* zu Ignatius von Antiochien, Wiesbaden 1979.

–: Art. *Polykarpos*, PRE 21,2 (1952) 1662–1693.

Merklein, Helmut: „Es ist gut für den Menschen, eine Frau nicht anzufassen". Paulus und die *Sexualität* nach 1 Kor 7, in: Gerhard Dautzenberg u.a. (Hg.): Die Frau im Urchristentum, Freiburg 1983, 225–253.

Merz, Annette: Why Did the Pure *Bride* of Christ Become a Wedded Wife (Eph. 5.22–33)? Theses about the Intertextual Transformation of an Ecclesiological Metaphor, JSNT 79 (2000) 131–147.

Methuen, Charlotte: Widows, Bishops and the Struggle for Authority in the *Didascalia Apostolorum*, JEH 46 (1995) 197–213.

–: The „Virgin Widow". A Problematic Social Role for the Early Church? HThR 90 (1997) 285–298.

Metzger, Bruce M.: Literary Forgeries and Canonical Pseudepigrapha, JBL 91 (1972) 3–24.

Meyer, Herman, Das *Zitat* in der Erzählkunst. Zur Geschichte und Poetik des europäischen Romans, Stuttgart 1961.

Michaelis, Wilhelm: Art. λέων, ThWNT 4 (1942) 256–259.

–: *Einleitung* in das Neue Testament, Bern ³1961.

Michel, Otto: *Grundfragen* der Pastoralbriefe, in: Max Loser (Hg.): Auf dem Grunde der Apostel und Propheten (Festgabe für Theophil Wurm), Stuttgart 1948, 83–99.

Miletic, Stephen: *One Flesh* – Eph 5:22–24,5,31: Marriage and the New Creation (AnBib 115), Rom 1988.

Miller, James D.: The Pastoral Letters as Composite Documents (MSSNTS 93), Cambridge 1997.

Miller, Owen: Intertextual Identity, in: M. J. Valdés/O. Miller (eds.): Identity of the Literary Text, Toronto et. al. 1985, 19–40.

Miscall, Peter D.: *Isaiah*: New Heavens, New Earth, New Book, in: Danna Nolan Fewell (ed.): *Reading Between Texts*, 41–56.

Mitchell, Margaret M.: New Testament Envoys in the Context of Greco-Roman Diplomatic and Epistolary Conventions: The Example of Timothy and Titus, JBL 111 (1992) 641–662.

Mödritzer, Helmut: *Stigma* und Charisma im Neuen Testament und seiner Umwelt (NTOA 28), Freiburg, Schweiz/Göttingen 1994.

Moi, Toril: Sexus. Text. Herrschaft. Feministische Literaturtheorie, Bremen 1989.

Moo, Douglas J.: I Timothy 2:11–15: *Meaning* and Significance, TrinJ NS 1 (1980) 62–83.

Moor, Johannes C. de (ed.): Intertextuality in Ugarit and Israel, Leiden/Boston/Köln 1998.

Morgan, Thaïs E.: Is There an *Intertext* in This Text? Literary and Interdisciplinary Approaches to Intertextuality, American Journal of Semiotics 3, no. 4 (1985) 1–40.

Morton, Andrew Q.: The Authorship of the Pauline Corpus, in: Hugh Anderson/William Barclay (eds.): The New Testament in Historical and Contemporary Perspective: Essays in Memory of George Hogarth Carnaby Macgregor, Oxford 1965, 209–235.

Moss, Patricia: Unravelling the Threads. The *Origins* of Women's Asceticism in the Earliest Christian Communities, Pacifica 19 (1997) 137–155.

Mott, Stephen Charles: *Greek Ethics* and Christian Conversion: The Philonic Background of Titus II 10–14 and III 3–7, NT 20 (1978) 22–48.

Mowry, L.,:The Early *Circulation* of Paul's Letters, JBL 63 (1944) 73–86.

Moyise, Steve: Intertextuality and the Study of the Old Testament in the New Testamen, in: Steve Moyise (ed.): The Old Testament in the New Testament. Essays in Honour of J. Lionel North (JSNT.S 189), Sheffield 2000, 14–41.

Müller, Beate: *Komische Intertextualität*. Die literarische Parodie (Horizonte 16), Trier 1994.

Müller, Karlheinz: Die Haustafel des Kolosserbriefes und das antike Frauenthema. Eine kritische Rückschau auf alte Ergebnisse, in: Gerhard Dautzenberg u.a. (Hg.): Die Frau im Urchristentum, Freiburg 1983, 263–319.

Müller, Peter: Anfänge der Paulusschule. Dargestellt am zweiten Thessalonicherbrief und am Kolosserbrief (AThANT 74), Zürich 1988.

Müller, Ulrich B.: Zur frühchristlichen *Theologiegeschichte*. Judentum und Paulinismus in Kleinasien an der Wende vom ersten zum zweiten Jahrhundert n. Chr., Gütersloh 1976.

Müller, W. G.: Namen als intertextuelle Elemente, Poetica 23 (1991) 139–165.

Mullins, Terence Y.: *Disclosure*: A Literary Form in the New Testament, NT 7 (1964) 44–50.

–: *Petition* as a Literary Form, NT 5 (1962) 46–54.

–: *Greeting* as a New Testament Form, JBL 87 (1968) 418–426.

–: The *Use* of ὑποτάσσειν in Ignatius, SecCen 2 (1982) 35–39.

–: A Comparison between 2 Timothy and the Book of Acts, AUSS 31 (1992) 199–203.

Munck, Johannes: *Paulus* und die Heilsgeschichte (AJut XXVI,1; Teologisk Serie 6), Aarhus 1954.

Munro, Winsome: Interpolation in the Epistles: Weighing Probability, NTS 36 (1990) 431–443.

Munier, Charles: Où en est la *question* d'Ignace d'Antioche? Bilan d'un siècle de recherches 1870–1988, ANRW 27.1 (1993) 359–484.

Murphy-O'Connor, Jerome: The Non-Pauline Character of 1 Corinthians 11:2–16? JBL 95 (1976) 615–621.

–: *Sex* and Logic in 1 Corinthians 11,2–16, CBQ 42 (1980) 482–500.

–: 2 Timothy Contrasted with 1 Timothy and Titus, RevBib 98,3 (1991) 403–418.

Mussner, Franz: Die Ablösung des apostolischen durch das nachapostolische Zeitalter und ihre Konsequenzen, in: Helmut Feld/Josef Nolte (Hg.): Wort Gottes in der Zeit (FS Karl Hermann Schelkle), Düsseldorf 1973, 166–177.

Nagel, Peter: Die Motivierung der *Askese* in der Alten Kirche und der Ursprung des mönchtums (TU 95), Berlin 1966.

–: Die apokryphen *Apostelakten* des 2. und 3. Jahrhunderts in der manichäischen Literatur, in: Karl-Wolfgang Tröger (Hg.): Gnosis und Neues Testament. Studien aus Religionswissenschaft und Theologie, Gütersloh/Berlin 1973, 149–182.

Nardoni, Enrique: *Interaction* of Orality and Textuality: Response to Arthur J. Bellinzoni, SecCen 9 (1992) 265–270.

New Testament in the Apostolic Fathers, by a Committee of the Oxford Society, Oxford 1905 (*NTAF*).

Nickelsburg, George W./Collins, John J. (eds.): Ideal Figures in Ancient Judaism: Profiles and Paradigms (SCS 12), Chico, CA 1980.

Niccum, Curt: The *Voice* of the Manuscripts on the Silence of Women: The External Evidence for 1 Cor 14.34–5, NTS 43 (1997) 242–255.

Nicolaisen, Wilhelm F. H.: Names as Intertextual Devices, Onomastica Canadiana 68,2 (1986) 58–66.

Niederwimmer, Kurt: *Askese* und Mysterium. Über Ehe, Ehescheidung und Eheverzicht in den Anfängen des christlichen Glaubens (FRLANT 113), Göttingen 1975.

–: Quaestiones theologicae. Gesammelte Aufsätze, hg. v. Wilhelm Pratscher/Markus Öhler, Berlin/New York 1998.

–: *Ecclesia sponsa Christi*. Erwägungen zu 2. Kor. 11,2f. und Eph. 5,31f., in: Quaestiones theologicae, 217–225.

Nielsen, Charles M.: Scripture in the Pastoral Epistles, PRSt 7 (1980) 4–23.

–: Polycarp, Paul and the Scriptures, AThR 47 (1965) 199–216.

Noormann, Rolf: *Irenäus* als Paulusinterpret (WUNT 2/66), Tübingen 1994.

Norden, Eduard: Die antike *Kunstprosa*, 2 Bde., Leipzig [2]1909.

Norris, Frederick W.: Ignatius, Polycarp, and I Clement: Walter Bauer Reconsidered, VigChr 30 (1976) 13–44.

North, J. Lionel: „Human *Speech*" in Paul and the Paulines: The Investigation and Meaning of ἀνθρώπινος ὁ λόγος (1 Tim. 3:1), NT 37/1 (1995) 50–67.

Nürnberg, Rosemarie: „Non decet neque necessarium est, ut mulieres doceant". Überlegungen zum altkirchlichen Lehrverbot für Frauen, JAC 31 (1988) 57–73.

–: Apostolae Apostolorum. Die Frauen am Grab als erste Zeuginnen der Auferstehung in der Väterexegese, in: Stimuli. Exegese und ihre Hermeneutik in Antike und Christentum (FS für Ernst Dassmann), hg. v. G. Schöllgen u. Clemens Scholten (JAC Erg. 23) Münster 1996, 228–242.

Oberlinner, Lorenz: Die „*Epiphaneia*" des Heilswillens Gottes in Christus Jesus. Zur Grundstruktur der Christologie der Pastoralbriefe, ZNW 71 (1980) 192–213.

–: „Ein ruhiges und ungestörtes Leben führen". Ein Ideal für christliche Gemeinden? BiKi 46 (1991) 98–106.

–: *Antijudaismus* in den Pastoralbriefen? in: Rainer Kampling: „Nun steht aber diese Sache im Evangelium...". Zur Frage nach den Anfängen des christlichen Antijudaismus, Paderborn u.a. 1999, 282–299.

Oepke, Albrecht: Art. ἀπατάω κτλ., ThWNT I (1933) 383–384.

–: Art. γυνή, ThWNT I (1933) 776–790.

Ollrog, Wolf-Henning: *Paulus* und seine Mitarbeiter. Untersuchungen zu Theorie und Praxis der paulinischen Mission (WMANT 50), Neukirchen-Vluyn 1979 (dass., Diss. Masch. 2 Bde., Heidelberg 1974, darin zusätzlich Exkurs 3: Die persönlichen Notizen in den Pastoralbriefen, Bd. 1, 225–231; Bd. 2, 427–438; die Diss. Masch. wird zitiert als: *Mitarbeiter*).

Osburn, Carroll D.: AYΘENTEΩ (1 Timothy 2:12), RestQ 25 (1982) 1–12.

Osiek, Carolyn/Balch, David L.: Families in the New Testament World. Households and House Churches, Louisville, KE 1997.

Oster, Richard: Rezension zu „I Suffer Not a Woman..." by R. C. Kroeger/C. Kroeger, in: BA 54 (1993) 225–227.

Padgett, Alan: The Pauline Rationale for Submission: Biblical Feminism and the *hina* Clauses of Titus 2:1–10, EvQ 59 (1987) 39–52.

–: *Wealthy Women* at Ephesus. I Timothy 2:8–15 in Social Context, Interpretation 41 (1987) 19–31.

–: The *Significence* of anti in 1 Corinthians 11:15, TynB 45 (1994) 181–187.

Page, Sydney: Marital *Expectations* of Church Leaders in the Pastoral Epistles, JSNT 50 (1993) 105–120.

Pagels, Elaine H.: The *Gnostic Paul*. Gnostic Exegesis of the Pauline Letters, Philadephia 1975.

–: Adam and Eve, Christ and the Church: A Survey of Second Century Controversies Concerning Marriage, in: Alastair H. B. Logan/ Alexander J. M. Wedderburn (eds.): The New Testament and Gnosis (Essays in Honour of Robert McL. Wilson), Edinburgh 1983, 146–175.

–: *Exegesis* and Exposition of the Genesis Creation Accounts in Selected Texts from Nag Hammadi, in: Charles W. Hedrick/ Robert Hodgson (eds.): Nag Hammadi, Gnosticism, and Early Christianity, Peabody, Mass. 1986, 257–286.

–: Adam, Eve, and the Serpent, New York 1988 (= *Adam*, Eva und die Schlange. Die Theologie der Sünde [Deutsch von K. Neff], Reinbek bei Hamburg 1991).

–: *The Gnostic Gospels*, New York 1979 (dt.: *Versuchung* durch Erkenntnis, 1981).

Panning, A. J.: AYΘENTEIN-A Word Study, Wisconsin Lutheran Quaterly 78 (1981) 185–191.

Pate, C. Marvin: The *Glory* of Adam and the Afflictions of the Righteous. Pauline Suffering in Context, Lewiston, N.Y./Queenston Ont. 1993.

Paulsen, Henning: *Studien* zur Theologie des Ignatius von Antiochien (FKDG 29), Göttingen 1978.

–: Art. *Ignatius* von Antiochien, RAC 17 (1996) 933–953.

Payne, Philip B.: Libertarian Women in Ephesus: A *Response* to Douglas J. Moo's Article, „1 Timothy 2:11–15: Meaning and Significance", TrinJ 2 (1981) 169–197.

–: *Fuldensis*, Sigla for Variants in Vaticanus, and 1 Cor 14.34–5, NTS 41 (1995) 240–262.

Pearson, J.: Vindiciae Ignatianae (1742) = PG 5 (1894) 37–472.

Peel, Malcolm L.: Gnostic Eschatology and the New Testament, NT 12 (1970) 141–165.

Perkins, Judith: The „*Self*" as Sufferer, HThR 85 (1992) 245–272.

–: The *Acts of Peter* as Intertext: Response to Dennis MacDonald, SBL.SP (1993) 627–633.

Perler, Othmar: *Das vierte Makkabäerbuch*, Ignatius von Antiochien und die ältesten Märtyrerberichte, RivAC 25 (1949) 47–72.

–: Ein *Hymnus* zur Ostervigil von Meliton? (Papyrus Bodmer XII), Freiburg Schweiz 1960.

Perriman, Andrew C.: What Eve Did, What Woman Shouldn't Do: The Meaning of AYΘENTEΩ in 1 Timothy 2:12, TynB 44 (1993) 129–142.

Pervo, Richard I.: The Ancient *Novel* Becomes Christian, in: G. Schmeling (ed.), Novel, 685–711.

–: Romancing an Oft-neglected *Stone*: The Pastoral Epistles and the Epistolary Novel, Journal of Higher Criticism 1 (1994) 25–47.

–: A Hard *Act* to Follow: The *Acts of Paul* and the Canonical Acts, The Journal of Higher Criticism 2 (1995) 3–32.

Pesch, Rudolf: „Christliche Bürgerlichkeit" (Tit 2,11–15), ATW 14 (1966) 28–33.

Petersen, Norman: *Rediscovering* Paul. Philemon and the Sociology of Paul's Narrative World, Philadephia 1985.

Pettersen, Alvyn: Sending Heretics to Coventry? Ignatius of Antioch on Reverencing Silent Bishops, VigChr 44 (1990) 335–350.

Pfister, Manfred: *Konzepte* der Intertextualität, in: Ulrich Broich/ Manfred Pfister (Hg.): Intertextualität, 1–30.

–: Zur *Systemreferenz*, in: Ulrich Broich/ Manfred Pfister (Hg.): Intertextualität, 52–58.

Pierce, Ronald W.: Evangelicals and Gender Roles in the 1990s: 1 Tim 2:8–15: A Test Case, JETS 36 (1993) 343–355.

Pilhofer, Peter: *Philippi*. Bd. 1: Die erste christliche Gemeinde Europas (WUNT 87), Tübingen 1995.

Plett, Bettina: Die Kunst der *Allusion*: Formen literarischer Anspielungen in den Romanen Theodor Fontanes (Kölner Germanistische Studien 23), Köln 1986.

Plett, Heinrich F.: The Poetics of Quotation, in: János S. Petöfi/ Terry Olivi (eds.): Von der verbalen Konstitution zur symbolischen Bedeutung – From Verbal Constitution to Symbolic Meaning, Hamburg 1988, 313–334.

– (ed.): Intertextuality (Untersuchungen zur Texttheorie 15), Berlin/New York 1991; darin: ders., Intertextualities, 3–30.

–: *Sprachliche Konstituenten* einer intertextuellen Poetik, in: Ulrich Broich/ Manfred Pfister (Hg.): Intertextualität, 78–98.

Pöhlmann, Wolfgang: Art. μόρφωσις, EWNT II (²1992) 1092–1093.

Poinier, John C./Frankovic, Joseph: Celibacy and Charism in 1 Cor 7:5–7, HThR 89 (1996) 1–18.

Pomeroy, Sarah B.: Frauenleben im klassischen Altertum (Übers. N. F. Mattheis), Stuttgart 1985 (Originalausgabe: Goddesses, Whores, Wives, and Slaves. Women in Classical Antiquity, New York 1984).

Porter, Stanley E.: *What Does it Mean* to Be „Saved by Childbirth" (1 Timothy 2.15), JSNT 49 (1993) 87–102.

–: Pauline *Authorship* and the Pastoral Epistles: Implications for Canon, Bulletin for Biblical Research 5 (1995) 105–123.

–: The *Use* of the Old Testament in the New Testament: A Brief Comment on Method and Terminology, in: Craig A. Evans/ James A. Sanders (eds.): Scriptures, 79–96.

Powers, B. Ward: *Women* in the Church. The Application of 1 Timothy 2:8–15, Interchange 17 (1975) 55–59.

Pratscher, Wilhelm: Die Stabilisierung der Kirche als Anliegen der Pastoralbriefe, SNTU 18 (1993) 133–150.

Preisendanz, Wolfgang: Zum *Beitrag* von R. Lachmann „Dialogizität und poetische Sprache", in: Renate Lachmann (Hg.): Dialogizität, 25–28.

Prior, Michael: *Paul the Letter-Writer* and the Second Letter to Timothy (JSNT.S 23), Sheffield 1989.

Prostmeier, Ferdinand R.: Zur handschriftlichen Überlieferung des Polykarp- und des Barnabasbriefes. Zwei nicht beachtete Deszendenten des Cod. Vat. Gr. 859, VigChr 48 (1994) 48–64.

Puech, Émile: Des *fragments* grecs de la grotte 7 et le Nouveau Testament? 7Q4 et 7Q5, et le Papyrus Magdalen Grec 17 = P⁴⁶, RB 102 (1995) 570–584.

Quinn, Jerome D.: Seven Times He Wore Chains (I Clem. 5.6), JBL 97 (1978) 574–576.

–: The *Last Volume of Luke*: The Relation of Luke-Acts to the Pastoral Epistles, in: Charles H. Talbert (ed.): Perspectives on Luke-Acts, Danville/ Edinburgh 1978, 62–75.

–: Paraenesis and the Pastoral Epistles: Lexical Observations Bearing on the Nature of the Sub-Genre and Soundings in its Role in Socialization and Liturgies, Semeia 50 (1990) 189–210.

Rabenau, Merten: *Studien* zum Buch Tobit (BZAW 220), Berlin/New York 1994.

Radford Ruether, Rosemary: Mothers of the Church; Ascetic Women in the Late Patristic Age, in: Rosemary Radford Ruether/ E. McLaughlin (eds.): Women of Spirit: Female Leadership in the Jewish and Christian Traditions, New York 1979.

Raditsa, Leo Ferrero: Augustus' *Legislation* Concerning Marriage, Procreation, Love Affairs and Adultery, ANRW II 13 (1980) 278–339.

Rapske, Brian M.: The *Prisoner* Paul in the Eyes of Onesimus, NTS 37 (1991) 187–203.

Rashkow, Ilona N.: Intertextuality, Transference, and the Reader in/of Genesis 12 and 20, in: Danna Nolan Fewell (ed.): *Reading Between Texts*, 57–73.

Rathke, Heinrich: *Ignatius* von Antiochien und die Paulusbriefe (TU 99), Berlin 1967.

Rebell, Walter: Das Leidensverständnis bei Paulus und Ignatius von Antiochien, NTS 32 (1986) 457–465.

–: Neutestamentliche Apokryphen und Apostolische Väter, München 1992.

Redalié, Yann: *Paul* après Paul. Le temps, le salut, la morale selon les épîtres à Timothée et à Tite (Le monde de la bible 31), Genf 1994.

Redekop, Gloria Neufeld: Let the Women Learn: 1 Timothy 2:8–15 Reconsidered, SR 19 (1990) 235–245.

Reed, Jeffrey T.: To Timothy or Not? A Discourse Analysis of 1 Timothy, in: Stanley E. Porter/ Donald A. Carson (eds.): Biblical Greek Language and Linguistics. Open Questions in Current Resaerch (JSNT.S 80), Sheffield 1993, 90–118.

Reicke, Bo: *Chronologie* der Pastoralbriefe, ThLZ 101 (1976) 81–94.

Reiling, Jannes: Mann und Frau im Gottesdienst: Versuch einer Exegese von 1. Korinther 11,2–16, in: Edwin Brandt (Hg.): Gemeinschaft am Evangelium, Leipzig 1996, 197–210.

Rensberger, David K.: As the *Apostle* Teaches. The Development of the Use of Paul's Letters in Second-Century Christianity (Ph. D. Diss.), Yale University 1981.

Reumann, John: How Do We Interpret 1 Timothy 2:1–5 (and Related Passages)? in: H. George Anderson et al. (eds.): The One Mediator, the Saints, and Mary. Lutherans and Catholics in Dialogue VII, Minneapolis 1992, 149–157.

Reuter, Rainer: *Synopse* zu den Briefen des Neuen Testaments *I–II* (Arbeiten zur Religion und Geschichte des Urchristentums 5–6), Frankfurt u.a. 1997.1998.

Riesenfeld, Harald: Reflections on the *Style* and the Theology of St. Ignatius of Antioch, StPatr IV (TU 79), Berlin 1961, 312–322.

Riffaterre, Michael: *Kriterien* für die Stilanalyse, in: R. Warning (Hg.), Rezeptionsästhetik, 163–195.

–: Semiotics of Poetry, Bloomington 1978.

–: La syllepse intertextuelle, Poétique 40 (1979) 496–501.

–: Syllepsis, Critical Inquiry 6 (1980) 625–638.

–: La trace de l'intertexte, La Pensée 215 (1980) 4–18.

Rist, Martin: *Pseudepigraphy* and the Early Christians, in: David L. Aune (ed.): Studies in New Testament and Early Christian Literature (Essays in Honor of Allen P. Wikgren), Leiden 1972, 75–91.

Ritter, A. Martin: Das frühchristliche *Alexandrien* im Spannungsfeld zwischen Judenchristentum, „Frühkatholizismus" und Gnosis – zur Ortsbestimmung clementinisch-alexandrinischer Theologie, in: Adolf Martin Ritter: Charisma und Caritas. Aufsätze zur Geschichte der Alten Kirche, hg. v. Angelika Dörfler-Dierken u.a., Göttingen 1993, 117–136.

Robbins, Vernon K.: The *Tapestry* of Early Christian Discourse. Rhetoric, Society and Ideology, London/New York 1996.

–: Exploring the *Texture* of Texts. A Guide to Socio-Rhetorical Interpretation, Valley Forge 1996.

Roberts, Mark D.: *Woman* Shall Be Saved – a Closer Look at 1 Timothy 2:15, RefJ 33 (1983) 18–22.

Robinson, James M.: *Kerygma* und Geschichte im Neuen Testament, in: Helmut Köster/ James M. Robinson: Entwicklungslinien durch die Welt des frühen Christentums, Tübingen 1971, 20–66.

Rohde, Joachim: Charismen und Dienste in der Gemeinde. Von Paulus zu den Pastoralbriefen, in: Gerhard K. Schäfer/ Theodor Strohm (Hg.): Diakonie – biblische Grundlagen und Orientierungen, Heidelberg 1990, 202–221.

Rohde, Jürgen: *Pastoralbriefe* und Acta Pauli, in: F. L. Cross (Hg.), Studia Evangelica 5 (TU 103), 303–310.

Roller, Otto: Das *Formular* der paulinischen Briefe. Ein Beitrag zur Lehre vom antiken Briefe (BWANT 58), Stuttgart 1933.

Roloff, Jürgen: Apostolat – Verkündigung – Kirche. Ursprung, Inhalt und Funktion des kirchlichen Apostelamtes nach Paulus, Lukas und den Pastoralbriefen, Gütersloh 1965.

–: Pfeiler und Fundament der Wahrheit. Erwägungen zum Kirchenverständnis der Pastoralbriefe, in: Erich Grässer/ Otto Merk (Hg.): Glaube und Eschatologie (FS Werner Georg Kümmel), Tübingen 1985, 229–247.

–: Der Kampf gegen die Irrlehrer. Wie geht man miteinander um? BiKi 46 (1991) 114–120.

–: Der *Weg* Jesu als Lebensnorm (2Tim 2,8–13). Ein Beitrag zur Christologie der Pastoralbriefe, in: Cilliers Breytenbach/ Henning Paulsen (Hg.): Anfänge der Christologie (FS Ferdinand Hahn), Göttingen 1991, 155–167.

–: Die Kirche im Neuen Testament (Grundrisse zum Neuen Testament 10), Göttingen 1993.

–: Art. *Pastoralbriefe*, TRE 26 (1996) 50–68.

Rordorf, Willy: Tradition and Composition in the *Acts of Thecla*, Semeia 38 (1986) 43–52.

–: Nochmals: *Paulusakten* und Pastoralbriefe, in: Tradition and Interpretation in the New Testament (FS E. Earle Ellis), Grands Rapids/Tübingen 1987, 319–327.

–: In welchem *Verhältnis* stehen die apokryphen Paulusakten zur kanonischen Apostelgeschichte und zu den Pastoralbriefen?, in: Tjitze Baarda et. al. (eds.): Text and Testimony. Essays on New Testament and Apokryphal Literature in Honour of Albertus F. J. Klijn, Kampen 1988, 225–241.

Rowe, Arthur: *Silence* and the Christian Women of Corinth, CV 33 (1990) 41–84.

Rudolph, Kurt: Die *Gnosis*. Wesen und Geschichte einer spätantiken Religion, Göttingen ²1980.

–: Die Gnosis: Texte und Übersetzungen, ThR 55 (1990) 113–152.

Sampley, J. Paul: „And the Two Shall Become *One Flesh* " A Study of Traditions in Ephesians 5:21–33 (MSSNTS 16), Cambridge 1971.

Sanders, Ed Parish: Literary *Dependence* in Colossians, JBL 85 (1966) 28–45.

Schaar, Claes: *Vertical Context Systems*, in: Håkan Ringbom et. al. (ed.): Style and Text (FS Nils Erik Enkvist), Stockholm 1975, 146–157.

Schenk, Wolfgang: Der Brief des Paulus an *Philemon* in der neueren Forschung, ANRW II 25.4 (1987) 3439–3495.

–: Die Briefe an Timotheus I und II und an Titus (Pastoralbriefe) in der neueren *Forschung* (1945–1985), ANRW II 25.4. (1987) 3404–3438.

–: *Luke* as Reader of Paul: Observations on his Reception, in: Sipke Draisma (ed.): Intertextuality in Biblical Writings, 127–139.

–: Art. ζυγός, EWNT II (²1992), 258–259.

Schenke, Hans-Martin: Das *Weiterwirken* des Paulus und die Pflege seines Erbes durch die Paulus-Schule, NTS 21 (1975) 505–518.

–/ Fischer, Karl Martin: *Einleitung* in die Schriften des Neuen Testaments, Bd. I: Die Briefe des Paulus und Schriften des Paulinismus, Gütersloh 1978.

Schille, Gottfried: Das älteste *Paulus-Bild*. Beobachtungen zur lunkanischen und zur deuteropaulinischen Paulus–Darstellung, Berlin 1979.

Schlarb, Egbert: *Miszelle* zu 1 Tim 6 20, ZNW 77 (1986) 276–281.

–: Die gesunde *Lehre*. Häresie und Wahrheit im Spiegel der Pastoralbriefe (MthSt 28), Marburg 1990.

Schlatter, Adolf: Paulus, der *Bote* Jesu. Eine Deutung seiner Briefe an die Korinther, Stuttgart 1934.

Schlatter, Frederic W.: The *Restoration* of Peace in Ignatius of Antioch, JThS 35 (1984) 465–469.

Schlau, Carl: Die *Acten* des Paulus und der Thecla und die ältere Thecla-Legende, Leipzig 1877.

Schleiermacher, Friedrich: Ueber den sogenannten ersten Brief des Paulos an den Timotheos. Ein kritisches *Sendschreiben* an J. C. Gass, Berlin 1807.

Schlier, Heinrich: Die Ordnung der Kirche nach den Pastoralbriefen, in: Glaube und Geschichte (FS Friedrich Gogarten), Gießen 1948, 38–60 (= H. Schlier, Die Zeit der Kirche. Exegetische Aufsätze und Vorträge, Freiburg ⁵1972, 129–147) auch in: Karl Kertelge (Hg.), Das kirchliche Amt im Neuen Testament (WdF 189), Darmstadt 1977, 475–500.

–: Religionsgeschichtliche *Untersuchungen* zu den Ignatiusbriefen (BZNW 8), Gießen 1929.

Schmeling, Gareth L. (ed.): The *Novel* in the Ancient World (Mnemosyne, bibliotheca classica Batava. Supplementum 159), Leiden/New York/Köln 1996.

Schmid, Josef: Art. Brautschaft, heilige, RAC 2 (1954) 528–564.

Schmid, Ulrich: Marcion und sein Apostolos. Rekonstruktion und historische Einordnung der marcionitischen Paulusbriefausgabe (ANT 25), Berlin/ New York 1995.

Schmid, Wolf/ Stempel, Wolf-Dieter (Hg.): Dialog der Texte: Hamburger Kolloquium zur Intertextualität (Wiener Slawistischer Almanach Sonderband 11), Wien 1983.

Schmid, Wolf: *Sinnpotentiale* der diegetischen Allusion. Aleksandr Puškins Posthalternovelle und ihre Prätexte, in: Wolf Schmid/ Wolf-Dieter Stempel (Hg.): Dialog der Texte, 141–187.

Schmithals, Walter: *Einleitung* in die drei ersten Evangelien, Berlin/New York 1985.

Schneemelcher, Wilhelm: *Paulus* in der griechischen Kirche des 2. Jahrhunderts, ZKG 75 (1964) 1–20 [= Aufsätze, 154–181]

–: Die *Acta Pauli*. Neue Funde und neue Aufgaben, ThLZ 89 (1964) 241–254 [zitiert wird aus: Aufsätze, 182–203].

–: Gesammelte *Aufsätze* zum Neuen Testament und zur Patristik, Thessaloniki 1974.

Schneider, Johannes: Art. ἔκτρωμα, ThWNT II (1935) 463–465.

Schneider-Flume, Gunda: Glaubenserfahrung in den Psalmen. Leben in der Geschichte mit Gott, Göttingen 1998.

Schnelle, Udo: *Einleitung* in das Neue Testament, 3., neubearbeitete Auflage, Göttingen 1999.

–: Auf der *Suche* nach dem Leser, VuF 41 (1996) 61–66.

Schnider, Franz/ Stenger, Werner: *Studien* zum neutestamentlichen Briefformular (NTTS 11), Leiden 1987.

Schoedel, William R.: Are the *Letters* of Ignatius of Antioch Authentic? RStR 6 (1980) 196–201.

–: Art. Ignatius von Antiochien, TRE 16 (1987) 40–45.

–: Polycarp's *Witness* to Ignatius of Antioch, VigChr 41 (1987) 1–10.

–: *Polycarp* of Smyrna and Ignatius of Antioch, ANRW II 27.1 (1993) 272–358.

Schöllgen, Georg: *Monepiskopat* und monarchischer Episkopat. Eine Bemerkung zur Terminologie, ZNW 77 (1986) 146–151.

–: *Hausgemeinden*, OIKOΣ-Ekklesiologie und monarchischer Episkopat. Überlegungen zu einer neuen Forschungsrichtung, JAC (1988) 74–90.

–: Die Ignatianen als pseudepigraphisches Briefcorpus. Anmerkung zu den Thesen von Reinhard M. Hübner, ZAC 2 (1998) 16–25.

Schöpp, Joseph C.: „Endmeshed in endlanglementes." Intertextualität in Donald Barthelmes *The Dead Father*, in: Manfred Pfister/ Ulrich Broich (Hg.): Intertextualität, 332–348.

Schottroff, Luise: Frauen in der *Nachfolge* Jesu in neutestamentlicher Zeit, in: Willy Schottroff/ Wolfgang Stegemann (Hg.): Traditionen der Befreiung. Sozialgeschichtliche Bibelauslegung. Bd. 2: Frauen in der Bibel, München/ Gelnhausen 1980, 91–133.

–: Wie berechtigt ist die feministische *Kritik* an Paulus? Paulus und die Frauen in den ersten christlichen Gemeinden im Römischen Reich, Einwürfe 2 (1985) 94–111.

–: Die befreite *Eva*. Schuld und Macht der Ohnmächtigen nach dem Neuen Testament, in: Christine Schaumberger/Luise Schottroff: Schuld und Macht. Studien zu einer feministischen Befreiungstheologie, München 1988, 15–152.

–: Lydias ungeduldige *Schwestern*. Feministische Sozialgeschichte des frühen Christentums, Gütersloh 1994.

Schrage, Wolfgang: Das *Verhältnis* des Thomas-Evangeliums zur synoptischen Tradition und zu den koptischen Evangelienübersetzungen (BZNW 29), Gießen 1964.

Schubert, Paul: *Form and Function* of the Pauline Thanksgiving (BZNW 20), Gießen 1939.

Schüngel-Straumann, Helen: „Von einer Frau nahm die Sünde ihren Anfang"? Die alttestamentlichen Erzählungen von „Paradies" und „Sündenfall" und ihre Wirkungsgeschichte, in: Elisabeth Moltmann-Wendel (Hg.): Weiblichkeit in der Theologie, Gütersloh 1988, 31–55.

–: Die *Frau* am Anfang. Eva und die Folgen, Freiburg 1989.

Schüssler Fiorenza, Elisabeth: Zu ihrem *Gedächtnis*... Eine feministisch-theologische Rekonstruktion der christlichen Ursprünge (übers. v. Christine Schaumberger), München/ Mainz 1988.

–: *Brot* statt Steine. Die Herausforderung einer feministischen Interpretation der Bibel (aus dem Englischen übers. v. Karel Hermanns), Freiburg, Schweiz 1988.

–: The *Ethics* of Biblical Interpretation: Decentering Biblical Scholarship, JBL 107/1 (1988) 3–17.

–: Text and Reality – Reality as Text: The Problem of a Feminist Historical and Social Reconstruction based on Texts, StTh 43 (1989) 19–34.

Schulte-Middelich, Bernd: *Funktionen* intertextueller Textkonstitution, in: Ulrich Broich/ Manfred Pfister (Hg.): Intertextualität, 197–242.

Schulz, Siegried: Gott ist kein *Sklavenhalter*. Die Geschichte einer verspäteten Revolution, Zürich/Hamburg, 1972.

–: Neutestamentliche *Ethik*, Zürich 1987.

Schwarz, Roland: *Bürgerliches Christentum* im Neuen Testament? Eine Studie zu Ethik, Amt und Recht in den Pastoralbriefen (ÖBS 4), Klosterneuburg 1983.

–: Bürgerliches Christentum in den Städten am Ende des ersten Jahrhunderts? BiKi 47 (1992) 25–29.

Schweizer, Eduard: Die Weltlichkeit des Neuen Testamentes: die Haustafeln, in: Herbert Donner (Hg.): Beiträge zur alttestamentlichen Theologie (FS Walther Zimmerli), Göttingen 1979, 397–413.

–: Traditional Ethical Patterns in the Pauline and Post-Pauline Letters and Their Development (Lists of Vices and House-Tables), in: Ernest Best/ Robert McL. Wilson (eds.): Text and Interpretation. Studies in the New Testament presented to Matthew Black, Cambridge/London/New York/Melbourne 1979, 195–209.

–: Das Amt, in: ders.: Gemeinde und Gemeindeordnung im Neuen Testament, Zürich 1959, 154–164.

Scroggs, Robin: Paul and the *Eschatological Woman*, JAAR 40 (1972) 283–303.

–: Paul and the Eschatological Woman: *Revisited*, JAAR 42 (1974) 532–537.

Seim, Turid Karlsen: Ascetic Autonomy? New Perspectives on Single Women in the Early Church, StTh 43 (1989) 125–140.

Sell, Jesse: The Knowledge of the Truth – True Doctrines. The Book of Thomas the Contender (CG II,7) and the False Teachers in the Pastoral Epistles (EHS XXI-II/194), Fankfurt u.a. 1982.

Sellin, Gerhard: „Die Auferstehung ist schon geschehen". Zur Spiritualisierung apokalyptischer Terminologie im Neuen Testament, NT 25 (1983) 220–237.

–: Hauptprobleme des Ersten Korintherbriefes, ANRW II 25.4 (1987) 2940–3044.

Sevrin, Jean-Marie (ed.): The New Testament in Early Christianity (BETL 86), Leuven 1989.

Sherwin-White, Adrian N.: The Letters of Pliny. A Historical and Social Commentary, Oxford 1966.

Sieben, Herman Josef: Die Ignatianen als Briefe: einige formkritische Bemerkungen, VigChr 32 (1978) 1–18.

Skarsaune, Oskar: Heresy and the Pastoral Epistles, Them 20/1 (1994/95) 9–14.

Sly, Dorothy: Philo's Perception of Women (BJSt 209), Atlanta, GA 1990.

Smith, D. Moody: The Pauline Literature, in: Donald A. Carson/ Hugh G. M. Williamson (eds.): It Is Written: Scripture Citing Scripture. Essays in Honour of Barnabas Lindars, Cambridge et al.1988, 265–291.

Snyman, Gerrie: Who Is Speaking? Intertextuality and Textual Influence, Neotest. 30 (1996) 427–449.

Soards, Marion L.: Reframing and Reevaluationg the Argument of the Pastoral Epistles toward a Contemporary New Testament Theology, PRSt 19 (1992) 389–398.

Söding, Thomas: Mysterium fidei. Zur Auseinandersetzung mit der „Gnosis" in den Pastoralbriefen, Communio 26 (1997) 502–524.

Solms, Wilhelm/ Schöll, Norbert: Rezeptionsästhetik, in: Friedrich Nemec/ Wilhelm Solms (Hg.): Literaturwissenschaft heute. 7 Kapitel über ihre methodische Praxis, München 1979, 154–196.

Speigl, Jakob: Ignatius in Philadelphia. Ereignisse und Anliegen in den Ignatiusbriefen, VigChr 41 (1987) 360–376.

Spencer, Aida Dina Besançon: Eve at Ephesus (Should Women be Ordained as Pastors According to the First Letter to Timothy 2:11–15?), JETS 17 (1974) 215–222.

Speyer, Wolfgang: Die literarische Fälschung im heidnischen und christlichen Altertum (HAW), München 1971.

–: Fälschung, pseudepigraphische freie Erfindung und „echte religiöse Pseudepigraphie", in: Pseudepigrapha I, ed. K. von Fritz, Genève 1972, 333–366 (Diskussion: 367–372).

–: Das christliche Ideal der geschlechtlichen Askese und seine negativen Folgen für den Bestand des Imperium Romanum, in: Manfred Wacht (Hg.): Panchaia (FS Klaus Thraede), Münster 1995, 208–227.

Staats, Reinhart: Die katholische Kirche des Ignatius von Antiochien und das Problem ihrer Normativität im zweiten Jahrhundert, ZNW 77 (1986) 126–145.242–254.

Stählin, Gustav: Art. περίψημα, ThWNT VI (1959) 83–92.

Standhartinger, Angela: Das *Frauenbild* im Judentum der hellenistischen Zeit: Ein Beitrag anhand von Joseph und Aseneth (AGAJU 26), Leiden/ New York/ Köln 1995.

–: *Studien* zur Entstehungsgeschichte und Intention des Kolosserbriefs (NT.S 44), Leiden/Boston/Köln 1999.

Stanley, Christopher D.: *Paul* and Language of Scripture. Citation Technique in the Pauline Epistles and Contemporary Literature (SNTS.MS 74), Cambridge 1992.

Stegemann, Christa: *Herkunft* und Entstehung des sogenannten zweiten Klemensbriefes, Bonn 1974.

Stegemann, Wolfgang: Antisemitische und rassistische Vorurteile in Titus 1,10–16, KuI 11 (1996) 46–61.

Steinmetz, Horst: Rezeptionsästhetik und Interpretation, in: H. Brackert/J. Stuckradth (Hg.): Literaturwissenschaft. Grundkurs 2, Hamburg 1981, 421–435.

Steinmetz, Peter: Polykarp von Smyrna über die *Gerechtigkeit*, Hermes 100 (1972) 63–75.

Stempel, Wolf-Dieter: *Intertextualität* und Rezeption, in: Wolf Schmid/ Wolf-Dieter Stempel (Hg.): Dialog der Texte, 85–109.

Stenger, Werner: *Timotheus* und Titus als literarische Gestalten, Kairos 16 (1974) 252–267.

Stettler, Hanna: Die *Christologie* der Pastoralbriefe (WUNT 2/105), Tübingen 1998.

Stierle, Karlheinz: *Werk* und Intertextualität, in: Karlheinz Stierle/ Rainer Warning (Hg.): Das Gespräch, München 1984, 139–150 (auch in: Wolf Schmid/ Wolf-Dieter Stempel (Hg.): Dialog der Texte, 7–26).

Stoops, Robert F., Jr.: *If I Suffer* ... Epistolary Authority in Ignatius of Antioch, HThR 80 (1987) 161–178.

–: *Peter*, Paul, and Priority in the Apocryphal Acts, SBL.SP (1992) 225–233.

Stone, Michael E. (ed.): Jewish Writings of the Second Temple Period. Apocrypha, Pseudepigrapha, Qumran Sectarian Writings, Philo, Josephus (CRI 2,2), Assen/ Philadephia 1984.

Stowers, Stanley K.: What Does Unpauline Mean? in: William S. Babcock (ed.): Paul and the Legacies of Paul, 70–77.337.

Streete, Gail Corrington: Askesis and Resistance in the Pastoral Letters, in: Leif E. Vaage/Vincent L. Wimbush (eds.): Asceticism, 299–316.

Strelan, Rick: Paul, Artemis, and the Jews in Ephesus (BZNW 80), Berlin/New York 1996.

Strobel, August: *Schreiben des Lukas?* Zum sprachlichen Problem der Pastoralbriefe, NTS 15 (1969) 191–210.

Suchsland, Inge: Julia Kristeva zur Einführung, Hamburg 1992.

Suerbaum, Ulrich: *Intertextualität und Gattung*. Beispielreihen und Hypothesen, in: Ulrich Broich/ Manfred Pfister (Hg.): Intertextualität, 58–77.

Sutter Rehmann, Luzia: „Und ihr werdet ohne Sorge sein ...“. Gedanken zum Phänomen der Ehefreiheit im frühen Christentum, in: Dorothee Sölle (Hg.): Für Gerechtigkeit streiten (FS Luise Schottroff), Gütersloh 1994, 88–95.

Swartley, Willard M.: The Imitatio Christi in the Ignatian Letters, VigChr 27 (1973)
81–103.

Synek, Eva Maria: Heilige Frauen der frühen Christenheit. Zu den Frauenbildern in
hagiographischen Texten des christlichen Ostens (Das östliche Christentum, NF
43), Würzburg 1994.

Tajra, Harry W.: The Martyrdom of St. Paul (WUNT 2/67), Tübingen 1994.

Taylor, Nicholas H.: Onesimus. A Case Study of Slave Conversion in Early Christianity, Religion and Theology 3 (1996) 259–281.

Theißen, Gerd: *Urchristliche Wundergeschichten*. Ein Beitrag zur formgeschichtlichen Erforschung der synoptischen Evangelien (StNT 8), Gütersloh [6]1990.

–: Psychologische *Aspekte* paulinischer Theologie (FRLANT 131), Göttingen 1983.

–: Die Starken und Schwachen in Korinth. Soziologische Analyse eines theologischen Streits, in: ders.: Studien zur Soziologie des Urchristentums (WUNT 19),
Tübingen [3]1983, 272–289.

–: Soziale Integration und sakramentales Handeln. Eine Analyse von 1 Cor. XI 17–
34, in: ders.: Studien zur Soziologie des Urchristentums (WUNT 19), Tübingen
[3]1983, 290–317.

–: Zur forschungsgeschichtlichen Einordnung der soziologischen Fragestellung, in:
ders.: Studien zur Soziologie des Urchristentums (WUNT 19), Tübingen [3]1983, 3–
35.

–: Wert und Status des Menschen im Urchristentum, in: Humanistische Bildung 12
(1988) 61–93.

–: Weisheit als Mittel sozialer Abgrenzung und Öffnung. Beobachtungen zur sozialen
Funktion frühjüdischer und urchristlicher Weisheit, in: Aleida Assmann (Hg.):
Weisheit. Archäologie der literarischen Kommunikation III, München 1991, 193–
204.

–: Sklaverei im Urchristentum als Realität und als Metapher. Vortrag zum Gedenken
an Henneke Gülzow, in: H. Gülzow, Christentum, 213–243.

Thießen, Werner: Christen in *Ephesus*. Die historische und theologische Situation in
vorpaulinischer und paulinischer Zeit und zur Zeit der Apostelgeschichte und der
Pastoralbriefe (TANZ 12), Tübingen/Basel 1995.

Thiselton, Anthony C.: The *Logical Role* of the Liar Paradox in Titus 1:12,13: A
Dissent from the Commentaries in the Light of Philosophical and Logical Analysis, BibInt 2 (1992) 207–223.

Thompson, Cynthia L.: *Hairstyles*, Head-Coverings, and St. Paul, BA 51 (1988) 99–115.

Thompson, David L.: Women, Men, Slaves and the Bible: Hermeneutical Inquiries,
Christian Scholar's Review 25 (1996) 326–349.

Thornton, Lionel S.: The Common *Life* of the Body of Christ, London 1942.

Thraede, Klaus: *Ärger* mit der Freiheit. Die Bedeutung von Frauen in Theorie und Praxis der alten Kirche, in: Gerta Scharffenorth/Klaus Thraede: „Freunde in Christus werden...", Gelnhausen/Berlin 1977, 31–182.

–: Art. *Frau*, RAC 7 (1977) 197–269.

–: Zum historischen Hintergrund der „Haustafeln" des NT, in: Ernst Dassmann u.a. (Hg.): Pietas (FS Bernhard Kötting), JAC E. 8, Münster 1980, 359–368.

Thurén, Jukka: Die Struktur der Schlußparänese 1. Tim. 6,3–21, ThZ 26 (1970) 241–253.

Thyen, Hartwig: *Johannes und die Synoptiker*: Auf der Suche nach einem neuen Paradigma zur Beschreibung ihrer Beziehungen anhand von Beobachtungen an Passions- und Ostererzählungen, in: Adelbert Denaux (ed.): John and the Synoptics, 81–107.

–: Die *Erzählung* von den bethanischen Geschwistern (Joh 11,1–12,19) als „Palimpsest" über synoptischen Texten, in: Frans van Segbroeck et al. (eds.): The Four Gospels (FS Frans Neirynck) Bd. 3, Leuven 1992, 2021–2050.

–: „... nicht mehr männlich und weiblich ...". Eine Studie zu *Galater 3,28*, in: Frank Crüsemann/Hartwig Thyen: Als Mann und Frau geschaffen. Exegetische Studien zur Rolle der Frau, Gelnhausen/Berlin 1978, 13–106.

Tissot, Yves: Encratisme et Actes Apocryphes, in: F. Bovon u.a., Les Actes Apocryphes des Apôtres, Genève 1981, 109–119.

Todorov, Tzvetan: Die strukturelle *Analyse* der Erzählung (Übers. G. Köhler), in: J. Ihwe (Hg.), Literaturwissenschaft und Linguistik. Ergebnisse und Perspektiven, Bd. 3: Zur linguistischen Basis der Literaturwissenschaft, II (Ars Poetica, Texte, Bd. 8), Frankfurt/M. 1972, 265–275.

Torjesen, Karen J.: In *Praise* of Noble Women: Gender and Honor in Ascetic Texts, Semeia 57 (1992) 41–64.

Towner, Philip H.: The Present Age in the *Eschatology* of the Pastoral Epistles, NTS 32 (1986) 427–448.

–: *Gnosis* and Realized Eschatology in Ephesus (of the Pastoral Epistles) and the Corinthian Enthusiasm, JSNT 31 (1987) 94–124.

–: The *Goal* of Our Instruction. The Structure of Theology and Ethics in the Pastoral Epistles (JSNT.S 34), Sheffield 1989.

–: Pauline *Theology* or Pauline Tradition in the Pastoral Epistles: The Question of Method, TynB 46 (1995) 287–314.

Trebilco, Paul R.: *Jewish Communities* in Asia Minor (MSSNTS 69) Cambridge 1991.

Trenchard, Warren C.: Ben Sira's View of Women: A Literary Analysis (BJSt 38), Chico, CA 1982.

Trevett, Christine: *Prophecy* and Anti-Episcopal Activity: a Third Error Combatted by Ignatius? JEH 34 (1983) 1–18.

–: *Approaching Matthew* from the Second Century: The Under-Used Ignatian Correspondence, JSNT 20 (1984) 59–67.

–: Ignatius and the Monstrous Regiment of Women, StPatr 21 (1989) 202–214.

–: Apocalypse, Ignatius, Montanism: Seeking the Seed, VigChr 43 (1989) 313–338.

–: *Montanism*. Gender, Authority and the New Prophecy, Cambridge 1996.

Trobisch, David: Die *Entstehung* der Paulusbriefsammlung (NTOA 10), Freiburg, Schweiz/Göttingen 1989.

–: Die *Paulusbriefe* und die Anfänge der christlichen Publizistik (KT 135), Gütersloh 1994.

–: *Paul's Letter Collection*. Tracing the Origins, Minneapolis 1994.

–: Die *Endredaktion* des Neuen Testaments. Eine Untersuchung zur Entstehung der christlichen Bibel (NTOA 31), Freibrug-Schweiz/Göttingen 1996.

Tröger, Karl-Wolfgang (Hg.): Gnosis und Neues Testament. Studien aus Religionswissenschaft und Theologie, Gütersloh/Berlin 1973.

Trompf, Garry W.: On *Attitudes* Toward Women in Paul and Paulinist Literature: 1 Corinthians 11:3–16 and Its Context, CBQ 42 (1980) 196–215.

Trummer, Peter: *Einehe* nach den Pastoralbriefen. Zum Verständnis der Termini μιᾶς γυναικὸς ἀνήρ und ἑνὸς ἀνδρὸς γυνή, Bibl 51 (1970) 471–484.

–: *Mantel* und Schriften (2Tim 4,13), BZ 18 (1974) 193–207.

–: Die *Paulustradition* der Pastoralbriefe (BET 8), Frankfurt/Bern/Las Vegas 1978.

–: *Corpus Paulinum* – Corpus Pastorale. Zur Ortung der Paulustradition in den Pastoralbriefen, in: K. Kertelge (Hg.): Paulus in den neutestamentlichen Spätschriften. Zur Paulusrezeption im Neuen Testament (QD 89), Freiburg/Basel/Wien 1981, 122–145.

–: *Gemeindeleiter* ohne Gemeinden? Nachbemerkungen zu den Pastoralbriefen, BiKi 46 (1991) 121–126.

Tschuggnall, Peter: „Das *Wort* ist kein Ding". Eine theologische Einübung in den literaturwissenschaftlichen Begriff der Intertextualität, ZKTh 116 (1994) 160–178.

Tuckett, Christopher M.: Nag Hammadi and the Gospel Tradition (Studies of the New Testament and Its World), Eddinburgh 1986.

– (ed.): Luke's Literary Achievement (JSNT.S 116), Sheffield 1995.

Ulrichsen, Jarl Henning: Heil durch Kindergebären. Zu I Tim 2,15 und seiner syrischen Version, SEA 58 (1993) 99–104.

Vaage, Leif E./Wimbush, Vincent L. (eds.): Asceticism and the New Testament, New York/London 1999.

Verner, David C.: The *Household* of God. The Social World of the Pastoral Epistles (SBL.D 71), Chico, CA 1985.

Verweyen, Theodor/Witting, Gunther: The Cento. A Form of Intertextuality from Montage to Parody, in: Heinrich F. Plett (ed.): Intertextuality, 165–178.

–: *Parodie*, Palimodie, Kontradiktio, Kontrafaktur – Elementare Adaptionsformen im Rahmen der Intertextualitätsdiskussion, in: Renate Lachmann (Hg.): Dialogizität, 202–236.

Vielhauer, Philipp: *Geschichte* der urchristlichen Literatur. Einleitung in das Neue Testament, die Apokryphen und die Apostolischen Väter, Berlin/New York 1975.

Voelz, J. W.: Multiple Signs and Double Texts: Elements of Intertextuality, in: Sipke Draisma (ed.): Intertextuality in Biblical Writings, 27–34.

Vogt, Hermann Josef: Bemerkungen zur Echtheit der Ignatiusbriefe, ZAC 3 (1999) 50–63.

Vorster, Willem S.: *Intertextuality and Redaktionsgeschichte*, in: S. Draisma (ed.), Intertextuality in Biblical Writings, 15–26.

–: The Protevangelium of James and Intertextuality, in: Tjitze Baarda et. al. (eds.): Text and Testimony. Essays on New Testament and Apokryphal Literature in Honour of Albertus F. J. Klijn, Kampen 1988, 262–275.

Vouga, François: Der *Brief* als Form der apostolischen Autorität, in: Klaus Berger/ François Vouga/Michael Wolter/Dieter Zeller (Hg.): Studien und Texte zur Formgeschichte (TANZ 7), Tübingen/Basel 1992, 7–58.

–: Le quatrième évangile comme interprète de la tradition synoptique *Jean 6*, in: Adelbert Denaux (ed.): John and the Synoptics, 261–279.

–: Die *Ordnung* des „Hauses Gottes" Der Ort von Frauen in der Ekklesiologie und Ethik der Pastoralbriefe, (WUNT II 65), Tübingen 1994.

Walker, William O., Jr.: 1 Corinthians 11:2–16 and Paul's *Views* Regarding Women, JBL 94 (1975) 94–110.

–: The *Timothy-Titus Problem* Reconsidered, ET 92 (1980/81) 231–235.

–: The „*Theology* of Women's Place" and the Paulinist Tradition, Semeia 28 (1983) 101–112.

–: *Acts* and the Pauline Corpus Reconsidered, JSNT 24 (1985) 3–23.

Walter, Matthias: *Leib-Metaphorik* im Neuen Testament und bei den „Apostolischen Vätern", Diss. masch. Heidelberg 1998.

Wanke, Joachim: Der verkündigte *Paulus* der Pastoralbriefe, in: Wilhelm Ernst u.a. (Hg.): Dienst der Vermittlung, Leipzig 1977, 165–189.

Warning, Rainer (Hg.): *Rezeptionsästhetik*. Theorie und Praxis, München 1975; (UTB 303 [4]1993), darin: ders.: Rezeptionsästhetik als literaturwissenschaftliche Pragmatik, 9–41.

–: Ironiesignale und ironische Solidarisierung, in: Rainer Warning/ Wolfgang Preisendanz (Hg.): Das Komische (Poetik und Hermeneutik 7), München 1976, 416–423.

–: *Imitatio* und Intertextualität. Zur Geschichte lyrischer Dekonstruktion der Amortheologie: Dante, Petrarca, Baudelaire, in: Klaus W. Hempfer/Gerhard Regn (Hg.): Interpretation. Das Paradigma der europäischen Renaissance Literatur (FS Alfred Noyer-Weidner), Wiebaden 1983, 288–317.

Watson, Francis: *Strategies* of Recovery and Resistance: Hermeneutical Reflections on Genesis 1–3 and its Pauline Reception, JSNT 45 (1992) 79–103.

Wegner, Judith Romney: *Chattel* or Person? The Status of Women in the Mishnah, New York/Oxford 1988.

Weidmann, Frederick: The Good Teacher: Social Identity and Community Purpose in the Pastoral Epistles, The Journal of Higher Ciriticism 2 (1995) 100–114.

Weiser, Alfons: *Titus 2 als Gemeindeparänese*, in: Helmut Merklein (Hg.): Neues Testament und Ethik, Freiburg/Basel/Wien 1989, 397–414.

–: Die Kirche in den Pastoralbriefen. Ordnung um jeden Preis? BiKi 46 (1991) 107–113.

White, John L.: Introductory Formulae in the Body of the Pauline Letter, JBL 90 (1971) 91–97.

–: The Form and Structure of the *Official Petition* (SBL Dissertation Series 5); Missoula 1972.

–: Saint Paul and the Apostolic Letter Tradition, CBQ 45 (1983) 433–444.

White, L. Michael (ed.): The Social World of the First Christians (FS Wayne A. Meeks), Minneapolis 1995.

Wiebe, Ben: Two *Texts* on Women (1Tim 2:11–15; Gal 3:26–29). A Test of Interpretation, HBT 16 (1994) 54–85.

Wikenhauser, Alfred/ Schmid, Josef: *Einleitung* in das Neue Testament, Freiburg ⁶1973.

Wilk, Florian: Die *Bedeutung* des Jesajabuches für Paulus (FRLANT 179), Göttingen 1998.

Wilkins, Michael J.: The *Interplay* of Ministry, Martyrdom and Discipleship in Ignatius of Antioch, in: Michael J. Wilkins/ Terence Paige (eds.): Worship, Theology and Ministry in the Early Church, 294–315.

Wilkins, Michael J./ Paige, Terence (eds.): Worship, Theology and Ministry in the Early Church (Essays in Honor of Ralph P. Martin) (JSNT.S 87), Sheffield 1992.

Wilshire, Leland E.: The *TLG Computer* and Further Reference to ΑΥΘΕΝΤΕΩ in 1 Timothy 2.12, NTS 34 (1988) 120–134.

–: 1Timothy 2:12 Revisited: A *Reply* to Paul W. Barnett and Timothy J. Harris, EQ 65 (1993) 43–55.

Wilson, Andrew: The *Pragmatics* of Politeness and Pauline Epistolography: A Case Study of the Letter to Philemon, JSNT 48 (1992) 107–119.

Wilson, Stephen George: The Portrait of Paul in Acts and the Pastorals, SBL.SP 112 (1976) 397–411.

–: Luke and the Pastoral Epistles, London 1979.

Wilson, Robert McLachlan: Art. *Gnosis*/Gnostizismus II, TRE XIII (1984) 535–550.

Wilson-Kastner, Patricia et al. (eds.): A *Lost Tradition*: Women Writers of the Early Church, Washington 1981.

Wimbush, Vincent L.: *Paul* the Worldly Ascetic. Response to the World and Self-Understanding according to 1 Corinthians 7, Macon, GA 1987.

Wimsatt, K. W./Beardsley, M. C., The Intentional Fallacy (1946), in: K. W. Wimsatt, The Verbal Icon. Studies in the Meaning of Poetry, 1954, London 1970, 3–18.

Winter, Sara C.: Paul's *Letter* to Philemon, NTS 33 (1987) 1–15.

Wire, Antoinette Clark: The Corinthian *Women Prophets*. A Reconstruction through Paul's Rhetoric, Minneapolis 1990.

–: Prophecy and Women Prophets in Corinth, in: James E. Goehring et al. (eds.): Gospel Origins and Christian Beginnings: In Honor of James M. Robinson, Sonoma, CA 1990, 134–150.

Wischmeyer, Oda: Das *Adjektiv* ἀγαπητός/ΑΓΑΠΗΤΟΣ in den paulinischen Briefen. Eine traditionsgeschichtliche Miszelle, NTS 32 (1986) 476–480.

Witherington, Ben III: *Women* in the Earliest Churches (MSSNTS 59) Cambridge 1988.

Wolde, Ellen van: Trendy *Intertextuality*? in: Sipke Daisma (ed.): Intertextuality in Biblical Writings, 43–49.

Wolfe, B. Paul: *Scripture* in the Pastoral Epistles: pre Marcion Marcionism?, PRSt 16 (1989) 5–16.

Wolff, Erwin: Der intendierte Leser, Poetica 4 (1971) 141–166.

Wolter, Michael: Die Pastoralbriefe als *Paulustradition* (FRLANT 146), Göttingen 1988.

Wyke, Maria: *Woman* in the Mirror: The Rhetoric of Adornment in the Roman World, in: Léonie J. Archer et al. (eds.): Women in Ancient Societies: An Illusion of the Night, New York 1994, 134–151.

Yarbrough, Robert W.: The *Hermeneutics* of 1 Timothy 2:9–15, in: Andreas Kösten-berger/ Thomas R. Schreiner/H. Scott Baldwin (eds.): Women, 155–196.

Young, Frances: The *Pastoral Epistles* and the Ethics of Reading, JSNT 45 (1992) 105–120.

–: The *Theology* of the Pastoral Letters, Cambridge 1994.

–: On ΕΠΙΣΚΟΠΟΣ and ΠΡΕΣΒΥΤΕΡΟΣ, JThS 45 (1994) 142–148.

Young, Robert (ed.): Untying the Text: A Post-Structuralist Reader, London ²1987.

Zahn, Theodor: *Geschichte* des neutestamentlichen Kanons, Bd. I/II, Erlangen/ Leipzig 1888/92.

–: *Ignatius* von Antiochien, Gotha 1873.

Zenger, Erich: Was wird anders bei kanonischer Psalmenauslegung? in: Friedrich V. Reiterer (Hg.): Ein Gott, eine Offenbarung: Beiträge zur biblischen Exegese, Theologie und Spiritualität (FS für Notker Füglister), Würzburg 1991, 397–413.

Zima, Peter V. (Hg.): Textsemiotik als Ideologiekritik, Frankfurt/M. 1977.

Zimmer, Christoph: Die Lügner-Antinomie in Titus 1,12, LingBib 59 (1987) 77–99.

Zimmermann, Alfred F.: Die urchristlichen *Lehrer*. Studien zum Tradentenkreis der διδάσκαλοι im frühen Urchristentum (WUNT 12), Tübingen 1984.

Zimmermann, Ruben: *Geschlechtermetaphorik* und Gottesverhältnis. Eine traditions-geschichtliche Untersuchung zur Interferenz von Mann-Frau-Relation und Gottes-beziehung im Medium antiker Bildersprache, Diss. Heidelberg 1999.

Zmijewski, Josef: Apostolische Paradosis und Pseudepigraphie im Neuen Testament, in: ders.: Das Neue Testament – Quelle christlicher Theologie und Glaubenspra-xis, Stuttgart 1986, 185–196.

–: Die *Pastoralbriefe* als pseudepigraphische Schriften – Beschreibung, Erklärung, Bewertung, in: ders.: Das Neue Testament – Quelle christlicher Theologie und Glaubenspraxis, Stuttgart 1986, 197–219.

14. Register

Stellenregister

Namen und Sachen
(Auswahl)

Moderne Autoren

(Es werden nur die im Haupttext
genannten AutorInnen aufgeführt)

NEUE REIHE!

Novum Testamentum et Orbis Antiquus / Studien zur Umwelt des Neuen Testaments (NTOA/StUNT)

Herausgegeben von Max Küchler (Fribourg), Peter Lampe (Heidelberg) und Gerd Theißen (Heidelberg) im Universitätsverlag Freiburg Schweiz und bei Vandenhoeck & Ruprecht

Hervorgegangen aus den Monografienreihen *Studien zur Umwelt des Neuen Testaments* sowie *Novum Testamentum et Orbis Antiquus,* hat die neue international und überkonfessionell angelegte Reihe zum Ziel, die vielfältige Umwelt des Neuen Testaments mit wissenschaftlicher Prägnanz und interdisziplinärer Methodik aufzuarbeiten und für das Verständnis des Neuen Testaments und des antiken Judentums auszuwerten. Es erscheinen monografische Einzelstudien sowie Symposiums- u.a. Sammelbände zu ausgewählten Themen.

Die *Series Archaeologica* (SA) bietet in großformatigen Bänden die Umwelt des Neuen Testaments anhand archäologischer Materialien dar – Ausgrabungsberichte, Korpora von Fundobjekten und ikonografische, numismatische und epigrafische Studien.

Band 51:

Ursula Hackl / Hanna Jenni / Christoph Schneider

Quellen zur Geschichte der Nabatäer

Textsammlung mit Übersetzung und Kommentar

2003. XV, 714 Seiten mit 14 Karten und 8 Tafeln, gebunden
ISBN 3-525-53952-5

Die Nabatäer sind ein signifikantes Beispiel eines Volkes im Grenzbereich zwischen griechisch-römischer und orientalischer Kultur. Dieses Randvolk verdankte seinen Aufstieg der Beherrschung des Handels zwischen Arabien und dem Mittelmeer.

Dieser Band legt die auf Griechisch, Lateinisch, Nabatäisch und in anderen semitischen Sprachen verfassten schriftlichen Quellen zu den Nabatäern im Original und in deutscher Übersetzung samt Kommentar vor. Diese erstmalige Quellensammlung ermöglicht eine Zusammenschau der weit verstreuten Zeugnisse.

V&R
Vandenhoeck & Ruprecht

Neues Testament

Papyrologische Kommentare zum Neuen Testament (PKNT)

Herausgegeben von
Peter Arzt-Grabner (Salzburg),
Amfilochios Papathomas (Athen) und
Mauro Pesce (Bologna)

Für das Verstehen der Bibel sind auch Papyri und Ostraka vielseitige Quellen, die bisher aber wenig genutzt wurden. Die *Papyrologischen Kommentare* ziehen überwiegend Texte des Alltags, wie sie Papyri und Ostraka in reichem Maße bieten, zur Interpretation der Bibeltexte heran, dazu ausgewählte Texte der Literatur, einschließlich philosophischer und sonstiger wissenschaftlicher Texte, auch gesetzlichen Charakters.

Es erscheinen Bände in deutscher oder englischer Sprache.

Band 1: Peter Arzt-Grabner
Philemon

2003. 310 Seiten, Leinen
ISBN 3-525-51000-4

Einstiegsangebot

Bei Subskription der Reihe erhalten Sie 10% Ermäßigung.

Wenn Sie bereits Bezieher der Reihen *„Kritisch-exegetischer Kommentar (KeK)"*, oder *„Kommentar zu den Apostolischen Vätern (KAV)"* sind, erhalten Sie 15% Ermäßigung bei Subskription der Reihe **„Papyrologische Kommentare zum Neuen Testament (PKNT)"** ab Band 1.

Gerd Theißen
Jesus als historische Gestalt

Beiträge zur Jesusforschung
Zum 60. Geburtstag von Gerd Theißen
herausgegeben von Annette Merz

Forschungen zur Religion und Literatur des Alten und Neuen Testaments, Band 202.
2003. VIII, 373 Seiten, Leinen
ISBN 3-525-53886-3

Der Band vereint 13 neuere, teils unpublizierte, teils stark überarbeitete Aufsätze zur Jesusforschung von Gerd Theißen. Damit sind die neuesten Beiträge dieses seit Jahrzehnten führenden Exegeten zur Einordnung Jesu ins Judentum, zu Jesu politischen Zielen, seinen eschatologischen Überzeugungen und zur Methodik der Jesusforschung im Zusammenhang in einem Band zusammengestellt.

Diese Aufsätze setzen sich mit kritischen Anfragen auseinander und dokumentieren, wie Jesus als historische Gestalt ein klares Profil gewinnt, wenn man ihn durch breit angelegte religions- und sozialgeschichtliche Untersuchungen im palästinischen Judentum des 1. Jh. n.Chr. verortet.

V&R
Vandenhoeck
& Ruprecht